Crises e Alternativas
na América Latina

Coleção Estudos
Dirigida por J. Guinsburg

Conselho Editorial: Anita Novinsky, Augusto de Campos, Bóris Schnaiderman, Carlos Guilherme Mota, Celso Lafer, Gita K. Guinsburg, Haroldo de Campos, Leyla Perrone-Moisés, Maria de Lourdes Santos Machado, Modesto Carone Netto, Paulo Emílio Salles Gomes, Regina Schnaiderman, Robert N. V. C. Nicol, Rosa R. Krausz, Sábato Magaldi, Sergio Miceli, Willi Bolle e Zulmira Ribeiro Tavares.

Equipe de realização — Tradução: Anita Kon; Revisão: Plinio Martins Fiiho.

Hélio Jaguaribe

CRISES E ALTERNATIVAS NA AMÉRICA LATINA

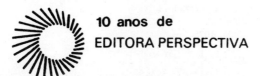

10 anos de
EDITORA PERSPECTIVA

Título do original em inglês:

Political Development: General Theory and a Latin American Case Study.

Edição brasileira revista pelo Autor

Livro I: *Sociedade, Mudança e Política* — Estudos 38
Livro II: *Desenvolvimento Político* — Estudos 39
Livro III: *Crises e Alternativas da América Latina* — Estudos 40

© Hélio Jaguaribe de Mattos.

Direitos em língua portuguesa reservados à
EDITORA PERSPECTIVA S.A.
Av. Brigadeiro Luís Antônio, 3025
Telefone: 288-8388
01401 — São Paulo — Brasil
1976

Sumário

A. AS PRINCIPAIS CARACTERÍSTICAS ESTRUTURAIS DA AMÉRICA LATINA CONTEMPORANEA

1. Descrição e Tipologia Gerais 3
   Os países latino-americanos 3
   Traços gerais 5
   Classificação tipológica 8
2. Uma Análise Estrutural 13
   Características estruturais 13
   A estagnação latino-americana 15
   Marginalidade 20
   Desnacionalização 22
   Desnacionalização econômica 23
   Desnacionalização cultural 30
   Desnacionalização político-militar 32

B. CAUSAS DO SUBDESENVOLVIMENTO LATINO-AMERICANO

3. A Sociedade Dualista 43
   Duas questões básicas 43
   A primeira hipótese 45
   O dualismo latino-americano 49
   O excesso de mão-de-obra 51
   A apropriação privada da terra 53
4. Os Obstáculos da Herança Dualista 57
   A segunda hipótese 57
   O malogro do desenvolvimento espontâneo 59
   O malogro do desenvolvimento orientado pelo Estado 62

VI   CRISES E ALTERNATIVAS DA AMÉRICA LATINA

Falhas de concepção e de aplicação 63
Crescimento e participação 68
Comportamento da classe dirigente 69
Posição da burguesia nacional 71
Indecisão do populismo 73
O legado do dualismo 75

C. ALTERNATIVAS E PERSPECTIVAS

5. As Alternativas Básicas 79
   As tendências alternativas 79
   O prazo-limite histórico 82
   A integração latino-americana 86

6. A Alternativa da Dependência 93
   A dependência e seu modelo implícito 94
   O modelo canadense 95
   A propensão ao colonial-fascismo 98
   A dialética da dependência 100
   Os limites do subsidiamento 102
   Os limites da deterioração 104

7. A Alternativa da Autonomia: A Via Revolucionária 107
   Propósito da presente análise 107
   A orientação marxista-leninista 108
   Os dois modelos de revolução 112
   Inadequação do modelo cubano 115
   Inaplicabilidade do modelo chinês 119
   Notas finais 122

8. A Alternativa da Autonomia: A Via Reformista 125
   Propósito da presente análise 125
   O problema da factibilidade 126
   A questão do conteúdo 128
   O reformismo progressista 130
   Aplicabilidade dos experimentos chileno e venezuelano 134
   Características gerais do reformismo militar 137
   Desenvolvimento nacional militar 140
   Reformismo social militar 143
   A ideologia dos reformistas militares 146
   O caso peruano 147
   O caso boliviano 149
   Aplicabilidade do experimento peruano 152
   Os requisitos para a interferência político-militar 159
   Conclusões 162

9. Tendências e Perspectivas 165

   I. TÊNDÊNCIAS NA AMÉRICA-LATINA 165
      Resumo de conclusões prévias 165
      As três linhas ideológicas de pensamento 168
      Os fatores condicionantes 171
   II. TENDÊNCIAS NOS ESTADOS UNIDOS 175
      Alternativas básicas 175
      A alternativa ética 177
      Império ou comunidade de nações 180
      Modificações no enfoque da discussão 183
      Os problemas da democracia norte-americana 184

SUMÁRIO

VII

A atual crise imperial 187
O malogro da abordagem de Johnson 188
A abordagem de Nixon 189
O imperialismo populista esclarecido 191
III. OBSERVAÇÕES FINAIS............................. 194
Bibliografia 197

A. AS PRINCIPAIS CARACTERÍSTICAS ESTRUTURAIS DA AMÉRICA LATINA CONTEMPORÂNEA

1. Descrição e Tipologia Gerais

Os países latino-americanos

Nesta última parte da presente obra se fará uma tentativa de aplicar as teorias e hipóteses até agora formuladas e discutidas às sociedades latino-americanas e aos seus sistemas políticos. O propósito em vista é proporcionar tanto uma ilustração quanto uma aplicação empírica desse quadro teórico, bem como buscar uma compreensão mais clara e profunda dos problemas referentes ao desenvolvimento nacional dessas sociedades e da razão pela qual continuaram a malograr, até agora, em alcançar esse objetivo.

Este estudo-de-caso latino-americano será empreendido, de um modo sucinto, em torno de três pontos centrais. O primeiro ponto se refere às principais características estruturais da América Latina contemporânea. Far-se-á um breve intento de apresentar uma descrição geral significativa das sociedades latino-americanas, sua caracterização tipológica, e uma análise de seus traços estruturais mais relevantes. O segundo ponto se refere às causas históricas do subdesenvolvimento da América Latina. Far-se-á um esforço para compreender as razões de seu persistente subdesenvolvimento, em termos das características principais da conquista, povoamento e colonização ibérica, e em termos do curso histórico subseqüente desses países desde a sua independência, no início do século XIX. O terceiro ponto se refere às alternativas e perspectivas com as quais a América Latina se defronta presentemente. Como vimos no Livro II, confrontados com a alternativa de obter um desenvolvi-

4 CRISES E ALTERNATIVAS DA AMÉRICA LATINA

mento autônomo, se forem realizadas e aplicadas urgentemente as medidas apropriadas, ou de se tornar uma dependência, em uma das várias formas possíveis, do nascente império norte-americano, os países latino-americanos viverão, no curso da década de 1970, o período mais decisivo e dramático de sua existência histórica.

A origem da expressão ''América Latina'' é alheia à própria América Latina e procede do desejo étnico dos Estados Unidos de diferenciar a sua própria América da de seus vizinhos do Sul. Até depois da Segunda Guerra Mundial, os países latino-americanos não haviam experimentado, a não ser em um vago sentido geocultural, sua unidade regional. Antes encontravam-se separados em dois blocos rivais, com o confronto entre os impérios espanhol e português. Suas distintas identidades e sua rivalidade não diminuiu mesmo durante a reunião das duas coroas (1580-1640) sob Filipe II e Filipe III. Após sua independência, os países latino-americanos tornaram-se ainda mais separados, devido à desarticulação da América espanhola em muitos países independentes diferentes, competidores e freqüentemente em luta. Os países latino-americanos tendiam a se relacionar individualmente com países ocidentais tais como a Inglaterra (comercialmente) e a França (culturalmente), e mais tarde com os Estados Unidos, sem manter, de qualquer forma efetiva, um elo particular entre si[1].

Este estado de coisas mudou profundamente desde a crise de 1930 e em particular desde a Segunda Guerra Mundial. Os países latino-americanos foram compelidos pela Grande Depressão a viver com seus próprios recursos e foram levados, por uma crescente compreensão de suas características e destino comuns, notadamente estimulados pelo trabalho da Comissão Econômica das Nações Unidas para a América Latina (mais conhecida por sua sigla em espanhol e português CEPAL) a tentar políticas comuns e esforços integradores. Como resultado, chegaram a se considerar como formadores de um sistema comum básico, e vêm conseguindo uma relativa unidade de propósitos e de ação.

Consolidada agora pelo reconhecimento, de parte dos povos em questão, de sua condição comum, a América Latina, como é empregada usualmente a expressão, se refere às vinte repúblicas independentes que ocupam a parte Sul do continente norte-americano, a América Central, incluindo a região do Caribe e a América do Sul. No entanto, geograficamente, esta área inclui muitas outras pequenas sociedades, muitas das quais ainda sob governo colonial, embora umas poucas estejam logrando sua independência. Por ordem alfabética são: Antilhas Holandesas, Bahamas, Ilhas de Barlavento, Guiana ex-Inglesa, Honduras Britânicas, Guiana Francesa, Guadalupe e Martinica, Jamaica, Ilhas de Sota-

---

1. No entanto, foram mantidas relações mais estreitas entre os membros de sistemas sub-regionais, tais como a América Central, a Grande Colômbia, Peru e Bolívia, e em certo sentido Argentina, Uruguai e Brasil.

DESCRIÇÃO E TIPOLOGIA GERAIS

vento, Suriname, Trinidad e Tobago, e as Ilhas Virgens[2]. Estas pequenas sociedades, muitas das quais tenderão no futuro a terem estreita associação com os países da América Latina e até mesmo a se incorporarem ao sistema latino-americano, não tiveram qualquer relacionamento relevante com a região no passado e ainda não o têm no presente.

Um caso distinto é apresentado, em certo sentido, pelo Canadá francês e, de forma ainda mais pertinente, por Porto Rico. O Canadá francês não teve, historicamente, qualquer conexão com os países latino-americanos, dos quais esteve separado pela colonização inglesa da parte Norte das Américas. Suas características socioculturais internas, entretanto, apresentam muitos traços semelhantes aos dos países latino-americanos, enfatizando dessa maneira a importância do legado colonial e da transferência do "fragmento" da pátria mãe, como foi observado por Louis Hartz (1964). Porto Rico, por outro lado, é sócio-historicamente uma parte integrante da América Latina, anexado aos Estados Unidos apenas após a Guerra Hispano-Americana (1898) e constitui um exemplo muito interessante de como uma pequena sociedade latino-americana (2,5 milhões de habitantes em 1965) tende a agir e a reagir sob o controle institucionalizado norte-americano. O presente estudo, porém, se preocupará apenas com a América Latina em sentido estrito.

A expressão América Latina dá também uma ênfase exagerada à linhagem espanhola e portuguesa original (e uma pitada francesa) da população da região, da mesma forma que a expressão "Anglo-América" exageraria a quota da ascendência britânica na população dos Estados Unidos. Ambas as Américas tiveram, em um período posterior, uma imigração maciça de outros países que não suas pátrias mães e, em uma fase inicial, uma grande importação de escravos africanos. Vários países latino-americanos, além disso, tais como o México, a América Central e os países andinos, eram a sede de altas civilizações indígenas quando chegaram os europeus e mantiveram um número substancial, em muitos casos predominante, de povos de descendência indígena pura ou mestiça em sua população.

Além de sua diversidade étnica, os países latino-americanos apresentam uma diferenciação ainda maior no tamanho de seu território e de sua população e também uma considerável desigualdade em seus níveis de desenvolvimento. O Quadro 1 apresenta alguns dados básicos em relação a esses aspectos.

Traços gerais

Os traços gerais das sociedades latino-americanas, alguns dos quais aparecem no Quadro 1, combinam as características de

---

2. ROBERT C. KINGSBURY & RONALD M. SCHNEIDER, orgs. (1966).

6 CRISES E ALTERNATIVAS DA AMÉRICA LATINA

subdesenvolvimento (renda *per capita* média de 512 dólares) com as do dualismo social, juntamente com o fato de que a população está fortemente concentrada ao longo das faixas litorâneas, e o interior, particularmente a imensa bacia amazônica, está praticamente desabitado. Deixando para mais adiante a análise estrutural destes traços, podemos apresentar agora alguma indicação da estratificação social dos países latino-americanos. Como se poderia esperar da diversidade de dimensões e rendas mostrada no Quadro 1, Livro III, essa estratificação social também varia consideravelmente de acordo com o nível global de desenvolvimento, a maior ou menor homogeneidade social dos países em questão, e assim por diante. De um modo geral, porém, *a região é caracterizada por uma sociedade dualista* que envolve uma concentração muito grande de riqueza, educação e influência nos 5% superiores da população, parcialmente desfrutados pelos 15% seguintes, e o desamparo completo ou quase que completo do resto da população, particularmente os 50% que constituem sua camada inferior. Tal estratificação expressa uma profunda diferenciação e divisão de classes.

As sociedades latino-americanas atuais estão claramente divididas entre um agrupamento de classe média e alta, que forma a nova classe dirigente, e o resto da população, que forma a massa. A classe superior, entendida em um sentido amplo, representa, em média, cerca de 5% da população e inclui, em formas que variam de acordo com os níveis de desenvolvimento e complexidade do país: 1) os remanescentes do antigo patriciado agrário, 2) a alta burguesia (comercial e industrial) e 3) a alta classe média profissional. A classe média, que representa cerca de 15% da população, apresenta um setor tradicional que inclui um maior ou menor contingente de profissionais liberais, de empregados públicos, de militares e a baixa burguesia, e um setor moderno, que inclui os profissionais e administradores técnicos, alguns deles militares. O resto da população está distribuída entre 1) a baixa classe média, representada principalmente pelos escalões urbanos inferiores da burocracia e pelos empregados de escritórios e 2) a maioria da classe trabalhadora, incluindo os grupos urbanos desempregados e os camponeses.

A medida de concentração da renda representada por essa estratificação pode ser vista no Quadro 2, Livro III. Como se pode observar os Grupos I, II e III, que formam a massa e que representam 80% do total da população, têm acesso apenas a 39,4% da renda nacional e os Grupos IV e V, que formam a nova classe dirigente e que representam 20% da população, controlam mais do que 60% da renda nacional. Esta estratificação, que representa a média regional, é menos acentuada em uns poucos casos, como na Argentina, e é significantemente pior em muitos outros países, como na América Central e nos países menos desenvolvidos da América do Sul: Equador, Peru, Bolívia e Paraguai.

QUADRO 1. *Território, população e indicadores de desenvolvimento da América Latina*

Países	Área (milhares de km²)	População (milhares de habitantes estimativa 1970)	PNB – per capita p/1969 (dólares de 1960)	Urbanização Total da população (2 000 e mais)	Inscrição Inicial como Porcentagem da correspondente população em idade escolar		
					Primária	Secundária	Superior
AMÉRICA DO NORTE							
México	1 969	50 670	677	51	56,7	3,8	1,2
AMÉRICA CENTRAL							
Guatemala	109	5 276	359	31	29,6	5,9	0,8
Honduras	112	2 603	247	31	30,9	2,6	0,6
El Salvador	21	3 441	349	39	48,2	3,6	0,6
Nicarágua	148	2 024	344	34	35,3	3,3	1,1
Costa Rica	51	1 809	570	35	73,8	6,4	1,9
Panamá	76	1 410	740	42	81,1	20,0	2,2
CARAÍBAS							
Cuba	115	8 341	431*	55	45,9	8,1	3,2
República Dominicana	49	4 277	233	31	59,9	5,2	1,0
Haiti	28	5 255	85	13	22,6	0,4	0,3
AMÉRICA DO SUL							
Venezuela	912	10 399	878	63	61,6	5,6	0,8
Colômbia	1 113	20 875	367	46	48,4	5,7	0,9
Equador	270	6 093	323	35	60,4	7,8	1,4
Peru	1 285	13 586	450	47	79,6	8,2	3,0
Bolívia	1 098	4 658	203	30	35,8	5,0	4,9
Chile	742	9 969	671	67	78,5	14,1	9,5
Brasil	8 513	93 292	379	45	49,6	6,0	1,0
Paraguai	407	2 379	272	36	79,0	6,8	1,3
Uruguai	187	2 886	710	82	89,5	13,2	
Argentina	2 808	24 050	950	68	81,8	20,0	5,5
AMÉRICA LATINA	22 015	273 293	512	46	57,0	7,3	1,8

FONTES: Área: **ROBERT C. KINGSBURY & RONALD M. SCHNEIDER**, orgs., *An Atlas of Latin American Affairs* (Nova York, Praeger, 1966), 24 pp.
População e PNB: **CEPAL**, *Estudio Económico de América Latina*, 1968 (E/CN. 12/825, mar. 1969, Quadros 1.2 e 1.6.
*PNB: A renda *per capita* de Cuba se refere ao ano de 1957. Vide **BRUCE M. RUSSET** *et al.*, orgs., *World Handbook of Political and Social Indicators* (New Haven, Conn., Yale University Press, 1964), Tabela 43.
Urbanização e Inscrição de escolas: **CENTRO LATINO-AMERICANO DE PESQUISAS EM CIÊNCIAS SOCIAIS**, *Situação Social da América Latina*, (Rio de Janeiro, 1965), para urbanização, Gráfico V, p. 53 (dados para 1960) e para inscrição da escola, Quadro 41 (dados para 1950).

8 CRISES E ALTERNATIVAS DA AMÉRICA LATINA

Classificação tipológica

A identificação das características estruturais dos países latino-americanos e a mensuração de várias delas permitiram, recentemente, que se fizessem tentativas de sua classificação tipológica. Em outra parte, já tratei desse problema com certa amplitude[3], e apresentarei aqui apenas algumas considerações básicas sobre o assunto. Como em qualquer classificação tipológica, o problema essencial referente à América Latina é a escolha das variáveis mais relevantes com as quais construir a tipologia.

QUADRO 2. *Distribuição e Concentração de Renda na América Latina (Valores para 1965, Expressos em dólares de 1960)*

Grupos de rendas	Participação na renda total (%)	Índice de renda, média nacional = = 100	Média per capita (US$)
I Os 20% inferiores	3,5	18	68
II Os 30% abaixo da média	10,5	35	133
III Os 30% acima da média	25,4 39,4	85	322
IV Os 15% abaixo do superior	29,1	194	740
V Os 5% superiores	31,5 60,6	629	2 400

FONTE: CEPAL, *Estudio Económico de América Latina,* 1968 (E/CN. 12/815, março 1969). Quando 1.8

As tentativas prévias se concentraram em geral em torno de certos conjuntos de indicadores de desenvolvimento econômico, social, cultural e político. Este método é certamente apropriado, desde que o principal propósito de tais tipologias seja permitir análises significativas do desenvolvimento nacional, tanto para comparar os países da área entre si e com outros países, como para medir o adiantamento ou a regressão no correr do tempo. É indispensável, porém, como salientei nos estudos anteriores, levar objetivamente em conta o potencial de viabilidade nacional de cada país. Muitas análises comparadas de países são incompletas porque este aspecto fundamental não foi levado em conta. Há os que, por exemplo, compararão os índices de crescimento de Hong Kong com os da China (em geral para mostrar o quanto está progredindo

3. Vide HÉLIO JAGUARIBE (1968, pp. 66-67). Vide também ROGER VEKEMANS e J.L. SEGUNDO (1962).

DESCRIÇÃO E TIPOLOGIA GERAIS

o primeiro, devido a seu sistema de livre empresa, em face à China comunista) como se Hong Kong pudesse existir, em qualquer sentido significativo, como uma sociedade nacional. O mesmo ocorre no caso da América Latina quando se compara um Estado da América Central ou uma ilha das Caraíbas, nominalmente independente, com a Argentina ou o Brasil, sem levar em conta a questão da viabilidade nacional.

Já se disse o suficiente neste livro (vide os Caps. 11 e 12, Livro II) e em meu livro precedente (1968, p. 35 e ss.) sobre o problema da viabilidade nacional, para que demande elaboração posterior. Lembremos que o conceito de viabilidade nacional é um conceito relativo, que varia de acordo com certas condições, notadamente com o nível histórico da tecnologia e o nível de integração societal. Em função dessas condições, a viabilidade nacional indica disponibilidade suficiente de recursos humanos e naturais e de autonomia societal para seu uso.

Dadas as condições atuais de *permissibilidade internacional,* em termos da nova estratificação social emergente, a avaliação da viabilidade nacional dos países latino-americanos apresenta um contínuo entre duas possibilidades extremas. Um extremo manifesta o fato de que, para todos os propósitos práticos, alguns países não dispõem e não deverão dispor num futuro próximo (em termos históricos, diga-se, dez anos), quer de uma viabilidade nacional própria quer mesmo de acesso autônomo a qualquer forma de *viabilidade coletiva.* O outro extremo indica que uns poucos países dispõem, ou podem potencialmente vir a dispor, num futuro próximo, da condição de viabilidade nacional, seja adquirindo-a ou desenvolvendo-a *individualmente* seja, ao menos, desempenhando o papel de um pólo autônomo de integração em um sistema de viabilidade coletiva. Para o propósito de simplicidade, o primeiro extremo será chamado de *não-viabilidade,* o oposto, de *viabilidade individual relativa*[4]. Uma terceira posição, de certo modo entre as outras duas, será chamada de *viabilidade coletiva mínima.*

A *não-viabilidade* é a condição de um país, em geral um Estado nominalmente independente, que em uma dada época histórica (a presente, para o propósito de nossa atual análise), não possui recursos humanos e naturais suficientes, em função do nível tecnológico da época e de seu próprio nível de integração societal, para assegurar, de modo individual ou coletivo, seu desenvolvimento e sua sobrevivência autônomos e predominantemente endógenos. Esta é também a definição de dependência estrutural externa. Deve se fazer, entretanto, uma distinção relevante entre a viabilidade individual e a coletiva. Poucos países, hoje, desfrutam de viabilidade individual, ainda que relativa. No entanto, não desfrutar de viabilidade coletiva significa que, por diferentes razões, um país não tem nem mesmo acesso autônomo à possibilidade de

---

4. A viabilidade individual não relativa, no atual sistema internacional, como foi discutido anteriormente neste livro, requer a supremacia geral ou regional.

10   CRISES E ALTERNATIVAS DA AMÉRICA LATINA

unir-se de fato a outros países em acordos institucionais mutuamente convenientes (autocontroláveis tais como mercados comuns)
capazes de compensá-los por suas limitações individuais respectivas. Na América Latina, este é o caso dos países da América
Central[5] e das ilhas das Caraíbas; Cuba tem uma posição especial
nesse grupo[6].

A completa viabilidade individual, como foi discutida no
Cap. 12, Livro II, implica primazia geral ou regional. Nenhum país
latino-americano desfrutará dessa condição agora ou num futuro
próximo. A *viabilidade individual relativa,* porém, que envolve
apenas autonomia consolidada, deve ser reconhecida, ao menos
potencialmente e para o futuro próximo, como um *status* alcançá-
vel para o México e a Argentina e particularmente para o Brasil.
Este último desfruta, devido às suas características continentais —
ainda que afetadas de modo substancial por seu baixo nível de
integração societal — da possibilidade de adquirir e de desenvolver
por si mesmo sua viabilidade nacional. O México e a Argentina
provavelmente não virão a satisfazer os requisitos para uma consecução puramente isolada de viabilidade nacional, mas com certeza
têm qualificações para se tornarem pólos integradores, em torno
dos quais poderiam se construir duas integrações sub-regionais. Os
outros países sul-americanos podem realizar de modo potencial,
hoje e num futuro próximo, a posição intermediária de *viabilidade
coletiva,* centralizada em torno de alguns possíveis pólos de integração. Uma primeira integração sub-regional possível, já em
adiantado estágio de preparação, é o subsistema andino, centralizado em torno do Chile e do Peru e incluindo os outros países
andinos.

Além da viabilidade nacional, outro parâmetro relevante para
uma classificação tipológica dos países latino-americanos são os
conjuntos usuais de indicadores econômicos, sociais, culturais e
políticos. Apesar dos méritos apresentados por algumas das tipologias mais elaboradas, tais como a de Vekemans (1962), sugeri em
estudo anterior (1968) que seria vantajoso adotar uma classificação
mais simples, ·diferenciando apenas os países menos desenvolvidos
dos mais desenvolvidos no grupo dos países latino-americanos
viáveis. O agrupamento tipológico baseado nestes dois parâmetros
é apresentado no Quadro 3, Livro III.

---

5. O Mercado Comum Centro-Americano não é um instrumento para a viabilidade coletiva dos países membros, pois é baseado no princípio do livre movimento do
capital privado. Como resultado as empresas norte-americanas controlam as assim chamadas indústrias de integração, e os processos correspondentes de acumulação de capital, de
desenvolvimento tecnológico e de influência política são completamente alheios aos
centro-americanos.

6. Cuba é um caso limite, no que se refere aos recursos naturais e humanos. Em
virtude de sua situação geopolítica, porém, Cuba se defronta com um dilema. A fim de
superar seu subdesenvolvimento sócio-econômico, teve que adotar um modelo socialista
de desenvolvimento, que ocasionou·a hostilidade sistemática dos Estados Unidos, forçando Cuba a depender da proteção da União Soviética. Sua viabilidade nacional, portanto,
é precária, afetada pela dependência política da União Soviética baseada em um instável
modus vivendi soviético-americano.

DESCRIÇÃO E TIPOLOGIA GERAIS

QUADRO 3. *Agrupamentos tipológicos de países latino-americanos*

Viabilidade nacional	(−) Nível relativo de desenvolvimento societal (+)	
	B Países menos desenvolvidos	A Países mais desenvolvidos
I. Viabilidade individual relativa		Brasil México Argentina
II. Viabilidade coletiva	Peru Equador Bolívia Paraguai	Venezuela Colômbia Chile Uruguai
III. Não-viabilidade	Guatemala Honduras Nicarágua Rep. Dominicana Salvador Haiti	Cuba Costa Rica Panamá

Se recordarmos agora o Esquema 2, Livro II, apresentado no Cap. 8, Livro II, veremos, como foi antecipado, que há relacionamento significativo entre o sugerido agrupamento tipológico dos países latino-americanos e os três tipos básicos de subdesenvolvimento. Para comodidade do leitor esse esquema é reproduzido a seguir como Esquema 2a.

ESQUEMA 2a. Tipos é variedades de sociedades subdesenvolvidas

TIPO I. *Sociedades com uma Elite Semifuncional*
I–1. Sociedades tradicionais.
I–2. Sociedades com uma elite dividida.

TIPO II. *Sociedades com uma Elite Não-funcional*
II. Sociedades mantidas por um setor moderno da subelite.

TIPO III. *Sociedades Primitivas ou Arcaicas e Sociedades com uma Elite Disfuncional.*
III–1. Sociedades primitivas ou arcaicas.
III–2. Sociedades desigualitárias coercitivas.
III–2.1. Sociedades com uma elite aristocrática rígida.
III–2.2. Sociedades com uma elite *societas sceleris.*

Os países das Seções A-I e A-II do Quadro 3, Livro III são também aqueles do Grupo I-2 do Esquema 2a, ou seja, países com uma elite dividida. Os países da Seção B-II são os do Grupo II do Esquema 2a, ou seja, sociedades mantidas pelo setor moderno de sua subelite. Os países da Seção B-III correspondem ao Grupo III-2, ou seja, sociedades desigualitárias coercitivas, principalmente da

12   CRISES E ALTERNATIVAS DA AMÉRICA LATINA

espécie de *societas sceleris*. Os países da América Latina não constituem uma exceção à teoria dos modelos políticos operacionais. Veremos que, de acordo com a hipótese discutida no Cap. 8, Livro II, os modelos básicos adequados para estes três grupos de países são, respectivamente, o Nacional-Capitalismo (com elementos do Capitalismo de Estado), o Capitalismo de Estado, e o Socialismo Desenvolvimentista. Com respeito ao último modelo, porém, a não-viabilidade dos países em questão, devida tanto aos seus próprios recursos deficientes quanto à sua localização geopolítica, exclui a aplicabilidade deste modelo. Como já foi discutido, é provável que Cuba seja, durante muito tempo, o único experimento possível deste modelo.

2. Uma Análise Estrutural

Características estruturais

Desde os primeiros estudos da CEPAL sobre as características estruturais da América Latina, nos fins de 1940 e início de 1950, às análises de hoje, existe um consenso imutável entre os estudiosos da região sobre o fato de que o *subdesenvolvimento* é a mais geral e mais proeminente das características estruturais. O fato de que a situação tenha permanecido a mesma por vinte anos é, em si mesmo, grandemente significativo e revela, ao menos, outro traço estrutural importante da região: o *caráter estagnado de seu subdesenvolvimento.*

Como o viu a CEPAL, o subdesenvolvimento latino-americano resultava, sem prejuízo da interferência de outros fatores menos relevantes, da combinação de 1) uma deficiência inerente na formação de capital interno, e 2) de uma insuficiência continuada no suprimento externo de capital estrangeiro[1]. Uma das contribuições mais originais de Raul Prebisch e da CEPAL para a análise do subdesenvolvimento latino-americano foi a identificação e a explicação teórica dessa inerente deficiência na formação de capital interno.

Sob a liderança de Prebisch a CEPAL salientou que tal deficiência foi devida à deterioração secular dos termos de inter-

---

1. Vide *The Economic Development of Latin America and its Principal Problems,* Nações Unidas, 1950 e *International Cooperation in Latin American Development Policy,* (E/CN. 12/359).

14 CRISES E ALTERNATIVAS DA AMÉRICA LATINA

câmbio entre a América Latina e os países desenvolvidos, resultante do modo peculiar pelo qual a região tomou parte no processo da Revolução Industrial, como fornecedora de bens primários e importadora de produtos industriais acabados. Por muitas razões, indicadas pela CEPAL, os preços das mercadorias agrícolas e minerais primárias que a América Latina exportava tendiam a cair, por unidade de peso ou de volume, em face dos preços dos bens manufaturados que esta região importava. Como conseqüência, a América Latina teve que aumentar constantemente o montante de suas exportações, com um acréscimo correspondente no investimento de homens-horas a fim de manter a importação do mesmo montante de bens, criando a condição da proporção constantemente decrescente de capital-produto. A formação interna de capital, portanto, foi posta em tensão por este processo, impedindo a região de acumular capital suficiente para seu desenvolvimento. O suprimento externo de capital estrangeiro, de certo modo, compensaria essa deficiência. Mas a longo prazo, o afluxo líquido de capital estrangeiro foi menor do que as perdas causadas pela deterioração dos termos de intercâmbio. Em anos mais recentes, além do mais, o pagamento de juros sempre crescentes para empréstimos estrangeiros compensatórios em constante expansão superou o influxo de capital estrangeiro e converteu a América Latina em um exportador líquido (mais do que US$ 501 milhões em 1967) de capital[2], agravando definitivamente a insuficiência da formação interna de capital.

Embora essas concepções retenham sua validade ainda hoje, apesar de certas controvérsias sobre as flutuações históricas dos termos de intercâmbio, tanto a CEPAL quanto outros estudiosos da América Latina deslocaram o foco principal de sua atenção para outros aspectos. A explicação dos termos de intercâmbio foi particularmente relevante para o século XIX e início do XX, quando a economia latino-americana era orientada para as exportações. Desde a Depressão de 1930, e particularmente desde o impulso do desenvolvimento da década de 1950, a região — notadamente os países maiores e mais desenvolvidos — começou a se orientar para dentro. O coeficiente de importação em relação ao PNB destes países tornou-se bastante pequeno: 7,8% para o México, 6,6% para a Argentina, 5,6% para o Brasil e 9,9% para a América Latina como um todo[3]. Apesar da remanescente importância da teoria inicial da CEPAL e de sua relevância para uma compreensão da deficiência histórica na formação de capital interno na América Latina, outras hipóteses são necessárias para uma explicação da atual persistência do subdesenvolvimento da América Latina.

---

2. Vide CEPAL, *Integración, Sector Externo y Desarrollo Económico de América Latina*, 1966; vide também CEPAL (1969a, Cap. 3, particularmente Quadros I.53, I.54 e I.55).

3. Vide CEPAL (1969a, Quadro I.16). Esse coeficiente é um bom indicador da medida de industrialização alcançada.

UMA ANÁLISE ESTRUTURAL

Os estudiosos da área estão chegando agora a um novo consenso com referência às características estruturais da região que são atualmente mais proeminentes e a uma explicação, derivada destas características, para a persistência do subdesenvolvimento da região. A nova concepção ressalta o relacionamento circular, de reforço mútuo, entre a *estagnação* e a *marginalidade*, que estão ligados a um processo crescente de *desnacionalização*. Já tive a ocasião de discutir essas três características estruturais principais e atuais da América Latina em outro estudo[4]. Em vista de sua relevância, porém, apresentarei uma sucinta análise das mesmas.

A estagnação latino-americana

Como principal característica estrutural atual da região, a *estagnação* latino-americana, em termos econômicos, é o resultado da exaustão do impulso da substituição às importações, sem a realização de um processo geral de crescimento auto-suficiente. O termo poderia ser usado também, em um sentido mais amplo, para salientar uma falta correspondente, embora sob diferentes formas, de processos auto-suficientes de desenvolvimento cultural, social e político, nos outros planos estruturais societais. Para uma análise estrutural global das sociedades latino-americanas, seria extremamente importante estudar as principais características não econômicas dessa estagnação geral e suas inter-relações. Um tal estudo, porém, expandiria o âmbito da atual investigação para além de seu alcance pretendido. Para os propósitos deste livro será aqui suficiente apresentar algumas indicações básicas referentes à estagnação econômica latino-americana.

Em resumo, essa estagnação pode ser caracterizada pelo fato de que o PNB da região não está crescendo o suficiente, dado seu alto nível de crescimento demográfico (cerca de 3% ao ano), para se aproximar do nível atual *per capita* dos países desenvolvidos, dentro de um período de tempo razoável, diga-se, até os fins do século. A brecha que separa agora a América Latina dos países desenvolvidos está continuamente crescendo, e será muito maior no futuro, se dramáticos aumentos no crescimento, que requerem mudanças estruturais muito amplas e profundas, não forem alcançados rapidamente. O Quadro 4, Livro III, dá uma imagem do crescimento latino-americano desde 1950. O que agrava essa imagem é o fato de que países estratégicos tais como a Argentina e o Brasil estão entre aqueles que tiveram um baixo índice de crescimento na última década, exceto para 1967-1968, como pode ser visto no Quadro 5, Livro III.

Baseado no desenvolvimento passado e em prováveis variações futuras, devidas a mudanças de desenvolvimento, tais como a crescente urbanização, industrialização, educação e assim por

---

4. Vide HÉLIO JAGUARIBE (1969a).

16   CRISES E ALTERNATIVAS DA AMÉRICA LATINA

diante, Herman Kahn e Anthony Wiener (1967, Cap. 3) consideraram índices de crescimento demográfico para várias áreas do mundo, para três períodos sucessivos, 1965-1975, 1975-1985 e 1985-2000. Para a América Latina, a OCDE e os países do Pacto de Varsóvia, chegaram às projeções de população dadas no Quadro 6, Livro III. Devido ao alto índice de crescimento populacional na América Latina, comparado com os índices de crescimento do OCDE e dos países do Pacto de Varsóvia, a primeira necessitaria de um aumento anual de seu produto nacional, extremamente alto a fim de poder gradualmente alcançar os últimos. Como foi visto anteriormente, porém, este não é o caso. O Quadro 7, Livro III, apresenta as extrapolações de Kahn e de Wiener em termos do PNB total e *per capita* para os mesmos períodos de tempo e as mesmas áreas.

Se compararmos a relação entre o produto *per capita* latino-americano em 1965 e os produtos *per capita* do OCDE e dos países do Pacto de Varsóvia, veremos que o do OCDE era de 5,3 vezes e o do Pacto de Varsóvia 3,3 vezes maior.

QUADRO 4. *Crescimento Total e Per Capita do PNB Latino-Americano*

Período	Crescimento do PNB em porcentagem	
	Total	Per Capita
1950–1955	5,1	2,2
1955–1960	4,7	1,7
1960–1965	4,5	1,5
1965–1966	3,0	–
1966–1967	4,5	1,5
1967–1968	5,4	2,4

FONTES: CEPAL *La Evolución Económica de la América Latina en los Ultimos Anos* (E/CN. 12/696) jul., 1964 e *Estudio Económico de América Latina, 1968* (E/CN. 12/825) maio, 1969.

QUADRO 5. *Crescimento do PNB Argentino e Brasileiro em Porcentagem*

Período	Argentina		Brasil	
	Total	Per Capita	Total	Per Capita
1950–1955	3,2	1,0	5,7	2,9
1955–1960	2,7	0,9	5,9	2,9
1960–1965	2,8	1,3	4,9	1,8
1965–1966	2,6	1,1	3,8	0,7
1966–1967	2,0	0,5	4,9	2,0
1967–1968	4,5	3,0	6,0	3,2

FONTE: CEPAL, *Estudio Económico de América Latina.* (E/CN. 12/696), 1964, *Estudio Económico de América Latina 1965*, e *Estudio Económico de América Latina, 1968* (E/CN. 12/825) mar., 1969.

UMA ANÁLISE ESTRUTURAL 17

QUADRO 6. *Previsão da População e do Índice de Crescimento Populacional: 1965–2000 (Total em milhões)*

Áreas	1965		1975		1985		2000
	Total	Cresc. %	Total	Cresc. %	Total	Cresc. %	Total
América Latina	233	2,9	313	2,8	417	2,6	615
OCDE	686	1,0	756	1,0	833	0,9	1160
Pacto de Varsóvia	333	1,1	370	1,1	415	1,0	482

FONTE: HERMAN KAHN & ANTHONY WIENER, *The Year 2000* (Nova York, Macmillan, 1967) p. 151, Quadro 9.

Se compararmos as previsões de Kahn para o ano 2000 com as do Quadro 7, veremos que essas diferenças se elevam de 5,3 vezes a 7,1 vezes para o bloco do Pacto de Varsóvia. O fato de que algumas destas cifras, de um modo ou de outro, possam ser discutíveis é praticamente irrelevante no que se refere às tendências de crescimento e às proporções entre as cifras latino-americanas e as dos blocos capitalista e socialista desenvolvidos[5].

Por que a América Latina sofre esta estagnação estrutural? Em um sentido mais profundo a explicação de tais características estruturais requer um quadro mais amplo e uma análise sócio--histórica de todo o sistema social. Uma breve discussão deste assunto será intentada nos Caps. 3 e 4 deste livro. É possível, porém, dar-se agora uma explicação parcial satisfatória da estagnação estrutural da América Latina em termos econômicos mais restritos. Em rigor, tal explicação já foi sugerida por alguns estudiosos dos assuntos latino-americanos e pelos últimos trabalhos da CEPAL[6].

Em poucas palavras, pode ser dito que a estagnação latino--americana é o resultado da demanda insuficiente dos mercados latino-americanos. Por um lado, as economias latino-americanas não são capazes de usar sua capacidade produtiva ociosa para exportações[7] e, por outro lado, os governos da América Latina não estão dispostos ou são incapazes de se compensarem pela insuficiência da demanda espontânea dos mercados nacionais, através de uma expansão centralmente planejada da economia.

5. A mesma tendência pode ser observada no passado. Em 1850 os países desenvolvidos de hoje tinham rendas *per capita* de cerca de $ 150 (dólares de 1952-1954) e os subdesenvolvidos tinham rendas de cerca de $ 100. Esta é uma relação de 1,5 a 1. Vide OSVALDO SUNKEL (1970b, p. 44). Vide também C. BETTLEHEIM (1970, particularmente Caps. 3 e 4) e S. AMIN (1970) para uma concepção dialética do subdesenvolvimento.

6. Vide MARIA DA CONCEIÇÃO TAVARES (1964, pp. 1-62). Vide também ALDO FERRER (1963), CELSO FURTADO (1969), e SUNKEL (1970a).

7. As insuficiências das exportações latino-americanas podem ser resumidas como resultantes de 1) o pequeno aumento na demanda internacional para suas mercadorias tradicionais, agravado pela tendência não favorável nos termos de intercâmbio e 2) falta de condições competitivas que possibilitam a América Latina de obter uma maior participação no comércio internacional de mercadorias industriais. Este último aspecto é a conseqüência de muitos fatores, incluindo fatos diversos, como, em certos casos, o custo

18 CRISES E ALTERNATIVAS DA AMÉRICA LATINA

Concentrando-nos nos problemas dos mercados nacionais, que são e serão, por muito tempo, o problema mais importante, podemos começar observando o que ocorreu no processo de substituição de importações. Como é bem sabido, com a depressão de 1930 as economias da América Latina não puderam mais importar as mercadorias necessárias para o seu consumo e, portanto, começaram a produzir internamente essas mercadorias, em um processo de substituição de importações que foi acelerado após a Segunda Guerra Mundial. O processo começou espontaneamente. Foi após a Segunda Guerra Mundial que se tornou o objeto de políticas deliberadas, adotadas pela maioria dos governos latino-americanos. Essas políticas criaram toda sorte de créditos fiscais e incentivos de intercâmbio para a industrialização dos países latino-americanos.

No entanto, ao adotar essas políticas — com as raras exceções do primeiro Plano Qüinqüenal de Perón e do segundo governo de Vargas (1950-1954) — os governos latino-americanos supuseram sempre que a iniciativa privada deveria ser o agente primário do desenvolvimento econômico de seu país, reservando para o Estado um papel subsidiário. Os mercados latino-americanos, porém, sofrem de uma dupla limitação. Para a maioria dos países o mercado é pequeno demais, em termos absolutos (veja o Quadro 1, Livro III) e assim incapaz de proporcionar o nível de demanda requerido, nas condições da tecnologia moderna, para uma industrialização integrada. Além do mais, com a exceção da Argentina e do Uruguai (cujas populações são pequenas ou muito pequenas), os países latino-americanos sofrem de um índice muito alto de marginalidade, que neutraliza de 30% a 80% de sua população. Este é o caso dos dois maiores países, Brasil e México, cujas populações, em princípio, seriam suficientes para manter um nível bem adiantado de industrialização. Nestes países, porém, a maioria dos camponeses, que representavam respectivamente 55% e 50% da população em 1960, vivem em economia quase natural, em nível de subsistência e não têm poder aquisitivo para bens industriais, a não ser para algumas roupas muito baratas. Na população urbana, por outro lado, cerca de 50% vive ao nível de salário mínimo, ganhando apenas o suficiente para a alimentação básica, e dessa maneira são também mantidos fora da corrente do consumo industrial. Reduzidos a cerca de 20% de sua população (veja Quadro 2, Livro III, sobre a distribuição de renda) o Brasil e o México também se revelaram incapazes (devido à interferência de outros fatores) de levar seu processo de substituição de importações ao ponto de um crescimento econômico auto-suficiente.

Confrontados com a insuficiente atração de seus mercados, os governos latino-americanos não estiveram dispostos ou foram

---

comparativamente maior e a qualidade menor dos produtos industriais das regiões, e de uma forma geral, as práticas restritivas adotadas pelos países desenvolvidos, incluindo a regulamentação ou manipulação governamental do comércio estrangeiro e as políticas dos escritórios centrais das grandes empresas dos Estados Unidos ou da Europa, em vista de suas filiais latino-americanas.

UMA ANÁLISE ESTRUTURAL   19

QUADRO 7. *Projeções Comparativas do PNB (Totais em Bilhões de Dólares de 1965)*

Áreas	1965		Taxa de Cresc.	1975		Taxa de Cresc.	1985		Taxa de Cresc.	2000	
	Total	per capita		Total	per capita		Total	per capita		Total	per capita
América Latina	86,6	371	4,2	131	419	4,4	202	485	4,6	396	646
OCDE	1 348,2	1966	4,6	2 122	2.808	4,7	3 362	4 039	4,8	6 823	7 120
Pacto de Varsóvia	409,1	1230	5,0	666	1800	5,0	1 085	2 626	5,0	2 256	4 679

FONTE: HERMAN KAHN & ANTHONY WIENER, *The Year 2000* (Nova York, Macmillan, 1967) Quadros 10 e 11

20 CRISES E ALTERNATIVAS DA AMÉRICA LATINA

incapazes de transferir a principal responsabilidade pelo desenvolvimento econômico ao setor público. Alguns destes governos, tal como o de Kubitschek no Brasil, tentaram realmente fazê-lo. Kubitschek, porém, nunca recebeu suficiente apoio externo dos organismos financiadores americanos e internacionais, e internamente nunca obteve apoio do Congresso para que pudesse elevar os impostos. Como conseqüência, foi obrigado a aceitar crédito de provedores estrangeiros, a curto prazo e a altas taxas de juros, a fim de financiar os pagamentos externos de seu programa de desenvolvimento. E internamente, foi forçado a recorrer a medidas inflacionárias para produzir os meios financeiros requeridos[8]. De modo previsível, o débito externo crescente e a espiral inflacionária nacional impediram a continuação dos métodos de desenvolvimento de Kubitschek pelos governos que o sucederam. O Brasil foi levado ao umbral do desenvolvimento auto-sustentado, nos finais da década de 1950, apenas para ser forçado a retroceder, na década de 1960.

Marginalidade

A marginalidade, a segunda característica estrutural atualmente sob nossa inquirição, já foi mencionada em nossa análise. Como foi observado, os mercados latino-americanos, mesmo nos grandes países tais como o Brasil e o México, são reduzidos a cerca de 20% de seu tamanho pela condição marginal da maior parte de sua população.

Podemos falar de marginalidade na América Latina em três sentidos diferentes. Primeiro e basicamente, expressa o fato de que a grande maioria das populações latino-americanas se compõem de pessoas marginais em termos de sua participação econômica, social, cultural, e política, tanto como produtores quanto como consumidores. Segundo, expressa o fato de que, devido à concentração geográfica das áreas modernas e mais prósperas, em cada país latino-americano, a maioria de suas regiões territoriais são marginais, relativamente a uma região privilegiada ou, no caso do Brasil, a uma faixa costeira centro-sul privilegiada. Terceiro, a marginalidade expressa também o fato de que o desnível intra--regional entre a maior parte dos países latino-americanos, em face dos poucos mais desenvolvidos, e o desnível inter-regional entre a América Latina como um todo e o hemisfério norte, estão constantemente aumentando, com a resultante marginalização dos países latino-americanos.

Para os propósitos deste estudo será suficiente considerar-se apenas, e de uma forma sucinta, o primeiro e principal sentido de marginalidade. Já apresentamos alguns dos principais dados sobre a

---

8. Sobre o Plano de Metas de Kubitschek vide JAGUARIBE (1968, Caps. 11 e 12). Vide também a tese de doutoramento de Celso Lafer, apresentada na Escola Graduada de Ciência Política da Universidade de Cornell (1970).

UMA ANÁLISE ESTRUTURAL

mesma. Como pode ser visto no Quadro 1 a América Latina é ainda muito rural[9] e, o que é pior, muito carente de educação. Apenas 57% da população de idade escolar apropriada (5 a 14 anos) estavam registrados no grau inicial das escolas primárias em 1950. A inscrição inicial melhorou de 37,7% em 1960, e provavelmente ainda mais em anos posteriores. A maior parte das crianças, porém, ainda malogram em passar além dos dois primeiros anos, e muito poucas são capazes de completar a escola primária. Eis por que, entre outras razões, apenas 7,3% das crianças de idade escolar apropriada (15 a 19 anos) estavam inscritas no grau inicial da escola secundária em 1950[10]. Além do mais, como foi indicado no Quadro 2, Livro III, 80% da população latino-americana recebe apenas 39,4% da renda da região, sendo que a maior parte deste grupo vive com rendas *per capita* de cerca de 100 dólares por ano.

O quadro da marginalidade latino-americana pode ser caracterizado, de uma forma geral, pelos seguintes principais traços (estimativas para 1969): 1) nível de produtividade geral e/ou renda extremamente baixos para cerca de 80% do total da população (vide Quadro 2, Livro III); 2) índice de desemprego e subemprego rural muito alto, estimado em cerca de 32,6% da mão-de-obra agrícola, que representa 42,2% da população trabalhadora; 3) índices relativamente altos de desemprego nos setores de mineração (19%), manufatura (16,7%), e comércio e finanças (19%); 4) alto índice de desemprego no setor de serviços urbanos gerais (35,7%); 5) desemprego praticamente total do setor marginal urbano, que representa 5,6% da população ativa total; e 6) índice de desemprego global muito alto para o total da população, representando 30,4% da mesma[11].

Estas cifras expressam, finalmente, uma estrutura econômica caracterizada 1) por muito baixa produtividade agrícola e incapacidade de proporcionar emprego para um terço da mão-de-obra rural e 2) pelo fato de que a indústria e os serviços urbanos mais produtivos não são capazes de gerar empregos suficientes para a população urbana e de receber o excesso desempregado do setor agrícola. Em 1950 a agricultura representava 53,4% da população ativa, e a produção de bens e serviços básicos não agrícolas ocupava 23,5% desta população. As estimativas para 1969 (CEPAL, 1969a, Quadro I.21) indicam uma redução da população agrícola para 42,2%, enquanto que a produção de bens e serviços básicos não agrícolas permaneceu quase que imutada, representando apenas 24,8%.

---

9. As cifras no Quadro 1, Livro III, correspondem a 1960. Para 1968, as estimativas da CEPAL são de que a população rural é de 45,8% do total. Vide CEPAL (1969a, Quadro I.20).

10. Vide CENTRO LATINO-AMERICANO de Pesquisas em Ciências Sociais, *Situação Social da América Latina* (Rio de Janeiro, 1965), Cap. 2.

11. Vide CEPAL (1969a, pp. 52 e ss., particularmente Quadro I.24, baseado no estudo do ILPES, INST/5,5/6,3, particularmente seu Quadro I.20).

22   CRISES E ALTERNATIVAS DA AMÉRICA LATINA

O resultado desta situação é um rápido aumento na marginalidade urbana e a inundação das capitais e das grandes cidades latino-americanas por uma população não-especializada e desocupada, vivendo da assistência dos serviços públicos e de ocupações marginais eventuais, como a de engraxate. A marginalidade urbana estrita, que representava 2,3% da população ativa em 1950, aumentou em 1969 para 5,6%, ou seja, mais do que duplicou.

Como se tornou claro da análise combinada da *estagnação* e da *marginalidade* na América Latina, os dois fenômenos se reforçam mutuamente em um processo de causação circular. Nas condições de uma economia de mercado, a marginalidade impede ou limita e distorce a expansão industrial, devido à demanda insuficiente, e contribui em várias formas para o aumento nos custos de operação da economia e para o decréscimo de sua produtividade. A resultante estagnação, que perpetua as condições de subdesenvolvimento, impede um aumento significante na formação de capital nacional e nos esforços educacionais, que, juntamente com outros fatores, funciona de modo a manter ou agravar o índice de marginalidade.

Desnacionalização

A terceira e principal característica estrutural dos países latino-americanos, a *desnacionalização*, expressa, dentro das condições internacionais inerentes à nossa época, uma conseqüência que está intimamente relacionada com o complexo estagnação-marginalidade. Tentarei, como com as outras características, apresentar uma análise sucinta da desnacionalização.

Como ocorre com a estagnação, o processo de desnacionalização afeta toda a trama das sociedades latino-americanas. Existe, tanto quanto uma desnacionalização econômica, uma desnacionalização cultural e uma político-militar. Com respeito á desnacionalização, porém, não podemos incluir seus outros aspectos, mesmo para fins de simplicidade, no aspecto econômico, como o fizemos em nosso breve estudo sobre o problema da estagnação. A estagnação pode ser predominantemente observada como um processo econômico, mas os três aspectos da desnacionalização devem ser analisados, ainda que de modo breve, por suas próprias características.

Falando-se em termos genéricos e no que se refere ao Estado nacional, o processo de desnacionalização, em qualquer uma de suas três variedades principais, consiste na transferência real do controle sobre decisões ou fatores relevantes e condições que os afetam, de atores leais ou favoráveis a uma nação, a atores leais ou favoráveis a outra nação. Não é relevante, para o processo de desnacionalização, se o processo ocorre *de jure* e de um modo oficial (como nos casos de transferência legal do controle) ou como uma situação *de facto,* de forma deliberada ou espontânea. Não é importante, também, que os agentes que detenham o controle

UMA ANÁLISE ESTRUTURAL

sejam formalmente cidadãos de outro país. O que é essencial, por um lado, é o exercício efetivo do controle, seja qual for sua forma, de decisões societalmente relevantes e, por outro lado, o fato de que os agentes do controle, independente de outras considerações, sejam leais a outra nação e/ou procedam de uma forma que tenda realmente a favorecer essa outra nação.

Os aspectos gerais e teóricos desta questão foram suficientemente discutidos no Cap. 11, Livro II. Recordemos apenas duas de nossas conclusões referentes às condições da viabilidade nacional, a qual por sua vez, é o requisito básico para qualquer processo bem sucedido de desenvolvimento societal e político. A primeira das conclusões que deve ser ressaltada agora é que a viabilidade nacional, além de ser determinada pelo nível de recursos naturais e humanos disponíveis, é também função da capacidade política da sociedade em questão. Essa capacidade política envolve o grau de compromisso nacional da sociedade e está relacionada com o grau de funcionalidade da elite, que é finalmente dependente do grau de congruência e complementação que se verifique entre os quatro conjuntos de papéis de elite (cultural, social, político e econômico). A segunda conclusão a ser recordada é que a congruência básica entre os interesses e valores dos quatro conjuntos de elites requer sua fidelidade nacional e, portanto, não é compatível com qualquer processo de desnacionalização que afete de um modo significante qualquer destas elites.

Como se pode ver, o problema da desnacionalização é da maior importância para as possibilidades futuras de desenvolvimento dos países latino-americanos. De acordo com a medida pela qual a nacionalização afete as elites latino-americanas e seja ou não contenível e reversível, a viabilidade nacional destes países será afetada de modo correspondente e, com ela, a possibilidade de seu desenvolvimento nacional.

Como já foi mencionado, o processo de desnacionalização apresenta três variedades distintas (econômica, cultural e político-militar), cada uma das quais deve ser considerada especificamente. Seja-nos dado discutir brevemente cada uma delas.

Desnacionalização econômica

Até recentemente, a desnacionalização econômica foi ignorada ou evitada pela maior parte dos estudiosos e funcionários públicos, e relegado seu tratamento aos polemistas radicais. Apenas os aspectos de desnacionalização econômica relacionados com os débitos externos foram assinalados e discutidos, e ainda assim em termos de simples contabilidade financeira, evitando-se cuidadosamente suas implicações políticas. No que se refere ao crescente controle dos setores mais estratégicos e dinâmicos das economias latino-americanas pelas assim chamadas corporações multinacionais havia, até há alguns anos, um silêncio persisitente. Nem os

24 CRISES E ALTERNATIVAS DA AMÉRICA LATINA

países latino-americanos, nem mesmo agências especializadas como a CEPAL e o ILPES, dispõem de registros ou dados referentes à extensão do controle externo sobre relevantes atividades e firmas econômicas na região. A informação disponível, fornecida principalmente por fontes norte-americanas, se refere ao investimento do capital privado norte-americano, além de empréstimos públicos e privados, nos países receptores, sem indicação da importância relativa desses investimentos nos setores correspondentes.

O primeiro aspecto do processo de desnacionalização econômica a chamar a atenção dos estudiosos da América Latina, como se indicou anteriormente, foi o crescente endividamento da região. E ainda que este assunto fosse mantido ascepticamente dentro dos simples limites das considerações do balanço de pagamentos, da magnitude dos montantes envolvidos, bem como seu índice de crescimento, causou preocupação crescente. Como podemos observar a partir dos estudos da CEPAL, a soma acumulada do financiamento a longo prazo, no período de 1951 a 1955, montava em 597,3 milhões de dólares. Acrescentando-se a isto o valor do investimento estrangeiro direto para o mesmo período, que foi de 1715,5 milhões de dólares, temos um total de 2312,8 milhões de dólares[12]. No período de 1955 a 1966 o montante do débito latino-americano para empréstimos a longo prazo aumentou para 24840 milhões de dólares, e o valor de investimento direto subiu para 6668,4 milhões de dólares, representando um total de 31507,4 milhões de dólares.

Como resultado, a porcentagem de créditos latino-americanos para exportações e serviços envolvida, a serviço do capital estrangeiro e da amortização de empréstimos, se elevou de 20,7% em 1955 para 35% em 1966. Em 1968, de um total de 18 bilhões de dólares em créditos de exportações e serviços, 8 bilhões de dólares foram usados para o serviço do débito externo[13].

Embora de modo menos espetacular do que os empréstimos a longo prazo, os valores dos investimentos norte-americanos diretos na América Latina cresceram muito rapidamente e alcançaram cifras impressionantes, tanto de modo absoluto quanto comparativo. O investimento privado norte-americano nas indústrias manufatureiras latino-americanas, que montava em 780 milhões de dólares em 1950, aumentou para 3077 milhões de dólares em 1966. As cifras para o investimento privado global norte-americano direto na região em 1966 são apresentadas no Quadro 8, Livro III.

Naquele ano o montante total do investimento privado direto norte-americano nas regiões subdesenvolvidas somava 15781 milhões de dólares, dos quais 2028 milhões de dólares foram investidos na África (incluindo a África do Sul) e 3891 milhões de dólares na Ásia. A América Latina, isoladamente, representava cerca de dois terços desses investimentos. Apesar dessas cifras

---

12. Vide CEPAL (1963b, v. 2, p.1, Quadro 76).
13. Vide CEPAL (1969a, v. 1, pp. 172 e 173).

QUADRO 8. Investimentos Norte-Americanos Diretos na América Latina
(Estimativas para 1966, em milhões de dólares)

Países	Total	Mineração e fundição	Petróleo	Manufatura	Outras indústrias
América Latina	9 853	1 117	2 759	3 077	2 701
México	1 244	108	42	797	297
Argentina	1 031	*	*	652	379
Brasil	1 246	58	69	846	273
Chile	844	494	*	51	299
Colômbia	576	*	277	194	105
Peru	518	262	29	93	135
Venezuela	2 678	*	1 922	293	462
Outros países	1 716	66	413	151	1 087

* Combinados em "outras indústrias".
FONTE: Statistical Abstract of the United States, Quadro 1202, set. 1968, Departamento de Comércio

26   CRISES E ALTERNATIVAS DA AMÉRICA LATINA

importantes, porém, a relativa significação dos investimentos norte-americanos na América Latina tendeu a ser gravemente subestimada, até muito recentemente, devido à prática de se as avaliar em termos da medida do PNB. Comparados com o PNB da região, de cerca de 134,3 bilhões de dólares (em dólares de 1960), no fim da década de 1960, esses investimentos não pareceram decisivos. Ocorre, porém, que esses investimentos estão fortemente concentrados nas filiais locais de umas poucas supercorporações e são aplicados de preferência nas indústrias mais dinâmicas, onde desempenham papéis liderantes e de controle.

O estudo da relativa posição do capital norte-americano na indústria latino-americana é ainda bastante incipiente e apenas agora está começando a ser realizado de forma sistemática. Como já foi indicado, os dados estatísticos existentes não diferenciam entre investimentos nacionais e estrangeiros, no que se refere à propriedade e controle. E os negócios estrangeiros tendem a se proteger sob o manto do anonimato.

Apesar dessas dificuldades, certas pesquisas sobre os três países mais importantes, com respeito a investimentos estrangeiros na América Latina, confirmam a suposição de que os setores e firmas dinâmicos da indústria da região já são controlados por supercorporações estrangeiras, principalmente norte-americanas.

No México, apesar da política nacionalista oficial há muito prevalecente, um estudo das maiores corporações industriais por José Luis Ceceña, a que faz referência Pablo González Casanova, mostrou que a maioria dessas corporações são de controle estrangeiro[14]. No estudo, as corporações foram consideradas em quatro grupos, compreendendo as 100, as 200, as 300 e as 400 maiores. Em cada caso as firmas estrangeiras representavam mais do que 50% do grupo. As cifras para o maior grupo são mostradas no Quadro 9.

No Brasil, uma equipe de pesquisas dirigidas pelo sociólogo Maurício Vinhas de Queiroz, em 1962, estudou os grupos privados "multibilionários" e "bilionários" — assim classificados conforme seu capital e reservas, em cruzeiros daquele ano[15], fosse maior do que 4 bilhões de cruzeiros (cerca de 10 milhões de dólares pelo câmbio de 1962) ou entre 1 e 4 bilhões de cruzeiros, respectivamente. Essa equipe chegou a conclusões semelhantes às de Ceceña, como pode ser visto no Quadro 10, Livro III.

Dos 55 grupos compreendidos no nível multibilionário, 31 grupos (controlando 234 firmas) e representando 56,4% daquele universo, eram estrangeiros ou mistos. Os grupos estrangeiros estavam fortemente concentrados na indústria, particularmente nos setores mais dinâmicos de bens duráveis e de indústria básica.

---

14. Vide também F. CARMONA et al. (1920, pp. 70 e ss.).
15. Cifras em cruzeiros velhos. O cruzeiro novo, adotado em 1967, vale 1000 cruzeiros velhos.

UMA ANÁLISE ESTRUTURAL

Além do mais, foi descoberto que 62% dos grupos brasileiros dessa categoria tinham participação e licenças estrangeiras e diretorias mistas.

Na Argentina, uma investigação conduzida por Julián Delgado, em 1964[16], das 50 maiores corporações industriais do país, classificadas pelo valor de sua produção, mostrou que as companhias argentinas responsáveis por vendas que totalizavam 579 milhões de pesos, representavam 49% do grande total. Destas firmas nacionais, as privadas, com vendas totais de 183 milhões de pesos, representavam apenas 15%, e as firmas públicas, com vendas totais de 396 milhões de pesos, constituíam 34%. As companhias estrangeiras, com vendas totais de 604 milhões de pesos, representavam 51% do total geral.

Pode haver poucas dúvidas de que esta tendência seja típica para toda a região e está mostrando propensão a aumentar rapidamente, com a correspondente desnacionalização dos setores estratégicos da economia latino-americana.

QUADRO 9. *Controle das 400 Maiores Companhias Industriais no México*

Nacionalidade	Número	Vendas em milhares de pesos	%
Estrangeiras			
Controle estrangeiro	161	15 788	36,20
Forte participação estrangeira	71	7 796	17,86
	232		54,06
Mexicanas			
Privadas	132	9 215	21,09
Públicas	36	10 844	24,85
	168		45,94
	400		100,00

FONTE: **PABLO GONZALES CASANOVA,** *La Democracia en México* (Cidade do México, Ediciones Era, 1965), Quadro XVIII; baseado em dados de **JOSÉ LUIS CECEÑA,** *Los Monopolios en México* (México, 1952).

A predominância das companhias estrangeiras é ainda mais proeminente se se levar em conta, por um lado, a relativa falta de importância das firmas privadas em comparação com as firmas nacionais e, por outro lado, a posição especial das firmas públicas. Na realidade, a tendência na América Latina na última década tem sido de restringir as firmas públicas — com a exceção de uns poucos monopólios estatais importantes, tais como o do petróleo no

---

16. Vide JULIÁN DELGADO, El Desafío a la Argentina, *Primera Plana* (Buenos Aires, 3 de setembro de 1964), n.º 297, pp. 35 e ss.

28 CRISES E ALTERNATIVAS DA AMÉRICA LATINA

México e no Brasil ou o da energia elétrica no México — para a indústria básica, operando com um regime de lucros bastante baixos, e a serviços industriais, tais como ferrovias, muito freqüentemente não operando em termos de lucro. Isto significa, em outras palavras, que a fração mais importante das firmas nacionais, as públicas, foi orientada para operar como um mecanismo de transferência indireta de renda ao setor privado, onde a predominância dos grupos estrangeiros é ainda maior. E o que é mais importante, isto também significa que *os mecanismos nacionais para gerar recursos de livre circulação foram praticamente sufocados na América Latina com a transferência de seu papel a agentes não nacionais, e a conseqüente orientação não nacional desse processo.*

Somos confrontados aqui com um dos problemas mais cruciais das modernas sociedades de massa, que está na própria raiz do problema da desnacionalização econômica, mas ao qual não foi dado ainda a devida atenção: *os mecanismos para a formação de recursos de livre circulação* e as formas pelas quais tais *recursos são canalizados subseqüentemente para promover e apoiar insumos sociais e políticos relevantes.*

QUADRO 10. *Grupos "Multibilionários" Brasileiros em 1962.*

	Brasileiros		Estrangeiros		Mistos
	Total	%	Total	%	
Não industriais					
Exportação-importação, bancos, seguros, investimentos e serviços industriais	8	33,4	6	21,8	1
Industriais					
a. Bens de consumo não duráveis	8	33,2	5	17,2	
b. Bens de consumo duráveis	1	4,2	7	24,1	
c. Maquinaria pesada	1	4,2	4	13,8	
d. Indústria básica	6	25,0	7	24,1	1
Subtotal	16	66,6	23	79,1	1
Total	24	100,0	29	100,0	2

FONTE: MAURÍCIO VINHAS DE QUEIROZ *et al*, Grupos Econômicos. *Revista do Instituto de Ciências,* Rio de Janeiro (dez. 1965), v. 2, n. 1, pp.43 e ss.; *apud* LUCIANO MARTINS, Industrialização, Burguesia Nacional e Desenvolvimento (Rio de Janeiro, Ed. Saga, 1968).

Seria impossível, no presente contexto, elaborar mais extensamente esse fascinante assunto, que foi considerado, num nível maior de abstração, no Cap. 11, Livro II. Seja-me dado apenas

UMA ANÁLISE ESTRUTURAL

indicar, de forma esquemática, o que considero o aspecto essencial da questão. Consiste, em última análise, no fato de que a moderna sociedade de massas, de modo diferente da sociedade tradicional do Ancien Régime ou da sociedade restrita do Estado liberal burguês, não é orientada por suas tradições, como a anterior, e não possui, como a última, uma pequena classe de homens ricos e educados que têm tanto inclinação quanto recursos para se dedicarem ao governo de seu sistema político, seja qual for o preconceito de classe que possam levar a ele. Na moderna sociedade de massas a função de criar, elaborar e difundir as expectativas e orientações sociais e políticas, que se tornarão o fator mais relevante e configurativo dos insumos que alimentarão as várias burocracias e seus processos de formulação de decisão, *não é atribuída especificamente a ninguém.* Tais expectativas e orientações tendem a resultar, principal, embora não exclusivamente, dos usos dados aos recursos de livre circulação gerados em tal sociedade. Estes recursos de livre circulação são gerados principalmente por firmas comerciais (públicas ou privadas) e são representados, em economias de mercado, pelos fundos que podem ser usados pelos administradores sob os rótulos gerais de promoção e publicidade. O uso e a orientação dados, explícita ou implicitamente, com graus variantes de consciência e de decisão, a esses fundos, expressarão em muitas formas, através dos meios de comunicação de massas, através das atividades dos intelectuais e políticos, e através do trabalho de toda a sorte de organismos, todos os tipos de insumos ao sistema social, criando expectativas, demandas e orientações que condicionam os centros de formulação de decisão, particularmente os políticos.

O processo pelo qual os recursos de livre circulação, gerados pelas firmas comerciais, são finalmente convertidos em decisões políticas, é muito complexo e está em geral muito afastado de ser direto e unilinear, como vimos no Cap. 5, Livro I. No entanto, neste processo, particularmente nas economias de mercado, os agentes econômicos que geram tais recursos desempenham um papel muito importante, sejam quais forem os fatores de complicação que intervenham entre suas intenções e os resultados produzidos. É devido a isto que a elite econômica é tão importante e o grau de sua congruência com as outras elites é tão relevante. Daí, do ponto de vista da autopreservação e desenvolvimento nacionais, a importância correspondente do compromisso nacional da elite econômica.

A regulamentação dos recursos de livre circulação gerados por firmas públicas, se revelou algo de muito complicado para os Estados modernos. Nos Estados totalitários ou fortemente centralizados, o grupo político governante, seja como chefes dos partidos oficiais, como titulares dos papéis governamentais, ou como altos chefes militares, tende a se apropriar desses fundos e a manipulá--los para se assegurar, tanto quanto possível, do monopólio sobre a criação de insumos relevantes, aumentando dessa maneira sua autonomia de decisão. Em sociedades orientadas para o mercado,

30 CRISES E ALTERNATIVAS DA AMÉRICA LATINA

aìnda que de caráter autoritário, como as da América Latina o são, basicamente, nos dias de hoje, a tendência — na medida em que não for distorcida por políticas de clientela ou por corrupção — é tratar burocraticamente os recursos de livre circulação gerados por firmas públicas, como ingressos públicos que devem ser reinvestidos nessas firmas ou em alguma outra parte, e desse modo neutralizar tais firmas como fontes de insumos políticos. Os grupos liderantes nos Estados latino-americanos, apesar do usual caráter fortemente autoritário de seu governo, preferem aumentar sua autonomia de decisão pela pura eliminação da competição política e da livre discussão, antes do que (como nos Estados Unidos) pela manipulação mais sofisticada de insumos relevantes, através do uso apropriado dos recursos de livre circulação.

Como conseqüência da substancial redução na importância das firmas privadas nacionais e da neutralização da capacidade das firmas públicas de gerar' insumos políticos, o fato de que as firmas estrangeiras privadas tenham uma posição de maioria controlada nas indústrias mais estratégicas da América Latina, dá-lhes o controle quase que exclusivo do uso político dos recursos de livre circulação gerados na área. E esta é uma das conseqüências-chaves da desnacionalização econômica, e em grande medida, uma explicação de como esse processo se reforça por si mesmo.

Desnacionalização cultural

A segunda variedade de desnacionalização na América Latina se refere à sua cultura, particularmente em termos de ciência e tecnologia. Este aspecto da desnacionalização representa uma das características estruturais originais da região, que sempre tendeu a ser culturalmente dependente, e pode ser considerada coextensiva com seu subdesenvolvimento.

Como é bem sabido, o desenvolvimento da ciência e da tecnologia em uma sociedade envolve duas condições distintas: 1) a existência, em sua cultura, de idéias e motivações conducentes a uma concepção científica do mundo 'e à sua manipulação técnica e 2) a existência, nessa sociedade, de condições institucionais que permitam e estimulem a pesquisa científica e sua proveitosa aplicação tecnológica. Uma asserção dificilmente disputável é a de que as sociedades latino-americanas mostraram pouco dessas duas condições no seu passado. As razões disto serão discutidas brevemente nos Caps. 3 e 4, Livro III. O que é relevante, agora, é que as mudanças introduzidas na América Latina, desde a crise de 1930, alteraram esse estado de coisas e criaram novas possibilidades e demandas intelectuais e práticas para a ciência e a tecnologia. A natureza muito repentina desta mudança, porém, e da urgência que caracterizou a emergente demanda de tecnologia na América Latina, conduziu a mesma a se satisfazer cóm a importação da tecnologia já feita dos países desenvolvidos, na forma de equipamentos, patentes, desenhos e fórmulas prontos para o uso, bem como de

UMA ANÁLISE ESTRUTURAL   31

peritos estrangeiros. A mesma situação levou a juventude latino-americana a procurar as universidades estrangeiras para os conhecimentos e o *status* que as universidades locais não lhes podiam dar.

O que se mostrou particularmente sério, nestas condições, é o fato de que a importação do conhecimento, tanto em termos de equipamentos e fórmulas, quanto em termos de educação estrangeira, tornou-se repetitiva e auto-agravante. Os países latino-americanos, de modo diferente do Japão Meiji, da Rússia soviética da década de 1920 e 1930 e, nos dias de hoje, da China, não foram capazes, até agora, de transplantar para suas próprias terras uma capacidade auto-expansiva para a criação científica e tecnológica. Como conseqüência, dada a forma pela qual o processo de substituição de importações foi levado a efeito, em condições de dependência de firmas estrangeiras, resultantes da desnacionalização da elite econômica e da falta de orientação apropriada de parte da elite política, a dependência científica e tecnológica latino-americana está crescendo rapidamente, ao invés de ser superada.

Entre as muitas conseqüências relevantes da desnacionalização cultural, na esfera científico-tecnológica, uma das mais negativas para a sociedade em questão é a perda gradual de funcionalidade que afeta sua elite cultural, como um grupo nacional. O papel funcional básico das elites culturais — *a formulação e interpretação das crenças de sua cultura, conforme os requisitos da época e as necessidades da sociedade em questão* — apresenta diferentes formas em diferentes condições sócio-históricas. Para uma sociedade primitiva essa função envolve essencialmente os encantamentos mágicos que preservam a ordem física e moral e a real sobrevivência da sociedade. Para uma sociedade moderna essa função contém toda a sorte de implicações científicas e tecnológicas. Uma vez que as demandas de racionalização econômica são endereçadas apenas marginalmente à elite nacional, pois o conhecimento e a especialização científicos e tecnológicos são proporcionados a partir de fora, a elite cultural perde sua funcionalidade econômica. Isto ocasiona a deterioração de seus outros papéis (vide o Quadro 19, Livro I) tais como o de formulação e administração, no plano político, dos critérios de legitimidade, e no-plano social, dos critérios de respeitabilidade.

Existe uma profunda e necessária inter-relação, que foi salientada no Cap. 11, Livro II, entre as elites de cada um dos subsistemas societais e suas funções básicas. Uma desnacionalização cultural (reforçada de modo circular pela desnacionalização econômica) que priva a elite cultural nacional de seus serviços econômicos e finalmente de seu significado geral, também priva à elite política de seus critérios de legitimidade, tornando seu governo cada vez mais dependente dos meios coercitivos. Este processo tende também a afetar, independente de outros fatores, a orientação nacional da elite política, gerando muitas conseqüências disfuncionais concomitantes. E dessa maneira, temos na América

32 CRISES E ALTERNATIVAS DA AMÉRICA LATINA

Latina processos que se agravam reciprocamente, de desnacionalização e perda de funcionalidade da elite. Estes processos estão refletidos no fato de que os papéis da elite econômica são desempenhados cada vez mais por capitais estrangeiros, os papéis da elite cultural pelas universidades estrangeiras de maior prestígio, e os papéis da elite política por militares.

Desnacionalização político-militar

A última forma de desnacionalização que temos que estudar se refere a sua dimensão político-militar. Já vimos que as três variedades de desnacionalização são inter-relacionadas e se reforçam mutuamente. Apesar disto, cada uma dessas variedades tem suas próprias especificações e a político-militar não é exceção.

Falar-se da desnacionalização político-militar latino-americana é se referir a um duplo processo: 1) o processo que levou a maioria das forças armadas latino-americanas, particularmente os exércitos locais, a tomarem e controlarem o governo de seus países através da força militar e 2) o processo que levou os militares latino-americanos, com poucas exceções, a depender dos Estados Unidos e a seguir, em suas principais linhas, as políticas e recomendações do estabelecimento americano de defesa. Esses dois processos são inter-relacionados. A capacidade das forças militares da América Latina de tomar e manter o poder em seus próprios países é sensivelmente acentuada pelas facilidades e apoio que lhes são proporcionados pelo sistema de defesa norte-americano e, ao mesmo tempo, a vantagem deste sistema de ter controle ou influência sobre os militares latino-americanos é aumentada de modo significativo pela tomada dos governos locais pelos militares.

A desnacionalização político-militar da América Latina foi estudada ainda menos do que as duas outras formas de desnacionalização. O muro de sigilo que cerca em geral os assuntos militares torna muito difícil, para os de fora, estudar aspectos internos de tais processos, como a desnacionalização militar; e o fato de que a desnacionalização militar ainda não constitua uma ocorrência completamente realizada, no que diz respeito aos próprios militares latino-americanos, impede seu estudo interno pelos próprios militares. Gostem ou não do fato, os homens de negócios latino-americanos não ignoram que se tornaram dependentes do mundo americano de negócios e que o capital, a tecnologia, os peritos e as empresas norte-americanas têm uma influência controladora sobre as economias latino-americanas. Os intelectuais, na América Latina, são os primeiros a reconhecer a impressionante influência cultural estrangeira em seus países e a medida em que são dependentes da ciência e tecnologia estrangeiras. Os militares latino--americanos, porém, comprometidos profissionalmente com a idéia de patriotismo, de defesa e segurança nacionais, e considerando-se como os garantes específicos desses valores, não vêem de modo

UMA ANÁLISE ESTRUTURAL

algum suas atividades como envolvendo qualquer efeito de desnacionalização. Os militares reconhecem, evidentemente, a existência de muitos elos objetivos de dependência entre os sistemas de defesa nacional da América Latina e o norte-americano. Estes elos, porém, chamados de modo eufemista de elos de interdependência, são considerados pelos militares como uma forma útil de reforçar as capacidades de defesa dos países latino-americanos. A suposição fundamental dos militares é de que as duas Américas têm um interesse comum básico, muito mais importante que os eventuais pontos de conflito, e que estão dedicadas igualmente a uma luta de vida ou morte contra o mesmo inimigo, o ''comunismo internacional'', tanto como um perigo militar quanto como um risco de subversão interna.

Sejam quais forem as dificuldades de obter dados específicos, a compreensão desses dois aspectos interligados da desnacionalização político-militar latino-americana (controle dos governos nacionais pelos militares e dos militares pelos Estados Unidos), requer a compreensão de dois aspectos distintos mas interligados da política latino-americana: 1) as razões pelas quais, com poucas exceções[17], as forças militares latino-americanas, particularmente no curso da última década, foram levadas, e com êxito, a tomar o controle de seus governos e praticamente de todo o sistema político de seus países e 2) as razões pelas quais, com ainda menos exceções (Peru) tendo alcançado em resultado, foram levados a adotar a orientação e as políticas que na prática vieram a seguir. A discussão destas duas questões — da qual já tratei brevemente em outro estudo[18] — necessitaria de uma abordagem muito mais ampla e complexa do que é possível fazê-lo no contexto do presente tópico.

A primeira questão se refere ao processo político geral dos países latino-americanos em nossa época e está intimamente ligada a toda a história da região. Far-se-á uma tentativa sucinta de analisar os aspectos mais relevantes, na Seção B. A segunda questão, em muitas formas relacionada com a primeira, requer a compreensão da ideologia e dos interesses corporativos dos militares latino-americanos, que serão apresentados brevemente abaixo. Um tratamento conveniente desta questão requeriria um estudo muito mais extenso, levando em conta as complexidades internas das estruturas militares e as diferenças nacionais entre elas.

A tomada da maioria dos governos latino-americanos pelos militares está relacionada, essencialmente, com o malogro das

---

17. As exceções mais importantes eram o Chile até o golpe de 1973 e o Uruguai, até o golpe de Bordaberry, naquele mesmo ano. A Venezuela, apesar do poder parcial de veto de seus militares, é ainda uma exceção. Outras exceções são Costa Rica, que não tem Exército, e Cuba, onde o Exército está sob o controle político do governo socialista. No México, onde a interferência política militar é negada oficialmente, os militares se uniram à burocracia dirigente e têm, como integrantes dessa burocracia uma decisiva influência como corporação militar o usual poder de veto.

18. Vide JAGUARIBE, *Political Obstacles to National Development in Latin America* (México, Centro para o Estudo das Instituições Democráticas, 1969), mimeografado.

34 CRISES E ALTERNATIVAS DA AMÉRICA LATINA

sociedades latino-americanas, no curso de seu corrente processo de modernização, de construir um sistema político viável. Este malogro, por sua vez, resultou das excessivas demandas incompatíveis que os sistemas políticos latino-americanos tiveram que processar, em condições que impediram a possibilidade de formar um consenso social suficientemente amplo. Na crise de poder e legitimidade resultante, particularmente aguda na década de 1960, os militares vieram a ser o único grupo social com ampla organização, coesão nacional e força, para impor seu governo. E pelo fato de que os militares desfrutaram, ao menos inicialmente, da aceitação da maior parte da classe média (que é atualmente a força política liderante da nova classe dirigente), e a classe média formava a camada dirigente mais ampla destas sociedades, o governo militar pôde ser imposto e exercido com uma mínima violência e com poucas mudanças no *status quo*.

Uma vez obtido o completo controle dos governos nacionais e dos sistemas políticos, os militares latino-americanos, com poucas exceções, adotaram uma orientação política que implicava e resultava em vários sacrifícios para a autonomia e endogenia nacionais dos respectivos países. As razões para este fato podem ser entendidas à luz da tendência ideológica da classe média latino-americana, que foi agravada pela versão militar desta ideologia e pelos interesses corporativos das classes dirigentes militares latino-americanas.

Os exércitos latino-americanos — sejam quais tenham sido suas ligações, num passado remoto, com o patriciado proprietário de terras — têm constituído um setor médio típico, embora peculiar, da classe média urbana durante muitas décadas e, desde os movimentos radicais dos fins do século XIX e começo do XX, sempre desempenharam papel de uma agência final para os interesses e valores da classe média[19]. Esses interesses e valores, particularmente em sua versão militar, são profundamente vinculados com a idéia de preservar (a partir das revoluções da classe média) a ordem social existente, que é identificada tanto com a ordem legítima quanto com os requisitos gerais da disciplina militar e da segurança convencional (lei e ordem).

A expressão ideológica desses interesses e valores é um composto de moralismo, progressivismo autoritário atributivo e anticomunismo militante. A proclividade fascista desta ideologia é bem manifesta. Foi reconhecida e até mesmo proclamada na era fascista, como nos casos de Uriburu ou Farrell, na Argentina da década de 1930 e início de 1940, ou no Estado Novo de Vargas, no Brasil dos fins da década de 1930. Se a desconheceu desde que o fascismo se tornou inaceitável, como um rótulo e ideologia ostensiva. Ostensiva ou encobertamente, porém, e em maiores ou menores doses, os componentes fascistas da ideologia da classe média

---

19. Vide J. NUN (1968).

UMA ANÁLISE ESTRUTURAL   35

latino-americana, particularmente em sua versão militar, desempenharam e continuam desempenhando o papel que foi lucidamente analisado por Organski (1965, Cap. 5) e já discutido no Cap. 10, Livro II. É uma ideologia de modernização com desenvolvimento contido, de desenvolvimento econômico com mínima mudança social, de mudança social sem risco para a nova classe dirigente, e de mobilização societal sem participação popular.

Nas atuais condições da América Latina, o resultado desta ideologia, em proporção a seu conteúdo fascista e na extensão de seu controle militar do sistema político, é um colonial-fascismo mais ou menos acentuado, no qual dois traços são particularmente relevantes para os propósitos de nossa presente análise. O primeiro traço é a peculiar e corrente combinação latino-americana (com poucas exceções) de liberalismo econômico e autoritarismo político. A segunda é o não menos peculiar e corrente (com ainda menos exceções) anticomunismo militante latino-americano.

Seria extremamente interessante, mas demasiado prolongado para o alcance da presente análise, estudar com algum detalhe os vários aspectos do colonial-fascismo latino-americano, particularmente estes dois traços. Limitemos a discussão a nosso presente propósito: a compreensão da desnacionalização político-militar corrente na América Latina. Os dois traços em questão proporcionam a mais importante contribuição para este efeito. O primeiro traço, a combinação peculiarmente latino-americana do liberalismo econômico com o autoritarismo político, cria as condições necessárias para a crescente predominância econômica das grandes supercorporações internacionais, já discutida neste capítulo. O segundo traço, anticomunismo militante, proporciona as condições, para a fiel aceitação pelos militares latino-americanos, das políticas e instruções que lhes são dadas pelo sistema de defesa norte-americano para os fins da cruzada mundial contra o "comunismo internacional".

Nas condições da América Latina, o liberalismo econômico, combinado e apoiado pelo autoritarismo político, quando não pelo absolutismo, é a condição específica para a expansão incontrolável da predominância econômica das supercorporações internacionais, com os resultados apresentados anteriormente neste capítulo. A medida pela qual isto seja verdade é praticamente auto-evidente. Como é bastante óbvio, a regra liberal e neoliberal de igual tratamento para todos os atores econômicos, seja qual for sua nacionalidade e força, em condições nas quais as supercorporações internacionais dispõem de capitais, tecnologia, organização e controle de mercados infinitamente superiores aos de que possam dispor as firmas nacionais, ocasionaria necessariamente o completo controle da economia por essas supercorporações. Se, além destas condições, os empresários nacionais, temerosos das pressões populares contra o regime de propriedade existente, preferirem ser sócios dependentes da supercorporação internacional, mais do que de enfrentar os riscos de um capitalismo nacional mais social e

36   CRISES E ALTERNATIVAS DA AMÉRICA LATINA

orientado para o público, o único possível organismo remanescente capaz de impedir a completa dominação da economia nacional pelas supercorporações internacionais é o Estado nacional. A submissão do Estado nacional a um regime autoritário ou absolutista empenhado na imposição, por todos os meios, do liberalismo econômico, suprime precisamente a última barreira possível para a completa dominação econômica.

O anticomunismo militante, por outro lado, baseado na concepção de que os países latino-americanos são sócios de pleno direito do "mundo livre" e de que o mundo está externa ou internamente ameaçado pelo "comunismo internacional", torna obrigatória a adaptação estrita da política nacional de cada um dos países em questão às exigências estratégicas da defesa contra esse inimigo terrível, que tudo invade, incluindo uma firme lealdade ao líder do bloco do "mundo livre". Um aspecto relevante destes requisitos estratégicos para a contenção mundial do "comunismo internacional", como foi mencionado no Cap. 12, Livro II, é a divisão internacional do trabalho entre o sistema de defesa norte-americano e os sistemas de defesa dos "sócios" menos desenvolvidos do "mundo livre". Aos Estados Unidos cabe a tarefa de dissuasão e contenção da força militar do "comunismo internacional" — que inclui, de um modo não muito claro, a força combinada da União Soviética, da Europa Oriental e da China. Para sistemas de defesa como o latino-americano, cabe a tarefa de impedir a ação subversiva de agentes, que se supõem estarem constantemente se infiltrando a partir das áreas do "comunismo internacional", agora particularmente de Cuba. A defesa externa, no caso do primeiro, e a defesa interna, no caso dos últimos — tais são as atribuições básicas dos "sócios" central e periféricos, no "mundo livre". O relatório de Rockfeller, nos finais de 1969, deu uma nova ênfase a estas concepções, que foram formuladas originalmente nos primeiros anos da guerra fria. Com poucas exceções os militares latino-americanos mantiveram, de modo obstinado, estas concepções durante o último quarto de século, apesar das mudanças na opinião e estratégia que ocorreram nos Estados Unidos durante a administração Kennedy.

As motivações ideológicas da classe média latino-americana e a versão militar dessa ideologia, incluindo o seu anticomunismo militante, são bem compreensíveis no contexto sociocultural das sociedades latino-americanas, como será brevemente discutido no Cap. 3, Livro III. Muito mais curiosa é a adesão obstinada, pela maior parte dos dirigentes militares latino-americanos, ao mito do "comunismo internacional" e sua suposta unidade de propósitos e de ação e, em menor medida, ao mito do "mundo livre" e sua suposta unidade de sua condição e interesses.

Nas condições dos finais da década de 1940 e início da de 1950, como foi discutido no Cap. 12, Livro II, era perfeitamente compreensível para os países que preservavam uma economia de

UMA ANÁLISE ESTRUTURAL   37

mercado e estavam interessados em manter estreitas ligações com os países capitalistas mais desenvolvidos, aceitar a concepção norte--americana da guerra fria. A conduta liberal dos Estados Unidos, face aos países derrotados, e as políticas esclarecidas do Plano Marshall e do Programa do Ponto IV, por um lado, confrontando, por outro lado, com o governo implacável de Stálin e o domínio político-militar da Rússia Soviética sobre a Europa Oriental, em um movimento que parecia visar à total conquista da Europa, eram justificativas mais do que suficientes das teses norte-americanas. Havia, sob a liderança soviética, um sistema ''comunista internacional'', apoiado por terrível força militar e por um fanático movimento subversivo internacional, que constituíam uma séria ameaça ao ''mundo livre'', definido, provisoriamente, como o imprecisio sistema de países não comunistas desejosos de preservar suas próprias instituições, reconhecidos como sendo orientados, de um modo real ou tendencialmente para princípios democráticos. Que a defesa do ''mundo livre'' requeriria, para benefício de todos os sócios, uma estratégia comum, sob a conduta dos Estados Unidos como o poder liderante do bloco, e que esta estratégia envolveria uma divisão de trabalho entre os poderes centrais e periféricos, como foi indicado anteriormente, é algo que dificilmente poderia ser discutido nas condições daquela época.

O que é muito curioso, como já foi observado, é o fato de a maioria dos dirigentes militares latino-americanas se ter conservado fortemente aferrada a essa concepção do mundo mesmo após os próprios Estados Unidos, sob o governo Kennedy, terem reconhecido a completa diferença nas condições e interesses que separavam os países desenvolvidos dos subdesenvolvidos, no ''mundo livre''. O que é ainda menos compreensível é como a maioria dos militares latino-americanos pode reter a idéia do ''comunismo internacional'', como um conceito operacional, em vista dos conflitos notórios e mortais que passaram a opor a China à União Soviética, e que separam a última de seus satélites da Europa Oriental.

Uma discussão completa deste assunto requeriria mais informação do que é disponível, acerca das opiniões internas dos militares e demandaria também um tratamento mais extenso do que pode ser dado aqui. Eu sugeriria, de acordo com a análise apresentada até agora do processo da desnacionalização político--militar latino-americana, que a retenção, pela maioria das classes dirigentes militares latino-americanas, das teses norte-americanas, cada vez mais ultrapassadas, dos fins da década de 1940 e início da de 1950, é devida aos efeitos combinados de sua ideologia com as condições internas de seu regime e de seus novos interesses corporativos.

Ditas teses, como se assinalou anteriormente pareciam bastante inobjetáveis para os líderes militares latino-americanos dos fins da década de 1940 e início da de 1950. Estavam, ademais, em

38   CRISES E ALTERNATIVAS DA AMÉRICA LATINA

completo acordo com as tendências ideológicas desses líderes militares. O fato de que essas tendências ideológicas não tenham mudado e de que as novas gerações de oficiais mantiveram a mesma perspectiva ideológica, quando não uma versão acentuada, foi primariamente responsável pela preservação das doutrinas da guerra fria durante os vinte e cinco anos seguintes. Além do mais, os homens que se comprometeram com essas doutrinas também foram, como regra, importantes construtores de instituições e como tal adquiriram uma capacidade mais duradoura para permanecerem influentes. Após a Segunda Guerra Mundial, foram criadas escolas superiores de guerra através de toda a América Latina, com ajuda norte-americana. Os livros e textos militares norte-americanos, com suas inerentes concepções da contenção do "comunismo internacional" para a defesa do "mundo livre", foram convertidos na principal literatura das novas escolas militares. Independentemente de qualquer complô maquiavélico, de parte dos militares norte-americanos, suas motivações e concepções foram incorporadas pelos militares latino-americanos e mantidas muito mais além de seu razoável tempo de significação.

Só mais tarde, durante a administração Kennedy, foi que o sistema militar dos Estados Unidos, e através dele o governo dos Estados Unidos, chegou a perceber a fabulosa capacidade que havia adquirido, não deliberadamente, para manipular politicamente as classes dirigentes militares latino-americanas, e através delas, os governos latino-americanos. A luta, durante a administração Kennedy, entre os militares e os que pensavam que um instrumento de poder tão importante deveria ser preservado e enriquecido, e os reformadores esclarecidos, inclusive Kennedy, que o consideravam uma vantagem precária baseada em mal-entendidos que seriam, mais cedo ou mais tarde, dissipados pelos latino-americanos e que, portanto, requeriam uma base muito mais durável e satisfatória para sua política latino-americana, foi ganha finalmente, após os dias de Kennedy, pelos realistas a curto prazo. E dessa maneira, a alienação espontânea dos militares latino-americanos, preservada e cultivada pelas escolas superiores de guerra foi manipulada deliberadamente pelo sistema de defesa dos Estados Unidos desde a administração Johnson.

Este aspecto externo do assunto o vincula aos interesses corporativos dos estabelecimentos militares latino-americanas. A aderência às doutrinas da guerra fria além da época de sua razoável credibilidade, não pode ser atribuída apenas à cegueira ideológica. O que ocorreu, na verdade, é que os militares como um grupo de profissionais institucionalizados, se tornaram cada vez mais dependentes da preservação dessas doutrinas para seus interesses criados coletivos e individuais. Em um assunto tão complexo, cheio de implicações sutis, é suficiente ressaltar três pontos principais. O primeiro se refere à crescente — e em certos casos completa — dependência dos sistemas militares latino-americanos dos equipa-

UMA ANÁLISE ESTRUTURAL

mentos, instruções e facilidades proporcionadas pelo sistema militar dos Estados Unidos, com a resultante institucionalização de sua condição de apêndice satélite do último. A sutil — e às vezes não tão sutil — manipulação das antigas rivalidades clássicas entre os estabelecimentos militares latino-americanas (se A tem tantos aviões, B deve manter o equilíbrio) é uma importante motivação institucional adicional para mantê-los devidamente alinhados com os Estados Unidos.

O segundo ponto, também de caráter institucional gera, se refere à medida em que o cultivo das antigas doutrinas da guerra fria represente uma racionalização muito importante, no sentido de Mannheim, para a interferência dos militares nos assuntos políticos nacionais de um respectivo país. A partir do momento em que se generalizou o domínio militar, sua justificação e manutenção reforçavam a necessidade de manter o sistema de defesa do "mundo livre" em constante alerta contra uma toda-penetrante infiltração "comunista internacional". O fato de que as guerrilhas nativas reais, além das míticas, apareceram na América Latina na última década — em grande medida como resultado da supressão de qualquer forma não conspiradorial de oposição política — foi uma bem recebida confirmação de quão séria seria a ameaça de subversão infiltrada.

O terceiro ponto é a crescente — e em certos casos completa — dependência de uma bem sucedida carreira militar para com as bênçãos do sistema militar dos Estados Unidos. A aceitação oficial, pelos militares latino-americanos, da velha tese de que o "mundo livre" é confrontado còm uma iminente ameaça constante do "comunismo internacional", e de que o trabalho dos militares é combater, sob a direção dos Estados Unidos, as manobras subversivas dos agentes infiltrados, criou a necessidade de uma espécie de aprovação americana para promoções aos escalões militares superiores. E o fato de que os sistemas militares nacionais sejam inteiramente organizados em termos da tese dessa guerra fria requer, naturalmente, uma correspondência interna entre estas concepções e os critérios para avaliar os méritos e qualidades dos oficiais, particularmente sua promoção. E assim, um complexo cerrado, que se reforça por si mesmo, de motivações ideológicas, racionalização de interesses, e cooptação interna, se foi formando e consolidando, funcionando objetivamente como um fator e um marco para a desnacionalização político-militar dos países latino-americanos.

B. CAUSAS DO SUBDESENVOLVIMENTO LATINO-AMERICANO

3. A Sociedade Dualista

Duas questões básicas

Na seção anterior tivemos oportunidade de considerar uma breve descrição e análise das principais características estruturais das sociedades latino-americanas, como podem ser atualmente observadas. Como vimos, a característica central dos países da região, embora em diferentes graus e em diferentes condições, é seu subdesenvolvimento geral, particularmente como sociedades nacionais. Além do mais, são caracterizados por um triplo processo de desnacionalização. No curso dessa descrição alguns dos fatores e condições que contribuíram diretamente para tais características foram indicados ou discutidos. Na presente seção far-se-á uma tentativa para formular, tão sucinta e precisamente quanto possível, algumas explicações gerais dessas realidades.

Embora proporcionando uma grande e valiosa soma de dados, categorias e construções interpretativas, a já volumosa bibliografia sobre o subdesenvolvimento latino-americano[1], tanto se for considerada no quadro de um processo sócio-histórico global, ou focalizando países, períodos, setores sociais, ou conseqüências particulares, não apresentou ainda um conjunto sucinto e coerente de proposições suficientemente rigorosas e verificáveis, ou um conjunto teórico de hipóteses explicativas inter-relacionadas. Intentos anteriores de uma concepção sintética do subdesenvolvimento da região

---

1. Vide a bibliografia no fim deste livro.

44 CRISES E ALTERNATIVAS DA AMÉRICA LATINA

foram malogrados pela adoção de explicações falazes de fator único, tais como a suposta inferioridade racial inerente aos mestiços ou a suposta inviabilidade da civilização dos trópicos. Em épocas mais recentes uma legítima preocupação com a pesquisa empírica e os detalhes fatuais, desencorajou a maioria dos estudiosos de tentar alcançar uma explicação teórica geral válida e confirmável para o subdesenvolvimento latino-americano. Esse é o intento que será levado a cabo na presente seção. A explicação intentada foi concebida para satisfazer dois requisitos básicos, um referente à forma e ao tipo da explicação e outro referente à representação do processo sócio-histórico, cujas características se busca explicar. O primeiro requisito, referente à forma e ao tipo de explicação a ser dada para as características sob nosso exame, consiste em construir umas poucas hipóteses precisas (na realidade duas), em um nível suficientemente amplo e alto de generalização para que se adapte à região como um todo, não obstante as diversidades nacionais, e que permita uma formulação proposicional rigorosa, sem perder o significado sócio-histórico concreto das características. O segundo requisito é preservar a historicidade do processo sócio-histórico a ser explicado dentro do quadro dessas hipóteses. O que está em jogo é o conhecido problema de combinar o caráter *hic et nunc* de um processo histórico com a universalidade das generalizações da ciências sociais. O modo de resolver este problema, a meu ver, consiste em incorporar as teorias com características de leis da explicação sociopolítica à narrativa histórico-descritiva, na forma sugerida por Gallie (1968).

Na presente seção a narrativa histórica — ou mais propriamente, o argumento — considera duas fases de duração desigual. A primeira, inclui o período pré-industrial da América Latina, desde a conquista até a crise dos inícios da década de 1930. A segunda, inclui as três décadas subseqüentes e a transição da região, ainda inacabada, à estrutura, ou ao menos a muitas das características, de uma sociedade industrial. Finalmente, para os propósitos do presente estudo, esses dois períodos apresentam duas questões básicas sucessivas:

1) *Por que as sociedades latino-americanas não realizaram seu desenvolvimento nacional entre a época que vai de sua independência ao primeiro terço do século XX?*

2) *Por que após mais do que vinte anos de propósito deliberado para realizar um desenvolvimento nacional auto-suficiente, os países latino-americanos não foram capazes, desde o fim da Segunda Guerra Mundial, de alcançar essa meta?*

Para responder a estas duas questões, dentro dos requisitos anteriormente indicados, formularei duas hipóteses sucessivas, tentando, com cada uma, apresentar, de uma forma muito sucinta, uma explicação geral para cada uma dessas questões. A primeira será apresentada neste capítulo; a segunda, no próximo capítulo.

A SOCIEDADE DUALISTA

A primeira hipótese, referente ao subdesenvolvimento latino-americano até a década de 1930, terá a forma de adaptação de uma teoria geral — *as elites disfuncionais ocasionam o subdesenvolvimento de suas sociedades* — para o caso particular de subdesenvolvimento latino-americano. Para este propósito será feita uma referência inicial à teoria da funcionalidade e disfuncionalidade da elite, discutida no Cap. 7, Livro II, e à discussão anterior da ilustração histórica dessa tese, apresentada no Cap. 6, Livro II. Então, uma sucinta análise dos aspectos mais salientes da disfuncionalidade histórica das elites latino-americanas mostrará como essa disfuncionalidade, de acordo com as suposições teóricas anteriormente consideradas, ocasionou o subdesenvolvimento das sociedades latino-americanas.

A segunda hipótese, referente ao malogro das sociedades latino-americanas em realizar seu desenvolvimento auto-suficiente nas três últimas décadas, será apresentada na forma de duas sub-hipóteses, que cobrem o período inicial de substituição espontânea de importações e o período subseqüente, de esforços estatais deliberados para promover o desenvolvimento nacional. Para o primeiro período, a explicação será dada na forma de uma generalização sócio-econômica, tal como foi desenvolvida no Cap. 11, Livro II: *mercados nacionais "pequenos" não têm suficiente demanda, nas presentes condições, para induzir um desenvolvimento auto-suficiente espontâneo.* Então, a discussão mostrará como e por que os mercados nacionais latino-americanos são "pequenos" ou operam como tais e portanto, como o caso latino-americano se adapta a esta generalização. A explicação para o segundo período seguirá um curso similar, mostrando como as condições sociopolíticas gerais (incluindo as decisões relevantes referentes à redistribuição de riqueza e poder e a sua administração) para um esforço, promovido pelo Estado, de desenvolvimento nacional, não foram logradas nas sociedades latino-americanas.

A primeira hipótese

As sociedades latino-americanas permaneceram subdesenvolvidas desde a sua independência até as primeiras décadas do século XX porque se tornaram sociedades dualistas, nas quais a otimização dos objetivos da elite não era compatível com os interesses básicos da massa, impedindo assim a integração social dos países em questão e estabelecendo neles um regime social (ou seja, um regime combinado de valores, de participação, de poder e de propriedade) que não era conducente ao seu desenvolvimento nacional.

Como foi discutido nas Seções A e B do Livro II, o desenvolvimento nacional é o desenvolvimento, como um todo, de uma sociedade nacional enquanto nacional. Depende, em termos econô-

46 CRISES E ALTERNATIVAS DA AMÉRICA LATINA

micos, de lograr, com sucesso, um crescimento econômico auto--suficiente, baseado em uma utilização cada vez melhor dos meios de produção através de melhor tecnologia e organização. A fim de ser auto-suficiente, requer um alto nível de autonomia de decisões e de endogenia de crescimento. Mas requer também desenvolvimento cultural, social e político.

O desenvolvimento cultural envolve, essencialmente, a adaptação funcional do sistema de informação e do regime de valores de uma sociedade a fim de proporcionar a esta sociedade 1) meios eficientes para controlar seu ambiente e adaptar-se ao mesmo e 2) valores, normas e estilos de vida conducentes à coesividade e ao predomínio de condutas racionais e confiáveis. Desde o século XVIII estes requisitos envolveram 1) o desenvolvimento e a difusão da ciência e tecnologia e a emergência de condições sociais que conduzam a seu uso adequado, preferivelmente dentro de um quadro humanístico, e 2) um claro predomínio de valores igualitários.

O desenvolvimento social consiste, essencialmente, na adaptação funcional do regime de participação prevalecente na sociedade a fim de minimizar privilégios e formas de autoridade atributivos e de maximizar o acesso competitivo e igualitário a todas as oportunidades e papéis.

O desenvolvimento político consiste, essencialmente, na modernização e institucionalização do sistema político, aumentando sua orientação racional, diferenciação funcional estrutural, capacidade, mobilização política, integração política e representatividade política.

A compreensão do desenvolvimento nacional como o desenvolvimento global de uma sociedade nacional (ou seja, como a agregação funcional do desenvolvimento cultural, social, político e econômico) conduz, finalmente, à compreensão do desenvolvimento de uma sociedade, sempre que suas condições ambientais não forem particularmente desfavoráveis, *como o resultado de um relacionamento funcional entre a elite e a massa* (vide Cap. 7, Livro II). Esse relacionamento funcional, como vimos, consiste em última análise em uma relação elite-massa de acordo com a qual: 1) os serviços que a elite preste à massa e à sociedade como um todo, incluindo liderança política, econômica, cultural e participacional, capacidade empresarial e excelência de exemplaridade no desempenho de funções societalmente requeridas, sejam substancialmente maiores do que os vários tipos de recursos que a elite extraia da massa e da sociedade como um todo, para seu próprio consumo e para sua operação — ou seja, que a relação custo-benefício social da elite manifeste um equilíbrio bastante favorável; e 2) a mobilidade social seja suficiente para permitir que homens capazes da massa tenham acesso a papéis de elite e que a substituição de titulares menos capazes de papéis da elite por homens mais

A SOCIEDADE DUALISTA 47

capazes — ou seja, a circulação da elite — mantenha a elite aberta, flexível e competente.

Empiricamente, a ocorrência e manutenção de um relacionamento funcional massa-elite provou depender de uma certa gama de valores internalizados da elite e de auto-interesse esclarecido, dentro do contexto dos recursos disponíveis, dos meios e condições para seu uso, e das pressões exercidas pela massa dessa sociedade ou por outras sociedades (vide Cap. 7, Livro II). Os valores internalizados da elite, como foi visto, são um aspecto fundamental do relacionamento e podem, em certas condições, representar o principal fator favorável ou desfavorável para um relacionamento funcional massa-elite. Os valores que orientam a elite para uma responsabilidade militante por sua própria sociedade e para uma conduta racional e digna de confiança tendem — sejam quais forem as diferenciações de classes e os sentimentos de superioridade da elite — a favorecer, a longo prazo, um relacionamento funcional massa-elite: a ética protestante, a honra samurai, e assim por diante.

O auto-interesse esclarecido pode levar a elite a aceitar sacrifícios ou a desistir de privilégios para o benefício mútuo da própria elite e da sociedade como um todo. A este último respeito, as pressões da massa, como foi discutido, são da maior importância. Quando as massas são capazes de realizar um certo grau de comunicação e organização, fora do controle da elite, adquirem meios a impor à elite tanto um esquema de redistribuição que seja mais favorável para a massa quanto um balanço custo-benefício que seja mais favorável para a sociedade como um todo. É para sustentar seu nível de elite que as elites pressionadas fazem ou adotam inovações que aumentarão a produtividade social. A Revolução Industrial e as subseqüentes inovações sociopolíticas no Ocidente, incluindo o Estado de Bem-Estar de hoje podem, em certo sentido, ser explicadas, como vimos, como a resposta criativa das elites ocidentais (renovadas e auto-renovadoras) a pressões de suas massas. Esta resposta foi orientada de modo a preservar para as elites de manter a maior parte de sua liderança e vantagens, ao mesmo tempo em que efetivamente aumentaram a mobilidade.

Como foi analisado extensamente no Cap. 6, Livro II, todos os casos históricos de desenvolvimento, desde o desenvolvimento da Grã-Bretanha na segunda metade do século XVIII, resultaram de um relacionamento mais funcional massa-elite. Em certos casos, como na Grã-Bretanha e nos Estados Unidos, este relacionamento mais funcional foi realizado através da adaptação gradual da elite às necessidades da época, em termos tanto de seus valores internalizados quanto de sua compreensão esclarecida de seu próprio auto--interesse. No caso do Japão, como vimos, a adaptação funcional da elite, sob a pressão da iminente tomada do controle pelas potências ocidentais, levou a um movimento de reforma. A elite

48 CRISES E ALTERNATIVAS DA AMÉRICA LATINA

bakufu foi substituída pelos clãs ocidentais e, através do recurso de restaurar os poderes do imperador e de eliminar o xogunato, parte da tradição foi usada para mudar a outra parte e para promover, com a rápida modernização do Japão, uma utilização muito melhor dos recursos e capacidades nacionais. A França e a Alemanha, sob os impérios de Napoleão III e de Bismarck, apresentaram um caso intermediário entre o gradualismo britânico e o reformismo radical dos japoneses. Enquanto as elites anteriores do Ancien Régime na França e na Alemanha perderam sua capacidade de liderar, a emergente elite burguesa não alcançou a autoconfiança e o prestígio social adquiridos anteriormente pela burguesia inglesa. O recurso de que se valeram os impérios francês e prussiano-alemão serviu para remodelar as elites destes países, ocasionando uma combinação da antiga e da nova, em condições de muito maior funcionalidade. Com a Rússia e a China, também discutidas anteriormente, temos um exemplo que é o oposto da Grã-Bretanha. Uma elite que não era suscetível de adaptação e renovação, foi finalmente expulsa por uma violenta revolução, e uma contra-elite capaz tomou o controle e obteve rápida modernização.

Apesar da conplexidade dos fatores e condições, certas elites foram capazes de se adaptarem e de mudarem de modo gradual, outras de se dividirem de modo que um setor modernizador veio a substituir o tradicional, e certas elites tornaram-se incapaz de mudarem, de modo que no final foram subjugadas por uma contra-elite ou levaram suas sociedades a um malogro final. Foi sugerido (no Cap. 7, Livro II) que, em todos os casos, pode ser encontrada uma explicação básica em 1) a espécie de valores internalizados que têm as elites e 2) a capacidade das massas para exercer pressão.

A cultura de aldeia da Idade Média, os burgos livres e a emergência no Renascimento de uma nova camada de homens que eram independentes dos nobres, a mobilização religiosa efetuada durante a Reforma, trazendo homens de origem humilde a posições de influência que a anterior hierarquia da Igreja não lhes permitia alcançar, e as facilidades educacionais gerais proporcionadas pela Ilustração no século XVIII e início do XIX — todos esses fatores, como vimos, contribuíram profundamente na Europa Ocidental (com exceção da Espanha e Portugal) para tornar a elite mais flexível, e para a abertura dos papéis de elite. Estes acontecimentos orientaram as elites em direção a valores que eram socialmente mais funcionais e, ao mesmo tempo, aumentaram a eficiência das pressões corretivas e redistributivas exercidas pelas massas. Na Rússia e na China, porém, como foi discutido anteriormente, a não ocorrência da maioria destes eventos, em condições que incluíam uma grande abundância de mão-de-obra servil, contribuiu para o enriquecimento da elite e a impotência das massas. Como será visto, o caso latino-americano é muito mais semelhante aos casos russo e chinês do que ao do Atlântico Norte.

A SOCIEDADE DUALISTA 49

O dualismo latino-americano

Uma análise apropriada das origens do dualismo latino-americano requeriria um estudo geral das características sociais, econômicas culturais e políticas da Espanha e de Portugal em seu período de Renascimento e das conseqüências destes traços na história subseqüente desses dois países e de suas colônias, através dos séculos XVII e XVIII. Um tal estudo, porém, não seria compatível com o alcance limitado do presente capítulo. Seja-me dado salientar apenas dois dos mais relevantes aspectos socioculturais desses dois países no período do Renascimento. Essas duas características diferenciaram particularmente a Espanha e Portugal das outras sociedades européias ocidentais da época, e revelaram ser de uma influência decisiva no modelamento de seu subseqüente futuro.

A primeira se refere à estrutura social dos países ibéricos e consiste no desenvolvimento abortivo de seu *tiers état* medieval, particularmente da camada social urbana intermediária que vivia nos burgos livres e que compreendia uma mistura de artesãos e mercadores independentes. Uma explicação adequada do desenvolvimento mal sucedido da burguesia originária espanhola e portuguesa seria, por si mesma, um assunto complexo, que ainda não foi estudado suficientemente. Mencionarei apenas que recente evidência (vide Wiznitzer, 1960) sugere a existência de uma relação próxima entre os habitantes dos burgos ibéricos e os judeus. A expulsão dos judeus pelos reis ibéricos, primeiro na Espanha e subseqüentemente em Portugal, por uma variedade de razões, que iam desde alegados motivos religiosos até complexos fatores econômico-políticos, parece ter privado estes países da maioria de sua classe média especializada e empresarial. Como conseqüência, o promissor *tiers état* da baixa Idade Média da Espanha e de Portugal foi levado a um resultado abortivo nos séculos XV e XVI. Enquanto que, no resto da Europa Ocidental, o Renascimento desencadeava o potencial criativo da burguesia emergente, formando camadas intermediárias fortes e permanentes entre o nível inferior de estratificação social, incluindo os camponeses e os trabalhadores manuais urbanos, e os níveis superiores, incluindo o clero e a nobreza, os países ibéricos foram levados a uma nova simplificação de sua estrutura social, que foi dividida entre a camada baixa de camponeses e trabalhadores, e a camada alta dos nobres, clero e um setor burocrático sempre crescente de militares e servidores civis da coroa[2]. Várias circunstâncias tornaram este

---

2. Para os relacionamentos de classes que nascem do surgimento da burguesia do Renascimento, vide particularmente o brilhante estudo de ALFRED VON MARTIN (1946); vide também HENRI PIRENNE (1947, Cap. 7) e PIERRE JEANNIN (1969). Para o caso dos países ibéricos vide SERGIO BAGU (1949, Cap. 2) e J.H. ELLIOT (1966, particularmente Caps. 3 e 6); para os aspectos culturais do processo vide FRIEDRICH HEER (1968, v. 2, Cap. 14). Para o caso particular de Portugal, vide JOAQUIM PEDRO DE OLIVEIRA MARTINS (1968, livro 5).

50 CRISES E ALTERNATIVAS DA AMÉRICA LATINA

dualismo básico menos agudo na Espanha e Portugal metropolitanos, e mais acentuado nas colônias latino-americanas, particularmente devido à abundância de mão-de-obra servil.

A segunda das características ibéricas que requer especial atenção, que não está desligada das condições socioculturais que levaram à expulsão dos judeus, é a resistência conservadora ao novo espírito científico que emergia dos físicos do Renascimento orientados de modo empírico. Os países ibéricos se abriram às revoluções artísticas e literárias do Quatrocentos e Cinqüecento italiano e flamengo, mas não à orientação indutiva da nova ciência ou aos desafios filosóficos e teológicos do século XVI. A preservação conservadora das formas escolásticas de cultura, em condições sócio-econômicas nas quais uma sociedade aristocrático-burocrática sufocou prematuramente sua iniciativa privada, levou ao desenvolvimento de valores e à consolidação de uma estrutura social que não eram conducentes a tendências democráticas e igualitárias, nem conducentes a idéias modernas e a concepções e práticas científicas e tecnológicas[3].

Estas características, juntamente com outras, influenciaram profundamente a forma pela qual os países ibéricos encararam a conquista, colonização e expansão de suas possessões americanas. Comparando a colonização das duas Américas, podemos ver como refletiram as condições e contrastes de suas respectivas pátrias-mães. A colonização da América do Norte foi essencialmente uma empresa da classe média, baseada na livre iniciativa de grupos independentes, enquanto que a ocupação e colonização da América Latina foi o empreendimento de uma minoria de elite, diretamente orientada, desde o início ou logo após, pelas coroas ibéricas.

O fato de que os primeiros conquistadores da Espanha não fossem da elite e sim aventureiros comuns excepcionalmente empreendedores, é irrelevante. Eles foram imediatamente promovidos aos graus mais altos da elite e seus sucessores receberam, por nascimento ou função, *status* de elite. Tanto na América espanhola quanto na portuguesa o tipo de sociedade que tomou forma, no século XVI, foi caracterizado por uma forte divisão entre uma elite de proprietários de terras e de funcionários públicos, com um minúsculo segmento incorporado de mercadores, e a grande massa de camponeses servis. Estes eram os índios locais, cuja civilização foi rapidamente destruída, ou escravos africanos importados.

Dessa maneira, a primeira característica importante desta sociedade foi sua forte natureza dualista, que opunha, mais agudamente do que em Espanha e Portugal metropolitanos, os senhores e escravos, os que tinham direitos inerentes e os que apenas recebiam permissão de existir como uma força de trabalho. Esta oposição não envolvia uma brecha intransponível entre os níveis da elite e da massa. Pelo contrário, a sociedade colonial era muito

---

3. Vide HEER (1968); vide também HÉLIO JAGUARIBE (1971).

A SOCIEDADE DUALISTA

mais aberta a novos talentos e a sucessos individuais do que a européia, e não era particularmente discriminatória de raças. A oposição significava que, fosse qual fosse a origem dos titulares de papéis de elite, estes papéis, como tais, não as qualificações dos titulares, lhes concediam privilégios, enquanto que os papéis de massa eram inerentemente desprivilegiados[4].

O excesso de mão-de-obra

A segunda característica essencial das sociedades latino-americanas, desde os fins do século XVI até hoje, com as exceções relativas de Argentina, Uruguai e Chile, foi a imensa abundância de mão-de-obra. Apenas parte da população indígena foi usada de forma ativa. O comércio de escravos africanos foi logo levado a grandes proporções, constituindo um dos maiores negócios do mundo no século XVII. A conseqüência histórica dessa enorme abundância de mão-de-obra, que persiste ainda hoje, foi a depressão das condições da massa latino-americana. Foi responsável por conservar a escravatura camponesa até meados do século XIX e, no caso do Brasil, até os fins daquele século, mantendo, após a abolição, uma completa dependência *de facto* dos camponeses ao proprietário da terra. Em épocas modernas, afetou as condições da classe trabalhadora, cujos sindicatos foram criados pelos governos, em vez de serem construídos desde a base, e cuja capacidade de barganha foi tão freqüentemente reduzida pela imensa disponibilidade de mão-de-obra desempregada[5].

O resultado da relação senhor-servo, em condições de enorme excesso de mão-de-obra, com uma elite cujos valores foram orientados em direção à própria magnificação e a altos níveis de consumo, foi um regime social que não era favorável à integração social e ao desenvolvimento nacional dos países latino-americanos. Após a independência, as elites latino-americanas, embora mantendo a maior parte das características herdadas de sua cultura ibérica e de seu passado colonial, retiraram sua fidelidade às mães-pátrias anteriores e se identificaram com aqueles aspectos das culturas francesa e inglesa que eram parte da imagem latino-americana dessas duas sociedades. Seu sentimento de pertencer a uma elite européia ocidental, condicionado pela literatura francesa e pela concepção francesa do mundo, associado com alguns traços do ideal cavalheiresco inglês, aumentou a alienação das elites latino-americanos em face de suas próprias massas e sociedades. Para a elite, as massas latino-americanas se tornaram o equivalente de um povo colonial estrangeiro, como se duas nações distintas estivessem numa relação de dominação e subordinação. E a diferenciação

---

4. Vide JORGE ABELARDO RAMOS (1968b, particularmente Caps. 3-5), e BAGU (1940, Cap. 5).
5. Vide BAGU (1949, Caps. 3 e 4), CELSO FURTADO (1969, Cap. 2) e ALONSO AGUILAR MONTEVERDE (1967, pp. 28 e ss.).

52   CRISES E ALTERNATIVAS DA AMÉRICA LATINA

étnica que separava em geral as elites, predominantemente cauca-
sianas, das massas, predominantemente indígenas, mestiças, negras e mulatas, reforçou fortemente esse dualismo, mesmo se o
racismo, como ideologia, fosse alheio à tradição latino-americana[6].

É interessante notar que a Argentina, o Uruguai e o Chile,
que não tinham esse excesso de mão-de-obra dependente durante
seu período colonial e até o último terço do século XIX, apresentaram traços distintos em sua formação nacional, apesar da semelhança de suas outras condições. O caso do Chile é o mais claro,
pois não sofreu, como o Uruguai, a pressão e interferência de dois
vizinhos esmagadoramente superiores, mas por sorte em conflito.
Também não teve a contradição peculiar à Argentina entre a
cidade-porto e as províncias, que assim paralisaram o desenvolvimento deste último país. O Chile, portanto, foi capaz de organizar
uma sociedade nacional· e um Estado nacional desde cedo, e de
expandir de modo agressivo e bem sucedido seu território e seus
recursos para o Norte, às expensas da Bolívia e do Peru, e para o
Sul, às expensas dos índios araucanos. E foi capaz, em termos de
uma sociedade agrícola e extrativa bem sucedida, de alcançar um
alto nível de desenvolvimento político e cultural na segunda metade do século XIX. O problema do Chile, de 1930 em diante,
quando as condições externas e internas requereram sua industrialização, não foi tanto a dificuldade de ultrapassar seus próprios
constrangimentos sociais, que eram moderados, quanto a limitação
de sua população e de seu mercado para uma industrialização
autônoma e endógena[7].

Como o Chile, a Argentina e o Uruguai não desfrutaram de
um excesso de mão-de-obra, até a grande imigração do último
quarto do século XIX. O Uruguai do século XIX, porém, devido à
divisão entre os Colorados e os Blancos, que foi usada com sucesso
pela Argentina e pelo Brasil para interferir em seus assuntos
internos, permaneceu em um estado de guerra civil quase permanente. Apesar disto, porém, foi capaz de realizar um alto nível de
integração social (não política) e também de obter um crescimento
agrícola substancial. Logo que foi mediado o suicida conflito de
partidos, por um homem de gênio político (Battle y Ordóñez), nos
primeiros anos deste século, se lhe abriu o caminho para um rápido
progresso.

---

6. Sobre o dualismo latino-americano vide AGUILAR MONTEVERDE (1967,
Caps. 1-3), L.A. COSTA PINTO (1963, particularmente Caps. 3, 6, e 10) e FURTADO
(1969, Caps. 4, 7 e 8). Sobre o México vide PABLO GONZÁLEZ CASANOVA (1965,
Caps. 5-7), JESUS SILVA HERZOG (1960, v. 1, Caps. 1 e 2) e FERNANDO CARMO-
NA, em FERNANDO CARMONA et al. (1970, pp. 13-102). Sobre o Brasil vide
IGNACIO RANGEL (1957a, particularmente pp. 19-44), ALBERTO GUERREIRO
RAMOS (1960, Caps. 4-6), JOSÉ HONÓRIO RODRIGUES (1965, parte 1), N. WER-
NECK SODRÉ (1965a), e ALBERTO PASSOS GUIMARÃES (1968). Sobre a Argentina
vide JORGE ABELARDO RAMOS (1957, Caps. 1-3), FERMÍN CHÁVEZ (1965),
ALBERTO J. PLA, em ALBERTO CIRIA et al. (1969).

7. Vide ANÍBAL PINTO (1964).

A SOCIEDADE DUALISTA 53

Na Argentina, o conflito entre a cidade-porto e as províncias foi algo mais do que a oposição entre liberais e conservadores, e mais importante mesmo do que o conflito entre os *porteños* civilizados e os gaúchos bárbaros, como o viu Sarmento. O conflito entre a cidade-porto e as províncias foi um confronto entre duas formas ideais para organizar o país: a cidade-Estado e a nação. O fato de que durante tanto tempo aqueles que tinham capacidade de organizar a nação estivessem comprometidos por sua lealdade à cidade-Estado, e os dedicados à nação fossem entravados por sua rusticidade, foi o responsável pelo atraso do crescimento da Argentina até o último terço do século XIX.

A apropriação privada da terra

Uma terceira característica das sociedades latino-americanas, que se tornou importante no último terço do século XIX, para a Argentina, Uruguai e Chile bem como para outros países, foi a completa apropriação privada da terra, em antecipação a seu cultivo útil. Um dos fatores mais importantes no desenvolvimento dos Estados Unidos, como pode ser visto agora em retrospecto, foi que cerca de 70% da terra norte-americana eram propriedade do governo federal, que pôde, através de legislação apropriada, da qual a Lei do Homestead é a mais conhecida, distribuir a terra para sua ocupação e cultivo efetivos. Dessa forma foi possível tanto atrair pessoas ativas para a fronteira, expandindo a ocupação do território, quanto proporcionar terra muito barata a quem quisesse trabalhá-la, mantendo o emprego total da população, restringindo a especulação e impedindo uma excessiva pressão da mão-de-obra na demanda de empregos[8]. Este último fato, apesar da manutenção da escravatura nos Estados do Sul, criou duas das condições fundamentais para a industrialização do Norte: a existência de um mercado aquisitivo bastante grande e vantagens suficientes na mecanização da produção.

A apropriação privada de terra pela elite latino-americana, antes que fosse ocupada de modo útil pelos migrantes do último terço do século XIX, ajudou a manter as características das sociedades dualistas que já existiam, ou desenvolver essas características, particularmente na Argentina. A imigração maciça dos europeus sem terra para a "pampa gringa", onde poderiam se haver tornado os equivalentes dos granjeiros norte-americanos do meio-oeste, mas onde foram compelidos a ser arrendatários dependentes, deu à elite argentina, em apoio aos traços resultantes de seus valores anteriores, o novo suporte econômico necessário para consolidá-la em uma oligarquia de proprietários de terras, transformando a Argentina em uma sociedade dualista[9].

---

8. Vide FREDRICK J. TURNER (1961) e H.U. FAULKNER (1954, Cap. 10).
9. Vide ALDO FERRER (1963, Cap. 10).

54 CRISES E ALTERNATIVAS DA AMÉRICA LATINA

Como uma sociedade dualista sumamente bem sucedida, a América Latina pôde manter um comércio especializado altamente vantajoso com a Europa durante os vários estágios de sua história colonial e pós-colonial. A capacidade produtiva da América Latina, com disponibilidade quase que sem limites de terra e de mão-de--obra, era também quase ilimitada e apenas contida pelo nível da demanda européia. Da segunda metade do século XIX até a grande depressão de 1930, a Revolução Industrial proporcionou uma demanda crescente para produtos latino-americanos, enquanto que a América Latina importava os bens industriais para seu consumo, da Europa, a preços relativamente baixos. A enorme riqueza produzida por essa especialização — na qual as plantações, as grandes fazendas e as minas forneciam os bens primários em troca dos quais as elites obtinham seus artigos de luxo e também satisfaziam a maior parte das necessidades das massas — asseguravam a estabilidade do sistema, mantendo as massas rurais sob o completo domínio da oligarquia proprietária de terras. Enquanto este sistema se manteve em expansão, a classe média urbana emergente e crescente pôde ser facilmente cooptada por uma política de clientela, através do Estado ''cartorial'', por empregos públicos mais ou menos ociosos em troca de apoio político e boa conduta social[10].

Apesar de sua estabilidade e riqueza, porém, este sistema era inerentemente incapaz de levar os países latino-americanos à integração social e ao desenvolvimento nacional. A própria base do sistema era seu dualismo. As massas rurais tinham que ser mantidas dependentes, sem terras e desorganizadas, de modo que fosse disponível mão-de-obra barata. A industrialização não podia ocorrer, pois o mercado comprador efetivo era muito pequeno e, dados os baixos preços dos bens importados e o baixo custo da mão-de-obra, era sempre uma melhor alternativa economicamente investir-se na expansão do setor primário.

Este sistema foi levado a uma rápida e irreparável desagregação quando se desenvolveram duas condições eliminatórias. Uma, interna, consistiu na crescente inquietude da classe média. Com o passar do tempo, esta classe se tornou menos disposta aos papéis passivos a ela designados pela elite. Tornou-se uma classe culta de profissionais liberais ou um grupo poderoso de oficiais militares, que era impulsionado, por novas idéias e aspirações, a exigir uma crescente participação no nível superior das decisões. Finalmente, com a emergência dos partidos radicais, esta classe levou a estrutura dualista de suas sociedades — que se tornaram, finalmente, socialmente modernas — a uma crise social e política. A segunda condição que destruiu o sistema semicolonial da América Latina e sua base dualista foi externa à região: a depressão mundial de 1930. Repentinamente tornou-se impossível atender a

10. Vide CELSO FURTADO (1969, Caps. 4 e 5) e OSVALDO SUNKEL (1970a, Cap. 2).

A SOCIEDADE DUALISTA

todas as necessidades internas dos países latino-americanos apenas pela importação de bens da Europa e dos Estados Unidos, porque as exportações latino-americanas foram levadas, quantitativamente e em termos de preço, a uma drástica redução, pela crise. O acúmulo destas duas condições destruiu os apoios para o dualismo latino-americano e causou uma rápida e profunda mudança na região no curso das décadas de 30 e de 40, algo que devemos ter em mente quando consideramos seu quadro após a Segunda Guerra Mundial.

4. Os Obstáculos da Herança Dualista

A segunda hipótese

Prosseguirei agora com a formulação, tão sucinta e precisamente quanto possível, da segunda hipótese, em uma tentativa de explicar o malogro dos países latino-americanos em alcançar sua meta de desenvolvimento nacional auto-suficiente nas últimas três décadas. Tentarei então justificar esta hipótese, dividindo-a em duas sub-hipóteses que abrangerão, primeiramente, a fase inicial de substituição espontânea das importações e então a fase subseqüente, dos esforços estatais deliberados para promover o desenvolvimento nacional.

A segunda hipótese pode ser formulada como se segue: *O impulso latino-americano para o desenvolvimento nacional não alcançou um nível auto-suficiente nas três últimas décadas porque, 1) na medida em que o processo foi induzido espontaneamente pela demanda interna, os mercados nacionais se revelaram muito pequenos e 2) na medida em que foi promovido por esforços deliberados dos governos nacionais, o custo de incorporar as massas aos centros de participação e de maior consumo provou ser substancialmente maior do que os limites consensualmente aceitáveis pela nova classe dirigente, que usou os militares com sucesso, para interromper o processo e a mudança, e para manter ou reestabelecer uma sociedade dualista.*

Esta hipótese é baseada em duas afirmações. A primeira é a de que o processo de desenvolvimento nacional, impulsionado pelo

58   CRISES E ALTERNATIVAS DA AMÉRICA LATINA

processo espontâneo de substituição de importações que foi gerado pela crise de 1930, foi acelerado dos fins da Segunda Guerra Mundial aos inícios da década de 1950, mas terminou sendo impedido de alcançar, mesmo no maior dos países em questão, um nível de crescimento auto-suficiente, em virtude das limitações estruturais dos mercados interpos latino-americanos. A segunda afirmação é a de que os governos latino-americanos daquela época, especialmente da década de 1950 e em particular nos países maiores e mais desenvolvidos da região, tentaram deliberadamente estimular e reforçar o processo de desenvolvimento nacional, em condições que podem ser descritas genericamente como de desenvolvimento populista e democracia populista. Esses governos malograram, porém, em lograr essas metas porque careceram de apropriado apoio político e econômico tanto interna quanto externamente e porque suas próprias políticas e administração foram deficientes; terminaram, assim, nos fins da década de 1950 e na de 1960, derrubados por movimentos militares, que reestabeleceram ou consolidaram uma nova forma de sociedade dualista.

Nas condições latino-americanas, o populismo pode ser descrito, em geral, como um movimento político caracterizado pelo apelo direto de um líder carismático às massas urbanas. Este apelo é feito mais por suas ações pessoais do que através da mediação de um partido, e infunde às massas grandes esperanças pela relativamente rápida melhora de suas condições, se o líder puder obter o poder suficiente para levar a efeito importantes reformas sócio-econômicas, promover o desenvolvimento nacional do país (brecando a influência abusiva de grupos estrangeiros) e realizar programas de bem-estar e medidas redistributivas substanciais. De acordo com esta definição, Perón (1946-1955) na Argentina e Vargas no Brasil (os dois últimos anos do Estado Novo, 1944-1945, e novamente em 1950-1954) foram os dois casos paradigmáticos de populismo. Em diferentes condições e em diferentes graus, Cárdenas (1934-1940) e em certa extensão López Mateos (1958-1964) no México, Rómulo Bettancourt (a fase da Junta, 1946-1947) na Venezuela, Rojas Pinilla (1950-1957) na Colômbia, Ibáñez (1952-1958) no Chile, Kubitschek (1955-1960) e Goulart (1961-1964) no Brasil, e Frondizi (1958-1962) na Argentina, conduziram governos populistas. No que diz respeito à expressão "democracia populista", deveria ser observado que, muito freqüentemente, os mecanismos eleitorais foram preservados, que os líderes populistas comandavam efetivamente amplo apoio da massa — e o expressaram — e que a participação política das massas foi substancialmente aumentada, embora muitas vezes através de meios não liberais. Os valores e práticas liberais, porém, foram diminuídos severamente, em particular para as classes médias (vide o Esquema 1, Livro III, sobre o populismo latino-americano).

OS OBSTÁCULOS DA HERANÇA DUALISTA 59

O malogro do desenvolvimento espontâneo

O processo de desenvolvimento espontâneo gerado pela crise de 1930 e a exaustão final dos impulsos de crescimento do processo de substituição de importações foram amplamente estudados pelos economistas da CEPAL e outros estudiosos da América Latina[1]. Este processo, que foi influenciado e apoiado de modo crescente pela intervenção do Estado no curso da década de 1950, originou-se devido às demandas pressionantes do mercado interno, uma vez que a crise da grande depressão afetou irremediavelmente a capacidade de importação da região. Esta situação alterou as condições básicas anteriores da economia latino-americana. A crise externa, que deprimiu os preços dos bens de exportação e a quantidade de sua demanda, reduziu a capacidade dos países latino-americanos para importar bens em mais do que 50%. Isto compeliu os países latino-americanos a produzir internamente, os artigos anteriormente importados, o tanto quanto podiam. Além do mais, as vantagens comparativas que favoreciam anteriormente a produção de bens primários mudou de modo que a produção de bens de consumo industriais se tornou mais favorável. Este processo veio a ser conhecido como industrialização através da substituição de importações.

Após um tempo maior ou menor, porém, dependendo da capacidade econômica dos países em questão, os limites para a substituição de importações foram alcançados. A maioria dos países que experimentaram o processo puderam alcançar um nível relativamente alto de produção de bens de consumo não duráveis. Alguns puderam ir até o ponto de realizar uma grande produção de bens de consumo duráveis. Apenas o México, o Brasil e a Argentina, os três maiores países da região, alcançaram um nível superior e começaram a produção de bens de capital e bens intermediários. Neste ponto, porém, que estava muito próximo do nível de autonomia industrial, até mesmo estes países sofreram a restrição de seus mercados limitados, e não poderiam ter êxito em se tornar grandes exportadores de tais produtos antes que fossem capazes de dominar os requisitos tecnológicos para essa espécie de produção.

Mesmo com sua grande população de mais de 90 milhões de habitantes, o Brasil, o maior dos países latino-americanos e o que mais avançou no caminho da industrialização, foi confrontado, nos inícios da década de 60, com as limitações de seu mercado. Isto se dá porque os consumidores ativos brasileiros constituem cerca de 25% do total da população, o que é uma herança de seu recente

---

1. Vide CEPAL (1968), (1964), (1969a) e (1969b). Vide também MARIA CONCEIÇÃO TAVARES (1964, pp. 1-60); OSWALDO SUNKEL (1967b, pp. 43-75), CELSO FURTADO (1968a) e (1969), e ANDRÉS BIANCHI *et al.* (1969).

60 CRISES E ALTERNATIVAS DA AMÉRICA LATINA

ESQUEMA 1. O Populismo Latino-Americano de 1940 a 1960

Período	País e líder	Características Essenciais
Década de 1940		
I.	México-Cárdenas 1934–1940	Populismo mais orgânico e esquerdista do que o populismo típico de 1950; orientação Capitalista de Estado.
	Brasil-Vargas 1937–1945	Estado Novo protofascista desenvolvido nos dois últimos anos (1944–1945) em populismo sindicalista; derrubado por golpe militar.
II.	Colômbia–Gaitán 1948	Populismo de oposição radical; o assassinato do líder gerou o *bogotazo* de 1948.
	Venezuela-Bettancourt 1945–1947	Associação, em Junta de Governo da Acción Democrática e jovens militares; populismo nacionalista mas com uma forte base de partido; derrubada do sucessor (Gallegos) por golpe militar.
	Argentina-Perón 1946–1955	Governo de desenvolvimento nacional baseado em fortes uniões e nos militares, com partido peronista de apoio e controle discriminatório do governo conquistado eleitoralmente.
Década de 1950		
I.	Colômbia-Rojas Pinilla 1950–1957	Cópia militar pobre do peronismo sem a base da união fundamental e com apoio militar insuficiente; derrubado pela revolução.
	Brasil-Vargas 1950–1954	Governo de desenvolvimento nacional, eleito e democrático apoiado por fraca coalizão (PSD* –PTB**); fraca organização de sindicatos de apoio; força e disciplina de partido insuficiente (PTB); oposição militar; Vargas cometeu o suicídio em protesto contra a deposição militar.
	Argentina-Perón 1946–1955	Continuação· da década de 1940; últimos anos, fracos; conciliação com forças conservadoras; derrubado por golpe militar.
II:	Chile-Ibáñez 1952-1958	Populismo nacionalista; líder carismático que pôde obter o poder através de eleição de forma melhor do que de usá-lo.

OS OBSTÁCULOS DA HERANÇA DUALISTA   61

III.   Brasil-Kubitschek   Populismo de desenvolvimento;
              1955-1960   governo eleito e democrático,
                                        socialmente moderado, apoia-
                                        do por fraca coalizão progres-
                                        sista (PSD–PTB).

              Argentina-Frondizi   Governo progressista de desen-
              1958–1964   volvimento, eleito, democrá-
                                        tico, com fraco apoio e matizes
                                        populistas iniciais, rápida perda
                                        de base popular e aquiescência
                                        militar; derrubado por golpe
                                        militar.

Década de 1960

I.   México-López Mateos   Governo progressista de desen-
              1958–1964   volvimento apoiado pelo par-
                                        tido oficial (PRI)***; tentou
                                        reviver a Revolução Mexicana
                                        e algumas das políticas de Cár-
                                        denas; receoso da resposta *fide-
                                        lista* radical das massas; retor-
                                        nou à vida convencional, en-
                                        fraquecendo sua autoridade
                                        política.

              Brasil-Goulart   Populismo sindicalista e nacio-
              1961–1964   nalista, apoiado por sindicatos
                                        e fraca coalização progressista
                                        (PTB-PSD), dentro de um qua-
                                        dro institucional democrático;
                                        oposto pela nova classe diri-
                                        gente; derrubado por golpe
                                        militar.

II.   Colômbia-Lleras   Governo progressista de desen-
              Restrepo   volvimento, liberal, apoiado
              1964–1970   pela Frente Nacional liberal-
                                        -conservadora, com matizes po-
                                        pulistas suaves; fraco apoio dos
                                        sindicatos.

              Chile-Frei   Governo eleito, cristão-demo-
              1964–1970   crático, nacional-desenvolvi-
                                        mentista, com apoio dos seto-
                                        res progressistas; fortes com-
                                        promissos sociais com matizes
                                        populistas médios, mas a maio-
                                        ria dos sindicatos com orienta-
                                        ção comunista-socialista.

---

*PSD: – *Partido Social Democrático* – não relacionado com seu homônimo alemão, foi um partido com tendências conservadoras na zona rural, mas que apoiava a industrialização urbana.

**PTB: – *Partido Trabalhista Brasileiro* – não relacionado com seu homônimo inglês, foi um partido sindicalista, infiltrado na maquinaria do Ministério do Trabalho.

***PRI: – *Partido Revolucionário Institucional* –. a última forma tomada pelo movimento de Revolução Mexicana, fortemente infiltrado na maquinaria do Estado.

62 CRISES E ALTERNATIVAS DA AMÉRICA LATINA

passado dualista. Cerca de 50% da população é composta de camponeses, que vivem em um nível de subsistência e assim estão praticamente fora do mercado. Metade dos 50% do que constitui a população urbana é composta de desempregados ou pessoas muito mal pagas, que ganham na melhor das hipóteses, um salário mínimo que é estritamente suficiente para comprar a alimentação básica e não permite a aquisição de bens duráveis. O mercado real resultante provou ser insuficiente para manter o desenvolvimento espontâneo da economia.

A saída alternativa, exportação de outros bens que não os tradicionais, foi então barrada ao Brasil, bem como a outros países latino-americanos. Com freqüência sua produção industrial não alcançou um nível de competição internacional. Além disso, vários e intrincados fatores conspiram contra a exportação de bens industriais por esses países: barreiras tarifárias ou outras formas de preferências adotadas pelos países desenvolvidos, suas próprias deficiências em transporte, comercialização e distribuição, sua inabilidade para conceder aos clientes formas competitivas de crédito, e por último mas não com menor importância, o fato de que a maioria de sua indústria moderna é de propriedade de grandes corporações internacionais que reservam o comércio internacional para suas fábricas e companhias metropolitanas.

O malogro do desenvolvimento orientado pelo Estado

Os obstáculos que retardaram o desenvolvimento espontâneo dos países latino-americanos levaram seus governos, mais cedo ou mais tarde, e de um modo ou de outro, a interferir na esfera econômica com o propósito de promover o desenvolvimento nacional de seus países. Foi em particular uma crise financeira que iniciou a prática sistemática da intervenção do Estado nos assuntos econômicos. Essa crise foi a escassez de divisas estrangeiras, experimentada pela maior parte dos países latino-americanos algum tempo após o fim da Segunda Guerra Mundial — causada pelo desperdício irrefletido das reservas acumuladas durante a guerra, em aplicações não prioritárias. Quaisquer que fossem as formas e origens desta intervenção, assumiram, nos fins da década de 1950 e para os países mais adiantados da região, o caráter de um esforço deliberado e programado para promover o desenvolvimento nacional (vide Esquema 1, Livro III, sobre o populismo latino-americano).

Apesar de algumas valiosas contribuições[2], a análise do experimento latino-americano em desenvolvimento orientado pelo Estado é ainda bastante insuficiente, particularmente no que se

___

2. Vide CEPAL (1963), ALBERT HIRSCHMAN (1963) e ANÍBAL PINTO (1968); vide também HÉLIO JAGUARIBE (1968). Para o caso brasileiro particularmente, vide OCTAVIO IANNI (1965b), LUCIANO MARTINS (1968) e L.C. BRESSER PEREIRA (1968).

OS OBSTÁCULOS DA HERANÇA DUALISTA 63

refere ao íntimo relacionamento existente entre os aspectos econômicos e sociopolíticos. Seria obviamente impossível tentar uma tal análise nos restritos limites deste tópico. Para nosso presente. propósito será suficiente ressaltar duas características fundamentais deste experimento. A primeira consiste na incapacidade dos governos latino-americanos da época de definir, de modo consistente, os propósitos, as condições básicas e os limites da intervenção econômica que propunham para o Estado nacional, juntamente com sua incapacidade de aplicar apropriadamente suas políticas econômicas, fossem quais fossem os defeitos de concepção dessas políticas. A segunda característica consiste na incapacidade política desses governos, seja para atrair para seu lado suficientes setores da elite e da subelite para neutralizar as conspirações antipopulistas e antiprogressistas das forças reacionárias[3], ou para enfrentar estas forças e subjugá-las. Ambos os casos envolvem a fraqueza específica das democracias populistas latino-americanas nos meados do século, que finalmente causaram sua ruína.

Falhas de concepção e de aplicação

Três aspectos particularmente relevantes da primeira característica dos governos populistas latino-americanos — suas falhas na concepção e na aplicação de suas políticas econômicas — devem ser ressaltadas. A primeira, está relacionada com a ambigüidade e imprecisão do populismo latino-americano. Como uma fraca associação entre um líder carismático, tal como Perón, Vargas, Ibáñez, ou em condições anteriores e diferentes, Cárdenas, e um agrupamento heterogêneo de seguidores, que combinavam um grande apoio da classe trabalhadora com um apoio menor da classe média e dos setores burgueses, o populismo era diferentes coisas para diferentes grupos, e uma articulação básica de sua filosofia política e metas sócio-econômicas, nunca foi alcançada — mesmo na tentativa mais integrada do justicialismo de Perón.

O rico e fascinante tema do populismo latino-americano apresenta muitas facetas importantes que merecem análise e elaboração, mas não podem ser tratadas no presente contexto[4] (vide

---

3. Essas forças, nas condições latino-americanas das décadas de 1950 e 1960, eram representadas por uma aliança entre os setores mais conservadores das camadas superior e média — tais como os remanescentes do patriciado rural, a burguesia consular e os setores tradicionais da classe média, incluindo a maior parte dos militares, que formavam o grosso da antiga direita — e os grupos pequenos mas dinâmicos da nova direita, que compreendiam alguns empresários e executivos modernos, orientados para a associação dependente com as supercorporações multinacionais, e que incluíam uma grande fração de tecnocratas neoliberais, alguns deles militares, orientados também para uma associação dependente com os sistemas tecnoeconômico e de defesa norte-americanos.

4. Vide TORCUATO DI TELLA (1965a, pp. 47-74) e FERNANDO HENRIQUE CARDOSO (1969). Para o populismo na Argentina vide DI TELLA (1964), JORGE ABELARDO RAMOS (1965), CARLOS S. FAYT (1967), GONZALO CÁRDENAS *et al.* (1969) e RODOLFO PUIGGRÓS (1969). Para o populismo no Brasil, vide IANNI (1965b e 1968), IANNI *et al.* (1965a), THOMAS SKIDMORE (1967), JAGUARIBE (1968, Caps. 11-14), LUCIANO MARTINS (1968) e BRESSER PEREIRA (1968).

64 CRISES E ALTERNATIVAS DA AMÉRICA LATINA

Esquema 1, Livro III). É essencial apenas notar, no que se refere à liderança dos movimentos populistas, que a falta de uma filosofia política suficientemente clara do líder, associada com uma propensão tática para agradar a setores muito diversos, impediu esses líderes de definir de modo razoável sua política econômica. Eles se mostraram sempre, de um modo geral, favoráveis ao desenvolvimento econômico, que entendiam de uma forma nacionalista e em termos predominantemente industriais, e eram orientados para uma redistribuição social de riqueza e de oportunidades. Mas nunca foram capazes de delinear, ainda que grosseiramente, suas fronteiras propostas entre os setores a serem predominante ou exclusivamente reservados para a iniciativa do Estado, e os a serem mantidos abertos para a iniciativa privada, ou para subdiscriminar entre os de capital estrangeiro e os de capital nacional. Além do mais, apesar da inclinação populista para o planejamento do Estado e para a intervenção estatal na esfera econômica, os líderes populistas, com a possível exceção de Perón durante seus primeiros anos de governo, eram firmes crentes no desenvolvimento através da iniciativa privada, considerando que o papel do Estado como investidor e empresário deveria ser apenas subsidiário e complementar do setor privado. Daí a falta de uma definição razoavelmente clara dos papéis a serem designados ao Estado e às firmas privadas, ou aos empresários nacionais e estrangeiros, que se observa na Argentina de Perón (1946-1955), bem como no Brasil de Vargas (em particular em seu segundo governo, 1950-1954)[5].

Um quadro ainda menos claro pode ser notado nos governos dos líderes populistas menos definidos ou menos marcadamente populistas, tais como Frondizi (1958-1962) na Argentina, Kubitschek (1955-1960) e Goulart (1961-1964) no Brasil, López Mateos (1958-1964) no México, Rojas Pinilla (1950-1957) e Lleras Restrepo (1966-1970) na Colômbia, Rómulo Bettancourt (fase da Junta, 1945-1947) na Venezuela; e Ibáñez (1952-1958) e Frei (1964-1970) no Chile. Esta ambigüidade em suas concepções, devida em parte a razões táticas, como foi notado anteriormente, proporcionou algumas vantagens a esses líderes, na medida em que, em geral, os ajudou a desempenhar um papel muito mais radical, diante das massas, do que aquele que poderia apoiar seus desempenhos reais. A mesma ambigüidade, porém, produziu o resultado contrário em face das elites conservadoras, poderosas e bem organizadas, desses países, que foram levadas a acreditar que eram confrontadas com políticas e perspectivas muito mais radicais do que os governos populistas jamais pretenderam. Esta dupla distorção da imagem política dos governos populistas, era, finalmente, muito mais prejudicial do que beneficiadora, para eles, pois contribuiu para o enfraquecimento do impulso político das massas e

---

5. Sobre os fracassos de Perón relativos à concepção e aplicação de suas políticas, vide JORGE ABELARDO RAMOS (1965, pp. 633-658). Sobre os fracassos de Vargas vide IANNI (1968, pp. 53-70 e 123-136) e SKIDMORE (1967, pp. 93-142).

OS OBSTÁCULOS DA HERANÇA DUALISTA 65

para a crescente resistência da maior parte da nova classe dirigente, privando as democracias populistas da cooperação de setores valiosos, o que as condenou finalmente à ruína.

Os segundo e terceiro aspectos a serem brevemente discutidos se referem às falhas dos movimentos populistas na aplicação de suas políticas sócio-econômicas. Estes aspectos, em poucas palavras, se relacionam com as deficiências de financiamento dos projetos populistas e as deficiências de sua administração. Lancemos uma rápida olhada a cada um destes dois aspectos.

As deficiências financeiras foram uma constante, na maior parte dos projetos latino-americanos, na fase do desenvolvimento populista. Desde logo, a ambigüidade das políticas econômicas dos governos populistas foi um obstáculo inicial para uma elaboração clara e realista de seus orçamentos. Para tornar seus projetos mais aceitáveis esses governos, como regra, eram inclinados a subestimar seus custos e a superestimar a facilidade com que poderiam ser executados. A real dificuldade, porém, era a hostilidade interna e internacional que rodeava esses governos.

Internamente, sua situação política formal variava de país a país. Em um extremo temos a situação de Perón, que adquiriu e manteve por muitos anos o completo controle dos órgãos básicos e formais de poder na Argentina: por um lado, os sindicatos de trabalhadores, o Exército, o partido peronista, e, por outro lado, como um reflexo de seu controle das infra-estruturas do poder, o governo Executivo (onde os ministros eram meros executantes de suas ordens), o Legislativo (que foi reduzido ao papel passivo de referendar os desejos do Executivo), e o Poder Judiciário (que foi depurado por expurgos e sujeito à vontade do Presidente). No extremo oposto, temos a posição de Vargas, que foi eleito por uma coalizão heterogênea de partidos e teve que negociar todas as suas decisões com o Congresso e de manobrar com cuidado os militares, a fim de preservar sua lealdade (que finalmente perdeu).

Qualquer que fosse, entretanto, a medida de seu controle sobre seus respectivos sistemas políticos, os governos populistas foram sempre impotentes ante a elite econômica de seus países. Não é possível analisar aqui o problema complexo do relacionamento entre os governos populistas e a elite econômica, na América Latina[6]. Sobre a matéria se farão alguns comentários posteriores. Por ora, é suficiente salientar que o populismo latino-americano, apesar de certas aparências e *slogans* socialistas, era uma forma de capitalismo privado, tanto na realidade do poder quanto nas intenções dos líderes, embora fosse orientado para um reformismo radical (vide Cap. 6, Livro I). A elite econômica, apesar do apoio dado ao desenvolvimento populista por alguns setores industriais e técnicos era, em seu conjunto, hostil aos regimes populistas, devido às tendências reformistas destes. Essa elite continuou a

6. Vide DI TELLA (1965a, pp. 47-74).

66   CRISES E ALTERNATIVAS DA AMÉRICA LATINA

jogar um jogo tendencioso com os governos populistas, na antiga tradição das elites latino-americanas que Celso Furtado definiu como a ''privatização dos benefícios e a socialização dos custos''. Na prática, a elite econômica, em defesa de seus interesses de classe, foi capaz, de uma ou de outra forma, de impedir aumentos significativos dos impostos e outros métodos de aumentar as rendas dos governos populistas. Isto forçou esses governos a recorrer a emissões monetárias e outros dispositivos inflacionários como a única alternativa disponível para financiar, em moeda local, seus projetos de desenvolvimento.

Externamente, o desenvolvimento populista latino-americano era cercado por mal encoberta hostilidade dos Estados Unidos e dos órgãos internacionais financeiros sob sua influência, tais como o Banco Mundial[7]. Uma vez mais, uma discussão deste problema seria muito longa e complexa para ser apresentada aqui. Eu sugeriria que as causas dessa hostilidade eram uma particular combinação de motivos pragmáticos e preconceitos ideológicos. Em termos pragmáticos, o desenvolvimento populista estava se opondo aos interesses econômicos imediatos norte-americanos. A aceleração, bem como a dramatização, do processo de substituição de importações afetava de forma negativa várias linhas tradicionais das exportações norte-americanas, em particular de bens de consumo duráveis (tais como artefatos para o lar). Estes bens começaram a ser produzidos localmente e foram apoiados por condições proibitivas à competição externa. Embora de fato muitas das oportunidades para o investimento estrangeiro permanecessem, e muitas outras, tais como a indústria automobilística, fossem criadas, a ênfase sobre a autonomia e o nacionalismo econômicos, afugentou a comunidade norte-americana de negócios e induziu seus membros a acreditar, em uma fase em que as supercorporações estavam começando a ser orientadas de modo crescente para a expansão mundial, que os mercados latino-americanos se fechariam para eles e seriam mantidos sob o controle das empresas públicas locais.

No plano ideológico, o desenvolvimento populista parecia ser financeiramente inseguro, devido a suas implicações inflacionárias (que foram realmente agravadas pela conduta da comunidade financeira), e politicamente perigosos, devido à interferência crescente do Estado nos assuntos econômicos. Todas estas concepções e sentimentos levaram os Estados Unidos e os órgãos financiadores internacionais a negar crédito a longo prazo aos governos populistas, ainda que para alguns de seus projetos mais sólidos, tais como a indústria brasileira de aço[8]. Confrontados com esse obstáculo financeiro os governos populistas foram compelidos a aceitar os créditos europeus a curto prazo a fim de levar adiante seus proje-

---

7. Vide ANÍBAL PINTO (1965, pp. 35 e ss.).
8. Tal foi o caso de Cosipa, USIMINAS e Ferro e Aço de Vitória.

OS OBSTÁCULOS DA HERANÇA DUALISTA

tos, em condições que logo se tornaram um peso insustentável para seu balanço de pagamentos, com efeitos igualmente negativos sobre seu meio circulante interno (vide Cap. 2, Livro III).

A combinação dos meios inflacionários internos e das dívidas externas a curto prazo levou o desenvolvimento populista a um impasse, forçando eventualmente os países latino-americanos, seja ainda sob regimes populistas ou já sob regimes militares (que como regra sucederam os regimes populistas), a adotar estéreis programas de austeridade financeira, colocando um fim prematuro em seus esforços de desenvolvimento[9].

O terceiro aspecto anteriormente mencionado, também referente à implementação dos projetos populistas, está relacionado à fraca administração da maioria das empresas públicas recentemente criadas. A empresa pública ou mista, na qual o Estado mantém uma maioria controladora, foi uma das características típicas do desenvolvimento populista na América Latina. E não resultou de decisões caprichosos ou de qualquer propensão doutrinária, como pode ser inferido do que já foi dito, mas simplesmente do fato de que, dada a insuficiência global do capital privado e a preferência natural deste para investimentos de maturação mais rápida e lucros superiores aos dos setores básicos e infra-estruturais, os setores que demandavam alto capital podiam apenas ser desenvolvidos, em termos nacionais, por empresas públicas ou mistas. No entanto, quando se lançavam em tais empreendimentos, os Estados latino-americanos eram assolados por sua dependência política para com as políticas de clientela (incluindo o populismo de clientela) e pelo problema quase que insolúvel de desemprego da classe média. A combinação desses dois fatores levou a impor às corporações públicas um excedente de pessoal que deveria ser empregado em algum lugar. Também perturbou a escolha dos dirigentes para essas empresas. E, em geral, submeteu as empresas públicas a pressões políticas que tendiam sempre a afetar de modo negativo sua eficiência.

A conseqüência final dessas condições foi um aumento no custo do desenvolvimento populista, reduzindo seus benefícios e proporcionando fáceis alvos e argumentos para os setores reacionários[10], ansiosos para deter, enquanto ainda tinham tempo, um processo de mudança social, econômica e política que chegou muito perto de ser irreversível. Na realidade, esse processo, de qualquer forma, afetou decisivamente esses países que nunca voltarão a ser o que eram antes de seus experimentos populistas.

---

9. Vide FURTADO (1969, Cap. 16) e AGUILAR MONTEVERDE (1968, pp. 136 e ss.).

10. Tal argumento é o *slogan* usual de que o "Estado é um mal administrador". É claro que são omitidas as condições reais da sociedade em questão, e o "Estado" é suposto como sendo uma realidade dotada de propriedades imutáveis, independentes da sociedade da qual é uma parte.

68 CRISES E ALTERNATIVAS DA AMÉRICA LATINA

Crescimento e participação

A segunda característica do experimento populista, que foi mencionada anteriormente e que requer uma breve análise, é a incapacidade manifestada por esses governos, na condição peculiar do desenvolvimento populista, seja de atrair para seu lado suficientes setores da elite e da subelite, para neutralizar as conspirações das forças reacionárias, seja enfrentar essas forças e esmagá-las. A compreensão deste problema requer a compreensão básica do relacionamento, no processo do desenvolvimento populista, entre a mobilização das massas e a melhoria de suas condições de vida, por um lado, e a situação e os interesses da burguesia e da classe média, por outro lado.

Quaisquer que fossem as intenções subjetivas dos líderes populistas e a medida de sua consciência dos problemas econômicos, sociais e políticos de seus países, o fato é que o populismo sempre ocasionou uma ampla mobilização das massas urbanas e dependia dele, orientando-as, no quadro do Estado nacional e do capitalismo privado, a níveis mais altos de participação econômica e política. Em suas raízes, como será lembrado, o populismo era uma resposta, através de meios políticos, às condições insuficientes dos mercados latino-americanos para o crescimento econômico espontâneo. Ao fixar, através de decisões políticas, metas econômicas mais altas do que as que provavelmente resultariam do·livre jogo das forças do mercado, os governos populistas dependiam da mobilização das.massas para acumular suficiente poder para optar por essas metas e lográ-las.

Ao mesmo tempo, porém, essas metas econômicas, dentro dos limites do Estado nacional e do regime capitalista, se encontravam inseridas no quadro mais amplo do sistema de bem-estar, orientado para a melhoria das condições de vida das massas, em uma resposta mais direta a suas expectativas. Em suas raízes — deve ser lembrado também — o populismo foi também uma vitória política das massas. Não uma vitória política no sentido de eliminar o poder econômico e político das antigas classes dirigentes, mas no sentido de forçá-las, de forma eleitoral ou de outro modo, a ouvir as exigências das massas, a atender a muitas dessas exigências, e a aumentar a participação das massas nos sistemas econômico e político[11]. Neste sentido, o populismo representou para as camadas inferiores urbanas, nos meados deste século, o que o radicalismo representou para a classe média nos fins do século XIX e começo do XX: um aumento forçado do sistema político. No entanto, de modo diferente do radicalismo, que impôs a redistribuição do poder ao patriciado sem mudar a estrutura econômica subjacente, a revolução populista, em sua fase ascendente, tanto

---

11. O processo, no entanto, era limitado basicamente às massas urbanas e entre estas, aos grupos sindicalizados e melhor organizados.

OS OBSTÁCULOS DA HERANÇA DUALISTA   69

causou a expansão do sistema econômico quanto uma aceleração da industrialização dos países em questão.

Devido a essa dupla dependência para com o desenvolvimento econômico geral e o atendimento de certas exigências das massas, a geração de um relacionamento dialético entre o crescimento global da economia e a crescente participação das massas no processo econômico-político constituiu uma característica peculiar do desenvolvimento populista. Enquanto todo o sistema se manteve em crescimento, uma compatibilidade mínima, ainda que desequilibrada, existia entre os dois elementos principais do processo, ou seja, entre 1) a expansão da economia, proporcionada pela iniciativa do Estado e que gerou novos meios para a assistência social, e 2) a crescente participação das massas. No curso desse processo, muitos setores sociais, apesar de seus potenciais ou reais conflitos de interesses foram favorecidos, embora em termos desiguais, pelo crescimento geral na produção e no suprimento das mercadorias e pela crescente expansão da demanda.

É certo que os governos populistas foram levados a esse sistema dialético mais por razões de conveniência do que por uma compreensão clara de seus mecanismos subjacentes. Em parte devido a isto, em parte devido às distorções inflacionárias — que incorreram inicialmente como um risco calculado, mas que finalmente ficaram fora de controle — esses governos se viram confrontados, mais cedo ou mais tarde, com o lado negativo daquele sistema dialético, sem estarem preparados para enfrentá-lo. Em outras palavras, quando os efeitos deformadores da excessiva inflação, juntamente com outros fatores, levaram à desagregação da compatibilidade mínima entre os dois elementos do sistema (crescimento da economia e crescente participação das massas), o processo não pôde mais ser mantido sem o sacrifício de certos setores. As classes mais ricas tinham que contribuir muito mais à formação de um excedente nacional com o qual financiassem os esforços de desenvolvimento e a melhoria social para as massas, ou (que foi o que prevaleceu) o equilíbrio entre a demanda e a oferta de mercadorias e entre os investimentos e os benefícios sociais, por um lado, e a formação nacional de excedentes, por outro lado, tinham que ser alcançados pela compressão do nível de consumo das massas e pela adaptação geral dos investimentos à disponibilidade, se alguma houvesse, de um excedente nacional.

Comportamento da classe dirigente

Como seria de esperar, a reação dos vários setores de classes burguesa e média que formavam a nova classe dirigente dos países latino-americanos variou conforme os experimentos populistas se encontrassem em suas fases ascendente ou descendente. Embora a tendência geral dificilmente pudesse ser alterada pelos governos populistas, parece, em uma perspectiva retrospectiva, que esses

70   CRISES E ALTERNATIVAS DA AMÉRICA LATINA

governos poderiam ter jogado o seu jogo de um modo muito mais vantajoso em sua fase de crescimento, a fim de assegurar sua posterior sobrevivência na fase mais difícil. Para isso, porém, esses governos necessitariam de uma compreensão do processo inerente de desenvolvimento populista que estavam realmente promovendo e que nenhum deles jamais atingiu.

Em poucas palavras, pode-se dizer que a fraqueza peculiar ao populismo, como um movimento sociopolítico, foi precisamente sua incapacidade de alcançar uma compreensão crítica de seu verdadeiro significado social. O populismo foi essencialmente um processo objetivo, no qual os principais líderes — a maior parte dos quais típicos membros da classe média — eram eles mesmos vítimas dos *slogans* e imagens populistas, que se referiam a uma transferência de poder mais nominal do que real das antigas classes dirigentes às massas. Essa auto-obnubilação os impediu de transmitir aos setores da elite e da subelite que seriam favorecidos, de maneira mais efetiva, pelo desenvolvimento populista (os setores industriais e técnicos da classe média), a plena consciência deste fato e, portanto, de captar sua fidelidade e apoio conscientes.

Enquanto o desenvolvimento populista se encontrava em seu curso ascendente, os industriais e tecnocratas se mantinham divididos em seus sentimentos em face dos governos populistas. Como regra, não deixaram de perceber a medida em que esses governos lhes traziam vantagens significativas, na forma de negócios de rápida expansão· ou em termos de mais e melhores empregos técnicos e administrativos. No entanto, foram muito freqüentemente afetados pela contrapropaganda ideológica difundida por porta-vozes estrangeiros e nacionais das assim chamadas concepções econômicas ortodoxas, baseadas em todas as formas de preconceitos e falácias monetárias do *laissez-faire*. Além do mais estavam assustados, em seus sentimentos de classe conscientes ou inconscientes, com a ascensão das massas, que tendia, na prática, a se fazer muito maior na propaganda, tanto do governo quanto da oposição, do que na realidade dos fatos. E finalmente, o que era pior, não entendiam as íntimas ligações entre a expansão geral do produto nacional, a ativa interferência do Estado na esfera econômica e a crescente participação das massas, que funcionavam tanto como apoio político de tais políticas (dentro de limites) como um retroalimentador de apoio para a expansão econômica.

Em geral, como resultado dessa mescla de sentimentos e concepções errôneas, os industriais e tecnocratas, embora mais favorecidos do que a maioria dos outros setores pelo desenvolvimento populista, foram reticentes seguidores do processo. Nunca deram sua fidelidade total aos governos populistas e nunca ofereceram seriamente seus talentos para melhorar as políticas postas em andamento. Um dos aspectos curiosos do desenvolvimento populista, visto em retrospecto, é o pequeno número de homens de alta qualidade que intervieram, na prática e a fundo, em seu

OS OBSTÁCULOS DA HERANÇA DUALISTA 71

planejamento e execução. Os setores da elite e da subelite que foram gratificados pelo populismo condescenderam graciosamente em aceitar seus benefícios, apesar de suas origens supostamente não impecáveis, enquanto o processo se encontrava em progressão positiva. Assim que as dificuldades começaram a fazer sentir, e o processo de crescimento econômico foi detido, esses setores foram facilmente levados a se incorporar à oposição de direita.

Posição da burguesia nacional

É digno de nota que na fase de crise do populismo a burguesia nacional, que foi basicamente um resultado do desenvolvimento populista, foi rapidamente confrontada com a alternativa de optar pelos seus interesses burgueses, às expensas de seus valores nacionais, ou de seguir um curso nacionalista, a um certo preço, em termos de seus interesses individuais e de classes. Este dilema, que foi tão rapidamente sentido pela burguesia nacional dos diferentes países latino-americanos em diferentes períodos (os últimos anos de Perón, na Argentina, os últimos meses de Goulart, no Brasil), está ligado a duas características importantes do desenvolvimento populista.

A primeira e mais visível dessas características era a propensão, manifestada por todos os regimes populistas, a se tornarem mais radicais quando a prévia compatibilidade básica entre o crescimento econômico global e a crescente participação da massa era interrompida. Confrontados com esse problema, todos os regimes populistas, fosse qual fosse seu real desempenho futuro (que sempre foi moderado), indicavam a intenção de aumentar a medida do controle do Estado sobre a economia (para incluir o controle dos lucros, rendas etc.) de expandir a área do setor público (para incluir a energia elétrica, o serviço telefônico etc.), de adotar uma legislação social mais extrema (tal como a reforma agrária), e de usar medidas semelhantes. Essas perspectivas — independentes de seus méritos sócio-econômicos intrínsecos — poderiam ter levado provavelmente a uma mais clara diferenciação entre os papéis do Estado e os do setor privado. Tanto quanto pode ser inferido da evidência disponível, essas políticas nunca pretenderam, em qualquer regime populista latino-americano, suprimir ou mesmo reduzir de modo substancial o setor privado[12], mas foram sempre e por toda a parte entendidas pela nova classe dirigente como implicando um risco iminente de socialização global da economia. A dupla imagem do populismo e o fato de que o envolvimento da burguesia nacional no processo de desenvolvimento populista foi superficial e oportunista, explicam porque sua cooperação contingente com os regimes populistas foi facilmente quebrada e mudou para posições de medo e de hostilidade, em época de crise.

---

12. Sobre a Argentina vide ALBERTO CIRIA (1968, Cap. 8); sobre o Brasil, vide LUCIANO MARTINS (1968, Cap. 4).

72 CRISES E ALTERNATIVAS DA AMÉRICA LATINA

A segunda característica ligada ao dilema da burguesia latino-americana se refere à posição internacional dessa burguesia. Nas condições da América Latina, o termo burguesia nacional, como é amplamente usado agora, significa que o setor da burguesia — vindo em parte de setores comerciais anteriores, em parte do precedente patriciado agrário, e em parte da imigração — que foi levado, pelo processo de substituição de importações, a produzir e comercializar, internamente, bens industriais que eram importados anteriormente. Embora possam ser observadas algumas manifestações de indústria nativa na América Latina nos meados do século XIX (o Visconde de Mauá no Brasil) ou mesmo mais cedo, e embora um processo inicial mais amplo de industrialização tenha ocorrido nos fins do século XIX e fora estimulado pela Primeira Guerra Mundial, foi sem dúvida a depressão da década de 1930 que lançou a industrialização latino-americana. Os últimos anos desse período (a década de 1950), que correspondem à fase da industrialização deliberada apoiada pelo Estado, reforçou fortemente a tendência e converteu a burguesia nacional no setor liderante da burguesia latino-americana e, finalmente, no setor liderante do agrupamento dirigente da América Latina.

De modo diferente do que ocorreu com as áreas puramente coloniais do Terceiro Mundo, onde a industrialização começou como uma aventura estrangeira, a burguesia industrial latino-americana, no curso da década de 1950, em particular nos países maiores tais como o Brasil e o México, era formada predominantemente por grupos nacionais, embora com muitos elos internacionais. O desenvolvimento populista deu a estes grupos a oportunidade de estabelecer ligações e acordos proveitosos com as grandes corporações internacionais, sem lhes entregar o controle e a liderança de seus negócios. Ao mesmo tempo, porém, as grandes corporações internacionais, principalmente as possuídas e controladas pelos norte-americanos, começaram seu curso acelerado em direção a um controle mundial dos mercados e das matérias-primas, na forma das assim chamadas corporações multinacionais. Havia, portanto, uma tendência mais do que potencial para um conflito entre a rapidamente crescente nova burguesia industrial latino-americana nativa e as supercorporações multinacionais, ainda mais rapidamente crescentes. Alguns governos populistas, embora sem continuidade, entenderam em tempo que um conflito entre o emergente capitalismo nativo latino-americano e as supercorporações seria inevitável e requeriria, em defesa daqueles uma intervenção deliberada da parte dos Estados latino-americanos[13]. Antes que esse conflito alcançasse proporções mais sérias, porém, a burguesia nacional latino-americana foi confrontada com a crise do populismo. Como foi descrito anteriormente, essa burguesia expe-

---

13. Tal foi o caso do primeiro Plano Qüinqüenal de Perón e de certas políticas de San Thiago no governo Goulart.

OS OBSTÁCULOS DA HERANÇA DUALISTA 73

rimentou as contradições entre sua classe e seus interesses individuais e seus valores nacionais. Com poucas exceções, os membros dessa classe seguiram o curso de seus interesses mais do que o de seus valores. Foi nesta conjuntura que o conflito potencial entre a burguesia nativa latino-americana e a supercorporação multinacional foi solucionado. Aderir às supercorporações tornou-se para a burguesia nacional latino-americana o caminho mais fácil e seguro de escapar dos riscos que sentia (e superestimava grosseiramente) de uma socialização geral iminente. Como regra, os acordos de incorporação e associação foram feitos em uma forma tal que, finalmente, os maiores industriais latino-americanos se tornaram, com graus variáveis de autonomia local, sócios minoritários do grande sistema capitalista internacional, controlado pelos norte--americanos (vide o Cap. 2, Livro III).

Indecisão do populismo

Os governos populistas, confrontados com a falta de efetiva fidelidade da burguesia nacional em sua fase de desenvolvimento, e com a hostilidade dessa burguesia, na fase de crise, não foram capazes nem de levá-la a uma cooperação mais consistente, no primeiro caso, nem de lutar e submetê-la, no segundo. A explicação para esta dupla incapacidade já foi adiantada em grande medida nas linhas precedentes. Como já foi dito, o populismo latino-americano era uma forma, embora orientado de forma social e nacional, de capitalismo privado. Os governos populistas estavam preocupados com o planejamento do desenvolvimento nacional, aumentando a participação das massas, e suplementando, através de instrumentos do Estado, a ação da burguesia nacional. Nunca consideraram seriamente a possibilidade de impor aos empresários nacionais uma disciplina mais severa, mais do que uma fraca adaptação às atividades destes às metas dos planos nacionais. E nunca foram além de débeis formas de controle social das firmas privadas, apesar das freqüentes proclamações bombásticas em contrário, emitidas especialmente em fases de crise. Nestas condições, os governos populistas renunciaram, de fato, a exercer algo mais do que um esforço de persuasão sobre os empresários nacionais, e em rigor, sobre todo o setor privado. Mesmo em relação a grupos estrangeiros as restrições reais impostas pelos governos populistas foram muito poucas, e finalmente se limitaram à nacionalização de certos serviços públicos e à adoção de monopólios do Estado para certas indústrias de infra-estrutura, tais como a do petróleo.

Em sua fase de crise, quando ocorreu uma confrontação de vida e morte, como com Vargas em 1954, Perón em 1955 e Goulart em 1964, para se mencionar apenas alguns líderes populistas típicos e seus momentos mais dramáticos, os líderes populistas se recusaram consistentemente a defender sua causa através de meios não convencionais. Se os casos de Perón e de Goulart forem

74 CRISES E ALTERNATIVAS DA AMÉRICA LATINA

considerados em maior detalhe (Vargas em sua velhice, estava muito mais preocupado com a preservação da harmonia nacional do que com a vitória de sua própria causa, e assim preferiu suicidar-se a provocar uma guerra civil), pode se ver que tanto Perón quanto Goulart poderiam ter tentado, com boas possibilidades de êxito, mobilizar os trabalhadores em defesa do regime. Em última análise, a única coisa de que necessitariam teria sido deixar os sindicatos se armarem. Mas essa é precisamente a solução que eles deliberadamente se recusaram de adotar, pois sabiam que essa solução necessariamente levaria o populismo além de suas fronteiras capitalistas. E permaneceram até o fim, e ao custo de seus próprios regimes, estritamente confinados dentro dos limites do capitalismo privado, fossem quais fossem suas qualificações sociais e nacionais ao capitalismo, por um lado, e sua retórica para consumo popular, por outro lado[14].

O patriciado latino-americano nos fins do século XIX e início do XX, sob a pressão vitoriosa do radicalismo, foi forçado a aceitar o aumento da antiga classe dirigente e a incorporar finalmente, aos seus escalões inferiores, a classe média emergente. O custo deste processo, como um todo, foi coberto, por um lado mediante impostos mais altos e mais amplos, uma vez que a incorporação da classe média foi feita principalmente através do aumento dos serviços públicos. Por outro lado, estes custos foram mais do que compensados pela contínua expansão da economia tradicional, até a crise da década de 1930 e mais tarde, pela fase inicial da industrialização espontânea através da substituição de importações.

A revolução populista da década de 1940 à de 1960, que expressava o crescente número e força das massas urbanas, como uma das conseqüências da rápida industrialização da América Latina, impunha à nova classe dirigente, através de meios políticos, uma maior participação econômica e política das massas. Proporcionou também, ao mesmo tempo, uma nova expansão da economia através da interferência ativa dos governos populistas nos últimos estágios do processo de industrialização. Diversamente, porém, do que ocorreu anteriormente, nas relações entre o antigo patriciado e a classe média, os setores liderantes das massas não foram incorporados à nova classe dirigente. Assim que o processo de crescimento econômico foi detido nos fins da década de 1950 e inícios da de 1960, a nova classe dirigente (incluindo os setores que haviam sido mais favorecidos pelo desenvolvimento populista), receosa de uma nova intensificação das lutas de classe e dos riscos aparentemente iminentes de socialização, se recusou a suportar os sacrifícios necessários para manter um processo de desenvolvimento orientado de modo nacional e social.

---

14. Sobre Perón vide JORGE ABELARDO RAMOS (1965, pp. 643 e ss.). Sobre Goulart veja SKIDMORE (1967, Cap. 7) e IANNI (1968, Cap. 8).

OS OBSTÁCULOS DA HERANÇA DUALISTA 75

Os governos populistas foram, sistematicamente, derrubados através de toda a América Latina, por golpes militares direitistas, assistidos ou apoiados, de um modo ou de outro, pelos Estados Unidos. Com exceção de poucos países[15], a capacidade de consumo das massas foi severamente diminuída. O desenvolvimento econômico foi sujeito às limitações do equilíbrio financeiro e social, com a resultante estagnação descrita no Cap. 2 e a anterior orientação nacional e social dos governos latino-americanos foi modificada, sob o rótulo eufemístico da "interdependência", para uma posição geral de dependência para com os sistemas econômico e de defesa dos Estados Unidos[16].

O legado do dualismo

Não pode haver dúvida de que os governos populistas cometeram sérios erros, pelos quais pagaram um alto preço, que poderiam, em princípio, ser evitados. Para evitar esses erros, porém, como foi discutido, teriam necessitado de uma compreensão crítica de seu próprio significado social, que nunca foram capazes de alcançar. O populismo foi sempre um processo objetivo com pouca capacidade de autoconsciência.

A questão crucial, portanto, foi o legado do anterior dualismo latino-americano. Fossem quais fossem as distâncias que separavam o patriciado latino-americano, nas épocas de sua máxima força e autoconvicção, da classe média emergente, as diferenças entre essas duas classes eram mais de grau do que de qualidade. Uma vez que a classe média, que crescia continuadamente em número e em influência durante as últimas décadas do século XIX e as primeiras décadas do século XX, ganhou finalmente sua luta para o reconhecimento e participação e foi incorporada à base da nova classe dirigente, o que tornou esta incorporação mais fácil foi a básica compatibilidade psicocultural entre estas duas classes. O dualismo tradicional inerente às sociedades latino-americanas, desde suas origens, funcionou no sentido de orientar a classe média em direção aos valores e estilos de vida da classe superior. A separação social real e profunda, na América Latina, passa além da classe média, e a separa, juntamente com a classe superior, das massas, manifestando, na maioria dos países, as maiores desigualdades materiais e culturais como nos casos típicos do Brasil ou do México, ou uma hostilidade arraigada psicológica, como no caso da Argentina.

O populismo provou que a superação desse legado de dualismo não pode ser aceita de modo consensual pelas classes média e

---

15. O Chile foi um dos exemplos até a derrubada de Allende e o Uruguai até o golpe de Bordaberry. As tendências progressistas foram preservadas na Venezuela e, em certa medida, na Colômbia. O Peru, após passar através de uma fase de crise, parece ter encontrado uma nova orientação nacional de desenvolvimento sob um governo militar.

16. Vide LUCIANO MARTINS (1968, Cap. 1) e JAGUARIBE et al. (1969a).

76   CRISES E ALTERNATIVAS DA AMÉRICA LATINA

superior, se elas tiverem que suportar seu custo e dispuserem de meios para impor soluções alternativas, ainda que ao preço do conteúdo liberal de algumas de suas crenças. Este é precisamente o significado da segunda hipótese formulada na presente seção deste livro, que tentei demonstrar nas linhas precedentes.

C. ALTERNATIVAS E PERSPECTIVAS

5. As Alternativas Básicas

As tendências alternativas

A presente e última seção deste livro constitui uma tentativa de discutir as tendências e alternativas atuais e previsíveis nas sociedades latino-americanas. Levará em conta as principais características estruturais analisadas na Seção A, Livro III, consideradas à luz das hipóteses explicativas propostas nos Caps. 3 e 4, Livro III, todo o quadro teórico precedentemente discutido neste livro, em particular na Seção C do Livro II. Já tratei do assunto da presente seção em um estudo anterior[1], no qual como notei anteriormente, também discuti vários dos problemas considerados na Seção A, Livro III. Como então, tentarei agora tratar do assunto de uma forma sucinta reproduzindo, quando conveniente, parte do texto desse estudo anterior.

A discussão das tendências e alternativas de um processo sócio-histórico envolve, em essência, dois tipos distintos de análises. Um consiste na determinação, baseada na avaliação das principais características estruturais de uma sociedade, seu ambiente, e seus processos intra e intersocietais, das tendências que expressam orientações gerais e duráveis, e desse modo são mais suscetíveis de configurarem tais processos, e a determinação de quais dessas orientações sejam mais capazes de exercer um efeito condicionante sobre as outras tendências. O segundo tipo de

---

1. Vide HÉLIO JAGUARIBE (1969a, pp. 1-86).

80 CRISES E ALTERNATIVAS DA AMÉRICA LATINA

análise consiste em determinar as alternativas básicas, como tipos ideais, que estão envolvidas no desenvolvimento previsível dessas tendências centrais e, portanto, as alternativas com que a tendência central terá provavelmente de se confrontar.

No caso da América Latina, como foi visto, na Seção A, Livro III, os problemas cruciais são 1) a inter-relação — em um processo circular que se autocondiciona — entre o subdesenvolvimento estagnado dos países em questão e sua própria marginalidade social e 2) em grande parte como conseqüência desse processo circular, um processo rapidamente crescente de desnacionalização econômica, cultural e político-militar desses países. Esse processo consolida a não viabilidade dos países já afetados — dadas as condições gerais de nossa época, as condições políticas internas desses países e sua localização geopolítica — por recursos humanos e naturais insuficientes, como ocorre com os países da América Central e do Caribe. E o processo de desnacionalização põe em grave perigo as estruturas nacionais dos outros países latino-americanos e o engajamento de suas elites com sua própria nação.

Se considerarmos apenas os países latino-americanos viáveis, temos que o subdesenvolvimento estagnado e a marginalidade social, como um processo circular que se autocondiciona, está contribuindo grandemente para o triplo processo de desnacionalização econômica, cultural e político-militar. Este síndrome, como vimos na Seção B, Livro III, foi causado pelo dualismo histórico, com sua resultante brecha, que separava as importantes massas latino-americanas da classe média e da burguesia, que chegou a formar uma nova classe dirigente autoprotetora. Na América Latina, promover o desenvolvimento nacional chegou a significar ultrapassar a brecha entre as massas e a nova classe dirigente, através da incorporação daquelas a níveis mais altos de participação. Os custos materiais e psicoculturais requeridos para essa incorporação, porém, que deveriam ser suportados pela nova classe dirigente, provaram ser consideravelmente maiores do que os setores em questão estão preparados para aceitar. Como conseqüência, o síndrome segue um curso auto-agravante, no qual é requerida uma crescente dependência a fim de equilibrar um crescente déficit interno de recursos e de consenso nas sociedades latino-americanas. Realmente como o indica a análise anterior (de acordo com o que foi discutido e estabelecido nas duas seções precedentes deste volume), não pode haver dúvida de que as tendências centrais da sociedade latino-americana, atualmente e num futuro previsível, se caracterizam pela dupla inter-relação entre o subdesenvolvimento estagnado e a marginalidade social, por um lado, e o processo de desnacionalização econômica, cultural e político-militar, por outro lado.

Como foi claramente visto em nossa discussão do sistema emergente interimperial (vide Cap. 12, Livro II), não pode também haver dúvida sobre as características fortemente expansivas do

AS ALTERNATIVAS BÁSICAS 81

sistema norte-americano de negócios apoiado por um sistema de defesa também expansivo. Neste sentido, as sociedades latino-americanas indubitavelmente teriam sido submetidas a fortes pressões norte-americanas, nas condições internacionais resultantes da Segunda Guerra Mundial, independente de suas características internas. É em virtude dessas condições internas dessas sociedades, porém, que tais pressões levaram de modo bem sucedido e firme ao processo de desnacionalização. Mesmo se levando em conta sua localização geopolítica particularmente favorável, em face do império norte-americano, o Japão, submetido à rendição incondicional e completa ocupação militar, foi capaz, apesar disso, de resistir às pressões norte-americanas e longe de sucumbir a qualquer processo de desnacionalização, conseguiu alcançar, em duas décadas, uma autonomia consolidada interna e internacional. Nas condições das sociedades latino-americanas, porém, as pressões externas dos Estados Unidos, em vez de encontrarem resistência, foram apoiadas ativamente e até mesmo demandadas pelas elites locais, configurando o que deveria ser chamado de um *imperialismo atraído,* em oposição às formas de ''imperialismo pressionado'', imposto de modo forçado a partir do exterior.

Das várias alternativas possíveis com as quais se acham confrontadas as duas tendências centrais inter-relacionadas das sociedades latino-americanas, a determinante, tanto analítica quanto empiricamente, é a alternativa entre a *dependência* e a *autonomia.* O que torna esta alternativa a determinante, é o fato de que opera como uma variável independente, em face das outras. Na realidade, confrontada com a alternativa de dependência-autonomia, as outras alternativas, tais como estagnação-desenvolvimento e dualismo-integração, operam como simples requisitos para a consolidação da autonomia latino-americana, se este for o curso que venha a ser tomado, ou cessa de haver quaisquer alternativas, porque se o caminho para a América Latina levar à dependência, as sociedades latino-americanas não mais serão dirigidas por si mesmas e assim não terão que enfrentar alternativas. O curso da dependência, uma vez se torne irreversível, envolve a transferência também irreversível da formulação de decisões para a sociedade dominante, que se torna a que pode enfrentar alternativas e cujas escolhas determinam o destino subseqüente da sociedade dependente.

Como pode ser inferido a partir das duas seções precedentes e como será discutido posteriormente no próximo capítulo, os países latino-americanos, considerados como um todo, estão se movendo atualmente em direção à alternativa da dependência, seja qual for a medida em que esta seja deliberada ou reconhecida. O *statŭs quo* latino-americano atual mostra inquestionavelmente uma propensão predominante, embora raras vezes claramente reconhecida, para a alternativa dependente. Alguns poucos restantes países latino-americanos, porém chegaram a expressar em certos períodos, de

82   CRISES E ALTERNATIVAS DA AMÉRICA LATINA

forma viva e consistente, tais como o Chile, sob Frei, ou o Peru sob Velasco, uma clara opção para a alternativa da autonomia. Devido a sua influência relativamente pequena sobre o quadro geral latino-americano, porém, estas exceções não estão mudando a tendência dependente corrente. Portanto, não fazer uma escolha, implica correntemente para a América Latina, como um todo, seguir a alternativa da dependência.

Como foi discutido na última parte do Cap. 12, Livro II, a dependência apresenta quatro tipos distintos, que tendem a ocorrer em ordem sucessiva: o colonial, o neocolonial, o satélite e o provincial. Analisaremos este assunto em mais detalhe, no que se refere aos países latino-americanos, no próximo capítulo. Por ora, é suficiente manter em mente que cada um destes tipos de dependência, que expressa certa espécie de relacionamento estrutural entre as sociedades em questão, implica distintos modelos sociopolíticos para o país dependente[2].

Como foi visto no Cap. 12, Livro II, embora a alternativa de autonomia apresente também diferentes tipos, internacionalmente, tais como a autonomia individual absoluta (Estados Unidos, União Soviética), autonomia individual relativa (Japão), ou autonomia coletiva (Europa Ocidental), não se acha tal alternativa submetida a qualquer princípio de sucessão. Para dados casos empíricos, porém, tais como o corrente latino-americano, a alternativa de autonomia, além de apresentar uma gama limitada de possibilidades tipológicas (autonomia coletiva, para a maioria dos países latino-americanos, autonomia individual relativa, possível para o Brasil) apresenta também formas alternativas e modelos sociopolíticos implícitos para sua eventual adoção e aplicação. As formas alternativas são a *reformista* e a *revolucionária*. E, como vimos nos Caps. 7 e 8, Livro II, o modelo implícito para a forma reformista é o *Capitalismo de Estado* ou uma mistura de *Capitalismo de Estado* e *Nacional-Capitalismo*, dependendo das condições da sociedade em questão. O único modelo possível para a forma revolucionária é o *Socialismo Desenvolvimentista*.

O prazo-limite histórico

Como vimos no Cap. 12, Livro II, os processos históricos se acham submetidos a prescrições negativas e positivas, embora sem a clareza dos prazos-limite naturais ou legais. Uma vez alcançados os prazos-limite, porém, certas situações e tendências se tornam irreversíveis, de modo positivo ou negativo. Devido a isto, existem períodos configurativos com amplos limites de prazos finais históricos, no curso do qual certas situações e decisões têm a capacidade

---

2. Para o país dominante a influência do tipo de dependência não é simétrica, mas também não é irrelevante. Tornar-se o centro de um império, como foi visto no Cap. 12, Livro II, requer uma intenção imperialista, com suas implicações cesaristas internas.

AS ALTERNATIVAS BÁSICAS 83

de destacar certas forças e atores sociais, de uma forma que torna crescentemente improvável a possibilidade de outras forças e atores sociais competidores chegarem a prevalecer mais tarde sobre os anteriores.

No caso da América Latina, como foi visto anteriormente, certos conflitos no *status quo* atual são suscetíveis de encontrar uma solução no curso de não mais do que aproximadamente três décadas. Este prazo final opera como um limite prescritivo para a consecução latino-americana de autonomia consolidada, a um nível suficiente de desenvolvimento auto-sustentado. No caso contrário, as chances de os países latino-americanos chegarem a lograr um desenvolvimento autônomo decrescerá de forma pronunciada e finalmente desaparecerá por completo. Sendo assim, o período configurativo no qual a América Latina, através de alguns de seus países estrategicamente mais importantes, pode tomar decisões e organizar as condições que tornem possível um processo de desenvolvimento autônomo bem sucedido, não deverá durar mais do que uma década — a década de 1970.

Os prazos-limite históricos resultam, como foi discutido nos Caps. 2, Livro I e 12, Livro II, do fato de que os períodos históricos, mais do que um simples expediente metodológico para a compreensão do processo histórico, expressam mudanças macroestruturais naquele processo. Estas mudanças, modificando sistemas de crenças, tecnologia, poder e capacidade econômica, tornam possíveis certas coisas e outras impossíveis, abrindo novas situações e fechando situações antigas. É neste sentido que existem prescrições positivas, como por exemplo a possibilidade aberta pela Revolução Industrial para a mecanização das sociedades e a correspondente mudança em suas instituições econômicas, políticas e sociais de suas anteriores bases rurais para as novas industriais. As sociedades que lograram se mecanizar e fazer essa mudança dentro de um certo período de tempo, neste caso no segundo terço do século XIX, persistiram como sociedades desenvolvidas em condições melhores (Inglaterra, França) ou se tornaram sociedades desenvolvidas (Alemanha). As sociedades que não se mecanizaram e não fizeram as mudanças apropriadas, tais como os países não-ocidentais ou, no Ocidente, os países ibéricos (que eram sociedades de vanguarda desde os fins da Idade Média à primeira metade do século XVII) declinaram de suas posições relativa e absoluta e se tornaram países subdesenvolvidos. O mesmo ocorre com as prescrições negativas. As sociedades européias que não foram capazes de completar sua revolução democrático-liberal no devido tempo, neste caso, no período correspondente ao equilíbrio de poder sob a hegemonia européia, ou até fins da Primeira Guerra Mundial, perderam sua chance de realizar uma tal revolução no quadro democrático burguês, e tiveram que reajustar as estruturas sociopolíticas do Ancien Régime aos quadros de uma revolução social de massa, como ocorreu na Rússia.

84 CRISES E ALTERNATIVAS DA AMÉRICA LATINA

No que diz respeito à questão dos prazos-limite históricos, notarei que a possibilidade de lograr um conhecimento razoavelmente objetivo e verificável de um prazo-limite histórico antes de se o alcançar e de se o analisar *ex post*, depende de duas condições: 1) a sofisticação da teoria social do observador e 2) a medida que as mudanças macrossociais referidas sejam determinadas por processos correntemente observáveis. Tucídides e alguns outros analistas gregos entenderam perfeitamente a crise da *polis* e seus prováveis efeitos, muito tempo antes da consolidação do Império Macedônico. Marx entendeu as condições do capitalismo manchesteriano, muito tempo antes da Revolução Russa ou da Grande Depressão. Nestes exemplos a ciência social da época alcançou um grau suficiente de objetividade e verificabilidade. De modo ·diferente destes exemplos, porém, certas transformações sociais são moldadas em uma forma pouco observável, como ocorreu com a ascensão das grandes religiões reveladas. Tácito e os autores romanos do segundo século não previram a importância que o cristianismo chegaria a ter. Maomé mudou inesperadamente o mundo em apenas trinta anos de prédicas. E não seria impossível, embora não possa ser previsto atualmente, que a disposição humanístico-romântica que afeta atualmente a jovem geração do Ocidente, da qual o fenômeno *hippy* é uma manifestação, ocasione uma nova atitude ético-religiosa que possa mudar profundamente o mundo em algumas décadas[3]. No entanto permanece sendo verdade, apesar de tais casos, que a maioria das mudanças macrossociais resultaram de processos perfeitamente observáveis pelos que estão equipados com os critérios e instrumentos analíticos requeridos. E neste sentido não se pode deixar de assinalar que em nossa época novas formas de concentração de poder estão ocorrendo de forma cumulativa, e que são similares, ainda que na escala muito maior inerente a nossa época, aos processos que ocasionaram, em termos sociopolíticos, a formação do Império Romano e, em termos econômico-tecnológicos, a primeira Revolução Industrial.

A questão referente à observância dos prazos-limite históricos não é apenas relevante a partir de um ponto de vista teórico, como algo que os analistas possam e devam ter em conta. É ainda mais relevante no sentido de que efetivamente interfere com o próprio processo histórico. A consciência ou falta de consciência dos atores sobre o tempo disponível para realizarem certas metas e a medida que pensem estarem ou não em vias de as realizar reatuam sobre todo o quadro. As pessoas estão reajustando constantemente suas próprias metas e planos às condições prevalecentes, tais como as vêem. As mudanças nessas condições e nas concepções a respeito das mesmas induzem as pessoas a efetuarem mudanças correspondentes em suas metas finais e em seus planos para realizá-las.

---

3. Vide EDGAR MORIN (1970, pp. 515-548).

AS ALTERNATIVAS BÁSICAS 85

Na América Latina, por exemplo, o sentimento de que o desenvolvimento autônomo está em progresso, leva as pessoas a visar metas que implicam esse desenvolvimento — induzindo-as a investir suas poupanças nas indústrias que produzem para o mercado interno, ou a comprar ações de empresas públicas, a enviar seus filhos a universidades locais, de modo a que conheçam os meios locais de fazer as coisas, façam amigos locais, e assim por diante. Todas estas ações, destinadas a obter benefícios de uma prevista situação de desenvolvimento autônomo, contribuem realmente para sua emergência e consolidação. As expectativas referentes a uma futura situação de dependência, diversamente, levam as pessoas a proteger suas poupanças por investimentos externos, a mandar seus filhos para estudar nas universidades do país dominante, de modo a que no futuro sejam incorporados mais facilmente ao lado ganhador[4], e assim por diante. E como o ilustra este exemplo, todas essas ações ajudam realmente a reforçar as tendências que ocasionam o tipo de futuro que as pessoas haviam antecipado.

Estas considerações, referentes à correlação bem conhecida entre o processo histórico e as previsões sociais sobre ele, têm um peso muito especial, à medida que o futuro da América Latina e seus limites de tempo para realizar um desenvolvimento autônomo auto-suficiente sejam levados em conta. Isto por duas razões. A primeira se refere ao fato de que, com a exceção de alguns poucos países, a alternativa dependente é a que está sendo atualmente seguida, ainda que raras vezes seja oficialmente reconhecida, estando as elites latino-americanas se tornando crescentemente cônscias dessa situação de dependência e se pondo a ajustar sua conduta cada vez mais concordantemente a essa direção. Assim, como vimos, há um maior reforço de retroalimentação da tendência dependente. A segunda razão se refere ao limite de tempo e está relacionada ao fato de que os países latino-americanos se tornaram conscientes, na década de 1950, de seu próprio subdesenvolvimento, embora naquela época as limitações externas e os problemas de dependência ainda não fossem entendidos.

Esta consciência anterior do subdesenvolvimento latino-americano, promovida pela CEPAL e difundida através dos vários países pelos setores progressistas da intelectualidade, proporcionou, de uma forma ou de outra, apoio aos movimentos populistas. A difusão dessa consciência, porém, foi limitada por dois importantes obstáculos. O primeiro decorreu do fato de que a compreensão dos problemas do subdesenvolvimento latino-americano, por parte dos movimentos populistas e das forças políticas em geral, ter sido mecânico e em certo sentido marginal à sua preocupação

---

4. Esse exemplo retrata realmente a conduta, prevalecente na atualidade, das elites latino-americanas, que reflete a medida que esperam um futuro dependente para seus países. Revela também a inutilidade de desencorajar tal tendência através de meios legais se as políticas oficiais globais permanecerem orientadas para esta dependência.

86 CRISES E ALTERNATIVAS DA AMÉRICA LATINA

central, que era orientada muito mais diretamente para a mobilização da massa (ou a prevenção dela) e para seus requisitos políticos. Como conseqüência, a política de desenvolvimento dos governos populistas foi afetada negativamente por sua insuficiente compreensão dos problemas envolvidos, como vimos no Cap. 4, Livro III, em uma forma que contribuiu significantemente para que se tornassem alvos relativamente indefesos das forças reacionárias. O segundo obstáculo, que contribuiu direta e decisivamente à deposição dos governos populistas pelos militares foi o fato de que a consciência anterior de subdesenvolvimento desses países não penetrou, a não ser muito marginalmente, na classe dirigente militar. Foram estes deixados de lado tanto pelos intelectuais, que tendiam a subestimar sua significância, supondo que a era populista havia terminado com a dos golpes dos quartéis, como pelos líderes populistas, que superestimavam sua própria força política, devido ao apoio das massas.

A América Latina, portanto, já experimentou no passado recente uma frustração na promoção de seu desenvolvimento autônomo. Este fato traz limitações adicionais ao tempo atualmente disponível para a formulação de outro projeto de desenvolvimento autônomo, na corrente década. Nestas condições, o sugerido prazo-limite de trinta anos, que corresponde a uma geração biológica e duas sociológicas, parece ser o limite máximo possível para a realização dessa meta. Na medida em que um processo cumulativo de desenvolvimento autônomo não tome forma no curso dessa época, as forças sociais serão levadas, através do constante reajuste de seus interesses às condições prevalecentes, a situações que serão apenas compatíveis com a alternativa de dependência, e alguns outros setores serão levados a formas muito radicais de oposição ao *status quo*, que apenas serão compatíveis com a ação revolucionária. Em ambos os casos será tornada impossível a realização do desenvolvimento autônomo na América Latina através de vias reformistas.

A *integração latino-americana*

Um ponto final que deve ser considerado, com referência às tendências e alternativas centrais da América Latina, se relaciona à integração da região. A integração da América Latina, como uma idéia operacional, foi a última contribuição da CEPAL. Após diagnosticar o subdesenvolvimento latino-americano e apresentar sua teoria da deterioração dos termos de intercâmbio, nos fins da década de 1940 e após endossar, nos inícios da década de 1950, o planejamento econômico central como uma condição *sine qua non* para superar esse estado de subdesenvolvimento, Prebisch e sua equipe reconheceram que a relativa pequenez dos mercados latino-americanos, como foi discutido na seção anterior, poderia ser compensada apenas pela integração regional dos países latino-americanos. Felipe Herrera, durante seu período de direção do Banco

AS ALTERNATIVAS BÁSICAS   87

Interamericano de Desenvolvimento defendeu a tese da integração latino-americana desde o início da década de 1960 e tentou, por todos os meios, pô-la em prática.

Já discutimos os principais problemas gerais relacionados com a integração latino-americana. Como será lembrado, referem--se particularmente a dois fatos. Um envolve o problema da viabilidade nacional. Os países centro-americanos e os do Caribe, devido a seus recursos humanos e naturais insuficientes e a sua localização geopolítica extremamente desfavorável, sofrem de problemas críticos de viabilidade nacional. Outros países latino-americanos, tais como Equador, Bolívia, Paraguai e Uruguai, em distintas situações de desenvolvimento e de integração nacional, são também afetados de forma negativa por seus insuficientes recursos humanos e naturais. Apenas o Brasil, o México e a Argentina (particularmente os dois primeiros) têm isoladamente condições para a viabilidade nacional. O segundo fato envolve o problema da autonomia internacional. Relacionado com o anterior, este problema se refere à medida em que a autonomia coletiva ou individual relativa é realizável pelos países latino-americanos, sendo tal autonomia um requisito necessário para a promoção do desenvolvimento autônomo. Em ambos os casos torna-se claro que os países latino-americanos, com a possível exceção do Brasil, exceção essa que, em última análise, não ocorre por motivos de ordem internacional, necessitam realizar certa forma de integração regional a fim de realizar ou consolidar sua viabilidade nacional e sua autonomia coletiva. A questão que requer agora uma breve elucidação se refere às formas e modos pelos quais a integração latino-americana pode ser praticamente realizada.

Os esforços práticos da integração latino-americana podem ser divididos mais ou menos em três fases, que se superpõem parcialmente. As primeiras tentativas foram orientadas para a organização de uma ampla área latino-americana de livre comércio e levaram à assinatura do Tratado de Montevidéu em 1960. México, Peru, Chile, Paraguai, Brasil, Uruguai e Argentina foram os signatários iniciais do tratado, seguidos posteriormente pela Colômbia, Equador Venezuela e Bolívia. Em 1968, o Tratado de Montevidéu incluía todos os países sul-americanos, mais o México. De uma forma semelhante, em 1958, os países centro-americanos, incluindo Guatemala, Honduras, El Salvador e mais tarde Nicarágua e Costa Rica, assinaram o Tratado Multilateral Centro-Americano de Livre Comércio e de Integração Econômica. Enquanto que a área de livre comércio centro-americana foi transformada rapidamente em uma total integração econômica, com o Tratado de Associação Econômica de 1960, entre Guatemala, Honduras e El Salvador e mais tarde incorporada em 1962, pela Nicarágua e Costa Rica, a associação Mexicana-Sul-Americana, chamada de Associação Latino-Americana de Livre Comércio (conhecida por suas iniciais, em espanhol e português, ALALC),

88   CRISES E ALTERNATIVAS DA AMÉRICA LATINA

reteve seus limitados propósitos originais. O Tratado de Montevidéu que expressava, como foi dito anteriormente, a primeira fase dos esforços integradores práticos latino-americanos, foi concebido deliberadamente em termos restritos. Pensava-se então, que o desenvolvimento nacional dos países em questão requeria apenas um aumento de suas possibilidades de mercado e que este aumento deveria ser feito dentro de limites cautelosos a fim de impedir desequilíbrios desagregadores, que eram temidos como uma conseqüência possível de níveis desiguais de produtividade entre os países e as firmas maiores da área. O método básico empregado pelos signatários do Tratado de Montevidéu para abrir, entre si, seus mércados nacionais, é um acordo anual da lista nacional de bens, sob a forma de novas concessões recíprocas. Como poderia ser previsto, o sistema adotado nivelou-se rapidamente, após um importante aumento inicial no comércio intrazonal e tornou-se no final praticamente irrelévante, como instrumento de desenvolvimento nacional. Isto pode ser visto se compararmos os intercâmbios prévios entre os primeiros signatários do tratado (México e os países sul-americanos, com a exceção da Bolívia e da Venezuela) com seus intercâmbios posteriores. Em 1959-1961, o valor FOB desses intercâmbios era de $ 321 milhões de dólares. Em 1965 seu valor subiu para $ 635 milhões. Mas em 1966 aumentou para apenas $ 675 e em 1967 decresceu para $ 614 milhões[5].

Como uma reação para os pobres resultados e desenvolvimento da ALALC, muitas pessoas da América Latina, particularmente os especialistas econômicos de vários países e do Banco Interamericano de Desenvolvimento, sob a liderança de Felipe Herrera, antigo presidente daquele banco, tentaram dar um passo além, introduzindo a noção de integração setorial planejada, em adição à liberalização comercial da ALALC, o Banco Interamericano, na administração de Herrera, criou uma instituição especial, o Instituto para a Integração da América Latina (INTAL) com sede em Buenos Aires, para empreender estudos e promover medidas orientadas para a integração econômica da América Latina[6]. A idéia central sugerida nessa segunda fase foi a adoção, através de uma grande decisão política de parte de cada um dos países latino-americanos, de um plano-mestre integrador, que seria aprovado por um tratado geral e operado por instituições comuns apropriadas. O plano proporcionaria, em particular, a criação e o desenvolvimento de algumas supercorporações-chave multinacionais latino-americanas nos setores industrial, comercial, financeiro, de transporte e educacional, que abririam novas fronteiras e dimensões à área, sem os riscos desagregadores da livre competição desenfreada. O livro *Factores para la Integración Latinoamericana* (1966), organizado por Felipe Herrera e que continha contri-

---

5. Vide CELSO FURTADO (1969, Cap. 21 e Quadro I-21).
6. Vide os estudos dirigidos por Gustavo Lagos, primeiro diretor do INTAL (1965).

AS ALTERNATIVAS BÁSICAS   89

buições de um grupo de cientistas sociais e especialistas latino-americanos, expressa o plano em uma forma sistemática. A idéia teve uma recepção calorosa dos especialistas e intelectuais latino-americanos e do Presidente Frei do Chile[7], mas malogrou em motivar os outros governos, em particular o brasileiro e o argentino[8], que mostraram menos interesse em criar laços interlatino-americanos.

Ao mesmo tempo, emergiu uma nova consciência na América Latina sobre os graves riscos envolvidos na rápida expansão das assim chamadas corporações multinacionais, principalmente controladas pelos Estados Unidos. Tornou-se claro que se os países latino-americanos não tomassem uma decisão coletiva para definir e regulamentar o papel e os limites do capital estrangeiro e, além do mais, não formulassem a decisão de criar supercorporações latino-americanas, a criação de uma comunidade econômica latino-americana integrada significaria apenas a organização dos países latino-americanos como consumidores compulsórios dos bens ali produzidos pelas grandes corporações internacionais[9]. Os exemplos das indústrias da integração do Mercado Comum Centro-Americano, onde a integração econômica não foi apoiada por medidas protetoras contra as grandes corporações internacionais, mostrou que essa espécie de integração apenas uniu os países centro-americanos como consumidores compulsórios de bens produzidos por grupos não regionais. E o fato de que uma associação econômica e tecnicamente tão poderosa como a CEE tenha caído, pelas mesmas razões, sob o predomínio das supercorporações norte-americanas, como o indicou dramaticamente Servan-Schreiber (1967), foi uma confirmação decisiva da inevitabilidade dessa conseqüência, na ausência de medidas protetoras apropriadas.

Foi então, nos fins da década de 1960, que se iniciou uma terceira fase na história da integração latino-americana, sem interromper as tendências anteriores. Esta fase foi marcada por formas de integração sub-regional. A iniciativa para este passo foi tomada novamente pelo Chile, assim que a administração Frei chegou à conclusão que se teria que esperar demais para a mais desejável integração planejada da região geral. A Declaração de Bogotá de 1966, assinada pelos presidentes do Chile, Colômbia e Venezuela e representantes do Peru e Equador, e a que se reuniu no ano

---

7. Vide *Hacia la Integración Acelerada de America Latina*, preparada pela CEPAL (México, 1965). Vide também ALDO FERRER, "Integración Lationoamericana y Desarrollo Nacional", *Comercio Exterior*, v. 17, (março 1967).
8. Na Argentina, juntamente com outros fatores que contribuem para sua abordagem cautelosa da idéia de integração latino-americana, há uma concepção, apoiada por alguns setores e formulada por Rogelio Figerio, que afirma que a integração nacional deve preceder, no interesse nacional, a integração regional. Cf. ROGELIO FRIGERIO (1968). Menos explicitamente, a mesma concepção parece influenciar certos setores brasileiros.
9. Cf. Banco de Desenvolvimento Interamericano (1968); vide também STEPHEN HYMER (1967), ARPAD VON LAZAR (1969a), JAGUARIBE (1965) e JAGUARIBE *et al.* (1969a).

90 CRISES E ALTERNATIVAS DA AMÉRICA LATINA

seguinte a Bolívia, e que foi formalizada posteriormente pela Convenção de Bogotá de 1969, criou o Grupo Andino, com o propósito de realizar, dentro do quadro geral da ALALC, a integração econômica sub-regional das partes em referência[10]. O Grupo Andino, a que aderiu finalmente a Venezuela, em 1973, é um sistema mais compacto e complexo do que a ALALC. De forma diferente da anterior, fornece prazos-limite automáticos para a supressão das barreiras alfandegárias; é operado por um comitê executivo permanente supranacional de três homens e tem um órgão comum de investimentos, a Corporação Andina de Fomentos, para financiar e criar empreendimentos e projetos conjuntos.

Considerada em termos sub-regionais, a integração latino-americana parece ser mais factível, ao menos no primeiro estágio. Isto porque: 1) a necessidade de integração não é igualmente urgente ou, em certa medida, igualmente indispensável para todos os países latino-americanos e 2) as facilidades para a integração são consideravelmente maiores, em uma fase inicial, se a integração for sub-regional, centralizada em torno de certos pólos ou eixos de integração, do que se a região como um todo for integrada. No que se refere ao primeiro aspecto, a situação dos países centro-americanos, como um grupo, e a dos países andinos, como outro grupo, é sem dúvida diferente da situação dos três maiores países da área — Brasil, México e Argentina. No que diz respeito ao segundo aspecto, pode ser afirmado que um processo de integração sub-regional, centralizado em torno de certos pólos ou eixos de integração, corresponde mais imediatamente aos interesses e possibilidades das partes em questão.

No que se refere à urgência e necessidade, os países centro-americanos, com suas minúsculas populações e recursos, eram obviamente aqueles que tinham uma necessidade mais imediata de unir seus recursos, o que explica por que sua área de livre comércio evoluiu para se tornar uma comunidade econômica integrada[11]. Os países do Grupo Andino estão também mais imediatamente sob a pressão de seus recursos humanos e naturais limitados. Ao se juntarem, atingem uma área total de 5 420 mil km² (comparadas com menos de 1 285 mil km² para o maior deles, o Peru) e uma população total (1970) de mais de 65 milhões de habitantes (comparada com menos de 21 milhões para o mais populoso deles, a Colômbia).

Além do Grupo Andino, ao longo do eixo chileno-venezuelano, duas outras integrações sub-regionais poderiam ser formadas para firmar a integração latino-americana geral. O segundo eixo de integração é o brasileiro-argentino, ao longo do qual o Grupo Atlântico poderia ser formado, incluindo o Paraguai e o Uruguai.

---

10. Cf. CARLOS F. DÍAZ ALEJANDRO (1968).

11. O fato de que a Comunidade Econômica Centro-Americana não tenha sido suficiente para tornar aqueles países nacionalmente viáveis não diminui sua urgente necessidade desse tipo de associação.

AS ALTERNATIVAS BÁSICAS 91

Isto representaria uma área sub-regional de mais de 11 900 mil km² com uma população total (1970) de mais do que 122 milhões de habitantes. Finalmente, o México é um terceiro pólo de integração, em torno do qual os países centro-americanos e do Caribe poderiam se juntar, formando uma área sub-regional de mais do que 2 600 mil km², com uma população (1970) de mais de 84 milhões de habitantes.

Outra possibilidade que permanece é o eventual curso independente do Brasil. Devido às suas proporções continentais (mais do que 8.500 mil km² e, em 1970, 93 milhões de habitantes), a distinção resultante de sua cultura portuguesa e o fato de que é um único Estado unificado (ou subintegrado), o Brasil tem tanto a capacidade quanto certa propensão para seguir um curso independente, ao menos em termos da integração sub-regional. Se o Brasil não se mostrasse interessado em formar um Grupo Atlântico, a Argentina seria atraída provavelmente para o Grupo Andino, levando o Paraguai e o Uruguai consigo. Isto ampliaria o Grupo Andino para uma área de mais do que 8.800 mil km² e sua população (1970) para mais do que 94 milhões de habitantes, tornando-o a sub-região mais importante da América Latina, na hipótese de que o Grupo Atlântico não seja formado.

Com a exceção do Grupo Andino — em si em um estágio preliminar — as possíveis integrações sub-regionais ainda não são mais do que projetos propostos por especialistas e órgãos técnicos internacionais, que podem nunca chegar a se materializar. No entanto, é provável que um desenvolvimento positivo do Grupo Andino induzirá o Brasil e a Argentina a formar o Grupo Atlântico ou persuadirá a Argentina a se juntar ao Grupo Andino, que muito provavelmente lhe daria as boas vindas. A discussão, nos capítulos seguintes, das alternativas latino-americanas aqui indicadas — dependência ou autonomia — requer, em particular no caso da última, que essa integração sub-regional seja mantida em mente.

6. A Alternativa da Dependência

Vimos no capítulo precedente que os países latino-americanos estão atualmente confrontados com a alternativa básica da dependência ou da autonomia, cada uma delas apresentando certas características tipológicas, formas de execução, e modelos sociopolíticos implícitos. Consideramos então, muito brevemente, as principais características, formas e modelos, e vimos que todo o processo e as possibilidades de escolhas envolvidos nele são sujeitos a certos prazos-limite históricos. A alternativa da dependência reflete as tendências atuais prevalecentes e as escolhas implícitas das elites latino-americanas e, como foi salientado, se estas tendências continuarem, levarão, independente de qualquer opção dramática ou ostensiva, a formas irreversíveis de dependência. A adoção e a aplicação da alternativa de autonomia, porém, que ainda disponível por um tempo limitado, requererá certas mudanças deliberadas e radicais nas tendências correntes. Finalmente, revimos a questão da integração latino-americana, que constitui um pré-requisito para qualquer desenvolvimento autônomo da região.

O propósito do presente capítulo é analisar a alternativa da dependência, suas conseqüências e suas condições. Para isto tentaremos, inicialmente, estudar de forma mais detalhada as características, causas e modelos implícitos dessa alternativa. Prosseguiremos então com uma breve discussão da dialética da dependência para os países em questão e do modelo colonial-fascista implícito.

94 CRISES E ALTERNATIVAS DA AMÉRICA LATINA

A dependência e seu modelo implícito

Como foi discutido no Cap. 12 do Livro II, o processo de dependência apresenta quatro formas estruturais típicas, que tendem a ocorrer em sucessão: colonial, neocolonial, satélite e provincial. No caso da América Latina (vide Seções A e B, Livro III), a dependência colonial dos países ibéricos se transformou em dependência neocolonial da Grã-Bretanha no século XIX e mudou para dependência neocolonial dos Estados Unidos, nas primeiras décadas deste século. Então a crise da década de 1930 desagregou o sistema semicolonial. O período seguinte foi de relativo desenvolvimento autônomo, impulsionado pelo processo de substituição de importações, que chegou a ser deliberadamente promovido pelos governos-populistas. A crise do processo de substituição de importações e do desenvolvimento populista, discutida no Cap. 4, Livro III, levou o novo sistema de poder na América Latina a formas crescentes de dependência satélite dos Estados Unidos, e converteu-se assim, com poucas exceções, no curso da década de 1960, na situação e tendência atuais para os países latino-americanos.

O peculiar à presente dependência satélite é que configura uma situação que não é vista como tal, nem é mesmo desejada como tal, pelo país dominante. Fora de um grupo limitado acadêmico, ninguém nos Estados Unidos contempla a questão da dependência latino-americana com a clareza conceitual com a qual se a trata aqui. Do lado latino-americano, também, as forças sociais que optaram implicitamente por essa alternativa não a vêem com clareza. A alternativa da dependência satélite, portanto, é antes de tudo uma tendência histórica objetiva, que resulta das condições societais que prevalecem na América Latina, dentro do quadro geral do sistema interimperial que emergiu a partir da Segunda Guerra Mundial. Além disso, porém, a alternativa da dependência, ainda que concebida em termos de falsa consciência — que disfarça e adultera a realidade, dulcificando-a — é, em certa medida, um objetivo intencional, embora não muito consistentemente formulado e levado a efeito, por parte de certos setores, tanto nos Estados Unidos quanto na América Latina.

Nos Estados Unidos esses setores são representados pelas supercorporações multinacionais e a comunidade de negócios em geral, e pela classe dirigente militar. Na América Latina estes setores incluem: 1) alguns grupos de classe média e setores de classes trabalhadoras que foram cooptados (tal como o complexo automotor) pela economia de dependência; 2) os setores da burguesia nacional anterior que, em vários graus de autoconsciência, chegaram à conclusão de que, real ou potencialmente, existiam conflitos muito sérios entre o desenvolvimento, em termos nacionais, dos países latino-americanos e a completa manutenção de um regime de capitalismo privado e preferiram, contra seus valores nacionais mas em favor de sua classe e interesses de empresa optar

A ALTERNATIVA DA DEPENDÊNCIA

pela posição de burguesia sucursal; 3) a burguesia consular, que permaneceu ligada à antiga estrutura semicolonial e que pensa (sem entender a sucessividade irreversível das formas de dependência) que a dependência satélite reterá ou restaurará as antigas condições semicoloniais; 4) os grupos militares que são vítimas de uma alienação ideológica baseada no anticomunismo sistemático e 5) os grupos militares pretorianos, que se converteram em legionários estrangeiros de um sistema militar centrado nos Estados Unidos.

Uma análise de cada um desses grupos seria muito longa para os propósitos do presente capítulo. Mencionarei apenas as duas principais justificativas ideológicas que, embora em termos da falsa consciência (adulteração autoprotetora e dulcificante da realidade), tentam oferecer uma racionalização à dependência satélite. A primeira destas justificativas, que já foi discutida no Cap. 2, Livro III, inclui o anticomunismo sistemático e seus correlatos — o moralismo, a primazia da ordem, e o autoritarismo. A segunda destas justificativas, em moda nos círculos burgueses e entre a intelectualidade satelizante, é a teoria do desenvolvimento dependente, expressada em geral como desenvolvimento "interdependente" e apresentada, em termos de seu exemplo idealizado, como o "modelo canadense"

O modelo canadense

O "modelo canadense", do qual Roberto Campos tem sido o expositor mais competente e militante, é caracterizado por três suposições principais[1] :

1) Os países subdesenvolvidos, precisamente porque são subdesenvolvidos, não podem, sem sacrifícios intoleráveis, gerar internamente os recursos de investimento que necessitam. Portanto, resta ao capital estrangeiro desempenhar o papel de fator dinâmico no desenvolvimento econômico dos países em questão. Este papel, devido à propensão natural dos que têm livre capital a buscar as melhores oportunidades internacionais de investimento, tenderá sempre a ser preenchido quando os governos dos países hóspedes preencherem seu próprio papel no jogo: a manutenção da ordem pública e financeira e a adoção de um regime de proteção e atração de capital estrangeiro.

2) O desenvolvimento econômico que será daí realizado irradiará do plano econômico aos outros planos societais, promovendo dessa forma o desenvolvimento global equilibrado da sociedade.

3) Existe uma interdependência harmônica básica entre os países com matérias-primas e grandes oportunidades de investimentos e os que exportam capital e tecnologia. Devido a essa

---

1. Roberto Campos, um dos mais destacados economistas brasileiros e anterior Ministro de Planejamento do governo Castelo Branco, publicou muitos trabalhos em apoio ao modelo canadense.

96   CRISES E ALTERNATIVAS DA AMÉRICA LATINA

interdependência harmônica o desenvolvimento gradual dos países anteriores, em cada estágio do processo, levará a novas e maiores formas de cooperação com os últimos países, até que os sócios em questão encontrem uma associação de paridade básica, que incluirá níveis semelhantes de desenvolvimento. O exemplo do Canadá é dado então como uma ilustração da validade desse modelo e suas suposições.

Vários dos aspectos envolvidos no "modelo canadense" já foram discutidos neste livro. Portanto, limitarei os comentários seguintes ao que considero sua falácia principal, que representa uma expressão típica do "economismo idealista". É interessante observar que a concepção do "modelo canadense", no quadro ideológico do capitalismo, apresenta uma posição que é simétrica, no campo oposto, ao "menchevismo", no quadro ideológico do socialismo. Consiste, de certa forma, em um "menchevismo capitalista". Realmente, em última análise, o menchevismo supôs que as forças livres da economia no regime capitalista, por um lado, produziriam o desenvolvimento econômico da sociedade burguesa e, por outro lado, gerariam nessa sociedade as contradições que dariam nascimento à sociedade socialista. O economismo idealista da concepção satélite implica, em primeiro lugar, que o processo econômico e seus agentes, em um regime de livre economia, geram espontaneamente o desenvolvimento econômico em uma situação política, cultural e social neutra. Em segundo lugar, esta concepção implica que, devido a uma espécie de harmonia preestabelecida, o desenvolvimento econômico de uma sociedade ocasiona sempre, internamente, seu desenvolvimento cultural, social e político — sejam quais forem os pré-requisitos para o último — engendrando, ao mesmo tempo, uma readaptação espontânea, de benefício mútuo, das relações entre o país anfitrião e os que o suprem com capital e tecnologia.

Como pode ser imediatamente visto, todas as críticas, no campo econômico, à concepção *laissez-faire* do equilíbrio e desenvolvimento econômico espontâneos e, no campo mais amplo da teoria social, todas as críticas ao economismo, no sentido de uma compreensão do processo econômico como uma variável independente determinante entre todas as outras variáveis societais, são totalmente aplicáveis ao assim chamado "modelo canadense".

Sem elaborar muito sobre a crítica do liberalismo do *laissez-faire* e do economismo, mencionarei apenas dois pontos. Os argumentos que demonstram as falácias envolvidas nas teorias do crescimento espontâneo seguiram duas linhas básicas: a primeira e mais completa foi formulada por Marx e foi elaborada, em diferentes formas, por estudiosos de influência marxista[2]; a segunda,

---

2. Com referência a Marx, vide, particularmente, sua crítica da lei de Say em *Das Kapital*, v. 1, Cap. 3, e sua discussão sobre a contradição entre a microrracionalidade da firma e a macroirracionalidade do sistema econômico do *laissez-faire* em *Das Kapital*, v. 3, Cap. 5; vide também os escritos anteriores sociopolíticos de Marx,

A ALTERNATIVA DA DEPENDÊNCIA   97

relacionada mais estritamente com o pensamento sobre os ciclos comerciais e as políticas de ante-recessão, recebeu sua melhor formulação recentemente de Keynes e foi tratada em várias formas pelos teóricos do planejamento econômico[3]. O recente pensamento sobre as críticas e superação do economismo voltou, com novas perspectivas, a uma abordagem global do processo do desenvolvimento societal, entendendo-o como envolvendo necessariamente uma inter-relação estrutural entre os planos cultural, participacional, político e econômico[4] (vide os Caps. 1 e 2, Livro I, em particular item 2).

Na realidade, não é verdade que o processo econômico leve espontaneamente uma sociedade ao desenvolvimento econômico. Como foi discutido no Cap. 12, Livro II, o desenvolvimento econômico espontâneo ocorreu apenas na Grã-Bretanha e em algumas de suas ex-colônias, e mesmo assim devido a certas condições não econômicas prévias ou concomitantes fundamentais. Quando se vai mais além do processo de desenvolvimento do século XVIII na Grã-Bretanha, vê-se que os que chegaram depois tiveram que pagar o preço da crescente interferência do 'Estado se quisessem ser bem sucedidos em seus esforços de desenvolvimento. À medida que o processo de desenvolvimento se torna mais dependente da ação do Estado, a capacidade para decisões autônomas por parte do principal ator estratégico, o governo nacional, torna-se cada vez mais relevante do que a disponibilidade de recursos fora do controle do Estado nacional. E é assim, em medida muito maior, se os recursos em questão estiverem submetidos a políticas de investimento e a uma administração orientada para a maximização do lucro privado, em termos de firmas estrangeiras,

---

particularmente a *Divisão de Trabalho* e *Manifesto Comunista*. Entre os recentes estudiosos de influência marxista vide HENRI BARTOLI (1950, Parte 2, em particular Caps. 1-3), JEAN MARCHAL (1955, em particular pp. 198 e ss.), PAUL BARAN (1957, particularmente Cap. 11), JOAN ROBINSON (1956, em particular Caps. 8 e 9), JOHN STRACHEY (1956, particularmente Caps. 3, 5, 11 e 13), MAURICE DOBB (1962, particularmente Caps. 5 e 6 e 1967, em particular Caps. 2 e 3), C. WRIGHT MILLS (1963a, particularmente Cap. 6), OSCAR LANGE (1963, particularmente Cap. 5), PAUL BARAN e PAUL SWEEZY (1966, em particular Cap. 11), e DAVID HOROWITZ (org.) (1968, em particular os artigos por JOAN ROBINSON, pp. 103-116), J. STEINDL, pp. 244-269, JAMES F. BECKER, pp. 270-290 e PAUL BARAN e PAUL SWEEZY, pp. 291-311). Vide também JOSEPH SCHUMPETER (1950, Parte 2).

3. Com referência a Keynes e aos teóricos do planejamento, vide JOHN MAYNARD KEYNES (1936) e os comentários de SCHUMPETER (1954, Parte 5, Cap. 5, pp. 1170-1184); vide também EMILE JAMES (1955, v. 1, Cap. 5, sec. III), ABBA LERNER (1944, em particular Caps. 1, 2 e 23), CARL LANDAUER (1945, particularmente Cap. 1), W. ARTHUR LEWIS (1955), ILPES (1966). Vide também, sobre o capitalismo contemporâneo, FRANÇOIS PERROUX (1964, particularmente a Introdução e Partes 1 e 5), JOHN K. GALBRAITH (1962 e 1967b, particularmente Caps. 3, 4, 6, 20, 22, 31 e 35); ANDREW SHONFIELD (1965, particularmente Caps. 1, 4 e 13) e ROBERT HEILBRONER (1966).

4. Com referência às recentes abordagens sociológicas e globais ao desenvolvimento nacional, vide BERT F. HOSELITZ (1960), DAVID NOVACK e ROBERT LEKACHMAN, orgs. (1964), JAGDISH BHAGWATI (1966, particularmente Parte 2), EUGENE STALEY (1961, particularmente Cap. 1, pp. 201-227), MAURICE DOBB (1963, em particular Cap. 2) e HEILBRONER (1963). Vide também HÉLIO JAGUARIBE (1968).

98 CRISES E ALTERNATIVAS DA AMÉRICA LATINA

mais do que para o desenvolvimento nacional da sociedade anfitriã. Não obstante isto, a disponibilidade de recursos retém sua importância fundamental, condicionando os limites da viabilidade nacional, como já foi discutido.

Tampouco é verdade, como vimos no Cap. 2, Livro I, que o desenvolvimento econômico, quando seja promovido, produza automaticamente o desenvolvimento dos outros sistemas de uma sociedade. O princípio da congruência, que regula as relações estruturais intra-societais, leva apenas ao desenvolvimento congruente dos outros sistemas quando as respectivas condições correspondentes sejam também cumpridas. Quando, como no caso latino-americano, o desenvolvimento nacional for impedido pelo dualismo estrutural, resultando de condições sociais e culturais específicas, preservado e reforçado por um certo regime de poder, como foi discutido nas seções anteriores deste livro, apenas a mudança destas condições, ocasionada ou apoiada por um novo regime de poder apropriado, pode superar esse dualismo. Em termos internacionais, também, a existência e o fortalecimento das relações de dependência econômica e tecnológica de uma sociedade para com outras, de forma alguma leva a anterior a relações de paridade com as últimas ou favorece relações harmoniosas entre elas[5].

A propensão ao colonial-fascismo

Em rigor, como foi indicado no Cap. 2, Livro III, a alternativa de dependência é caracterizada não apenas pelo processo de desnacionalização, que lhe é inerente, mas também pelos processos circulares e que se reforçam mutuamente, de estagnação e marginalidade, que se encontram em geral detrás da anterior e em grande medida a determinam. Existe, portanto, em outro nível, outro processo circular de causação entre a síndrome estagnação--marginalidade e a alternativa de dependência. Uma vez que certas condições e características culturais, sociais, econômicas e políticas, que impediram as elites latino-americanas de ter uma conduta

---

5. Essa análise sobre as falácias do "modelo canadense" torna claro que o próprio caso histórico do Canadá não se adapta ao modelo supostamente deduzido dele. O processo empírico do desenvolvimento do Canadá, embora expressando indubitavelmente as conseqüências — tanto para o bem quanto para o mal — dos dominantes e maciços investimentos americanos, apresentou um caráter final global positivo, em virtude de certas decisivas características cultural-étnicas e geopolíticas que são peculiares às relações americano-canadenses. Sendo cultural e etnicamente uma simples continuação dos Estados Unidos, territorialmente uma extensão daquele país e politicamente um sistema da mesma origem e tradição, com os mesmos interesses internacionais básicos, o Canadá é, para quase todos os efeitos, uma parte interna do sistema social americano. De fato, o Canadá está mais próximo desse sistema social do que dois dos Estados da federação americana, o Hawai e o Alasca, e um Estado formalmente associado aos Estados Unidos, Porto Rico. Esses traços comuns certamente criaram sérios problemas para a identidade nacional canadense, mas em troca tornaram o desenvolvimento canadense uma variante particular do desenvolvimento geral americano, como uma espécie de super-Alasca independente.

A ALTERNATIVA DA DEPENDÊNCIA 99

socialmente funcional (e que se originam no sistema colonial), vieram a prevalecer no passado recente, o sistema resultante, após o colapso do populismo, requereu a repressão coercitiva das expectativas das massas para a manutenção de seu equilíbrio. Mas tanto a estagnação inerente a essa situação, quanto a repressão requerida para a manutenção do sistema, tornam seu equilíbrio cada vez mais dependente das condições externas. Exportador de produtos primários agrícolas e minerais, sujeitos à deterioração de seus termos de intercâmbio, e incapaz de completar seu processo de industrialização, como foi discutido no Cap. 4, Livro III, o sistema tende não apenas para o desequilíbrio interno (compensado pela repressão), mas também ao desequilíbrio externo, que resulta nos déficits em seu balanço de pagamentos. Esses déficits podem ser compensados por empréstimos estrangeiros, que é o que ocorre em geral, como vimos no Cap. 2, Livro III. Mas estes empréstimos, dadas as características estruturais desses déficits, apenas agravam o desequilíbrio inerente do sistema, aumentando constantemente seu estado de endividamento.

A dependência do sistema de insumos externos constantes e cumulativos, além do mais, envolve muito mais do que empréstimos compensadores do balanço de pagamentos. Pelo fato de o sistema não ser capaz de gerar, internamente, capital suficiente para fazer frente a suas necessidades correntes (incluindo suas tentativas frustradas de desenvolvimento) e de ser ainda menos capaz de auto-suficiência científica e tecnológica, o capital, para vários propósitos internos, e todas as espécies de contribuições científico-tecnológicas devem vir permanentemente de fora. Além do mais, e acima de tudo, ao menos nos países latino-americanos menos desenvolvidos, o sistema depende também da ajuda estrangeira para aumentar sua capacidade interna de repressão, de modo que esta não se torne inferior ao aumento da pressão das massas.

A conjunção, do modelo sociopolítico implícito no sistema de dependência, da dependência externa — econômica, científico-tecnológica e militar — com a repressão interna das massas, torna esse modelo, politicamente uma variante especial do fascismo, como já foi visto no Cap. 8, Livro II. O que distingue essa variedade de fascismo de seu modelo europeu anterior à Segunda Guerra Mundial é o fato de que o seu centro dinâmico não é interno, mas externo. Em ambos os casos encontramos alguns dos traços que são característicos do fascismo: domínio do sistema político por uma elite dirigente autodesignada, que consiste em setores da classe média associados com a burguesia, que não é tradicional e não tem poder fundado em qualquer espécie de delegação popular efetiva, e que usa processos arbitrários de controle a fim de reter o poder autodesignado e para reconciliar as políticas da modernização econômica com a preservação do *status quo* social. A distinção entre estas duas espécies de fascismo consiste no fato de que o europeu foi autônomo e endógeno,

100 CRISES E ALTERNATIVAS DA AMÉRICA LATINA

enquanto que o latino-americano é dependente e exógeno. Portanto, para esta variante latino-americana, como já foi sugerido, cabe a designação de *colonial-fascismo*.

A experiência das últimas décadas confirmou a propensão dos regimes dependentes latino-americanos para assumir formas cada vez mais próximas do modelo colonial-fascista. Em certos casos, os setores dirigentes militares que apóiam seus respectivos regimes ainda não entenderam completamente sua verdadeira natureza. Permanecem, de modo subjetivo, em grande medida envolvidos, devido aos preconceitos da ideologia do anticomunismo sistemático e crenças correlatadas e de sua errônea identificação da ordem legítima com ordem vigente, da segurança nacional de seus próprios países com os interesses da classe dirigente militar norte-americana, e da defesa da civilização ocidental (supondo que possam efetivamente colaborar com a mesma) com uma política de dependência para com os Estados Unidos. Nesses mesmos países, porém, a incapacidade real mostrada pelo modelo de superar a fase supostamente provisória de repressão corretiva e de iniciar realmente os prometidos processos de desenvolvimento auto-sustentado, está levando cada vez mais os setores dirigentes militares (como se verificou na Argentina de Lanusse) a uma profunda incerteza sobre a adequação do modelo e sobre a aptidão de seus presentes líderes para governar.

Em outros países, como no grupo de países latino-americanos não viáveis ou no caso fronteiriço do Paraguai (vide Cap. 8, Livro II), os respectivos setores dirigentes militares, levados ao cinismo pelo reconhecimento da não viabilidade de um projeto autônomo nacional e levados à corrupção pelo exercício desenfreado do poder irresponsável, foram convertidos em forças pretorianas, em um regime de *societas sceleris,* dificilmente corrigível desde dentro do sistema. Esses regimes, como foi visto, podem ser apropriadamente designados de colonial-pretorianos.

A *dialética da dependência*

O problema central envolvido no processo da dependência já foi mencionado: a relação de causação circular entre a estagnação, a marginalização das massas e os esforços do sistema para manter o equilíbrio, internamente, aumentando o grau de coerção e, externamente, aumentando a medida da dependência. Essa espiral de deterioração, porém, não pode prosseguir para sempre. O processo envolve um crescente grau de desnacionalização e de repressão popular que, após certo ponto, será incompatível com a manutenção das estruturas sociais e das relações de mínima solidariedade entre as massas e as elites. Uma vez alcançado esse ponto crítico (e mais do que um ponto dever-se-ia falar de uma faixa crítica, que é mais estreita ou mais larga dependendo das condições locais), o sistema é confrontado com um conjunto de alternativas no qual uma das possibilidades é a *revolução* e a outra é a *estabilização da*

A ALTERNATIVA DA DEPENDÊNCIA　　101

dependência. Estas alternativas podem permanecer em confrontação por um longo período, de modo aberto ou latente, antes que uma delas chegue a predominar de modo irreversível. A revolução será discutida no próximo capítulo. Consideremos agora a estabilização da dependência.

·De modo diverso da idéia de Marx, expressada em sua teoria da crescente pauperização, no sentido de que a marginalização das massas causada pelo modo capitalista de produção ocasionaria necessariamente a derrubada revolucionária do regime, acontece que a estagnação e a dependência podem persistir por um tempo muito longo. O que causa as revoluções, como foi visto (vide o fim do Cap. 6, Livro I), se outras circunstâncias não interferirem, não é a marginalizaçãc das massas, mas a dos setores da subelite e dos grupos da elite, em condições em que as massas estejam insatisfeitas. Abandonadas a sua própria marginalidade as massas não possuem, por si mesmas, a capacidade de organização e as técnicas necessárias para empreender uma revolução com razoável margem de sucesso. As massas podem amotinar-se de modo espontâneo e serem bem sucedidas em tomar o eventual controle de importantes áreas de um país. E podem agravar e precipitar contradições já existentes ao nível da elite e da subelite. Mas não podem alcançar a capacidade estratégica e tática requeridas para superar o aparato repressivo de um sistema político, sem a participação de quadros organizados e organizadores, particularmente se esse aparato não foi seriamente danificado de antemão por outras confrontações, tais como conflitos externos ou setoriais internos.

O grave problema apresentado pelo modelo colonial-fascista, para os sistemas latino-americanos, é que tende também a criar a marginalização e a insatisfação dos setores da classe média (ou seja, setores da subelite) e de grupos da burguesia. Este fato tem uma dupla origem. Primeiro, e de modo predominante em termos econômicos, resulta do fato de a estagnação inerente ao modelo também afetar a criação de novos empregos para a classe média. Para compensar o fato de que a falta de expansão econômica impede a criação de novos empregos produtivos, o Estado colonial-fascista é compelido a manter suas características "cartoriais"[6], forjando empregos públicos parasitários para acomodar a classe média. Esse sistema, porém, exaure rapidamente as possibilidades fiscais do Estado, forçando-o a adotar expedientes inflacionários sem crescimento econômico e levando a um decréscimo na renda real da classe média. Como esse processo não pode ser emendado a ·

---

6. A expressão Estado "cartorial" é agora amplamente usada para designar a espécie de Estado, comum na América Latina, no qual a burocracia pública é orientada menos para o desempenho efetivo do serviço público do que para a provisão de empregos parasitários para a clientela política dos setores dirigentes, em troca de seu apoio político. A expressão "cartorial", por mim originalmente cunhada em um estudo denominado *Politics of Clientele and Ideological Politics*, vem dos notários públicos coloniais na América Latina, cujo papel e *status* eram incomparavelmente superiores aos da tradição britânica.

102 CRISES E ALTERNATIVAS DA AMÉRICA LATINA

partir de dentro do modelo, ou a potência estrangeira hegemônica interfere de uma forma compensatória, subsidiando o sistema, ou o sistema perde a capacidade de manter a fidelidade de sua própria subelite, dando surgimento às condições que tendem a suscitar a mobilização revolucionária das massas.

A segunda origem da crise que afeta o modelo colonial-fascista é de caráter predominantemente cultural. Com sua crescente desnacionalização, o sistema tende a perder, juntamente com sua capacidade para autodeterminação, sua possibilidade de mobilizar, com um montante mínimo de eficiência, os símbolos realmente capazes de despertar respostas de solidariedade e auto-sacrifício nacionais. Torna-se crescentemente manifesto que o sistema como tal é espoliador, para o benefício da elite dirigente e da potência hegemônica e que, portanto, tem sentido apenas para quem obtiver algum ganho dele. Seja qual for a capacidade do sistema para minimizar, através de métodos coercitivos e aterrorizadores, alguns de seus custos diretos de operação, a resistência passiva dos que não se sentem cúmplices com o regime aumenta constantemente seus custos indiretos e reduz seu nível de eficiência. Assim, por estas razões, o sistema requer subsídios compensadores a partir da potência hegemônica.

A característica distintiva da dialética dos regimes colonial-fascistas, considerados como um tipo ideal, é a exaustão final de sua capacidade de se sustentarem com seus próprios recursos, mesmo quando desfrutem de condições que permitam o uso irrestrito das máximas formas de repressão. Resulta dessa maneira, em análise final, que o custeamento do modelo, em sua forma típica, depende dos recursos e políticas da potência hegemônica. De modo contrário, o modelo mudará, seja através de um aumento em sua capacidade de incorporar as massas marginais, com o aumento correlacionado de sua capacidade para o desenvolvimento, em cujo caso o modelo mudaria para alguma forma superior sociopolítica, ou através de uma simplificação da estrutura da sociedade, convertendo o modelo em uma forma mais rudimentar, tal como a do colonial-pretorianismo.

Os limites do subsidiamento

Se a potência hegemônica estiver disposta e for capaz de suportar os custos requeridos para subsidiar o sistema, ao menos no nível mínimo necessário para manter sua viabilidade, em particular proporcionando à classe média um nível de emprego suficiente para impedir sérias insatisfações entre a subelite, o modelo de dependência satélite pode durar indefinidamente. Dado que o aspecto sociopolítico crítico do modelo não é a miséria e o descontentamento das massas, que são controláveis por meios repressivos, mas a insatisfação de setores significativos de grupos da subelite e da elite, aquelas podem ser mantidas submissas mediante medidas apropriadas, enquanto os últimos retiverem sua fidelidade ao regi-

A ALTERNATIVA DA DEPENDÊNCIA 103

me. Tais medidas incluiriam, em caso de necessidade, e além das formas coercitivas gerais de manutenção da ordem pública, a adoção de meios para reduzir a pressão demográfica e de outros meios associados com a alocação e a contenção territoriais. Na América Latina, por exemplo, já é evidente que em um futuro não muito distante, se o presente modelo de dependência for mantido, as massas rurais não mais serão permitidas de emigrar às cidades. Uma espécie de regime de *apartheid,* como vimos no Cap. 12, Livro II, é suscetível de ser imposto, mantendo as massas rurais desempregadas da zona rural latino-americana, como uma espécie de super-reserva de nativos, a fim de impedir um aumento na marginalidade urbana que (como está ocorrendo) torne incontroláveis as cidades, aumentando excessivamente o crime, atravancando os serviços de assistência pública, e dessa forma tornando intoleráveis as condições de vida da classe média e dos setores das massas empregados em ocupações úteis.

A questão crucial, portanto, como já foi adiantado no Cap. 12, Livro II, é a possibilidade de subsidiamento da potência hegemônica aos seus sistemas dependentes. Por maiores que possam ser os recursos livres da potência hegemônica, ela não estará disposta a desperdiçá-los; nem será capaz de usá-los além de sua disponibilidade. Com respeito a este último aspecto, pode ser estabelecido, com relação aos Estados Unidos e a sua área de hegemonia, que os recursos livres norte-americanos — entendidos como os que podem ser retirados de suas presentes aplicações sem afetar negativamente a operação e o desenvolvimento correntes da economia norte-americana, incluindo seus próprios subsídios internos — não seriam suficientes para subsidiar diretamente todos os sistemas dependentes norte-americanos[7].

Dentro das condições existentes, as superpotências e as grandes potências dispõem apenas, em sua respectiva escala de capacidade de margens limitadas de recursos livres para o financiamento *seletivo* de alguns de seus sistemas dependentes. No caso dos Estados Unidos isto é aplicado atualmente às áreas de confrontação imperial com outras superpotências, tais como certos países do Sudeste da Ásia (Vietnã do Sul, Coréia do Sul) e alguns pontos

---

7. Para qualquer país, a capacidade de mobilizar recursos livres, nas condições mencionadas, é necessariamente limitada a uma pequena porcentagem de seus gastos anteriores de consumo pessoal, que seriam coletados mediante alguma forma de tributação adicional. Deve supor-se que para impor ao público esse sacrifício fiscal adicional, com a correspondente redução de sua capacidade de consumo, tal redução deva ser muito pequena — digamos, não mais do que 10% dos gastos de consumo pessoal — e a motivação para tal, bastante alta. Se o povo americano estivesse disposto, para financiar as dependências estrangeiras do país, a alocar 50% do total atualmente reservado para os subsídios internos de bem-estar ($ 100 239 milhões de dólares em 1967), o público teria que aceitar uma redução de 10% de sua capacidade de gasto pessoal corrente, que montava a $ 491 700 milhões de dólares em 1967. Isto representaria cerca de $ 50 bilhões de dólares, o que seria cerca de 10 vezes a atual ajuda estrangeira americana ($ 5 101 milhões em 1967). É muito improvável que tão enorme esforço seja jamais aceitável para o povo americano. Quando o fosse, o montante resultante ainda seria insuficiente para o propósito indicado.

104 CRISES E ALTERNATIVAS DA AMÉRICA LATINA

avançados relevantes (Irã, Turquia). No caso da União Soviética, que tem uma concepção geral semelhante, os países como Cuba, que é tanto um caso para exibição quanto um posto avançado, recebem apoio particular.

Os limites da deterioração

Um breve comentário final sobre a alternativa da dependência é ainda pertinente, com respeito às mudanças possíveis nas características tipológicas do sistema e às mudanças correspondentes em seu modelo implícito. Como vimos, se a assistência compensadora externa não for outorgada pela potência hegemônica e um modelo provincial não for adotado em tempo, as dificuldades ocasionadas pela dependência colonial-fascista podem levar à transformação gradual ou repentina de algumas das características essenciais do sistema. Em outras palavras, a estrutura do sistema e seu modelo, como um tipo ideal, pode mudar para alguma configuração distinta.

Se as mudanças forem de caráter favorável — em condições que permitiriam mudanças favoráveis — envolvendo um aumento na participação da massa e uma tendência correlata para o desenvolvimento sócio-econômico, as tendências anteriores em direção à dependência seriam substituídas por novas tendências em direção à autonomia. Os modelos para o desenvolvimento autônomo já foram estudados exaustivamente neste livro (vide particularmente os Caps. 8 e 9, Livro II), e os problemas de autonomia, como uma alternativa básica, incluindo as condições para sua possibilidade, serão discutidos nos dois próximos capítulos. O que devemos considerar agora, de modo muito breve, é a possibilidade oposta: a deterioração da estrutura de uma sociedade — devido aos efeitos disfuncionais do colonial-fascismo, sem a interferência compensadora da potência hegemônica — levando esta sociedade a formas mais elementares de espoliação e dependência, das quais o modelo típico usual é o colonial-pretorianismo.

Como foi visto, o colonial-pretorianismo é uma versão simplificada de colonial-fascismo, caracterizado por uma dicotomização regressiva das estruturas societais, não em termos de valores tradicionais anteriores, mas em termos de uma polarização *societas sceleris,* opondo os que têm poder, riqueza e cultura e que formam uma camada dominante espoliadora, conduzida e apoiada pelos militares pretorianos, e os que são privados de tudo e que formam uma camada espoliada e dominada, compreendendo o campesinato, a maioria da classe trabalhadora e os escalões mais baixos da burocracia. A cultura política do pretorianismo colonial é também uma versão simplificada do colonial-fascismo. No último modelo, a nova elite rígida tende a desenvolver uma restauração irracional de um *ethos* de superioridade de classe, que expressa formas idealizadas de valores burgueses, com graus variáveis de matizes patrícios. O colonial-pretorianismo, porém, é ideologicamente cínico e hipó-

A ALTERNATIVA DA DEPENDÊNCIA   105

crita, pretendendo expressar ideais nacionais e sociais que não têm conexão com a real prática do regime e que ninguém supõe que tenham realmente a menor aplicação.

Já discutimos as características societais do modelo colonial--pretoriano (vide Cap. 7, Livro II). Podemos acrescentar agora uma observação a mais, referente ao relacionamento entre esse modelo e as sociedades que possam se tornar reguladas pelo mesmo. Como vimos (vide Esquema 2, Livro II), o modelo colonial-pretoriano corresponde usualmente a sociedades com uma elite *societas sceleris*. Este tipo de sociedade é um subgrupo da sociedade desigualitária coercitiva, que, por sua vez, é uma subdivisão (Tipo III) da sociedade subdesenvolvida com uma elite disfuncional. Isto significa que as sociedades que são suscetíveis de ser submetidas ao colonial-pretorianismo são em geral sociedades simples, com populações e territórios pequenos, como os países centro-americanos e o Paraguai.

Em países grandes e complexos como o México, o Brasil e a Argentina, o colonial-pretorianismo seria incompatível com a preservação de sua estrutura nacional, presente complexidade e, naturalmente, nível de desenvolvimento. Tais países grandes e complexos podem seguir a alternativa da dependência e chegarem a ser regulados por um modelo colonial-fascista, tendência que se faz sentir — embora de forma ainda reversível nesses três países. A deterioração de suas estruturas e de sua trama social, porém, na hipótese de uma longa submissão à dependência e ao colonial--fascismo não os levaria diretamente a um modelo colonial-pretoriano. Primeiramente, teriam que ser submetidos a severos processos desagregadores, envolvendo sua unidade nacional e a estrutura de seus sistemas sociais e econômicos. Apenas se não fossem capazes de transformar sua dependência satélite em uma dependência provincial ou de superar, através da revolução ou da reforma, seu *status* e seu modelo colonial-fascista anteriores e rumar na direção do desenvolvimento autônomo, é que seriam levados a processos formais ou informais de segmentação nacional e intra--societal, com a resultante conversão de segmentos a configurações colonial-pretorianas.

No entanto, é muito provável que a potência hegemônica, dado seu importante interesse investido nessa espécie de satélite, interferiria em tempo para impedir tais desagregações. Em princípio, a melhor solução para o país hegemônico, como já vimos no Cap. 12, Livro II, seria reorganizar a dependência enferma de acordo com o modelo provincial.

7. A Alternativa da Autonomia: A Via Revolucionária

Propósito da presente análise

Prosseguiremos aqui e no capítulo seguinte com o estudo da segunda alternativa com a qual, como foi discutido no Cap. 5, Livro III, se confrontaram os países latino-americanos: a alternativa da autonomia. O propósito em vista é discutir as duas formas básicas pelas quais essa autonomia pode ser alcançada: as vias revolucionária e reformista. O que temos em mente é obter generalizações válidas, com a maior significação preditiva possível, sobre as possibilidades e condições para o desenvolvimento autônomo na América Latina. Estamos preocupados, portanto, com o estudo de certos casos históricos relevantes, tais como a Revolução Cubana, o reformismo progressista dos Democratas-Cristão chilenos, e os governos militares reformistas do Peru de Velasco e da Bolívia de Ovando, apenas na medida em que a análise destes casos nos proporcione dados empíricos para nossa tentativa de teorizar. A análise destes casos, por si mesma, embora indispensável para a compreensão do processo sócio-histórico corrente nos países em questão e da América Latina contemporânea, em geral, iria além do alcance de nosso presente estudo[1].

A dicotomia entre a revolução e a reforma como vias de alcançar a autonomia não é arbitrária, nem devida a circunstâncias

---

1. Para estudos sobre os recentes acontecimentos no Peru, Bolívia e Chile, vide a bibliografia no fim deste livro.

108 CRISES E ALTERNATIVAS DA AMÉRICA LATINA

casuais, mas resulta das características estruturais do subdesenvolvimento latino-americano. Como vimos, o subdesenvolvimento da América Latina, que já apresenta características de subdesenvolvimento prolongado, é a conseqüência, em última análise, da disfuncionalidade histórica e atual de suas elites. Em alguns casos, essa disfuncionalidade não é generalizada e não ocasionou ainda um estado de subdesenvolvimento consolidado. O Chile, e em certa medida a Venezuela, fornecem exemplos de relativa funcionalidade da elite. O México, o Brasil e a Argentina, apesar de séria propensão ao colonial-fascismo dos setores disfuncionais do próprio *establishment,* ainda têm amplos grupos funcionais em suas elites e importantes setores funcionais em sua subelite. Em outras palavras, uma via reformista ainda está aberta, ainda que por um tempo limitado, nesses países e em alguns outros da América Latina.

Ao mesmo tempo, uma via revolucionária, independente destas considerações e vista por seus proponentes em diferentes termos, está sendo atualmente tentada em praticamente todos os países latino-americanos. Além do mais sabemos, pelo que já foi estudado no Cap. 8, Livro II, que, independentemente de preferências ideológicas, a via revolucionária e o modelo de Socialismo Desenvolvimentista apresentam a única solução possível para alguns casos de subdesenvolvimento. Isto se aplica a vários países latino-americanos, tais como os centro-americanos, os do Caribe e talvez Paraguai, na medida em que as mudanças nas condições globais que relacionam a América Latina aos Estados Unidos aumentem a presente permissibilidade internacional de tais países, em particular, e da América Latina em geral.

A orientação marxista-leninista

A revolução, tanto como meio político de mudança quanto como conteúdo de uma profunda e grande transformação social da sociedade, é um intuito difundido na América Latina. A via revolucionária foi exitosamente levada a efeito em Cuba, com uma profunda mudança estrutural na sociedade cubana. Em praticamente todos os outros países latino-americanos vários grupos estão tentando também, embora até agora de modo bastante mal sucedido, realizar a conquista do poder e promover mudanças sociais radicais através da revolução. Embora existam diferenças de estratégia e tática e, em certa medida, de teoria, entre esses vários grupos, têm eles várias coisas em comum: têm um modelo marxista de representação da sociedade e de mudança revolucionária; adotam reconhecidamente o modelo operacional de Lênin para a implantação do socialismo revolucionário; e embora sem reconhecê-lo, partilham de algumas das concepções e propósitos básicos do modelo de Socialismo Desenvolvimentista, como já foi discutido neste livro. Estes pontos requerem um breve esclarecimento.

A comum concepção marxista da sociedade e da revolução por parte de vários grupos revolucionários latino-americanos quase

A ALTERNATIVA DA AUTONOMIA: A VIA 109

não necessita de elaboração. As precedentes idéias revolucionárias não-marxistas, tais como as várias modalidades de socialismo francês ou inglês (Proudhon, Owen, e assim por diante), o anarquismo e o anarco-sindicalismo (que revivem, em parte, no quadro europeu), tornaram-se definitivamente coisas do passado na América Latina, ao menos desde a Segunda Guerra Mundial[2]. O populismo revolucionário, favorecido por alguns grupos peronistas e outras idéias políticas revolucionárias nativas latino-americanas, tais como o APRA na década de 1930, perderam seu conteúdo revolucionário, cessaram de existir, ou restringiram sua influência a pequenos setores.

O marxismo se tornou o quadro teórico central de todos os grupos revolucionários militantes latino-americanos. No curso da década de 1960, porém, esse quadro marxista básico se tornou crescentemente independente dos partidos comunistas ortodoxos, tanto em termos de influência teórica quanto em termos de organização real, no que se refere à militância revolucionária efetiva. Além de não ser mais canalizada através de partidos comunistas ortodoxos (ou seja, orientados por Moscou), a influência teórica passou a vir de fontes muito distintas. Entre os setores militantes mais radicais, de Fidel Castro e do maoísmo; entre os católicos esquerdistas radicais, do marxismo cristão; e mais difusamente, entre os círculos intelectuais das várias formulações neomarxistas; de filósofos contemporâneos tais como Marcuse, Habermas ou Poulantzas.

Em termos de ação prática, os partidos comunistas ortodoxos — seguindo o que parece ser uma propensão duradoura dos partidos comunistas ocidentais em se tornar uma nova forma de partido trabalhista, com uma tendência teórica implícita, ainda que fortemente negada e ressentida, para o neobernsteinismo — abandonaram de fato a via revolucionária e mudaram, apesar da persistente retórica, para uma via reformista. Mas os grupos revolucionários militantes salientam ainda mais os aspectos voluntários da práxis revolucionária do que Lênin o fez e, em oposição aberta aos partidos comunistas ortodoxos, seguem uma linha chinesa ou, como com as várias *izquierdas revolucionarias*, são comprometidos com a luta de guerrilha inspirada pelos cubanos. O Partido Comunista Cubano, devido a suas atuais responsabilidades governamentais e ao relacionamento particular que mantém com a União Soviética, segue uma linha de organização distinta, embora de qualquer forma bem diferente da linha adotada pelos partidos comunistas ortodoxos latino-americanos.

Embora o marxismo, com várias novas influências, forneça aos grupos revolucionários latino-americanos seu modelo de representação básico da sociedade e da revolução, seu modelo operacional para a tomada do poder e seu subseqüente exercício é basica-

---

2. Vide HÉLIO JAGUARIBE (1967a, pp. 83-126).

110 CRISES E ALTERNATIVAS DA AMÉRICA LATINA

mente leninista. Este leninismo, porém, apresenta duas qualificações importantes. Uma, reconhecida de modo consciente e aberto pelos grupos em questão, se refere às contribuições estratégicas e táticas das duas mais recentes experiências marxistas bem sucedidas: as revoluções chinesa e cubana. A outra, ainda não reconhecida por esses grupos, se refere aos novos pressupostos e propósitos que a experiência histórica das três últimas décadas impôs às idéias e práticas revolucionárias. Esses novos pressupostos e propósitos foram mencionados na discussão sobre o modelo de Socialismo Desenvolvimentista.

Não está dentro do alcance de nossa presente análise elaborar sobre a medida em que as concepções operacionais de Lênin sobre o processo de revolução foram ou não completamente consistentes com a teoria de Marx sobre a mudança revolucionária. Pessoalmente, entendo que embora as concepções de Lênin possam ser perfeitamente compatíveis com certos escritos do Marx mais jovem, da época da Revolução Alemã, que trazem uma significativa marca do voluntarismo blanquista, se apartam da tendência central do pensamento de Marx, que rejeita qualquer concepção macrovoluntarista da história e salienta o efeito limitador das condições estruturais[3]. Relevante para o ponto em discussão, porém, é o fato de que os atuais grupos revolucionários na América Latina não apenas adotaram todas as propensões leninistas para o voluntarismo revolucionário, mas ademais enfatizaram os elementos voluntaristas adicionais de Fidel Castro e do maoísmo. Como veremos na discussão subseqüente, as duas estratégias revolucionárias propostas para a América Latina, a cubana e a chinesa, partilham a suposição de que as condições objetivas para a mudança revolucionária já existem na América Latina e que apenas a ação revolucionária direta pode melhorar tais condições e introduzir novas mudanças, em um processo dialético que levará à vitória final das forças revolucionárias em um futuro próximo, se lutarem de modo apropriado e determinado.

A segunda qualificação merece alguma atenção. Foi precedentemente observado que a experiência histórica das três últimas décadas impôs novos-pressupostos e propósitos às idéias revolucionárias, ao longo das linhas já analisadas na discussão anterior do modelo de Socialismo Desenvolvimentista. Foi salientado também que tal qualificação, embora condicionando a busca real da via revolucionária, ainda não é conscientemente reconhecida pelos revolucionários militantes. Em essência, a qualificação inclui dois pontos. O primeiro é o fato de que, mesmo quando se sustentam concepções marxistas ortodoxas com respeito às contradições do capitalismo, tal como a impotência inerente ao capitalismo em seus estágios adiantados, para preservar as relações capitalistas de produção, e a eminente deflagração, daí decorrentes, de uma revolução

3. Vide JAGUARIBE (1967a).

A ALTERNATIVA DA AUTONOMIA: A VIA 111

socialista nas sociedades capitalistas mais desenvolvidas, as idéias e práticas operacionais são orientadas *como se* a revolução socialista, em vez de seguir o grau de maturidade das sociedades capitalistas, *ocorreriam, pelo contrário, no mundo subdesenvolvido.* O segundo ponto se refere ao propósito real da revolução socialista. Embora todas as concepções referentes à sociedade sem classes sejam retidas, as idéias e práticas operacionais são orientadas *como se* a revolução socialista *tivesse como sua primeira e necessária meta a construção do desenvolvimento autônomo nacional.* Estes são precisamente os pressupostos e os propósitos básicos do Socialismo Desenvolvimentista (SD), como um modelo operacional político. O fato de que os revolucionários militantes ainda não entendam (e possam eventualmente se recusar a reconhecer) que foram compelidos, pela prática histórica, independente da consciência e elaboração teóricas, a adaptar seu pensamento ideológico aos requisitos pragmáticos do desenvolvimento político, é apenas outra confirmação das pressões objetivas impostas, à ação política, pelas necessidades societais.

Deveria fazer-se um comentário final sobre os grupos revolucionários militantes e o modelo de SD. Pelo fato de a adaptação daqueles aos pressupostos e estratégias básicas deste ser o efeito de um processo objetivo e pragmático de adaptação às realidades sociais, que não é apoiado por uma compreensão crítica dos problemas envolvidos, é que as possibilidades explicativas e previsíveis do modelo de SD (e dos modelos políticos em geral) não são usadas conscientemente por tais grupos. Das muitas conseqüências do mal uso ou da falta de uso do modelo de SD, a mais relevante é o fato de que as condições de aplicabilidade do modelo não são levadas em conta por esses grupos. Sendo assim, os revolucionários militantes latino-americanos são levados a uma séria contradição entre suas concepções práticas e teóricas. Suas concepções teóricas são baseadas em uma compreensão marxista da sociedade e da revolução, não qualificadas por uma teoria de modelos políticos, tal como a anteriormente discutida neste livro. Conforme aquelas concepções, a revolução socialista é o resultado das contradições internas e das crises do capitalismo, que tendem a aumentar em proporção ao desenvolvimento inerente do processo capitalista. Mas as concepções práticas dos revolucionários militantes são determinadas pela experiência histórica das últimas décadas, que mostrou de modo objetivo — de acordo com os pressupostos do modelo de SD — que as revoluções socialistas são revoluções para o desenvolvimento autônomo nacional, que ocorre nos países em que, juntamente com outras condições, a elite anterior é levada a formas consolidadas de disfuncionalidade, e uma contra-elite funcional logra neutralizar ou derrotar o subsistema de coerção desta elite anterior. Estas duas concepções, como imediatamente pode ser visto, não são concordantes sobre as pré-condições objetivas para uma revolução socialista, que seriam o êxito e a maturidade capitalistas nos termos de Marx e o malogro do capitalismo em

112 CRISES E ALTERNATIVAS DA AMÉRICA LATINA

termos práticos. Confrontados com estas concepções contraditórias, os grupos revolucionários latino-americanos — contrariamente à tendência seguida pelos partidos ortodoxos comunistas — ignoram praticamente os problemas referentes às pré-condições objetivas e colocam toda a sua ênfase nos aspectos voluntários e subjetivos da ação revolucionária. Engajemo-nos na guerrilha, e as revoluções serão feitas — esta é a conclusão final dos teóricos da nova militância revolucionária[4].

Os dois modelos de revolução

Duas estratégias ou modelos (usando o termo em seu sentido amplo) são atualmente propostos para empreender a revolução: os modelos cubano e chinês. Ambos são construções que tentam expressar o que se considera como apresentando valor geral e permanente na experiência das revoluções cubana e chinesa. Podem ser descritos muito brevemente como esquemas revolucionários operacionais para a derrota do aparato repressivo da elite em duas situações típicas.

O modelo cubano, que é de longe o mais aceito entre os grupos revolucionários militantes latino-americanos, é essencialmente orientado para situações em que um grupo inicialmente muito pequeno de militantes tem que enfrentar um exército relativamente forte e grande. Neste sentido, a situação e condições típicas supostas pelo modelo são consideradas como adaptáveis, em menor ou maior extensão, a todos os países latino-americanos. As suposições essenciais do modelo cubano são 1) que o pequeno grupo inicial de militantes seja capaz de desafiar com sucesso, através da ação de guerrilha, a autoridade do governo e seu exército, ao mesmo tempo em que escape com destreza das tentativas para sua captura e 2) que esse grupo *adquira rapidamente o apoio dos camponeses,* para muitos propósitos, incluindo sua ajuda voluntária para alimentar e abrigar os guerrilheiros, sua disposição de guiá-los através de terras desconhecidas e de se abster de dar qualquer ajuda voluntária ao governo e ao seu exército. Espera-se também algum recrutamento de novos militantes dentre os camponeses, embora de forma limitada. As fontes mais importantes para novos recrutas são consideradas a clandestinidade da *intelligentsia* radical e do partido, e os militantes sindicais anteriores. A estratégia fundamental básica do modelo cubano consiste 1) em criar condições, através da guerra de desgaste, o ativismo urbano e a propaganda política, para a desmoralização interna do governo e de seu exército, a criação de conflitos internos entre eles e a população em geral, e 2) finalmente, em neutralizar e praticamente anular a capacidade de luta do governo, despojando sua causa de qualquer forma de apoio social, até que o próprio exército esteja internamen-

---

4. Vide REGIS DEBRAY (1967).

A ALTERNATIVA DA AUTONOMIA: A VIA 113

te tão dividido, carente de moral e de decisão para lutar, que o sistema governamental desmorone quase que por si mesmo. Neste momento crucial o controle dos centros-chave é tomado através da ação combinada de uma força de guerrilha expandida e das atividades clandestinas urbanas, e a revolução está ganha[5].

O modelo chinês é favorecido principalmente por seções que se separaram de anteriores partidos comunistas ortodoxos, e que tomaram a linha revolucionária militante de Pequim. Atrai também os revolucionários que são mais conscientes das implicações internacionais das revoluções radicais e/ou que são conscientes da medida em que o modelo cubano é limitado às condições peculiares de Cuba. De modo diferente do modelo cubano, que já foi tentado em vários países latino-americanos, notadamente México, Guatemala, Venezuela, Colômbia, Bolívia e Brasil, o modelo chinês é ainda, primariamente, um assunto de especulação e discussão entre os grupos militantes radicais. Em certa medida, poderia se dizer que anteriores tentativas de criar repúblicas camponesas na Colômbia foram inspiradas pelo modelo chinês, e que certos militantes revolucionários no Brasil, ainda que colaborassem eventualmente com ações das guerrilhas urbanas e rurais, eram orientados pelo modelo chinês e estavam tentando criar as condições para sua subseqüente aplicação.

A diferença entre os modelos chinês e cubano expressa as características distintas das duas experiências revolucionárias. Em essência, o modelo chinês difere do cubano, porque sua suposição básica não é a de que as massas rurais possam dar e que darão, se forem tratadas de modo adequado, sua colaboração e ajuda para grupos de guerrilha de vanguarda. Mais do que isso, sua suposição básica é a de que as massas rurais podem fornecer e fornecerão, se forem educadas e mobilizadas de forma apropriada, *o corpo real do exército revolucionário de libertação*. O modelo chinês é orientado para a obtenção das condições requeridas para a educação em massa do campesinato e para a mobilização armada revolucionária dos camponeses para o assalto e rendição final das cidades e de seus exércitos, com a ajuda dos ativistas clandestinos urbanos. A estratégia básica deste modelo, portanto, não é orientada para a derrota do governo e de seus exércitos por meio de sua desmoralização interna e posterior autocolapso, mas para sua derrota militar final, uma vez que os exércitos governamentais fossem devidamente isolados das massas urbanas e rurais[6].

Mais recentemente, com o aumento da consciência das condições internacionais correntes, notadamente na América Latina, e ante a medida em que a desinibida intervenção militar

---

5. Vide ERNESTO CHE GUEVARA (1968, Cap. 21); vide também ROBERT TABER (1967) e PETER PARET e JOHN W. SHY (1966).

6. Vide LIN PIAO (1966). Sobre o modelo chinês para o desenvolvimento revolucionário e o conteúdo desse modelo, vide também S. Prybyla, em HARRY G. SHAFFER e JEAN PRYBYLA, orgs. (1961).

114 CRISES E ALTERNATIVAS DA AMÉRICA LATINA

americana (antes do agravamento do caso Watergate) mudaria os pressupostos de cada um desses modelos, os revolucionários tenderam a fundir estes dois modelos em uma espécie de modelo misto, incorporando a idéia de vários "Vietnãs" simultâneos[7]. De acordo com o esquema dos múltiplos Vietnãs, um movimento de guerra de guerrilhas, do tipo cubano, começaria simultaneamente em vários países latino-americanos, criando condições, através de sua proliferação e da generalização resultante do campo de ação, para uma insurreição de massa do tipo chinês em toda a América Latina, que levaria os governos tanto de Washington quanto da América Latina à impotência.

A dificuldade crucial com a via revolucionária, como é atualmente proposta para a América Latina, tanto no modelo cubano quanto no chinês, é a ignorância voluntária das pré-condições objetivas necessárias para qualquer movimento revolucionário. Como foi notado com freqüência neste livro, Marx, apesar de seu compromisso profundo e inflexível com a mudança revolucionária do mundo, enfatizava constantemente que um sistema social não poderia ser mudado apenas por ser inerentemente injusto para a maioria das pessoas porque alguns homens bem intencionados estivessem preparados heroicamente para sofrer todos os riscos a fim de forçar sua mudança, como no caso clássico da revolta de Espártaco. A mudança social e revolucionária, de acordo com Marx, é resultado da ação e da vontade humanas, mas somente pode ser exitosamente levada a efeito quando as contradições internas de um sistema tornem a manutenção de seu regime social realmente inviável[8]. Nas condições latino-americanas de hoje e de um futuro próximo, as crises intransponíveis de viabilidade dos regimes sociais prevalecentes estão ocorrendo apenas nos países que são afetados, além disso, por sua própria falta de viabilidade nacional, tais como os países centro-americanos, os do Caribe e, provavelmente, o Paraguai. Nesses países porém, precisamente devido à sua falta de viabilidade nacional, as mudanças internas radicais não podem ser promovidas a partir de dentro, por atores nacionais. Primeiramente, deve haver mudanças apropriadas em seu ambiente internacional, de modo a que adquiram maior permissibilidade internacional e com ela a possibilidade de uma integração vantajosa em um sistema mais amplo e mais viável. Este assunto já foi discutido no Cap. 5, Livro III. Como vimos, a mundança interna radical em nações não-viáveis é submetida a condições externas e, assim embora em diferentes termos, somos remetidos também nesse caso à questão das pré-condições objetivas.

Se considerarmos os países latino-americanos que não são imediatamente afetados por problemas críticos de viabilidade nacional (vide o Quadro 3, Livro III) temos que, no que se refere às pré-condições objetivas, correntemente ou num futuro previsível,

---

7. Vide as teses da OLAS (Organización Latinoamericana de Solidaridad), particularmente Che Guevara em sua "Mensagem à Tricontinental" (1968, Cap. 35).
8. Vide particularmente *Prefácio à Crítica da Economia Política* de MARX.

A ALTERNATIVA DA AUTONOMIA: A VIA.... 115

não apresentam um quadro sociopolítico no qual uma conseqüência revolucionária seja suscetível de ocorrer. Como foi visto na discussão sobre o relacionamento estrutural entre as estruturas societais e os modelos políticos adotáveis (vide Cap. 8, Livro II), as revoluções, no sentido aqui considerado, não requerem apenas, e nem mesmo primariamente, a contradição entre a marginalização e a pauperização das massas, e a superconcentração de riqueza e privilégios em uma elite diminuta, mas também e essencialmente, a combinação da disfuncionalidade consolidada da elite com a marginalização e insatisfação de setores relevantes da subelite.

O que é atualmente característico da América Latina, como foi discutido nas seções A e B do Livro III, é a existência de duas situações típicas de subdesenvolvimento: 1) a situação na qual há uma divisão prolongada entre um setor disfuncional prevalecente e um importante setor funcional remanescente da elite, com uma divisão correspondente da subelite, como no México, Brasil e Argentina, e 2) a situação na qual há um contraste e conflito potencial, como no Equador, entre uma elite parasitária dirigente, de caráter patrício-consular, e um setor produtivo e moderno da subelite, representado pelos grupos técnicos e administrativos da classe média, inclusive, em particular, seu ramo militar. Se o precário presente equilíbrio dos sistemas políticos latino-americanos, essencialmente dependentes da capacidade coercitiva da elite dirigente, chega eventualmente a quebrar-se, sob a pressão acumulada da disfuncionalidade societal destes países, o que é provável que ocorra não é uma revolução socialista, sob o controle da contra-elite, mas sim movimentos orientados de acordo com várias combinações dos modelos de Capitalismo de Estado e Nacional-Capitalismo. Voltaremos a esta questão, na discussão sobre a via reformista.

Inadequação do modelo cubano

Além da sua falta de pré-condições objetivas, os dois esquemas propostos para a via revolucionária na América Latina são irremediavelmente afetados pelo fato de que seus pressupostos e requisitos estratégicos não se adaptam às condições da América Latina, atualmente ou num futuro previsível. De modo muito breve, os pressupostos e estratégias básicos do modelo cubano, como foi anteriormente indicado, requerem condições que foram peculiares a Cuba na época da ação de Fidel Castro e *não podem ser repetidas em outro lugar da América Latina.*

Essencialmente, estas condições podem ser reduzidas a dois pontos cumulativos, se deixarmos de lado outros fatores intervenientes decisivos, tais como as extraordinárias personalidades de homens como Fidel Castro e Che Guevara, em contraste com o caráter vil e oportunista de Batista, e até a boa sorte da sobrevivência física das guerrilhas, particularmente no início. O ponto mais geral e primeiro é que foi possível para as guerrilhas cubanas

116   CRISES E ALTERNATIVAS DA AMÉRICA LATINA

infligir irremediável dano ao governo e ao exército cubanos simplesmente desafiando-os a partir de Sierra Maestra e resistindo por dois anos a suas contínuas tentativas de esmagar a rebelião. O segundo ponto é que foi possível para o movimento de Fidel Castro ser levado a efeito sem interferência internacional; não se tornou, de forma prematura, um problema de confrontação da guerra fria, e não atraiu a intervenção preventiva unilateral dos Estados Unidos. Estas duas condições cumulativas não podem ser repetidas.

O aspecto crucial da primeira condição foi a vulnerabilidade do regime de Batista e de suas forças ao desgaste da guerra de guerrilhas. Tal vulnerabilidade, em si mesmo um aspecto complexo, foi essencialmente devida a três elementos: 1) a pequenez do território cubano e, em certa medida, sua condição insular, 2) a natureza de *societas sceleris* do governo de Batista, caracterizado pelo excepcional oportunismo de Batista e de seu círculo interno, associado com 3) a ingenuidade sociopolítico de seu círculo periférico de apoio mais amplo.

Pelo fato de Cuba ser uma pequena ilha o efeito das guerrilhas rurais sobre os centros vitais do país foi muito grande. Tentativas semelhantes em países maiores, tais como México e Brasil, passariam despercebidas por muito tempo, mais do que seria provavelmente requerido para uma ação governamental eficiente para localizar e destruir as guerrilhas. E fosse qual fosse o destino de tais guerrilhas, seu efeito sobre os centros vitais desses países careceria de importância prática. Isto é o que é realmente indicado por alguns precedentes nesses dois países. A famosa Coluna Prestes no Brasil, nos inícios da década de 1920, quando estavam amadurecendo as condições para a derrubada revolucionária da Antiga República — que finalmente caiu em 1930 — foi capaz de criar apenas uma lenda de heroísmo romântico. Nunca desafiou realmente o poderio do governo central, ainda que a Coluna Prestes jamais tenha sido derrotada militarmente. Como qualquer novo movimento de guerrilha em tais países, a Coluna Prestes teve que permanecer nas profundezas da selva a fim de resistir às forças do governo, tal como Fidel que se escondeu na Sierra Maestra. No entanto, de modo diferente de Cuba, a relação entre a zona rural profunda e os centros vitais do Brasil é extremamente remota; após algum tempo, a Coluna Prestes compreendeu a futilidade inerente de seus esforços e decidiu pedir asilo à Bolívia. Tentativas mais recentes de guerra de guerrilhas no México, durante o governo de Lopez Mateos, e em menor escala, no Brasil, no episódio da Serra dos Caparaós, se mostraram igualmente inefetivos no que se refere aos centros vitais desses países, embora, desta vez, as guerrilhas fossem suprimidas com relativa facilidade no México e muito facilmente no Brasil.

O segundo e terceiro elementos, referentes ao círculos internos e periféricos do regime de Batista, são igualmente importantes. Poucos governos latino-americanos, após a morte de Somoza e

A ALTERNATIVA DA AUTONOMIA: A VIA.... 117

Trujillo — com a possível exceção do filho de Duvalier, em um país cuja cultura não é, no entanto, realmente latino-americano — podem ser comparados com o caráter de banditismo privado de Batista e de seu círculo interno. Tendo armazenado uma enorme fortuna, essas pessoas não queriam enfrentar altos riscos, assim que sentiram os sintomas da profunda desmoralização de suas próprias forças, preferiram desfrutar das vantagens de uma fuga oportuna, mais do que se manter lutando até suas últimas possibilidades. Por outra parte, o que é ainda mais relevante, o círculo periférico dos partidários de Batista, incluindo os militares como corporação, a burguesia de Havana e a classe média superior, os grandes fazendeiros e os líderes dos sindicatos pró-Batista, enganados pelas aparências e atrações liberais das guerrilhas, pensaram que o que estava essencialmente em jogo era o destino de um tirano e de seus seguidores imediatos. Não perceberam que todo o regime a que estavam associados seria liquidado, de uma forma muito profunda e radical, arrastando a maioria deles em sua queda e, em qualquer caso, que se tornariam completamente impossíveis as condições básicas de vida a que estavam acostumados, e em defesa das quais teriam lutado se tivessem tido consciência do que significaria para eles o futuro governo de Fidel Castro.

A combinação desses três elementoos dificilmente pode ser repetida na América Latina. Os maiores territórios do México e da maior parte dos países sul-americanos, juntamente com as diferentes condições sociopolíticas de suas sociedade, não oferecem condições realistas para o sucesso do modelo cubano. É verdade que o modelo se adaptaria aos países centro-americanos e do Caribe, por razões territoriais e outras, e que nesses países a maioria dos governos atuais são da espécie *societas sceleris*, ainda que não de forma tão paradigmática quanto o de Batista. Os círculos periféricos mais amplos que apóiam o corrente *status quo* nesses países, porém, sem dúvida não esquecerão a lição cubana. As revoluções não ensinam apenas, aos novos revolucionários potenciais, como alcançar melhor suas metas, mas ensinam também aos partidários do *status quo* como melhor evitar revoluções semelhantes.

Precisamente porque o modelo cubano é essencialmente uma estratégia para ocasionar o autocolapso do regime de poder, depende fundamentalmente da conduta dos mais amplos grupos periféricos de partidários do *status quo*. Se, como ocorreu em Cuba, estes grupos se desengajam do governo e se dispõem a oferecer a cabeça do tirano em troca da esperada boa vontade dos novos dirigentes guerrilheiros, o modelo cubano poderia funcionar novamente, quando as outras condições essenciais fossem também alcançadas. No entanto, se uma das lições críticas que a revolução cubana ensinou a esses grupos é que seu destino, independente de sua cooperação com as guerrilhas e talvez mesmo do desejo individual dos novos líderes, permanece inextricavelmente associado com o regime anterior — embora não necessariamente com o destino

118 CRISES E ALTERNATIVAS DA AMÉRICA LATINA

individual do tirano anterior — a conduta desses grupos será radicalmente diferente.

A alternativa resultante desta consciência, no caso de uma situação semelhante à cubana se desenvolver em algum país centro-americano ou do Caribe, seria provavelmente a derrubada do governo, no início de uma crise real, por setores "progressistas" do exército e da burguesia, em nome dos mesmos propósitos e metas liberais da propaganda das guerrilhas. Um novo governo "democrático" seria formado; seriam realizadas ou prometidas eleições livres; e o grupo de guerrilha seria convidado a se juntar ao novo regime como um sócio minoritário ou então seria convertido à posição marginalizada de extremistas intratáveis ou aventureiros políticos, que perderiam praticamente todas as suas bases de apoio explícitas ou implícitas anteriores.

A segunda condição inerente ao modelo cubano, que não poderia ser repetida, é a ausência de interferência internacional. Dadas as condições externas e internas latino-americanas, essa interferência não poderia ser evitada, em particular sob a forma de intervenção militar americana, seja de modo unilateral seja sob a cobertura da OEA. A Revolução Cubana foi única neste sentido, devido à aparência neogaribaldiana da rebelião de Fidel Castro. Na medida em que já fosse marxista, na época de Sierra Maestra, é irrelevante para o ponto em discussão. Apesar de algumas de suas declarações oficiais sobre este assunto, Fidel reconheceu, em trocas de opiniões menos formais[9], que sua educação marxista, como seria de esperar, foi gradual, e começou com a usual *influência* marxista, durante seus anos de Universidade e continuou, através de suas próprias experiências e estudos, durante seus anos de revolucionário. O que é importante considerar-se é que as guerrilhas anti-Batista tiveram um forte sabor liberal, foram totalmente motivadas por idéias libertárias e tiveram uma ampla base política. Inicialmente, esta base excluía o Partido Comunista Cubano (então ilegal e chamado de Partido Socialista Popular), que se juntou mais tarde à coalizão anti-Batista sob a liderança de Fidel Castro, mas apenas como um sócio minoritário.

Nas atuais condições latino-americanas, seria praticamente impossível para qualquer novo movimento de guerrilha ser ou pretender ser de caráter simplesmente liberal. Independentemente do rótulo e das intenções, reais ou pretendidas, de qualquer novo movimento revolucionário armado o sistema de defesa dos Estados Unidos *deu as mais claras indicações, após a experiência cubana que agiria, tanto de forma direta quanto através de seus agentes latino-americanos, como se qualquer desses movimentos na América Latina, sejam quais forem suas origens, suas metas declaradas e qualquer outra característica, ocasionasse uma revolução socialista.* Está implícita nas pressuposições do sistema de defesa dos Estados Unidos a crença de que as posições pró-capitalista e

9. Vide LEE LOCKWOOD (1967, pp. 138 e ss.).

A ALTERNATIVA DA AUTONOMIA: A VIA . . . : 119

pró-americanas, na América Latina, são extremamente artificiais, carecendo completamente de qualquer apoio popular real, e inteiramente dependentes da manutenção do controle político-militar pelos setores disfuncionais da elite. Como corolário, a doutrina contra-insurgente dos Estados Unidos é baseada na suposição de que os movimentos armados populares latino-americanos, se forem bem sucedidos em derrotar o aparato coercitivo das elites dirigentes, serão conduzidos, sejam quais forem suas declarações e intenções prévias, a estabelecer certa forma de socialismo revolucionário. No entanto, a mesma doutrina, embora por razões mal fundamentadas, supõe que todos os movimentos populares desse tipo serão também conduzidos a uma alinhamento militante com a União Soviética, mais do que a uma neutralidade. Por todas estas razões a política contra-insurgente dos Estados Unidos, em áreas de hegemonia norte-americana direta e desinibida como a América Latina, é orientada em princípio — e apenas limitada por seus próprios meios disponíveis e seus cálculos quanto aos riscos internacionais envolvidos — para a intervenção, na medida e na escala julgadas necessárias, sempre que os governos satélites locais forem capazes de ser derrubados por insurreições populares armadas, seja ou não a pedido desses governos[10].

Inaplicabilidade do modelo chinês

O modelo chinês, de modo diferente do cubano, tem a vantagem, no que se refere às presentes condições da América Latina, de propor uma estratégia que se adapta aos grandes países (sem ser inerentemente inadequado, no que se refere ao aspecto geográfico, para os países pequenos) e que é sociopoliticamente realista. Se as forças revolucionárias forem capazes de educar de modo bem sucedido os camponeses, no campo político, em escala suficientemente grande, e de mobilizá-los militarmente contra o governo central, seus exércitos, e seus partidários urbanos, muitas das fraquezas do modelo cubano ficam superadas, por hipótese. O modelo chinês supera, particularmente, a irrelevância prática das forças remotas de guerrilhas rurais, no que diz respeito aos centros urbanos vitais de grande países. Supera, igualmente, o problema resultante da probabilidade de que os governos de *status quo* mostrem uma maior determinação de lutar. Supera finalmente, o problema decorrente da provável decisão, por parte do círculo periférico de partidários do *status quo,* de não entregar o governo aos revolucionários, ainda que ao custo de expulsar os precedentes titulares.

Esses pontos são evidentes por si mesmo e não necessitam de qualquer elaboração. Confrontado com uma insurreição militar armada altamente motivada e poderosa, o governo do *status quo* e

---

10. Vide WILLARD F. BARBER e C. NEALE RONNING (1966). Vide também o *Relatório Rockefeller* (1969).

120 CRISES E ALTERNATIVAS DA AMÉRICA LATINA

seus círculos partidários estariam necessariamente à mercê dos revolucionários se por eles fossem derrotados militarmente. A dificuldade do modelo chinês é de natureza prática e consiste na realização das condições necessárias para que os líderes revolucionários possam educar os camponeses no campo político, e mobilizá-los militarmente em escala suficientemente grande em plena vigência do *status quo*. Além do mais, naturalmente, o sucesso do modelo requer a vitória militar dos exércitos revolucionários, o que não se segue necessariamente da educação e mobilização bem sucedidas dos camponeses. Mas deixemos de lado as questões decisivas referentes à vitória militar e suponhamos que esta pudesse ser alcançada por tropas revolucionárias altamente motivadas e suficientemente fortes. A questão de educar, formar e mobilizar tais tropas coloca em foco novamente as condições, dificilmente repetíveis, de·uma dada experiência histórica como a da Revolução Chinesa.

Uma vez mais e em poucas palavras — pondo de lado muitos fatores intervenientes inportantes, tais como as condições socioculturais gerais da China, as conseqüências mais imediatas da revolução republicana anterior, a ação de Sun Yat-sen, e a propaganda revolucionária das primeiras décadas do século — temos que quatro circunstâncias particulares cumulativas, cujos equivalentes dificilmente se repetirão, foram decisivas para o sucesso de Mao. Primeiramente, o exército Kuomintang não foi capaz de manter o controle contínuo de todo o território da China ou mesmo de ter acesso a certas áreas. Em segundo lugar, a falta de eficiência geral do Kuomintang foi tornada ainda pior pelos esforços requeridos e pelas perdas sofridas pelo conflito com os japoneses, durante a ocupação da Manchúria, nos inícios da década de 1930, e mais tarde e de modo ainda mais severo, durante a guerra geral com o Japão de 1935 a 1945. Terceiro — além dos episódios históricos precedentes e subseqüentes à revolução republicana — o Partido Comunista, notadamente a partir de 1935, tornou-se o órgão patriótico mais militante e proeminente na luta contra os japoneses e adquiriu nesta luta uma legitimidade nacional que o próprio Chiang Kai-shek foi forçado a reconhecer, embora estivesse cônscio dos riscos que isso envolvia para sua liderança e seu regime. Em quarto lugar, nos fins da Segunda Guerra Mundial e depois dela, o governo dos Estados Unidos não se mostrou nem capaz nem disposto de assumir os custos e riscos de uma intervenção militar maciça na China[11].

Estas quatro circunstâncias são evidentes por si mesmas, o suficiente para dispensar praticamente maior elaboração. Devido a suas insuficiências técnicas e de organização, que foram multiplica-

---

11. Vide PETER S.H. TANG e JOAN M. MALONEY (1967). Vide também FRANZ SCHURMANN e ORVILLE SCHELL (1967) e GEORGE M. BECKMANN (1962).

A ALTERNATIVA DA AUTONOMIA: A VIA.... 121

das pela inversão de forças imposta pela guerra da Manchúria, os exércitos de Chiang Kai-shek falharam em suas quatro tentativas iniciais, dos fins de 1930 aos fins de 1934, de se apoderar do baluarte comunista da província de Kiangsi. E mesmo quando o Soviet de Kiangsi foi finalmente dominado em 1934, o exército do Kuomintang não pôde impedir que importantes forças comunistas se deslocassem, na "longa marcha", até às fronteiras do Tibete e o Norte da província de Shensi. Ali, ajudados por condições topográficas muito mais favoráveis e pelo desvio adicional das forças do Kuomintang imposto pela guerra com o Japão, o partido comunista foi capaz de estabilizar e de expandir seu governo sobre as "áreas liberadas". A guerra com o Japão proporcionou ao partido comunista ajuda inavaliável, tanto por desviar e debilitar as forças do Kuomintang, quanto por permitir ao partido desempenhar o papel patriótico de defensor principal da pátria, imponto dessa maneira sua legitimidade político-militar. Além do mais, o fim da guerra com o Japão deu às forças comunistas a oportunidade, que se revelou um fator decisivo na vitória de Mao, de tomar a Manchúria e muitas outras áreas ocupadas anteriormente pelos japoneses, com todos os seus recursos humanos, materiais e militares, incluindo equipamento japonês. E finalmente temos as circunstâncias que impediram a intervenção norte-americana durante a Segunda Guerra Mundial, tais como o desejo de conservar todos os aliados possíveis notadamente os comunistas, a fim de derrotar o Eixo. Posteriormente, nas condições político-psicológicas dos primeiros anos após a guerra, que foram caracterizado pelas expectativas de uma paz duradoura e da aceitação geral, pelas grandes potências, do direito à autodeterminação de todas as nações, tornou-se impossível para o governo dos Estado Unidos assumir o custo e os riscos de uma importante intervenção militar na China, incluindo um choque muito provável com a União Soviética, a fim de tomar partido em uma luta política interna.

É fácil de se notar como essas condições são inaplicáveis à corrente situação latino-americana e, considerada esta como um todo, não poderiam ser repetidas atualmente. Assim, embora seja verdade que, no que se refere ao aspecto territorial, o modelo chinês se adapte melhor do que o cubano aos grandes países latino-americanos, tais como o Brasil e o México, e possa ser utilizada em outras partes, é também inegável que o controle dos exércitos, nos maiores países latino-americanos, sobre seu próprio território e seu acesso a todas as suas áreas, seja incomparavelmente melhor do que o das tropas do Kuomintang. O presente nível tecnológico e de organização dos exércitos brasileiro, argentino e mexicano e de alguns outros exércitos latino-americanos é claramente suficiente para tornar completamente impossível, sem outros fatores intervenientes, que qualquer liderança revolucionária mantenha seu governo sobre uma área significativa e ali organize um exército de camponeses capaz de confrontar as tropas

122 CRISES E ALTERNATIVAS DA AMÉRICA LATINA

oficiais. Pequenos grupos de guerrilha podem sobreviver nas zonas rurais profundas, devido a sua virtual invulnerabilidade, mas não terão qualquer impacto relevante sobre os centros vitais dos grandes países. Poderosos exércitos de camponeses militantes, uma vez completamente organizados, treinados e equipados, poderiam desafiar e eventualmente derrotar os exércitos oficiais. Mas os exércitos oficiais têm todas as condições prévias necessárias para impedir, pela força, a formação, o treinamento e mobilização de tais exércitos de camponeses.

Além do mais, a hipótese de não intervenção americana não prevaleceria nas atuais condições latino-americanas, nem sequer em certos casos, com independência uma solicitação de ajuda por parte dos governos em questão. No caso dos países maiores, tais como Argentina, Brasil e México, onde a *não requisitada* intervenção militar dos Estados Unidos seria menos provável — e provocaria fortes reações nacionalistas entre os militares — não pode haver dúvida de que tal assistência seria oportunamente solicitada, se se revelasse necessária. Como foi observado no Cap. 12, Livro II, apenas em alguns poucos países muito grandes, como a Índia, ou Paquistão, ainda não estão definitivamente incluídos nas fronteiras de qualquer um dos novos impérios, seria atualmente possível se levar a cabo uma revolução do tipo chinês. Os exércitos de tais países poderiam eventualmente não ser capazes de impedir a formação de um exército de insurreição de camponeses, dadas as condições iniciais muito favoráveis de apoio e no caso de as superpotências neutralizarem mutuamente suas intervenções. No entanto, estas condições não existem na América Latina, tanto agora quanto num futuro previsível.

Notas finais

Podem-se extrair duas conclusões finais do que foi discutido com respeito à via revolucionária na América Latina. A primeira é que as pré-condições objetivas para uma revolução radical na América Latina, correntemente ou num futuro previsível, não existem na maioria dos países. Onde estas condições parecem estar ocorrendo, como na América Central e no Caribe, a falta de viabilidade nacional dos países em questão, dentro da divisão tácita das áreas de hegemonia entre os dois sistemas imperiais, torna uma revolução impraticável por razões externas. Nestas circunstâncias, nem as suposições estratégicas e os requisitos do modelo cubano, nem os do modelo chinês, como esquemas revolucionários, se adaptam às presentes condições externas e internas da América Latina.

A segunda conclusão, porém, é que este estado de inviabilidade revolucionária não permanecerá imutável por muito tempo. O problema dos prazos-limite latino-americanos já foi discutido extensamente (vide Cap. 5, Livro III), e vimos que o presente *status quo* na América Latina é incapaz de continuar por mais do

A ALTERNATIVA DA AUTONOMIA: A VIA.... 123

que uma ou duas décadas. Se, no curso desse período, um processo de desenvolvimento autônomo não for levado a cabo de forma bem sucedida, através de uma via reformista, em condições que serão estudadas subseqüentemente, ou de modo alternativo, como já foi discutido, se a potência hegemônica não for capaz de mudar o tipo de dependência, de uma forma satélite inerentemente instável para uma estável forma provincial, as condições pré-revolucionárias, agora inexistentes, surgirão de modo rápido e cumulativo. Neste sentido, sempre que a hipótese seja deslocada dos anos atuais às décadas de 1980 ou 1990, é que o modelo dos múltiplos Vietnãs se torna possível tanto em termos representacionais como operacionais. Fundamentalmente, como foi salientado, o impasse da estagnação, marginalidade e desnacionalização da América Latina, contenível temporariamente por regimes colonial-fascistas e colonial-pretorianos, levará a uma explosão inescapável e incontrolável sempre que for ultrapassado o nível crítico de marginalização e insatisfação de setores suficientemente grandes da subelite e de grupos da elite. Neste caso, como previsto pelo esquema dos múltiplos Vietnãs, movimentos simultâneos de guerrilha em vários países estratégicos latino-americanos, possivelmente centrados no Brasil, são suscetíveis de desencadear terríveis forças sociais, incluindo relevantes setores dos exércitos latino-americanos, criando uma insurreição maciça generalizada que nenhuma potência orgánizada do mundo seria capaz de conter.

8. A Alternativa da Autonomia: A Via Reformista

Propósito da presente análise

A segunda via possível para os países latino-americanos obter seu desenvolvimento autônomo é a via reformista. Como foi discutido no Cap. 6, Livro I, é necessário distinguir reforma de revolução, como meios de mudança política, da acepção destes dois termos quando se apliquem *à natureza social do conteúdo* de uma dada mudança. O que deve ser discutido primariamente no presente capítulo (como no caso de revolução no capítulo precedente) é a via reformista de mudança.

As mudanças que seriam requeridas para a promoção de desenvolvimento autônomo na Améria Latina já foram amplamente discutidas (vide Livro II e Seções A e B do Livro III). Tanto o problema geral do desenvolvimento político e nacional quanto as condições particulares inerentes à América Latina já foram discutidos. Esse assunto, portanto, será apenas mencionado incidentalmente no presente capítulo. Lembremos que além do que é genericamente inerente a qualquer processo de desenvolvimento, existem três espécies de mudanças estruturais que devem ser necessariamente realizadas, nas condições latino-americanas. Correspondem à superação das três características estruturais básicas do subdesenvolvimento latino-americano analisadas no Cap. 2 desse livro: 1) estagnação, 2) marginalidade e 3) desnacionalização. Portanto, se o desenvolvimento autônomo latino-americano for obtido por uma via reformista, esse meio deve ser capaz de colocar em prática

126 CRISES E ALTERNATIVAS DA AMÉRICA LATINA

políticas e medidas necessárias e suficientes para superar cada uma dessas três espécies de limitações estruturais.

O propósito do presente capítulo é estudar a factibilidade de uma via reformista para a promoção do desenvolvimento autônomo latino-americano. Este estudo pode ser reduzido finalmente à questão fundamental de se saber se ou não — e em que medida — o conteúdo das mudanças requeridas para o desenvolvimento autônomo da América Latina é compatível, nas condições presentes e previsíveis da região, com a possibilidade de mudanças através da via reformista.

Esta questão fundamental envolve essencialmente dois aspectos. *O primeiro aspecto e o mais geral, é a determinação de que tipo de via reformista, se alguma houver, é compatível, em geral, com a natureza social do conteúdo das mudanças requeridas para a América Latina. O segundo aspecto, se supusermos que pode ser dada uma resposta positiva ao primeiro, é a determinação de se o tipo de via reformista necessário, em geral, para aplicar as mudanças requeridas, é compatível ou não com as possibilidades reformistas específicas das sociedades latino-americanas, na medida em que se as possa avaliar nas condições correntes e no futuro previsível.*

O problema da factibilidade

O primeiro aspecto de nossa questão já foi basicamente tratado no Cap. 6, Livro I e nos Caps. 1-5, Livro III. Examinemos brevemente as conclusões fundamentais desses capítulos.

Como vimos no Cap. 6, Livro I, a reforma, como um meio político de mudança, é uma reorientação de políticas que afetam o regime de participação de uma sociedade, fundamentalmente no sentido de ampliá-la, através de uma decisão de parte dos dirigentes ou dos membros prevalecentes do grupo dirigente. Essa decisão é baseada no regime de poder e está em concordância básica com o regime político. Como foi visto, são peculiares à via reformista as três característica seguintes de mudança:

1) Mudanças reformistas modificam as políticas mas não mudam substancialmente a composição das autoridades titulares, pois as reformas expressam decisões dessas autoridades.

2) Estas mudanças afetam eventualmente o regime de participação em uma forma profunda, mas não afetam, ao menos direta ou inicialmente, o regime de poder e o regime político, pois as reformas se baseam naquele e sua vigência está em concordância fundamental com este.

3) Finalmente, as mudanças no regime de participação são sempre no sentido de ampliá-lo, não de restringi-lo, precisamente porque as reformas não alteram de modo significativo o regime de poder ou o regime político.

A reforma, portanto, consiste sempre em um ato de liberalidade esclarecida, seja qual for a medida de interesse próprio final de

A ALTERNATIVA DA AUTONOMIA: A VIA 127

parte do círculo dirigente e da classe governante. Como tal, e ainda observando a reforma como um meio de mudança política, existem quatro modalidades de reforma: autocrática, oligárquica, radical e progressista.

A primeira é apenas de interesse histórico, atualmente. As últimas duas são correntemente as modalidades mais importantes. O que distingue as reformas radicais das progressistas, como meios de mudança, é o fato de que aquelas são propostas e impostas por iniciativa de uma intelectualidade admitida ao círculo dirigente mas que vêm e que representa a nova classe ascendente, que demanda igualdade de direitos com a classe dirigente, enquanto que as reformas progressistas são propostas por uma intelectualidade que pertence à camada dirigente mas que advoga e representa a posição da camada inferior e que pressiona para a extensão, à esta camada, de alguns dos direitos da camada dirigente. Em ambos os casos as reformas refletem o trabalho de uma intelectualidade esclarecida, que age como um corretor interclasses, através de um esforço de persuasão intelectual e emocional orientado para introduzir mudanças não triviais no subsistema de participação.

Vimos também no Cap. 6, Livro I que, em termos da natureza social de seu conteúdo (ou seja, em termos da relevância das mudanças introduzidas no subsistema de participação), as reformas podem apresentar três níveis de profundidade. No nível mais profundo, mudam substancialmente o regime de participação, embora não mudando direta e imediatamente o regime social como um todo. Neste caso, em termos da natureza social de seu conteúdo, temos reformas de caráter *revolucionário*[1]. A um nível menos profundo, as reformas podem mudar as estruturas básicas do subsistema de participação, sem mudar fundamentalmente o regime de participação, com mudanças concomitantes eventuais nos outros subsistemas sociais ou em todo o sistema social. Neste caso, temos reformas de caráter *radical.* Finalmente, em um nível ainda menos profundo, as reformas podem mudar o modo de operação das estruturas básicas do subsistema de participação, sem mudar de modo fundamental tais estruturas, com eventuais mudanças concomitantes no modo de operação das estruturas básicas dos outros subsistemas sociais ou de todo o sistema social. Neste caso, temos reformas de caráter *progressista.*

Vimos também que a natureza social do conteúdo de uma reforma e a modalidade da forma pela qual tal reforma seja adotada não apresentam necessariamente uma interdependência estrita. As reformas progressistas podem ter um caráter radical, tal como o fabianismo, ou mesmo um caráter revolucionário, como ocorreu com a abolição da servidão ou da escravidão em vários países. Embora não haja uma interdependência estrita, entretanto, existe uma propensão, estatisticamente observável, para uma correlação

---

1. Diversamente das revoluções, as reformas revolucionárias não mudam, ao menos direta e imediatamente, o regime de poder e o regime político.

128 CRISES E ALTERNATIVAS DA AMÉRICA LATINA

positiva entre o grau de radicalidade da forma pela qual são adotadas as reformas e o grau de radicalidade de seu conteúdo.

A questão do conteúdo

Vejamos agora o outro lado do problema, o conteúdo das mudanças requeridas para o desenvolvimento autônomo da Améria Latina, que já foi tratado extensivamente nas seções A e B, Livro III. Sugiro que tais mudanças, consideradas em princípio, são analiticamente compatíveis com o tipo de mudanças que podem ser realizadas através de vias reformistas.

Essencialmente, como foi notado no início do capítulo, qualquer modalidade de desenvolvimento autônomo latino-americano consiste — além dos requisistos gerais de um processo de desenvolvimento — na superação de uma situação caracterizada pelo processo circular e que se reforça por si mesmo, de estagnação, marginalidade e desnacionalização estruturais. Qualquer esforço para superar esse processo circular deve 1) mudar as condições básicas de participação, a fim de aumentar a capacidade produtora e consumidora das sociedades latino-americanas e reduzir seu índice de marginalidade social e 2) mudar a orientação dos processos de formulação de decisões e o caráter dos principais fatores estratégicos, desde sua referência e controle estrangeiros atuais a uma referência e controle nacionais.

Mudanças deste tipo, falando-se de modo analítico, não requerem necessariamente uma via revolucionária. Em outras palavras, as mudanças deste tipo, consideradas, em nível categórico, em termos 1) das características abstratas dos conteúdos envolvidos (o que deve ser mudado) e 2) dos meios previsíveis para realizar essas mudanças (reforma), não implicam nenhuma incompatibilidade. E isto é assim porque os dois elementos cruciais envolvidos nas mudanças requeridas (aumento do regime de participação e a mudança do centro de referência e controle de grupos e fatores estrangeiros para nacionais) representam precisamente os tipos de mudança para a qual, em princípio, é necessária uma reorientação de políticas, sem necessariamente uma mudança substancial nas autoridades titulares do regime de poder e de seu regime político correspondente. Seriam requeridas reformas de caráter radical e até mesmo revolucionário, de acordo com as condições de cada caso, mas tais reformas podem ser perfeitamente suficientes para a obtenção destas mudanças sem requerer, em princípio, como via uma revolução política. Assim, apenas examinando as condições, especificas concretas nas quais essas reformas terão que ser levadas a efeito, é que é possível determinar a possibilidade ou não, em princípio, de realizar tais mudanças através de vias reformistas.

Esta segunda parte de nossa questão teria sido mais difícil de se discutir há alguns anos atrás, durante o período da crise do populismo na América Latina, porque o populismo, como foi indicado no Cap. 4, Livro III, foi uma experiência típica do

A ALTERNATIVA DA AUTONOMIA: A VIA 129

reformismo na América Latina, que finalmente falhou. A falha final dos regimes populistas não implica necessariamente a impossibilidade prática da existência de qualquer reformismo bem sucedido na América Latina, como foi tornado patente analiticamente no Cap. 4, Livro III. Após o malogro do populismo, porém, não se poderia superar as dúvidas sobre a possibilidade prática de um reformismo bem sucedido, nas condições atuais desta região, a não ser pela ocorrência de alguns outros experimentos bem logrados.

Sem entrar em maiores detalhes sobre a distinção analítica entre o malogro do populismo e a possibilidade prática remanescente de reformas bem sucedidas para o desenvolvimento autômo da América Latina, recordemos apenas as principais conclusões de nossa discussão anterior sobre o assunto. Finalmente, como foi visto, o populismo latino-americano apresentou duas limitações principais: 1) uma deficiência na concepção e aplicação de muitas de suas políticas, devidas à falta de metas claras e propósitos consistentes e 2) uma incapacidade de comandar apoio suficiente dos setores da elite e da subelite que se beneficiariam mais diretamente do populismo, devida à falta de compreensão crítica de seu verdadeiro significado social. Esta última deficiência levou os movimentos populistas a uma posição insustentável, pois nem puderam manter a fidelidade dos exércitos latino-americanos nem neutralizá-los eficazmente. (Os populistas não podiam destruir os exércitos, o que implicaria, naturalmente, uma transformação da reforma em revolução.)

Se compararmos o reformismo mal sucedido do populismo com os casos históricos de reformismo radical bem logrado, tais como o republicanismo brasileiro (1889-1894) e o radicalismo argentino (1916-1930), ou os casos de reformismo progressista bem sucedido contemporâneo, tais como o da Democracia Cristã do Chile, observaremos a diferença. O reformismo radical ganhou a fidelidade dos exércitos; o reformismo progressista neutralizou a resistência militar mantendo as forças armadas fora da política e sob a autoridade moral do governo legítimo. As forças armadas foram incorporadas ao movimento reformista ou foram mantidas fora da controvérsia política, em vez de serem desafiadas por forças incapazes de controlá-las.

A fim de estabelecer a possibilidade real de novos movimentos reformistas, nas atuais condições latino-americanas, não é suficiente, como já foi notado, observar que a falha do populismo foi devida a circunstâncias contingentes e que o malogro não é inerentemente inevitável para qualquer esforço reformista. É necessário, ainda, encontrar a evidência empírica da possibilidade real de modalidades bem sucedidas de reformismo. Esta evidência existe e é proporcionada atualmente, na América Latina, por dois tipos distintos de experimentos reformistas: o reformismo progressista de uns poucos partidos bem organizados latino-americanos e o reformismo radical do círculo dirigente militar do Peru.

130 CRISES E ALTERNATIVAS DA AMÉRICA LATINA

O reformismo progressista

O melhor exemplo do reformismo progressista bem sucedido através de organizações partidárias, na América Latina, é dado pelo Chile, com Eduardo Frei e seu Partido Democrata Cristão (de 1964 a 1970) e subseqüentemente, com uma transformação para o radicalismo durante o primeiro ano do governo de Salvador Allende e sua coalizão esquerdista Unidade Popular. O governo Allende, durante o primeiro ano de seu mandato e, em última análise, até as eleições de março de 1973, continuou sendo um governo reformista, ainda que radical no conteúdo e nas intenções. Para os fins da presente análise essa primeira fase do governo Allende será incluída no quadro do experimento reformista chileno.

Um segundo e bom exemplo é proporcionado, na Venezuela, pela sucessão basicamente ininterrupta do reformismo progressista, desde as administrações da Acción Democrática de Rómulo Bettancourt (1959-1964) e Raúl Leoni (1964-1969) ao Presidente Rafael Caldera e seu COPEI (1969-1973).

Seria extremamente interessante submeter os casos chileno e venezuelano a uma ampla análise crítica e comparativa, a fim de determinar os fatores e as condições que ocasionaram a apreciável extensão do sucesso desses experimentos reformistas e, no caso do Chile, seu final malogro. Uma tal tentativa, porém, estenderia o presente capítulo além de seus limites pretendidos. Bastaria, assim, salientar dois pontos principais referentes a essas experiências reformistas. O primeiro se refere ao caráter das reformas realizadas no Chile — no período Frei e no primeiro ano do governo Allende — e na Venezuela. O segundo é relacionado com as principais condições em que tais reformas foram levadas a efeito.

Fundamentalmente, como é bem sabido, os experimentos chileno e venezuelano, independentes de suas diferenças específicas, foram orientados para a realização de quatro metas principais: 1) a manutenção ou consolidação da democracia política, incluindo uma crescente participação política das massas, 2) promoção e aceleração do desenvolvimento econômico, 3) reorientação nacionalista da economia e de toda a sociedade em geral, e 4) aumento da extensão de participação sócio-econômica das massas rurais, particularmente através de ampla reforma agrária e das massas urbanas, particularmente através de uma combinação de mais e melhores empregos urbanos com várias medidas de bem-estar[2].

Em termos muito sucintos, pode-se dizer que essas quatro metas foram bem abordadas, ou pelo menos satisfatoriamente tratadas em ambos os países. Os sistemas políticos do Chile e da Venezuela desenvolveram processos e conteúdos democráticos com

---

2. No segundo experimento de reforma, no Chile, sob Allende, mudou-se a ênfase do ponto 4 ao ponto 1. Mas, até fins de 1971, foram mantidas as mesmas quatro metas básicas.

A ALTERNATIVA DA AUTONOMIA: A VIA 131

uma ampla e bem organizada participação das massas. Isto foi particularmente importante na Venezuela, que não tinha, como o Chile, uma prévia tradição de governo constitucional e de democracia e onde, apesar disto, o poder foi transmitido escrupulosamente ao COPEI pela Acción Democrática, após a derrota da última em 1969. Além do mais, o COPEI, dentro de sua própria linha programática, continuou basicamente as políticas reformistas dos regimes anteriores. No caso do Chile a transição pacífica e constitucional da coalizão Democrata-Cristã para uma coalizão socialista, que manifestava abertamente uma orientação marxista, não foi uma proeza menor.

Tanto o Chile sob Frei quanto a Venezuela obtiveram resultados satisfatórios ou muito bons com seus governos reformistas[3]. O caso do Chile é mais difícil de se analisar devido à baixa produtividade da agricultura chilena e aos longos anos de estagnação que precederam ao governo de Frei. De 1955 a 1960, o índice médio de crescimento anual do PNB foi negativo: —1%. De 1961 a 1964 foi pobre ou mau, exceto em 1962[4]. De 1964 a 1968 a administração Frei teve dois anos brilhantes (4,1% em 1965 e 5,5% em 1966) seguidos por dois anos pobres (2,0% em 1967 e 2,1% em 1968). A Venezuela, com uma melhor agricultura e uma indústria de expansão mais rápida, teve um aumento médio anual de 5,1% de 1960 a 1966. Em 1967 e 1968, o índice foi ainda maior: 6,0% e 5,5% respectivamente.

A política de reorientação nacionalista dos principais fatores de produção foi realizada com sucesso no Chile, com os acordos referentes à "chilenização" das minas de cobre, transferindo o controle da maioria destas minas para o Estado. Essa política recebeu uma prioridade e uma ênfase ainda maiores com o governo Allende. O governo assumiu o compromisso de nacionalizar todas as grandes empresas estrangeiras, embora sem definir previamente a forma pela qual tal política seria aplicada. Na Venezuela, a Corporación Venezolana de Petroleo, de propriedade do Estado, recebeu através da combinação de medidas legais e administrativas, o futuro controle da exploração do petróleo, a ser alcançado em fins da década de 1980, com a transferência para aquela corporação dos campos e reservas de petróleo, ora sob controle estrangeiro, assim que expirarem as presentes concessões.

Finalmente, para atingir a quarta meta, o aumento de participação, ambos os países adotaram reformas agrárias decisivas, e importantes medidas para o bem-estar social das massas urbanas. A reforma agrária chilena, após um debate legislativo naturalmente difícil e algumas medidas administrativas preparatórias, foi posta

---

3. Para dados estatísticos vide CEPAL, *Economic Study of Latin America,* 1968 (1969a) e BANCO INTERAMERICANO DE DESENVOLVIMENTO, *Economic and Social Progress in Latin America,* oitavo Relatório Anual, 1968.

4. De acordo com a CEPAL, o índice anual de aumento do PNB do Chile para aqueles anos foi: 1961, 2,1%; 1962, 4,1%; 1963, 0,2%; e 1964, 1,4%.

132 CRISES E ALTERNATIVAS DA AMÉRICA LATINA

em vigor em 1965, com alguma legislação adicional aprovada em 1967. O plano adotado previa a distribuição de terra para 100 000 famílias (devendo 40 000 famílias ser contempladas até 1970), através de um sistema no qual uma exploração inicial conjunta de três anos, pelos camponeses e pela Corporación de Reforma Agraria (CORA), em *asentamientos,* daria aos novos lavradores o treinamento e os meios técnico-econômicos necessários para sua subseqüente exploração autônoma das propriedades, como unidades de família ou cooperativas. De 1965 a 1970, cerca de 30 000 famílias receberam terras nos *asentamientos.* O governo Allende comprometeu-se com uma reforma agrária muito mais ampla e profunda. Jacques Chonchol, o antigo diretor da CORA — que deixou o governo Frei porque considerava seu ritmo para a reforma demasiado leve e lento — foi designado Ministro da Agricultura por Allende. O propósito do novo governo chileno era o de rapidamente suprimir todas as formas de latifúndios e de proporcionar acesso à terra para todos os camponeses.

Na Venezuela, a reforma agrária começada em 1959, visa à distribuição das terras baldias ou mal exploradas a camponeses sem terras, na forma de propriedades familiares. Em 1968 mais do que 3,8 milhões de hectares foram distribuídos a mais do que 145 000 famílias. As medidas de bem-estar urbano nesses dois países, compreendendo casa própria (mais do que 45 000 novas casas por ano no Chile e 37 000 na Venezuela), cuidados médicos e outros benefícios sociais, melhoraram de modo significante as condições de suas populações urbanas mais pobres.

O segundo ponto importante e significativo dos experimentos reformistas chilenos e venezuelanos se refere às principais condições em função das quais estas reformas foram e, no caso da Venezuela, continuam sendo levadas a efeito. Essas principais condições podem ser consideradas em termos de duas características básicas. A primeira se refere à estrutura tipológica da sociedade em questão. Como pode ser visto a partir do Quadro 1, Livro III, o Chile e a Venezuela estão entre os países latino-americanos com os maiores PNB *per capita* ($671 e $878 dólares respectivamente, em 1969), com a maior urbanização (67% e 63%, respectivamente) com o melhor nível de educação popular (inscrição primária de 78,5% e 61,6%, respectivamente, da população em idade escolar), e assim por diante com os outros indicadores relevantes. Ambos possuem pequenas populações (menos do que 10 milhões) e territórios suficientemente grandes (742 e 912 mil km², respectivamente). Em outras palavras, ambos os países, em termos de suas populações, estão favoravelmente dotados de recursos naturais, têm economias relativamente desenvolvidas e eficientes, e são sociedades que funcionam bem, que não são afligidas por conflitos severos demais e problemas intratáveis.

A segunda característica básica se refere ao sistema político desses países, no período em análise. Em ambos os casos os conflitos

A ALTERNATIVA DA AUTONOMIA: A VIA ... 133

políticos não se revelaram totalmente insolúveis, o que refletia a consensualidade básica das respectivas sociedades. O Chile tinha a melhor tradição latino-americana de solução institucional de conflitos sociopolíticos. A transferência do poder ao Presidente Salvador Allende em 1970 — apesar dos atos esporádicos de violência, tais como o assassinato do General Schneider por estremistas direitistas — representou, ainda para os padrões chilenos, um marco de conduta constitucional excepcionalmente alto. Poucos países democráticos completamente desenvolvidos do mundo teriam sido capazes de semelhante desempenho. Na realidade, nenhum, até agora, passou por semelhante experiência, sob as mesmas condições (sendo o socialismo inglês, na atualidade, uma forma de Capitalismo de Bem-Estar).

A Venezuela tem um passado político muito pobre e foi o palco, durante a segunda administração de Bettancourt (1959-1964) de lutas de guerrilhas urbanas e rurais. Essa violência, porém, se limitou muito estritamente a um militante e pequeno setor revolucionário da intelectualidade jovem (as Fuerzas Armadas de la Libertación Nacional — FALN) com algum apoio de certos setores economicamente marginais e politicamente militantes da massa urbana, mas que representavam apenas uma fração bastante pequena do proletariado. Em contraste com esses focos de violência, a grande maioria das massas urbanas, praticamente todos os camponeses, a classe média, incluindo os militares e a burguesia, apoiavam totalmente o sistema político (tal como foi reconstruído após a queda da ditadura de Jiménez em 1958) e, basicamente, o regime político, e canalizavam suas diferenças e conflitos, com o governo, as autoridades e suas políticas, principalmente através dos partidos políticos[5].

E aqui temos o segundo traço distintivo relevante dos sistemas políticos chileno e venezuelano, no período em estudo. Mais do que sistemas amplos e basicamente consensuais, esses sistemas políticos se caracterizaram pela importância e significação de seus principais partidos políticos. Essa característica dos sistemas políticos chileno e venezuelano os colocava em posição singular na América Latina. O Chile e a Venezuela, juntamente com o México, Brasil e Argentina, apresentam maiores níveis de desenvolvimento econômico e de sucesso nacional do que outros países latino-americanos. De modo diverso do México e do Brasil, cujas sociedades ainda são pobremente integradas, com uma enorme margem de campesinato e baixas médias nacionais de desenvolvimento social e cultural, o Chile e a Venezuela, como tem sido observado, são juntamente com a Argentina e o Uruguai, sociedades muito melhor integradas e socialmente desenvolvidas, não afetadas (no caso do Chile até princípios do governo Allende) por contradições sociais muito severas. De modo diferente do Uruguai — e pondo de lado as deficiências deste em matéria de viabilidade nacional —, os partidos·

---

5. Vide F. BONILLA e J.A. SILVA MICHELENA, orgs. (1967, em particular Caps. 3 e 4 para Bonilla e Cap. 7 para Silva Michelena).

134 CRISES E ALTERNATIVAS DA AMÉRICA LATINA

chileno e venezuelano eram órgãos de insumo com bom funcionamento. E de modo diverso da Argentina, onde o sistema político não foi capaz de institucionalizar os conflitos sociopolíticos e onde, devido a isto, os partidos políticos não são significativos e importantes, os partidos chilenos e venezuelanos eram representantes das amplas expectativas sociopolíticas do país e instrumentos convenientes para sua expressão política.

Aplicabilidade dos experimentos chileno e venezuelano

É conveniente agora, antes de discutirmos a aplicabilidade dos experimentos chileno e venezuelano ao resto da América Latina, resumir as principais conclusões de nossa breve análise. Em ambos os casos, o caminho da mudança é uma modalidade progressista de reformismo[6], adotado pela ação esclarecida de partidos políticos progressistas, através de processos eleitorais e parlamentares. Na Venezuela e no Chile com Frei, a natureza social do conteúdo das reformas é de caráter progressista, oposto fortemente pela esquerda radical no Chile e contestado de modo militante pela FALN na Venezuela, sob pretexto de que apenas mudanças revolucionárias seriam satisfatórias.

Em ambos os países, portanto, e mesmo no Chile, com Allende, no primeiro ano de seu governo, o conflito sociopolítico referente às reformas não é uma luta de dois partidos, entre os reformistas e os conservadores, mas sim uma luta de quatro partidos entre 1) reformistas, 2) conservadores, 3) radicais dentro do sistema, e 4) um pequeno grupo revolucionário anti-sistema e fora do sistema. Finalmente, em ambos os países no período em análise a modalidade e o caráter das reformas foram tornados possíveis por dois conjuntos de circunstâncias: 1) as sociedades em questão eram bem integradas, suficientemente desenvolvidas, sem conflitos demasiado severos e insolúveis e 2) os sistemas políticos desses países eram basicamente consensuais e operados por partidos políticos competidores significativos e bem organizados, capazes de expressar a maior parte das expectativas sociopolíticas dessas sociedades e de proceder ao atendimento dessas expectativas através de meios eleitorais e parlamentares[7].

Levando em conta essas conclusões, voltemos agora ao segundo aspecto de nossa questão básica sobre a factibilidade da reforma na América Latina: em que medida, se alguma houver, o tipo de via reformista necessário para aplicar as mudanças requeridas para o desenvolvimento autônomo latino-americano é realmente compatível com as possibilidades reformistas específicas das sociedades

---

6. No caso do Chile, seu processo reformista, com o governo de Allende, se deslocou para o radicalismo, tanto em conteúdo quanto em forma.

7. Embora a consensualidade tenha caído substancialmente com Allende, no Chile, permaneceu em seu nível básico, no que se refere à preservação do regime democrático, até 1973.

A ALTERNATIVA DA AUTONOMIA: A VIA 135

latino-americanas, tais como podem ser avaliadas nas condições correntes e num futuro previsível?

Quando somos confrontados com essa questão, os experimentos chileno e venezuelano, dadas as duas circunstâncias que os tornaram possíveis, parecem ter pouca aplicabilidade aos outros países latino-americanos, como o revela, ademais, o malogro final da experiência Allende. Na realidade, o primeiro conjunto de circunstâncias — a existência de um alto nível de integração social, baseada em um grau considerável de desenvolvimento, sem conflitos demasiado severos e insolúveis — reduz drasticamente a aplicabilidade dos experimentos chileno e venezuelano ao resto da América Latina. Para começar, nem os países não-viáveis da América Central e do Caribe, nem os países menos desenvolvidos da América do Sul seriam elegíveis. Dos países remanescentes — México, Colômbia, Brasil, Uruguai e Argentina —, os três primeiros não satisfariam os requisitos de suficiente integração social e, como conseqüência, apresentariam conflitos mais profundos e irredutíveis do que seria compatível com o modelo[8].

Se considerarmos os dois países remanescentes, Uruguai e Argentina (deixando de lado os sérios problemas do Uruguai com respeito à viabilidade nacional), veremos que estes dois países não atendem os outros requisitos da hipótese: a existência de partidos políticos significativos, bem organizados, e competitivos, mas reciprocamente compatíveis, que sejam capazes de dar, através de meios eleitorais e parlamentares, atendimento à maior parte das demandas sociopolíticas de sua sociedade.

No Uruguai, onde os partidos Blanco e Colorado têm uma história muito longa, incluindo um longo período, na primeira metade deste século, de funcionamento bom e estável, o problema consiste na presente significação desses partidos, mesmo deixando de lado sua temporária neutralização pelo golpe de Estado do Presidente Bordaberry. Realmente, esses partidos não mais expressam distintas alternativas de políticas, em termos de distintos interesses sociais relevantes, mas apenas-representam a mesma classe política — e por traz dela as mesmas forças sociais — partilhando entre seus dirigentes e clientela o butim do governo, em uma aventura cooperativa. As principais demandas sociais, portanto, não são mais expressas por tais partidos; nem são atendidas através de meios eleitorais e parlamentares. Pelo contrário, — passada a triagem básica de compatibilidade com o regime vigente — são transladadas diretamente, através de vários meios, à burocracia governamental, que opera tanto como um órgão de agregação de interesses, quanto como um órgão de conversão e de elaboração de produtos políticos.

---

8. É devido a essa falta de integração social e aos profundos conflitos latentes das resultantes que o sistema político mexicano, com seu partido oficial, o PRI, se tornou um sistema coercitivo-conservador para a preservação de um regime social profundamente desigualitário, uma vez exaurido o impulso da revolução e do reformismo de Cárdenas.

136 CRISES E ALTERNATIVAS DA AMÉRICA LATINA

Uma considerável gama de demandas sociopolíticas não encontra qualquer meio institucional de expressão através das agências oficiais, o que levou a uma rejeição radical do sistema, por parte dos correspondentes setores marginalizados. O movimento dos Tupamaros é a forma mais radical e ativa dessa rejeição que se comprometeu com a mudança revolucionária, através de guerrilhas urbanas.

Na Argentina o legado conflitual do peronismo — opondo de forma irredutível os sindicatos às forças armadas, como órgãos de agregação política que aspiram reciprocamente à supremacia política, detrás deles opondo os interesse e valores dos trabalhadores aos da classe média — tornou durante muitos anos inoperável o sistema de partidos, devido à falta de um mínimo de consenso regulador subjacente. A partir da queda de Onganía em 1970, porém, formou-se um novo consenso na Argentina, referente à necessidade de reestabelecer processos e instituições democráticos, que terminaram ocasionando o retorno de Perón. Há abundantes indícios de que está sendo superada a incompatibilidade do peronismo com a classe média, como o revelam as eleições de Cámpora e de Perón: os conflitos sociopolíticos e ideológicos, entretanto, se transferiram para o âmbito interno do peronismo, com um grau de irredutibilidade e de violência que persiste incompatível com o sistema de partidos.

É verdade que, sob análise comparativa mais atenta, achar-se-á que a inaplicabilidade do experimento de reformismo progressista ao resto dos países latino-americanos apresenta importantes diferenças de grau. As nações não-viáveis e menos desenvolvidas da região não apresentam qualquer possibilidade de atender necessários requisitos de elegiblidade para o modelo, mas é argüível que o México, a Colômbia e o Brasil possam eventualmente chegar a alcançar esses requisitos: Sua pobre integração social e os graves conflitos latentes e manifestos resultantes não impõem necessariamente um processo político de soma zero a esses países. Um líder político inspirado e habilidoso pode ser capaz de mobilizar suficiente apoio, tanto da massa marginal quanto dos setores privilegiados, para empreender o tipo de reformas requeridas para o desenvolvimento autônomo destes países. Isto foi o que realmente se deu no Brasil, nas melhores fases do populismo, com Vargas no início de década de 1950 e com Kubitschek (1955-1960). Foi tentado com sucesso parcial pelo reformista López Mateos (1958-1964) no México. Lleras Restrepo, na Colômbia, embora se mantendo dentro de limites modestos, em virtude do caráter conservador da Frente Nacional, foi capaz de seguir uma linha de reformismo progressista em sua administração (1966-1970).

O problema desses países, no que diz respeito à eventual aplicabilidade do modelo de reformismo progressista, é que, além sua falta de suficiente integração social e em grande parte devido a isto, não foram capazes de desenvolver o tipo de partidos políticos requeridos para um estável reformismo progressista. Eis por que, no passado, suas formas bem sucedidas de reformismo foram de tipo populista, não de caráter parlamentar. E esta é a razão por que foram

A ALTERNATIVA DA AUTONOMIA: A VIA 137

submetidos a formas compactas de autoritarismo burocrático ou militar[9].

Um caso ainda diferente, no que se refere à aplicabilidade do experimento chileno-venezuelano, é o do Uruguai e da Argentina. Não há impossibilidade inerente, em qualquer destes países, de superar a presente crise de seus sistemas políticos. Na realidade, no que diz respeito ao Uruguai, a exaustão irremediável do antigo sistema de clientela está pressionando a classe política para novos esforços de inovação. O restabelecimento do cargo presidencial em 1967, em lugar do sistema do colegiado foi um primeiro passo nesta direção. E o golpe de Bordaberry, com todos os seus graves defeitos, teve também caráter anticlientelístico. Não é impossível que, em um futuro relativamente próximo, a pressão popular e os problemas nacionais forcem os partidos a seguir uma conduta mais funcional e restabeleçam a democracia de partidos. Na Argentina, a conversão do peronismo em uma espécie de partido trabalhista multiclassista é um processo em franco andamento, cujo êxito final dependerá da medida em que se logre institucionalizar os conflitos no âmbito do peronismo. A nova força do peronismo já impôs, sob a pressão de outros interesses sociais que operam dentro do círculo dirigente militar, a reabertura do processo político. Se lograrem êxito, no âmbito interno do peronismo, esforços como os de Coelbart para alcançar um novo compromisso nacional amplo no qual, com a exclusão da esquerda radical, os partidos políticos surgissem reativados, o sistema político se consolidaria na linha eleitoral-parlamentar.

Tanto o Uruguai quanto a Argentina, portanto, estão mais próximos da possibilidade de se adaptarem aos requisitos do reformismo progressista do que o resto dos países latino-americanos. No entanto, não deve ocultar o fato de que, nas condições atualmente existentes, mesmo esses dois países não satisfazem os requisistos necessários para aplicar o modelo.

Características gerais do reformismo militar

Em vista das conclusões precedentes, podemos passar agora a analisar se o segundo tipo de experimento reformista que ocorreu recentemente na América Latina, o reformismo radical do sistema militar do Peru, é aplicável ou não a outros países da região. A fim de fazer a comparação entre os dois tipos de reformismo (progressista e radical militar) mais clara, seguiremos o mesmo quadro analítico usado anteriormente. Isto é, consideremos dois pontos básicos: 1) as características mais relevantes do caso peruano, como um tipo de reforma orientada para o desenvolvimento nacional autônomo e 2) as principais condições nas quais essas reformas foram ou estão sendo levadas a efeito. Feito isto, poderemos verificar em que medida esses

---

9. Este é o caso do México e do Brasil mas não propriamente da Colômbia, que retém características oligárquicas de caráter pré-populista.

138   CRISES E ALTERNATIVAS DA AMÉRICA LATINA

experimentos são aplicáveis ou não a outros países latino-americanos, dadas suas principais características e as condições da sua aplicação.

As características mais relevantes do experimento radical militar do Peru podem ser reduzidas às seguintes seis principais notas: 1) o caráter corporativo da interferência política das forças armadas, 2) o sentido nacionalista, 3) de desenvolvimento e 4) de reforma social, de que reveste o reformismo radical dos militares, 5) o monopólio da decisão política pelas forças armadas, e 6) uma ideologia de reformismo radical militar, que associa certos traços comuns à maioria dos militares latino-americanos, tais como moralismo, anticomunismo, autoritarismo, com outros traços inerentes ou mais explícitos aos militares peruanos, tais como nacionalismo, desenvolvimentismo e reformismo social.

Qualquer análise das principais características do caso peruano deve começar levando em conta que esse país está submetido a um regime militar que não obteve o poder político através de vias reformistas (ou seja, através de um ato de liberalidade esclarecida da parte dos antigos governantes) mas, pelo contrário, que destituiu e submeteu pela força os antigos governantes, através de um golpe militar bem sucedido. Os golpes de Estado, porém, como meios políticos de tomada do poder, são neutros no que se refere aos propósitos para os quais o poder será usado, como vimos no Cap. 6, Livro III.

As principais características do reformismo peruano, portanto, embora instrumentalmente dependente da forma (golpe militar) pela qual o poder foi adquirido, não são explicados pelo golpe como tal. O que é particularmente relevante na origem e no caráter militares do experimento peruano é o fato de que, de uma forma geral, o golpe de Estado e o exercício de governo, bem como o compromisso do novo governo com as políticas do reformismo radical, são *a decisão e a responsabilidade coletivas das Forças Armadas*. É verdade que esse compromisso coletivo não envolve uma unidade completa ou mesmo profunda de concepções entre as Forças Armadas em primeiro lugar, e entre os grupos mais influentes da força liderante — o Exército — em segundo lugar. Exitem diferenças muito importantes, em geral, entre a Marinha, que é basicamente conservadora, a Força Aérea, que é menos ''intelectual'' e tem ligações particulares com os Estados Unidos, e o Exército, que possui uma tendência progressista ou radical e uma orientação nacionalista mais profunda.

Apesar disto as Forças Armadas foram capazes de funcionar de forma corporativa no Peru, em parte devido à supremacia militar do Exército e em parte devido ao profundo compromisso dos oficiais das três forças para a preservação da unidade básica das Forças Armadas — em geral fortalecida por medidas diplomáticas e conciliadoras tomadas pelo Exército[10]. Além do mais, no que se refere aos grupos e

---

10. A tendência das Forças Armadas, na América Latina, de salientar sua unidade e de operar exitosamente em política, de forma corporativa, é muito geral. Tal

A ALTERNATIVA DA AUTONOMIA: A VIA 139

camarilhas mais influentes dentro da força dominante, o Exército, regulamentos similares de disciplina e preservação da unidade, mantiveram a integridade corporativa do sistema militar[11]. Portanto, mais do que um golpe militar e um governo militar, o experimento peruano é basicamente um compromisso corporativo das Forças Armadas, conduzidas pelo Exército, para introduzir reformas radicais de desenvolvimento na sociedade peruana.

Além desse aspecto interno, que dá um caráter corporativo às atividades políticas das Forças Armadas, uma característica ainda mais relevante de sua interferência nos assuntos políticos, como corporação, *é o alto nível de autonomia de subsistema* com a qual desempenham seu papel corporativo. É certo que essa autonomia não pode ser considerada nem incondicionada nem incondicional. Seja qual for a medida em que as motivações e lealdades corporativas entre os militares, possam superar qualquer outro vínculo (uma premissa que já requereria várias qualificações), as Forças Armadas, indubitavelmente, se encontram imersas em um ambiente social — primeiramente de sua própria nação, mas também, em vários graus de influências, de outras sociedades — que as condiciona sob todos os aspectos. Finalmente, é a partir desse ambiente social maior que recebem seu sistema básico de valores, seja qual for a medida em que o remodelarão subseqüentemente pela socialização intramilitar.

O ponto em questão, portanto, não é a falta de condicionalidade extramilitar. É antes o fato crucial de que, no que diz respeito à ação política organizada, a corporação militar do Peru, através de sua configuração estrutural interna — as três forças e seus órgãos e regulamentações coordenadores — adquiriu e desenvolveu a capacidade de agir por decisão própria, com seus próprios meios, e

---

ocorreu com os movimentos reformistas de centro-esquerda, como no Peru e na Bolívia na época de Ovando e Torres, bem como com movimentos direitistas, como na Argentina e no Brasil e mais recentemente no Chile. Na Argentina, porém, deu-se uma séria quebra de unidade, após o golpe que derrubou Frondizi. Em 1967 houve uma violenta confrontação entre os *azuis* moderados, principalmente do Exército, sob o comando de Onganía, e os extremo-direitistas *colorados,* pricipalmente da Marinha, que foram completamente derrotados. Novas divisões ocorreram entre os militares, como resultado do golpe bem sucedido de Lanusse contra Onganía, em 1970.

11. Uma vez mais, a esse respeito, o modo de formação de consenso e de tomada de decisão, em assuntos políticos, adotado pelo exército peruano (e o exército boliviano nos governos de Ovando e Torres), é semelhante ao dos outros exércitos latino-americanos. Consiste, basicamente, em uma extensão e adaptação da técnica de comando militar: Estado-Maior, alto comando, linha de comandos. O Estado-Maior coleta dados, pesquisa as opiniões prevalecentes dos corpos de oficiais ou de peritos, e formula proposições de políticas, que contêm usualmente algumas alternativas para a ação e as compara de modo crítico. O alto comando estuda os dados e as alternativas propostas e formula, por maioria ou pluralidade de votos, uma recomendação para o chefe superior, que toma a decisão final, usual mas não necessariamente de acordo com o alto comando. Então a decisão final é transmitida do alto à base através da linha de comandos. As questões cruciais neste processo são usualmente: 1) Quanto da opinião prevalecente nos corpos de oficiais e peritos é considerada pelo Estado-Maior? 2) Quem é admitido ao "senado" do alto comando para votar (por exemplo, apenas generais de quatro estrelas, a maioria dos generais, alguns coronéis influentes?). 3) Que grau de autonomia de decisão, relativamente às recomendações do alto comando, é dada ao supremo comandante e dele acatada?

140 CRISES E ALTERNATIVAS DA AMÉRICA LATINA

eventualmente, se necessário, contra a oposição de qualquer outra organização ou setor de sua sociedade nacional. As únicas exigências para pôr em ação essa capacidade, através de uma decisão autônoma que interrompa sua subordinação legal ao governo e que as impulsione a se mover contra esse governo, incluem dois requisitos que serão discutidos posteriormente: a existência de uma *predisposição básica* para uma dada interferência política e de uma *circunstância catalisadora* que torne essa interferência factível a um dado momento.

A análise do motivo pelo qual tal capacidade chegou a existir no Peru (e na Bolívia em um momento dado) e na verdade, como será visto, na maioria dos países latino-americanos — é da maior importância teórica mas, desafortunadamente, estenderia o presente tópico para muito além de seus limites de permissibilidade. Sugerirei apenas que, em última instância, a capacidade autônoma corporativa das Forças Armadas, na América Latina, é uma conseqüência do dualismo social. Expressa o fato de que, em condições de profundo dualismo social, a existência organizada da sociedade e de seus subsistemas — devido à resultante falta de um mínimo de consenso regulador subjacente — *é possível apenas mediante uma superordenação operacional implícita do sistema político sobre toda a sociedade, e uma superordenação operacional, mas também estrutural, do subsistema coercitivo, isto é, os militares como uma corporação, sobre o sistema político.*

Desenvolvimentismo nacional militar

A segunda característica relevante do experimento peruano é seu nacionalismo desenvolvimentista. Esse nacionalismo não é uma simples superafetação do usual patriotismo dos corpos de oficiais nem ao menos em seu significado mais profundo, um ressentimento antiestrangeiro ou um paroquialismo folclórico. Esse nacionalismo, em seu significado mais profundo, expressa tanto uma concepção quanto um compromisso acerca da própria sociedade. Expressa a concepção — já discutida neste livro — de que as sociedades são sistemas autodirigidos que apenas podem desempenhar sua função interna e otimizar sua adaptabilidade ao ambiente, assim dando atendimento às necessidades coletivas de seus membros, se os principais órgãos e atores societais estiverem orientados para a preservação e desenvolvimento da sociedade como um todo, com tanto controle quanto possível sobre os próprios recursos humanos e naturais da sociedade. E manifesta, como um compromisso, a atribuição do maior valor à própria sociedade e à sua preservação e desenvolvimento como um sistema autodirigido.

Essas idéias e sentimentos foram expressos pelos porta-vozes do movimento de reforma peruano, embora, é claro, em seus próprios termos e estilo, como homens e líderes militares envolvidos no trabalho prático de mobilizar o país para o desenvolvimento nacional. Desde suas primeiras declarações após o golpe de 3 de outubro de

A ALTERNATIVA DA AUTONOMIA: A VIA 141

1968, o governo militar ressaltou os compromissos nacionalistas de seu regime e o caráter desse nacionalismo como uma condição e instrumento para realizar o desenvolvimento nacional e a dignidade nacional do país[12]. Seguindo estas declarações, os militares puseram suas concepções nacionalistas em prática, com um conjunto de políticas e atos basicamente integrados.

Brevemente, tais políticas e atos podem ser classificados em dois grupos. Um grupo inclui medidas específicas de grande importância econômica e política para o país e suas relações internacionais, a maioria das quais foram rapidamente adotadas. O outro grupo inclui as decisões de caráter geral, que visavam estabelecer políticas de longo prazo.

No Peru as medidas específicas mais dramáticas foram a expropriação e imediata tomada do complexo petrolífero de Brea y Pariñas, explorado pela Intenational Petroleum Company, sete dias após o golpe. Em uma expressão típica da mistura de motivações econômicas e morais desse tipo de nacionalismo, o dia da expropriação, 10 de outubro 1968, foi declarado, por decreto, Dia da Dignidade Nacional. Levou muito mais tempo o governo revolucionário no Peru para alcançar consenso interno relativamente às decisões nacionalistas de alcance mais geral. Duas destas decisões têm grande importância: a nacionalização da comercialização de exportações minerais e a adoção de um novo regime para investimentos estrangeiros.

A primeira medida foi decretada para assegurar a otimização dos preços na exportação de minerais, impedindo os exportadores, que são também os importadores, de deprimir os preços de exportação a fim de obter seus benefícios nesta última capacidade. A nova política sobre investimentos estrangeiros, adotada em 1970, segue basicamente a política recomendada para a América Latina por alguns destacados economistas reformistas, como Osvaldo Sunkel, do Chile, Paul Rosenstein-Rodan, do M.I.T. e Albert Hirschman, de Harvard[13]. Consiste em estabelecer um sistema pelo qual os principais investimentos estrangeiros são processados em conformidade com um detalhado acordo entre o investidor e o governo do país anfitrião, referente não apenas aos aspectos técnicos e econômicos do projeto mas também a seu regime de amortização. Um dado período de tempo é determinado para a repatriação do investimento em sucessivas cotas e um montante pré-ajustado de lucros, com a transferência final dos bens à propriedade e exploração do país hospedeiro. São feitas

---

12. Vide o manifesto do governo revolucionário do Peru de 3 de outubro de 1968. Vide, também, o manifesto das Forças Armadas bolivianas de 26 de setembro de 1968 e do General Torres de 7 de outubro de 1970. O movimento de Torres se transformou em um contragolpe nacionalista esquerdista, que se orientou com sucesso para a remoção do General Miranda, que acabava de depor o regime de Ovando em um breve golpe militar direitista. Torres, por sua vez, foi posteriormente derrubado, também, por um golpe militar direitista.

13, Vide OSVALDO SUNKEL (1967b, pp. 43-75, particularmente pp. 62 e ss.), PAUL ROSENSTEIN-RODAN, no BANCO INTERAMERICANO DE DESENVOLVIMENTO (1968). Vide também ALBERT HIRSCHMAN (1969).

142 CRISES E ALTERNATIVAS DA AMÉRICA LATINA

provisões para a manutenção e renovação apropriadas de equipamento, transferência tecnológica, treinamento de pessoal nacional e assim por diante, de modo que as empresas sejam mantidas continuamente em ótima condição de trabalho.

Embora o experimento boliviano em reformismo radical militar, sob os generais Ovando e Torres, nunca tenha sido bem sucedido e haja conduzido a um desastre final, em agosto de 1971, é importante estudar seus principais aspectos, que são basicamente semelhantes aos do caso peruano. Houve também uma medida específica inicial importante na Bolívia: a imediata revocação do Código do Petróleo de 1956 e, algumas semanas mais tarde, a expropriação da Gulf Oil Company da Bolívia, com a imediata tomada de suas instalações. Como no caso do Peru, essa decisão foi determinada por uma mistura de razões econômicas e morais. Em um dramático discurso à nação, na noite do dia da expropriação, 17 de outubro de 1969, o General Alfredo Ovando Candia, presidente do governo revolucionário, ressaltou não apenas as razões legais e econômicas para a decisão, mas também que a volta ao controle público de uma concessão de petróleo, obtida e mantida em violação aos interesses nacionais bolivianos, poria um fim à época de desacato ao país.

Em termos de política nacionalista a longo termo, os dois governos nacionalistas bolivianos foram confrontados com uma situação completamente diferente da do Peru, devido à revolução boliviana anterior, de 1952. Oitenta por cento da produção não agrícola do país já era realizada por empresas públicas, incluindo a exploração, pela Corporación Minera Boliviana (COMIBOL), das minas de estanho, o item mais importante da economia da Bolívia. As medidas nacionalistas a longo prazo do governo boliviano, portanto, em lugar de introduzir uma orientação nacional na economia do país, que já existia, tiveram a intenção de racionalizar o sistema, particularmente de corrigir a ineficiência das empresas públicas.

A terceira característica principal do reformismo peruano, intimamente relacionada com a filosofia nacionalista, é a sua orientação em matéria de desenvolvimento econômico. O desenvolvimento econômico é abordado, por um lado, em termos de desenvolvimento *nacional* — em oposição ao conceito neoliberal abstrato de desenvolvimento do *mercado* — e, por outro lado, como uma dimensão do desenvolvimento global da sociedade[14].

No Peru, após cerca de um ano de discussões internas entre os grupos liderantes do Exército e do governo, o General Velasco e os radicais obtiveram a aprovação para uma política de desenvolvimento que é basicamente uma forma de Capitalismo de Estado. Envolve a criação e expansão das empresas públicas chaves, com a contribuição subsidiária do setor privado, apoiado pelos resultados esperados do capital estrangeiro regulado e da reforma agrária.

---

14. Vide sobre o assunto as já mencionadas declarações iniciais dos três governos.

A ALTERNATIVA DA AUTONOMIA: A VIA 143

A Bolívia adotou uma posição semelhante nos primeiros dias do governo Ovando e novamente sob o governo Torres. Em seu caso, como foi mencionado, o Capitalismo de Estado já havia sido implantado e (embora não eficientemente) aplicado pelo MNR, com a revolução de 1952. O que teria que ser feito, em parte, seria suprimir algumas tentativas de mudar ou distorcer o modelo de Capitalismo de Estado, que se originavam do período contra-revolucionário de Barrientos (1964-1969). Em sua maior parte os problemas consistiam em reorganizar e operar de modo eficiente o sistema de empresas públicas já existente. E isto o governo Torres não logrou realizar, terminando derrubado por um golpe de direita, em 1971. Relativamente ao Peru, onde a implementação das políticas adotadas se realiza com bastante eficiência, as perspectivas parecem muito mais promissoras.

Reformismo social militar

O quarto traço relevante do experimento peruano é o compromisso, tanto no plano ideológico quanto no prático com uma profunda reforma social, dirigida à incorporação efetiva e rápida das massas, em particular das rurais, à vida nacional, criando condições para maiores níveis de participação sócio-econômica.

O país, como é bem sabido (vide Quadro 1, Livro II), está entre as sociedades latino-americanas com as mais profundas formas de dualismo. Apresenta, em primeiro lugar, um contraste agudo entre as enormes massas rurais, que vivem a nível de subsistência e praticamente fora do sistema nacional, e a população urbana menor e comparativamente privilegiada. Em segundo lugar, apresenta outro contraste igualmente agudo entre o agrupamento dirigente de classe média superior e as grandes massas urbanas, que vivem também em níveis de subsistência nas *barriadas*. As reformas sociais peruanas são dirigidas primariamente para as massas rurais, visando, finalmente, a três objetivos principais:

1) a incorporação do indígena à sociedade nacional, transformando-o em cidadão peruano, educando-o e proporcionando-lhe condições sócio-econômicas apropriadas;

2) um aumento substancial na capacidade produtiva e de consumo dos camponeses, através de uma reforma agrária que combina a distribuição de terra, ou a segurança de condições estáveis de trabalho para os camponeses que não possuem terras e os *minifundistas* com a melhoria técnica, econômica e organizacional da exploração da terra;

3) a criação e melhoria das economias externas do agro, para a integração do campo ao mercado nacional, combinada com novas facilidades para a comercialização da produção agrícola e para a proteção dos preços pagos aos agricultores.

A forma e a medida em que o país até agora teve sucesso em realizar suas metas para as massas rurais requer alguma análise. Até o

144 CRISES E ALTERNATIVAS DA AMÉRICA LATINA

golpe de 1968 o Peru retinha, basicamente, sua estrutura rural semicolonial, baseada nas grandes fazendas de plantação da costa e na exploração mais difícil e arcaica dos indígenas nos latifúndios do *altiplano*. A reforma agrária começou de uma forma muito moderada e limitada, em 1968, com a expropriação, contra pagamento em caixa, das terras agrícolas da Cerro de Pasco Corporation, uma empresa mineradora que estendia suas atividades à agricultura em grande escala. No ano seguinte, porém, após superar a resistência dos membros mais conservadores do Exército e do governo, o Presidente Velasco foi capaz de sancionar uma lei de ampla reforma agrária, em 24 de junho de 1969. Essa lei regulamenta a expropriação das plantações costeiras e dos latifúndios andinos, com a maior parte da compensação sendo paga em forma de bônus públicos e estabelece a organização de fazendas do Estado, cooperativas, fazendas comunitárias e fazendas familiares. As medidas complementárias estão sendo levadas a efeito rapidamente pelo governo peruano a fim de proporcionar administração eficiente para as novas fazendas, assistência técnica e educacional para as comunidades indígenas, melhoria das facilidades de transporte e comércio e assim por diante. A imediata tomada, na região da Costa das terras expropriadas por agentes do governo e sua exploração ininterrupta, foram cruciais para o sucesso inicial da reforma.

Na Bolívia, durante seu experimento abortado de reformismo militar, os problemas foram completamente diferentes pois uma ampla reforma agrária já havia sido decretada pela revolução de 1952, mas o governo do MNR não foi capaz de controlar sua execução. Ao contrário, os camponeses apenas tomaram posse da terra em que trabalhavam ou viviam, criando um sistema de pequenas propriedades, exploradas em condições muito primitivas e ainda carentes de economias externas e facilidades de comercialização. O governo boliviano desejava organizar essas pequenas fazendas em grandes cooperativas e ajudá-las com meios técnicos, financeiros, de transporte e de comercialização, sem, entretanto, lograr fazê-lo. Devido ao funcionamento muito pobre da maquinaria governamental, a assistência direta do Exército foi também considerada, mas não tentada na realidade.

Uma vez mais a eficiência da aplicação e a extensão do sucesso final das políticas agrárias peruanas não podem ser julgadas sem mais tempo, notadamente no altiplano, onde o progresso é relativo e lento. Os programas referentes ao desenvolvimento social urbano estão recebendo menor prioridade pois os recursos correntes e a capacidade de administração do país seriam manifestamente insuficientes para o empreendimento simultâneo das reformas rurais e urbanas. Na prática, estão legitimando as *barriadas* e nelas introduzindo melhoramentos.

A quinta característica principal do experimento peruano, também relacionada com o campo da participação popular, se refere à questão da paticipação política popular. No Peru, na realidade, a

A ALTERNATIVA DA AUTONOMIA: A VIA.... 145

participação política do povo continua muito pequena, mais nominal do que real, mais de apoio do que de determinação e sem escolhas e freios relativamente aos líderes.

A situação da Bolívia, sob Ovando e Torres, foi diferente. O regime boliviano proclamou oficialmente a herança com correções e melhorias, da mensagem e das metas da revolução de 1952, que era essencialmente participatória e democrática. Na prática, os dois governos bolivianos levados ao poder por sucessivos golpes militares eram a projeção de uma aliança entre a facção militar esquerdista, a favor do desenvolvimento nacional, conduzida pelos generais Ovando e Torres, que tomaram as rédeas do poder, e um grupo de intelectuais, que proporcionavam o apoio ideológico e técnico. Embora uma espécie de centralismo democrático presidisse o processo de formulação de decisão interno do grupo militar-civil liderante, não havia forma institucional pela qual o povo, em grande parte, ou mesmo os setores mais efetivamente politizados, pudessem participar do processo político.

Em uma forma não institucional havia vários grupos de pressão de variada influência: as principais facções das Forças Armadas, incluindo a influência específica dos comandantes das várias unidades militares; os administradores das empresas públicas; os vários grupos institucionais ou políticos da burocracia pública; os sindicatos, com a grande força dos mineiros, coordenados pela poderosa Central Obrera Boliviana; os líderes camponeses; a Igreja; os grandes empresários privados, notadamente os mineiros de tamanho médio, e assim por diante. Os governos militares esquerdistas bolivianos, porém, com sua ligação com a tradição revolucionária de 1952 e sua grande dependência do apoio público (devido a sua limitada autonomia política e capacidade administrativa) estavam interessados em organizar, em associação com as forças armadas, um grande partido nacional da revolução, que poderia comandar amplo apoio popular e proporcionar uma base eleitoral para seus programas de reformas, mas não conseguiram realizá-lo. Torres, que foi quem mais se aproximou da formação de um movimento político popular, foi de fato arrastado pelo movimento que pensava dirigir e que, com Lechín, terminou solapando suas bases de poder.

No regime peruano, porém, há uma grande margem de resistência para abrir o processo político para a participação popular, ainda que sob certos controles reguladores. Alguns setores mais conservadores temem que um tal passo aumentaria excessivamente o conteúdo radical das correntes reformas, ou mesmo converteria o reformismo militar de hoje em uma revolução popular. Outros grupos estão receosos de que uma ampliação da participação política desalojaria certos líderes, ou a maioria deles, ou reduziria ou suprimiria o controle do Exército sobre o sistema político. Por outro lado, o General Velasco e os reformistas mais consistentes do Exército, reconhecem a necessidade de apoio popu-

146 CRISES E ALTERNATIVAS DA AMÉRICA LATINA

lar ativo, mesmo militante, a fim de mobilizar força suficiente para empreender e continuar a pesada tarefa do desenvolvimento nacional e resistir à pressão externa e às maquinações conspirativas. Para esse fim foi criado o SINAMOS — Sistema de Apoyo a la Movilización Social. A forma pela qual a contradição imanente a um participacionismo dirigido por um poder militar não eletivo possa vir a ser resolvida ainda não é clara, mas será decisiva para o futuro do regime peruano e para suas reformas.

A ideologia dos reformistas militares

Finalmente, a sexta característica relevante do experimento peruano é a ideologia dos reformistas militares radicais que empreenderam esse experimento. Basicamente, sua ideologia é uma combinação das concepções e sentimentos compartilhados pela maioria dos oficiais latino-americanos, com uma preocupação profunda pelo desenvolvimento nacional de seu país e a compreensão de que seu subdesenvolvimento, derivado da formação histórica de uma sociedade dualista, é mantido pelos interesses constituídos da oligarquia e seus associados, orientados para preservar seus privilégios, articulados com as políticas extrativas e de enclave das supercorporações estrangeiras. Como a maioria dos oficiais latino-americanos, os militares peruanos professam uma ideologia moralista, autoritária, anticomunista. No entanto, foram conduzidos, devido às condições resultantes do curso dos acontecimentos no Peru nas últimas décadas, a rever a posição tradicional das Forças Armadas como simples guardiões do *status quo*. Em vez da ideologia formal da lei e da ordem, ainda prevalecente nos outros círculos dirigentes militares latino-americanos (e também não latino-americanos), as Forças Armadas peruanas alcançaram uma compreensão e um sentimento mais profundos de suas sociedades. Comprometeram-se, não com qualquer ordem ou com qualquer sistema legal, em particular não com a ordem do subdesenvolvimento e com o sistema legal que o mantém, mas com uma nova ordem, orientada para o desenvolvimento nacional de sua sociedade, e para as leis requeridas para a promoção e proteção desse desenvolvimento nacional. E assim foram conduzidos a aspirações e idéias reformistas radicais, que estão tentando agora pôr em prática.

Com esta breve análise das características mais relevantes do experimento peruano podemos considerar agora, muito sucintamente, as principais condições dentro das quais essas reformas foram e estão sendo levadas a efeito. Essas condições levaram ao preenchimento dos dois requisitos necessários para colocar em andamento a capacidade de decisão autônoma das Forças Armadas. Graças a esta nova análise seremos capazes, em conclusão, de avaliar a medida em que o tipo peruano de reformismo é aplicável, com as adaptações que possa requerer, aos outros países latino-americanos. Para o mesmo propósito examinaremos tam-

A ALTERNATIVA DA AUTONOMIA: A VIA 147

bém, brevemente, o caso abortivo boliviano, durante os regimes dos generais Ovando e Torres, de setembro de 1969 a agosto de 1971.

O caso peruano

Fundamentalmente, para se analisar as condições dentro das quais o reformismo peruano se tornou uma expectativa suficientemente difundida e imperiosa, por parte dos militares daquele país, é necessário distinguir as condições nas quais a *predisposição básica* para tal reformismo militar foi criada, das condições específicas que, em um dado momento, os uniram e motivaram a empreender a ação. A última pode ser chamada de *circunstância catalisadora*[15].

No caso do Peru a predisposição básica está relacionada com toda a história político-militar do país nas últimas quatro décadas. Se reduzirmos uma longa e complexa história a termos muito breves, pode-se dizer que, nas últimas quatro décadas, o Exército peruano sofreu duas diferentes mudanças. Uma foi sua conversão em um exército profissional moderno, para o qual o recrutamento se processa cada vez mais no âmbito da baixa classe média provincial ou a partir de famílias militares. A segunda se refere à relação dialética que veio a ocorrer entre o Exército e a Alianza Popular Revolucionaria Americana (APRA), o partido fundado por Víctor Raúl Haya de la Torre nos fins da década de 1920.

Concebido originalmente como um partido revolucionário, com forte influência marxista, embora adaptado ao que Haya considerava as condições da ''América Indígena'' a APRA logo entrou em violento conflito com o Exército peruano. Este conflito adquiriu, no curso do tempo, o caráter de uma guerra institucional entre a APRA e o Exército. Levou a um veto permanente, pelos militares, de quaisquer das formas pelas quais a APRA tentou obter o poder. No curso das quatro últimas décadas, a APRA foi capaz de comandar o apoio popular, mas foi incapaz de derrotar ou de neutralizar o Exército.

Nessa longa e agonizante luta ocorreu um fenômeno fascinante, cuja análise completa não poderia ser feita dentro dos limites do presente capítulo. Essencialmente, este fenômeno consistiu na propensão, de parte de cada um dos contendentes, de inverter sua posição e significado político originais. A APRA começou como um partido revolucionário, uma espécie de ''marxismo dos camponeses indígenas'' e o Exército como um guardião da lei e da ordem do *status quo* de uma sociedade agrária semicolonial, sob o controle de uma oligarquia patrícia de proprietários de terras. Movido pela necessidade tática de obter o apoio da alta classe como uma força de contrapeso contra o Exército e conduzido, cada vez mais, a medida que se tornava mais velho, a concepções mais conservadoras, incluindo um anticomunismo sistemático, Haya de

---

15. Sobre a necessidade de circunstâncias catalisadoras a fim de deslanchar as revoluções e os golpes vide CHALMERS JOHNSON (1964 e 1966).

148   CRISES E ALTERNATIVAS DA AMÉRICA LATINA

la Torre converteu gradualmente seu partido em uma força conservadora ruralista, aliada ao patriciado e à alta burguesia. O oposto ocorreu com o Exército, que se tornou cada vez mais preocupado com o desenvolvimento econômico e social, crescentemente hostil à camada superior patrícia-burguesa, chegando a identificá-la como responsável pelo subdesenvolvimento do país e pela preservação desse subdesenvolvimento, no egoísta interesse de classe de seus membros.

As novas gerações dos militares, cujo *status* social e econômico se encontra cada vez mais dramaticamente em confito com a alta classe peruana, começou a estudar, além de seus assuntos militares convencionais, os problemas do desenvolvimento nacional. O Centro de Altos Estudios Militares (CAEM), criado sob a iniciativa independente do Exército, deu nos últimos anos, um quadro institucional a tais preocupações, contribuindo de forma importante para a configuração de uma doutrina militar do desenvolvimento nacional. De modo diverso do que ocorreu em outros Exércitos latino-americanos — onde escolas superiores de guerra, fundadas sob a supervisão norte-americana após a Segunda Guerra Mundial, eram orientadas para uma propaganda partidária da concepção norte-americana da guerra fria dos fins da década de 1940, que envolvia uma divisão maniqueísta do mundo entre o "comunismo internacional", como o mal absoluto, e o "mundo livre", como o bem absoluto — o Centro de Altos Estudios Militares não era controlado por influências estrangeiras e foi capaz, através de livres pesquisas, de alcançar um maior nível de compreensão da realidade peruana. Foi em tais condições que em 1962 o Exército impediu uma vez mais Haya de la Torre, que havia ganho as eleições daquele ano por uma pequena margem de votos contra seu principal desafiante, Fernando Belaúnde Terry de tomar posse da presidência. No ano seguinte Belaúnde foi eleito, como líder de um novo partido da classe média e orientado para o desenvolvimento, a Acción Popular, e foi investido pela junta militar no posto presidencial.

O fato de que Belaúnde, por razões que não podem ser aqui analisadas, tenha sido levado, finalmente, a uma posição de dependência em face dos interesses das grandes corporações norte-americanas e seus aliados oligárquicos peruanos, e dessa maneira haja desencantado as esperanças dos reformistas, foi um fator decisivo para o descrédito crescente, tanto no campo popular quanto entre os militares, dos últimos anos de seu governo. Mas dado esse antecedente e a formação, no Exército, da *predisposição básica* para um reformismo radical, a *circunstância catalisadora* que provocou o golpe militar de 1968 foi o encaminhamento dado por Belaúnde ao velho caso da Brea y Pariñas, que culminou em sua frustrada tentativa de solucionar o assunto pela chamada Acta de Talara.

Uma vez mais seria impossível, dentro dos limites do presente capítulo, dar uma explicação completa dos longos debates envolvidos nesse caso. Todo o assunto está ligado à fraude envolvida na

A ALTERNATIVA DA AUTONOMIA: A VIA 149

concessão original dos campos de petróleo da Brea y Pariñas a seus primeiros concessionários (1890), a firma inglesa London and Pacific Petroleum Co. A fraude consistiu na falsa medição dos campos, dados com tendo a área de cerca de 40 km² quando tinham realmente uma área de 1644 km². Desta grande diferença de área surgiu uma longa disputa entre os funcionários peruanos de supervisão do petróleo e os concessionários originais e seus sucessores, a International Petroleum Co., e que incluía as reclamações peruanas por impostos não pagos sobre a área adicional e sua produção e impostos correlatos, multas e outros tributos.

A longa controvérsia se complicou ainda mais quando, em 1922, o governo de Leguía, cedendo a pressões internacionais, assinou um acordo com a companhia, aceitando praticamente todas as suas demandas, em violação de anterior lei peruana de 1918, que havia submetido o caso à arbitragem da Suíça. A opinião pública nacionalista peruana não aceitou a solução de Leguía e assim o assunto se manteve vivo, apesar do protocolo de 1922.

Em sua campanha eleitoral Belaúnde tomou como tema esse antigo assunto, prometendo resolvê-lo em poucos meses. Contrariamente, após cinco anos de negociações e indecisões e após ignorar uma recomendação formal do Exército para a anulação da concessão, Belaúnde assinou outro acordo, o Protocolo de Talara, a 13 de agosto de 1968. Neste acordo, sob o pretexto de compensar a companhia pela devolução ao governo da propriedade superficial de Brea y Pariñas (a propriedade do subsolo foi sempre inalienável pela lei peruana), Belaúnde concedeu à companhia o perdão de seu débito fiscal (estimado em 144 milhões de dólares) e da obrigação de devolver o valor do petróleo extraído ilegalmente (80 milhões de dólares), juntamente com outras vantagens. Esse acordo, repelido pelos setores nacionalistas da opinião pública, foi considerado inaceitável pelos militares, por ser altamente nocivo ao interesse nacional. E assim se formou a circunstância catalisadora para o golpe e, com ela, para o reformismo radical. Menos de dois meses mais tarde, Belaúnde foi deposto pelos militares, sob o comando do General Velasco, chefe do Exército, com a intervenção ativa e decisiva de um grupo de coronéis reformistas radicais.

O caso boliviano

Na Bolívia, a formação de uma predisposição básica para o reformismo radical, entre os militares, seguiu um curso completamente diferente, devido à revolução de 1952 e o golpe contra-revolucionário de 1964. Ainda muito brevemente, dever-se-ia notar que o reformismo radical militar, na Bolívia, apareceu historicamente como uma reação à derrota do país na Guerra do Chaco (1932-1936) com o Paraguai.

A primeira tentativa reformista foi levada a efeito sob os coronéis David Toro e Germán Busch de 1936 a 1939. Uma segunda tentativa levou ao poder, através de um golpe bem sucedi-

150   CRISES E ALTERNATIVAS DA AMÉRICA LATINA

do, um movimento reformista mais articulado, baseado na aliança dos jovens militares reformistas, sob a liderança do Major Gualberto Villarroel, e dos jovens intelectuais do MNR (Movimiento Nacionalista Revolucionario), sob a liderança do Víctor Paz Estenssoro. O governo Villarroel, no qual Paz Estenssoro foi Ministro das Finanças, foi deposto violentamente por um golpe reacionário em 1946.

Trabalhando na clandestinidade, o MNR expandiu o número de seus filiados, mobilizou os trabalhadores das minas e organizou grupos de combate, construindo assim sua força para um retorno ao poder. Após a recusa da vitória eleitoral de Víctor Paz em 1951, o MNR preparou-se para uma insurreição revolucionária, e a desencadeou e venceu em 1952. Os mineiros e outros militantes do MNR, com a ajuda de uma pequena parte das forças de polícia, infligiram uma completa derrota militar ao Exército boliviano. O antigo Exército foi desbandado e apenas alguns oficiais reformistas foram mantidos, para formar um novo e pequeno Exército, sob a liderança do MNR.

Não é possível resumir aqui os propósitos e realizações do MNR durante as sucessivas presidências de Paz Estenssoro (1952-1956), Siles Suazo (1956-1960) e novamente Paz Estenssoro (1960-1964). Seja-me dado apenas dizer que, embora tenham realizado basicamente a maioria de suas metas, desde a nacionalização das grandes minas de estanho até a reforma agrária, os governos do MNR foram mal sucedidos na forma de aplicar e administrar seus programas. Como foi observado anteriormente, perderam o controle da reforma agrária com a tomada direta da terra pelos camponeses. A administração das minas foi pobre; as corporações públicas funcionaram com déficit: o índice de inflação aumentou de modo agudo; o país tornou-se cada vez mais dependente da ajuda norte-americana[16].

Nesse processo crítico o segundo governo de Paz Estenssoro, enfraquecido por lutas internas de facção, foi levado a expandir e reequipar o Exército, com ajuda norte-americana, para frear o poder dos mineiros — que seguiam a demagógica liderança do rival de Paz, Juan Lechín — e a discipliná-los com a força militar. Uma vez realizado isto, porém, um grupo militar contra-revolucionário, sob a liderança do General René Barrientos, da Força Aérea, apoiado por uma ampla coalizão conservadora anti-MNR, entendeu que Víctor Paz estava, então à mercê do Exército e levou a cabo, com êxitos um golpe contra ele, em 1964.

O governo Barrientos, até sua morte em um desastre aéreo nos inícios de 1969, embora incapaz de introduzir importantes mudanças estruturais na organização sócio-econômica construída

16. Apesar do programa centro-esquerda boliviano, o governo dos Estados Unidos decidiu apoiar o MNR, considerando-o o melhor solução, nas condições bolivianas, e concedeu ao governo cerca de $ 100 milhões de dólares por ano de ajuda. Em grande medida essa ajuda condicionou as políticas de Paz Estenssoro, particularmente em seu segundo governo.

A ALTERNATIVA DA AUTONOMIA: A VIA 151

pelo MNR, foi orientado essencialmente para soluções conservadoras e caracterizado por uma alinhamento total e indiscriminado com os Estados Unidos. Esse foi um período de reflexão e revisão de idéias para muitos oficiais bolivianos, que estavam preocupados com a deterioração da capacidade administrativa dos últimos anos do regime do MNR, mas que se tornaram ainda mais preocupados com a tendência reacionária e antinacional do governo de Barrientos.

Liderando o grupo dos novos reformistas, o General Ovando, que havia desempenhado um papel complexo e obscuro nos dias que precederam e que se seguiram à queda de Víctor Paz[17], preferiu não interferir nos assuntos políticos durante o governo de Barrientos, a fim de preservar a unidade das Forças Armadas. No entanto, a predisposição básica para um novo reformismo radical, desta vez sob o patrocício militar, já existia entre a maior parte dos oficiais do Exército, nos finais de 1963. A circunstância catalisadora que criou a oportunidade para a ação foi a morte de Barrientos e a sucessão do vice-presidente civil, Siles Salina. Neste momento, tornou-se possível preparar um golpe militar com propósitos reformistas radicais, sem arriscar uma divisão e um conflito internos dentro das Forças Armadas.

Uma vez mais, na Bolívia, um grupo de jovens intelectuais, desta vez sob a liderança de José Ortiz Mercado, Marcelo Quiroga Santa Cruz, José Luis Roca García e alguns outros, associaram-se com líderes militares reformistas radicais, tais como o General Ovando, o General Juan José Torres González e outros, e preparou o golpe que exitosamente tomou o controle do governo, a 26 de setembro de 1969. Os setores pró-Barrientos das Forças Armadas, consideráveis em particular na Força Aérea, eram principalmente pessoas sem uma clara orientação ideológica, cuja associação com o governo anterior se baseara mais em consideração de vantagens pessoais e no alinhamento de camarilhas do que em compromissos programáticos. Representavam, porém, uma importante maioria nas Forças Armadas, e o governo de Ovando tentou atraí-los ao novo regime, inicialmente com sucesso, ao evitar cuidadosamente críticas a Barrientos e usando o encoberto artifício de carregar nos poucos meses do governo de Siles Salina todos os erros do regime precedente.

Os problemas cruciais com os quais foi confrontado o governo Ovando, porém, tais como a expropriação dos bens da Gulf, tiveram um efeito divisor entre os grupos militares, de acordo com suas tendências ideológicas. Neste sentido, como em outros, a falta de audácia de Ovando e suas tentativas de impedir conflitos através de crescente apaziguamento, causou finalmente sua ruína. O setor

---

17. Como chefe das Forças Armadas, embora não tenha sido capaz de impedir o golpe de 1964, foi instado pelo presidente Paz Estenssoro a assumir o comando da junta militar, como forma de preservar a orientação política da revolução de 1952. No entanto, Ovando não teve condições de se sobrepor a Barrientos e decidiu, posteriormente, limitar-se a suas funções militares.

152 CRISES E ALTERNATIVAS DA AMÉRICA LATINA

direitista dos militares, sob a liderança do General Rogelio Miranda, após lograr remover o General Torres do comando das Forças Armadas, lançou, com sucesso inicial, um golpe contra Ovando, que foi forçado a renunciar em 5 de outubro de 1970. Uma junta militar, sem a participação direta do General Miranda, mas leal a ele, foi então colocada no governo.

A imediata reação do General Torres, porém, que logrou mobilizar os militares nacionalistas contra a Junta, com o apoio dos trabalhadores, camponeses, e estudantes, pôs em andamento um vitorioso contragolpe. Em 48 horas a Junta foi derrotada e Torres foi capaz, em 7 de outubro de 1970, de organizar sob sua presidência um novo governo centro-esquerda de desenvolvimento nacional, mais consistente e homogêneo. A nova tentativa de Torres de promover e consolidar uma política de profundas reformas, porém, não foi bem sucedida. Levado pelas crescentes demandas radicais dos trabalhadores, sob a usualmente intepestiva liderança de Lechín, a uma retórica esquerdista revolucionária, Torres suscitou o receio, entre seus antigos seguidores, de que perderia o controle do poder para os sindicatos esquerdistas e foi finalmente derrubado por um golpe conservador, em agosto de 1971.

Aplicabilidade do experimento peruano

Tendo analisado brevemente as características do experimento reformista militar peruano e da mal sucedida tentativa boliviana, incluindo as condições sob as quais tais experimentos foram levados a efeito, podemos tentar avaliar agora a medida em que tal reformismo seja aplicável a outros países latino-americanos, com as adaptações necessárias a cada caso particular. O problema com que nos deparamos agora é determinar se as reformas necessárias para a promoção do desenvolvimento autônomo desses países podem ou não serem empreendidas em qualquer um deles — de acordo com o modelo peruano — sob a iniciativa e responsabilidade das Forças Armadas, dadas as características das outras Forças Armadas latino-americanas e as principais condições a que estão sujeitas atualmente suas possibilidades de ação política.

Antes de começarmos a discussão desta questão, parece aconselhável limitar o campo da inquirição aos países latino-americanos não afetados por problemas críticos de viabilidade nacional. Como foi analisado nos Caps. 11, Livro II, e 1, Livro III, embora a avaliação da relativa viabilidade nacional de uma sociedade, em uma dada situação histórico-tecnológica, seja uma operação extremamente complexa, sujeita à possibilidade de mudanças imprevisíveis, pode-se supor, no que se refere ao desenvolvimento latino-americano, que os países centro-americanos e do Caribe (com a exceção do caso particular e irrepetitível de Cuba), não desfrutam de condições para o desenvolvimento autônomo, pelo menos antes que esse processo esteja bem adiantado no resto da América Latina.

A ALTERNATIVA DA AUTONOMIA: A VIA 153

Neste caso, não há necessidade de explorar as possibilidades atuais para o desenvolvimento autônomo destes países, através da via reformista. E em Cuba, as hipóteses reformistas, ao menos na condições correntes e previsíveis, foram substituídas pelo curso atual dos eventos históricos, uma vez que a via revolucionária já foi escolhida e está em plena aplicação

O que devemos considerar, portanto, é a medida em que o experimento peruano de reformismo militar seja aplicável ou não ao resto da América Latina. A resposta a esta questão envolve essencialmente uma comparação crítica 1) entre as características fundamentais desse experimento e as características principais das Forças Armadas latino-americanas em questão e 2) entre as condições em que esse experimento foi levado a cabo — dando atenção aos requisitos (predisposição básica e circunstância catalisadora) em razão dos quais as Forças Armadas peruanas foram levadas à ação política — e as condições correntes e previsíveis que influenciam predominantemente a conduta corporativa das Forças Armadas latino-americanas em assuntos políticos.

A primeira característica fundamental do experimento peruano, como vimos, é que, iniciado por um golpe militar, foi e está sendo levado a cabo pela ação corporativa das Forças Armadas. Essa ação corporativa apresenta, por sua vez, dois aspectos. O primeiro, que gira em torno do subsistema militar, se refere ao fato de que os oficiais das três forças foram levados a dar a maior importância à preservação de sua unidade de ação e à coesão interna e disciplina das Forças Armadas, e para tal se prepararam a exercer um grande esforço de lealdade e de dedicação. Como conseqüência, as Forças Armadas peruanas *estão operando de forma corporativa nos assuntos políticos* e estão aceitando, em tais atividades, a supremacia e a liderança do Exército, que controla praticamente — embora com habilidade e dentro de certas regras do jogo — a ação política das Forças Armadas. O outro aspecto, referente ao relacionamento das Forças Armadas com a sociedade nacional e seus outros subsistemas e setores, *é o alto grau de autonomia de subsistema dessas Forças Armadas,* que são capazes de desempenhar um papel político por sua própria decisão interna, eventualmente contra qualquer outro sistema ou setor oponente, incluindo o governo legal do país, sempre que se cumpram os dois tipos de requisitos já mencionados: 1) a existência entre os militares de uma predisposição básica para a ação política em questão e 2) a ocorrência de uma circunstância catalisadora dessa ação, que a torne factível em um dado momento.

Se considerarmos as outras Forças Armadas latino-americanas dentro de nosso campo de inquérito, em termos da primeira característica, veremos que, em maior ou menor medida a maior parte delas apresenta características corporativas semelhantes. No que diz respeito ao aspecto interno desse caráter corporativo, porém, as Forças Armadas mexicanas manifestam um traço distin-

154   CRISES E ALTERNATIVAS DA AMÉRICA LATINA

tivo. Sua lealdade e sentimentos corporativos intramilitarés estão extensamente fundidos, em particular no nível dos comandantes superiores, com uma lealdade corporativa ao subsistema de domínio político, que é usualmente identificado como sendo o partido oficial, o PRI. Na realidade, na situação corrente, o PRI é apenas a fachada partidária aberta de um subsistema de domínio político que, sob a liderança institucional do presidente (cuja autonomia de decisão individual pode ser pequena), compreende além dos líderes do partido, a alta administração militar e o governo civil, incluindo certos administradores e tecnocratas destacados. Esse sistema de poder, que em simples termos funcionais é muito semelhante ao soviético, reduz substancialmente a pura fidelidade corporativa intramilitar dos escalões superiores, em particular entre os comandantes liderantes, desde que sua participação no poder não seja operacionalmente auto-sustentada por sua força e unidade militares, mas por uma inter-relação entre suas posições relativas, militares e políticas e suas alianças de camarilha.

Além da exceção mexicana, deveria fazer-se uma distinção, embora em termos diferentes, e apesar de suas recentes intervenções políticas, para os militares chilenos e uruguaios[18] e, de forma ainda incipiente, para os militares venezuelanos. Não estão os militares chilenos e uruguaios, como os mexicanos, envolvidos em uma lealdade corporativa mais ampla a um subsistema civil de domínio político. No entanto, de uma forma organizada e dentro de limites que variam, em cada país, em termos das unidades e dos indivíduos militares em questão, estão comprometidos com uma concepção constitucionalista que tem superordenado, as regras militares.

Somente circunstâncias muito especiais, por eles vistas como de suprema gravidade — a crise de viabilidade nacional do Uruguai e a econômica, social e institucional do Chile — levaram esses militares a formas, encoberta ou ostensiva e violenta de intervenção política, que assim mesmo assumem como temporárias e excepcionais.

Em termos do inter-relacionamento das Forças Armadas com as sociedades nacionais e seus outros subsistemas e setores, veremos que, de modo semelhante às Forças Armadas peruanas, a maior parte dos estabelecimentos militares latino-americanos apresenta um grau extremamente alto de capacidade autônoma, pelas razões já sugeridas. São exceções a esta norma — se mantivermos as Forças Armadas mexicanas fora da análise comparada, devido a sua fusão peculiar com o sistema de domínio político — a chilena e, em um grau menor, as Forças Armadas uruguaias e venezuelanas. Isto é devido não apenas ao fato, já salientado, de que os

---

18. A situação peculiar do Uruguai é caracterizada pelo fato de que embora o país tenha realizado uma ampla e estabilizadora reforma social progressista nos inícios deste século, passou a se defrontar com problemas de viabilidade nacional que requerem uma sociedade mais produtiva e orientada para o investimento.

A ALTERNATIVA DA AUTONOMIA: A VIA 155

militares desses países, conservam uma fidelidade ao regime constitucional que superordena sua lealdade corporativa intramilitar, ainda quando, como recentemente no Uruguai e no Chile, a tenham formalmente violado. Isto é devido também ao fato, mais claro e mais consolidado no Chile, mas que ocorre também na Venezuela e em suas próprias condições, no Uruguai, de que nessas sociedades outros subsistemas têm vida própria e compartilham, com a corporação militar, da participação e da resultante lealdade dos cidadãos, incluindo os militares. Em outras palavras, essas sociedades não se tornaram sociedades profundamente dualistas, como os outros países latino-americanos, e foram realmente capazes de desenvolver uma estrutura social pluralista, apoiada por um mínimo de consenso subjacente. Esta é a razão pela qual o Chile, até 1973, e a Venezuela, se tornaram exemplos bem sucedidos de reformismo progressista, desempenhado através de vias eleitorais-parlamentares. O Uruguai, afetado agora particularmente por problemas de viabilidade nacional, foi também um exemplo de reformismo progressista em épocas menos perturbadas. E essa é também a razão pela qual no Chile, uma vez rompida a legalidade constitucional e lançadas as Forças Armadas — em condições por elas entendidas como absolutamente excepcionais — ao exercício do poder, este se revestiu da maior violência e arbitrariedade. Procedem os militares chilenos como uma força de ocupação do próprio país, precisamente por causa de sua baixa autonomia como subsistema, para a compensação da qual necessitam de alta margem de coercividade e arbítrio.

De modo diferente destas exceções, as Forças Armadas brasileiras e em um grau menor as argentinas[19], combinam perfeitamente bem os dois aspectos do caráter corporativo do subsistema militar peruano. E comparados com a Bolívia, seja durante seja após seu experimento abortivo em reformismo militar, apresentam uma lealdade corporativa intramilitar e uma capacidade autônoma extramilitar que são manifestamente superiores as das Forças Armadas bolivianas.

No Paraguai, essas características corporativas foram levadas a um tal extremo que é mais certo dizer que as Forças Armadas paraguaias possuem uma nação, do que dizer que a nação paraguaia dispõe de Forças Armadas. Esta situação extrema cria toda a sorte de problemas societais, incluindo uma inerente propensão para um regime de *societas sceleris,* e torna particularmente aleatória a possibilidade de as Forças Armadas jamais desempenharem um papel reformista. De forma diferente dos extremos paraguaio ou chileno, as Forças Armadas do Equador e da Colômbia têm interna coesão corporativa e capacidade autônoma externa suficientes para se adaptar, de uma forma geral, às características corporativas do caso peruano.

---

19. Na Argentina a autonomia de subsistema das Forças Armadas é freada substancialmente pelo poder independente e bem organizado dos sindicatos.

156 CRISES E ALTERNATIVAS DA AMÉRICA LATINA

Como conclusão da comparação das Forças Armadas latino-americanas com a primeira das características fundamentais do experimento peruano, temos que as brasileiras e argentinas, seguidas pelas do Equador e da Colômbia, coincidem, no fundamental, com dita característica.

O segundo traço fundamental a ser comparativamente examinado é o nacionalismo. Aqui encontramos o ponto crucial da aplicabilidade do experimento peruano para o resto da América Latina. Isto é devido ao fato de as restantes Forças Armadas latino-americanas não serem, como corporação, orientadas para uma compreensão nacionalista de seu desenvolvimento nacional ou comprometidas com a aplicação dessa concepção, na forma que foi indicada para o caso do Peru. Em todas as Forças Armadas latino-americanas há um importante setor nacionalista. Limitando nossa análise às corporações militares que se adaptaram à primeira das características do experimento peruano (brasileira, argentina, equatoriana e colombiana) veremos que, além das maiores ou menores pressões internas em direção ao nacionalismo, existem também fortes fatores internos nestes estabelecimentos militares que contêm tal propensão.

Em última análise esses fatores podem ser reduzidos a dois tipos de pressão ideológica. O primeiro e mais geral está intimamente associado com os sentimentos anticomunistas prevalecentes na maioria dos militares latino-americanos e com a concepção maniqueísta, grandemente derivada de tais sentimentos, que divide o mundo entre o mal, representado pelo "comunismo internacional", e o bem, representado pelo "mundo livre". Esses sentimentos e concepções, que já foram discutidos neste livro, implicam a necessidade de apoiar a unidade do campo ocidental, sob a liderança natural e insubstituível dos Estados Unidos, contra os particularismos nacionais divisionistas. Incluem também suspeitas de que todas as formulações nacionalistas são esquerdistas. Este tipo de pressão é particularmente forte em certos setores e entre os oficiais mais antigos das Forças Armadas colombianas e equatorianas, é difundido entre os militares brasileiros, em particular na Marinha e na Força Aérea, e é menos importante, mas ainda observável, nas Forças Armadas argentinas, particularmente na Marinha.

A segunda pressão ideológica contra as propensões nacionalistas nesses estabelecimentos militares é o liberalismo econômico. Seja em termos do *laissez-faire* ou na ênfase neoliberal sobre a livre empresa (uma concepção particularmente forte na Argentina e na Colômbia), seja em termos de uma ênfase tecnocrática sobre a eficiência (difundida no Brasil e que leva ao receio da ineficiência supostamente inerente às empresas públicas), esta pressão prevalece, de forma diferente da outra, entre alguns dos militares intelectualmente mais sofisticados.

Dados estes e alguns outros fatores que contêm a concepção nacionalista nas Forças Armadas dos quatro países mencionados,

A ALTERNATIVA DA AUTONOMIA: A VIA 157

deixam elas atualmente, como corporações, de satisfazer essa característica fundamental necessária para a possível aplicação do experimento peruano. Esta circunstância, porém, não deveria ser considerada como uma permanente desqualificação. As Forças Armadas peruanas, em geral e o Exército em particular, como foi visto, ainda não estavam sob a influência prevalecente dos militares nacionalistas e reformistas há apenas alguns anos.

De modo similar, as Forças Armadas do Brasil, Argentina, Equador e Colômbia, estão submetidas atualmente a fortes pressões nacionalistas, que podem chegar a prevalecer muito mais cedo do que em geral é esperado. O problema do nacionalismo, portanto, deve ser considerado em termos dinâmicos. Tende a ser o aspecto central — se a concepção nacionalista chegar a prevalecer — na formação da *predisposição básica* que induz as Forças Armadas a tomar a responsabilidade corporativa de introduzir reformas de desenvolvimento em seus respectivos países.

As outras quatro características principais do experimento peruano (desenvolvimentismo, reformismo social, monopólio militar do poder, e uma ideologia sincrética) podem ser consideradas mais esquematicamente, para fins de brevidade. Duas destas características, a orientação de desenvolvimento e a reforma social, constituem, juntamente com o nacionalismo, o conteúdo essencial de qualquer reformismo capaz de promover o desenvolvimento autônomo. Das outras duas características — monopólio militar do poder e uma orientação ideológica que combina traços reformistas com o usual conteúdo da ideologia militar — pode-se dizer que, ou são de caráter conseqüencial, como a última, ou representam características peculiares a organizações autoritárias, tais como as Forças Armadas, cuja propensão para monopolizar o poder é proporcional a sua capacidade autônoma. No entanto, esta última característica não é, a não ser transitoriamente, um requisito funcional inerente ao reformismo. Pelo contrário, pode tornar-se facilmente um fator de distorção. Portanto, para nossa análise, é suficiente observar como as quatro Forças Armadas que estão sob nosso exame, se adaptam às duas primeiras destas características remanescentes: o desenvolvimentismo e o reformismo social.

Considerado em termos gerais o desenvolvimento é sempre a meta declarada dos tecnocratas, como tendem a sê-lo os atuais militares latino-americanos, em particular no Brasil e na Argentina. A questão crucial da tecnocracia, porém, é a medida em que, como foi anteriormente discutido neste livro, consiste apenas em uma tendêcia à modernização, com a preservação básica do *status quo* social. Esta foi precisamente a tendêndia manifestada pelos militares brasileiros e argentinos desde que tomaram o controle político de seus respectivos países, em 1964 e 1966. Essa modernização tecnocrática, cujos proponentes gostam de se vestir com os rótulos de revolucionários (embora, em essência, seja anti-revolucionária), democráticos (embora seja discricionalmente autoritária)

158 CRISES E ALTERNATIVAS DA AMÉRICA LATINA

e desenvolvimentistas (embora seja meramente modernizadora), é apenas uma expressão militar moderna do cameralismo, como foi discutido neste livro.

Apesar disto, no entanto, não se deve desdenhar o potencial de desenvolvimento dos atuais sistemas militares brasileiro e argentino. Desde logo, existe uma distância, que pode ser extraordinária, entre o que os corpos de oficiais julgam representar, sem uma clara formulação de seus intuitos, e o que os regimes militares realmente fazem (no caso da Argentina, antes da derrubada de Onganía), sob o controle, no topo, de antigos generais conservadores e tecnocratas neoliberais, profundamente arraigados às concepções e valores do capitalismo internacional. Ainda que com a distorção resultante deste "conservadorismo de topo", os regimes militares brasileiro e (até Lanusse) argentino, fizeram importantes esforços de desenvolvimento nas infra-estruturas econômicas de seus países, tais como os da energia, estradas e comunicações. Mas acima de tudo, lograram construir (particularmente no Brasil) uma maquinaria de Estado poderosa e eficiente, com um nível de capacidade política e administrativa nunca antes alcançado. O que dá uma relevância particular a esta realização *é o fato de que, com apenas algumas adaptações, essa mesma maquinaria, se reorientada para metas de desenvolvimento social e nacional, mobilizada por um novo espírito reformista, e apoiada pela participação popular, pode tornar-se um instrumento decisivo para a promoção do desenvolvimento nacional autônomo desses países.*

Em termos de reformismo social, como ocorre com o nacionalismo, os estabelecimentos militares do Brasil, da Argentina, do Equador e da Colômbia, estão divididos entre os sentimentos reformistas dos oficiais mais brilhantes e mais jovens e um setor conservador, formado principalmente por velhos generais, cujas concepções prevalecem nos altos comandos. O mesmo receio sem crítica do "comunismo internacional", combinado com os preconceitos do *laissez-faire* do século XIX e com várias formas de associação com grandes negócios nacionais e internacionais, levou tais pessoas a uma concepção conspirativa da sociedade[20]. Dado o caráter autoritário e disciplinar das Forças Armadas e as condições particulares da América Latina, que converteram as Forças Armadas em sistemas orientados para dentro, para a preservação da ordem social, é relativamente simples para os comandantes militares conservadores neutralizarem os sentimentos reformistas nas Forças Armadas, com vistas a políticas anti-subversivas e de contra-insurgência.

Como resumo das conclusões de nosso inquérito referentes a medida em que as características fundamentais do reformismo

---

20. A derrubada do General Levingston pelo General Lanusse, em 1971 (após o presente livro já estar basicamente escrito), introduziu duas mudanças inter-relacionadas na orientação política anteriormente intentada pelo governo Levingston. Uma foi a passagem de um nacionalismo econômico ao que poderia ser chamado de "neoliberalismo

A ALTERNATIVA DA AUTONOMIA: A VIA 159

militar peruano encontrem correspondência nas principais características das Forças Armadas das outras nações latino-americanas viáveis, podem ser ressaltados os seguintes pontos:

1) Em virtude da forma pela qual suas respectivas Forças Armadas estão inter-relacionadas com sua sociedade nacional, seus outros subsistemas, e a cultura política prevalecente, o México, o Chile, o Uruguai e a Venezuela (em menor extensão) e (em condições distintas) o Paraguai, não se adaptam apropriadamente ao experimento peruano.

2) As Forças Armadas do Brasil, da Argentina, do Equador e da Colômbia, estão muito perto do tipo peruano, no que se refere a suas características internas e à posição e papel que desempenham em suas sociedades nacionais. Atualmente, porém, carecem de orientação nacionalista e social-reformista suficientes para se empenharem em experimentos reformistas semelhantes.

3) Nas Forças Armadas brasileiras, argentinas, equatorianas e colombianas, a discussão e revisão atuais das posições ora prevalecentes, referentes aos problemas do nacionalismo e do reformismo social, e à melhor orientação e políticas para tratá-las, juntamente com outros fatores relevantes, mantêm aberta, a possibilidade de profundas mudanças nessas posições prevalecentes. Os acontecimentos mais recentes na Argentina, no entanto, da deposição do General Levingston ao retorno de Perón e, finalmente, sua eleição e tomada do poder, reforçaram a tendência para a consolidação de formas partidário-eleitorais de governo.

Os requisitos para a interferência político-militar

Para terminar nosso inquérito sobre a factibilidade da via reformista através da linha peruana, é ainda necessário considerar brevemente as condições que influem decisivamente a conduta política das Forças Armadas latino-americanas que possam eventualmente ser receptivas a esse tipo de reformismo. Como vimos, essas condições incluem duas ordens distintas de requisitos: 1) os que contribuem para a formação, entre os militares, de uma *predisposição básica* consensual ou prevalecente para um certo curso de ação política e 2) os que, dada essa predisposição, constituem uma *circunstância catalisadora*, que realmente impulsiona os militares à ação..

Uma predisposição básica para o reformismo, entre os militares dos quatro países em questão depende, em última instância, na presente situação, do aumento das concepções e compromissos de orientações nacionalista e social-reformista dentro das Forças Ar-

---

regulado". A outra foi um esforço mais forte e efetivo para reestabelecer processos democráticos e vida de partido. Isto significou, em termos da análise empreendida neste estudo, que se acentuou a compatibilidade da Argentina com o modelo eleitoral-parlamentar (no padrão venezuelano mais do que no antigo chileno), do que acabou resultando o regresso de Perón, a eleição de seu candidato, Cámpora e, finalmente, do próprio Perón.

160 CRISES E ALTERNATIVAS DA AMÉRICA LATINA

madas, particularmente no Exército. Esta ocorrência, por sua vez, depende essencialmente de duas outras condições. A primeira se relaciona, nos governos em questão (dos quais o brasileiro permanece controlado diretamente pelos militares), com a medida em que as políticas e decisões correntes, que são formulações qualificadas de uma concepção neoliberal, sejam bem ou mal sucedidas. A segunda condição se refere à medida em que os porta-vozes do desenvolvimento nacionalista e do reformismo social, confrontados com tais políticas e decisões, sejam capazes — e autorizados — de formular de modo consistente propostas alternativas e de persuadir os militares, e o público em geral, de que suas políticas alternativas seriam nacionalmente mais convenientes.

A primeira questão se relaciona com nossas discussões anteriores referentes ao desenvolvimento nacional, aos modelos políticos para sua promoção deliberada, às características estruturais da América Latina, suas alternativas básicas, e os efeitos negativos da dependência para os países latino-americanos. De acordo com nossas conclusões e achados, não pode haver dúvidas sobre a impossibilidade de êxito, a longo prazo, para o modelo neoliberal nas condições latino-americanas. Duas ordens de distinções, no entanto, devem ser feitas com referência aos efeitos necessariamente negativos das políticas neoliberais na América Latina. A primeira se relaciona com as características tipológicas dos países em questão. As políticas neoliberais terão formas muito diferentes de efeitos negativos a longo alcance, dependendo do fato de o país em questão ser um país bem integrado, com um alto nível de desenvolvimento social e uma população não demasiadamente grande, como a Argentina, ou um país profundamente dualista, com um pobre nível social médio de desenvolvimento, imensas diferenças setoriais e regionais, e uma população muito grande, como o Brasil. No primeiro caso a penalidade histórica para a submissão ao neoliberalismo e sua dependência implícita dos Estados Unidos pode ser limitada à perda da autodeterminação nacional. No segundo caso, além da anterior, outras penalidades muito severas, e provavelmente catastróficas, são de prever-se, tais como a estagnação estrutural — com exceção de alguns setores ou enclaves privilegiados — o desemprego maciço e a marginalidade, e, conseqüentemente, a instabilidade estrutural, a falta de consenso e a permanente sujeição a regimes coercitivos.

A segunda ordem de distinções a ser feita se refere à conduta do país hegemônico, neste caso os Estados Unidos, em relação aos efeitos negativos do neoliberalismo na América Latina. Essa conduta pode ser de interferência ativa ou simplesmente de remota manipulação e pode variar desde a posição mais esclarecida às mais obscurantistas. Esse assunto será brevemente discutido no próximo e último capítulo deste livro e não necessita neste de maior elaboração.

Basta apenas salientar que a Argentina, em razão de suas características já mencionadas, pode suportar uma submissão dura-

A ALTERNATIVA DA AUTONOMIA: A VIA 161

doura ao neoliberalismo sem efeitos catastróficos. Ainda assim, às expensas de sua autonomia nacional. Dos quatro países em questão (e em geral entre todas as nações latino-americanas), o Brasil seria a sociedade na qual um neoliberalismo perdurável teria os efeitos mais catastróficos. É interessante notar que embora as condições no Brasil sejam menos compatíveis com o modelo neoliberal do que na Argentina, é neste último país que o modelo neoliberal veio a ser primeiramente desafiado, em épocas recentes, pelas políticas nacional-desenvolvimentistas — interessantes ainda que de curta vida — de Aldo Ferrer.

Se tal é a conseqüência previsível de um neoliberalismo perdurável no caso de nossos quatro países (como o é em geral para toda a América Latina), qual é, para responder a nossa segunda questão, a provável evolução das tendências nacionalista e social-reformista nas Forças Armadas? Uma resposta completa a essa questão (ainda que coloquemos de lado a margem de imprevisibilidade contida em qualquer referência ao futuro estado de uma sociedade), requeriria mais elementos do que os considerados presentemente — notadamente as políticas alternativas possíveis da parte dos Estados Unidos. Esse assunto, portanto, será considerado no próximo capítulo, que tratará de tais problemas. Para os propósitos da presente análise é suficiente observar que, na medida em que for permitido continuar uma livre discussão sobre problemas e políticas cruciais nas Forças Armadas, particularmente no Exército, é altamente provável que as concepções nacionalistas e social-reformistas cheguem a prevalecer nos círculos dirigentes militares desses países, no curso de alguns anos.

Os acontecimentos na Argentina e no Brasil, nos fins de 1970 e no início de 1971, já eram indicativos dessa tendência, embora em diferentes formas. Quando uma mudança na liderança tecnocrática na Argentina, onde a secção nacionalista dos militares é relativamente fraca, permitiu que os especialistas do desenvolvimento nacional controlassem a administração econômica, o governo começou a se inclinar nessa direção, em antecipação a uma decisão correspondente entre as facções militares. Este fato contribuiu significativamente para as condições necessárias para que o General Lanusse depusesse o General Levingston e o substituísse. A reorientação da política econômica em uma direção mais neoliberal, porém, ocasionou também um reforço na tendência para uma forma eleitoral-partidária, de governo civil que culminaria com o retorno e aceitação de Perón.

No Brasil, o governo Médici logrou frear a facção nacionalista do Exército[21], mas não ao preço de adotar formas de governo

---

21. O líder da facção nacionalista nas Forças Armadas brasileiras, General Albuquerque Lima, que teve mais de uma oportunidade de dar um golpe nacionalista, de 1969 a 1970, preferiu permanecer leal à hierarquia militar, sob a implícita suposição de que seria oportunamente promovido a general de quatro estrelas. Como tal, se tornaria membro do alto comando das Forças Armadas e mais capaz de induzir seus colegas a

162   CRISES E ALTERNATIVAS DA AMÉRICA LATINA

civil, eleitoral-partidárias. Em vez disso, a contenção da ala nacionalista se fez ao preço da incorporação de várias de suas reirivindicação e *slogans* às políticas do governo.

Conclusões

Podemos agora resumir os principais achados e conclusões de nossa análise da possibilidade de promover o desenvolvimento autônomo dos países latino-americanos, nas presentes condições, por uma via reformista. Estas conclusões podem ser reduzidas a sete ponto principais:

1. Considerada em princípio, a natureza social do conteúdo das mudanças requeridas para o desenvolvimento autônomo da América Latina, incluindo a necessidade específica de superar a estagnação estrutural da região, a marginalidade e a desnacionalização, não é, em termos. analíticos, incompatível com os tipos de mudanças que podem ser levados a cabo através de vias reformistas. No entanto, o fato de que o populismo, que foi o experimento típico do reformismo latino-americano dos meados da década de 1940 aos inícios da década de 1960, haja terminado em todas as partes em malogro final, embora não excluindo, analiticamente, a possibilidade de outras modalidades bem sucedidas de reformismo na região, levanta dúvidas sobre a factibilidade de tal reformismo que apenas podem ser respondidas totalmente se se produzir evidência empírica da possibilidade real de alguma modalidade bem sucedida de reformismo na América Latina.

2. Essa evidência empírica foi proporcionada pela margem de êxito já alcançada por dois experimentos reformistas ainda em andamento: o reformismo progressista, eleitoral-parlamentar do Chile (até a derrubada de Allende) e da Venezuela e o reformismo militar radical do Peru. Quando as principais características e condições destes dois modelos (usando o último termo em seu significado amplo) de reformismo são comparadas com as principais características e condições próprias aos outros países latino-americanos, chega-se às três seguintes conclusões:

3. Os países centro-americanos e do Caribe, em virtude de sua atual falta de viabilidade nacional e, por razões próprias, o Paraguai, não se ajustam a qualquer um desses modelos e não se qualificam, em geral, para uma solução reformista, no que diz respeito a seu desenvolvimento autônomo.

4. O modelo chileno-venezuelano é de pouca aplicabilidade a outros países latino-americanos pois a maior parte deles carece do necessário grau de integração e desenvolvimento social, e nenhum deles desfruta de um sistema político que seja suficientemente

---

seguir uma linha nacionalista. No entanto, na ocasião adequada, em fins de 1970, o Presidente Médici não promoveu o General Albuquerque Lima, que não foi capaz de mobilizar qualquer reação opositora, com a conseqüente perda de influência para os nacionalistas no exército e, para ele, de sua liderança sobre os nacionalistas.

A ALTERNATIVA DA AUTONOMIA: A VIA 163

estável e desenvolvido para processar reformas, sob a inciativa de partidos políticos significativos, através de processos competitivos eleitoral-parlamentares. O Uruguai e a Argentina, porém, estão mais próximos do que o resto dos países latino-americanos de atender os requisitos do modelo chileno-venezuelano e podem eventualmente chegar a fazê-lo no futuro.

5. O modelo peruano, que foi logrado temporariamente na Bolívia, não é aplicável imediatamente a qualquer dos outros países latino-americanos, em virtude da atual falta da requerida predisposição básica em suas respectivas Forças Armadas. As Forças Armadas brasileiras e argentinas e as equatorianas e colombianas, devido a suas principais características e condições para a ação política, são as mais próximas a se qualificar para este modelo. Dado o processo interno de livre discussão e revisão de problemas e políticas cruciais, que está ocorrendo atualmente nessas Forças Armadas, é provável que alcancem em uns poucos anos, a predisposição básica necessária para promover a adoção do modelo em questão, na medida em que esse processo de revisão não seja contido com sucesso.

6. O México, devido aos traços particulares de seu sistema político, resultantes da Revolução Mexicana, não se qualifica para qualquer um destes dois modelos, mas reterá, para uma certa época, as características e condições compatíveis, e parcialmente favoráveis, ao renascimento do reformismo progressista dentro de seu subsistema de domínio político, como está sendo tentado atualmente pelo Presidente Luís Echeverría.

7. Com a exceção dos países centro-americanos, do Caribe e do Paraguai, os países latino-americanos desfrutarão, para uma certa época, da possibilidade, em termos analíticos, de seguir outras modalidades de experimentos reformistas, mas a probabilidade de sua ocorrência parece ser extremamente pequena.

9. Tendências e Perspectivas

I. TENDÊNCIAS NA AMÉRICA LATINA

Resumo de conclusões prévias

A fim de extrair algumas conclusões exploratórias da precedente discussão das alternativas básicas com as quais está confrontada a América Latina, devemos realizar um esforço adicional para avaliar o que é finalmente provável de ocorrer, e qual o curso mais provável dos acontecimentos. Essa avaliação terá que consistir, em última análise, em uma comparação crítica das tendências mais prováveis tanto na América Latina quanto nos Estados Unidos (em sua qualidade de superpotência com supremacia geral e regional), seguida por uma tentativa de prever os efeitos que tendam a resultar da interação desses dois conjuntos de tendências.

Para a conveniência do leitor, reveremos brevemente as principais verificações e conclusões dos capítulos precedentes desta seção. Podem ser resumidamente enumeradas da seguinte forma:

1. A América Latina está confrontada atualmente com a alternativa básica da dependência ou da autonomia, e terá que seguir uma ou outra, nas próximas décadas.

2. A dependência é a tendência correntemente prevalecente, embora ainda não seja apoiada por um esforço consciente deliberado, tanto de parte dos Estados Unidos quanto da América Latina. Até agora ainda não é uma tendência irreversível.

166   CRISES E ALTERNATIVAS DA AMÉRICA LATINA

3. A dependência satélite, que é a forma de dependência para a qual os países latino-americanos ora se estão dirigindo, requer um modelo colonial-fascista nas sociedades mais adiantadas. Esse modelo, no entanto, é inerentemente instável, pois tende a gerar menos recursos e menos consenso do que necessitam as sociedades em questão, e assim depende, externamente, de contínua e tendencialmente crescente ajuda estrangeira para cobrir o déficit de recursos e, internamente, de contínua e tendencialmente crescente coerção (com apoio estrangeiro) para cobrir o déficit de consenso.

4. Em teoria, as formas estáveis de dependência, para sociedades complexas, podem ser alcançadas pela conversão da dependência satélite em dependência provincial. Tal mudança, porém, requer, de parte dos Estados Unidos, um propósito imperial e um preparo administrativo que não possuem atuamente.

5. A alternativa de autonomia, embora mais difícil de seguir e assim, estatisticamente, menos provável, continuará a ser possível enquanto a dependência não se tornar irreversível. Isto envolve, tanto em teoria quanto nas condições empíricas da América Latina, o problema dos prazos-limite históricos. Os prazos-limite históricos são características objetivas dos processos históricos que, em certas condições, podem ser previstos com razoável aproximação. No caso da América Latina um prazo-limite de trinta anos pode ser razoavelmente considerado como o tempo-limite dentro do qual os países maiores e estrategicamente mais importantes da América Latina possam realizar seu desenvolvimento nacional autônomo e auto-suficiente, e realizar um sistema viável de integração regional. Isto implica um prazo-limite mais curto, de cerca de 10 anos — a década de 1970 — para tais países adotarem, as medidas e políticas mais importantes necessárias para a subseqüente execução apropriada de seus planos de desenvolvimento.

6. O malogro do populismo e a resultante emergência, na década de 1960, de tendências reacionárias por toda a América Latina despertou, por sua vez, em certos setores, principalmente entre os jovens, difundidas expectativas e tentativas de produzir as necessárias mudanças por via revolucionária. Atualmente e num futuro próximo, porém, as revoluções baseadas nos modelos cubano, chinês e outros, não parecem viáveis, em virtude das condições societais ainda prevalecentes na América Latina: a presente capacidade de contra-insurgência das mais importantes Forças Armadas e a preparação dos Estados Unidos para apoiar a estas, ou intervir diretamente. Se o presente *status quo*, entretanto, não for mudado por via reformista ou pelo (improvável) estabelecimento de formas provinciais estáveis de dependência, as revoluções tenderão, a longo prazo, a se tornar incontroláveis talvez não dentro dos próximos dez anos, mas dificilmente em período de mais de trinta anos.

7. As vias reformistas foram tentadas, com sucesso, de meados de 1960 a fins de 1973, em três países latino-americanos e prosseguem exitosamente em dois deles. Essas tentativas seguiram

TENDÊNCIAS E PERSPECTIVAS

dois modelos: o modelo progressista e eleitoral-parlamentar dos experimentos chileno (até a derrubada de Allende) e venezuelano, e o modelo radical-militar do experimento peruano.

8. O modelo progressista, dadas suas características e requisitos, é de pouca aplicabilidade a outros sítios da América Latina, embora possa, eventualmente, vir a ser aplicável no Uruguai e na Argentina.

9. O próprio modelo peruano, dadas suas características e requisitos, não é imediatamente aplicável a outros países latino-americanos, mas pode se tornar aplicável em países como o Brasil, a Argentina, o Equador e a Colômbia (e, eventualmente, outra vez, a Bolívia), se as tendências para as reformas nacional-desenvolvimentistas, que já possuem muitos partidários nas Forças Armadas, não forem impedidas de se expandir.

A maior parte dos aspectos referentes às principais tendências na América Latina já foi discutida. Para o propósito de nossa presente avaliação, acrescentaremos alguns esclarecimentos e tentativas de alcançar uma conclusão geral.

Essencialmente, como vimos, com a exceção dos dois países que continuam empreendendo atualmente, com bastante sucesso, um experimento reformista, a América Latina está seguindo objetivamente, embora ainda sem um propósito consciente, a alternativa da dependência. Para as mais complexas e desenvolvidas dentre essas sociedades a dependência satélite envolve a adoção do modelo colonial-fascista. No entanto, nenhum desses países alcançou uma forma completa e consolidada de fascismo colonial. O processo é ainda incipiente e outras forças adversas, em tais sociedades, têm impedido essa propensão de se cristalizar. Basicamente, apesar disto, verifica-se uma tendência para combinar o autoritarismo militar com o neoliberalismo econômico, sob forma tecnocrática de administração. Observam-se, assim, tendências semelhantes às da Espanha de Franco. De modo semelhante à primeira fase do franquismo, embora menos claramente do que na Espanha, registram-se, na América Latina, propensões de combinar um sistema sociopolítico com alguns traços corporativos, sob controle militar, com uma economia neoliberal tecnocraticamente regulamentada. Mais recentemente, como ocorreu com a segunda fase do franquismo, manifestam-se na região tendências para um neoliberalismo regulamentado tecnocrático de tipo *Opus Dei*, dentro do quadro de um sistema militar autoritário, quase absolutista, paternalista e modernizador[1].

O problema do modelo colonial-fascista, para os países maiores e socialmente menos integrados da América Latina, con-

---

1. Essa mudança de tendência, porém, foi associada, como previamente se mencionou, com a incorporação de várias características nacionalistas, reduzindo substancialmente os traços "coloniais" do modelo e reforçando, de modo correspondente, sua viabilidade.

168 CRISES E ALTERNATIVAS DA AMÉRICA LATINA

siste no fato de que o modelo neoliberal é inerentemente incapaz de gerar as condições necessárias para a incorporação das enormes massas nos sistemas nacionais, em formas e níveis de participação minimamente aceitáveis. Desta inabilidade resultam os déficits de recursos e de consenso que tendem a manter um estado social de permanente instabilidade e tensão, o que compele tais regimes a se sustentar através de processos de contínua coerção interna e dependência externa, processos compensatórios esses que não podem continuar indefinidamente.

Para os países demograficamente menores e socialmente melhor integrados, tal como a Argentina, o problema criado pelo modelo colonial-fascista não é tanto de caráter sócio-econômico quanto de natureza política. O modelo impõe, por um lado, a penalidade da crescente desnacionalização, que não apenas afeta a longo prazo as chances históricas do país, reduzindo suas perspectivas futuras, como também estreita, imediatamente, as possibilidades ocupacionais e de desempenho de papéis internos, em detrimento direto da classe média. Além do mais, ao estabelecer em uma sociedade bem educada e bem integrada um sistema político discriminatório, que não é responsável perante os cidadãos e que expressa apenas as concepções e os interesses de reduzidos círculos militares e de negócios e suas camarilhas liderantes, o colonial-fascismo introduz uma crescente deterioração na trama social e cria, por meios políticos, toda a sorte de efeitos antidesenvolvimentistas, reduzindo o desenvolvimento global da sociedade.

As três linhas ideológicas de pensamento

Confrontados com os presentes problemas de seus países, inclusive os decorrentes de seu próprio domínio, os militares tendem correntemente a se dividir entre três principais linhas ideológicas e programáticas. Uma, ressalta a necessidade de os militares devolverem a direção do processo político aos líderes civis "aceitáveis", dentro do quadro de uma democracia supervisionada pelos militares. As Forças Armadas reteriam um papel de supervisão política, como presumida personificação da nação (diferenciada idealisticamente da sociedade) e como tal fixariam as regras básicas do jogo político, exerceriam um contínuo poder de veto sobre grupos, líderes, soluções e políticas inaceitáveis, considerados por eles como contrários à segurança nacional e, dentro destas condições, deixariam o processo político ser decidido por meios eleitorais. Os proponentes dessa solução acreditam que têm a vantagem de combinar suas aspirações democráticas com seu sentimento de que as Forças Armadas durante o período de amadurecimento de seus países, deveriam reter um papel regulador supremo. Esta linha, que poderia ser chamada de "liberalismo supervisor", é particularmente atraente para os antigos liberais clássicos, que sonham com um sistema de *laissez-faire* generalizado nas novas

TENDÊNCIAS E PERSPECTIVAS 169

condições da América Latina, ainda que temperado pela supervisão política militar. No Brasil esta linha é apoiada por muitos dos antigos partidários mais chegados do regime do General Castelo Branco. Na Argentina essa linha era sustentada pelo extinto General Pedro Aramburu e seus partidários, como o General Julio Alsogaray e, entre os mais recentes líderes militares, pelo General Alejandro Lanusse. Os fatos demonstrarão, no caso de Lanusse, a inviabilidade prática do supervisionismo liberal, quando a abertura política seja efetiva e a maioria do país opte por outra linha. No caso, o nacional-desenvolvimentismo e social-reformismo em sua versão peronista.

A segunda linha, orientada de forma mais aberta para o modelo do colonial-fascismo, apresenta uma subdivisão entre os que estão diretamente ligados a certos traços do "fascismo clássico", particularmente a concepção corporativa do Estado, e os mais interessados nas formas neoliberais de administração tecnocrática. Com a precaução sempre necessária no emprego de exemplos e analogias históricos para propósitos analíticos, eu sugeriria que usássemos o regime de Franco como padrão de referência para essas duas variedades de concepções militares. A primeira variedade, que tendia a sê-lo cronologicamente, mas que ainda existe nas Forças Armadas como um grupo ideológico residual, poderia ser chamada de "falangista". O General Torranzo Montero, na Argentina e, em diferentes condições, no Brasil durante o governo Costa e Silva, diversos militares remanescentes do integralismo, proporcionam exemplos da linha falangista. Esta linha ressalta a necessidade de um regime militar direto e duro, tendo principalmente propósitos moralistas e anticomunistas, bem como o desejo — ao menos como uma meta de referência — de organizar a sociedade ao longo de linhas corporativas.

Os falangistas (como ocorreu na Espanha) foram superados, na América Latina, por uma variedade muito mais sofisticada de colonial-fascismo, que poderia ser chamada, seguindo a analogia espanhola, de neoliberalismo tecnocrático do *Opus Dei*. À semelhança dos liberais-supervisores, ressaltam uma economia de mercado de empresa privada, embora não sejam mais liberais do tipo *laissez-faire*, mas neoliberais keynesianos, fortemente comprometidos com a administração e manipulação tecnocrática da economia. Por outro lado, não acreditam na possibilidade de uma democracia supervisionada que funcione bem, devido ao imanente conflito entre os dois termos de tal regime. Preferem um regime tecnocrático autoritário militar — orientado pelos tradicionais valores cristãos da classe média — que desfrute, em princípio, de absoluto poder, mas que o use tão moderadamente quanto possível, em uma versão paternalista, orientada para o bem-estar, e modernizadora, dos cameralistas do século XVIII. Supõem que o sucesso cumulativo deste modelo, se for bem aplicado, reduzirá gradualmente as tensões iniciais formadas por conflitos de interesses, reais ou supostos, e que a tecnocracia bem sucedida, que manipule como

170 CRISES E ALTERNATIVAS DA AMÉRICA LATINA

um instrumento de eficiência o capital estrangeiro, as firmas privadas e os incentivos fiscais, avançará rapidamente na direção do desenvolvimento global e alcançará o estado de "fim da ideologia" de Daniel Bell.

A terceira linha de pensamento é a nacionalista. Os nacionalistas compreendem a distinção entre o desenvolvimento *nacional* e o meramente *territorial* e favorecem fortemente a primeira forma. Portanto, entendem a medida em que todos os modelos eçonômicos liberais e neoliberais, nas presentes condições do mundo, têm um efeito desnacionalizador. Além do mais, estão se tornando cada vez mais conscientes da inter-relação entre o processo circular da estagnação e da marginalidade latino-americanas, com seus resultados finais desnacionalizadores. Para reverterem esta tendência, favorecem um sistema de planificação central normativa, comprometido com o desenvolvimento nacional e social, baseada particularmente nas empresas· públicas e apoiada por amplas medidas sociais, tais como a reforma agrária. No entanto, reconhecem que as empresas públicas foram freqüentemente administradas de forma ineficiente na América Latina e que, a fim de assegurar sua operação apropriada, além de um regime de administração científica, é necessária uma grande disciplina e austeridade em toda a sociedade e particularmente no setor público.

Foram originariamente militantes das medidas repressivas anti-subversivas mas, embora retendo um padrão anticomunista tradicional, deslocaram em geral sua ênfase da contra-insurgência repressiva para a reforma social ativa. Chegaram a entender que a resposta à insurgência reside menos na repressão dos líderes rebeldes do que na promoção de reformas sociais honestas e radicais, que eliminem as causas da marginalidade social e incorporem as massas ao sistema nacional, aumentando substancialmente seus níveis de produção e consumo.

No Brasil, o General Albuquerque Lima foi reconhecido, nos finais da década de 1960, como o líder dos nacionalistas militares, que representam um setor muito grande nas Forças Armadas, embora não ao nível do alto comando. Na Argentina o setor nacionalista das Forças Armadas foi identificado inicialmente com o grupo do Conselho de Segurança Nacional, do qual foi chefe o General Osiris Villegas até o governo Lanusse. Em seguida, a liderança militar do nacionalismo passou para o general Carcagno, a quem Perón confiou o Ministério da Defesa. A vitória do peronismo reforçou decisivamente, na Argentina, a influência da corrente nacionalista nas Forças Armadas.

Estas três posições militares ideológicas e programáticas básicas possuem equivalentes similares na Colômbia e no Equador, embora sejam menos claras, devido às diferentes condições, incluindo as presentes formas encobertas de interferência política das Forças Armadas. No Equador a Junta Militar que governou o país de 1963 a 1966, sob a presidência do Capitão da Marinha Ramón Castro Jijón, teve uma franca orientação nacionalista e

TENDÊNCIAS E PERSPECTIVAS

social-reformista e foi forçada a resignar pelas pressões conjuntas dos comerciantes de Guayaquil e dos liberais-supervisores das Forças Armadas. A nova Junta Militar que tomou o poder novamente, em 1972, depondo o Presidente Velasco Ibarra, é mais ambígua sobre esse assunto. Na Colômbia, o social-reformismo e o nacionalismo militares têm crescido sensivelmente, em particular desde os meados da década de 1960, sob a liderança do General Alberto Ruiz Novoa, ora reformado. É sintomático da influência crescente do nacionalismo e do social-reformismo, tanto nas Forças Armadas quanto na sociedade colombiana em geral, o sucesso que obteve, em uma tosca versão populista dessas concepções, o ex-ditador General Rojas Pinilla, que voltou à vida pública. Fundando um novo partido, a Alianza Nacional Popular (ANAPO), começou a desafiar seriamente a Frente Nacional em 1966, e perdeu a eleição presidencial de 1970 por uma margem muito pequena de votos. Subseqüentemente, Rojas Pinilla logrou muito pouco apoio nas eleições parlamentares de 1972, perdendo uma grande parte de seu impacto anterior. As tendências nacionalistas, porém, não parecem ter sido afetadas pela atração declinante de Rojas, mas foram reorientadas para Alfonso López Michelsen, candidato do Partido Liberal, à sucessão do Presidente Pastrana.

Os fatores condicionantes

A evolução dessas três linhas ideológicas dentro das Forças Armadas desses países parece, a partir dos desenvolvimentos atuais, ter sido influenciada de modo predominante pela inter--relação de quatro fatores principais: 1) a exposição dos militares a um livre debate interno relacionado com essas três posições ideológicas e programáticas, e as diferentes reações a elas; 2) a interação entre estas linhas militares, as várias camadas sociais e suas diferentes tendências; 3) as políticas e medidas adotadas pelos governos dos países em questão e seus resultados; 4) o curso dos acontecimentos internacionais, particularmente no que diz respeito ao desenvolvimento da guerra fria e às relações entre a América Latina e os Estados Unidos.

Uma ampla análise da inter-relação desses quatro fatores seria extremamente importante para a compreensão do previsível desenvolvimento ideológico das Forças Armadas dos países em questão, que configurarão a tendência de sua ação política no futuro não remoto. Tal análise, porém, não seria compatível com os limites do presente capítulo. Restringir-me-ei, assim, aos aspectos mais cruciais desse complexo processo, concentrando-me no caso do Brasil, pois é o país em que é maior a capacidade autônoma das Forças Armadas e onde uma mudança nas políticas do governo teria influência mais decisiva na América Latina.

Em última análise, os aspectos mais importantes do processo dessa inter-relação podem ser reduzidos a três pontos. O primeiro se refere ao fato de que a livre discussão das concepções que se

172 CRISES E ALTERNATIVAS DA AMÉRICA LATINA

confrontam dentro das Forças Armadas, em particular no Exército, parece favorecer a linha nacionalista. A direta evidência empírica a esse respeito é difícil de obter, em virtude da política das Forças Armadas de impedir a divulgação desse tipo de informação, no interesse de manter a unidade militar. Mas o que pode ser inferido a partir da informação pessoal e dos dados disponíveis parece confirmar o acima exposto.

O segundo ponto se refere às estimativas, entre os militares, da factibilidade de uma nova política nacionalista e social-reformista, comparada com a forma corrente de neoliberalismo tecnocraticamente administrado. Tal preocupação, desde logo, manifesta a abordagem realista e crítica que está passando a prevalecer entre os militares, que é crescentemente influenciada por uma perspectiva científico-tecnológica. Uma vez mais, pelas mesmas razões, é difícil reunir informação suficiente e apropriada sobre o assunto, embora, no caso do Brasil, artigos na *Revista do Clube Militar* forneçam algumas indicações, além das obteníveis através de fontes pessoais. Minha própria impressão sobre esse assunto é que as Forças Armadas, crescentemente inclinadas para uma concepção nacionalista e social-reformista de tipo moderada, estão tentando avaliar a factibilidade de uma política que expresse tal concepção.

Os militares nacionalistas e social-reformistas, em países como o Brasil estão preocupados em evitar outro experimento populista. Querem, assim, antes de colocar suas concepções ideológicas em prática, estar certos de que dispõem de processos operacionais tecnicamente sólidos, e que estes processos poderão ser aplicados em condições sociopolíticas aceitáveis, tanto interna quanto internacionalmente. A medida em que os militares cheguem a concluir que essas duas condições de factibilidade possam ser realizadas é ainda difícil de prever. Suas conclusões serão possivelmente influenciadas pela medida em que a *intelligentsia* reformista, seja ou não capaz de apresentar formulações suscetíveis de assegurar que sua aplicação não irá causar desagregações sociopolíticas, interna ou externamente.

Para facilitar uma comparação entre as forças, modelos, condições e resultados prováveis de 1) uma política nacionalista e social-reformista orientada para o desenvolvimento nacional autônomo, 2) uma política de neoliberalismo tecnocrático, orientada, supostamente, para a "interdependência", mas na realidade, como foi visto anteriormente, orientada para a dependência satélite, e 3) uma via revolucionária de obter o desenvolvimento nacional autônomo, tentei apresentar os principais elementos envolvidos no Quadro 11.

O terceiro ponto referente à inter-relação de fatores que moldam atualmente a orientação política predominante das Forças Armadas, particularmente no Brasil e na Argentina, está relacionado às muitas facetas da política militar interna e às relações dos militares com atores e condições externos, tais como, em particu-

TENDÊNCIAS E PERSPECTIVAS

QUADRO 11. *Dependência e Autonomia na América Latina: Forças, Modelos, Condições e Resultados Prováveis*

Fatores e Condições \ Alternativas	DEPENDÊNCIA Baseada no regime atual de participação. Decisões e fatores estratégicos controlados ou orientados pelos EUA.	AUTONOMIA Decisões e fatores estratégicos controlados ou orientados pelos latino-americanos.	
		Via Reformista	*Via Revolucionária*
1. Forças liderantes	Burguesias consulares e estrangeiras, mais Forças Armadas conservadoras, mais classe média civil conservadora.	Militares nacionalistas (ou partidos progressistas), mais intelectualidade, burguesia nacional, classe média progressista e massas.	*Intelligentsia* revolucionária mais grupos militares radicais e forças populares res.
2. a. Modelo Econômico	a. neoliberalismo tecnocrático;	a. nacional-desenvolvimentismo com integração regional;	a. Socialismo Desenvolvimentista;
b. Instrumento chave	b. corporações multinacionais controladas pelos EUA.	b. empresa pública nacional e regional.	b. corporação pública.
3. Condições sociopolíticas	Aliança de empresários e militares, apoiada pela classe média conservadora; repressão da *Intelligentsia* e das massas; razoável crescimento econômico.	Predomínio de nacionalistas nas Forças Armadas (ou predomínio eleitoral de progressistas), apoiados por forças liderantes acima mencionadas.	Pré-condição: desagregação social geral latino-americana, causada pela agravação contínua do *status quo* atual por mais de dez anos.
4. Modelo Político	Colonial-Fascismo	Combinações várias de Nacional-Capitalismo e Capitalismo de Estado.	Socialismo Desenvolvimentista.
5. Resultados Prováveis	a. desenvolvimento satélite e provincial ou b. agravação desagregadora causada pelo dualismo; tendência para a revolução.	a. desenvolvimento autônomo nacional e regional ou b. desagregações causadas pelo paroquialismo conflitante e tendência para a dependência.	a. nenhuma intervenção dos EUA: socialismo neutro ou b. intervenção dos EUA: revolução semelhante à chinesa ou múltiplos Vietnãs, constituindo guerras de liberação popular.

174 CRISES E ALTERNATIVAS DA AMÉRICA LATINA

lar, a composição e orientação do governo nacional, os principais setores e grupos sociais nesses países, e o curso dos eventos internacionais. A esse respeito são extremamente importantes algumas alternativas.

Uma alternativa se refere à posição que nacionalistas militares possam chegar a ter dentro de suas respectivas Forças Armadas, se continuar a tendência anteriormente tomada como hipótese, em favor do nacionalismo e do social-reformismo. Essa posição pode variar desde uma vaga e desorganizada simpatia ideológica a um apoio maciço, organizado e militante.

Outra alternativa crucial envolve a forma pela qual os nacionalistas militares cheguem a vincular-se a seu governo. Tal relacionamento pode ser de colaboração e apoio, na medida em que esses governos decidam aceitar uma orientação nacionalista e social--reformista como no caso do novo governo de Perón, na Argentina, ou pode ser de incompatibilidade e luta. No primeiro caso podem ser introduzidas mudanças radicais na política, por via reformista. No segundo caso, seria necessário um golpe para adotar tais mudanças.

Uma terceira alternativa se refere ao curso dos eventos internacionais. Na medida em que os antigos aspectos ideológicos da guerra fria se convertam cada vez mais — como vem ocorrendo — em um processo de conflito-cooperação, conducente a adaptações interimperiais ou, ao contrário, volte a produzir-se uma oposição quase religiosa, nessa mesma medida se desacreditará ou reafirmará a visão internacional dos liberais-supervisores. E a medida em que a integração latino-americana se torne, ou não, mais efetiva, tenderá a reforçar as hipóteses dos nacionalistas ou dos neoliberais tecnocratas, respectivamente.

Seria de pouco valor científico tentar explorar além deste ponto o possível curso das tendências militares. Como se observa pela discussão precedente, o nacionalismo e o social-reformismo, como linhas ideológicas e programáticas, parecem estar ganhando crescente apoio nas Forças Armadas, em particular no Exército, de vários países latino-americanos. Além do mais, os nacionalistas e reformistas militares estão seriamente preocupados com sólidas práticas financeiras e administrativas e efeitos sociopolíticos não desagregadores, evitando riscos aventurosos. Confrontamo-nos, assim, com um processo aberto, que apresenta algumas indicações de que o nacionalismo seja capaz de se tornar uma concepção predominante nas Forças Armadas dos países em questão, ou venha a se consolidar quando já seja prevalecente, como na Argentina de Perón. A conversão dessa *concepção* em *políticas governamentais reais,* porém, pode implicar um longo caminho a percorrer. Os nacionalistas podem não lograr reunir um grupo suficientemente forte e predominante das Forças Armadas para a ação política. A correspondência apropriada entre a concepção nacionalista e um conjunto específico de políticas e medidas pode, também,

TENDÊNCIAS E PERSPECTIVAS 175

não ser lograda devido às deficiências de formulação dos nacionalistas ou a exitosas formas de mistificação por hábeis tecnocratas neoliberais. Os militares nacionalistas também podem concluir que muitas de suas desejadas políticas e metas criariam conflitos sociopolíticos que lhes pareçam inaceitáveis, interna ou internacionalmente.

Embora não se justifique, frente a semelhante processo aberto, qualquer conclusão específica parece possível reconhecer que o nacionalismo e o reformismo social tendem a se tornar os aspectos centrais da orientação política das Forças Armadas dos países previamente mencionados. Esse fato é capaz de reduzir os liberais-supervisores a uma posição secundária. Poderá também contribuir para o final descrédito da variedade falangista do colonial-fascismo. O reformismo nacionalista e o estilo *Opus Dei* do neoliberalismo tecnocrático, bem como suas possíveis combinações, aparecem, portanto, como as duas mais prováveis linhas ideológicas e programáticas em confrontação, nas Forças Armadas de vários países latino-americanos. Essas linhas orientarão tais Forças Armadas e seus respectivos países, seja para o desenvolvimento nacional autônomo, seja para formas da assim chamada interdependência com os Estados Unidos, que resultarão, na realidade, em dependência, como foi anteriormente discutido no Cap. 6, Livro III.

II. TENDÊNCIAS NOS ESTADOS UNIDOS

Alternativas básicas

Deslocando nossa análise para o outro lado do quadro, tentemos examinar brevemente as principais tendências que são suscetíveis de caracterizar os Estados Unidos nos próximos anos, principalmente em termos dos principais processos que estão atualmente ocorrendo na sociedade norte-americana e em termos de seus inter-relacionamentos com o mundo.

A determinação de tendências e orientações em uma sociedade tão complexa como a dos Estados Unidos, na qual nenhuma instituição ou grupo pode reivindicar nada que se aproxime da medida de capacidade autônoma que desfrutam atualmente as Forças Armadas em muitos países latino-americanos, apresenta um grande problema, tanto em termos da metodologia apropriada para a tentativa, quanto em termos do tratamento dos fatos e variáveis envolvidos. Uma abordagem analítica que considere, em cada um dos quatro planos estruturais da sociedade norte-americana, que tendências e grupos estão correntemente competindo para modelar o tipo das principais orientações sociais, culturais, econômicas e políticas, embora perfeitamente legítima, seria obviamente incompatível com as dimensões do presente tópico. Tal limitação poderia

176   CRISES E ALTERNATIVAS DA AMÉRICA LATINA

ser um impedimento insuperável para a realização de nosso propósito, em outros momentos da história norte-americana.

Atualmente, porém, a sociedade norte-americana, apesar da imensa e trágica confusão que chegou a prevalecer em todos os setores e que poderia parecer tornar impossível a indicação de qualquer orientação geral, é muito pelo contrário, confrontada, no conjunto, com duas alternativàs inter-relacionadas, que são de alcance e conseqüências mais amplos. É precisamente devido aos conflitos gerados por essas duas alternativas que a sociedade norte-americana se encontra atualmente tão agitada, — inclusive no que se refere à própria formulação e ao claro reconhecimento do que está realmente em jogo. O fato, entretanto, de que estas duas alternativas sejam tão amplas e decisivas, no que se refere ao futuro desenvolvimento da sociedade norte-americana e do mundo em geral, permite uma avaliação das principais tendências e orientações da sociedade em termos dessas alternativas.

A primeira, consiste na oposição, nas presentes condições do mundo, entre duas formas de organização interna e internacional da sociedade norte-americana: Império e Comunidade de Nações. A segunda alternativa, inter-relacionada com a primeira mas com perfil próprio, consiste na oposição, na sociedade norte-americana e, de modo tendencial, em todo o mundo, de duas formas de éticas: a ética do dever e a ética da liberdade.

Essas duas alternativas estão inter-relacionadas pelo menos de duas formas principais. Primeiramente, no sentido de que a perspectiva de Império, com a qual se defronta atualmente a sociedade norte-americana, é a conseqüência de um longo e complexo processo histórico, no qual desempenhou um papel fundamental o predomínio, até nossa época, de uma ética de dever nos Estados Unidos. Em segundo lugar, porque a escolha entre os dois termos do dilema organizacional americano é, e será, fortemente influenciada, embora não isoladamente determinada, pela escolha entre aquelas duas éticas competidoras.

Esse inter-relacionamento, porém, não vai até o ponto de construir uma interdependência estrita. As duas alternativas são em muitos sentidos, de diferente tipo. A alternativa Império-Comunidade tende a ser imposta objetivamente à sociedade norte-americana, que será levada a seguir um dos dois termos, se torne ou não a escolha deliberada e consciente. A escolha entre as duas éticas, porém, embora representando algo que é proposto objetivamente a cada indivíduo pelo desenvolvimento sociocultural da sociedade norte-americana e como tal sujeito a todas as pressões socioculturais, terá que ser uma decisão individual da parte de cada pessoa, sejam quais forem as influências exercidas pelas pressões socioculturais.

Além do mais, a segunda alternativa não envolve um resultado global de "ou...ou". A sociedade norte-americana é mais suscetível de se dividir entre essas duas éticas, com o predomínio

TENDÊNCIAS E PERSPECTIVAS 177

oscilando entre cada uma delas, do que de ser levada a seguir a alguma delas de forma maciça. A alternativa ética, além do mais, não é exaustiva, em termos do conjunto das possibilidades éticas, deixando abertos vários outros possíveis tipos de escolha ética. E, como foi dito anteriormente, não é uma escolha com que apenas os norte-americanos se encontrem confrontados; tende a ser enfrentada, embora refletindo distintas tradições, por todas as sociedades modernas, na medida em que cheguem a ter condições sociocultural comparáveis com as norte-americanas atuais.

A alternativa ética

O que é imediatamente relevante para nosso presente estudo é a primeira alternativa, que envolve uma escolha política global, consciente ou não, que, juntamente com outras conseqüências, interferirá diretamente com as possibilidades e tendências referentes ao desenvolvimento autônomo da América Latina. A segunda alternativa, porém, não pode ser omitida de nosso quadro devido a seu inter-relacionamento com a primeira. Não seria possível, dentro dos limites inerentes a este estudo, explorar, ainda que de modo sucinto, os problemas complexos envolvidos na presente alternativa ética da sociedade norte-americana. Uma análise de tais problemas requeriria um amplo estudo histórico e sociocultural da evolução dessa sociedade e do mundo ocidental, que seria alheio ao propósito deste livro. O de que necessitamos, para a breve análise da primeira alternativa, é compreender que as novas complexidades da América, após a Segunda Guerra Mundial, a ampliação sem precedentes de seu envolvimento internacional, e a expansão, não menos sem precedentes, de seu índice de educação superior, sacudiram tanto a base da tradicional ética norte-americana do dever quanto criaram e socializaram novos valores e expectativas, que requerem novas abordagens éticas, tais como a ética da liberdade.

Reduzindo essa situação complexa a seus traços fundamentais, podemos dizer que no processo de sua secularização e aplicação prática, a ética norte-americana tradicional do dever foi confrontada cada vez mais, em épocas recentes, com uma crise de legitimidade e uma crise de relevância. A ética norte-americana do dever é uma expressão secularizada da ética protestante, que é orientada para a "justificação através da fé"[2], mediante uma decisão voluntarista de aceitação da mensagem da revelação cristã e de acatamento da mesma.

No processo histórico de sua secularização, das épocas coloniais às condições de meados do século XX, o núcleo religioso e transcendente dessa perspectiva ética, em torno da qual foi moldado um código e um estilo de conduta, tornou-se cada vez mais

---

2. Sobre esse tema vide PAUL TILLICH (1957). Vide também seu *Systematic Theology* (1967, particularmente v. 3, Parte 4).

178 CRISES E ALTERNATIVAS DA AMÉRICA LATINA

remoto. Tornou-se um simples princípio de referência, ainda aceito por razões lógicas, metafísicas ou simplesmente tradicionais, mas não mais a base de sustentação real dessa ética. O código e o estilo de conduta, porém, grandemente enriquecidos pelo insumo de valores e normas de caráter social e cívico, tornaram-se o padrão da conduta correta para cada homem respeitável e respeitador de si mesmo.

Esta ética era uma ética do dever, em seu sentido original, pois refletia o "princípio protestante", que ressalta a Graça e a vontade de Deus, em vez de valores humanos inerentemente bons e que portanto leva a padrões éticos de caráter operacional, mais do que de conteúdo. Essa ética se tornou uma ética do dever, em sua forma social moderna e contemporânea, porque estabeleceu certos padrões de legitimidade e de conduta que qualquer um deveria seguir, incluindo prescrições morais privadas secularizadas, derivadas das versões tradicionalmente aceitas da revelação protestante, e um conjunto de responsabilidades normativas referentes a assuntos sociopolíticos, derivados da tradição comunitária e cívica norte--americana. A crescente burocratização e regimentação da vida norte-americana contemporânea criou a necessidade de regulamentar a conduta das pessoas de modo concordante. Formaram-se assim instâncias e organismos interinos de legitimidade e atributividade tais como as normas e instruções do governo federal e as decisões administrativas de maior alcance das grandes corporações — todos inseridos no corpo geral da atual ética norte-americana do dever. Era inerente a esse corpo de ética a admissão de uma compatibilidade e complementação básicas entre 1) a ética cristã (implicitamente identificada com sua versão protestante), 2) a tradição e forma de vida norte-americanas (vistas de forma idealizada), e 3) os Estados Unidos e seus principais fins e atos, enquanto formulados e decididos constitucionalmente pelos três poderes federais (diferenciados idealisticamente das meras políticas partidárias).

A crise confrontada por essa ética do dever resultou da rápida aparição, em épocas recentes, de profundas e difundidas dúvidas referentes à real legitimidade de muitas de suas instruções e normas (desde a segregação racial até a guerra do Vietnã), das autoridades que emitiam tais instruções (supostos processos eleitorais e administrativos não democráticos) e, finalmente, de todo o sistema axiológico e conceitual relacionado com essa perspectiva ética. Ao mesmo tempo, foram criados novos valores e expectativas ou, ao menos foram amplamente socializados, todos eles relacionados com uma nova concepção existencial do homem e de sua liberdade, como a fonte e o objeto finais de todos os valores[3]. Estas novas expectativas e valores, que eram alheias à tradição ética norte-americana e dificilmente ajustáveis a ela, tiveram também

---

3. Vide T. ROSZAK (1969).

TENDÊNCIAS E PERSPECTIVAS 179

uma diferente origem remota: o humanismo clássico. Mais recentemente, tornaram-se tributárias do existencialismo continental e da presente ressurreição do jovem Marx e do socialismo humanista, associado, principalmente para a geração jovem, a uma desesperada procura neo-romântica de comunicação interpessoal, subjetivização de todos os padrões de valores, liberdade sexual e ilimitada exploração hedonista de todas as possibilidades sensoriais.

As duas éticas representam tanto um conflito geracional quanto um conflito mais profundo, referente à forma de encarar o novo mundo, criado pela expansão contínua e auto-suficiente da tecnologia e do que fazer com ele. Como já foi adiantado neste livro (vide a parte inicial do Cap. 12, Livro II), um dos problemas cruciais apresentados pela completa tecnologização do ambiente do homem consiste no fato de que as condutas anteriores, derivadas de certas pressões e escassezes naturais, não mais fazem sentido (se as possibilidades tecnológicas disponíveis forem usadas real e racionalmente), enquanto que a contingência do homem não pode ser superada em muitos aspectos essenciais e a superopulência não suprime a necessidade e os problemas de decisões políticas e de sua aplicação.

As conseqüências destes dois aspectos do mundo moderno, para a alternativa ética em discussão, são de longo alcance e não podem ser aqui analisadas. Elas dizem respeito, em um sentido, à própria validez social das duas éticas conflitantes, como são formuladas e praticadas correntemente. Na medida em que a ética corrente do dever não resolva sua crise de legitimidade e de relevância — o que requereria novas bases e novos valores e portanto uma nova perspectiva ética — esta ética tende a se tornar uma racionalização ideológica de interesses particulares (de classe, grupo ou geração), apenas aplicáveis socialmente através de meios coercitivos. Na medida em que a emergente ética da liberdade continue ao longo de alguns de seus mais salientes termos atualmente — que não podem proporcionar um padrão geral para formas socialmente confiáveis e funcionais de interação humana, em particular nas condições do mundo contemporâneo — esta ética tende a levar seja para a geral desagregação social, seja para uma restrição, que se invalida e si mesma, de sua aplicabilidade a minorias exclusivas e socialmente segregadas.

Em outro sentido, o fato de que a superopulência não suprima a contingência humana e a necessidade de a ordenação política inter-relaciona a alternativa ética com a alternativa Império-Comunidade. Uma comunidade comunitária internacional pode ser lograda e mantida (sendo dadas as outras condições necessárias) por formas não atributivas e de orientação humanista de uma ética do dever — como no caso da ética Estóica — bem como por formas de uma ética da liberdade inerentemente conducentes a padrões confiáveis de sociabilidade funcional. Diversamente, as formas atributivas e potencialmente anti-humanistas de uma ética do

180 CRISES E ALTERNATIVAS DA AMÉRICA LATINA

dever, com sua crise de legitimidade e de relevância, podem apenas conduzir a um Império. As formas de uma ética da liberdade que não sejam socialmente confiáveis e funcionais, poderiam levar apenas à autodestruição social, na hipótese, simplesmente teórica, de sua generalização, ou na prática real, tenderiam a levar a uma conduta restritiva de seita, no contexto mais amplo de uma prevalecente ética atributiva do dever.

Esta breve análise dos problemas relacionados com as alternativas éticas com que se defronta a sociedade norte-americana de hoje e, tendenciosamente, o mundo em geral, nos possibilita examinar a outra alternativa, que se refere tão imediatamente a nosso presente inquérito: a alternativa entre Império e Comunidade.

Império ou comunidade de nações

A alternativa entre Império e Comunidade de Nações, como foi notado, é algo que se impõe objetivamente à sociedade norte--americana pelo próprio curso da história. Os Estados Unidos se encontram compelidos a seguir um dos dois termos dessa alternativa, de forma consciente ou não. Como foi examinado no Cap. 12, Livro II, os Estados Unidos se tornaram, nas condições que se seguiram à Segunda Guerra Mundial, uma superpotência dotada de supremacia mundial, geral e ocidental. Converteram-se, de fato, em um império mundial, ainda que tal resultado não haja sido planejado deliberadamente e não seja atualmente reconhecido como tal pelo povo norte-americano e a maioria de seus líderes, com a exceção de alguns especialistas e da jovem intelectualidade.

No presente estágio do desenvolvimento do império norte--americano, porém, está chegando o momento, tanto por razões internas como externas, em que a brecha entre o fato do *Imperium* e a falta de seu reconhecimento, em particular pelo círculo dirigente, criará dificuldades rapidamente crescentes para a administração dos interesses norte-americanos e, finalmente, para a própria existência e sobrevivência da sociedade norte-americana. Não reconhecer o império norte-americano não implica, para o povo norte-americano, optar pelo outro termo da alternativa, o estabelecimento de uma comunidade internacional comunitária. Pelo contrário, apenas faz com que prossiga o império, dadas as propensões expansivas que lhe são inerentes, embora, ao mesmo tempo, implique em formas casuais de governo e de administração, que logo esgotarão os recursos, enormes mas não ilimitados, do império e assim conduzirão todo o sistema, incluindo sua parte central, a sociedade norte-americana, a um inescapável desastre.

É altamente improvável, entretanto, que a difundida inconsciência da condição imperial dos Estados Unidos prossiga por muito tempo, ainda que, por razões táticas ou culturais, os fatos possam continuar a ser oficialmente negados e alguns dos aspectos terminológicos dessa consciência cheguem a ser sistematicamente repri-

TENDÊNCIAS E PERSPECTIVAS 181

midos por certos círculos. A completa e sofisticada compreensão do Império já foi expressa por estudos modernos, dentro e fora dos Estados Unidos, e já foi manifestada, também, com veemente condenação, por estudantes e líderes antiimperialistas. A tendência é no sentido de se fazer do estudo dos novos impérios e das relações interimperiais e intra-imperiais, o principal assunto do campo das relações internacionais. E ainda que razões tradicionais e certas razões táticas conspirem contra uma forma aberta de lidar com o fato imperial, os assuntos e problemas a ele relacionados e a necessidade de seu tratamento racional são, em conjunto, tão vitais, que uma abordagem objetiva e científica da questão imperial se está tornando rapidamente uma exigência incontenível da sociedade norte-americana.

Está claro, assim, que agora e nos próximos anos o império norte-americano, como um Estado de fato, será submetido cada vez mais a contingências custosas, em virtude da falta de reconhecimento e de tratamento racionais e sistemáticos de seus problemas pelo círculo dirigente norte-americano, ou será o objeto de uma opção deliberada. A continuada recusa oficial de reconhecer a realidade imperial e de lidar com a mesma de uma forma racional e intencional, ainda que grandemente improvável a longo prazo, significaria simplesmente uma opção objetiva em favor do império, embora na forma desastrosa anteriormente referida. Enfrentar os fatos de uma maneira racional e deliberada, porém, abriria aos Estados Unidos a alternativa de, por quaisquer razões, aceitar a condição imperial, com a possibilidade de administrá-la como melhor considerasse, ou de rejeitá-la e escolher, em seu lugar, outra forma de organização para a sociedade norte-americana e suas relações internacionais. Essa outra forma, como tipo ideal, é uma comunidade comunitária internacional.

Ambos os termos dessa alternativa devem ser entendidos como tipos ideais, que admitem muitas variedades empíricas possíveis, ao longo de um espectro. É essencial a idéia de império — juntamente com outras condições referentes a seu *status* mundial — o fato de que uma dada sociedade exerce o poder e a autoridade, por sua própria força, como sociedade dirigente e hegemônica, sobre outras sociedades distintas que são dependentes, ainda sem o desejarem, da anterior [4]. Esse poder e autoridade podem ser aceitos e mesmo bem recebidos por qualquer uma das sociedades dependentes ou seus membros, mas são independentes de tal aceitação e podem ser aplicados de forma autônoma a qualquer uma das sociedades dependentes, pela sociedade dirigente e hegemônica. Como termo oposto temos, nas condições contemporâneas do mundo, o tipo ideal de uma Comunidade de Nações internacional e comunitária. É essencial a esta idéia (juntamente com outras

---

4. Com referência ao significado do que seja uma sociedade e de como distintas sociedades difiram entre si, vide Cap. 2, Livro I.

182 CRISES E ALTERNATIVAS DA AMÉRICA LATINA

condições referentes a seu *status* mundial) o fato de que várias sociedades distintas, independentemente de sua força e nível de desenvolvimento relativos, mantenham, de forma institucional e duradoura e por sua própria decisão, uma organização supranacio nal. Tal organização se baseará em princípios igualitários referentes ao regime de participação de cada sociedade e de seus respectivos membros nessa organização, e será dotada de poder e autoridade suficientes para seu autogoverno ou para o regime e administração de alguns interesses comuns relevantes.

Os dois termos dessa alternativa, como foi dito anteriormen te, admitem muitas variedades empíricas. Como resultado, a dis tinção entre elas, embora sempre preservando uma diferenciação essencial entre as bases desigualitárias e igualitárias, pode chegar, na prática, a se tornar pequena. Isto se deve ao fato de que uma forma esclarecida de governar e administrar um império, por um dado tempo, pode privar de significação prática os privilégios da sociedade dirigente e de seus membros, em face das sociedades dependentes e seus membros, ao conceder, *de facto,* condições igualitárias e justas de participação. Por outro lado, uma comuni dade internacional comunitária, apesar de suas provisões institucio nais e mesmo sem sua real violação, em qualquer sentido legal, pode ser dirigida e administrada de tal modo que a sociedade mais forte e seus membros sejam *de facto* privilegiados. O Império Romano, por exemplo, apesar da total preservação do império do povo romano sobre as sociedades e povos submetidos, foi dirigido e administrado de forma esclarecida sob Augusto e sob os Antoni nos, proporcionando condições basicamente justas e igualitárias para todos os homens livres do império, em particular para as classes superiores. De modo contrário, a recente comunidade internacional estabelecida pelo Egito e Síria, com a instituição da República Árabe Unida, foi recebida com hostilidade pelo último país, porque estabelecia privilégios em favor do primeiro, levando a Síria a separar-se em forma unilateral da organização[5].

Com concepções e propósitos mais ou menos esclarecidos, permanece o fato de que a sociedade norte-americana terá que seguir um dos dois termos da alternativa império-comunidade, de uma ou de outra forma. Como foi reiterado, não fazer a opção e manter o *status quo* significaria simplesmente seguir o caminho imperial, que é o atual. De forma equivalente para as sociedades latino-americanas, como foi visto, não fazer uma opção formal e manter o *status quo* significa simplesmente seguir a alternativa de dependência, que é o curso corrente.

Do lado latino-americano vimos como a autonomia é alcan çável, em princípio, por via revolucionária ou por via reformista,

---

5. A forma moderna da Comunidade das Nações Britânicas é um bom exemplo de uma exitosa organização internacional igualitária de sociedades e povos dos mais diversos níveis de poder e desenvolvimento. Neste caso, porém, os interesses comuns dirigidos e administrados pela organização são bastante limitados e de relevância restrita.

TENDÊNCIAS E PERSPECTIVAS 183

embora, nas condições atuais e nas do futuro previsível, a via reformista seja a única factível.

Vimos também que, dos possíveis modelos de reformismo, o nacionalismo e o reformismo social de desenvolvimento militares constitui o de mais provável aplicabilidade em países-chave como Brasil e Argentina, além de seu atual experimento no Peru. Será possível, no que se refere à alternativa norte-americana entre império e comunidade, discernir algumas tendências e modelos implícitos?

Modificações no enfoque da discussão

Com a precaução tão amiúde reiterada neste livro, em virtude do caráter essencialmente aberto dos sucessos históricos, sugiro que podem ser adiantadas algumas previsões em resposta à questão acima, com uma razoável margem de probabilidade.

O primeiro ponto que necessita ser esclarecido se refere às características da evolução do debate acerca do império norte-americano, que está ocorrendo atualmente na sociedade norte-americana. Esse debate não se refere direta ou inerentemente à alternativa que estamos discutindo (Império ou Comunidade de Nações) mas, antes, apenas a seu primeiro termo. Um lado do debate é representado por aqueles que identificam e descrevem os fatos que necessariamente provam a existência do império norte-americano e revelam suas características e, baseados nelas, denunciam veementemente esse império, como inerentemente pernicioso, a partir de um ponto de vista predominantemente ético. A maior parte desses críticos se compõe de intelectuais humanistas e radicais e de estudantes, cujas concepções e motivações refletem a nova ética da liberdade. O outro lado nega, basicamente, o fato imperial, tentando sustentar que ou os supostos fatos não são devidamente provados ou não possuem um significado imperial atribuído pelo outro campo. Este lado do debate, porém, não se atreve a desafiar o caráter inerentemente pernicioso que teria um império norte-americano, se existisse na realidade. A maioria das pessoas vinculadas a essa posição se compõe de membros conservadores do círculo dirigente, que refletem a tradicional ética do dever. Na medida em que prossegue o debate, e entrelaçado com ele, o estudo erudito dessa questão, como foi dito, tende claramente a reconhecer as condições imperiais dos Estados Unidos, embora não necessariamente da mesma forma que os antiimperialistas o fazem. Parece provável que a convicção subjetiva dos que negam o fato imperial declinará rapidamente. Na realidade, se faz cada dia mais claro que os que se opõem ao campo antiimperialista assim o fazem não porque ignorem a evidência fatual do império norte-americano, mas porque não concordam, finalmente, que um tal império seja de modo inerente, necessariamente pernicioso, embora ainda não se achem preparados para admitir sua existência e para justificá-la.

184   CRISES E ALTERNATIVAS DA AMÉRICA LATINA

Considerando que o debate sobre o império norte-americano chegou a esse ponto, parece inevitável que sua avaliação se deslocará de seu presente nível pseudofatual, centralizado em torno da existência ou não do império, para um nível diferente, referente a se o império pode ou não ser abandonado e que melhor ajustamento internacional poderia ser assegurado para os Estados Unidos — o que, em última análise, envolve a alternativa entre império e comunidade.

Como foi discutido no Cap. 12, Livro II, George Liska, entre os demais analistas do atual sistema interimperial, apresentou a melhor formulação sobre os dois aspectos cruciais da matéria. Primeiro sustentou que, nas condições subseqüentes à Segunda Guerra Mundial, a transformação do sistema internacional ocasionado por essa guerra, e que refletiu desenvolvimentos anteriores, tornou inevitável a emergência dos impérios norte-americano e soviético. Em segundo lugar, afirmou que, nessas condições, um império norte-americano seria uma contribuição decididamente positiva para o mundo. Estabeleceria e manteria uma ordem mundial que não seria possível sem ele e que, devido às características culturais, sociais, políticas e econômicas da sociedade norte-americana, essa ordem seria assegurada nas condições mais favoráveis para o mundo em geral e em particular para os povos sujeitos à área norte-americana de hegemonia. As concepções de Liska já foram discutidas no Cap. 12, Livro II, e não há necessidade de revê-las novamente. Basta mencionar que, ainda que admitamos o preconceito nacional e as falácias idealistas da justificação de Liska do império norte-americano, a direção aberta por sua análise proporciona uma forma sólida de argumentação sociopolítica em favor de tal império, sem grosseiras distorções fatuais, ficções hipócritas, ou formas cínicas de maquiavelismo.

Dever-se-ia notar, também, que além das condições internacionais que a favoreceram, a ascensão e expansão do império norte-americano é também conseqüência direta e necessária da forma de desenvolvimento e resultante estratificação interna da sociedade norte-americana. Não entrarei em detalhes acerca desta fascinante questão, que requereria uma complexa análise, mas deve-se salientar, que a combinação particular de democracia e oligárquia que veio a caracterizar a sociedade norte-americana contemporânea (que apresenta importantes analogias com a sociedade ramana dos fins da República), exerceu uma decisiva pressão para a expansão imperial. Uma democracia de direitos privados, incluindo oportunidades muito justas de ascensão pelo mérito, juntamente com uma oligarquia muito estável, no plano da adoção das decisões relevantes, assegurada pela oligopolização da riqueza e do controle econômico (ocultada por muito tempo pelo mito da livre competição), e a oligopolização do poder (ainda parcialmente ocultada pelos processos eleitorais-parlamentares), essa sociedade necessitava de expansão imperial pelas razões já indicadas no

TENDÊNCIAS E PERSPECTIVAS 185

Cap. 12, Livro II. Juntamente com muitas outras funções importantes, o império é, economicamente, uma saída para os excessos de capital, um instrumento para impedir internamente escassez ou elevação do preço das matérias-primas, um mercado favorável para os bens acabados e, por essas razões, um fator decisivo na estabilidade sócio-econômica interna.

Se levarmos em conta esse aspecto, mais os indicados por Liska, a crítica ao império se torna um assunto muito mais complexo. Se a revolução cultural que agita agora as universidades norte-americanas e a nova ética da liberdade chegassem a mudar, de uma forma suficientemente profunda e geral, os padrões prevalecentes que motivam a sociedade norte-americana, a questão imperial, é claro, não escaparia a essas mudanças revolucionárias. Esta hipótese, porém, é muito remota. As mudanças éticas reclamadas pela jovem geração não são suscetíveis de se espalharem muito além das condições bem particulares da vida universitária da maioria de seus atuais militantes — nem mesmo no que se refere à conduta futura desses militantes, quando se tornarem homens maduros. E as mudanças éticas, isoladamente, não foram historicamente suficientes para a completa modificação do regime social, como foi discutido no Cap. 2, Livro I. Para que as mudanças no regime de valores afetem de modo congruente os outros regimes societais, devem encontrar certos requisitos básicos inerentes a cada subsistema social. Em outras palavras, a fim de que a sociedade norte-americana mude seu atual curso imperial para um curso de Comunidade de Nações seriam requeridas mais do que boas intenções. Seriam necessárias importantes mudanças estruturais referentes ao uso e ao controle da riqueza e do poder, ou seja, *mudanças no regime social norte-americano.*

Neste ponto de nossa discussão, torna-se claro que, seja qual for a importância intrínseca dos padrões e motivações éticos dos campos contendentes, o que dá à alternativa Império-Comunidade sua relevância particular é o fato de que (mais do que um conflito de valores ou de formas organizatórias para a inter-relação entre os Estados Unidos e o resto do mundo) o que está em jogo é o regime social norte-americano em si e, juntamente com isto, a questão de quem controlará a riqueza e o poder norte-americanos, e como.

Os problemas da democracia norte-americana

Considerada nesta nova luz a causa da Comunidade não pareceria, em princípio, tão difícil de se promover que requeresse uma prévia revolução ética na sociedade norte-americana. O que está em jogo, afinal de contas, é a extensão da democracia norte-americana do campo dos direitos privados, das condições justas para o progresso pessoal, dos serviços de bem-estar e de outras áreas referentes a o que poderia ser chamado de *democracia de consumo,* ao campo referente à formação, uso e controle da riqueza

186 CRISES E ALTERNATIVAS DA AMÉRICA LATINA

e do poder, tornando-a uma democracia que poderia ser chamada de *democracia de alocação*. Uma tal democracia interessaria a grande maioria do povo norte-americano, que obteria uma voz efetiva relativamente ao que deveria ser feito, com os recursos e meios, de sua sociedade, e a quem realizaria a melhor distribuição de seus benefícios — que reforçaria e consolidaria sua democracia de consumo. Isto, definitivamente, é o que foi realizado, em ampla medida, pelas democracias escandinavas e, em menor extensão, pela democracia britânica. Por que não nos Estados Unidos?

Como ocorre tão freqüentemente com os assuntos tratados neste livro, uma discussão completa dessa questão transcenderia os limites deste estudo. Seria extremamente interessante, em si, e instrutivo para nosso presente inquérito, tentar determinar porque a democracia norte-americana alcançou um alto nível de desenvolvimento no que chamei de democracia de consumo, envolvendo diretamente os indivíduos como tais e um número identificável de pequenos grupos, tais como a família ou a vizinhança, enquanto foi muito mais ritualista do que efetiva, como uma democracia de alocação, que envolve as grandes organizações e a sociedade como um todo, cujo controle foi sujeito a um processo crescente de oligopolização[6]. Este problema envolve os padrões de desenvolvimento da cultura anglo-americana, com seu individualismo contratual e orientação privada (que vê as organizações como uma pluralidade contratual de sujeitos mais do que, como ocorre no continente, um novo sujeito emergente, de natureza institucional) e envolve tanto padrões de desenvolvimento da organização sócio--econômica da sociedade norte-americana (na qual a corporação privada desempenha papéis públicos e tem inerentemente faculdades públicas, contrárias à tendência continental, onde as instituições públicas, além da obtenção exclusiva de funções e faculdades públicas, desempenham também papéis privados). No entanto, não podem ser nada mais do que mencionados aqui.

O que aqui deve ser considerado é apenas o fato de que a política de partido norte-americana se preocupou tradicionalmente com os problemas da democracia de consumo, que tendeu a ser aumentada gradualmente, superando a resistência conservadora, enquanto era praticamente inconsciente de muitos dos problemas relevantes referentes à democracia de alocação. Em certo sentido, a presente crise do sistema partidário norte-americano expressa o fato de que as mesmas novas forças que buscam uma nova perspectiva ética, estão preocupadas também com uma nova abordagem das questões relacionadas com a formação, o uso e o controle da

---

6. Como foi discutido no Cap. 3 Livro I, Mitchel deu indevida extensão a sua lei de oligopolização do poder, em virtude de sua confusão entre a estrutura piramidal da autoridade e a sujeição a prestações de conta por parte do poder. A democracia de alocação, portanto, nem é analiticamente incompatível com elite, subelite, e articulação funcional das massas do sistema social, nem é empiricamente inviável, como foi mostrado pelos exemplos da Antiguidade clássica e da moderna democracia escandinava.

TENDÊNCIAS E PERSPECTIVAS 187

riqueza e do poder — e chegaram a perder a fé na possibilidade de orientar qualquer um dos dois partidos principais, no sentido de se preocuparem realmente com esses problemas. Em que medida estas forças, quando se cansassem de seguir o caminho sem saída dos protestos e confrontações exteriores ao sistema (que só poderiam ter êxito na improvável hipótese de uma vitoriosa insurreição revolucionária), tomariam a iniciativa de criar uma força política distinta, compatível com o sistema sociopolítico mas orientado para sua mudança? Em que medida essa possível nova força política, seja como um terceiro partido ou como um grupo influente — provavelmente dentro do Partido Democrata — seria capaz de convencer ao norte-americano médio, das classes trabalhadora e média, de que ele necessita de uma democracia de alocação e poderia obtê-la através de ação política organizada?[7]

Pela simples enunciação destas questões, e pelas difíceis e prolongadas tarefas que a sua atenção envolveria, percebe-se quão improvável é que uma força política influente, comprometida com uma concepção comunitária da sociedade norte-americana, venha a se formar e a desempenhar um papel oportuno na alternativa Império-Comunidade de Nações. Diversamente, se se observam as possibilidades que apresenta uma abordagem mais inteligente e competente da forma imperial, nas condições da sociedade norte-americana e de sua situação mundial, atualmente e num futuro previsível, ter-se-á que reconhecer que são incomparavelmente melhores.

A atual crise imperial

É importante, a esse respeito, não superestimar, como muitos analistas, tanto dentro quanto particularmente fora dos Estados Unidos, as dificuldades que o império norte-americano está experimentando atualmente. Crêem tais analistas que o império, ainda na fase inicial de sua expansão e estruturação, foi mortalmente ferido, no campo externo, pela resistência heróica dos vietnamitas e pelas conseqüências internacionais, para o Golias norte-americano, de sua incapacidade de dominar aquele David asiático. E entendem que, internamente, a rebelião dos negros e da juventude impedirá a indispensável operação normal da sociedade norte-americana, com o que se porá em sério perigo seu funcionamento social e econômico, ademais de obstaculizar diretamente sua capacidade militar, ao privar o corpo de oficiais da mínima colaboração e da necessária lealdade dos soldados recrutados[8].

---

7. Vide BARRINGTON MOORE (1970).
8. Além da literatura pertinente, discutida ou mencionada no Cap. 12 do livro II, vide sobre o assunto análises européias típicas, como a de ERNEST MANDEL (1970). Para uma visão mais econômica da crise interna do sistema imperial, vide PIERRE JALÉE (1969).

188   CRISES E ALTERNATIVAS DA AMÉRICA LATINA

Não pode haver dúvida, é claro, sobre as sérias dificuldades externas e nacionais, bem como sobre os golpes e reveses que os Estados Unidos têm experimentado quase que continuamente, precisamente em termos de sua carreira imperial, desde o assassinato do Presidente Kennedy. No entanto, sugiro que esses problemas, contrariamente às interpretações catastróficas que neles vêem indicações cumuladas da iminente queda do império norte-americano, são muito mais de natureza semelhante às dores do parto do que à agonia da morte, no que diz respeito ao império. De modo muito breve, e reduzindo este complexo assunto a suas características mais essenciais, sugiro, por um lado, que os atuais problemas norte-americanos manifestam as limitações insuperáveis das abordagens convencionais tentadas primeiramente por Johnson em sua administração e atualmente pela administração de Nixon, ao lidar com a questão imperial. Por outro lado, sustentaria que a possibilidade de superar exitosamente essas dificuldades e muitas outras, em termos da consolidação e expansão do império norte-americano, pode ser claramente discernida, tanto analítica quanto empiricamente, no exame dos acontecimentos correntes. Tentarei discutir esta questão tão brevemente quanto possível, analisando-a em torno dos três pontos principais.

O malogro da abordagem de Johnson

O primeiro ponto se refere às razões para o malogro da abordagem de Johnson. O Presidente Johnson representou os Estados Unidos, em sua situação interna e internacional corrente, como um país amante da paz, democrático e antiimperialista, antes de tudo interessado em construir, no campo interno, a Grande Sociedade e tanto quanto possível, em transferir generosamente seus benefícios, ao mundo, em geral, através de meios consensuais, com a meta final de ajudar o mundo todo a se tornar Supergrande Sociedade. No entanto, dada a duplicidade soviética e a existência, no mundo, de forças, supostas vagamente como apoiadas pela China comunista, interessadas em impor seus interesses e concepções, comprometidas, em essência, com formas antidemocráticas de vida, mediante o uso da violência, da agressão militar e da infiltração subversiva, os Estados Unidos, em defesa de seus legítimos interesses nacionais e internacionais bem como, a fim de ajudar amigavelmente os povos mais diretamente ameaçados por tais formas de violência, tiveram que aceitar a responsabilidade de uma ação mundial para conter e reprimir essas forças agressivas.

Como pode ser facilmente visto, em vista da discussão precedente, o quadro pintado por Johnson da posição dos Estados Unidos no mundo e as políticas que tentou levar a cabo em termos desse quadro, constituem uma expressão completa e típica da negação radical da existência do fato imperial. Esse quadro e essas políticas, porém, foram propostas em condições nas quais tanto a

TENDÊNCIAS E PERSPECTIVAS 189

credibilidade da tese básica quanto a factibilidade de dirigir e administrar o império sem reconhecê-lo, estavam historicamente exauridos. A época da exaustão foi o período Truman-Eisenhower. Kennedy já havia inaugurado uma nova e diferente abordagem, implicando o império sem mencionar suas características atributivas e imperiais, mas levando em conta suas reais necessidades. Essa abordagem ressaltava os benefícios nacionais e internacionais que resultariam de uma "Pax Americana" esclarecida, de orientação social e humanista.

Os erros na abordagem de Johnson poderiam não lhe ter custado o alto preço que pagou, a não ser pelo fato de que a determinação extraordinária e historicamente sem paralelo do povo vietnamita de não se deixar incorporar ao império norte-americano haver tornado necessária mais do que uma simples ação policial de fronteira. Logo que a drenagem dos recursos norte-americanos, em particular em termos de vidas humanas, alcançou um nível socialmente perceptível e começou a afetar, tanto pessoal quanto moralmente, os estudantes, que constituem o grupo central do campo antiimperial, a desmistificação da tese de Johnson e a crítica e oposição a suas políticas passaram a infligir danos irreparáveis às mesmas. Mas isto se dá, essencialmente, porque ações políticas de grande envergadura não podem ser empreendidas sem um apoio ideológico suficientemente convincente. Assim que a discussão da posição e das metas norte-americanas se tornou um assunto sério, mais do que mera retórica partidista, para grandes seções do povo norte-americano e para o mundo em geral, a manifesta inaptidão da representação de Johnson destruiu a credibilidade de suas afirmações.

Apesar de todas estas dificuldades, porém, a administração de Johnson ainda poderia ter enfrentado seus desafios se ao menos ele mesmo e seus colaboradores, houvessem tido uma compreensão inteligente e competente dos acontecimentos, para o seu próprio uso. Eles parecem, no entanto, terem sido vítimas de suas próprias concepções. Até o fim, tentaram promover o império e lutar por ele, como se o mesmo não existisse. Tentaram, em última análise, promover políticas imperiais com meios nacionalistas. E assim foram necessariamente condenados a um inescapável malogro. Se, de fato, os Estados Unidos não fossem esse enorme sistema imperial que Johnson fingia que não era, o preço por seu malogro teria sido muito mais sério para o povo norte-americano.

A abordagem de Nixon

O segundo ponto se refere à abordagem da administração Nixon à mesma crise. Comparada com a abordagem precedente, a administração Nixon conta a seu favor com uma posição não doutrinária e puramente pragmática, que lhe dá uma flexibilidade muito maior nas decisões e manobras. Para sua desvantagem,

190   CRISES E ALTERNATIVAS DA AMÉRICA LATINA

porém, é guiada por uma concepção implícita do mundo que é ainda mais inexata do que a de Johnson.

O Presidente Nixon não se comprometeu com a Grande Sociedade nem com a ideologia de sua aplicação nacional e internacional. Ele foi conduzido ao poder em virtude do malogro da aplicação daquele grande objetivo. Propôs ao povo americano que adotasse metas coletivas mais modestas e que se encontrasse uma forma expedita para retirar as tropas do Vietnã, deixando os vietnamitas se ocuparem de seus (supostamente) próprios assuntos. Pediu somente que não fosse pressionado, internamente nessa retirada, de modo que os interesses norte-americanos pudessem ser melhor protegidos no Vietnã e, como resultado do exemplo, no resto do mundo.

No entanto, atrás dessas propostas e políticas para sua execução, existe, como no caso de Johnson, mas de uma forma ainda mais inexata, uma concepção totalmente errônea dos Estados Unidos e do mundo. Essa concepção, que é atualmente típica do Partido Republicano, consiste em considerar as várias sociedades e o mundo em geral (com exceção dos sítios onde o comunismo totalitário interfira com a liberdade humana) como a área de ação para empresas comerciais privadas, que em seu próprio interesse, de modo competitivo e perfectível, satisfazem as necessidades materiais da humanidade. O papel do Estado é proporcionar o quadro legal necessário e as facilidades administrativas para tais atividades, para proteger seus interesses legítimos e para impedir, através de certas medidas de caráter social ou econômico, alguns efeitos marginais indesejáveis sobre o sistema do mercado livre, tais como recessões e desemprego e, dentro de limites, proporcionar serviços de bem-estar para os setores mais pobres da população.

Visto nesta perspectiva, o mundo não é a arena de sociedades competidoras, algumas das quais tendem a dominar a maior parte das outras. O mundo — com exceção dos países comunistas, sujeitos à tirania totalitária — é a arena de empresas competidoras, para as quais os Estados democráticos são principalmente órgãos legal-administrativos de supervisão territorial. Esta concepção, portanto, não apenas nega a existência do império norte-americano mas, em última análise, não admite, nem mesmo como categoria, sua possibilidade. Por definição, apenas os Estados comunistas podem ser imperialistas. Confrontada com os problemas criados pelo império norte-americano e pela crise do Vietnã, a administração de Nixon reduziu o problema total a um relacionamento especial entre dois governos que aplicam leis, o norte-americano e o de Saigon. O primeiro, tendo-se comprometido, essencialmente, em ajudar o último em sua luta contra a agressão comunista, mas havendo se excedido no emprego de seus próprios recursos, particularmente em termos de vidas norte-americanas, devia encontrar uma forma moral e materialmente aceitável de retirada. Essa forma foi achada: transferir gradualmente a tarefa da aplicação de leis no

TENDÊNCIAS E PERSPECTIVAS 191

Vietnã do Sul, para o governo e o exército de Saigon, pelo reforço de suas capacidades através de ajuda material e técnico, com a decorrente substituição progressiva dos soldados norte-americanos por tropas reforçadas de Saigon.

A conclusão de um tratado de paz entre os contendores, tornada possível pela exaustão do Vietnã do Norte e do Vietcong, assim como pela clara impossibilidade interna, para os Estados Unidos, de prosseguir com a guerra, pôs temporariamente um fim à "crise de fronteiras" do império americano. Os escândalos de Watergate e outros que, subseqüentemente, avassalaram a administração Nixon, desviaram a atenção geral dos problemas imperiais para os da política interna. Todos esses acontecimentos, por outro lado, contribuíram para uma forte contração temporária do expansionismo americano. Longe de resolvidos, entretanto, os problemas da administração do império — que estão sendo setorialmente recrudescidos com o boicote árabe do petróleo — continuam exigindo uma solução de caráter mais definitivo, ou a improvável reorientação dos Estados Unidos na direção da Comunidade de Nações.

Não é possível, como já foi observado, governar e administrar apropriadamente o império sem, por um lado, reconhecer objetivamente sua existência e seus problemas e, por outro lado, dispor de uma ideologia imperial legitimadora, capaz de minimizar resistência, motivar apoio, e racionalizar todo o sistema, nos planos administrativo, legal e axiológico. Nesse sentido a abordagem de Nixon, no melhor dos casos, pode ser uma solução intermediária, que salve de forma pragmática, por um tempo relativamente curto, os interesses básicos do império. No pior dos casos, confrontado com problemas críticos do tipo Vietnã, a administração terá que aferrar-se aos propósitos imperiais, retomando o envolvimento maciço norte-americano — com uma justificação ideológica ainda menos acreditável e motivadora que a de Johnson — ou desistir da preservação de seus interesses sem colher os benefícios alternativos de uma política deliberada da comunidade internacional.

O imperialismo populista esclarecido

O terceiro e último ponto que estimaria apresentar, também de uma forma muito breve, se refere ao fato de que a insuficiência essencial das abordagens, tanto de Johnson quanto de Nixon, à questão imperial, não significa que ela seja insolúvel. Como sugeri, a consolidação e expansão do império norte-americano podem ser, tanto analítica quanto empiricamente, discernidas claramente no exame dos acontecimentos atuais. E é por essa razão que a solução imperial (independente da avaliação que dela se faça e da possibilidade alternativa, a Comunidade de Nações internacional e comunitária) é a que realmente tende a prevalecer.

192   CRISES E ALTERNATIVAS DA AMÉRICA LATINA

Em última análise, como pode ser deduzido da discussão precedente, uma opção racional pelo império deve conciliar os interesses relevantes dos setores mais importantes da sociedade norte-americana com a solução imperial, em condições eticamente inspiradoras, ou ao menos aceitáveis, para a maior parte dos setores envolvidos. Ao mesmo tempo, tal solução deve otimizar o uso e a administração dos recursos imperiais. A forma de alcançar esses resultados consiste na adoção de um enfoque esclarecido do *imperialismo populista*. Esta é, em última análise, a forma pela qual César, que se deparou com problemas semelhantes na República Romana, lhes deu uma solução duradoura. Embora o imperialismo populista tenha sido o modelo para governar o Império Romano até Diocleciano, o enfoque esclarecido desse modelo e a sábia administração dos assuntos imperiais foi o traço distinto dos grandes imperadores, de Augusto a Marco Aurélio.

Considerado como um modelo de império, a essência do imperialismo populista consiste em conciliar a democracia de consumo com a oligarquia de atribuições no quadro de uma ética do dever humanista, paternalista e orientada para o bem-estar. No caso do Império Romano, das Guerras Púnicas ao reinado dos Antoninos, essa conciliação foi lograda através de duas formas diferentes e sucessivas. A primeira, do final do século III a.C. até César, envolveu uma política de saque externo, através da qual a riqueza e o poder da classe dirigente romana aumentou imensamente, enquanto que, ao mesmo tempo, muitas facilidades de consumo foram gradualmente estendidas à plebe (*panem et circenses*). Após o esgotamento das áreas dependentes (mediante práticas como as que ilustram o discurso de Cícero contra Verres), que tornou o saque menos proveitoso, foi adotada uma segunda forma. Esta, da época de César em diante, consistiu na transferência de ênfase da apropriação bruta ao uso e à administração eficientes dos recursos provinciais, em um processo que requeria a administração centralizada do sistema imperial, sob a supervisão dos imperadores.

Para a sociedade norte-americana, um imperialismo populista esclarecido, nas condições do mundo contemporâneo, implicaria essencialmente, tanto interna quanto internacionalmente, uma orientação mais social, sob planejamento e supervisão central, da grande empresa multinacional controlada pelos norte-americanos. Esse ajuste preservaria e acentuaria o poder da oligarquia norte--americana e, ao mesmo tempo, proporcionaria às massas e classes médias, norte-americanas e das províncias do império, os benefícios de uma democracia de consumo em expansão. Esse projeto, em vários de seus aspectos fundamentais, já foi entendido e esboçado por John F. Kennedy, cuja concepção de Nova Fronteira nada mais era do que de um império norte-americano do Ocidente, sob o esclarecido controle americano, militarmente invulnerável à agressão externa, governado por uma oligarquia meritocrática, para o benefício das massas norte-americanas e, logo que factível, dos

TENDÊNCIAS E PERSPECTIVAS

193

setores "romanizados" das províncias. Em termos éticos o imperialismo populista pode proporcionar também a possibilidade de conciliar a disciplina e a efetividade de uma ética do dever com o conteúdo significativo dos valores de um humanismo de orientação social, em um espécie de neo-estoicismo contemporâneo[9].

O imperialismo populista, como um tipo ideal, seja em sua concepção cesárea originária (mais ecumênica e cosmopolita), ou em sua aplicação otaviana (mais mediterrânea e centralizada em Roma), seja em suas possíveis modalidades norte-americanas contemporâneas (mais suscetíveis de serem de estilo otaviano), tende a superar, em termos práticos, a luta de classes nas áreas metropolitanas, ao criar novas condições para a solidariedade interclasses. Isto é particularmente verdade para a forma contemporânea de tal imperialismo, que é baseada na tecnologia em vez de na escravidão, e portanto desde o início exclui o saque grosseiro, e tenderá a se deslocar muito rapidamente para o estágio da administração científica global dos recursos do Império[10]. Com o imperialismo populista, a oligarquia perde sua incontrolada expansividade "republicana" ou "pré-cesárea" anterior, e torna-se disciplinada através do planejamento e supervisão central mas, em troca, obtém estabilidade e legitimidade em todas as áreas do império. A massa metropolitana, em troca de sua prática marginalização das formas não meramente locais de política e da perda do maior poder anterior de discussão de contratos coletivos de trabalho, recebe benefícios privados cada vez maiores, tais como aumentos de salários, menos horas de trabalho, mais lazer, juntamente com o aumento das possibilidades de promoção social, através da educação ou através do serviço militar voluntário do império. A classe média, tanto nos setores metropolitanos quanto nos romanizados das províncias, em troca de sua anterior liberdade política real ou pretendida, e das atividades partidárias, obtém acesso a carreiras importantes em uma enorme burocracia tecnocrática, civil e militar, mundial. Como foi adiantado no Cap. 12, Livro II, apenas as grandes massas das províncias, não-especializadas e indefesas, devido à excessiva disponibilidade do império de trabalho não-qualificado e da pouca necessidade destes tenderá a ter muito mais a perder do que a ganhar com o imperialismo populista, mas até elas terão uma via de saída e acesso, através de serviço militar imperial.

Este último aspecto do modelo do imperialismo populista, o serviço militar do império, merece um pouco mais de atenção. Como foi visto anteriormente, o protesto contra o recrutamento

---

9. Sobre esse assunto vide a parte inicial do Cap. 12 do Livro II. Vide também a discussão das "classes psicológicas" por KAHN (1967, Cap. 4).

10. A exclusão do saque grosseiro não exclui suas formas menos cruas, tais como vantajosos termos de intercâmbio e apropriação de recursos naturais, como é mostrado pelas condições atuais no Terceiro Mundo. Além do mais, a administração científica global, como uma potencial propensão racional do império, não pode ser generalizada no estágio "republicano" atual do império e requer a construção prévia do poder imperial centralizado, ou seja, a revolução "cesárea" para a autoridade imperial.

194 CRISES E ALTERNATIVAS DA AMÉRICA LATINA

mais amplo, para a sustentação de ações policiais imperiais de fronteira, disfarçadas de modo não convincente de guerras patrióticas, foi uma das causas principais do malogro da abordagem de Johnson e está corroendo atualmente os esquemas da administração Nixon. A alternativa imperial, particularmente em sua modalidade populista, proporciona uma solução prática a esse problema. A mobilização militar compulsória de cidadãos é suscetível de ficar reduzida a certas emergências que envolvam diretamente confrontações interimperiais. A maior parte do serviço militar atual e praticamente todas as atividades extrametropolitanas e de fronteiras seriam levadas a efeito por um corpo de oficiais de carreira profissionais, que comandariam voluntários mercenários das províncias e das camadas mais pobres da população do império.

Concluindo esta análise das principais tendências internas e internacionais da sociedade norte-americana, podemos reconhecer que, exceto no caso improvável de que a corrente crise ético-cultural ocasione mudanças de caráter profundo e geral nas motivações norte-americanas prevalecentes, a tendência atual da alternativa imperial é de se consolidar e expandir. Não é provável que esse resultado exclua as formas éticas e políticas da oposição interna à aceitação da opção imperial pela sociedade norte-americana, particularmente na fase inicial de governo e administração imperiais deliberados. Mas uma vez mais, se se observar a história a fim de deduzir, de exemplos anteriores, algumas linhas orientadoras para processos análogos contemporâneos, deve-se reconhecer que a oposição interna, ética e política, a impérios que exitosamente se formaram e consolidaram, desapareceu rapidamente, à medida que tal oposição se tornou fútil e os acontecimentos em questão se tornaram irreversíveis. Em troca, porém, as forças antiimperialistas radicais e liberais, confrontadas com essa irreversibilidade, tendem a modificar sua luta de oposição à condição imperial a formas ativas de propaganda e apoio em favor de governos liberais e da administração esclarecida do Império. Isto é suscetível de ocorrer com os atuais antiimperialistas liberais e, em grande medida, com os radicais norte-americanos.

III. OBSERVAÇÕES FINAIS

Neste estágio final de nossa análise comparativa das tendências e alternativas, na América Latina e nos Estados Unidos, parece possível, com a precaução constantemente reiterada que requerem as previsões históricas, apresentar certas observações finais.

Definitivamente, como vimos, a via reformista progressista dos experimentos chileno-venezuelanos (ora restringida à Venezuela) bem como a via militar radical do experimento peruano (suscetível de ser seguida, em suas próprias condições, por Brasil e Argentina, Equador e Colômbia) podem conduzir possivelmente a América Latina, ou alguns de seus países-chave, a que reorientem

TENDÊNCIAS E PERSPECTIVAS 195

sua tendência e façam uma opção deliberada em favor da alternativa da autonomia. Os Estados Unidos, que seguem atualmente um curso imperial ainda predominantemente não deliberado, confrontados com a necessidade de fazer uma opção articulada entre império ou comunidade (em condições em que a não escolha envolve a pior forma possível de seguir a alternativa imperial) são suscetíveis de encontrar, no modelo de impèrialismo populista, a forma para consolidar e expandir seu caminho atual.

Várias conseqüências podem resultar da interação dessas duas propensões opostas. Se considerarmos que o presente equilíbrio americano-soviético de deferência mútua venha a continuar, não permitindo os soviéticos tentarem interferir de modo substancial nos assuntos latino-americanos, parece que, das muitas condições que afetarão o resultado dessas tendências opostas, os resultados serão particularmente determinados pela forma pela qual as referidas tendências venham a ser expressadas e dirigidas, nas circunstâncias então prevalecentes. Tais circunstâncias, embora envolvendo muitos elementos diferentes, tenderão a ser primariamente afetadas, em qualquer momento dado, por três variáveis principais: 1) a medida e intensidade do controle norte-americano sobre o resto das áreas sob sua influência e, em conseqüência, a importância marginal do controle sobre a América Latina; 2) as condições internas nos Estados Unidos, incluindo aspectos tais como a importância estimativa dada pelo governo e outros órgãos influentes à conservação do controle sobre a América Latina, bem como as possibilidades estimadas e os riscos envolvidos no processo, e em conseqüência, a maior ou menor medida e intensidade da decisão norte-americana de preservar esse controle; e 3) as condições prevalecentes na América Latina, incluindo aspectos tais como a maior ou menor medida e intensidade da determinação dos governos em questão e de outros órgãos, de preservar sua autonomia, bem como suas estimativas das possibilidades e riscos envolvidos no processo. Como é óbvio, a maior ou menor medida e intensidade da decisão de cada uma das duas partes, em um dado momento, variará de acordo com essas circunstâncias.

Existem duas ordens de considerações, que são particularmente relevantes, referentes à forma pela qual as duas tendências podem chegar a ser expressas e dirigidas. A primeira se refere à forma pela qual as políticas latino-americanas de autonomia podem ser concebidas. Se estas políticas fizerem a diferenciação apropriada entre os negócios norte-americanos e os interesses de defesa norte--americanos, e derem atenção básica aos últimos, eliminando ou compensando possíveis temores norte-americanos de reforçamento do campo soviético (no futuro também do chinês), os interesses de negócios poderão ser submetidos a uma disciplina racional, pelos legítimos interesses latino-americanos. No entanto, mesmo assim, o conflito pode não ser evitável se as circunstâncias contribuírem para uma posição americana muito agressiva. A segunda ordem de

196 CRISES E ALTERNATIVAS DA AMÉRICA LATINA

considerações se refere à forma pela qual as políticas imperiais americanas podem ter sido concebidas. Se estas políticas se orientarem para conter a posição latino-americana pela ameaça de severo castigo, sem qualquer flexibilidade, e as circunstâncias conduzirem os latino-americanos a uma posição endurecida, o conflito poderá se tornar também inevitável.

Uma situação de conflito na qual os governos latino-americanos fossem conduzidos a se tornar irreversivelmente envolvidos tenderia a gerar amplo e forte apoio da massa na América Latina, com a tendência a converter movimentos anteriormente progressistas ou radicais em movimentos revolucionários, liberando ilimitadas energias sociais para a luta. Os setores revolucionários latino-americanos tentarão fazer o máximo para conduzir os acontecimentos a esse ponto. De modo contrário, políticas cautelosas de parte dos Estados Unidos tenderiam a induzir atitudes também cautelosas na América Latina e a contribuir para formar divisões de opiniões, patentes ou latentes, nos grupos e círculos dirigentes, reduzindo a força efetiva dos governos e países em questão.

Em última análise, pode-se dizer que, no presente e num futuro previsível, a melhor inter-relação possível entre as sociedades americana e latino-americanas — se não chegar a prevalecer a alternativa de uma Comunidade de Nações internacional (como provavelmente não chegará) — seria um governo e administração esclarecidos, pelos Estados Unidos, de seu império, dando possibilidades para formas esclarecidas de reformismo radical ou progressista na América Latina, segundo as linhas anteriormente discutidas. As vantagens econômicas, tecnológicas e militares já acumuladas pelos Estados Unidos, em face da América Latina, são de tal natureza que, mesmo dentro do quadro de um império, o desenvolvimento autônomo da América Latina — após um período de dificuldades de algo como três décadas — constituiria um fator para a futura melhoria substancial, incluindo todas as espécies de benefícios, nas relações entre as duas áreas. Além do mais, dada a atual supremacia geral dos Estados Unidos e o fato de que o nível de melhor êxito que a América Latina poderia obter, nas três próximas décadas, seria de simples autonomia internacional, a força relativa do primeiro permaneceria intacta.

De modo contrário, uma vez começado efetivamente um processo real para a obtenção do desenvolvimento autônomo, em países latino-americanos estratégicos, tentativas agressivas de parte dos Estados Unidos para impedir esse desenvolvimento — embora efetivas sobre os atuais governos satélites — converteriam provavelmente os movimentos reformistas em movimentos revolucionários, em vez de compeli-los a se retirarem e a voltarem a um *status quo* de satelitismo bem aceito. Neste caso, a estratégia de Ernesto Che Guevara de múltiplos Vietnãs, criaria o maior desafio possível ao império norte-americano, apenas solúvel pela retirada ou por inimagináveis métodos genocidas.

Bibliografia

AGUILAR MONTEVERDE, Alonso (1967) *Teoría del desarrollo latinoamericano*. México, Universidad Autónoma de México.

AHUMADA, Jorge (1966) *La crisis integral de Chile*. Santiago, Editorial Universitaria.

—. (1967) *En vez de la miseria*. Santiago, Editorial del Pacífico, 6. ed.; 1. ed., 1958.

AMIN, Samir (1970) *L'Accumulation à l'Echelle Mondiale*. Paris, Anthropos.

BAGÚ, Sergio (1949) *Economia de la sociedad colonial*. Buenos Aires, El Ateneo.

—. (1961) *La realidad argentina en el siglo XX*. México, Fondo de Cultura Económica.

—. (1970) *Tiempo, realidad social y conocimiento*. México, Siglo XXI.

BARAN, Paul (1957) *The Political Economy of Growth*. Nova York, Monthly Review Press.

—. (1961) The Commitment of The Intellectual, *Monthly Review,* vol. 13, n. 1, maio de 1961.

—. & SWEEZY, Paul M. (1966) *Monopoly Capital*. Nova York, Monthly Review Press.

BARBER, Willar J.F. (1966) *Internal Security and Military Power*. Ohio State University Press.

BARTOLI, Henri (1950) *La Doctrine Économique et Sociale de Karl Marx*. Paris, Editions du Seuil.

BECKMANN, Georg M. (1962) *The Modernization of China and*

198 CRISES E ALTERNATIVAS DA AMÉRICA LATINA

Japan. Nova York, Harper & Row.

BETTELHEIM, Charles (1970) *Planification et Croissance Accélérée.* Paris, Maspero; 1. ed., 1964.

BIANCHI, Andrés e outros (1969) *América Latina: ensayos de interpretación económica.* Santiago, Editorial Universitaria.

BONILLA, Franck & SILVA MICHELENA, José A. *The Politics of Change in Venezuela.*

—. (1967) Vol. I. *A Strategy for Research on Social Politicy.* Cambridge, M.I.T. Press.

—. (1970) Vol. II por FRANK BONILLA. *The Failure of Elites.* Cambridge, M.I.T. Press.

BHAGWATI, Jadish (1966) *The Economics of Underdeveloped Countries.* Nova York, McGraw-Hill.

BRESSER PEREIRA, L.C. (1968) *Desenvolvimento e Crise no Brasil: 1930-1967.* Rio de Janeiro, Zahar.

CÁRDENAS, Gonzalo; CAIRE, Angel; GELTMAN, Pedro; GOLDAR, Ernesto; PEYRON, Alejandro A. & VILLA-NUEVA, Ernesto F. (1969) *El peronismo.* Buenos Aires, Carlos Pérez.

CARDOSO, Fernando Henrique (1964) *Empresário Industrial e Desenvolvimento Econômico no Brasil.* São Paulo, Difusão Européia do Livro.

—. (1969) *Mudanças Sociais na América Latina.* São Paulo, Difusão Européia do Livro.

CARMONA, Fernando; MONTANO, Guilhermo; CARRION, Jorge & ALONSO AGUILAR, M. (1970) *El milagro mexicano.* México, Editorial Nuestro Tiempo.

CARRERA DAMAS, Germán (1968) *Temas de historia social y de las ideas.* Caracas, Universidad Central de Venezuela.

CECEÑA, José Luis; CEPAL (Comissão Econômica para a América Latina); ECLA (Economic Commission for Latin America) (1963) "Toward a Dynamic Development Policy for Latin America." E/CN-12/680.

—. (1964) "Estudio económico de América Latina — 1963". E/CN-12/696.

—. (1968) "El desarrollo de América Latina en la posguerra". E/CN-12/659.

—. (1969) "Estudio económico de América Latina, 1968. Primera Parte: Algunos aspectos de la economía latinoamericana hacia fines de la década de 60". E/CN-12/825.

—. (1969) "El segundo decenio de las Naciones Unidas para el desarrollo: aspectos básicos de la estrategia del desarrollo de América Latina". E/CN-12/836.

CHÁVEZ, Fermín (1965) *Civilización y barbarie en la historia de la cultura argentina.* Buenos Aires, Ediciones Teoría.

(Che) GUEVARA, Ernesto (1964) *Guerrilla Warfare: A Method.* Pekín. Foreign Languages Press.

BIBLIOGRAFIA 199

—. (1968) *¡Venceremos!: The Speeches and Writings of Ernesto Che Guevara,* edited by John Gerassi. Nova York, Simon and Schuster. (Clarion Books).

CIRIA, Alberto (1968) *Partidos y poder en la Argentina moderna: 1930-1946.* Buenos Aires, Jorge Alvarez, 2. ed. rev.; 1. ed., 1964.

—. (1969) *La década infame.* Buenos Aires, Carlos Pérez.

CORBISIER, Roland (1950) Consciência e Nação. São Paulo, Colégio.

—. (1952) "Situação e Problemas de Pedagogia", em *Revista Brasileira de Filosofia.* São Paulo, vol. II, n. 2, abril-junho de 1952, pp. 219-235.

—. (1960) *Brasília e o Desenvolvimento Nacional.* Rio de Janeiro, ISEB.

—. (1968) *Reforma ou Revolução?* Rio de Janeiro, Civilização Brasileira.

COSTA PINTO, L.A. (1963) *Sociologia e Desenvolvimento.* Rio de Janeiro, Civilização Brasileira.

COTLER, Julio (1969) "El populismo militar como modelo de desarrollo nacional; el caso peruano". Rio de Janeiro, IUPERJ, mimeografado.

DEBRAY, Régis (1967) *Revolución en la Revolución?* La Habana, Casa de las Américas.

DI TELLA, Torcuato (1964) *El sistema político argentino y la clase obrera.* Buenos Aires, Eudeba.

—. (1965a) "Populism and Reform in Latin America", em CLAUDIO VELIZ (org.): *Obstacles to Change in Latin America.* Londres, Oxford University Press.

—. (1965b) *Socialismo en la Argentina?* Buenos Aires, Jorge Alvarez.

—.; GERMANI, Gino; GRACIARENA, Jorge & outros (1965c) *Argentina, sociedad de masas.* Buenos Aires, Eudeba.

—. (1970) *Hacia una política latinoamericana.* Buenos Aires, Arca.

DIAS CARNEIRO, O.A. (1961a) *Movimentos Internacionais de Capital e Desenvolvimento Econômico.* Recife, Comissão de Desenvolvimento Econômico de Pernambuco.

—. (1961b) *Noções da Teoria da Renda.* Recife, Comissão de Desenvolvimento Econômico de Pernambuco.

—. (1961c) *Dois Ensaios sobre Economia Internacional.* Recife, Comissão de Desenvolvimento Econômico de Pernambuco.

—. (1966) *Past Trends of Structural Relationships in The Economic Evolution of Brazil: 1920-1965.* Cambridge, Center for International Affairs, Harvard University, mimeografado.

DÍAZ ALEJANDRO, Carlos F. (1968) "El grupo andino en el proceso de integración latinoamericana", em *Estudios internacioles,* Santiago, ano 2, n. 2, jul.-set. de 1968, pp. 242-257.

200 CRISES E ALTERNATIVAS DA AMÉRICA LATINA

DOBB, Maurice (1963) *Economic Growth and Underdeveloped Countries*. Nova York, International Publishers.

DUMONT, René (1964) *Cuba: Socialisme et Développement*. Paris, Editions du Seuil.

—. (1970) *Cuba est-il Socialiste?* Paris, Editions du Seuil.

ELLIOTT, J.H. (1966) *Imperial Spain: 1469-1716*. Nova York, New American Library (Mentor Books); 1. ed., 1963.

FAULKNER, Harold U. (1954) *American Economic History*. Nova York, Harper & Brothers, 1. ed., 1924.

FAYT, Carlos S. (1967) *La naturaleza del peronismo*. Buenos Aires, Viracocha.

FERRER, Aldo (1963) *La economía argentina*. México, Fondo de Cultura Económica.

FRANK, Andrew Gunder (1967) *Capitalism and Underdevelopment in Latin America: Historical Studies of Chile and Brazil*. Nova York, Monthly Review Press.

—. (1971) *Le Développement du Sous-Développement*. Paris, Maspero.

FRIGERIO, Rogelio (1968) *La integración regional, instrumento del monopolio*. Buenos Aires, Hernández.

FURTADO, Celso (1954) *A Economia Brasileira*. Rio de Janeiro, A Noite.

—. (1958) *Perspectivas da Economia Brasileira*. Rio de Janeiro, ISEB.

—. (1959a) *A Operação Nordeste*. Rio de Janeiro, ISEB.

—. (1959b) *Formação Econômica do Brasil*. Rio de Janeiro, Fundo de Cultura.

—. (1962a) "Subdesenvolvimento e Estado Democrático". Recife, Comissão do Desenvolvimento Econômico de Pernambuco.

—. (1962b) *A Pré-Revolução Brasileira*. Rio de Janeiro, Fundo de Cultura.

—. (1964) *Dialética do Desenvolvimento*. Rio de Janeiro, Fundo de Cultura.

—. (1967) De l'Oligarchie à l'Etat Militaire, *Temps Modernes*, ano 23, n. 257, out. 1967, pp. 578-601.

—. (1968a) *Subdesenvolvimento e Estagnação na América Latina*. Rio de Janeiro, Civilização Brasileira.

—. (1968b) *Um Projeto para o Brasil*. Rio de Janeiro, Saga.

—. (1969) La economía latinoamericana desde la conquista ibérica hasta la revolución cubana. Santiago de Chile, Editorial Universitaria, ed. orig. portuguesa, 1969.

—. (1971) *Teôria e Política de Desenvolvimento Econômico*. São Paulo, Companhia Editora Nacional, 4. ed. revisada e aumentada; publicado originariamente em *Desenvolvimento e Subdesenvolvimento*, Rio de Janeiro, Fundo de Cultura.

GALBRAITH, John K. (1962) *American Capitalism*. Boston, Houghton Mifflin; 1. ed., 1952.

— (1967) *The New Industrial State*. Boston, Houghton Mifflin.

BIBLIOGRAFIA 201

GONZÁLEZ CASANOVA, Pablo (1965) *La democracia en México.* México, Ediciones Era.

—. (1967) *Las categorías del desarrollo económico y la investigación en ciencias sociales.* México, Instituto de Investigaciones Sociales.

GUERREIRO RAMOS, Alberto (1950) *Uma Introdução ao Histórico da Organização Racional do Trabalho.* Rio de Janeiro, Depto. de Imp. Nacional.

—. (1952) *A Sociologia Industrial.* Rio de Janeiro, Ed. do autor.

—. (1954) *Cartilha Brasileira do Aprendiz do Sociólogo.* Rio de Janeiro, Andes.

—. (1957a) "Condições Sociais do Poder Nacional". Rio de Janeiro, ISEB.

—. (1957b) "Ideologias e Segurança Nacional". Rio de Janeiro, ISEB.

—. (1957c) *Introdução Crítica à Sociologia Brasileira.* Rio de Janeiro, Andes.

—. (1958) *A Redução Sociológica.* Rio de Janeiro, ISEB.

—. (1960) *O Problema Nacional do Brasil.* Rio de Janeiro, Saga.

—. (1961) *A Crise do Poder no Brasil.* Rio de Janeiro, Zahar.

—. (1963) *Mito e Verdade da Revolução Brasileira.* Rio de Janeiro, Zahar.

—. (1966) *Administração e Estratégia do Desenvolvimento.* Rio de Janeiro, Fundação Getúlio Vargas.

HARTZ, Louis (1964) *The Founding of New Societies.* Nova York, Harcourt, Brace and World.

HEER, Friedrich (1968) *The Intellectual History of Europe.* Garden City, Nova York, Doubleday.

HEILBRONER, Robert L. (1969) *The Limits of American Capitalism.* Nova York, Harper and Row. (Harper Torchbooks); 1. ed., 1965.

HERRERA, Felipe (1964) *América Latina integrada.* Buenos Aires, Losada.

— (1965) Perspectives de l'Integration latino-americana, *Tiers-Monde,* vol. VI, n. 23, julho-setembro, 1965, pp. 757-776, ed. especial no Latin American Integration, org. por Gustavo Lagos.

—. (org.) (1966) *Fatores para la Integration Latinoamericana.* México, Fondo de Cultura Económica.

HIRSCHMAN, Albert (1958) *The Strategy of Economic Development.* New Haven, Conn., Yale University Press.

—. (org.) (1961) *Latin American Issues.* Nova York, The 20th Century Fund.

—. (1963) *Journeys Toward Progress: Studies of Economic Policy Making in Latin America.* Nova York, The 20th Century Fund.

202 CRISES E ALTERNATIVAS DA AMÉRICA LATINA

—-. (1964) The Stability of Neutralism: a Geometrical Note. *Journal of the American Economic Association,* mar. 1964, n. 2, parte I, pp. 94-100.

—. (1967) *Development Projects Observed.* Washington, D.C., The Brooking Institution.

—. (1968a) Foreign Aid: A Critique and a Proposal, *Essays in International Finance.* Princeton, Princeton University Press, n. 69, jul. 1968.

—. (1968b) Underdevelopment, Obstacles to the Perception of Change, and Leadership, *Daedalus,* vol. 97. n. 3, 1961, pp. 925-937.

—. (1969) How to Divest in Latin America and Why, *Essays in International Finance,* n. 76, nov. 1969. Princeton, Princeton University Press.

—. (1970) *Exit, Voice and Loyalty.* Cambridge, Harvard University Press.

HOROWITZ, David (org.) (1968) *Marx and Modern Economics.* Nova York, Modern Reader.

HOROWITZ, Irving Louis; CASTRO, Josué de & GERASSI, John (orgs) (1969) *Latin American Radicalism.* Nova York, Random House. (Vintage Books).

HOSELITZ, Bert F. (1960) *Sociological Aspects of Economic Growth.* Nova York, The Free Press.

HYMER, Stephen (1967) *Direct Foreign Investiment and The National Economic Interest.* New Haven, Conn., Yale University.

IANNI, Octavio; SINGER, Paulo; COHN, Gabriel & WEFFORT, Francisco (1965a) *Política e Revolução Social no Brasil.* Rio de Janeiro, Civilização Brasileira.

—. (1965b) *Estado e Capitalismo: Estrutura Social e Industrialização no Brasil.* Rio de Janeiro, Civilização Brasileira.

—. (1968) *O Colapso do Populismo no Brasil.* Rio de Janeiro, Civilização Brasileira.

Inter-American Development Bank (org.) (1968) *Las inversiones multinacionales en el desarrollo y la integración de América Latina.* Bogotá, I.D.B.

Instituto Latinoamericano de Planificación Económica y Social — ILPES (1966) *Discusiones sobre planificación.* México, Siglo XXI.

JAGUARIBE, Hélio (org.) (1953-1956) *Cadernos do Nosso Tempo.* Rio de Janeiro, n. 1 a 5.

—. (1958) *O Nacionalismo na Atualidade Brasileira.* Rio de Janeiro, ISEB.

—. (1965) "A Brazilian View", em RAYMOND VERNON (org.). *How Latin America Views the U.S. Investor.* Nova York, Praeger.

—. (1967a) El Impacto de Marx, *El Trimestre Económico,* vol. XXXIX (1), n. 133, pp. 83-176.

BIBLIOGRAFIA 203

—. (1967b) *Problemas do Desenvolvimento Latino-Americano.* Rio de Janeiro, Civilização Brasileira.

—. (1968) *Economic and Political Development.* Ed. rev. e atualizada, Harvard University Press; ed. orig. portuguesa: *Desenvolvimento Econômico e Desenvolvimento Político,* Rio de Janeiro, Fundo de Cultura, 1962.

—. (1969a) "Dependencia y autonomia en América Latina", em HÉLIO JAGUARIBE e outros: *La dependencia político-económica de América Latina,* México, Siglo XXI, pp. 1-86.

—. (1969b) "Political Strategies of National Development in Brazil", em I.L. HOROWITZ e outros (orgs.): *Latin American Radicalism,* Nova York, Random House, (Vintage Books), pp. 339-390.

—. (1971) Ciéncia y tecnologia en el cuadro socio-político de América Latina, *El Trimestre Económico,* n. 150.

JALÉE, Pierre (1969) *L'Impérialisme en 1970.* Paris, F. Maspero.

JAMES, Emile (1955) *Histoire de le Pensée Economique.* Paris, Presses Universitaires de France.

JOHNSON, Chalmers (1964) *Revolution and the Social System.* Stanford, Hoover Institution, Stanford University Press.

—. (1966) *Revolutionary Change.* Boston, Little, Brown.

JOHNSON, John J. (org.) (1964) *Continuity and Change in Latin America.* Stanford, Stanford University Press.

—. & LADD, Doris M. (1968) *Simón Bolivar and Spanish American Independence; 1783-1830.* Nova York, Van Nostrand.

—. (1965) *Political Change in Latin America. The Emergence of The Middle Sectors.* Stanford; Stanford University Press; 1. ed., 1958.

—. (1965) *The Military and Society in Latin America.* Stanford, Stanford University Press; 1. ed., 1964.

KEYNES, John Maynard (1936) *General Theory of Employment, Interest and Money.* Nova York, Macmillan.

KINGSBURY, Robert C. & SCHNEIDER, Ronald M. (orgs.) (1966) *An Atlas of Latin American Affairs.* Nova York, Praeger, 2. ed.; 1. ed., 1965.

LAFER, Celso (1963) *O Judeu em Gil Vicente.* São Paulo, Conselho Estadual de Cultura.

—. (1965) O Problema dos Valores n'*Os Lusíadas;* Subsídios para o Estudo da Cultura Portuguesa do Século XVI, *Revista Camoniana,* São Paulo, vol. II, 1965, pp. 72-108.

—. (1969) Una interpretación del sistema de las relaciones internacionales del Brasil, *Foro Internacional,* México, jan.-mar. 1969, pp. 298-318.

—. (1970) *The Planning Process and the Political System in Brazil: A Study of Kubitschek's Target Plan, 1956-1961.* Tese de doutoramento, Cornell University.

204 CRISES E ALTERNATIVAS DA AMÉRICA LATINA

LAGOS, Gustavo (1965) L'Intégration de L'Amérique Latine et le Systéme des Relations Internationales, *Tiers-Monde,* vol. VI, n. 23, jul.-set. 1965, pp. 743-756.

LANDAVER, Carl (1945) *Teoría de la panificación económica.* México, Fundo de Cultura Económica.

LANGE, Oscar (1963) *Moderna Economia Política.* Rio de Janeiro, Fundo de Cultura.

LERNER, Abba P. (1944) *The Economics of Control.* Nova York, Macmillan.

LEWIS, W. Arthur (1945) *The Theory of Economic Growth.* Londres, Allen and Unwin.

LIN PIAO (1966) *Long Live the Victory of People's War.* Pequim, Foreign Language Press.

LOCKWOOD, Lee (1967) *Castro's Cuba, Cuba's Fidel.* Nova York, Macmillan.

MARCHALL, Jean (1955) *Deux Essais sur le Marxisme.* Paris, Génin.

MARTINS, Luciano (1968) *Industrialização, Burguesia Nacional e Desenvolvimento.* Rio de Janeiro, Saga.

MATOS, M. José (1963) Diagnóstico del Perú. Cambios en la sociedad peruana. *Revista del Museo Nacional,* Lima, vol. XXII, 1963, pp. 293-306.

—.; COTLER, Julio; BRAVO BRESANI, Jorge; SALAZAR BONDY, Augusto & PORTOCARRERO, Felipe (1970) *El Perú actual. Sociedad y política.* México, Instituto de Investigaciones Sociales.

MARX, Karl (1948) *Les Luttes de Classes en France: 1848-1850.* Paris, Editions Sociales.

—. *Le 18 Brumaire de Louis Bonaparte.* Editions Sociales, *op. cit.*

—. *Oeuvres. Economie.* Versão francesa, org. por Maximilien Rubel, das obras completas. Paris, Bibliothèque de la Pléiade.

—. (1963) Vol. I.

—. (1968) Vol. II.

—. & ENGELS, Friedrich (1965) *The German Ideologie.* Partes I e III, International Publishers, 4. ed.; 1. ed., 1947.

MENDES, Candido (1954) *Possibilidade da Sociologia Política.* Rio de Janeiro, Artes Gráficas C. Mendes h.

—. (1960) *Perspectiva Atual da América Latina.* Rio de Janeiro, ISEB.

—. (1963) *Nacionalismo e Desenvolvimento.* Rio de Janeiro, IBEA.

—. (1966a) *Memento dos Vivos; A esquerda Católica no Brasil.* Rio de Janeiro, Tempo Brasileiro.

—. (1966b) Sistemas Políticos e Modelos de Poder no Brasil. *Dados,* Rio de Janeiro, n. 1, pp. 7-41.

—. (1967) O Governo Castelo Branco: Paradigma e Prognose. *Dados,* Rio de Janeiro, n. 2/3, pp. 63-111.

BILBIOGRAFIA 205

—. (1968) Perspectiva do Comportamento Ideológico: o Processo de Reflexão na Crise do Desenvolvimento. *Dados*, Rio de Janeiro, n. 4, pp. 95-132.

—. (1969) Elite de Poder, Democracia e Desenvolvimento. *Dados*, Rio de Janeiro, n. 6, pp. 57-90.

—. (1970) *Nation-Building in Soutbern Latin America.* Rio de Janeiro, IUPERJ, mimeografado.

MILLS, C. Wright (1963) *The Marxists.* Nova York, Laurel, 2. ed.; 1. ed., 1962.

MORIN, Edgar (1969) La Mutation Occidentale, *Esprit,* n. 396, out. 1970, pp. 515-548.

NOVACK, David & LEKACHMAN, Robert (orgs,) (1964) *Development and Society: The Dynamics of Economic Change.* Nova York, St. Martin's Press.

NUN, José (1968) "A Latin American Phenomenon: The Middle Class Military Coup", em JAMES PETRAS & MAURICE ZEIFLIN (orgs.). *Latin America: Reform or Revolution?* Nova York, Fawcett.

OLIVEIRA MARTINS, Joaquim (1968). *História de Portugal.* Lisboa, Guimarães, 15. ed.; 1. ed., 1879.

ORGANSKI, A.F.K. (1964) *World Politics.* Nova York, Knopf; 1. ed., 1958.

—. (1965) *The Stages of Political Development.* Nova York, A. Knopf.

PAZ, Octavio (1969) *El laberinto de la soledad.* México, Fondo de Cultura Económica, 2. ed. rev. e aumentada; 1. ed., 1959; publicado pela primeira vez em *Cuadernos Americanos,* 1950.

PASSOS GUIMARÃES, Alberto (1968) *Quatro Séculos de Latifúndio.* Rio de Janeiro, Paz e Terra.

PERROUX, François (1964) *L'Economie du XX Siècle.* Paris, Presses Universitaires de France, 1. ed., 1961.

PETRAS, James & ZEITLIN, Maurice (orgs.) (1968) *Latin America: Reform or Revolution?* Nova York, Fawcett.

PINTO, Aníbal (1964) *Chile, una economía difícil.* México, Fondo de Cultura Económica.

—. (1968) *Política y desarrollo.* Santiago, Editorial Universitaria.

—.; ARANDA, Sergio; MARTÍNEZ, Alberto; CAPUTO, Orlando; PIZARRO, Roberto; FALETTO, Enzo; RUIZ, Eduardo; CHONCHOL, Jacques; BRODERSOHN, Victor; VASCONI, Tomás; RECA, Inés & DORFMAN, Ariel (1970) *Chile, boy.* México, Siglo XXI.

PIRENNE, Henri (1947) *Historia económica y social de la Edad Media.* México, Fondo de Cultura Económica, 4. ed.; 1. ed., 1939.

PREBISCH, Raúl (1970) *Transformación y desarrollo: la gran tarea de América Latina.* Informe do Banco Interamericano de Desenvolvimento.

206 CRISES E ALTERNATIVAS DA AMÉRICA LATINA

PUIGGRÓS, Rodolfo (1969) *Historia crítica de los partidos políticos argentinos*. Buenos Aires, Jorge Álvarez, 5 vols.

PUMARNA-LETTS, Ricardo (1971) *Peru: Révolution Socialiste ou Caricature de Révolution?* Paris, Maspero.

RAMOS, Jorge Abelardo (1949) *América Latina: un país*. Buenos Aires, out.

—. (1957) *Revolución y contrarrevolución en la Argentina: Las masas en nuestra historia*. Buenos Aires, Amerindia.

—. (1959) *Historia política del ejército argentino*. Buenos Aires, Peña Lillo.

—. (1961) *Manuel Ugarte y la revolución latinoamericana*. Buenos Aires, Coyoacán.

—. (1965) *Revolución y contrarrevolución en la Argentina. Tomo II — Historia de la Argentina en el siglo XX*. Buenos Aires, Plus Ultra.

—. (1968a) *Ejército y semi-colonia*. Buenos Aires, Sudestada.

—. (1968b) *Historia de la Nación latinoamericana*. Buenos Aires, Peña Lillo.

RANGEL, Ignácio (1957a) *Dualidade Básica de Economia Brasileira*. Rio de Janeiro, ISEB.

—. (1957b) *Introdução ao Estudo do Desenvolvimento Econômico Brasileiro*. Rio de Janeiro, Progresso.

—. (1960) *Recursos Ociosos na Economia Nacional*. Rio de Janeiro, ISEB.

—. (1963) *A Inflação Brasileira*. Rio de Janeiro, Tempo Brasileiro.

RIBEIRO, Darcy (1968) I. *O Processo Civilizatório*. Rio de Janeiro, Civilização Brasileira.

—. (1970) II. *As Américas e a Civilização*. Rio de Janeiro, Civilização Brasileira.

ROBINSON, Joan (1956) *An Essay on Marxian Economics*. Londres, Macmillan.

RODRIGUES, José Honório (1957) *Teoria da História do Brasil*. São Paulo, Cia. Edit. Nacional, 2 vols, 2. ed.; 1. ed., 1949.

—. (1965) *Conciliação e Reforma no Brasil*. Rio de Janeiro, Civilização Brasileira.

—. (1966) *Vida e História*. Rio de Janeiro, Civilização Brasileira.

—. (1970) *Aspirações Nacionais*. Rio de Janeiro, Civilização Brasileira, 4. ed.; 1. ed., 1963.

SAN TIAGO DANTAS, F.C. (1964) *Dom Quixote: Um Apólogo da Alma Ocidental*. Rio de Janeiro, Tempo Brasileiro, 2. ed.; 1. ed., 1947.

—. (1962) *Política externa independente*. Rio de Janeiro, Civilização Brasileira.

—. "Political Aspects of Economic Development", em CLAUDIO VELIZ (org.): *Obstacles to Change in Latin America*. Londres, Oxford University Press, pp. 9-46.

SARTRE, Jean-Paul (1961) *Cuba*. Nova York, Ballantine Books.

BILBIOGRAFIA

SCHNEIDER, Ronald M. & KINGSBURY, Robert C. (1966) *An Atlas of Latin American Affairs*. Nova York, Praeger, 2. ed.; 1. ed., 1965.

— (1965b) *Brazil-Election Factbook*, N. 2. Institute for Comparative Study of Political Systems, Operation and Policy Research.

—. (1966) *Supplement to Brazil-Election Factbook*, N. 2. Institute for Comparative Study of Political Systems, Operation and Policy Research.

—. (1971) *The Political Systems of Brazil: Emergence of a Modernizing Authoritarian Regime*, 1964-70. Nova York, Columbia University Press.

SCHMITTER, Philippe (1971) *Interest Conflict and Political Change in Brazil*. Stanford, Stanford University Press.

SCHUMPETER, Joseph A. (1950) *Capitalism, Socialism and Democracy*. Londres, Alien and Unwin.

—. (1954) *History of Economic analysis*. Org. Por Eliza Boody Schumpeter. Nova York, Oxford University Press.

SCHURMANN, Franz & SCHELL, Orville (orgs.) (1967) *The China Reader*. Nova York, Random House. (Vintage Books), 3 vols.

SERVAN-SCHREIBER, Jean-Jacques (1967) *Le Défit Américain*. Paris, De Noël.

SHAFFER, Harry G. & PRYBYLA, Jan S. (orgs.) (1961) *From Underdevelopment to Affluence*. Nova York, Appleton Century-Crofts.

SHONFIELD, Andrew (1965) *Modern Capitalism*. Nova York, Oxford University Press.

SILVA HERZOG, Jesús (1960) *Breve historia de la Revolución Mexicana*. México, Fondo de Cultura Económica, 2 vols.

SILVA MICHELENA, J.A. & BONILLA, Frank (1967) *The Politics of Change in Venezuela*, vol. I, de: *A Strategy for Research on Social Policy*. Cambridge, Mass., M.I.T. Press.

SKIDMORE, Thomas (1967) *Politics in Brazil: 1930-1964*. Nova York, Oxford University Press.

STALEY, Eugene (1961) *The Future of Underdeveloped Countries*. Nova York, Praeger.

STRACHEY, John (1956) *Contemporary Capitalism*. Londres, Victor Gollanez.

SUNKEL, Osvaldo (1967a) El transfondo estructural de los problemas del desarrollo latinoamericano, *El Trimestre Económico*, jan.-mar., n. 3.

—. (1967b) Politica nacional del desarrollo y dependencia externa, *Estudios Internacionales*, Santiago, ano I, n. 1, abr., pp. 43-75.

—. (1969) La tarea politica y teórica del planificador en América Latina, *Estudios Internacionales*. Santiago, ano 2, n. 4, jan.- -mar., pp. 519-529.

208   CRISES E ALTERNATIVAS DA AMÉRICA LATINA

—. & PAZ, Pedro (1970a) *El subdesarrollo latinoamericano y la teoría del desarrollo.* México, Siglo XXI.

—. (org.) (1970b) *Integración política y económica: la experiencia europea y el proceso latinoamericano.* Santiago, Editorial Universitaria.

—. (1971) Capitalismo transnacional y desintegración nacional en la América Latina, *El Trimestre Económico.* México, vol. XXXVIII, 2, abr.-jun., n. 150, pp. 571-628.

TANG, Peter S.H. & MALONEY, Joan M. (1967) *Communist China: The Domestic Scene — 1949-1967.* Nova York, South Orange, Seton Hall University Press.

TAVARES, Maria da Conceição (1964) "Auge y declinio del proceso de substitución de importaciones en el Brasil", *Boletín Económico de América Latina,* CEPAL, vol. IX, n. 1, mar.

TURNER, Frederick J. (1961) *Frontier and Section.* Ensayos escogidos de Frederick J. Turner. Englewood Cliffs, New Jersey, Prentice-Hall.

VEKEMANS, Roger & SEGUNDO, J.L. (1962) "Ensayo de tipología socio-económica de los países latinoamericanos", em: EGBERT DE VRIES & JOSÉ MEDINA ECHAVARRÍA (orgs.): *Aspectos sociales del desarrollo económico en América Latina.* Lieja, UNESCO, 2 vols. Cf. vol. I, pp. 72-100.

VELIZ, Claudio (org.) (1965) *Obstacles to Change in Latin America.* Londres, Oxford University Press.

—. (org.) (1967) *The Politics of Conformity in Latin America.* Londres, Oxford University Press.

—. (1969) Centralismo, Nacionalismo e Integración, *Estudios Internacionales,* Santiago, ano 3, n. 1, abr.-jun., pp. 3-22.

VERNON, Raymond (1963) *The Dilemma of Mexico's Development: The Roles of the Private and Public Sectors.* Cambridge, Harvard University Press.

—. (org.) (1966) *How Latin America views the U.S. Investor.* Praeger, Nova York.

VIEIRA PINTO, Álvaro (1960) *Consciência e Realidade Nacional.* Rio de Janeiro, ISEB, 2 vols.

VITA, Luís Washington (1950) *A Filosofia no Brasil.* São Paulo, Martins.

—. (1965) *Introdução à Filosofia.* São Paulo, Melhoramentos, 2. ed.; 1. ed., 1964.

—. (1968) *Antologia do Pensamento Social e Político no Brasil.* São Paulo, Grijalbo.

VON LAZAR, Arpad (1969a) Multi-National Enterprise and Latin American Integration: a Political View, *Journal of Inter--American Studies,* vol. XI, n. 11, jan. 1969.

—. & KAUFMAN, Robert R. (orgs.) (1969b) *Reform and Revolution: Readings in Latin American Politics.*

VON MARTIN, Alfred (1946) *Sociologia del Renacimiento.* México, Fondo de Cultura Económica.

BIBLIOGRAFIA 209

WERNECK SODRÉ, Nelson (1963) *Introdução à Revolução Brasileira*. Rio de Janeiro, Civilização Brasileira, 2. ed.; 1. ed., 1958.

—. (1965) *A Ideologia do Colonialismo*. Rio de Janeiro, Civilização Brasileira, 2. ed.; 1. ed., 1961.

—. (1965) *História Militar do Brasil*. Rio de Janeiro, Civilização Brasileira.

—. (1965) *História da Burguesia Brasileira*. Rio de Janeiro, Civilização Brasileira, 2. ed.; 1. ed., 1964.

WIZNITZER, Arnold (1960) *Jews in Colonial Brazil*. Nova York, Columbia University Press.

COLEÇÃO ESTUDOS

1. *Introdução à Cibernética*, W. Ross Ashby
2. *Mimesis*, Erich Auerbach
3. *A Criação Científica*, Abraham Moles
4. *Homo Ludens*, Johan Huizinga
5. *A Lingüística Estrutural*, Giulio Lepschy
6. *A Estrutura Ausente*, Umberto Eco
7. *Comportamento*, Donald Broadbent
8. *Nordeste 1817*, Carlos Guilherme Mota
9. *Cristãos-Novos na Bahia*, Anita Novinsky
10. *A Inteligência Humana*, H. J. Butcher
11. *João Caetano*, Décio de Almeida Prado
12. *As Grandes Correntes da Mística Judaica*, Gershom Scholem
13. *Vida e Valores do Povo Judeu*, Cecil Roth e outros
14. *A Lógica da Criação Literária*, Käte Hamburger
15. *Sociodinâmica da Cultura*, Abraham Moles
16. *Gramatologia*, Jacques Derrida
17. *Estampagem e Aprendizagem Inicial*, W. Sluckin
18. *Estudos Afro-Brasileiros*, Roger Bastide
19. *Morfologia do Macunaíma*, Haroldo de Campos
20. *A Economia das Trocas Simbólicas*, Pierre Bourdieu
21. *A Realidade Figurativa*, Pierre Francastel
22. *Humberto Mauro, Cataguases, Cinearte*, Paulo Emílio Salles Gomes
23. *História e Historiografia*, Salo W. Baron
24. *Fernando Pessoa ou o Poetodrama*, José Augusto Seabra
25. *As Formas do Conteúdo*, Umberto Eco
26. *Filosofia da Nova Música*, Theodor Adorno
27. *Por Uma Arquitetura*, Le Corbusier
28. *Percepção e Experiência*, M. D. Vernon
29. *Filosofia do Estilo*, G. G. Granger
30. *A Tradição do Novo*, Haroldo Rosenberg
31. *Introdução à Gramática Gerativa*, Nicolas Ruwet
32. *Sociologia da Cultura*, Karl Mannheim
33. *Tarsila. Sua Obra e seu Tempo*, Aracy Amaral
34. *O Mito Ariano*, Léon Poliakov
35. *Lógica do Sentido*, Gilles Deleuze
36. *Mestres do Teatro*, John Gassner
37. *O Regionalismo Gaúcho e as Origens da Revolução de 1930*, Joseph L. Love
38. *Sociedade, Mudança e Política*, Hélio Jaguaribe
39. *Desenvolvimento Político*, Hélio Jaguaribe
40. *Crises e Alternativas da América Latina*, Hélio Jaguaribe
41. *De Geração a Geração*, S. N. Eisenstadt
42. *Política Econômica e Desenvolvimento no Brasil*, N. Leff
43. *Prolegómenos a Uma Teoria da Linguagem*, Louis Hjelmslev
44. *Sentimento e Forma*, S. K. Langer

45. *A Política e o Conhecimento Sociológico*, F. G. Castles
46. *Semiótica*, Charles S. Peirce
47. *Ensaios de Sociologia*, Marcel Mauss.
48. *Liberdade, Poder e Planejamento*, Karl Mannheim.
49. *Poética para Antonio Machado*, Ricardo Gullán.
50. *Soberania e Sociedade no Brasil Colonial*, Stuart B. Schwartz.
51. *A Literatura Brasileira*, Luciana Stegagno Picchio.
52. *A América Latina e sua Literatura*, UNESCO.
53. *Os Nueres*, E. E. Evans–Pritchard.
54. *Introdução à Textologia*, Roger Laufer.
55. *O Lugar de Todos os Lugares*, Evaldo Coutinho.
56. *Sociedade Israelense*, S.N. Eisenstadt.
57. *Das Arcadas ao Bacharelado: 150 Anos de Ensino Jurídico no Brasil*, Alberto Venâncio Filho.

SOCIEDADE, MUDANÇA E POLÍTICA — Hélio Jaguaribe (col. estudos)

DESENVOLVIMENTO POLÍTICO — Hélio Jaguaribe
(col. estudos)

PERU: DA OLIGARQUIA ECONÔMICA À MILITAR —
Arnaldo Pedroso d'Horta (col. debates)

ENTRE O PASSADO E O FUTURO — Hannah Arendt
(col. debates)

A estrutura e o sistema

A dinâmica e o processo

O dado e a história

A crítica e a previsão

Na **polis** e na política

A especificação e a globalização do conhecimento das
sociedades e dos fatores que determinam seu comportamento e seus horizontes.

Impresso em Equipamento
VANER BICEGO — GRÁFICA
Rua 21 de Abril, 1154
Telefones: 292-6480 — 292-5490

A Cultura Grega e as Origens do Pensamento Europeu

Coleção Estudos
Dirigida por J. Guinsburg

Equipe de realização – Tradução: Pérola de Carvalho; Revisão técnica e de provas: Luiz Alberto Machado Cabral; Índice onomástico: Rose Pires; Sobrecapa: Adriana Garcia; Foto do autor: Luciana Suzuki; Produção: Ricardo W. Neves e Sergio Kon.

Bruno Snell

A CULTURA GREGA E AS ORIGENS DO PENSAMENTO EUROPEU

 PERSPECTIVA

Título do original em alemão
Die Entdeckung des Geistes

Copyright © 1955 Claassen Verlag Gmbh, Hamburgo

Dados Internacionais de Catalogação na Publicação (CIP)
(Câmara Brasileira do Livro)

Snell, Bruno, 1896-1986
A Cultura Grega e a Origem do Pensamento Europeu
/ Bruno Snell ; [tradução Pérola de Carvalho] -- São Paulo :
Perspectiva, 2012. -- (Estudos ; 168)

Título original: Die Entdeckung des Geistes.
3ª reimpr. da 1. ed de 2001.
ISBN 978-85-273-0262-3

1. Cultura – Grécia 2. Filosofia antiga 3. Grécia – Religião
4. Grécia – Vida intelectual 5. Literatura grega – História e
crítica 6. Pensamento I. Título II. Série

01-3484   CDD-306.420938

Índices para catálogo sistemático:
1. Grécia Antiga : Cultura : Vida intelectual :
Sociologia   306.420938
2. Grécia Antiga : Vida intelectual : Cultura :
Sociologia   306.420938

1ª edição – 3ª reimpressão
[PPD]

Direitos reservados em língua portuguesa à
EDITORA PERSPECTIVA LTDA.

Av. Brigadeiro Luís Antônio, 3025
01401-000 – São Paulo – SP – Brasil
Telefax (11) 3885-8388
www.editoraperspectiva.com.br

2019

Sumário

Nota de Edição IX

Sobre Bruno Snell – *Trajano Vieira* XIII

Introdução XVII

1. O Homem na Concepção de Homero 1
2. A Fé nos Deuses Olímpicos 23
3. O Mundo dos Deuses em Hesíodo 41
4. O Despontar da Individualidade
   na Lírica Grega Arcaica 55
5. O Hino Pindárico a Zeus 81
6. Mito e Realidade na Tragédia Grega 97
7. Aristófanes e a Estética 117
8. Saber Humano e Divino 135
9. As Origens da Consciência Histórica 151
10. Máximas de Virtude: Um Breve Capítulo
    da Ética Grega 163
11. Símile, Comparação, Metáfora, Analogia; a Passagem
    da Concepção Mítica ao Pensamento Lógico 195
12. A Formação dos Conceitos Científicos
    na Língua Grega 229
13. O Símbolo do Caminho 247
14. A Descoberta da "Humanidade" e Nossa Posição ante
    os Gregos 257

15. O Jocoso em Calímaco............................ 273
16. A Arcádia: Descoberta de uma Paisagem Espiritual...... 287
17. Teoria e Prática................................. 311

Índice Onomástico 321

Nota de Edição

Para respeitar as transcrições constantes do original e facilitar o acesso imediato a elas, as palavras gregas foram devidamente transliteradas para o português pelo revisor técnico da tradução, Luiz Alberto Machado Cabral, autor destas.

NORMAS PARA A TRANSLITERAÇÃO
DE TERMOS E TEXTOS GREGOS

Letra grega	Nome	Pronúncia erasmiana	Transliteração
Α, α	alfa	a (longa ou breve)	a: ἀσέβεια: *asébeia*
Β, β	beta	b	b: βλέπειν: *blépein*
Γ, γ	gama	g*	g: γιγνώσκω: *gignṓsko*
Δ, δ	delta	d	d: δράκων: *drákōn*
Ε, ε	épsilon	e [breve, fechada (ê)]	e: εἴδωλον: *eídōlon*
Ζ, ζ	dzeta	dz	z: Ζεύς: *Zeús*
Η, η	eta	e [longa, aberta (é)]	ē: ἦθος: *êthos*
Θ, θ	teta	th (inglês this)	th: θυμός: *thymós*
Ι, ι	iota	i (longa ou breve)	i: ἰδεῖν: *ideîn*
Κ, κ	capa	k	k: κακία: *kakía*
Λ, λ	lambda	l	l: λεύσσειν: *leússein*
Μ, μ	my	m	m: μένος: *ménos*

* O g (*gama*) é sempre pronunciado como em guerra, mesmo diante de ε, η, ι. Ex. γιγνώσκω: guignōsko (conhecer). No entanto, diante de γ, κ, χ, ξ ele é transliterado e pronunciado como o nosso *n*. Ex.: ἄγγελος: *ánguelos* (mensageiro).

X A CULTURA GREGA E AS ORIGENS DO PENSAMENTO EUROPEU

N, ν	ny	n	n: νόμισμα: *nómisma*
Ξ, ξ	csi	x (sempre com som de cs)	x: ξένος: *xénos* (csénos)
O, o	ómicron	o [breve, fechada (ô)]	o: ὄλβιος: *ólbios*
Π, π	pî	p	p: παιδεία: *paideía*
P, ρ	rô	r (como em duro)	rh (inicial): ῥῆμα: *rhêma*
			r: δῶρον: *dôron*
Σ, σ, ς**	sigma	s (nunca com som de z)	s: σκληρός: *sklērós*
T, τ	tau	t	t: τιμή: *timē*
Y, υ***	hípsilon	ü (longa ou breve)	y: ὕβρις: *hýbris*
			u: νοῦς: *noûs*
Φ, φ	phi	f	ph: φιλία: *philía*
X, χ	khi	ch (alemão machen)	kh: χαῖρε: *khaîre*
Ψ, ψ	psi	ps	ps: ψυχή: *psykhē*
Ω, ω	ômega	o [longa, aberta (ó)]	o: ὡς: *hōs*

** Essa última forma do *sigma* (η) é empregada apenas quando ele se encontra no final de uma palavra. Ex.: λόγος: *lógos* (*palavra, discurso*). Em posição intervocálica, a forma é sempre (σ): μοῦσα: *moûsa* (pronuncia-se *muça*): musa.

*** O Y, υ (*hípsilon*) pronuncia-se como o *ü* do alemão (ex. Müller) e só pode ser transliterado por y quando estiver em posição vocálica. Ex. ὕβρις: *hýbris* (ultraje), δύναμις: *dýnamis* (força). Nos outros casos, deve ser transliterado pelo u: αὐτόν: *autón* (ele); νοῦς: *noûs* (mente, espírito).

NOTA 1– É preciso marcar a distinção entre as vogais longas η/ω das breves correspondentes ε/o, sem o que torna-se impossível distinguir a diferença entre palavras transliteradas como γέρας: *guéras* (privilégio) e γῆρας: *guēras* (velhice). Desta forma, na transliteração, devemos assinalar as vogais longas (η/ω) pelo sinal ¯: ηώς: *ēós* (aurora).

NOTA 2 – Os *ditongos* são formados pela adição das semivogais i e u às outras vogais.

NOTA 3 – Os *espíritos* são sinais ortográficos colocados sobre toda vogal inicial das palavras e sobre o ὑ (ípsilon) e o ῥ (rô) *iniciais* (sempre marcados pelo espírito rude e transliterados por *hy* e *rh*). Há o espírito doce ou brando ('), que não tem influência alguma na pronúncia, marcando apenas a ausência de aspiração, e por isso não é levado em conta na transliteração: ἀρετή: *aretē* (excelência, virtude); e o espírito rude ou áspero ('), que marca a aspiração e é pronunciado como o h do inglês: ἡδονή: *hēdoné* (prazer). Se uma palavra começa por um ditongo, o espírito deve ser colocado sobre a segunda vogal, seja ele rude ou brando.

NOTA DE EDIÇÃO   XI

Ex.: αἰδώς: *aidō̄s* (sentimento de honra, vergonha); εὑρίσκω: heurískō (encontrar por acaso, descobrir).

NOTA 4 – Os *sinais de acentuação* são colocados sobre cada palavra para indicar a sílaba acentuada. Há três acentos: o agudo (´), o grave (`) e o circunflexo (^), sempre transliterado por (^). O acento agudo pode ser colocado sobre as três últimas sílabas de uma palavra, o circunflexo (perispômeno) somente sobre as duas últimas e o acento grave apenas sobre a última (quando a palavra seguinte for acentuada). O acento, assim como o espírito, é sempre colocado sobre a segunda letra dos ditongos e é desse modo que os termos gregos devem ser transliterados para o português: παιδεία: *paideía* (educação, instrução, cultura do espírito).

NOTA 5 – Quanto aos sinais de *pontuação*, a *vírgula* e o *ponto* gregos têm o mesmo valor que em português. No lugar dos nossos dois pontos e do ponto e vírgula, os gregos empregavam um *ponto alto* (·) e o *ponto e vírgula* em um texto grego (;) corresponde ao nosso ponto de interrogação. O ponto de exclamação não era conhecido, embora seja empregado em algumas edições.

NOTA 6 – Algumas vezes o i (*iota*) é subscrito, isto é, é colocado embaixo da vogal que o precede. Ex.: ᾳ, ῃ, ῳ, são por αι, ηι, ωι. Só se coloca o iota subscrito sob vogais longas mas ele não é pronunciado (pronúncia erasmiana). Quando a vogal precedente for maiúscula o iota não é subscrito, mas *adscrito* (no entanto, continua não sendo pronunciado nem acentuado): Ἅιδης: (*Hades*). Na transliteração o iota é sempre adscrito e só a indicação de que a vogal final é longa é que permitirá a correta identificação da palavra grega.
Ex. para diferenciar φίλοι: *phíloi* (amigos), de φίλῳ: *phílōi* (ao amigo). τιμᾷς: *timaîs* (pelas honras, dativo instrumental), de τιμᾷς: *timâis* (tu honras, verbo).

Sobre Bruno Snell

Coube à geração de Bruno Snell (1896-1986) – de que fazem parte autores como Karl Reinhardt, Hermann Fränkel, Wolfgang Schadewaldt, Kurt von Fritz, Walter F. Otto, Paul Friedländer – a difícil tarefa de suceder o mais ilustre helenista alemão do início deste século: Ulrich von Wilamowitz-Moellendorff (1848-1931). Não só por sua presença tentacular nas mais diversas áreas dos estudos clássicos, como por sua severa e inabalável orientação teórica, precocemente definida (recorde-se, por exemplo, o modo bastante negativo como recebeu, no início de sua carreira, *O Nascimento da Tragédia* de Nietzsche), Wilamowitz ocupou posição única no ambiente acadêmico alemão. Alguns estudos recentes têm chamado a atenção para esse fato[1], abordado também por Bruno Snell numa conferência proferida em 1932 ("Filologia Clássica na Alemanha dos Anos Vinte")[2], a qual permaneceu inédita por muito tempo, em razão dos acontecimentos políticos da época. Snell comenta o tipo de trabalho então realizado na Alemanha, sob influência do positivismo de Wilamowitz: grande parte dessas obras caracterizam-se pelo afã classificatório e pela erudição inesgotável, responsáveis pela articulação de informações colhidas dos mais diferentes campos. Ao elogiar a ambição de projetos como a

---

1 Leia-se, por exemplo, a reedição de *Geschichte der Philologie* de *Wilamowitz*, acompanhada de notas e estudo de Albert Henrichs; Stuttgart and Leipzig, Teubner, 1998. Há também a coletânea de ensaios, organizada por Hellmut Flashar, *Altertumswissenschaft in den 20er Jahren: Neue Fragen und Impulse*, Stuttgart, Franz Steiner Verlag, 1995.

2 Incluída em *Il cammino del pensiero e della verità – Studi sul linguaggio greco delle origini*, Ferrara, Gallio Editori, 1991.

XIV   A CULTURA GREGA E AS ORIGENS DO PENSAMENTO EUROPEU

Real-Enzyklopädie, o *Thesaurus Linguae Latinae* ou o monumental *Index* da obra aristotélica de Bonitz, Snell emprega várias vezes o termo "abnegação" para definir a atitude intelectual de seus autores, decorrente da "concepção de trabalho como dever", "derivada historicamente do estado burocrático prussiano".

Embora com elegância, Snell nota que, do ponto de vista crítico, o alcance dos trabalhos filiados a essa tradição ficou muitas vezes aquém do esperado. Hugh Lloyd-Jones lembra igualmente que as limitações do método cientificista adotado por esses helenistas foram registradas desde cedo no círculo de Stefan Georg[3]. Procurando superar essas limitações, Werner Jaeger, herdeiro da cadeira de grego que pertencera a Wilamowitz, em Berlim (1921), tentou redefinir os rumos dos estudos helenísticos alemães. Contudo, seu "humanismo", fundamentado numa visão idealizada da Grécia, que acentuava o valor supremo da pólis em relação à vida dos cidadãos, teve desdobramentos negativos no ambiente político da época. Não será equivocado afirmar que o conservadorismo do autor de *Paideia* foi uma das causas de ele não ter exercido maior influência sobre seus companheiros de geração. Observo que sua biografia tem sido objeto de análises duríssimas, como o leitor poderá verificar a partir de um trabalho coletivo publicado há poucos anos[4].

Snell fala da importância que a análise estilística começava a ter, na década de 20, nos trabalhos de seus colegas. O conceito de "forma interna", retomado de Wilhem von Humboldt e utilizado em função do "estranhamento radical" da estrutura da obra de arte, passa a orientar diversas interpretações, como a de Hermann Fränkel (*Eine Stileigenheit der frühgrieschischen Literatur*, 1924), que elege, como traço distintivo da literatura grega arcaica, a noção aristotélica de "elocução encadeada" (*léksis eiromene*), ou a de Reinhardt, que, em seu livro sobre o filósofo helenístico Posidônio (*Poseidonios*, 1921), procura identificar aspectos genuínos de sua obra, conhecida a partir de referências secundárias. O autor acrescenta ainda que os novos métodos de abordagem filológica buscaram inspiração nos estudos arqueológicos, obrigados muitas vezes, pela carência de dados historicamente objetivos, a fundamentar suas análises no campo da estilística.

A obra do próprio Snell que, nesse mesmo período (1924) realizava pesquisas em Roma (*Deutsches Archeologisches Institut*) e em Pisa, exibe semelhante preocupação teórica. Penso não tanto em seu extraordinário trabalho como editor de Baquílides, Píndaro e do *Thesaurus Linguae Graecae*, do qual foi fundador, quanto em sua vasta

---

3   *Greek in a Cold Climate*, London, Duckworth, 1991, p. 152.
4   *Werner Jaeger Reconsidered*, William Calder III (org.), Illinois Classical Studies, 1992.

SOBRE BRUNO SNELL

obra de comentador da literatura grega, à qual o leitor brasileiro terá finalmente acesso, graças à iniciativa da Editora Perspectiva. Entre os estudiosos do pensamento grego arcaico, desconheço outro livro tão discutido quanto *A Cultura Grega e as Origens do Pensamento Europeu*, graças à originalidade de algumas de suas teses. Do mesmo modo, creio ser difícil encontrar um estudo helenístico escrito com igual elegância e despretensão. Snell adota um método que pode ser chamado de lexical: destaca certos vocábulos recorrentes na obra de escritores gregos, examina-lhes o uso específico, compara-os com outros termos de sentido semelhante.

Essa abordagem parte de uma ideia que tem sido alvo de críticas constantes: uma noção determinada só existe se existe o termo que a designa. Se em Homero não ocorre uma palavra com o significado de "consciência" (*psykhé* só se refere à alma do morto) ou de "corpo" (*soma* só é empregado como sinônimo de cadáver), se, em lugar do último termo, o poeta utiliza vocábulos que identificam as partes do corpo, é porque, segundo Snell, na poesia épica não há noção abstrata de sujeito, nem visão global de corpo. Conceitos como "espírito", "sujeito", "consciência" e "corpo" teriam sido introduzidos lentamente na história cultural grega. Na época homérica, prevaleceria um conjunto de palavras referentes a órgãos determinados, responsáveis por funções específicas (*thymós, phrén, nóos* etc.). Os críticos dessa tese multiplicaram-se nos últimos anos[5]. Não é possível deduzir, com base no fato de uma palavra não ser utilizada, que não exista o sentido que ela designa. Trata-se de um argumento *ex silentio*. Vários autores observam que Homero emprega o pronome de primeira pessoa – *egó* –, que pressupõe, de algum modo, a noção de identidade, estruturadora do sujeito. Cabe registrar, contudo, que nem todos os estudiosos rejeitam a colocação de Snell, preferindo retomá-la de outro ângulo. É o caso, por exemplo, de Joseph Russo e Bennett Simon, para os quais esse recurso literário não decorreria da ausência da noção de sujeito, mas da própria tendência de a poesia oral representar de maneira objetiva estados subjetivos[6]. Tal explicação, formulada em termos de comunicação poética, mostra que o livro de Snell não se mantém estático como um monumento, mas vivo e aberto a releituras.

5   Veja-se, por exemplo, Richard Gaskin, "Do homeric heroes make real decisions?", *Classical Quarterly 40* (1990), 1-15; R. W. Sharples, "'But why has my spirit spoken with me thus?': Homeric decision-making", in *Homer*, Ian McAuslan & Peter Walcot (orgs.), Oxford University Press, 1998, 164-170; Paula da Cunha Corrêa, *Armas e Varões – A Guerra na Lírica de Arquíloco*, Unesp, 1998, parte I.
6   "Psicologia omerica e tradizione epica orale", *Quaderni Urbinati di Cultura Classica 12* (1971), 41-61.

XVI A CULTURA GREGA E AS ORIGENS DO PENSAMENTO EUROPEU

Várias objeções apresentadas, embora pertinentes, não desqualificam o livro de Snell, mas nos obrigam a lê-lo com maior cuidado, relativizando, por exemplo, o uso que faz do conceito de evolução literária. Há particularidades poéticas que antes resultam de diferenças genéricas do que da evolução literária, fato nem sempre considerado pelo autor. Entretanto, seria um erro pensarmos que os gêneros mantiveram-se impermeáveis na Grécia ou que a questão da influência literária tenha sido menos dinâmica do que nos aponta Snell. Se – apenas para citar um exemplo – sabemos hoje que o gênero lírico é tão arcaico quanto o épico, isso não nos permite concluir que Homero não tenha influenciado poetas como Arquíloco, Baquílides ou Píndaro. Lembro, a esse respeito, que Píndaro nomeia Homero explicitamente na *7ª Nemeia*, atribuindo à sua extraordinária qualidade poética a manutenção de certos mitos ao longo da tradição ("há algo de sagrado em suas mentiras"). Cabe notar também que no final do século V a. C. a poesia incorporou de tratados de retórica então em voga o termo *tékhne*, com o sentido de "habilidade literária" (Aristófanes, *Rãs*, 762, 770, 780, 850).

Um livro pode virar clássico quando até autores consagrados que dele discordam não conseguem deixar de mencioná-lo. *A Cultura Grega e as Origens do Pensamento Europeu* comprova isso. Outro helenista notável, Bernard Knox, ao refutar a ideia de Snell sobre a ausência de unidade no homem homérico, faz a seguinte ressalva: "Tudo isso não significa, evidentemente, que a análise cuidadosa de Snell da linguagem homérica deva ser rejeitada; sua abordagem lexical traz à luz diversos aspectos do pensamento e do sentimento homéricos"[7]. Acrescentaria que essa luz se irradia sobre muitos outros períodos da literatura grega, abordados neste livro que, concebido inicialmente como um projeto unitário, acabou sendo escrito ao longo dos anos, resultando num conjunto de ensaios admiráveis.

Trajano Vieira

---

7   *The Oldest Dead White European Males*, Norton, 1993, 44-45.

Introdução

O pensamento nas suas formas lógicas, comuns a nós, europeus, surgiu entre os gregos e tem sido, a partir dessa época, considerado como a única forma possível de pensamento. Tem ele, sem dúvida alguma, um valor determinante para nós, europeus, e, quando o empregamos nas especulações filosóficas e científicas, liberta-se de toda a relatividade histórica e tende para valores incondicionados e duradouros, numa palavra, para a Verdade; ou melhor, não apenas tende para ela como atinge o Duradouro, o Incondicionado e o Verdadeiro. E no entanto, esse pensamento é algo de historicamente "devindo", e isso por mais comumente que pensemos. Habituados que estamos a atribuir-lhe um valor absoluto, julgamos poder automaticamente encontrá-lo também no pensamento dos outros. Embora uma interpretação mais acertada da história tenha, entre o fim do século XVIII e o início do XIX, levado à superação da concepção racionalista de um "Espírito" idêntico a si mesmo, todavia ainda hoje fechamos o caminho para o entendimento do mundo grego, interpretando as obras gregas primitivas com um espírito excessivamente próximo de nossas concepções modernas; e, como a *Ilíada* e a *Odisseia*, que pertencem à fase inicial do mundo grego, falam a nós de forma tão imediata e com tanta força nos penetram, facilmente nos esquecemos de que o mundo de Homero é fundamentalmente diferente do nosso.

Para podermos acompanhar, através do primitivo mundo grego, o processo que conduz à formação do pensamento europeu, precisamos compreender bem como "surgiu" o pensamento entre os gregos. Os gregos não somente conquistaram, valendo-se das formas de pensamento já conhecidas, nova matéria para a reflexão (a ciência e

XVIII   A CULTURA GREGA E AS ORIGENS DO PENSAMENTO EUROPEU

a filosofia, por exemplo) e ampliaram alguns métodos já conhecidos (por exemplo, o método da lógica); mas eles efetivamente criaram o que nós chamamos de "pensamento": a alma humana, o espírito humano foram eles que descobriram, e a base dessa descoberta foi uma nova concepção do homem. Esse processo, a descoberta do espírito, manifesta-se a nós através da história da poesia grega e da filosofia, a partir de Homero; as formas poéticas da épica, da lírica, do drama, as tentativas de um entendimento racional da natureza e da essência do homem representam as etapas desse caminho.

Quando falamos em "descoberta do espírito", a expressão tem um valor diferente de quando dizemos, por exemplo, que Colombo "descobriu" a América: a América existia mesmo antes de sua descoberta; o espírito europeu, ao contrário, assumiu existência no momento em que foi descoberto. Ele só existe quando se torna consciente no homem. E no entanto, não está errado falarmos aqui em "descoberta". O espírito não é "inventado" da maneira que o homem inventa um instrumento apto a melhorar o rendimento de seus órgãos físicos, ou um método para o estudo de determinados problemas. Não é coisa que possa ser arbitrariamente pensada e que se possa construir adaptando-a ao objetivo, como na descoberta, nem está geralmente dirigida, como a descoberta, para um determinado objetivo: em certo sentido, existia mesmo antes de ser descoberta, mas de forma diferente, não "como" espírito.

Apresentam-se aqui duas dificuldades terminológicas. Uma diz respeito a um problema filosófico: se dissermos que os gregos descobrem o espírito e, ao mesmo tempo, pensamos que só no momento em que é descoberto conquista ele existência (em linguagem gramatical, poder-se-ia dizer que o "espírito" não é apenas um objeto implícito, mas também explícito), isso demonstra que a forma por nós empregada não passa de uma metáfora, mas metáfora necessária a uma expressão que traduz exatamente o nosso pensamento. Do espírito só podemos falar de forma metafórica.

Também por isso a mesma dificuldade apresentam as outras expressões de que nos servimos neste arrazoado. Se falarmos da concepção ou do conhecimento que o homem tem de si, também nesse caso as expressões "concepção" e "conhecimento" não terão o mesmo valor de quando as usamos com o significado de "conceber algo" ou "conhecer um homem", porque nas expressões "conceber e conhecer a si mesmo" (desta forma é que usaremos essas palavras), o "si mesmo" existe exatamente apenas enquanto concebido e conhecido[1]. Se dissermos o espírito "revela-se", se, portanto, encararmos esse processo não sob um ângulo humano, como resultado da ação

---

1   Sobre essa "adaptação" do emprego metafórico da língua, cf. J. Konig, *Sein und Denken*, Halle, 1937, e, relativamente ao nosso problema, em particular a p. 222.

INTRODUÇÃO XIX

do homem, mas como fato metafísico, a expressão "ele se revela" não significará o mesmo que se dissermos: "um homem revela-se", querendo dizer que ele se dá a conhecer. O homem permanece sempre o mesmo, tanto antes quanto depois de sua revelação; já o espírito só adquire existência na medida em que se revela, em que entra no mundo das aparências ligado ao indivíduo. Mesmo se considerarmos a "revelação" no sentido religioso da palavra, o resultado será o mesmo: uma epifania de Deus pressupõe a existência de Deus, ainda que Ele não se revele. Mas o espírito revela a "si mesmo" no sentido de que, com isso, adquire existência (isto é, explica-se) através do processo histórico; só na história o espírito se revela, ainda que nada possamos dizer da sua existência fora da história ou fora do homem. Deus revela-se num único ato, ao passo que o espírito só às vezes e de forma limitada, só no homem e obedecendo às diferentes formas individuais. Se, porém, segundo a concepção cristã, Deus é espírito e se, por conseguinte, fica difícil conceber Deus, isso pressupõe uma concepção do espírito que foi o mundo grego o primeiro a atingir.

Com as expressões "auto-revelação" ou "descoberta" do espírito não pretendemos referir-nos a nenhuma especial posição metafísica nem falar de um espírito errante, fora da história e a ela preexistente. As expressões "auto-revelação" e "descoberta" do espírito não diferem muito, quanto ao significado, uma da outra. Poder-se-ia, talvez, dar preferência à primeira expressão, ao nos referirmos à primeira época, isto é, ao tempo em que o conhecimento ocorre sob a forma do mito ou da intuição poética, e falar em "descoberta" quando nos referíssemos aos filósofos, pensadores e cientistas, mas seria impossível traçar aqui uma linha limítrofe definitiva (cf. cap. 11). Por duas razões parece-me oportuno, neste estudo, valermo-nos da segunda expressão: não são, com efeito, os aspectos isolados dessas manifestações do espírito que nos interessam, e sim o fato de que o conhecido possa ser também comunicado aos outros, visto que para a história só conta o que se pode transformar em bem comum; veremos, com efeito, que muitas coisas, que ainda não haviam sido descobertas, já tinham penetrado na língua falada. Também as descobertas podem cair no esquecimento e, em particular, as que se referem ao mundo do espírito só podem conservar seu valor no tocante ao saber, quando mantidas em contínua atividade. Muitas coisas, por exemplo, caíram no esquecimento na Idade Média e tiveram de ser redescobertas, mas também então coube ao mundo antigo facilitar a operação. Em segundo lugar, preferimos falar de "descoberta do espírito" em vez de "revelação", visto que, como veremos pelas fases isoladas desse processo, é com dor, angústia e trabalho que o homem atinge o conhecimento do espírito. πάθειμάθος, "da dor nasce a sabedoria", o dito vale também para a humanidade, mas em sentido diferente do que vale para o indivíduo, pois este aprende

XX   A CULTURA GREGA E AS ORIGENS DO PENSAMENTO EUROPEU

com o mal a precaver-se contra outro mal. O mundo poderá adquirir maior sabedoria mas não se precavendo contra o mal, porque, se o fizesse, estaria fechando o caminho que o leva a uma sabedoria maior. Não é possível, em todo o caso, separarmos radicalmente o iluminismo racional da iluminação religiosa, o ensinamento da conversão, e entender a "descoberta do espírito" como o mero achado e desenvolvimento de ideias filosóficas e científicas. Pelo contrário, muitas das contribuições fundamentais dadas pelos gregos ao desenvolvimento do pensamento europeu apresentam-se sob formas que, como veremos melhor em seguida, estamos habituados a associar à esfera religiosa, mais do que à história cultural[2]. Assim, é o convite à conversão, à volta ao que é essencial e autêntico que se faz ouvir ao lado da exortação a um voltar-se para o novo; e assim, o grito que sacode e desperta aqueles que dormem, prisioneiros do mundo exterior, pode assumir tons quase proféticos, toda vez que o exija a conquista de uma forma particular de conhecimento e de uma nova profundidade da dimensão espiritual. Tudo isso, porém, só se inclui em nosso discurso na medida em que interessa àquele processo contínuo de conscientização que é possível construir através da história da antiguidade.

A outra dificuldade terminológica está relacionada com um problema da história do espírito. Se dizemos que o espírito foi descoberto pelos gregos só depois de Homero, e assim adquiriu existência, sabemos que aquilo que chamamos de "espírito" foi por Homero concebido de forma distinta; isto é, que o "espírito" existia, de certa maneira, também para ele, mas não como "espírito". Isso significa que a expressão "espírito" é uma interpretação (a interpretação exata, do contrário não poderíamos falar de "descoberta") de algo que antes fora interpretado de outra forma e, por isso também, de outra forma existia (qual seria ela, o estudo de Homero o demostrará). Mas é simplesmente impossível captar esse "algo" com os meios que a nossa língua nos oferece, dado cada língua interpretar as coisas diferentemente, conforme as palavras de que dispõe. Toda vez que queremos explicar pensamentos que se acham numa língua diferente da nossa, temos de dizer: a palavra estrangeira tem, em nossa língua, este significado, e ao mesmo tempo não tem. Maior se torna a incerteza quanto mais afastada da nossa estiver a língua considerada e quanto maior for a distância existente entre nós e seu espírito. Se quisermos, pois, exprimir na nossa língua o conceito expresso na língua estrangeira (e é essa a tarefa do filólogo), não nos resta outra coisa a fazer, se quisermos evitar formas vagas, senão estabelecer, num

---

2   Cf., sobre esse ponto, Werner Jaeger, *Die Theologie der frühen griechischen Denken*, Stuttgart, 1953.

INTRODUÇÃO   XXI

primeiro momento, valores aproximativos, eliminando, em seguida, aquelas expressões da nossa língua que não correspondem às estrangeiras. Somente esse procedimento negativo poderá fixar os limites da palavra estrangeira. Mas mesmo assim fazendo, permanece em nós a convicção de que essa expressão estrangeira possa ser, apesar de tudo, por nós compreendida, isto é, de que podemos preencher essa expressão assim delimitada com um sentido vivo, ainda que não possamos traduzir esses sentido para a nossa língua. Pelo menos em relação ao grego, não precisamos, sob esse aspecto, ser demasiado céticos: trata-se, no fundo, de nosso passado espiritual, e o que diremos em seguida talvez valha para demonstrar que o que é, num primeiro momento, considerado como inteiramente estranho a nós é algo muito natural, pelo menos muito mais simples do que as complicadíssimas concepções modernas, e que dele podemos participar não só com a lembrança, mas também no sentido de que essas possibilidades estão conservadas dentro de nós mesmos, e podemos nelas buscar os fios condutores das várias formas do nosso pensamento.

Se, em seguida, dissermos que os homens homéricos não tinham nem espírito nem alma e, por conseguinte, ignoravam muitas outras coisas, com isso não estamos querendo afirmar que não pudessem alegrar-se ou pensar em alguma coisa, e assim por diante, o que seria absurdo; queremos dizer que essas coisas não eram interpretadas como ação do espírito e da alma: nesse sentido, pode-se dizer que, no tempo de Homero, não existiam nem o espírito nem a alma. Consequentemente, o homem dos primeiros séculos não podia conceber nem mesmo o "caráter" do indivíduo. Também aqui não se pode naturalmente dizer que as grandes figuras dos poemas homéricos não tenham linhas bem determinadas, ainda que as formas grandiosas e típicas nas quais se efetuam suas reações não sejam representadas explicitadamente como "caráter" em sua unidade espiritual e volitiva, isto é, como espírito e como alma individual.

Naturalmente, "algo" já existia em lugar daquilo que os gregos da idade mais tardia conceberam como espírito ou como alma – nesse sentido, os gregos de Homero naturalmente possuíam um espírito e uma alma; seria, todavia, um contrassenso dizer que tivessem espírito e alma, visto que o espírito e a alma só "existem" quando deles se adquire consciência. A exatidão terminológica é, nesses problemas, ainda mais importante do que geralmente se exige em investigações filológicas; demonstra-nos a experiência que muito facilmente se pode cair em erro nesse campo.

Se quisermos acentuar o lado especificamente europeu na evolução do pensamento grego, não é necessário, por exemplo, contrapô-lo ao mundo oriental: pois, por mais que os gregos tenham assimilado muitas concepções e muitos elementos das antigas civilizações

XXII   A CULTURA GREGA E AS ORIGENS DO PENSAMENTO EUROPEU

orientais no campo de que ora nos ocuparemos, eles são indubitavelmente independentes do Oriente. Com Homero passamos a conhecer o primitivo mundo europeu através de obras de poesia tão completas que podemos arriscar até mesmo conclusões *ex silentio*. Se em Homero não se encontraram muitas coisas que, segundo nossa concepção moderna, deveriam absolutamente ali se encontrar, cumpre-nos pensar que ele ainda não as conhecesse, tanto mais que tais "lacunas" aparecem intimamente ligadas entre si e, em contraposição, muitas são as coisas que se nos apresentam e que desconhecemos mas, valendo-se delas para preencher essas lacunas, chegamos a formar um conjunto sistemático. Gradativamente, mais exatamente segundo uma ordem sistemática, vai-se revelando no curso de evolução grega aquilo que deu origem à nossa concepção de espírito e de alma e, portanto, à filosofia, à ciência, à moral e – mais tarde – à religião europeia.

Nossa busca do significado do mundo grego não percorre os mesmos caminhos trilhados pelo classicismo: não aspiramos a descobrir uma humanidade perfeita e, portanto, desligada da história; queremos, ao contrário, pesquisar o valor histórico do que os gregos realizaram. Assentado sob um ponto de vista histórico, esse estudo não leva necessariamente à relativização dos valores: pode-se de imediato estabelecer se uma época produziu obras de peso ou medíocres, algo de profundo ou de superficial, algo que tenha valor para o futuro ou que seja de breve duração. A história não é um escorrer e flutuar ilimitado: existem apenas determinadas possibilidades do espírito a que correspondem apenas poucos pontos nos quais se manifesta algo de novo e de importante, e apenas formas limitadas nas quais ele se apresenta.

O estudioso de ciências naturais ou o filólogo poderão obter seus conhecimentos em tranquila meditação: as descobertas dos gregos, de que ora nos ocupamos, ao contrário, apoderam-se do ser do homem e apresentam-se em forma de experiências vivas. A paixão com a qual se impõem não é apenas algo de individual, no sentido de que poderia assumir uma forma qualquer; como expressão histórica de uma conscientização do espírito, está ligada, de um lado, ao clima histórico em que surge e, de outro, à forma na qual o espírito se concebe a si mesmo. Veremos, neste estudo, como certos fenômenos espirituais primitivos se apresentam sempre em novas formas e fixam, cada vez de maneira diferente, o conhecimento que o homem tem de si. O lado histórico e o lado sistemático desse processo deveriam ser postos em igual evidência num estudo da história do espírito, tal como a entendemos nós. Isso, naturalmente, aumenta as dificuldades da explanação, visto ser impossível seguirmos simultaneamente dois filões: a linha histórica e o evoluir de determinados temas que irão concluir-se num sistema. Daí a forma mais adequada ser a do ensaio, onde se pode pôr em relevo ora uma ora outra tendência. A

INTRODUÇÃO

XXIII

parte sistemática será enfatizada principalmente no capítulo 12, relegada que foi a um segundo plano entre os capítulos 1 e 9, aos quais coube focalizar o lado histórico[3].

Não é nossa intenção dar uma interpretação e fazer uma exposição sobre os poetas e filósofos gregos ou mesmo tornar conhecidos a variedade das formas e o original vigor da arte primitiva grega, ou, de modo geral, estabelecer teorias mas, sim, chegar a conhecimentos exatos no que se refere à história do espírito: certamente, para formular resultados de modo tal que, no caso de não serem exatos, só possam ser contestados com base em fatos positivos (e não com outras "concepções"), é necessário recorrer a abstrações[4]. Para avançarmos neste sólido terreno da demonstração foi, além disso, necessário – pelo menos não vi outro caminho possível – reduzir e limitar o problema da evolução do mundo grego ao problema que se pergunta: o que conheciam os gregos sobre si mesmos e o que ainda não conheciam?[5]. Muita coisa (o que há de melhor e mais importante, dirá, talvez, alguém) permanecerá, com o tema assim impostado, fora de consideração, sacrificada ao "método". Pois o fato de que o homem tenha conhecimentos, que conquiste nesse campo algo de novo, não é um fato que se possa seguir e precisar com o método que se empregaria toda vez que se quisesse considerar seu sentimento, sua emoção religiosa, seu senso de beleza, de justiça e assim por diante. Esses fatos da consciência só podem ser levantados por meio de pacientes e repetidos confrontos e, embora consistam, no fundo, de coisas bastante simples, e até mesmo lineares, a necessidade de descobrir as diferenças mais importantes e determiná-las com precisão leva-nos às vezes à esfera do abstrato.

Para poder salientar com clareza os traços característicos da evolução espiritual da Grécia, procurei limitar-me a poucas citações, parte das quais, o mais das vezes, reaparece no desenvolvimento do tema; busquei, igualmente, colocar o quanto possível em plena luz as etapas mais importantes.

3   Aprofundei esses problemas, que vão além do filosófico, em meu livro *Der Aufbau der Sprache*, 1952.

4   Infelizmente, tais cuidados não impediram que, no curso da ulterior discussão sobre esses problemas, houvesse quem continuasse com frequência a afirmar, o mais das vezes em tom de indignação humanística, que não se pode negar aos heróis homéricos "espírito" e "alma", "caráter" e "responsabilidade". Não me consta, porém, que se tenha feito qualquer tentativa que desse importância aos fatos aqui indicados e não se limitasse a expor o velho modo de ver. Tudo acaba, assim, desembocando numa briga de palavras em que não se levam em conta as dificuldades terminológicas expostas supra, na pp. XVIII e ss., e em relação às quais cf. também o que está dito infra, nas pp. 15 e ss., a propósito da palavra θυμός.

5   Supõe-se, com isso, que eles também tenham expressado o que conheciam, coisa, naturalmente, que nem sempre acontece (cf. infra, por exemplo, p. 6, nota 6); para os fins de nosso estudo, no entanto, parece-nos inútil aprofundar a questão.

XXIV   A CULTURA GREGA E AS ORIGENS DO PENSAMENTO EUROPEU

O ponto de partida é, naturalmente, a concepção que Homero tem do homem. Dado que Homero representa o degrau mais distante e, portanto, a nós o mais estranho da helenidade, foi necessário (e por isso o primeiro estudo exorbita um pouco dos limites que me impus nos outros) apresentar de modo preciso o que nele existe de estranho e primitivo, coisa que não se podia fazer sem ter presentes certos conceitos do primitivo pensamento grego, ou seja, explicar algumas palavras da língua homérica. Mas visto que era mister, a esse propósito, primeiramente esclarecer algumas questões delicadas acerca do significado das palavras, acentuou-se aí, mais do que nos outros capítulos, o lado técnico-filológico. O capítulo sobre os deuses olímpicos quer mostrar como, na religião homérica, delineou-se o primeiro esboço desse novo mundo construído pelos gregos. A construção histórica é apresentada sobretudo através das expressões mais importantes da grande poesia: o surgimento da lírica e da tragédia, e a passagem da tragédia à filosofia (a crítica do comediógrafo Aristófanes ao último poeta trágico grego, Eurípides, ilustra o valor dessa passagem). Os ensaios que se seguem, a saber, os que tratam das máximas morais, das comparações e da formação do conceito no campo das ciências naturais, acompanham o desenvolvimento do pensamento grego sobre o homem e sobre a natureza. Os capítulos sobre a "humanidade" e sobre Calímaco examinam o problema da transformação do objeto da conquista espiritual em "objeto de cultura". O capítulo 16 demonstra, trazendo como exemplo as *Éclogas* virgilianas, como o mundo grego teve de sofrer uma transformação para tornar-se acessível às mentalidades europeias; o subsequente focaliza uma tendência fundamental do pensamento grego que é de atual interesse também para a situação do nosso tempo. Compostos no decorrer destes últimos dezenove anos, a maioria sob forma de conferências, e publicados alguns, num primeiro momento, isoladamente, estes ensaios estavam, todavia, destinados, desde o início, a ser apresentados numa única obra. Muitas foram as modificações inseridas nas partes isoladas, especialmente no mais antigo desses estudos (o capítulo XII), e, onde nos pareceu necessário, convalidaram-se as afirmações mediante notas de rodapé.

1. O Homem na Concepção de Homero

Com Aristarco, o grande filólogo alexandrino, estabeleceu-se um princípio fundamental para a interpretação da língua homérica: o de evitar traduzir os vocábulos homéricos segundo o grego clássico e procurar escapar, nessa interpretação, da influência das formas mais tardias da língua. Princípio esse que se revelou de uma utilidade ainda maior do que previra Aristarco. Se interpretarmos Homero atendo-nos puramente à sua língua, poderemos também dar uma interpretação mais viva e original de sua poesia e permitir que, entendidas no seu verdadeiro significado, as palavras homéricas recuperem o antigo esplendor. O filólogo, à semelhança do restaurador de um quadro antigo, poderá ainda hoje remover em muitos pontos a escura pátina de poeira e verniz ali depositada pelo tempo e assim devolver às cores aquela luminosidade que ostentavam no momento da criação.

Quanto mais distanciamos o significado das palavras homéricas das da era clássica, mais evidente se torna para nós a diversidade dos tempos e mais claramente entendemos o progresso espiritual dos gregos e sua obra. Mas a essas duas direções – a da interpretação estética, que busca a intensidade da expressão e a beleza da língua, e a histórica, que se interessa pela história do espírito – uma ainda se acrescenta, especial, de caráter filosófico.

Na Grécia nasceram concepções relativas ao homem e ao seu pensamento claro e diligente que influíram de modo decisivo na evolução europeia dos séculos posteriores. Temos a tendência de considerar o que foi acrescentado no século V como válido para todos os tempos. Prova do quanto Homero está longe disso é sua linguagem. Já de há muito se descobriu que numa língua relativamente primitiva as formas de abstração ainda não estão desenvolvidas, mas que em compensação existe uma

2 A CULTURA GREGA E AS ORIGENS DO PENSAMENTO EUROPEU

abundância de definições de coisas concretas, experimentáveis pelos sentidos que pareceriam estranhas numa língua mais evoluída.

Homero emprega, por exemplo, uma grande quantidade de verbos que descrevem o ato de ver: ὁρᾶν (horân), ἰδεῖν (ideîn), λεύσσειν (leússein), ἀθρεῖν (athreîn), θεᾶσθαι (theâsthai), σκέπτεσθαι (sképtesthai), ὄσσεσθαι (óssesthai), δενδίλλειν (dendílein), δέρκεσθαι (dérkesthai), παπταίνειν (paptaínein). Destes, vários caíram em desuso no grego subsequente, pelo menos na prosa, vale dizer na língua viva, por exemplo δέρκεσθαι, λεύσσειν, ὄσσεσθαι, παπταίνειν[1]. E para substituí-los encontramos apenas duas novas palavras depois de Homero: βλέπειν (blépein) e θεωρεῖν (theoreîn). Pelas palavras caídas em desuso podemos ver quais as necessidades da língua antiga que se tornaram estranhas à língua mais recente. δέρκεσθαι (dérkhesthai) significa: ter um determinado olhar. δράκων (drákōn), a serpente cujo nome deriva de δέρκεσθαι, é assim chamada porque tem um "olhar" particular, sinistro. É chamada de "vidente" não porque veja melhor que as outras e sua vista funcione de modo especial, mas porque nela o que impressiona é o ato de olhar. Assim a palavra δέρκεσθαι indica, em Homero, não tanto a função do olho quanto o lampejo do olhar, percebido por outra pessoa. Diz-se, por exemplo, que Gorgó tem um olhar terrível, que o javali enfurecido expele fogo pelos olhos (πῦρ ὀφθαλμοῖσι δεδορκώς). É uma maneira muito expressiva de olhar; e a prova de que muitos trechos da poesia de Homero readquirem sua particular beleza somente quando nos damos conta do verdadeiro valor dessa palavra, nós a encontramos na *Odisseia*, V, 84-158: (Odisseu) πόντον ἐπ᾽ ἀτρύγετον δερκέσκετο δάκρυα λείβων. δέρκεσθαι significa "olhar com um olhar particular", resultando do conjunto que se trata de um olhar cheio de saudade, que Odisseu, longe da pátria, lança de além-mar. Se quisermos traduzir em sua plenitude todo o significado da palavra δερκέσκετο (e é mister traduzir também o valor do iterativo), eis que nos tornamos prolixos e sentimentais: "olhava sempre com saudade...", ou então: "seu olhar perdido vagava sempre" sobre o mar. Tudo isso está contido pouco mais ou menos numa única palavra – δερκέσκετο, verbo que dá uma imagem exata de um modo particular de olhar, como por exemplo, em alemão, as palavras *glotzen* (= arregalar os olhos) ou *starren* (= fixar) que determinam um particular modo de olhar (pelo menos de maneira diferente da costumeira). Também da águia se pode dizer: ὀξύτατον δέρκεται, "olha com olhos muito penetrantes", mas também aqui se faz referência não tanto à função dos olhos, na qual

---

1 A palavra conservou-se na Arcádia: λεύσει ὁρᾷ é reportada como glosa Κλειτορίων no *Diogenian-Exerpt* (linha 26), editado por Kurt Latte in "Philol.", 80, 1924, 136 e ss. Latte apoia-se também no documento de Tegea (IG, V, 2, 16, 10, cf. XVI, 25). Poderíamos ainda citar as palavras αὐγάζομαι e λάω = βλέπω, mas elas são demasiado raras para que possamos dar-nos conta de seu exato significado (cf. Friedrich Bechtel, *Lexilogus*, 27 e 74).

O HOMEM NA CONCEPÇÃO DE HOMERO

costumamos nós pensar ao dizer "olhar agudamente", "fixar algo com um olhar agudo", quanto aos raios do olho, penetrantes como os raios do sol, que Homero chama de "agudos", visto que atravessam todas as coisas como arma afiada. δέρκεσθαι é em seguida usado também com o objeto externo, e então o presente significa aproximadamente "seu olhar pousa sobre um objeto" e o aoristo, "seu olhar cai sobre algo", "dirige-se para alguma coisa", "ele lança a alguém um olhar", o que se patenteia sobretudo nos compostos de δέρκεσθαι. Na *Ilíada*, XVI, 10, diz Aquiles a Pátroclo: "tu choras como uma menininha que quer que a mãe a pegue ao colo", δακρυόεσσα δέ μιν ποτιδέρκεται, ὄφρ' ἀνέληται. Chorando, ela "volta o olhar" para a mãe para que esta a pegue ao colo. Nós, alemães, podemos traduzir a contento esse significado com a palavra *blicken*. *Blicken* significava originariamente "irradiar"; a palavra tem afinidade com *Blitz* (= relâmpago), *blaken*.

Mas o alemão *blicken* tem um significado mais amplo do que a palavra grega βλέπειν, que, na prosa mais tardia, substitui a palavra δέρκεσθαι. De qualquer modo, na expressão homérica δέρκεσθαι, não se considera tanto o ver como função quanto como a faculdade particular que têm os olhos de transmitir aos sentidos do homem certas impressões.

O mesmo vale também para outro dos verbos citados, caídos em desuso na língua subsequente. παπταίνειν (paptaínein) é, ele também, um modo de olhar, de olhar em torno procurando alguma coisa com olhar circunspecto ou com apreensão. Também ele indica, portanto, como δέρκεσθαι, um modo de olhar; não se apoia na função do ver como tal. Característico é o fato de que esses dois verbos (à exceção apenas de δέρκεσθαι, em trecho de época mais tardia) jamais são encontrados na primeira pessoa: δέρκεσθαι e παπταίνειν são, portanto, atos que se observam nos outros e ainda não se sentem como ato próprio. Já com o verbo λεύσσω, o caso é diferente. Etimologicamente, tem afinidade com λευκός, brilhante, cândido, e, de fato, dos quatro exemplos da *Ilíada* nos quais o verbo tem objeto no acusativo, três referem-se ao fogo e às armas luzentes. Ele, portanto, significa: olhar alguma coisa que brilha. Significa, ademais: "olhar ao longe". A palavra tem, portanto, o mesmo valor do verbo alemão *schauen* (= olhar) no verso de Goethe: "Zum Sehen geboren, zum Schauen bestellt" ("Nasci para ver; olhar é minha tarefa"). É um modo de olhar com mirada altiva, alegre, livre. λεύσσειν encontra-se com bastante frequência na primeira pessoa, distinguindo-se, por isso, de δέρκεσθαι e παπταίνειν, "atos" de ver que se captam sobretudo nos outros. λεύσσειν (leússein) indica evidentemente determinados sentimentos que experimentamos no ver, sobretudo no ver determinadas coisas. Confirma-se isso também pelo fato de em Homero encontrarem-se expressões como τερπόμενοι

4 A CULTURA GREGA E AS ORIGENS DO PENSAMENTO EUROPEU

λεύσσουσιν (*Od.*, VIII, 171), τετάρπετο λεύσσων (*Il.*, XIX, 19), χαίρων οὔνεκα... λεῦσσε (*Od.*, VIII, 200), nas quais se expressa a alegria que acompanha o λεύσσειν; nunca o verbo λεύσσειν é usado com referência a coisas aflitivas e assustadoras. Também essa palavra recebe, portanto, seu sentido específico do modo de ver, de ver algo que está além da função do ver e dá ênfase ao objetivo visto e aos sentimentos que acompanham o ver. O mesmo podemos dizer do quarto verbo relativo ao ato de ver e que caiu em desuso no período pós-homérico: ὄσσεσθαι (óssesthai). Esse verbo significa ter alguma coisa diante dos olhos, mais particularmente, ter algo de ameaçador diante dos olhos; passamos, assim, ao significado de "pressentir". Também aqui, o ver é determinado pelo objeto e pelo sentimento que o acompanha.

Observamos que, em Homero, também outros verbos que significam "ver" recebem o significado autêntico da atitude que acompanha o ver, ou do momento afetivo. θεᾶσθαι (theâsthai) significa, aproximadamente: ver escancarando a boca (como *gaffen* ou *schauen*, no alemão meridional; assim na frase: *da schaust Du* etc. = ficas aí olhando). E por fim os verbos ὁρᾶν (horân), ἰδεῖν (ideîn), ὄψεσθαι (ópsesthai), mais tarde reunidos num único sistema de conjugação, demonstram que antes não se podia indicar com um só verbo o ato de ver, mas que existiam vários que ocasionalmente designavam um modo particular de ver[2]. Até que ponto seja possível determinar, também no que diz respeito a esses verbos de Homero, o significado primitivo, não é assunto que possamos resolver aqui, pois exigiria exposição mais ampla.

Uma palavra mais recente para "ver", isto é, θεωρεῖν (theōreîn), não era, na origem, um verbo, mas deriva de um substantivo, de θεωρός (theōrós), e deve, portanto, significar "ser espectador". Mais tarde, porém, refere-se a uma forma do ver e significa então "ficar olhando", "observar". Não se enfatiza, por conseguinte, neste caso, o modo de ver, o sentimento que o acompanha, e nem mesmo o fato de que se vê um determinado objeto (ainda que num primeiro momento talvez se tratasse exatamente disso): em geral, com θεωρεῖν não se indica um modo determinado ou afetivo de ver e sim, uma intensificação da verdadeira e autêntica função do ver. Isto é, enfatiza-se a faculdade que tem o olho de captar um objeto. Esse novo verbo exprime, portanto, exatamente aquilo que nas formas primitivas ficara em segundo plano, mas que constitui o essencial.

Os verbos da época primitiva formam-se prevalentemente segundo os modos intuitivos do ver, ao passo que mais tarde é a verdadeira e autêntica função do ver que determina exclusivamente a formação do verbo. As diferentes maneiras do ver são, mais tarde, indicadas por meio

---

2 Sobre esse ponto, cf. O. Seel, *Festschrift Dornseiff*, 302 e ss.

O HOMEM NA CONCEPÇÃO DE HOMERO

de adjuntos adverbiais. παπταίνω transformar-se-á em περιβλέπομαι, "olhar em torno" (*Etymol. Magnum*) etc.

Naturalmente, também para os homens homéricos os olhos serviam essencialmente para "ver", isto é, para captar percepções ópticas; mas o que nós acertadamente concebemos como a verdadeira função, como a parte "positiva" do ver, não era para eles o essencial; mais que isso: se não tinham um verbo para exprimir essa função significa que dela nem sequer tinham conhecimento.

Afastemo-nos por um momento dessas considerações para nos perguntarmos que palavra usava Homero para indicar o corpo e a alma.

Já Aristarco observava que a palavra σῶμα (sôma), que mais tarde significará "corpo", jamais se refere, em Homero, aos viventes[3]: σῶμα significa "cadáver". Mas que palavra usa Homero para indicar o corpo? Aristarco[4] achava que δέμας (démas) seria, para Homero, o corpo vivo. Mas isso só vale para certos casos. Por exemplo, a frase "seu corpo era pequeno" está assim redigida em Homero: μικρὸς ἦν δέμας; e a frase "seu corpo assemelhava-se ao de um deus" é expressa deste modo: δέμας ἀθανάτοισιν ὅμοιος ἦν. Todavia, δέμας é um paupérrimo substituto da palavra "corpo": encontra-se apenas no acusativo de relação. Significa "de figura", "de estrutura", limitando-se, por isso, a poucas expressões como ser pequeno ou grande, parecer-se com alguém, e assim por diante. Nisto, porém, Aristarco tem razão: entre as palavras que encontramos em Homero a que, mais que todas, corresponde à forma mais tardia σῶμα é a palavra δέμας. Mas Homero também tem outras palavras para indicar o que chamamos de corpo e que os gregos do século V designam com σῶμα.

Se dizemos: "Seu corpo enfraqueceu", isso equivale, traduzido em língua homérica, a λέλυντο γυῖα; ou então "todo o seu corpo tremia": γῦα τρομέονται; e ainda: à nossa expressão "o suor transpirava do corpo" corresponde em Homero: ἵδρως ἐκ μελέων ἔρρεεν. A frase "seu corpo encheu-se de força" é assim expressa por Homero: πλῆσθεν δ᾽ ἄρα οἱ μέλε᾽ ἐντὸς ἀλκῆς. E aqui temos um plural, ao passo que, segundo os nossos conceitos linguísticos, seria de esperar um singular. Ao invés de "corpo", fala-se de "membros"; γυῖα (güia) são os membros enquanto movidos pelas articulações[5], já μέλεα (mélea), os membros enquanto recebem força dos músculos. Além disso, existem em Homero, sempre dentro dessa linha, as palavras ἄψεα (hápsea) e ῥέθεα (rhéthea). Mas podemos aqui pô-las de lado; ἄψεα encontra-se apenas duas vezes na *Odisseia* em lugar de γυῖα;

---

3   Karl Lehrs, *Aristarch*, 3ª ed., 86, 106.
4   *Idem*, 86 e ss.; Plut, *Poes. Hom.*, c. 124.
5   Aristarco entende por γυῖα os braços e as pernas (K. Lehrs, *Aristarch*, 119).

ῥέθεα é, de resto interpretado erroneamente nesse significado, como se poderá ver em seguida.

Prosseguindo no jogo de transportar não a língua de Homero para a nossa, mas a nossa língua para a homérica, descobrimos outros modos de traduzir a palavra "corpo". Como devemos traduzir "ele lavou o próprio corpo"? Homero diz: χρόα νίζετο. Ou então, como diz Homero, "a espada penetrou em seu corpo"? Aqui Homero usa ainda a palavra χρώς (khrõs): ξίφος χροὸς διηῖλθε. Nas referências a essas passagens, acreditou-se que χρώς significasse "corpo" e não "pele"[6].

Mas não há dúvida de que χρώς, na verdade, seja a pele; não, naturalmente, a pele no sentido anatômico, a pele que se pode destacar e que seria o δέρμα (dérma), e sim a pele como superfície do corpo, como invólucro, como portadora da cor, e assim por diante. Na realidade, χρώς assume numa série de frases, ainda mais decisivamente, o significado de "corpo": περί χροί δύσετο χαλκὸν, isto é, "ele cingiu em torno ao busto a couraça" (literalmente, em torno à pele).

Parece-nos estranho que não haja existido uma palavra que exprimisse o significado de corpo como tal. Das frases citadas que podiam ser empregadas naquele tempo para corpo em lugar da expressão mais tardia σῶμα (sôma), somente os plurais γυῖα (güîa), μέλεα (mélea) etc, permanecem indicando a corporeidade do corpo, visto que χρώς é apenas o limite do corpo e δέμας (démas) significa estatura, corporatura, e só o encontramos no acusativo de relação. A prova de que, nessa época, o corpo substancial do homem foi concebido não como unidade, mas como pluralidade, aparece até mesmo no modo como a arte grega arcaica delineia a figura do homem.

Fig. 1   Fig. 2

---

6   Essa parece ser uma antiga interpretação de Homero. De fato, ao que parece, já Píndaro, quando menino aprendia na escola que χρώς corresponde, em muitos lugares, a σῶμα. Quando (Pind. I, 55) diz de Filotetes: ἀσθενεῖ μὲν χρωτί βαίνων, "aqueles que se ia com sua débil pele", já tem a noção do "corpo vivo", e também conhecerá, portanto, a palavra correspondente σῶμα, mas evita-se (não só aqui como em outros trechos), por não estar consagrada pela dicção poética. Se uma interpretação tardia de Homero diz que χρώς, em Homero, é sempre a "pele", e jamais o "corpo" (K. Lehrs, Quaest. ep., 1837, p. 193), isso significa que a palavra fora anteriormente interpretada como "corpo". Mesmo o fato de que Píndaro use (Nem., 7, 73) γυῖον no singular demonstra que ele já possuía a concepção de "corpo". Também essa é uma substituição poética de σῶμα.

O HOMEM NA CONCEPÇÃO DE HOMERO

Só a arte clássica do século V irá representar o corpo como um complexo orgânico, unitário, no qual as diversas partes estão relacionadas umas com as outras. Anteriormente, o corpo era de fato construído juntando-se as partes isoladas, como foi Gerhard Krahmer o primeiro a demonstrar[7]. A figura desenhada do corpo humano ao tempo dos poemas homéricos difere, porém, notavelmente, da que nos é dada, por exemplo, pelos desenhos primitivos das nossas crianças, embora também elas outra coisa não façam além de juntar membros isolados. Em nosso país, as crianças, quando querem desenhar um homem, geralmente o representam como a Figura 1. Já nos vasos gregos da fase geométrica, o homem é representado como na Figura 2.

Nossas crianças põem no centro, como parte principal, o tronco, e a ele acrescentam a cabeça, os braços e as pernas. Às figuras da fase geométrica, ao contrário, falta exatamente essa parte principal; isto é, elas são autenticamente μέλεα καὶ γυῖα (mélea kaì güîa), membros com músculos fortes, distintos uns dos outros por juntas fortemente acentuadas. Não há dúvida de que, nessa diferença, também o ornato desempenha seu papel, mas importância ainda maior tem aqui aquela particular maneira de ver as coisas de forma "articulada", própria dos gregos da primeira era. Para eles, os membros distinguem-se muito claramente uns dos outros, as articulações são acentuadas em sua particular sutileza que se contrapõe à exagerada grossura das partes carnosas. O desenho grego primitivo capta a mobilidade do corpo humano, o desenho infantil representa sua compacidade. O fato de que os gregos dos primeiros séculos não concebem o corpo como unidade, nem na língua nem nas artes plásticas, confirma o que nos haviam demonstrado os diversos verbos de "ver". Os verbos primitivos captam essa atividade nas suas formas evidentes, através dos gestos ou dos sentimentos que a acompanham, ao passo que na língua mais tardia é a verdadeira e autêntica função dessa atividade que é colocada no centro do significado da palavra. É claro que a tendência da língua é a de aproximar-se cada vez mais do conteúdo; o próprio conteúdo, porém, é uma função que não está ligada, nem em suas formas exteriores nem como tal a determinados e bem definidos movimentos do ânimo. Mas a partir do momento em que essa função é reconhecida e lhe é dada um nome, ela adquire existência, e a consciência de sua existência rapidamente se torna propriedade comum. No tocante ao corpo, as coisas provavelmente se desenvolvem da seguinte maneira: quando o homem dos tempos primitivos quer indicar uma pessoa que a ele se apresenta, basta que pronuncie o nome dela, que diga: este é Aquiles, ou então: este é um homem. Quando se quer fazer uma descrição mais precisa, indica-se, antes de

---

7 *Figur und Raum in der agyptischen und grieshisch-archaischen Kunst*, 28. Hallisches Winckelmanns programm, Halle 1931. Cf. mais adiante, p. 91.

8 A CULTURA GREGA E AS ORIGENS DO PENSAMENTO EUROPEU

tudo, aquilo que impressione aos olhos, a saber, os membros; só mais tarde é que a relação funcional desses membros passa a ser reconhecida como essencial. Mesmo nesse caso, porém, a função é algo de real, mas essa realidade não se revela de modo tão claro e, ao que parece, não é coisa que se sinta em primeiro lugar, nem mesmo pela própria pessoa. Uma vez descoberta, porém, essa unidade, até então não revelada, impõe-se de forma imediata.

Esse elemento real existe para o homem somente enquanto é "visto", e sua existência reconhecida enquanto é ele determinado por uma palavra e, portanto, pensado. Naturalmente, até mesmo os homens homéricos tiveram um corpo como os gregos da época mais tardia, mas não o sentiam como "corpo", e sim, como um conjunto de membros. Pode-se, portanto, dizer também que os gregos homéricos ainda não tinham um corpo na verdadeira acepção da palavra: corpo, σῶμα (sôma), é uma interpretação tardia do que inicialmente se concebia como μέλη (mélē) o γυῖα (güîa), como "membros", e, de fato, Homero fala sempre de ágeis pernas, de móveis joelhos, de fortes braços, visto que esses membros representam para ele uma coisa viva, o que impressiona aos olhos[8].

O mesmo se pode dizer a respeito do espírito e da alma. Também para "alma" e "espírito" falta a Homero a palavra correspondente. ψυχς (psykhḗ), palavra usada para "alma" no grego mais tardio, nada tem a ver, na origem, com a alma pensante e senciente. Em Homero, ψυχς só é a alma enquanto "anima" o homem, isto é, enquanto o mantém vivo. Também aqui, num primeiro momento, parece-nos descobrir uma lacuna na língua homérica, mas, à semelhança da palavra "corpo", pode ela ser preenchida por outras palavras que, embora não tendo os mesmo valor das expressões modernas, podem substituir a palavra "alma". Para indicar "a alma", são usadas em Homero particularmente as palavras ψυχή (psykhḗ), θυμός (thymós) e vóoς (nóos)[9].

---

8 Na verdade, tampouco encontramos em Homero um vocábulo que corresponda a braço e perna, mas apenas palavras que indicam mão, antebraço, braço, pé, parte inferior e parte superior da perna. Falta igualmente uma palavra que designe o tronco em seu conjunto.

9 Essas palavras foram exaustivamente estudadas na dissertação de Göttingen de Joachim Böhme, *Die Seele und das Ich bei Homer* (1929). Foi também Böhme quem observou que em Homero não existe um vocábulo que indique o conjunto da vida do sentimento, isto é, a alma e o espírito, segundo nossa concepção. Esses pensamentos foram expressos por mim numa apreciação do livro de Böhme *in* "Gnomon", 1931, 74 e ss. Sobre as palavras vóoς e voεῖv, cf. Kurt von Fritz, "Class. Philol.", 38, 1943, 79 e ss., e 40, 1945, 223 e ss. Sobre o subsequente desenvolvimento da discussão acerca do conceito de alma em Homero, cf., antes de mais nada, Hermann Fränkel, *Dichtung und Philosophie des frühen Griechentums*, 1951, 108 e ss.. Eric Robertson Dodds, *The Greeks and the Irrational*, 1951, e – bastante estimulante mas nem sempre convincente – o livro de R. B. Onians, *The Origin of European thought about the body, the mind, the soul, the world, time and fate*, 1951.

O HOMEM NA CONCEPÇÃO DE HOMERO

Sobre a ψυχή, diz Homero que ela abandona o homem no momento da morte, que vagueia no Hades, mas nada diz ele de como a ψυχή se comporta no vivente. As diferentes teorias sobre o que possa ser a ψυχή enquanto se encontra no homem baseiam-se apenas em suposições e analogias, mas não são atestadas nos poemas homéricos. Cumpre-nos ter presente que bem poucas são as coisas que Homero nos diz sobre a ψυχή do homem vivente e no momento da morte. A saber: 1. que ela abandona o homem no momento da morte ou quando ele desmaia; 2. que no combate expomos a própria ψυχή, que na luta está em jogo a ψυχή, que a meta é salvar a própria ψυχή e coisas do gênero. Não encontramos aí nada que nos autorize a atribuir dois significados diferentes à palavra ψυχή: por exemplo, o significado de "vida" no segundo caso, mesmo se aqui traduzirmos a palavra ψυχή por vida. Mas quando se diz que alguém combate pela própria ψυχή, que empenha a própria ψυχή, que procura salvar a ψυχή, faz-se sempre referência à alma, que, na morte, abandona o homem.

Esse afastar-se da alma em relação ao homem é descrito por Homero em poucos traços; ela sai pela boca e é emitida com a respiração (ou também através do ferimento) e voa para o Hades. Ali, torna-se espectro, leva a existência das sombras, como "imagem" (εἴδωλον) do defunto. A palavra tem afinidade com ψύχειν, "expirar", e significa o hálito de vida, e portanto a ψυχή sai pela boca (a saída através do ferimento é, ao que parece, uma forma secundária). Esse hálito vital é quase um órgão físico que, até que o homem esteja vivo, nele vive.

Mas sobre onde essa ψυχή se situa e como age, Homero nada diz, e assim tampouco a nós é dado sabê-lo. Com a palavra ψυχή indica-se, evidentemente, nos tempos de Homero, "a alma de um defunto"; uma vez, de fato, diz-se em Homero: "Nele há somente uma ψυχή ", ele é mortal (*Il.*, XXI, 569). Homero não usa, porém, essa palavra se tenciona dizer "até quando o espírito vital permanece no homem". Assim vem ela expressa na *Ilíada*, X, 89: εἰς ὅ κ' ἀυτμὴ ἐν στήθεσσι μένη καὶ μοι φίλα γούνατ' ὀρώρη, "até quando permanece a respiração em meu peito e movem-se-me os joelhos". Fala-se aqui em "respiração", mas o verbo "permanece" demonstra que cabe também, em parte, a ideia da ψυχή e, mais precisamente, a ideia do alento vital.

Ainda encontramos em Homero duas palavras que significam espírito, a saber, θυμός (*thymós*) e νόος (*nóos*). θυμός é, em Homero, o que provoca as emoções e νόος o que faz surgir as imagens; assim sendo, o mundo espiritual, da alma, fica de certo modo dividido entre esses dois diferentes órgãos espirituais. Em muitos pontos, ao falar da morte, diz ele que θυμός abandona o homem, daí a suposição de que também a palavra θυμός estivesse indicando uma forma de "alma" que provavelmente tenha disputado terreno com a palavra ψυχή. Sete vezes apresenta-se-nos a frase: λίπε δ' ὄστεα θυμός, isto é, "o θυμός abandona

10   A CULTURA GREGA E AS ORIGENS DO PENSAMENTO EUROPEU

os ossos" e duas vezes ὦκα δὲ θυμὸς ὤχετ' ἀπὸ μελέων, "logo o θυμὸς destacou-se dos membros". Se dermos a θυμός o significado de "órgão do movimento", a frase explica-se facilmente. Sabemos que esse órgão também determina os movimentos do corpo, daí ser natural dizer que, no momento da morte, ele abandona os ossos e os membros com seus músculos (este é, basicamente, o significado da palavra μέλη). Entretanto, não se diz com isso que o θυμὸς continua a viver após a morte; quer-se dizer apenas que o que punha em movimento os ossos e os membros se foi. Mais difíceis de interpretar são aqueles trechos em que aparentemente se emprega, sem distinção, tanto θυμὸς quanto ψυχή. Na *Ilíada*, XXII, 67, encontramos: ἐπεί κέ τις ὀξέι χαλκῷ τύψας ἠὲ βαλὼν ῥεθέων ἐκ θυμὸν ἕληται. "Se alguém golpeando com o ferro tira o θυμός dos ῥέθη".

É impossível darmos aqui a ῥέθη outro significado que não o de membros, o que nos leva a uma imagem semelhante à do verso acima citado, isto é, que o θυμός abandone os membros – e essa é a interpretação mais antiga da palavra[10].

Outras dificuldades, porém, apresentam-se em outros pontos onde aparece, em Homero, a palavra ῥέθη: *Ilíada*, XVI, 856; XXII, 362: ψυχὴ δ' ἐκ ῥεθέων πταμένη' Αιδόσδε βεβηκει, a "psique partiu dos ῥέθη e foi para o Hades". Isso nos parece estranho, visto que costumeiramente a ψυχὴ abandona o corpo através da boca (*Il.*, IX, 409) ou então da ferida (*Il.*, XIV, 518, cf. XVI, 505); sempre, portanto, se imagina que a ψυχὴ saia através de uma abertura do corpo. Em confronto com estas, a expressão: "dos membros partiu a alma e foi para o Hades" não só parece muito mais desbotada, como pressupõe também que a alma se situe nos membros, coisa a que não se alude em outros lugares. Presentemente, porém, a palavra ῥέθος continua viva no dialeto eólico, no qual, todavia, ela absolutamente não significa "membro". Os comentários ao verso acima citado[11] já o demonstram, o que nos faz deduzir que, para Safo e Alceu, ῥέθος tivesse o significado de "rosto"[12]. Sófocles (*Antígona*, 529), Eurípides (*Héracles*, 1204) e Teócrito (29, 16) tomaram a palavra ῥέθος da lírica eólica com o significado de "rosto". Daí, já Dionísio Trácio, como vemos no escólio citado, tira a conclusão de que, também em Homero ῥέθος teria o significado de "rosto", mas em oposição a isso, observou-se na Antiguidade

10   Apolônio, 138, 17: ῥέθη τὰ μέλη τοῦ σώματος; esc. Il., XXII, 68: ῥέθη δέ τὰ ζωῖντα μέλη δι' ων ῥέζομέν τι.

11   O escólio acima indicado continua: Αἰολεῖς δέ τὸ πρόσωπον (ῥέθος), καί ῥεθομαλίδας τούς εὐπροσώπους φασί.

12   Cf. Safo, fr. 33, e Ernest Diehl; ῥεθομαλίς deve ter tido, portanto, o mesmo significado de μηλοπάρειος na frase de Teócrito: "Com a cara semelhante a uma maçã". Ver, além disso, o comentário de Pfeiffer a Calímaco, fr. 67, 13.

O HOMEM NA CONCEPÇÃO DE HOMERO 11

que, em Homero, ψυχή pode abandonar o corpo também através da ferida.E não é fácil resolver o problema. Já que na *Ilíada* (XXII, 68)[13], como foi observado, vemos que θυμός sai pelos ῥέθη, só que então a palavra deve ter o significado de μέλη, dado que, se for exata a interpretação de "movimento" para a palavra θυμός, esse movimento pode sair dos membros, mas não do rosto ou mesmo da boca. Mas na *Ilíada*, XVI, 856, fala-se, pelo contrário, de ψυχή e, nesse caso, é natural que ela saia através da boca[14]. O problema resolve-se mais facilmente se pesquisarmos a época a que pertencem essas passagens da *Ilíada*. O trecho da *Ilíada*, XXII, 68, é, sem dúvida, recente[15], como me demonstrou E. Kapp, e provavelmente até derive de Tirteu. Quem o compôs, portanto, não conhecia a palavra eólica ῥέθος e, de modo geral, já não entendia bem a língua homérica. Encontrou na *Ilíada* os trechos (XIII, 671) "o θυμός logo se afastou dos membros" (μέλη) (XVI, 856), "a ψυχή saiu voando dos ῥέθη e foi para o Hades", e, em consequência, estabeleceu a correspondência de θυμός = ψυχή e de μέλη = ῥέθη; em seguida, baseando-se em passagens semelhantes àquela a que nos referimos (V, 317) ... μή τις... χαλκὸν ἐνὶ στήθεσσι βαλὼν ἐκ θυμὸν ἕληται, formou desta maneira o seu verso: ἐπεὶ κέ τις ὀξέι χαλκῷ τύψας ἠὲ βαλὼν ῥεθέων ἐκ θυμὸν ἕληται. Se se quiser, porém, interpretar o verso no sentido da língua homérica, obtém-se um resultado absurdo[16]. Também em outras passagens

13 διὰ γὰρ μυκτήρων ἤ στόματος ἐκπνέομεν (esc. B ad *Il.*, XXII, 68).

14 A palavra homérica ῥέθη deveria, portanto, ser interpretada como "boca"; está atestado que, para os poetas eólicos, ῥέθος = πρόσωπον, mas não podemos prová-lo; a palavra ῥεθομαλίς demonstra-nos, porém, a exatidão da interpretação e também Sófocles, Eurípides e Teócrito empregam a palavra ῥέθος para "rosto". Otto Regenbogen (*Synopsis, Festgabe für Alfred Weber*, 1949) interpreta novamente ῥέθη como "membros", sem levar em conta as razões aqui adotadas contra tal interpretação, mas prometendo tratar de novo e a fundo a questão. A dificuldade de explicar o plural ῥέθη = boca, ao lado do singular ῥέθος = rosto, parece-me, em todo o caso, menor do que a que surge se interpretarmos ῥέθη como "membros". Cf. M. Leumann, *Homerische Wörter*, 218 e s., e Eduard Fraenkel, "Glotta", 32, 1952, 33.

15 Wolfang Schadewaldt, *Von Homers Welt*, nota 1 da p. 238, erra ao afirmar que o interpolação só começa no v. 69.

16 É interessante notar que é exatamente dessa interpretação homérica que Crisipo se vale para demostrar que Homero já conhece a psicologia estoica; conclusão que ele extrai da frase: πνεῦμά ἐστιν ἡ ψυχή κατὰ παντὸς οἡκοῦν τό σῶμα (esc. B, à *Il.*, XVI, 856; cf. também o escólio acima citado na *Il.*, XX, 68: δείκνυσι δὲ κατὰ παντὸς μέλους τὸ ζωτικὸν καὶ ψυχικόν ἐστιν; sobre essa interpretação, cf., por exemplo, Cris. , fr. 785, II, 218, v. Arn.: ψυχή... πνεῦμα λεπτομερές ἐστιν διὰ παντὸς διῆκον τοῦ ἐμψύχου σώματος). Esta servirá de base, portanto, para interpretar-se o fr. 338 em Arnim. Também a etimologia: ῥέθη τὰ ζῶντα μέλη remonta certamente a Crisipo ou, pelo menos, tem relação com sua interpretação, na medida em que o queria demonstrar era justamente que ῥέθη tem o significado de membros viventes. Se o trecho, como ficou demonstrado, não fosse recente, deveria ser corrigido, colocando-se μελέων em lugar de ῥεθέων.

12 A CULTURA GREGA E AS ORIGENS DO PENSAMENTO EUROPEU

podemos ver que os significados de θυμός e de ψυχή são amiúde confusos. Na *Ilíada* (VII, 131), temos: θυμὸν ἀπὸ μελέων δῦναι δόμον" Αιδος εἴσω, ou seja, "o θυμὸς foi-se dos membros (μέλη) para o Hades". Já de há muito se tem observado[17] como uma contradição em relação às concepções homéricas dizer que o θυμὸς vai para o Hades. O verso sofre a influência da passagem XIII, 671 e s. ὦκα δὲ θυμὸς ὤχετ' ἀπὸ μελέων e III, 322: τὸν δὸς ἀποφθίμενον δῦναι δόμον" Αιδος εἴσω. É possível que também essa alteração seja atribuível a um poeta tardio desconhecedor da língua homérica. Mais provável, porém, é que, aqui, a alteração se deva a um rapsodo, o qual, como acontece na tradição oral, tenha confundido na mente um amontoado de vários fragmentos de versos. Teríamos então de corrigir o verso, e poderíamos facilmente, na verdade, pôr tudo em seu devido lugar, valendo-nos de outro fragmento de um verso de Homero: com base no trecho XVI, 856 – XXII, 362, reconhecemos como válido e exato o significado do verso: ψυχὴ δ' ἐκ ῥεθέων πταμένη' Αιδόσδε βεβήκει. Segundo esse trecho, pode-se reconstruir o verso VII, 131: ψυχὴν ἐκ ῥεθέων δῦναι δόμον" Αιδος εἴσω. Restam ainda a ser considerados alguns pontos nos quais o θυμός é a alma do morto e onde se diz que o θυμός saiu voando no momento da morte[18], mas trata-se sempre da morte de um animal, de um cavalo (*Il.*, XVI, 469), de um cervo (Od., X, 163), de um javali (*Od.*, XIX, 454) e de uma pomba (*Il.*, XXIII, 880). Trata-se aqui, sem dúvida, de uma imagem derivada. No homem, é a ψυχή que foge, mas é evidente que a um animal não se poderia atribuir uma ψυχή; e assim se achou para ele um θυμός que o deixa no momento da morte. A isso ter-se-á chegado por afinidade com aqueles trechos onde se diz, numa referência ao homem, que o θυμός abandona os membros e os ossos.

Por outro lado, essas passagens que falam do θυμός dos animais terão contribuído para aumentar a confusão entre os conceitos de θυμός e ψυχή. Mas se a expressão "o θυμός saiu voando" aparece quatro vezes, e portanto, de maneira relativamente frequente, sempre relacionada, porém, a animais, e a animais sempre diferentes, isso demonstra que nos primeiros tempos as duas palavras não eram usadas indistintamente.

Portanto, ψυχή e θυμός são, pelo menos no primeiro momento, claramente distintas. É impossível determinarmos com a mesma precisão os limites entre θυμός e νόος. Se, como ficou dito, θυμός é aquele órgão da alma que suscita as emoções e νόος o que percebe as imagens, então νόος é, de modo geral, a sede do intelecto, e θυμός a das emoções. No mais das vezes, porém, os dois significados são confundidos. Nós, por exemplo, consideramos a cabeça como sede do pensamento, o

17 Cf. J. Böhme, *op. cit.*, 103.
18 *Idem, ibidem.*

O HOMEM NA CONCEPÇÃO DE HOMERO

coração como sede do sentimento, e todavia, podemos dizer: "ele traz no coração o pensamento da amada", pondo no coração a sede do pensamento, mas em relação ao sentimento do amor; ou então: "ele só tem em mente a vingança" (mas com a palavra vingança entendemos, aqui: pensamento de vingança). Essas exceções são, portanto, apenas aparentes; poderemos, entretanto, deparar com frases como: "ele tem a vingança no coração" ou "ele tem em mente a vingança" que possuem um significado quase igual. O mesmo se pode dizer de θυμός (emoção) e νόος (imagem); as exceções a essa correspondência de significado são aparentes, mas a palavra θυμός não se pode separar nitidamente de νόος como o faz de ψυχή. Daremos um par de exemplos.

A alegria tem, em geral, sede no θυμός. Mas na *Odisseia* (VIII, 78), quando Aquiles e Odisseu entram em luta, afirmando cada um seus próprios direitos, diz o texto: "Agamêmnon χαῖρε νόω". Ora, Agamêmnon não se alegra porque os dois mais valentes heróis estão em luta – o que seria de estranhar – e sim, ao lembrar-se de que Apolo lhe predissera que Troia seria tomada quando os melhores heróis estivessem em luta. Ele se alegra, portanto, "a esse pensamento"[19].

Além disso, é geralmente o θυμός que faz o homem agir. Na *Ilíada* (XVI, 61 e ss.) diz, porém, Nestor: ἡμεῖς δὲ φραζώμευ' ὅπως ἔσται τάδε ἔργα εἴ τι νόος ῥέξει, "Queremos ver... se o νόος pode levar-nos a alguma coisa": Empregar, nesse caso, a palavra θυμός seria absurdo, visto que o que Nestor quer é ver se a "reflexão" e, portanto, o "pensamento", pode levar a alguma coisa. Embora θυμός seja, geralmente, a sede da alegria, do prazer, do amor, da compaixão, da ira, e assim por diante, e, portanto, de todos os movimentos do ânimo, também o conhecimento pode, todavia, encontrar por vezes lugar no θυμός. Na *Ilíada* (II, 409), diz-se que não houve necessidade de chamar Menelau para o concílio, ἤδεε γὰρ κατὰ θυμὸν ἀδελφεὸν ὡς ἐπονεῖτο, "visto que ele no seu θυμός sabia de tudo quanto fazia o irmão". Ora, não é que disso estivesse ciente por ouvir falar ou porque soubesse verdadeiramente do fato: sabia por instinto, e até mesmo por simpatia fraterna[20]. Daí porque se diz que a coisa lhe é revelada por um "movimento" do "ânimo". E poder-se-iam citar muitos outros exemplos do gênero. νόος tem a mesma raiz de νοεῖν, e νοεῖν significa "entender", "penetrar"; mais tarde, ao contrário, νοεῖν será traduzido por "ver". Por exemplo, na *Ilíada* (V, 590), τοὺς δ'Ἕκτωρ ἐνόησε κατὰ στίχας: "Heitor viu-os nas fileiras". Frequentemente ele acompanha ἰδεῖν, mas é um ver que não indica somente o puro ato visual, e sim também

---

19 J. Böhme, *op. cit.*, 53 e K. von Fritz, *op. cit.*, 83. – νόω não é portanto, para ser entendido em sentido locativo mas instrumental, cf. J. Böhme, *op. cit.*, 54, 2. Sobre todo esse conjunto, cf. Peter von der Mühll, *Westösliche Abbandlungen (Festschrift R. Tschudi)*, 1954, I e ss.

20 Como acertadamente observa J. Böhme, *op. cit.*, 72.

14   A CULTURA GREGA E AS ORIGENS DO PENSAMENTO EUROPEU

a atividade espiritual que acompanha o ver. Aqui, ele se aproxima do significado de γιγνώσκειν. Mas γιγνώσκειν significa "reconhecer", sendo, portanto, usado sobretudo quando se quer identificar uma pessoa, ao passo que νοεῖν se refere mais a situações determinadas e significa ter uma representação clara de alguma coisa. Isso deixa claro o significado de νόος. Ele é o espírito entendido como sede de representações claras e, portanto, como órgão que as suscita. Assim na *Ilíada* (XVI, 688), ἀλλ᾽ αἰεί τε Διὸς κρείσσων νόος ἠέ περ ἀνδρῶν: "o νόος de Zeus é sempre mais poderoso que o do homem". νόος é quase um olho espiritual que vê com clareza[21]. Com uma ligeira transposição de sentido, νόος pode também referir-se à função. Como função duradoura, νόος é a faculdade de ter ideias claras; corresponde, portanto, a entendimento; assim, na *Ilíada* (XIII, 730), ἄλλῳ μέν γὰρ δῶκε θεὸς πολεμήια ἔργα... ἄλλῳ δ᾽ ἐν στήθεσσι τιθεῖ νόον εὐρύοπα Ζεὺς ἐσθλόν: "a um, Zeus destina a ação guerreira, ao outro, Zeus coloca no peito o nobre νόος". Aqui passamos do significado de "mente" para o de "pensamento", significados esses muito próximos um do outro. Em alemão, podemos empregar a palavra *Verstand* (= a mente, intelecto) tanto para designar o espírito quanto para indicar a função e as faculdades do espírito.

Daí a dar à palavra νόος a tarefa de designar a função isolada, a representação clara considerada isoladamente, o passo é outro; assim, por exemplo, quando se diz que alguém excogita um νόος (cf. *Il.*, IX, 104: οὐ γάρ τις νόον ἄλλος ἀμείνονα τοῦδε νοήσει; *Od.*, V, 23: οὐ γὰρ δὴ τοῦτον μὲν ἐβούλευσας νόον αὐτὴ). Esse significado já ultrapassa, portanto, o significado das nossas palavras espírito, alma, intelecto e assim por diante. O mesmo se pode observar a propósito da palavra θυμός. Quando se diz que alguém sente alguma coisa, χατὰ θυμόν, θυμός é, nesse caso, um órgão e podemos traduzir a palavra por "alma", mas devemos ter presente que se trata da alma sujeita às "emoções". Porém θυμός virá também em seguida determinando uma função (e então poderemos traduzir a palavra por "vontade" ou "caráter") e também a função isolada: também essa expressão, portanto, tem um significado muito mais amplo do que as nossas palavras "alma" e "espírito". Isso aparece de modo bastante claro na *Odisseia* (IX, 302), onde Odisseu diz: ἕτερος δέ με θυμὸς ἔρυκεν: "um outro θυμός me retém", e aqui, portanto, θυμός se refere a um particular movimento do ânimo. Temos, assim, um significado claro e preciso, tanto para θυμός quanto para νόος.

---

21   Também Platão vê o νόος como ὄμμα τῆς ψυχῆς: *O Banquete*, 219a; Rep., 7, 533d; *Teeteto*, 164a; *Sofista*, 254a (Cf. Rudolf Bultmann, "philologus", 97, 1947, 18 e ss.)

O HOMEM NA CONCEPÇÃO DE HOMERO

Mas que valor tem tudo o que dissemos ante a concepção que tem Homero do espírito humano? Poder-se-ia, num primeiro momento, pensar que θυμός e νόος são algo semelhante àquelas partes da alma de que fala Platão. Só que isso pressupõe a unidade da alma, e é exatamente essa unidade que em Homero se ignora[22]. θυμός, νόος e ψυχή são, por assim dizer, órgãos separados que exercem, cada um por seu turno, uma função particular. Esses órgãos da alma não se distinguem substancialmente dos órgãos do corpo. Também nós, quando queremos determinar os órgãos do corpo, temos de passar do órgão para a função e desta para a função isolada. Dizemos, por exemplo, "ver algo com outros olhos" e, neste caso, o olho não é o órgão, visto que a frase naturalmente não quer dizer que se usam, neste caso, outros olhos; "olho" indica aqui a função do olho, o "ver", e a frase significa, portanto, olhar alguma coisa "com um olhar diferente", "com diferente disposição de ânimo". Da mesma maneira também se deve entender o ἕτερος θυμός de Homero. As duas frases há pouco citadas, que contêm a palavra νόος, fazem-nos ir mais além. Aqui o significado de νόος já passa da função para o efeito do νοεῖν. De qualquer modo, a frase νόον ἀμείνονα νοήσει também pode ser traduzida assim: "ele terá uma representação melhor", mas aqui "representação" não mais significa o ato de representar e sim, a coisa representada. O mesmo podemos dizer da frase τοῦτον ἐβούλευσας νόον. De qualquer modo, é importante o fato de que νόος, em ambas as passagens (e estas são as únicas em Homero onde esse termo tem o significado de νόημα, "pensamento"), apresenta-se como objeto interno dos verbos νοεῖν e βουλεύειν. Muito vizinha ainda se sente a influência do verbo νοεῖν, isto é, a função.

Propositalmente evitamos dar ênfase, nestas pesquisas, à diferença entre "concreto" e "abstrato", visto ser, em si mesma, pouco segura; mais útil nos será atermo-nos, também, para o futuro, à diferença entre órgão[23] e função. Não se deve, por exemplo, pensar que θυμός tenha em Homero um significado "abstrato" apenas porque uma vez aparece na forma ἄθυμος. Então também se deveria dizer que "coração" ou "cabeça" são formas abstratas, já que podemos dizer que uma pessoa não tem coração ou que perdeu a cabeça. Se digo que alguém tem boa cabeça, refiro-me com isso à sua inteligência, assim como quando digo que alguém tem bom coração estar-me-ei referindo a seu sentimento; também nesses casos, o órgão está no lugar da função. As expressões

22 É muito mais provável que Platão derive sua concepção sobre as diversas partes da alma das concepções homéricas e use a imagem do θυμός apenas com escopo "pedagógico"; de fato, a diferença entre νοῦς e θυμός manteve-se viva exatamente nas máximas que convidam à moderação (a respeito, cf. pp. 187-188).

23 Onde falta, no entanto, como sublinha acertadamente E. R. Dodds, *op. cit.*, 16, toda e qualquer ideia de um organismo supraordenado em relação às partes.

16   A CULTURA GREGA E AS ORIGENS DO PENSAMENTO EUROPEU

"sem coração", "sem cabeça", ἄθυμος, indicam a ausência da função. O uso "metafórico" das palavras que indicam o órgão, uso que se poderia considerar uma abstração, verifica-se nas línguas mais primitivas, pois é na língua primitiva que o órgão não é encarado como coisa material, morta, e sim como portador da função.

Se quisermos com os conceitos de "órgão" e de "função" determinar a concepção que Homero tem da alma, iremos de encontro a dificuldades terminológicas, contra as quais se chocam todos aqueles que querem definir as particularidades de uma língua estrangeira com os termos da sua própria. Se digo: o θυμός é um órgão da alma, é o órgão que suscita os movimentos da alma, recorro a frases que contêm uma *contradictio in adiecto*, visto que, segundo nossas concepções, as ideias de alma e de órgão não podem combinar. Se quisesse falar com maior precisão, eu teria de dizer: o que chamamos de alma, é, na concepção do homem homérico, um conjunto de três entidades que ele interpreta por analogia com os órgãos físicos. As perífrases com as quais buscamos definir ψυχή, νόος e θυμός como órgãos da vida, de representação e dos movimentos do espírito, são, portanto, abreviações imprecisas e inadequadas, decorrentes do fato de que a ideia de "alma" (mas também de "corpo", como ficou visto) é dada somente na interpretação concreta da língua: e nas diversas línguas essas interpretações podem, por conseguinte, diferir.

Houve quem acreditasse que afirmar que para Homero ainda muitas coisas eram desconhecidas seria diminuir-lhe a estatura; daí porque se procurou explicar a diversidade que existe entre a concepção homérica da alma e a nossa, imaginando que Homero tenha estilizado propositalmente seu pensamento e que, por razões estéticas ou outras, tenha evitado pôr em relevo a interioridade dos seus heróis, pois isso teria podido menoscabar-lhes a inquestionável grandeza. Mas terá Homero, na verdade, preterido propositalmente as representações de "espírito" e "alma", além daquela relativa a "corpo"? Isso suporia no velho poeta um refinamento psicológico que se estenderia até as mais diminutas particularidades. Além do mais, aquilo que Homero "ainda não conhece" é tão bem completado pelo que nele sobeja em relação ao pensamento moderno, que, certamente, não se pode falar em estilização propositada, embora, na verdade, essa estilização nele exista em outras circunstâncias. Por ventura querem ver em Homero um Senhorzinho Microcosmo, semelhante ao que foi alvo dos motejos de Goethe?

Não se trata aqui de estilização, mas mais precisamente de uma fase primitiva na evolução do pensamento europeu, e sobre isso também podemos apresentar outras provas. Quão próxima está a concepção que tem Homero de θυμός, νόος e ψυχή da dos órgãos corporais, evidencia-se exatamente onde essa analogia foi superada.

O HOMEM NA CONCEPÇÃO DE HOMERO   17

Os exemplos que nos fazem conhecer o uso das palavras σῶμα e ψυχή, no período que transcorre de Homero ao século V, são obviamente demasiado escassos para permitirem-nos acompanhar em minúcia a evolução dos novos conceitos de "corpo" e "alma". É provável que tenham surgido como conceitos reciprocamente complementares, devendo, precedentemente, ter ocorrido a evolução da palavra ψυχή, na qual deve ter influído a ideia da imortalidade da alma. Pois, se justamente a palavra que indicava a alma do morto passou em seguida a definir a alma em geral, e a definição usada para a alma do morto passou a indicar a do corpo vivente, isso significa que o que dava ao homem vivente emoções, sensações e pensamentos era considerado como sobrevivente na ψυχή[24]. Daí pressupor-se a ideia de que no homem vivente existisse algo de espiritual, uma alma, embora esta não pudesse num primeiro momento ser definida com uma palavra correspondente. É nessa altura que surge a lírica grega arcaica. Atribui-se ao morto um σῶμα como contraposto à ψυχή, e quase espontaneamente se passa em seguida a usar essa palavra também em relação ao vivente, para contrapô-la a ψυχή.

Mas qualquer que tenha sido o desenvolvimento do processo em suas particularidades, o fato é que, com essa distinção entre corpo e alma, "descobriu-se" algo que se impõe de modo evidente à consciência, algo que passa doravante a ser considerado como óbvio, fazendo com que a relação entre corpo e alma e a ausência da alma se torne objeto de sempre novos problemas.

Foi Heráclito o primeiro a dar-nos esta nova concepção da alma. Ele chama a alma do homem vivente de ψυχή; para ele o homem é constituído de corpo e alma e a alma possui qualidades que se distinguem substancialmente das qualidades do corpo e dos órgãos físicos. Essas novas propriedades da alma diferem tão radicalmente do que Homero podia pensar, que lhe faltam até mesmo as formas linguísticas adequadas para exprimir as qualidades que Heráclito atribui à alma: essas formas linguísticas formaram-se no período que vai de Homero a Heráclito; mais precisamente, na lírica. Diz Heráclito (fr. 45): ψυχῆς πείρατα ἰὼν οὐκ ἂν ἐξεύροιο, πᾶσαν ἐπιπορευόμενος ὁδόν. οὕτω βαθὺν λόγον ἔχει ("Não poderias encontrar os confins da alma nem

---

24   Cf. o mais antigo documento da doutrina da metempsicose de Pitágoras (Xenófanes, fr. 7, ed. Diehl) e que é, ao mesmo tempo, o mais antigo e seguro exemplo da interpretação particular dada por Homero à palavra ψυχή. Até porque não se poderá negar que Pitágoras use essa palavra neste sentido. (Cf. também Arquil., r. 21; epigrama de Eretria do século VI [Friedländer n. 89]; Sim., 29, 13; Hipon., 42; Safo, 68, 8; Alcm., 110, 34; Aristea, fr. 1, 4; Anacr. Fr. 4; cf., sobre esse ponto, O. Regenbogen, *Synopsis*, 389). – σῶμα no novo significado também em Senof., 13, 4. – Walter Müri, *Festschrift für Eduard Tièche*, Berna, 1947, observa que os escritos mais antigos do *Corpus Hippocraticum* não conhecem a palavra ψυχή, mas usam, em lugar dela, γνώμη.

18 A CULTURA GREGA E AS ORIGENS DO PENSAMENTO EUROPEU

mesmo que os buscasses por todos os caminhos, tão profundo é o seu *logos*"). Para nós, essa concepção da profundidade da alma humana é coisa comum, e nela há algo de totalmente estranho a um órgão físico e à sua função. Não tem sentido dizermos que alguém tem mão profunda, orelha profunda e, se falarmos de olhos "profundos", teremos um significado distinto (relativo à expressão, não à função). A representação da profundidade surgiu exatamente para designar a característica da alma, que é a de ter uma qualidade particular que não diz respeito nem ao espaço nem à extensão, ainda que em seguida sejamos obrigados a usar uma imagem espacial para designar essa qualidade anespacial. Com ela Heráclito quer significar que a alma se estende ao infinito, exatamente ao contrário do que é físico. Essa representação da "profundidade" do mundo espiritual da alma não surge apenas com Heráclito, mas já na lírica precedente[25], como o demonstram as palavras βαθύφρων, βαθυμήτης, "de mente profunda", "de pensamento profundo", usadas na lírica arcaica. Geralmente encontramos com frequência, na Era Arcaica, a expressão "profundo saber", "pensamento profundo", "sentido profundo", mas também "profunda dor" e, em toda parte, a ideia de "profundidade" refere-se àquela "ilimitação" do mundo espiritual que o distingue do mundo físico. À língua de Homero é ainda estranho esse uso da palavra "profundo", que é algo mais que uma metáfora consueta, e por meio do qual a língua busca sair de seus confins para entrar num campo a ela inacessível; e estranho lhe é, por conseguinte, o conceito propriamente "espiritual" de um saber profundo, de um profundo pensamento, e assim por diante. As palavras βαθύφρων, βαθυμήτης são certamente formadas por analogia com as palavras homéricas, só que estas significavam πολύφρων e πολύμητις ("de muito sentido", "de muitos pensamentos") e assim como são carcterísticas da lírica as palavras compostas com βαθυ-, também características de Homero são aquelas compostas com πολυ- para indicar uma intensificação do saber ou do sofrimento: πολύιδρις, πολυμήχανος, πολυπενθής, e assim por diante ("muito sábio", "muito astuto", "muito aflito").

Também em outros casos, em lugar da intensidade expressa-se a quantidade. "Devo superar mil dores", diz Príamo (*Il.*, XXIV, 639) ao chorar por Heitor. πολλὰ αἰτεῖν, πολλὰ ὀτρύνειν ("exigir muito", "estimular muito") também se usam quando alguém suplica ou admoesta somente uma vez[26]. Jamais encontramos uma expressão que transmita a particularidade do que não se apresenta apenas como extenso, nem no campo das representações nem no dos sentimentos.

---

25 A esse propósito, cf. Friedrich Zucker, "Philologus", 93, 1948, 52 e ss.
26 Cf. H. Fränkel, *Homerische Gleichnisse*, 55, 2. Além disso, cf. a interpretação πυκνὸν ἄχος, ἀδινὰ στενάχειν, μέγα χαίρειν e outras.

O HOMEM NA CONCEPÇÃO DE HOMERO

As representações são dadas pelo νόος, e esse órgão espiritual é concebido com base na analogia existente entre ele e o olho; daí porque "saber" é expresso por εἰδέναι: a palavra deriva de ἰδεῖν, "ver", e significa propriamente "ter visto". Também nesse caso é o olho que é usado como modelo, quando se quer falar de recebimento de experiências. Nesse campo, a intensidade coincide verdadeiramente com a extensão: quem viu muito e repetidamente possui um conhecimento profundo. Tampouco no campo do θυμός existe a representação da intensidade. Esse "órgão da emoção" é, por exemplo, sede da dor; ora, às vezes se diz, em Homero, que a dor rói ou dilacera o θυμός, ou então que uma dor aguda, violenta ou intensa atinge o θυμός.

Prontamente vemos aqui em quais analogias se baseia, neste caso, a língua para chegar a tais expressões: assim como uma parte do corpo pode ser atingida por uma arma cortante, por um objeto pesado, assim como pode ser corroída ou dilacerada, o mesmo acontece também com o θυμός. Também aqui a representação da alma não se diferencia da do corpo, nem se dá relevo à característica da alma, a intensidade.

O conceito da intensidade não aparece em Homero nem mesmo no significado original da palavra, como "tensão". Não se fala, em Homero, de um dissídio da alma, assim como não se pode falar de um dissídio do olho ou da mão. Também nesse caso o que se diz da alma não sai do campo do que se pode dizer dos órgãos físicos. Não existem, em Homero, sentimentos opostos em si: apenas Safo irá falar do "doce-amargo" Eros; Homero não podia dizer "queria e não queria", e em vez disso, diz ἑκλὼν ἀέκοντί γε θυμῷ, isto é, "querente, mas com o θυμός não-querente". Não se trata aqui de um dissídio interno, mas de um contraste entre o homem e seu órgão, como se disséssemos, por exemplo: minha mão estendeu-se para agarrar, mas eu a retraí. Trata-se, portanto, de duas coisas ou dois seres distintos, em luta entre si. Por isso, em Homero jamais encontramos um verdadeiro ato de reflexão nem um colóquio da alma consigo mesma, e assim por diante.

Uma segunda propriedade do λόγος em Heráclito é a de que ele é um κοινόν: tem a propriedade de ser "comum", isto é, de poder permear todas as coisas e de acolher em si todas as coisas. Esse espírito está em tudo. Também para essa concepção faltam em Homero as formas linguísticas correspondentes: Homero não pode falar de seres distintos animados pelo mesmo espírito; não pode dizer, por exemplo, que dois homens têm o mesmo espírito ou a mesma alma, assim como não pode dizer que dois homens tenham em comum um olho ou uma mão[27].

---

27 A respeito e para as formas iniciais da concepção mais tardia em locuções como ὁμόφρονα θυμὸν ἔχοντες, cf. "Gnomon", 1931, 84. O que nós chamamos de "simpatia", "concordância recíproca das almas" surge em Homero sob a forma de ter o mesmo escopo

20 A CULTURA GREGA E AS ORIGENS DO PENSAMENTO EUROPEU

Também a terceira qualidade atribuída por Heráclito ao espírito e que contrasta com as qualidades que se podem atribuir ao órgão físico, é ignorada pelo pensamento e pela língua homérica. Diz ele (fr. 115): ψυχῆς ἐστι λόγος ἑαυτὸν αὔξων "é próprio da alma o *lógos* que por si mesmo cresce". Qualquer que seja o significado que se queira dar à frase, Heráclito aqui atribui à alma um λόγος que pode estender-se e aumentar. Vê-se, portanto, na alma, a possibilidade de um desenvolvimento, enquanto seria inoportuno atribuir ao olho ou à mão um *lógos* que "cresce". Decididamente, Homero não conhece[28] uma possibilidade de desenvolvimento do espírito. Todo aumento das forças físicas e espirituais vem do exterior, sobretudo por intervenção da divindade. No livro XVI da *Ilíada*, Homero fala de Sarpédon, que, moribundo, pede socorro ao amigo Glauco que não pode vir, pois está ferido. Glauco implora então a Apolo que lhe tire a dor do ferimento e lhe devolva a força do braço. Apolo atende a seu pedido, faz cessar a dor e μένος δέ οἱ ἔμβαλε θυμῷ: "põe força em seu θυμός". Também aqui, como em outras passagens, o fato motivado por Homero com a intervenção da divindade nada tem de sobrenatural ou de antinatural. Para nós seria mais natural que Glauco ouvisse o chamado de Sarpédon e, superando sua dor e reunindo suas forças, voltassse ao combate. Mas o que iríamos introduzir na descrição, isto é, o fato de que Glauco reúne suas forças ou, dizendo de outra maneira, se concentra, jamais aparecem em Homero. Nós interpretamos esse fato imaginando que um homem supere seu estado por suas próprias forças, com um ato de vontade, mas quando Homero quer explicar-nos a proveniência dessa nova massa de forças, só sabe dizer que foi um Deus que as concedeu. O mesmo vale também para outros casos. Toda vez que o homem faz ou diz algo a mais do que dele se poderia esperar, Homero, para explicar o fato, atribui-o à intervenção de um deus[29]. E é o verdadeiro e autêntico ato da decisão humana que Homero ignora; daí porque, mesmo nas cenas em que o homem reflete, a intervenção dos deuses sempre tem uma parte importante. A crença nesta ação do divino é, portanto, um complemento necessário às representações homéricas do espírito e da alma humana. Os órgãos espirituais θυμός

ou saber a mesma coisa; quanto a esta última expressão, cf., por exemplo, as palavras de Tétis a Aquiles, Il., I., 363: ἐξαύδα μὴ κεῦθε νόω, ἵνα εἴδομεν ἄμφω: "dize-me da tua dor, não a escondas na tua mente, para que ambos saibamos dela". – Uma exceção é representada pela frase de Nestor, γ 127: ἐγὼ καὶ δῖος Ὀδυσσεὺς οὔτε ποτ' εἰν ἀγορῇ δίχα βάζομεν οὔτ' ἐνὶ βουλῇ, ἀλλ' ἕνα θυμὸν ἔχοντε – com que se entende "*toda vez* o mesmo impulso", isto é, toda vez a mesma opinião, baseada no discernimento.

28 Confrontem-se a respeito, sobretudo as locuções das quais Heráclito deriva provavelmente as dele: Il., XVII, 139: Μενέλαος μέγα πένθος ἀέζων, XVIII, 110: χόλος ἀέξεται; Od., II, 315: καὶ δή μοι ἀέξεται θυμός (forma passiva!) onde ele se refere a sentimentos.

29 Cf. H. Fränkel, *Dichtung und Philosophie*, 91 e ss.

O HOMEM NA CONCEPÇÃO DE HOMERO

e νόος não passam de simples órgãos, tanto que neles não se pode ver a origem de nenhuma emoção. A alma entendida no sentido de πρῶτον κινοῦν, de primeiro movente, tal como a concebe Aristóteles, ou como ponto central do sistema orgânico, ainda é estranha a Homero. As ações do espírito e da alma desenvolvem-se por obra das forças agentes do exterior, e o homem está sujeito a múltiplas forças que a ele se impõem e conseguem penetrá-lo. Daí a frequência com que Homero se refere às forças, e daí porque dispõe de tantos vocábulos todos eles traduzidos por nós com uma única palavra: "força" (μένος, σθένος, βίη, κῖκυς, ἴς, κράτος, ἀλκή, δύναμις). Essas palavras, porém, têm um significado concreto, de rigorosa evidência, e estão bem longe de indicar a força sob forma abstrata, como mais tarde as palavras δύναμις (dýnamis) ou ἐξουσία (exousía) que podem ser atribuídas a toda e qualquer função. E cada uma das formas assim indicadas recebe, da maneira particular da ação, o seu *modus* particular, o seu caráter próprio. μένος é, por exemplo, a força que a pessoa experimenta nos membros, ao sentir o impulso de agregar-se a uma ação, ἀλκή, a força defensiva que serve para manter o inimigo à distância; σθένος, o pleno vigor das forças físicas, mas também a potência do dominador; κράτος, a violência, a força de opressão. Em algumas expressões pode-se ainda detectar o primitivo significado religioso de tais forças, como por exemplo quando Alcínoo é designado com a expressão "a sagrada força de Alcínoo": ἱερὸν μένος Ἀλκινόοιο e, similarmente: βίη Ἡρακληείη, ἱερὴ ἴς Τηλεμάχοιο. É difícil exararmos um juízo sobre essas expressões visto serem elas expressões já cristalizadas, das quais nem mesmo cabe dizer se, exatamente, βίη ou ἴς ou μένος seria a forma originaria. Muitos pensam, e com toda a razão, terem sido elas escolhidas em parte por necessidade métrica. Nomes próprios, como Telêmaco e Alcínoo, não podem estar no nominativo em fim de verso, onde Homero costuma colocá-los; daí o poeta valer-se, neste caso, de uma circunlocução. Também se tem observado que formas adjetivadas como βίη Ἡρακληείη também se apresentam com nomes que não fazem parte do mundo troiano e, com razão, concluiu-se terem sido eles extraídos de épicas mais antigas. E visto que, em tempos passados, deviam ter tido um sentido particular, foi lembrado[30] que, nos chamados povos primitivos, era frequentemente atribuída ao rei ou ao sacerdote uma especial força mágica que o elevava acima dos homens de sua estirpe. É provável que essas expressões tivessem servido originariamente para indicar reis e sacerdotes dotados de tal força. Mas é um erro acreditar que tais forças mágicas ainda estejam vivas nos poemas homéricos, porque só o fato de que as formas de circunlocução, às quais nos referimos, têm uma forma rígida e são evidentemente usadas por razões métricas, já nos

30 Friedrich Pfister, *Pauly-Wissowas Real-Encyclopädie*, verbete "Kultus", 2117, 33.

22   A CULTURA GREGA E AS ORIGENS DO PENSAMENTO EUROPEU

faz entender que seria absurdo aí buscarmos representações vitais dos poemas homéricos. Embora na *Ilíada* e na *Odisseia* o poeta fale em forças, jamais alude ao sentido "mágico" delas; e geralmente não encontraremos alusões à magia senão em resíduos isolados que agora já perderam sua vida originária. Os homens homéricos, que ainda não sentem a alma como lugar de origem das próprias forças, não atraem para si, contudo, essa força com práticas mágicas, e sim recebem-na – dom natural – dos deuses.

É certo que, nos tempos que precederam Homero, reinavam magia e feitiçarias; certo é, também, que a concepção homérica da alma e do espírito está relacionada com esses tempos "mágicos", visto que órgãos da alma como νόος e θυμός, destituídos que são da faculdade de pensar e mover-se por si, devem forçosamente estar à mercê do poder mágico, e homens que têm uma tal concepção de sua vida interior devem naturalmente sentir-se expostos ao poder de forças arbitrárias e tenebrosas. Daí podermos inferir qual teria sido, no tempo que precedeu Homero, a concepção que tinha o homem a respeito de si e do seu agir. Mas já os heróis da *Ilíada* não mais se sentem à mercê de forças selvagens e confiam em seus deuses olímpicos, que constituem um mundo bem ordenado e significativo. Ao evoluírem, os gregos completam seu autoconhecimento e, por assim dizer, absorvem em seu espírito humano essa ação divina. É certo que em todos os momentos a fé na magia se manteve viva entre eles, mas ela não existia para aqueles que contribuíram para essa evolução, assim como não existia para Homero; esses homens, com efeito, prosseguem no caminho apontado por Homero. A concepção que o homem tem de si no tempo de Homero, e que podemos reconstruir através da língua homérica, não é puramente primitiva mas tem os olhos voltados para o futuro e constitui a primeira etapa do pensamento europeu.

2. A Fé nos Deuses Olímpicos

Num conto alemão[1], há um fulaninho que sai em busca do medo: o rapaz é tão idiota que nem mesmo sabe o que isso seja. Sem saber o que fazer com ele, seu pai manda-o ir mundo afora para que aprenda, de uma vez por todas, o que seja esse sentimento, já que é isso o que ele tanto deseja. A história pressupõe que o homem normal conheça por instinto o sentimento de medo ante o que é insólito, sem necessidade de aprender, tendo, se for o caso, de andejar um bocado para desaprender. O sentimento do medo diante do novo ocupa um vasto espaço na mente da criança antes que esta ganhe familiaridade com a ordem do mundo que a circunda, e tem um largo domínio na imaginação dos povos primitivos, onde se manifesta em representações religiosas. Não é, portanto, assim tão idiota quem não conhece o medo. Nem é isso, de resto, o que o conto pretende dizer. O idiota conquista a filha do rei e os tesouros encantados, justamente porque ignora o medo. Este sábio-louco, primo de Joãozinho, o garoto feliz, e do pequeno Nicolau[2], demonstra bom senso por não tremer diante de aparições e fantasmas mas só quando a criada lhe despeja um balde de peixes no leito principesco: entre tantas coisas apavorantes, esta é a única evidente e real que o atinge.

Como aprende o homem, como aprendem os povos a distinguir a realidade dos fantasmas? De que modo aprendem a considerar o natural como natural? O apavorante e o insólito apresentam-se primeiramente ao homem como o numinoso ou o demoníaco, que a religião dos

---

1   Trata-se do conto de Grimm, *João sem medo* (N. anexada pelas tradutoras italianas, Vera Degli Alberti e Anna Somi Marietti).

2   Referência a outros dois contos de Grimm, cujos protagonistas ocultam, sob uma aparente simplicidade, uma nada comum sabedoria. (*Idem*).

24 A CULTURA GREGA E AS ORIGENS DO PENSAMENTO EUROPEU

primitivos procura capturar ou exorcizar, de maneira que a superação do horror constitui uma transformação das representações religiosas. A fé nos deuses olímpicos, tal como aparece nos poemas da *Ilíada* e da *Odisseia*, já realizou essa transformação e de modo tão radical que se torna difícil para nós entender essa religiosidade, à qual falta em tão alto grau o senso do apavorante. O sábio-louco do conto vence os fantasmas porque não crê neles. E se os gregos se esqueceram do que seja o medo, evidentemente eles também perderam uma determinada fé, e em tal medida que, diante da religião homérica e da fé nos deuses olímpicos criada por Homero, chega-se quase a duvidar de que ainda seja uma fé. Nosso conceito de "fé" pressupõe, de fato, como possível a incredulidade; isso vale não só para a crença nos espíritos mas, com maior razão, para coisas mais dignas de respeito. A "fé", o *credo*, pressupõe a existência de uma fé falsa, de uma fé herética, contra a qual ela se projeta; daí porque a fé está ligada a um dogma pelo qual ou contra o qual as pessoas lutam. Isso não existia no mundo grego. Os deuses são tão evidentes e naturais para os gregos, que estes nem mesmo conseguem imaginar que outros povos possam ter outra fé ou outros deuses.

Quando os cristãos chegaram à América, os deuses dos indígenas foram para eles naturalmente ídolos ou demônios; os hebreus consideravam inimigos de Jeová os deuses de seus vizinhos. Mas, quando Heródoto visitou o Egito e conheceu os deuses nativos, pareceu-lhe coisa natural encontrar também ali, Apolo, Dioniso e Ártemis: Bupástis chama-se em grego justamente Ártemis (2, 137), Hórus é chamado pelos gregos de Apolo, Osíris é, em grego, Dioniso (2, 144), e assim por diante. Assim como em grego se chama rei diferentemente do que se chama em egípcio, assim como ele, na qualidade de soberano grego, carrega insígnias diferentes das do soberano persa, assim como o navio ou o caminho têm nomes diferentes em grego e em egípcio e, no Egito, têm um aspecto diferente dos da Grécia, assim também os deuses dos egípcios diferem dos gregos, mas ainda assim podem ser "traduzidos" para a língua grega e para conceitos gregos. É bem possível que nem todos os povos tenham todas as divindades; Heródoto conhece mesmo algumas divindades bárbaras para as quais não pode indicar um nome grego; mas trata-se exatamente, no caso, de deuses especificamente bárbaros. Nisso, portanto, os gregos não pensam como os hebreus, os cristãos e os muçulmanos, para os quais só existe o seu próprio, único e verdadeiro Deus, que só pode ser reconhecido desde que nos convertamos a ele. Essa concepção é facilitada pelo fato de que, espalhados por diversos países, os gregos honram seus deuses sob aspectos diferentes e sob nomes diferentes. Ártemis de Éfeso, a deusa dos cem seios, tem um aspecto diferente da caçadora de Esparta. Então o que há de estranho se ela assume, no Egito, outra forma e outro nome?

A FÉ NOS DEUSES OLÍMPICOS 25

Os deuses dos gregos pertencem à ordem natural do mundo e já por isso não estão presos a limites nacionais ou a determinados grupos. Como podem, de resto, ser deuses aqueles cuja existência nos surge de modo tão natural e evidente? Quem poderia negar, por exemplo, a existência de Afrodite? Ela atua de modo visível entre todos os outros povos do mesmo modo que age entre os gregos e até mesmo entre os animais. É simplesmente absurdo alguém afirmar que não "crê" em Afrodite, a deusa do amor; podemos fazer pouco caso dela, podemos não dar-lhe atenção, como o fez o caçador Hipólito, mas nem por isso Afrodite deixa de existir e agir. Assim também agem e existem Atena e Ares. E quem ousará contestar que não é Zeus quem, definitivamente, custodia a sagrada ordem do mundo? Os deuses existem como existem o riso e o pranto, como vive à nossa roda a natureza, como nos é dado efetuar coisas grandes e solenes, árduas e difíceis, gentis e alegres. Em toda a parte, o efeito denuncia a causa vivente. Mas, poder-se-á objetar que, precisamente na Grécia, houve quem negasse os deuses; Anaxágoras e Diágoras foram banidos do país e Sócrates foi condenado à morte, todos eles porque negavam a existência dos deuses. Pois bem, mesmo estes processos demonstram em que sentido podemos falar de fé religiosa e de incredulidade.

Quase todas as perseguições judiciárias por ateísmo chegadas até nós num eco da antiguidade ocorrem no breve período que vai do início da guerra peloponésica ao fim do século V, isto é, no espaço de trinta anos e numa época em que já se havia extinguido a verdadeira vida dos deuses do Olimpo. São processos ditados não pela juvenil intolerância de uma religiosidade vigorosa e consciente, e sim pela irritação provocada pela defesa de uma posição perdida. Sobre a fé de um tempo ainda unitariamente religioso, eles ainda nada nos dizem. Não se trata nem mesmo de uma questão de "fé", como nos processos cristãos contra os heréticos. Pondo-se de lado o fato de que os verdadeiros motivos desses processos inserem-se mais no campo político do que no religioso – que, por exemplo, com a condenação do filósofo Anaxágoras, o que se tinha em mente era atingir o homem político Péricles, servindo, portanto, o motivo religioso de pretexto para ferir o inimigo político na sua posição dificilmente atacável –, também as disputas religiosas não eram disputas sobre a "fé". Esses processos por impiedade não diziam respeito aos "heterodoxos", isto é, aos seguidores de outra religião ou de outra fé, mas aos filósofos. Estes não eram acusados por negarem um determinado dogma, já que a religião grega não conhecia o dogma e nós, por exemplo, jamais tivemos notícia de que se tenha procurado induzir um filósofo grego a repudiar sua própria doutrina como errônea; os filósofos eram de preferência acusados de ἀσέβεια (asébeia): de impiedade em relação aos deuses; isso, numa tradução aproximada que nos foi possível

26 A CULTURA GREGA E AS ORIGENS DO PENSAMENTO EUROPEU

dar da palavra grega. A ἀσέβεια, punível com a morte, é uma ofensa às coisas sagradas: ἀσεβής (*asebés*) é, por exemplo, quem subtrai as oferendas votivas, quem danifica as imagens sagradas, profana o templo, divulga os segredos dos mistérios e assim por diante. Aos filósofos era impossível, evidentemente, imputar coisas do gênero.

O sentido das perseguições por *asébeia* só se pode explicar com o auxílio de outro conceito grego. Conhecemos o texto do auto de acusação contra Sócrates. Nele, segundo a tradução mais comum, declara-se: Sócrates é culpado de não crer nos deuses nos quais a cidade crê e de introduzir outros e novos deuses. A palavra, que nessa frase é traduzida por "crer", é νομίζειν (nomízein). Na lei, com base na qual Sócrates foi condenado, essa palavra devia constar: "Quem não νομίζει os deuses da cidade, é condenado à morte", o que, traduzido com muita aproximação, significa: "quem não crê nos deuses da cidade". Com a palavra νομίζειν os atenienses do ano 399 entendiam: julgar verdadeira a existência dos deuses. Sócrates, opinavam eles, nega a existência dos deuses; e, por intermédio de seu demônio, essa sua estranha voz interior, quer introduzir novos deuses, "novos demônios" que deveriam substituir os antigos. Ele, portanto, não era apontado como descrente ou herege, e sim como negador dos deuses. Também por essa razão, tal acusação não pode estar de acordo com as velhas concepções religiosas, visto que o conceito da inexistência dos deuses só pôde, de modo geral, manifestar-se por volta do século V e só o encontramos claramente expresso no sofista Protágoras. É, porém, verdade que, mesmo antes, uma lei podia sujeitar a penas severas aqueles que não νομίζουσιν os deuses. Mas então νομίζειν significa "julgar digno, estimar", como nos diz a palavra νόμισμα (nómisma), derivada de νομίζειν. νόμισμα significa o que é digno, que tem valor: por exemplo, a moeda, o latino *numismo*, do qual deriva nossa palavra "numismática". E de fato, Ésquilo emprega aquela quando fala de quem não respeita os deuses, isto é, de quem não se importa com eles[3]. A lei que prescrevia "respeitar os deuses" era, antes de tudo, interpretada como uma proibição de cometer atos de manifesta *asébeia*, isto é, sacrilégios, mas por outro lado também era lida como uma exortação a participar das manifestações religiosas oficiais, tanto que os amigos de Sócrates puderam declarar explicitamente em sua defesa que ele sempre havia cumprido os sacrifícios rituais. Essas normas, vigentes na Grécia ao tempo da primitiva vida religiosa, não diziam respeito, de maneira alguma, às crenças, e muito menos às profissões de fé, aos dogmas e coisas do gênero.

---

3   *Pers.*, 498: ver também Eur., *Med.*, 493. Sobre θεοὺς νομίζειν, ver K. Latte, *Gnomon*, 1931, 120; J. Tate, *Cl. Rev.*, 50, 1936, 3 e 51, 1937, 7, Cf. ἡγεῖ θεοὺς, Aristóf., *Eq.*, 32. O processo contra Protágoras é evidentemente uma lenda: Plat., *Men.*, 91 E; mas cf. E.R. Dodds, *The Greeks and The Irrational*, 189 com nota 66.

A FÉ NOS DEUSES OLÍMPICOS 27

Somente durante um breve período, quando o iluminismo filosófico pareceu destruir a ordem estável da sociedade humana, é que ocorreram perseguições contra os negadores de Deus, e somente em Atenas. Mas para condená-los foi mister que, sem se aperceberem disto, atribuíssem a uma palavra da antiga lei um sentido que ela, na origem, não tinha; e uma história da língua, que teria podido salvar Sócrates, não existia na época. Mais uma vez vamos ouvir, agora já na antiguidade mais tardia, falar de intolerância religiosa, a saber, no tempo das perseguições contra os cristãos. Mas nesse caso, não era a fé que tinha importância para os pagãos; os cristãos são perseguidos sobretudo por recusarem-se a tomar parte no culto oficial, em especial no culto ao imperador e, portanto, nas cerimônias do Estado. Jamais se exigiu dos cristãos que renegassem sua fé, mas apenas que participassem das prescritas cerimônias de culto. A recusa dos cristãos, porém, advém do fato de que, para eles, a religião é um ato de fé e de sentimento.

O que era, portanto, a religião grega? Por ventura é no culto que se acha a sua essência? E o culto, sem isto que chamamos de fé, é talvez algo que difere da magia, isto é, da tendência a forçar a divindade a dobrar-se ante o querer humano por meio de antigos e sagrados encantamentos? Mas então retornaríamos exatamente àquele sombrio terror do qual a religião olímpica parece ter-se afastado. Ou será que a mais profunda necessidade religiosa dos gregos se manifestou apenas nos mistérios de Elêusis e de Samotrácia ou naquelas seitas dionisíacas, órficas ou pitagóricas que alimentavam esperanças de redenção e expectativas de uma vida feliz após a morte?

Na realidade, a partir do Romantismo, foi nessa esfera que se buscou a verdadeira religiosidade dos gregos, pois, enquanto Winckelmann e o "clássico" Goethe haviam visto os deuses do Olimpo mais como personificações de uma fantasia artística do que como verdadeiros objetos de real veneração, Creuzer quis procurar as mais genuínas e profundas forças religiosas dos gregos nas obscuras esferas do simbolismo, do misticismo e do êxtase, embora, assim fazendo, tenha voltado a transpor para a época clássica e pré-clássica muitos elementos do mundo antigo mais tardio[4]. A partir de então é que se discute se também diante dos deuses do Olimpo, que, frente a todos os mistérios e a todas as formas tônicas e extáticas do culto, são os verdadeiros deuses pan-helênicos e "clássicos", reinantes na poesia e nas artes plásticas, não existiria uma atitude que poderíamos, ainda que com decisivas modificações, chamar de "fé"[5]. Não há

4   Ver Walter Rehm, *Griechentum und Goethezeit*, 1936.
5   Em tempos mais recentes, foi sobretudo Walter F. Otto quem procurou representar o conteúdo religioso dos deuses olímpicos: *Die Götter Griechenlands*, Bonn, 1929 (3ª ed., Frankfurt am Main 1947). Cf. também K. Von Fritz, "Greek Prayers", "*Rev. of Religion*", 1945, 5 e ss.; e mais os livros de H. Fränkel e E.R. Dodds, cit., na p. 29, nota.

28 A CULTURA GREGA E AS ORIGENS DO PENSAMENTO EUROPEU

dúvida que esses deuses olímpicos são algo mais do que o produto de um espírito brincalhão ou mesmo frívolo, embora para nós, educados nas concepções de fé e de religião do Novo e do Velho Testamento, não seja realmente fácil entender-lhes o sentido. Aos gregos pareceria estranho o modo como Gedeão, no *Livro dos Juízes* (6, 36-40), conversa com seu Deus: Gedeão quer entrar em guerra contra os medianitas e roga a Deus que lhe conceda um sinal de sua proteção; ele porá uma pele sobre a eira e, na manhã seguinte, a pele deverá estar úmida de orvalho e a eira, ao redor, enxuta. Isso será o testemunho de que Deus não o esqueceu. Deus cede a Gedeão e atende em tudo seu pedido. Mas Gedeão roga de novo a Deus: desta vez é, ao contrário, a pele que deve permanecer enxuta e a eira úmida. A graça revela-se, assim, na subversão da ordem natural das coisas: para Deus nada é impossível. Também no mito grego acontece de os heróis pedirem um sinal visível da assistência divina, mas os sinais, nesse caso, são o raio, o voo de um pássaro, um espirro, coisas, todas elas, que, segundo as leis da verossimilhança, não se pode admitir que ocorram justamente no momento desejado, mas das quais sempre se poderia dizer que ocorreram por um feliz acaso (ἀγαθῇ τύχῃ). Mas que o postulante peça, sem mais, que a ordem natural seja invertida, como pretende Gedeão, e que se fortaleça a fé como paradoxo, isso os gregos não podem admitir. O dito atribuído a Tertuliano "Credo quia absurdum" não é grego, e contrasta mesmo com a mentalidade greco-pagã[6]. Segundo a concepção clássica grega, até mesmo os deuses estão sujeitos à ordem do cosmos, e eles, em Homero, sempre tomam parte na ação do modo mais natural. Até quando Hera obriga Hélio a mergulhar, veloz, no oceano, o fato permanece "natural", pois Hélio é apresentado como um auriga que, por uma vez, pode muito bem fazer seus corcéis correrem mais rápido do que de costume. Certamente esta não é uma magia que tenta subverter a natureza. Os deuses gregos não podem criar do nada (não existe, por isso, entre os gregos, uma história da criação)[7]; não podem senão inventar ou transformar. Poder-se-ia quase dizer que o sobrenatural atua, em Homero, segundo uma ordem pré-estabelecida. Pode-se mesmo fixar regras, segundo as quais os deuses intervêm nos acontecimentos da vida terrena[8].

---

6   Ao contrário dos gregos, que, da ideia de um cosmos ordenado deduzem a existência de Deus, para os cristãos, essa existência revela-se através do paradoxo. Ver, por exemplo, Pseudo-Atan., *Quaestiones ad Antiochum*, c. 136 (Migne, XXVIII, 682).

7   Ulrich von Wilamowitz observou, amiúde (por exemplo em *Platon*, I, 601), que não pode surgir uma ciência natural onde existe a crença na criação do mundo.

8   Sobre o milagre em Homero, cf. H. Fränkel, *Die homerischen Gleichnisse*, p. 30; *Dichtung und Philosophie*, pp. 91 e ss.

A FÉ NOS DEUSES OLÍMPICOS   29

Em Homero, os deuses promovem todas as mutações. A *Ilíada* tem início com a peste mandada por Apolo; Agamêmnon é induzido a restituir Criseida e, ao tomar para si, em compensação, Briseida, provoca o desprezo de Aquiles. Desse modo é encaminhada a ação do poema. No início do segundo livro, Zeus manda a Agamêmnon um sonho enganador para prometer-lhe a vitória e induzi-lo à batalha; o que é ocasião de lutas e infortúnios para os gregos. E assim vamos em frente. No começo da *Odisseia*, temos a reunião dos deuses, na qual se decide o retorno de Odisseu, e os deuses continuam intervindo até que, por último, Odisseu, com a ajuda de Atena, mata os pretendentes. Duas ações desenvolvem-se paralelamente: uma no mundo superior dos deuses, a outra na terra, e tudo o que sucede aqui embaixo acontece por determinação dos deuses.

A ação humana não tem nenhum início efetivo e independente; o que é estabelecido e realizado é decisão e obra dos deuses. E, já que a ação humana não tem em si o seu princípio, muito menos terá um fim próprio. Só os deuses agem de modo a alcançar aquilo que se propuseram; e se até o deus não pode levar a bom termo todas as coisas, se a Zeus, por exemplo, não é concedido salvar da morte o filho Sarpédon, ou se Afrodite chega mesmo a ser ferida em combate, pelos menos poupa-se a eles a dor dos homens, condenados à morte.

Essa vida superior dos deuses confere um sentido próprio à existência terrena. Agamêmnon parte para a guerra e quer vencer, mas Zeus de há muito estabeleceu que os gregos devam ser derrotados; e assim, tudo o que os homens realizam, com fervor e paixão, pondo em jogo até mesmo a vida, é guiado pela mão ligeira dos deuses: seus propósitos se cumprem e só eles sabem como todas as coisas irão terminar. Essa ação dos deuses na epopeia homérica foi batizada de "máquina divina", como se o poeta pudesse fazer intervir os deuses a seu talante, como se se tratasse de um artifício poético para repor em movimento a ação bloqueada.

Na antiga epopeia mais tardia essa "máquina divina" petrificou-se de tal forma que Lucano pôde eliminá-la[9], se bem que seus contemporâneos o tenham reprovado por isso. Mas certamente não depende do arbítrio do poeta homérico estabelecer quando os deuses devem entrar em cena; porque, pelo contrário, eles intervêm nos momentos em que a "máquina divina" é de todo supérflua, pois o deus não intervém para justificar uma ação dificilmente justificável mas exatamente ali onde, para a consciência moderna, a intervenção do deus é elemento perturbador de uma ação simples e corriqueira.

No início mesmo da *Ilíada*, quando explode a contenda entre Agamêmnon e Aquiles, Agamêmnon pretende a restituição de Briseida

---

9   Para ele, de resto, também o mundo perdeu seu significado, Cf. Wolf H. Friedrich, *Hermes*, 73, 1938, 381 e ss.

30   A CULTURA GREGA E AS ORIGENS DO PENSAMENTO EUROPEU

e provoca Aquiles de modo que este agarra da espada e pergunta a
si mesmo se deve ou não enfrentar Agamêmnon. É quando Atena
aparece (ela se manifesta, como está dito expressamente, apenas a
Aquiles); conversa com ele e aconselha-o a não deixar-se levar pela
ira; se conseguir dominar-se, a vantagem será dele. Aquiles segue
sem hesitar o conselho da deusa e coloca de novo a espada na baínha.
O poeta não necessitava, aqui, de nenhuma "máquina"; Aquiles simplesmente se domina e o fato de que não se atira contra Agamêmnon
poderia encontrar justificativa num impulso interior. A intervenção de
Atena é, para nós, um elemento que mais atrapalha a motivação do
que a torna aceitável; mas para Homero, a divindade, aqui, é necessária. Nós esperaríamos por uma "decisão", isto é, uma reflexão e
uma ação de Aquiles; em Homero, porém, o homem ainda não se
sente promotor da própria decisão; isso só ocorrerá na tragédia. Em
Homero, toda vez que o homem, depois de haver refletido, toma uma
decisão, sente-se impelido a isso pelos deuses. Até mesmo a nós, se
mentalmente voltamos ao passado, muita vez não nos parece termos
sido nós que agimos, e chegamos mesmo a nos perguntar como nos
veio tal ideia, tal pensamento. Se, em seguida, ao conceito de que o
pensamento nos tenha "vindo", dermos uma interpretação religiosa,
não estaremos longe da fé homérica. Poderíamos aqui lembrar como
tais concepções se apresentam de forma um tanto rígida nas doutrinas filosóficas da *assistentia Dei* de Descartes e dos ocasionalistas.
Em Homero, não existe a consciência da espontaneidade do espírito
humano, isto é, a consciência de que as determinações da vontade
e, em geral, dos movimentos do ânimo e dos sentimentos tenham
origem no próprio homem. O que vale para os acontecimentos da
epopeia vale também para o sentimento, o pensamento e a vontade:
cada um deles tem sua origem nos deuses. Muito acertadamente se
pode aqui falar de uma fé nos deuses. Essa função do divino foi várias
vezes salientada por Goethe e, de forma mais concisa, no colóquio
com Riemer: "O que o homem honra como Deus é a expressão de sua
vida interior"[10]. Historicamente poder-se-ia afirmar o inverso: a vida
interior do homem é o divino captado no próprio homem. De fato, o
que mais tarde será entendido como "vida interior" apresentava-se,
na origem, como intervenção da divindade.

Com isso, porém, apenas chegamos a algo bastante genérico:
todo primitivo se sente ligado aos deuses e ainda não conquistou a
consciência da sua própria liberdade. Os gregos foram os primeiros a
romper esses laços de dependência, instaurando, assim, as bases para
a nossa civilização ocidental. É possível encontrarmos em Homero
elementos que prenunciem essa evolução? Observemos com atenção.

10   Wolfgang Goethe, *Gespräche* (Biedermann), p. 1601.

A FÉ NOS DEUSES OLÍMPICOS   31

Na cena lembrada, Atena intervém exatamente onde se manifesta um verdadeiro mistério: não apenas algo insólito, e sim o milagre do irromper da espiritualidade no mundo das aparências, ou seja, o mistério que interessa a Descartes. Até mesmo a imprescritibilidade desse mundo do espírito, que ao tempo de Homero é ainda desconhecido, é, por assim dizer, interceptada pela fé no divino; uma sensação certa e clara do que é natural, uma sensibilidade, poder-se-ia dizer, da razão, permite que em Homero a intervenção dos deuses ocorra exatamente naqueles casos em que o espírito, a vontade e o sentimento, o sentido do acontecer tomam uma nova direção.

Na cena descrita, uma leve esfumatura distingue a fé grega de todo e qualquer orientalismo. Atena começa dizendo: "Eu venho do céu para aplacar teu desdém, se quiseres, segue-me" (εἴ κε πίθηαι).

Quanta elegância nessas breves palavras! Um discurso desses pressupõe formas sociais aristocráticas: contendo as recíprocas exigências, um respeita o outro com senso de cavalheiresca cortesia. Essa nobre contenção regula as relações entre os imortais e os mortais. O deus grego não avança em meio a turbilhões e tempestades para aturdir o homem, e o homem não se aterroriza com sua debilidade diante do divino. É quase a um seu par que Atena diz: "Segue-me, se quiseres", e Aquiles responde, franco e seguro: "Mesmo quando estamos irados, convém seguir os deuses". Em Homero, quando um deus aparece ao homem, não o reduz a pó mas, ao contrário, eleva-o e o torna livre, forte, corajoso e seguro. Toda vez que se deva cumprir algo de elevado e decisivo, o deus entra em cena para prevenir e exortar, e o homem escolhido para a ação prossegue, confiante, o seu caminho. Pode-se observar uma certa diferença entre a *Ilíada* e a *Odisseia* no fato de que, na *Ilíada*, a ação dos deuses manifesta-se a cada guinada dos eventos, ao passo que, na *Odisseia,* os deuses funcionam mais como fiéis acompanhantes da ação humana. Num ponto, os dois poemas concordam: toda vez que se efetua uma ação incomum, sua origem se encontra no divino. Mas tudo o que não se quer reconhecer como ato próprio é ação cega, louca, abandonada pelo deus. Em Homero, não são os fracos, mas sim os fortes e os poderosos os que mais próximos estão de Deus; o sem deus, aquele de quem os deuses não se aproximam, a quem eles nada doam, é Tersites. E a sensação que o homem experimenta diante do divino não é o terror e nem mesmo o susto ou o medo[11], e nem sequer a devoção ou o respeito, sensações estas ainda muito afins com o horror e que concebem o divino num sentido

---

11 Também acontece, naturalmente, que se sinta medo da divindade, como na *Il.*, XXIV, 116; XV, 321 e ss.; mas esse medo não difere daquele que se sente em relação ao homem; a palavra que significa "temor a Deus" (δεισιδαιμονία) equivale, para os gregos, a "superstição".

32 A CULTURA GREGA E AS ORIGENS DO PENSAMENTO EUROPEU

infinitamente mais apavorante do que qualquer dos acontecimentos registrados em Homero. Naturalmente, a divindade tampouco é entendida com humildade ou amor, o que só acontecerá com o cristianismo. O sentimento particular com que os homens de Homero acolhem o divino, quando este vai ao encontro deles, é ressaltado na cena de Aquiles: "Atena surgiu por detrás e o agarrou pelos cabelos. Aquiles estremeceu e virou-se; súbito, reconheceu Palas Atena: os olhos dela resplandeciam, terríveis." Surpresa, espanto e admiração são os sentimentos que o aparecer da divindade desperta no homem de Homero. Em muitos pontos da *Ilíada* e da *Odisseia*, com o aparecer do deus, o homem fica pasmo e maravilhado diante da divindade que a ele se manifesta. E por ventura não será o ato da oração, para os gregos dos séculos mais tardios, também um gesto de admiração?

A surpresa e a admiração não constituem um sentimento especificamente religioso, nem mesmo em Homero. Também as belas mulheres e os fortes heróis são olhados com admiração; os arneses artisticamente trabalhados são "maravilhosos de ver".

No entanto, o sentimento que o grego experimenta diante do belo vem sempre acompanhado de uma espécie de frêmito religioso; para ele, a admiração sempre conservará alguma coisa do seu caráter de horror sublimado. É um sentimento muito difuso em relação ao qual os gregos dos primeiros séculos tinham uma particular receptividade. Experimenta-se admiração não pelas coisas que nos são inteiramente estranhas, mas pelas que são apenas mais belas e mais perfeitas do que o comum. A expressão grega que indica admiração (θαυμάζειν) deriva de θεᾶσθαι, que significa "ver". A admiração é contemplação acompanhada de espanto; diferentemente do horror, não se apodera inteiramente do homem. O olho dá distância às coisas e as capta como objetos. Se, portanto, o horror diante do desconhecido é substituído pela admiração pelo belo, o divino torna-se mais distante e, ao mesmo tempo, mais familiar, não se apossa inteiramente do homem, não o sujeita a si, e todavia fica mais natural.

O homem de Homero é livre diante de seu Deus; se dele recebe um dom, orgulha-se disso mas continua modesto, pois está consciente de que toda grandeza provém da divindade. E quando o homem tem de sofrer por causa de um deus, como Odisseu por causa de Posídon, não se humilha nem se curva, mas afronta corajosamente essa hostilidade e, apesar da paixão, contém seu sentimento entre a humildade e a arrogância. Mas não é fácil respeitar essa sutil linha de demarcação; a divindade grega, diferentemente da divindade hebraica, indiana ou chinesa, incita à imitação, e os gregos sempre correram o risco de superar limites com presunçosa temeridade. Essa ambiciosa paixão (isso que os gregos chamam de *hýbris*) a Europa herdou dos gregos (apesar do cristianismo, e mesmo, em

A FÉ NOS DEUSES OLÍMPICOS   33

certo sentido, potenciada pelo cristianismo) como um vício contraposto às suas virtudes que sempre lhe cumpriu duramente expiar.
Esses deuses são ῥεῖα ζώοντες (da vida fácil), sua vida é particularmente "vida", porque eles não conhecem as trevas e a imperfeição que a morte introduz na vida do homem, mas sobretudo porque
é uma vida consciente e o sentido e o fim de ação estão presentes
para os deuses de maneira distinta do que estão para os homens. As
contendas, as adversidades e as desilusões são conhecidas dos deuses apenas por tornarem suas vidas mais intensas. A luta e o prazer
exercitam-lhes as forças, e os deuses estariam mortos se eles próprios não conhecessem o ciúme e a ambição, a vitória e a derrota.

A morte e as trevas são relegadas o mais longe possível para os
confins do mundo. A morte é um nada ou pouco mais que um nada,
no qual eles precipitam os homens. Sobre toda vida terrena paira,
como uma sombra, o pensamento de que até as coisas mais prósperas
e fortes deverão morrer, e esse pensamento pode lançar os homens
na mais profunda melancolia. Mas embora cumpram com fidelidade
seus deveres para com os defuntos, o pensamento da morte tem pou-
quíssima importância em suas vidas. E já que todas as coisas viventes têm um fim, também a livre vida dos deuses encontra um limite
naquilo que, se não por cego acaso, pelo menos segundo uma ordem
preestabelecida, deve acontecer; no fato, por exemplo, de que os
mortais devem morrer. Assim também os deuses procuram moderar
os seus recíprocos desejos e, após as querelas e os litígios, Zeus termina
restabelecendo a paz e os reconcilia diante do néctar e da ambrosia. Às
vezes, ameaça com violência e lembra os selvagens tempos primitivos.
Mas Homero evita evocar as lutas que o Olimpo teve de sustentar contra
Cronos e os Titãs e contra os Gigantes. Nesses mitos da luta dos deuses,
reflete-se, sem sombra de dúvida, o fato de que os deuses do Olimpo nem
sempre reinaram, de que em tempos passados existia uma outra religião
e, embora nesses deuses vencidos não se devam ver simplesmente as
divindades nas quais os homens dos tempos antigos acreditaram, permanece o contraste, indicando no que consiste a essência dos novos
deuses. Os derrotados não são espíritos malignos, astutos, sensuais; são
selvagens, desregrados, nada mais que pura força bruta. Os deuses do
Olimpo fizeram triunfar a ordem, o direito, a beleza. A titanomaquia e
a gigantomaquia são o testemunho, para os gregos, de que seu mundo
se impôs a algo estranho; juntamente com a luta contra as Amazonas e
contra os Centauros, permanecem elas para sempre como símbolos da
vitória grega sobre o mundo bárbaro, sobre a força bruta e sobre o horror.

Muitos elementos da primitiva religião grega sobreviveram até
nos tempos mais luminosos da Grécia, porque o sentido do pavoroso
e do espectral, a crença supersticiosa nos espíritos e as práticas de
magia jamais cessaram. Se falta esse elemento na epopeia é porque

34   A CULTURA GREGA E AS ORIGENS DO PENSAMENTO EUROPEU

foi conscientemente posto de lado[12]. Assistimos à última fase dessa evolução na *Ilíada*, onde as representações da Moira e do Demônio* ganham realce maior que na *Odisseia*. São numerosos em Homero os vestígios de uma fé primitiva. Vários dos sonoros epítetos, ostentados pelos nomes dos deuses em Homero, certamente serviram, já em tempos anteriores, para a evocação mágica do nume; vários deles designaram o deus numa função especial, o que não mais condiz com sua essência purificada, como, por exemplo, o "longínquo e dardejante Apolo", "Zeus reunidor de nimbos"; outros mais existem que também recordam a primitiva forma animalesca do deus: "Atena dos olhos de coruja", "Hera dos olhos bovinos". Mas entre esses epítetos, que nos habituamos a considerar como tipicamente homéricos, surge algo, por vezes, que, na verdade, é ainda mais homérico, como quando Apolo e Atena, por exemplo, são chamados simplesmente de "os deuses belos e grandes". Predomina aqui um elevado sentimento de respeito e admiração; mas a antiga fé ainda não está de todo esquecida e a nova concepção homérica dos deuses é ainda jovem. Poder-se-á discutir se foram já os nobres da Tessália que elevaram Zeus, senhor do Olimpo tessálico, a rei dos imortais e pai dos deuses e dos homens, mas será impossível afirmar que o total desaparecimento de todas as formas ctônicas, da veneração pela Mãe terra, por Gaia e Deméter – traço este essencial e característico da religião homérica –, tenha ocorrido só porque os grandes da Tessália quiseram deliberadamente libertar sua religião de toda e qualquer forma de grosseria. Isso terá ocorrido sobretudo nas colônias da Ásia Menor, entre aqueles gregos que se haviam desligado do solo pátrio e de seus antigos centros de culto. A inteligibilidade e a clareza da fé homérica deverão ser, em geral, atribuídas àqueles livres aristocratas das cidades da Ásia Menor, que, agora independentes, haviam-se afastado da Grécia e, deixando após si as obscuras forças da terra, erigiam o seu celeste Zeus em senhor dos deuses e dos homens. Esses deuses não nasceram do culto nem surgiram das especulações dos sacerdotes, mas foram criados no canto, juntamente com os heróis aqueus. Estes últimos, porém, nasceram da lembrança do mundo heroico micênico e da nostalgia pelos tempos que se foram e pela pátria abandonada ("Como são agora os homens...", diz-se, suspirando de saudade, em Homero). Esse mundo distante

---

12   Cf. Karl Deichgräber, *Antike*, 15, 1939, 118 e ss. A propósito da "naturalidade" dos deuses homéricos, ver Julius Stenzel, *Platon der Erzieher*, 14 e ss.

*   A palavra "demônio" provém do grego *daimónion* e não tinha nenhuma conotação de "espírito mau" ou "caráter diabólico", que passou a ser-lhe atribuída a partir do Velho Testamento. Seu sentido original era apenas o de "ser sobrenatural intermediário entre a divindade e o homem" e, por extensão, "divindade", "poderio divino". (N. do R.).

A FÉ NOS DEUSES OLÍMPICOS 35

não está, porém, irremediavelmente perdido como a idade de ouro ou o paraíso, mas ainda é acessível à lembrança e concebido como história de seu próprio passado. Assim, o sentimento com que se acolhem essas figuras não é de nostalgia ou de saudade por aquilo que não mais pode retornar, mas de admiração. E dessa nostalgia por algo que se perdeu nascem também os deuses do Olimpo: verdadeiros e reais, mas sublimados na distância.

Heródoto, ele próprio originário da terra dessa poesia, afirma que Homero e Hesíodo deram aos gregos os seus deuses. E, já que Homero também deu aos gregos uma língua literária acessível a todos, cumpre-nos pensar que tenha sido Homero (tomando esse nome no sentido muito vago por ele assumido na pesquisa filológica) quem forjou o mundo espiritual dos gregos, sua fé e seu pensamento. Esses deuses homéricos nos são familiares demais para que possamos avaliar quão ousado tenha sido criá-los. Mesmo que essas figuras olímpicas nunca tenham reinado sozinhas, mesmo que, especialmente em terra firme, se conservassem ou até se introduzissem novas divindades ctônicas, místicas e extáticas, ainda assim a arte, a poesia e todos os mais altos interesses espirituais foram determinados pela religião homérica. Quando, pouco depois da criação da *Ilíada* e da *Odisseia*, as artes plásticas gregas tendem a representar os deuses como grandes e belos[13], e para essas imagens da divindade são construídos edifícios que não estão destinados a um culto determinado ou a um determinado mistério, mas só querem servir como uma bela morada para a bela imagem do deus, nada mais fazem os artistas do que construir em pedra o que o poeta expressou com a palavra. E durante três séculos, a arte grega não se cansou de representar esses deuses cada vez mais belos e mais dignos de admiração[14]. Mesmo quando, por exemplo, no princípio da tragédia ática, as forças tenebrosas recuperam a importância e novamente se agita o obscuro sentido do horror, são sempre os deuses do Olimpo que continuam dando seu estilo e o tom à grande arte: e até mesmo Ésquilo, mais de uma vez, toma a vitória dos deuses do Olimpo sobre os antigos demônios como matéria de suas criações poéticas, levando, assim, a ação de seus dramas a uma solução harmoniosa.

Ainda que na epopeia homérica caiba aos deuses enformar os acontecimentos, o interesse do poeta não está de modo particular direcionado para a cena celeste, mas volta-se sobretudo para a ira de Aquiles e para as aventuras de Odisseu. Mas o destino dos heróis

---

13 Sobre o significado desses dois conceitos para a estética grega, cf. W. J. Verdenius, *Mnemosyne*, 3, 1949, 2, 294.

14 Que a influência de Homero se estenda até a Era Helenística é o que demonstra Rodenwald, "Abhandl. d. Preuss. Ak.", 1943, n. 13.

36 A CULTURA GREGA E AS ORIGENS DO PENSAMENTO EUROPEU

não está sujeito, desde o início (como, por exemplo, na *Eneida)*, ao querer divino que tudo guia para um fim preestabelecido e importante. A ação que se desenvolve entre os homens não serve a um escopo superior; ao contrário, entre os deuses só acontece aquele tanto necessário a tornar compreensível o desenrolar dos acontecimentos terrenos, sem que por isso o curso natural da vida terrena seja mudado. E talvez a coisa mais admirável do mundo homérico esteja no fato de que, não obstante a vigorosa intervenção dos deuses, a ação e as palavras dos homens continuem tão naturais.

Ah! o "natural"! Várias vezes já apareceu essa palavra. Mas o que é o "natural"? Até o espertalhão pateta do conto, que tudo aceitava como natural, se sentiria embaraçado para dar uma resposta. As teorias modernas não poderiam fazer outra senão associar a ideia desse natural à do racional, ao passo que aqui a encontramos no campo religioso. É nos poemas homéricos que esse "natural" aparece pela primeira vez no mundo, e precisamente assim: pondo-se a natural existência do homem em relação com o sentido profundo da existência divina; mas, visto que esses deuses não intervêm na vida humana com a prepotência e com o absurdo terror, pode ela desenrolar-se tranquilamente segundo sua própria e tácita lei. Ora, estando os gregos cheios de ingênua admiração ante um mundo significativo e ordenado, para eles valia a pena pôr em ação mãos, olhos e, mais que tudo, a inteligência. O mundo belo apresentava-se a eles pleno de sedução e prometia revelar seu significado e sua harmonia. Do espanto e da admiração surgiu a filosofia num sentido ainda mais amplo do que jamais o imaginaria Aristóteles[15].

Hegel diz num certo ponto da *Filosofia da História*: "A religião é o lugar onde um povo dá a si mesmo a definição do que considera como Verdadeiro". E quando Platão aponta como verdadeiro o Perfeito, "a ideia do Bem", sobrevive nessa afirmação o pensamento fundamental da fé nos deuses do Olimpo. Mesmo as artes plásticas dos gregos nos dizem que o mundo das aparências é belo e tem um sentido profundo, desde que o saibamos entender corretamente. E sobretudo surgiu na Grécia a ciência, fruto dessa confiança em que o nosso mundo seja racional e aberto ao pensamento humano: assim foi que os deuses do Olimpo nos tornaram europeus.

Essa fé não é otimismo iluminista. A antítese otimismo-pessimismo é banal demais para poder ter aqui algum valor; pelo contrário, os gregos poderiam dizer-se pessimistas. Falam da vida com profunda tristeza, porque os homens perecem miseramente como as folhas de outono. E para além da vida, a tristeza ainda é maior. A vida poderá

---

15 Sobre o "estupor como início da filosofia", ver Georg Misch, *Der Weg in die Philosophie*, 2ª ed., 1, 65-104; cf., antes de mais nada, Plat., *Teet.*, 155 D, e Arist., *Met.*, 982 *b*, 12 e ss.

A FÉ NOS DEUSES OLÍMPICOS 37

ser serena ou triste, mas a mais alta beleza se encontra neste mundo, do qual surgiram os deuses como a criação mais perfeita, mais bela e mais real. Para os gregos dos primeiros séculos, as misérias daqui de baixo encontram compensação no fato de que os deuses levam uma vida fácil e bela. Para os gregos dos séculos subsequentes, a vida terrena encontra sua razão de ser no fato de poderem observar e admirar o curso regular das estrelas. Pois, se para Platão e Aristóteles a vida teórica e contemplativa é mais importante do que a vida prática e eleva o homem acima das coisas terrenas, essa "teoria" contém aspectos de um sentimento religioso que remonta ao θαυμάζειν homérico. Indubitavelmente, os deuses foram as vítimas dessa progressão do pensamento em direção à filosofia. Foram eles perdendo sua tarefa natural e imediata à medida que o homem se tornava mais consciente de sua própria existência espiritual. Se Aquiles explicava suas próprias decisões com a intervenção da deusa, o homem do século V carregava, na consciência de sua própria liberdade, também a responsabilidade das próprias decisões; o divino, pelo qual ele se sentia guiado e perante o qual se sentia responsável, era cada vez mais determinado pelo conceito do justo, do bom e do honesto, ou qualquer que seja o nome que se queira dar à norma que rege a ação. O divino torna-se, assim, cada vez mais sublime, mas os deuses perdem ao mesmo tempo a plenitude de suas vidas, tão intensas na origem. Os processos contra os filósofos como Sócrates ocorrem nessa época e demonstram quão profundamente sentida foi essa transformação. Poder-se-ia, talvez, censurar Sócrates por haver-se afastado dos antigos deuses; mas num sentido mais profundo, continuava ele a servir os deuses do Olimpo que um dia haviam aberto os olhos aos gregos. É absurdo pensar que Apolo ou Atena tenham considerado o "espírito" como inimigo, e Aristóteles (*Met.*, 983), como verdadeiro grego, diz que o deus não recusa o saber ao homem. Se, falando de hostilidade contra o espírito, quiser alguém respaldar-se no mundo grego, é mister que se reporte às obscuras representações de potências ctônicas, de um culto marcado pela embriaguez e pelo êxtase; que nunca se refira, porém, às grandes obras gregas, à épica, à poesia de Píndaro ou à tragédia.

Os deuses do Olimpo morreram com a filosofia mas sobreviveram na arte. Permaneceram como um dos grandes temas da arte, mesmo quando a fé natural se havia apagado; melhor ainda: encontraram sua forma mais perfeita e mais determinante para as idades futuras somente a partir da época de Péricles, ou seja, quando os artistas certamente já não eram mais crentes, no sentido antigo. Também a poesia antiga, até os primeiros séculos da era cristã, extrai seus principais assuntos do mito dos deuses do Olimpo. E quando estes ressurgem com o Renascimento, é na arte que isso acontece.

O caráter significativo e natural dos deuses olímpicos não reside apenas na sua intervenção, de que até agora nos estivemos ocupando

38   A CULTURA GREGA E AS ORIGENS DO PENSAMENTO EUROPEU

quase que exclusivamente, mas a própria existência deles nos dá uma imagem significativa e natural do mundo, e foi isso sobretudo que influiu nos séculos posteriores. Para os gregos a existência espelha-se nos deuses.

Tudo o que há de grande e vivo no mundo neles se manifesta límpida e claramente. Nenhum elemento vital e natural é rejeitado e todas as forças do espírito e do corpo agem, também entre os deuses olímpicos, não de forma sombria e tormentosa, mas serena, livre e purificada. Não há uma força isolada fadada a prevalecer: tudo é posto em seu lugar natural e exaltado num cosmo expressivo. A vida, porém, não está ordenada de modo árido e frio, e é vigorosamente que os deuses põem em atividade suas magníficas existências. Bastaria um exemplo: Hera, Atena, Ártemis e Afrodite são as principais figuras entre as mulheres do Olimpo. Poderíamos reagrupá-las assim: Hera e Afrodite, a mulher como mãe e como amante; Ártemis e Atena, as virgens, uma, vivente solitária em harmonia com a natureza, a outra, espiritual e operante na coletividade. E mais ainda se poderia dizer a respeito, isto é, como nessas quatro mulheres estão representadas as quatro possibilidades de feminino. Nessas quatro divindades o feminino é subdividido segundo suas particularidades espirituais e assim se torna compreensível. Essas quatro deusas, provenientes de quatro cultos inteiramente distintos, assumiram essa figura ao serem reunidas. Surgem elas da meditação sobre as diferentes formas pelas quais o divino se manifesta; nelas, oculta-se o embrião de um sistema, ainda que o elemento típico e universal não apareça sob forma de conceito.

Aquela luz de idealidade inerente à concepção grega dos deuses salva os gregos do perigo de reduzir o típico ao caricatural. As deusas gregas, malgrado sua unilateralidade, são seres perfeitos e belos; possuem naturalmente a nobre simplicidade e a plácida grandeza que Winckelmann considerava como a essência do classicismo. Entretanto, nem toda a essência do mundo grego é expressa nesse ideal de classicismo. Os deuses do Olimpo conhecem todas as paixões sem nada perderem por isso de sua beleza e estão muito seguros de sua própria dignidade a ponto de, vez por outra, deixarem-se levar tranquilamente por bem audazes caprichos. É difícil para nós compreender como os deuses nos quais se crê possam tornar-se objeto das brincadeiras aristofanescas. Mas o riso também faz parte daquilo que há de profundo, fecundo e positivo na vida, e é por isso, para os gregos, mais divino do que a tétrica solenidade, que, essa sim, em contrapartida, nos parece mais condizente com a devoção. Três coisas unem os deuses do Olimpo: a vida intensa, a beleza e a clareza dos contornos espirituais. Quanto mais problemática se torna a fé nesses deuses – o que acontece de modo total nos poetas romanos que a transmitiram ao Ocidente –, mais se aprofunda o contraste entre sua vida serena, fácil e bela e o mundo real. Em

A FÉ NOS DEUSES OLÍMPICOS   39

Homero, a vida humana adquire sentido pelos deuses, mas para Ovídio
tudo, no fundo, nada significa e só com um sentido de nostalgia é possível os olhos erguerem-se para tanto esplendor. Como uma libertação
e um conforto ultraterreno, Ovídio refugia-se nesse antigo mundo perfeito[16]. Assim, nas *Metamorfoses*, os deuses do Olimpo já são inteiramente "pagãos", no sentido de que sua liberdade e vitalidade não são
representadas de maneira simples e ingênua. Em lugar de uma viçosa
vitalidade e do burlesco sucede, em Ovídio (e já aparecera antes dele),
o mordaz e o frívolo. Entretanto, os deuses de Ovídio são legítimos
descendentes dos de Homero, dos quais herdaram a limpidez, a beleza
e a vitalidade, e viva permaneceu a admiração por eles. O sentido profundo e o espírito próprio dos deuses do Olimpo vão, é verdade, além
do espirituoso. Mas como Ovídio é realmente espirituoso, mesmo aí
encontramos uma diligente clareza e uma graça fina, com o que certamente os deuses olímpicos não iriam sentir-se descontentes. Assim,
por exemplo, quando se fala que Apolo persegue Dafne, a jovem selvagem e desdenhosa, e, durante a perseguição, declara-lhe seu amor
apaixonado, ele, o deus dos belos caracóis, vê ondear diante de si os
cabelos da moça *"et quid si comantur sit"*; "ah! – diz – e se fossem
penteados:" Ovídio narrou-nos a história de Orfeu que, profundamente
angustiado, teve de abandonar Eurídice no Hades. Depois disso – conta
Ovídio –, Orfeu inventou a pederastia, seja por ter tido uma tão triste
experiência com as mulheres, seja por querer manter-se fiel à esposa.

A Renascença conheceu sobretudo esse mundo, um pouco imper-
tinente, mas genial e luminoso, dos antigos deuses e compreende-se
que seu caráter especificamente pagão deva ter exercido uma ação
particularmente vigorosa, pois agora os deuses serenos apresentavam-se sobre o fundo de um cristianismo ascético. A Renascença
aprendeu a contemplar e admirar a beleza e a grandiosidade do
mundo das figuras do Olimpo e do mito clássico.

O esmorecimento e a extinção dessa forte admiração pelo antigo
iniciaram-se, certamente, já antes de Ovídio, e são a natural continuação daquele processo evolutivo que levara do sombrio sentido do horror à livre admiração do divino. Já Demócrito louva a ἀθαυμαστία
(athaumastía) e a ἀθαμβία (athambía: o não maravilhar-se); para o
sábio estoico, a coisa mais sublime é nunca nos alterarmos por nada,
e Cícero e Horácio louvam o *nil admirari*[17]. Todavia, é o velho Goethe
quem mais próximo está do espírito grego quando diz: "A coisa mais
sublime que pode acontecer ao homem é o espanto".

16 V. H. Fränkel, *Ovid.*, 1945, *passim*.
17 μηδὲν θαυμάζειν: Plutarco (*De recta rat.*, 13) atribui-o a Pitágoras como expressão última de sua sabedoria; Cícero (*Tusc. Disp.*, 3, 14, 30) louva o *nil admirari* como
praestans et divina sapientia. Entre nós ele ficou famoso através de Horácio, *Ep.*, 1, 6,
1 (Richard Heinze cita, a esse propósito, outros trechos).

3. O Mundo dos Deuses em Hesíodo

"Tudo está cheio de deuses." Esse antigo dito grego é ilustrado melhor que ninguém por Hesíodo, que, na *Teogonia*, arrola cerca de trezentas divindades, sem, contudo, pretender nomeá-las todas, nem sequer aproximadamente[1]. Quem tiver presente o lamento de Schiller sobre os perdidos "Deuses da Grécia", poderia pensar que Hesíodo, quando canta a origem dos deuses, celebre as belas formas e criaturas que animam e povoam a natureza vivente – ninfas, dríadas e tritões; mas seu poema surge, logo de início, como uma árida e fria obra literária; dá-nos as árvores genealógicas dos deuses, limitando-se, por longos trechos, a um mero elenco de nomes: tal ou tal deus uniu-se a tal ou qual deusa, e tiveram os seguintes filhos... Mas o que nos dizem esses nomes?

A vida íntima dessa figurações religiosas de Hesíodo só se pode descobrir se, para cada nome tomado isoladamente, formos buscar seu significado e suas conexões; se bem que seja difícil, nesses longos elencos e sucessões genealógicas, reconstruir a imagem que Hesíodo tinha na mente a respeito de cada divindade, reviver o que ela para ele significava, e distinguir nitidamente os elementos tradicionais daqueles propriamente hesiódicos.

---

1   Sobre as análises deste capítulo, cf., sobretudo, Paulo Friedländler, *Gött. gel. Anz.*, 1931, 253; Paula Philippson, "Genealogie als mythische Form", *Symbolae Osloenses*, fasc. supl. 7, 1936; Hans Diller, "Hesiod und die Anfänge der griechischen Philosophie", *Antike und Abendland*, 2, 1946, 140; K. Latte, "Hesiode Dichterweihe", *Antike und Abendland*, 152, Franz Dirlmeier, *Der Mythos von König Oedipus*, Mainz 1948; Friedrich Solmsen, *Hesiod and Aeschylus*, Ithaca 1949; W. F. Otto, *Hesiodes*, *Varia Variorum*, Reinhardt-Festgabe, 1952, 49.

42   A CULTURA GREGA E AS ORIGENS DO PENSAMENTO EUROPEU

Para mostrarmos, à guisa de exemplo, como a especulação religiosa de Hesíodo procura abarcar um determinado campo em todas as suas múltiplas formas e atividades, examinemos mais atentamente a lista das Musas e a das Nereidas. Hesíodo enumera, em dois catálogos, os nomes das Musas e das Nereidas (como, de resto, faz também com as outras divindades). Mesmo essas passagens, aparentemente enxutas e estéreis, talvez nos permitam, com um pouco de paciência e de pedantismo filológico, reconstruir o mundo religioso de Hesíodo.

As Musas, diz Hesíodo, são filhas de Zeus e de Mnemósine, a deusa da memória. Traduzido em linguagem profana, isso significa mais ou menos o seguinte: que a poesia, derivando da suma divindade, goza de uma particular dignidade e importância, e que sua função principal é a de conservar o objeto de representação na memória dos homens; e de fato, na idade arcaica, toda a tradição repousa na poesia. Segue-se, em seguida, o elenco das nove Musas (*Teog.*, 77): "Clio e Euterpe e Tália e Melpômene e Terpsícore e Érato e Polímnia e Urânia e Calíope". Esses nomes, que Hesíodo ordena em hexâmetros sem outro acréscimo e ornamento, nos dizem, se examinados com atenção, o que constituía para a idade arcaica a essência da poesia, e representam uma espécie de poética teológica: Clio permite que o canto, e sobretudo o poema heroico, dê a glória, o κλέος (kléos); Euterpe, que o canto alegre a quem o escuta (já Homero sublinhava continuamente a doçura do canto que revigora o coração); Tália une a poesia à festividade, Melpômene e Terpsícore ligam-na à música e à dança; Érato suscita nos homens o desejo de poesia; Polímnia cria a rica alternância dos ritmos; Urânia eleva o canto acima do humano; enquanto Calíope, citada por último, cuida da beleza da voz na recitação.

Nos versos precedentes, em que Hesíodo descreve as Musas, acham-se todas as características que encontram expressão nos nomes: 4: ὀρχεῦνται, 7: χορούς (Terpsícore); 10: περικαλλέα ὄσσαν ἱεῖσαι (Calíope); 11: ὑμνεῦσαι Δία καὶ ῞Ηρην etc. (Polímnia); 22: ἀοιδήν (Melpômene); 25: Ὀλυμπιάδες (Urânia); 32: κλείοιμι (Clio); τά τ᾽ ἐσσόμενα πρό τ᾽ ἐόντα (Mnemósine); 37: τέρπουσι (Euterpe), etc. As alusões aos nomes são particularmente evidentes nos versos (interpolados) 62-67, onde nos parece mesmo ouvir de novo ecoar, um após outro, todos eles.

Após o nome de Calíope, Hesíodo acrescenta: "que é naturalmente a melhor de todas". Esta afirmação a princípio nos surpreende: a bela voz seria, portanto, mais importante, digamos, do que a glória e do que a alegria despertada pela poesia. Mas Hesíodo justifica: Calíope também está ao lado dos reis, quando fazem justiça; e passa a explicar como a "doce" palavra do bom juiz cria e funda a paz. Ao dizer a "bela voz" de Calíope, Hesíodo, portanto, não pensa apenas no som agradável, mas nas belas palavras, e nela vê a mais importante

O MUNDO DOS DEUSES EM HESÍODO 43

das Musas porque a pode pôr em relação – só ela entre as nove irmãs – com o conteúdo da poesia e com o significado do discurso humano em geral, inclusive o discurso em prosa. Aqui, onde as musas comparecem pela primeira vez como personagens concretas e distintas, cada uma com seu próprio nome, a relação delas com a poesia já passa para segundo plano. Mas há um outro particular, ainda mais importante: Hesíodo diz que as Musas, consagrando-o poeta sobre o Hélicon, disseram-lhe que também soubesse dizer a verdade (v. 28); e essa característica, tão essencial para Hesíodo, não resulta, de maneira alguma, dos nomes das Musas – a não ser, talvez, do de Calíope, nessa particular interpretação que ele nos deu.

Isso não depõe, certamente, em favor da tese segundo a qual o próprio Hesíodo teria inventado os nomes das Musas. Visto que a concepção da poesia que eles nos oferecem é apenas aquela que encontramos em Homero, ou melhor, nem sequer compreende o que Homero diz das Musas no início do catálogo dos navios (B 684 ss.), a saber, que elas, como testemunhas oculares, estão aptas a relatar e comunicar ao poeta notícias precisas e seguras. É certo, portanto, que os nomes das Musas, nesta forma ou em outra semelhante, já faziam parte da tradição. Tampouco será, portanto, aconselhável recorrer, no tocante à crítica textual de Hesíodo, aos nomes do vaso François, como se Clítias tivesse podido conhecer as Musas somente por Hesíodo. Resta saber se alguém, antes de Hesíodo, já não teria reunido as Musas nesse grupo de nove, ou se isso se deveria atribuir à diligência e ao espírito de sistematização do nosso autor. O que é difícil de estabelecer. O modo como Hesíodo interpreta o nome de Calíope mostra, em todo o caso, que sua religiosidade era alimentada menos pelas forças do coração e do sentimento do que pelo sóbrio raciocínio. Mas ele relaciona fielmente esses nomes que revelam o que gerações mais antigas pensavam a respeito das Musas e da poesia.

As coisas ocorrem diferentemente em relação aos nomes das Nereidas (*Teog.*, 240 e ss.), que são, evidentemente, parte deduzidos da tradição e parte inventados por Hesíodo. É de todo provável que esse elenco dependa do catálogo das Nereidas da *Ilíada* (XVIII, 39 e ss.). Mas este último foi, por sua vez, interpolado, e os versos 43-49 derivam de Hesíodo. Essas relações um tanto complicadas entre os dois textos foram, a meu ver, suficientemente[2] esclarecidas, possibilitando-me o alicerçamento de minhas considerações: sobretudo porque é patente uma nítida diferença de significado entre os velhos nomes da *Ilíada* e aqueles introduzidos por Hesíodo. Este, porém, também acolheu em seu catálogo, ao lado das Nereidas da *Ilíada*, uma enorme

---

2 Por Ines Sellschopp, *Stilistische Untersuchungen zu Hesiod*, Diss. Hamburg, 1934, 59-64.

44 A CULTURA GREGA E AS ORIGENS DO PENSAMENTO EUROPEU

quantidade de outras ninfas marinhas que pertenciam à tradição, contanto que seus nomes caracterizassem, de algum modo, o mar; e inseriu, em sua lista, outros nomes míticos, que, na origem, não tinham nada a ver com as Nereidas, mas que podiam relacionar-se com o mar. Em seguida, aparecem, contudo, além destes, outros nomes claramente "eloquentes", com um significado bem diferente dos nomes "eloquentes" que remontam à *Ilíada*. Ainda que para alguns nomes (que preferi deixar de lado) a interpretação possa ser dúbia, as duas tendências gerais, seguidas respectivamente por Homero e por Hesíodo na determinação dos nomes para as Nereidas, são bastante claras[3].

Os nomes das Nereidas de Homero dão-nos uma descrição do mar: eis Glauce, a Azul-Escuro[4]; Neseia, a Menina da Ilha; Espeio, a Ninfa das Grutas e Ateia, a Virgem do Penhasco; eis Cimótoe, a que Corre Sobre as Ondas, e Cimódoce, a que Segura as Ondas, e Ágave, a Resplendente. É um quadro gracioso e vivo do mar Egeu, com suas águas límpidas e agitadas, suas ilhas, suas grutas e seus escolhos – quadro no qual é captado apenas o aspecto exterior e visível. Muito diferente é o significado dos nomes com que Hesíodo completa esse elenco, fazendo-o chegar a um total de cinquenta. As Nereidas que ele acrescenta são ainda criaturas benévolas e amigas, mas correspondem a uma concepção sobriamente utilitarista.

Eis a que cuida do início, Proto, e a que leva a termo, Êucrate, Sao, a salvadora, Eudora, a dadivosa, e Galena, a bonança. Todos esses nomes referem-se, evidentemente, à navegação com a maioria daqueles que se seguem: a que suscita a nostalgia, Érato, que já encontramos entre as Musas, mas retorna aqui com a tarefa de estimular os homens em alto-mar, e depois Eunice, a virgem da boa rivalidade (onde já se esboça o pensamento de *Erga*, 20-26, que tem também uma boa *éris*), Eulímene, a Virgem do Bom Porto, Doto, a que Dá, Ploto, a Navegadora, Ferusa, a que Leva, que conduz à meta, Dinamene, a Poderosa, Pânope, que Tudo Vê, Hipótoe, Veloz como um Cavalo, Hipônoe, Sagaz como um Cavalo, Cimatologe, que Aplana as Ondas. Também onde se caracterizam os aspectos exteriores do mar aparecem os favoráveis à navegação: a Margem (Éione) e o Areal (Psâmate). Mais claros ainda são os nomes de Pontoporeia, que Promove as Viagens de Ultra-Mar, Liágora, que Reúne os Homens, e Evágora, que Procura um Bom Mercado, Laomedeia, que se Preocupa com o Povo, Eupompe, que dá Boa Escolta, Temisto, que Provê a Justiça, Prônoe, a Previdente, e Nemerte, que (como o pai, Nereu), é Sem Falsidade. Tudo isso nos dá uma imagem idealizada do comércio

---

3 Para a interpretação dos nomes, cf. os escólios à *Teogonia*, 240 e ss., e os de Eustátio a Σ 39, que fornece muitas e exatas explicações.
4 Cf. M. Leumann, *Homerische Wörter*, 150.

O MUNDO DOS DEUSES EM HESÍODO

marítimo do início do século VII. Aí se põem em evidências apenas os lados favoráveis, visto que Nereu, o pai das Nereidas e filho de Ponto, representa apenas o aspecto benigno do mar, ao passo que, por exemplo, os ventos derivam de sua irmã Euríbia, a violenta, e muitos perigos e insídias provêm do irmão Taumas, o portentoso.

Esta pia imagem de uma navegação protegida pelas Nereidas não corresponde, de modo algum, ao que Hesíodo nos disse mais tarde em *Os Trabalhos e os Dias*, onde sua opinião sobre o comércio e sobre o tráfico marítimo é bem outra. Já seu pai, pelo que lemos, só navegava para escapar à miséria (635). Quanto a ele, viajou por mar uma só vez, e num trajeto curtíssimo, de Áulide à Eubeia (651). A agricultura e a criação de gado constituem a ocupação mais adequada para um homem honesto, e os justos "não viajarão por mar, que a terra lhes oferece seus frutos" (236 e ss.). É bem verdade que ele também dirige ao irmão Perses alguns conselhos para uma prática proveitosa da navegação (618-632, 641-654, 663-682, 687-694), mas acrescenta: "Eu não aconselho a navegação, que não me agrada de maneira alguma. Está cheia de perigos, que os homens só afrontam por ignorância e imprudência. O dinheiro é a vida dos pobres mortais! Mas é terrível perecer entre as vagas" (682 e ss.). Para explicar esses contrastes entre o quadro favorável da *Teogonia* e o negativo de *Os Trabalhos e os Dias*, parece-nos pouco convincente a hipótese de que Hesíodo teria se tornado cético em relação ao tráfico marítimo apenas na velhice; o motivo é outro: no poema mais tardio ele exprime sua opinião pessoal, ao passo que na *Teogonia*, limita-se a descrever, sem comentários, o mundo que o circunda, e poderia dizer, com as palavras atribuídas a Heráclito: "Também aqui existem divindades".

Esse contraste torna o catálogo das Nereidas particularmente importante para a compreensão do pensamento religioso de Hesíodo. Mesmo o elemento profano, mesmo o que suscita hesitação e temor, participa do divino. Já vimos que as Nereidas, as virgens amigas, são só uma espécie das potências divinas que se acham na navegação. De outra estirpe derivam os ventos que ameaçam o marinheiro. O mar como tal aparece, dirá mais tarde Sólon (fr. II D), como o ser sumamente justo, mas pode tornar-se selvagem e injusto quando se desencadeiam as tempestades. Analogamente, também o tráfico marítimo não é destituído, para Hesíodo, de grandeza e importância, isto é, segundo a concepção primitiva, tem, ele também, algo de divino; mas a loucura humana, que não enxerga o perigo, e a humana avidez de lucro é que o tornam perverso. Em todo o caso, não se pode deixar de pensar que os nomes "eloquentes" acrescentados por Hesíodo ao catálogo homérico sejam invenção dele. Quanto aos problemas inerentes ao fato de que ele condena o que, no entanto, pode representar como divino, deles ainda nos ocuparemos em seguida.

46 A CULTURA GREGA E AS ORIGENS DO PENSAMENTO EUROPEU

Não há dúvida de que os versos de Hesíodo são sustentados por uma fé sincera nas forças divinas, visto que toda a *Teogonia* não teria sentido se o autor não cresse na existência das divindades arroladas. Está claro que com esses nomes divinos pretende ele descrever o que existe, o que no mundo é vivo e importante. Se essa enumeração um pouco árida deixa-nos frios e insatisfeitos, evidentemente não é só porque nossa petulância iluminista não seja mais capaz de compreender a fé primitiva. Como é mais fácil aceitarmos os deuses de Homero! E no entanto, muitas divindades de Hesíodo são muito mais plausíveis e concretas do que as homéricas; uma Nereida, por exemplo, que se chame Galena, Bonança, ou uma divindade que personifique um rio, uma fonte, são, num certo sentido, personagens bem menos extraordinárias e prodigiosas do que um Apolo ou uma Atena que vivam no Olimpo. É, sem dúvida, uma experiência originária do homem, esta de ver uma potência divina em cada forma viva da natureza, e muitas divindades de Hesíodo poderiam chamar-se, valendo-nos da expressão de Usener, "divindades particulares", ou mesmo "divindades do momento". Mas em Hesíodo essas divindades só raramente operam em suas esferas de origem, isto é, na situação concreta em que se revelam ao homem e o homem adquire consciência do divino. É só quando Hesíodo descreve sua sagração de poeta e o encontro com as Musas, que a aparição das divindades se torna algo de verdadeiramente vivo também para nós. Já em Homero, onde os deuses intervêm com frequência no curso da narração, nós os vemos, por assim dizer, em sua atividade natural, e seu agir justifica o que acontece. Em Hesíodo passa para segundo plano também o elemento propriamente mítico, isto é, as histórias de deuses em que eles aparecem como personagens no ato de praticarem ações particulares. Ao procurar, ao contrário, oferecer um panorama geral de todo o divino que existe no mundo, Hesíodo abstrai, de certo modo, os deuses das situações concretas e particulares em que o homem lhes percebe a presença e trata-os em pé de igualdade com as plantas e os animais, como se pertencessem à natureza objetivamente dada: e assim os pode reduzir a uma grande árvore genealógica, a uma espécie de sistema de Lineu.

Essa transformação do dado concreto num ser permanente não é, naturalmente, arbitrária mas corresponde a uma tendência essencial e inelutável do pensamento e da linguagem humanos. Mas isso, por sua vez, faz com que necessariamente se abandone o comportamento religioso primitivo, o que é particularmente evidente em alguns nomes de divindades cunhados por Hesíodo. Entre suas Nereidas há, por exemplo, Galena, a Bonança. Mas "Galena" é também o termo grego corrente para indicar a bonança: é, diríamos nós, um abstrato. É verdade que na linguagem primitiva não é possível distinguir entre o nome abstrato e o nome divino, visto que, quando se

O MUNDO DOS DEUSES EM HESÍODO

indicava um determinado estado como bonança, via-se nele a intervenção de uma divindade. Dizer que reina Galena significa exatamente que essa deusa aplaca a superfície do mar. Mas se Galena for destacada dessa situação particular, sem por isso tornar-se uma plena e completa figura mítica protagonista de histórias e aventuras, já estará a caminho de tornar-se um abstrato. Numerosos deuses de Hesíodo (e sobretudo os que ele próprio introduz para explicar o mundo) ocupam essa posição característica, a meio caminho entre as divindades aferradas à experiência imediata, vividas na emoção instantânea, e as puras abstrações linguísticas nas quais tende a petrificar-se o dado original: e essa é a razão profunda por que não pôde ele encontrar em seus poemas uma forma válida e pura. Hesíodo não mais descreve, como Homero, grandes e singulares acontecimentos urdidos pelos deuses, mas ainda não dispõe de uma força expressiva apta a representar teoricamente a realidade concreta do mundo. A parte mais viva e interessante de sua obra não é constituída, portanto, pelas especulações teogônicas, mas pelos conselhos ao irmão nos *Erga**, fruto de sua experiência pessoal. Não é para menos que a *Teogonia* de Hesíodo representa uma etapa importante e decisiva no caminho que leva da poesia épica à filosofia.

Não se limita ele a descobrir e assinalar por toda a parte a presença da divindade. Aproximadamente no início da *Teogonia*, Hesíodo diz como as Musas louvam a Zeus e lhe alegram o coração. O que ele diz, nesses versos, a respeito da natureza de Zeus mostra-nos claramente como sua concepção da suma divindade se distingue da de Homero. Assim as Musas cantam Zeus (vv. 71 e ss.): "... é rei no céu e tem nas mãos o trovão e o raio lampejante, já que triunfou sobre o pai Cronos, e por igual distribuiu entre os mortais todas as coisas, e honras conferiu". Também na *Ilíada* e na *Odisseia* Zeus possui a força e o domínio, mas para Hesíodo, Zeus é aquele "que distribuiu entre os mortais todas as coisas" e a eles "conferiu por igual as honras". Aqui, a ordem divina do mundo é, portanto, obra de Zeus. É verdade que já os deuses de Homero personificam, entre outras coisas, uma ordenação racional do mundo, e Zeus intervém por vezes energicamente para restabelecer no Olimpo a ordem ameaçada; mas em Homero essa ordem não é preparada conscientemente, não é produzida – na sua totalidade – por uma ação previamente planejada. De certo modo, ela funciona por si mesma, sem que ninguém a tenha introduzido expressamente. Também em Homero, é certo, o poder é distribuído entre os vários deuses; cada um dos três irmãos – Zeus, Posídon e Hades – recebeu pela sorte um terço do mundo, e cada uma das divindades tem, isoladamente,

---

* Erga, isto é, em grego, "Os Trabalhos". referência à obra de Hesíodo "Os Trabalhhos e os Dias" (N. do R.)

48 A CULTURA GREGA E AS ORIGENS DO PENSAMENTO EUROPEU

suas honras e suas mansões específicas; mas é só com Hesíodo que Zeus "distribuiu todas as coisas" e é "rei no céu" no pleno sentido da palavra (71). Estabelecida pela mais alta divindade, essa ordem fixa e inviolável de mundo retorna continuamente nos poemas de Hesíodo, é a base de todas as suas convicções religiosas. Pode-se, assim, compreender por que, para ele, representar o divino significa expô-lo num grandes sistema de árvores genealógicas.

Todavia essas tabelas genealógicas, graças à quais é possível conferir um lugar a todas as divindades, inclusive às menores e às mínimas, não têm apenas como objetivo reduzir a um sistema claro e ordenado uma infinita variedade de fenômenos: mas, determinando a origem de cada divindade, dizem-nos também algo sobre a natureza dela. É verdade que as especulações teogônicas remontam a tempos antiquíssimos, e não menos antiga é a convicção de que só se sabe algo sobre a natureza de uma coisa ou de uma planta ou de um animal quando se pode dizer algo sobre sua origem; é verdade que já as primeiras especulações enfrentam conjuntamente o problema da origem e o da natureza; mas também aí, Hesíodo revela certos traços tipicamente racionalistas que o distinguem nitidamente daquelas concepções primitivas: também aí não se interessa tanto pelo caso particular quanto pelo princípio e pelo sistema, antecipando, assim, não só a filosofia mas também – por mais parodoxal que possa parecer – o monoteísmo, pois, se para ele tudo está "cheio de deuses", esses deuses, todavia, reúnem-se na unidade do divino. Mas sobre isso deveremos alongar-nos em seguida.

Para Hesíodo, os deuses não são aqueles que "levam uma boa vida", os ῥεῖα ζῶντες, como para Homero, e na sua obra também vêm em primeiro plano, bem mais do que nos poemas homéricos, divindades que encarnam o que é informe e hostil na natureza. Homero eliminara em parte conscientemente essas potências, e assim retornam, em Hesíodo, elementos arcaicos que não figuram em Homero. Hesíodo conservou até mesmo certos mitos antiquissimos provenientes do Oriente (segundo mostram descobertas recentes), como as histórias cruéis e pouco edificantes de Uranos e Cronos. Ora – quer essas antigas histórias de horrores se tenham conservado por um tempo particularmente longo justamente na Beócia, quer porque Hesíodo as tenha conhecido pelo pai, vindo da Ásia Menor –, essas monstruosidades das quais os gregos tão rapidamente se livraram, permanecem como algo de estranho e desagradável no mundo de Hesíodo, que, sob muitos aspectos, é imensamente mais racional do que o homérico.

Mas esses horrores primordiais têm em Hesíodo um significado particular, não obstante a origem oriental recentemente descoberta (e que aceitamos de bom grado). Não estão, na *Teogonia*, como um fim em si mesmos, mas em função de uma conexão mais ampla: todas as atrocidades ocorreram antes que Zeus instaurasse a ordem e

O MUNDO DOS DEUSES EM HESÍODO

a justiça, e acham-se, portanto, relegadas a um mundo que nada tem a ver com o cosmos atual. Mesmo prescindindo desses mitos primitivos, o negativo, o inquietante têm, em Hesíodo, uma importância bem maior do que em Homero – e esse ponto merece ser examinado um pouco mais de perto. Quando cantava os heróis e suas empresas, Homero podia descrever um mundo de pura luz, onde os aspectos noturnos da realidade praticamente desapareciam. Mas Hesíodo, que se propõe dar um quadro realista do mundo, não pode agir como se as sombras não existissem; em sua *Teogonia*, o que ameaça o homem, o hórrido e o informe, ocupa uma parte muito mais importante do que em Homero, pois *sua* poesia quer transmitir a verdade e não lindas mentiras. Neste sentido, sua posição em relação a Homero iguala-se à de Tucídides em relação a Heródoto.

Como esse lado noturno do ser seja possível mesmo sob o domínio de Zeus, mesmo no mundo bem ordenado, eis um problema religioso de difícil solução para Hesíodo, problema que nunca deixa de atormentar as almas pias e que ele é o primeiro a procurar resolver – apontando o caminho para todas as subsequentes tentativas de solução.

Em sua genealogia, estabelece ele uma nítida distinção entre duas diferentes estirpes que não se mesclam nunca entre si: de um lado, os descendentes de Nýx, a Noite, que ela gerou sozinha, sem um pai; do outro, todos os demais deuses. Paula Philippson e Hans Diller reconheceram a importância dessas divisão: os descendentes da Noite são, por exemplo, Inveja, Engano, Velhice, Contenda, Fadiga, Fome, Dor, Assassínio etc. – seres que incidiam e ameaçam a vida. É daí que deriva aquele dualismo do pensamento grego que levará à doutrina dos opostos, com a qual Anaximandro, Heráclito, Empédocles etc. procuram, cada um de forma diferente, explicar o mundo[5].

Diferentemente dos mitos de Uranos, Cronos e Zeus, a genealogia de maneira alguma descreve os lados pavorosos e negativos do mundo como algo de superado no tempo: esses rebentos demoníacos da noite existem e operam em nosso mundo, e de modo algum desapareceram com a chegada de Zeus ao poder.

Mais tarde, nos *Erga*, Hesíodo representa a carência e o mal de uma forma mais uma vez completamente distinta, na história das cinco idades – do ouro, da prata, do bronze etc. A tendência desse mito é, de certo modo, oposta à das sucessões da *Teogonia*, visto que, enquanto na *Teogonia*, o mundo divino evoluía, pouco a pouco, de um estado primitivo e rude para um estado ordenado e justo, aqui, ao contrário, onde se trata de homens, o estado inicial é feliz e justo, ao passo que a violência e o mal se insinuam em seguida, pouco a pouco, e só na quinta idade, a nossa, a injustiça reina, soberana. Também

---

5   Cf. também Alexander Rüstow, *Ortsbestimmung der Gegenwart*, 2, 1952, 63.

50   A CULTURA GREGA E AS ORIGENS DO PENSAMENTO EUROPEU

aqui Hesíodo não faz mais do que retomar uma velha tradição, assim como demonstra o fato de que a fatal decadência de geração em geração é interrompida pela quarta raça, a raça dos heróis, "melhor e mais justa" (155) do que a precedente. Os heróis são aqueles cantados por Homero e por outros poetas épicos – personagens transfiguradas pela poesia de uma idade legendária e todavia consideradas como históricas. Hesíodo inseriu essas figuras numa velha lenda que pretendia descrever a decadência da humanidade.

Ele expõe, assim, em três partes diferentes da sua obra, três diferentes opiniões sobre a parte que o mal tem no mundo. Ao lado da crença, difundida também entre outros povos, de que teria havido, no início, uma idade paradisíaca na qual não existia a injustiça, há a crença oposta – que Hesíodo, entretanto, relaciona apenas com o mundo dos deuses – segundo a qual há um progresso da amoralidade para a moralidade e o mal está, portanto, no início, e é superado no curso da evolução. Mas na *Teogonia* ele também sustenta uma terceira concepção (com a qual se exaurem, evidentemente, todas as alternativas), segundo a qual tanto as potências más quanto as boas existem lado a lado, em todos os tempos. Muito bem: esses três esquemas, de que a especulação humana tem continuado a valer-se até hoje, em Hesíodo, se bem considerarmos, não deixam absolutamente de relacionar-se e menos ainda de contradizer-se entre si, mas adquirem um vigoroso significado e sua unidade apenas para quem compreende as verdadeiras convicções religiosas do autor, ocultos atrás de suas reflexões sobre a justiça e a injustiça no mundo; e são tão-somente as aparentes contradições entre esses diferentes esquemas de pensamento que permitem que seja atribuído a Hesíodo o lugar que merece na história do espírito.

Uranos e Cronos foram derrubados em punição, segundo Hesíodo, por sua violência e injustiça. Zeus mostrou-se justo desde o início, e por isso seu domínio perdura até agora. Este pensamento, o de que Zeus seja o justo ordenador do mundo, é acentuado nos *Erga* mais ainda do que na *Teogonia*, já que as injustiças sofridas por Hesíodo por obra do irmão e de juízes injustos só reforçaram sua fé no direito, isto é, na justiça de Zeus. O direito no qual crê Hesíodo é a ordem inviolável e necessária, graças à qual o justo recebe no final a recompensa, e o injusto, a pena. Embora em Homero já se encontre a convicção de que o homem é punido por sua cegueira, Hesíodo é, porém, o primeiro a julgar o agir humano segundo a única e rígida norma do direito. Mas o direito não é para Hesíodo algo que cumpra ao homem descobrir, uma realidade fixa e claramente definida; ele, Hesíodo, não o transforma em objeto de dúvidas e elocubrações mas pode formulá-lo com clareza e simplicidade ao dirigir suas admoestações ao irmão. Assim como na *Teogonia* se dizia que entre as gerações divinas mais antigas reinava a violência e não o direito, assim também nos *Erga* (276

O MUNDO DOS DEUSES EM HESÍODO 51

e ss.) se diz que Zeus ordenou o mundo de modo tal que peixes, animais e pássaros se devoram entre si, pois não conhecem a *Díke*, o direito, mas aos homens ele deu a *Díke*. Quanto ao porquê de ser isso ou aquilo justo ou injusto não é problema que Hesíodo se preocupe em discutir[6].

Como tudo o que existe no mundo, também essa ordem surgiu e evoluiu no tempo – e é assim que o mito das estirpes divinas volta a aparecer nas especulações sobre as causas da realidade existente, das quais está repleta a *Teogonia*. Hesíodo repete constantemente que a causa da ordem do mundo é Zeus e o diz, por exemplo, de forma particularmente pregnante no início dos *Erga*: "Ó Musas, vinde e falai-me de Zeus", Δία, ὅν τε δία βροτοὶ ἄνδρες ὁμῶς ἄφατοί τε φάτοί τε, ῥητοί τ' ἄρρητοί τε Διὸς μεγάλοιο ἕκητι "por obra de quem, os homens são obscuros ou famosos, conhecidos ou desconhecidos, segundo a vontade de Zeus". Nesses dois versos, repete-se por duas vezes a mesma coisa, e isso porque Hesíodo faz um jogo de palavras com o acusativo de Zeus Δία, e quer fazer entender a seus ouvintes que se trata de uma palavra especial. Ora, esse jogo de palavras torna-se quase incompreensível nas várias edições de Hesíodo, nas quais ao invés de διὰ acentua-se διὰ, pois os gramáticos posteriores ensinam que para as proposições pospostas vale a regra da anástrofe, exceto para ἀνὰ e διὰ, a fim de evitar a confusão com o vocativo de ἄναξ, ἄνα, e com o acusativo de Zeus Δία. Mas para essa regra não existia uma tradição incontestável, visto que Hesíodo escrevia sem acentos e para uma locução poética como essa, seria impossível recorrer à tradição oral[7]. Neste caso, a acentuação διὰ é até mesmo absurda, já que o segundo verso deve explicar o primeiro: Διὸς μεγάλοιο ἕκητι é uma perífrase de ὅν δία, que, por sua vez, é a interpretação etimológica do Δία ἐννέπετε do verso precedente[8].

Essas especulações etimológicas sobre os nomes dos deuses não eram, de maneira alguma, insólitas entre os gregos. No caso de Hesíodo, a interpretação dos nomes divinos está bem de acordo com sua tendência fundamental em refletir sobre os inícios, as ἀρχαί (arkhaí), e nisso ele surge como um precursor dos filósofos. Ao mesmo tempo, aqui é sugerido um tema monoteísta que iria ser igualmente retomado e desenvolvido pela filosofia posterior, tendo em vista que Hesíodo coloca Zeus, o ordenador do mundo, muito acima dos outros deuses.

---

6   Sobre essa "segunda fase na evolução da ideia do direito natural", na qual, de resto, também se detém Arquíloco (cf. pp. 65 e ss.), cf. Al. Rüstow, *Ortsbestimmung der Gegenwart*, 2, 1952, 544.

7   Cf. J. Irigoin, *Glotta*, 33, 1954, 90 e ss.

8   Cf. L. Ph. Rank, *Etymologiseering em verwante verschijnselen bij Homerus*, Diss. Utrecht,1951, 44.

52   A CULTURA GREGA E AS ORIGENS DO PENSAMENTO EUROPEU

Enquanto no mito dos deuses Hesíodo explica e justifica a sucessão das gerações, já quando descreve as estirpes humanas, não dá ele nenhuma importância à sucessão das mesmas. Da raça de ouro diz ele apenas que desapareceu (*Erga*, 121), mas não por que desapareceu. Os deuses criaram em seguida a raça de prata, lemos mais adiante (127), muito inferior à primeira, mas não sabemos por que motivo; eles a destruíram por ocasião de sua *hýbris* (134 e ss.). A raça seguinte, a de bronze, destruiu-se a si mesma (152). Em seguida, Zeus cria a raça dos heróis que *é* "mais justa e melhor" (158); esta perece nas guerras de Tebas e de Troia, sendo transferida para a Ilha dos Bem-aventurados. Por fim, surgiu a raça de ferro, a nossa, mas Hesíodo não nos diz por que teria ela nascido nem de onde provém: é a raça em que imperam a violência e a injustiça, visto que Aidós e Nêmesis abandonaram a terra.

Se, nos *Erga,* Hesíodo pinta o desenvolvimento da humanidade com tintas tão embaçadas, é porque ele próprio sofreu uma grave injustiça: seu mundo escureceu. Como em todas as doutrinas morais, o *páthos* das suas admoestações alimenta-se da malvadez deste mundo. É estranho apenas que, ao descrever a decadência da humanidade, não indague ele das razões dessa decadência como o faz alhures com tanta paixão. A verdade é que fica difícil imaginarmos como teria ele podido motivar a decadência da idade áurea para a férrea: impossível tratar-se de uma punição para a injustiça humana visto que os homens da idade de ouro era pios, e é impensável que os deuses tenham feito os homens tornarem-se piores sem que estes já antes não tivessem sido maus. Hesíodo não se propõe, portanto, estabelecer uma concordância lógica entre seus mitos; malgrado todos os seus esforços de sistematização, não é um pensador sistemático. Hesíodo retoma as velhas histórias à medida que lhe convenham, e por que lhe convêm não é difícil de entender.

O que lhe interessa é salientar a ordem e a justiça que reinam entre os deuses e nisso ele vai mais longe que Homero. Mas a vida dos homens parecia-lhe miserável e corrupta: diante dos deuses, os mortais não são apenas fracos e indefesos, como para Homero, mas injustos e impudentes. Aprofunda-se, assim, a fratura entre o mundo da nossa experiência quotidiana e o ser verdadeiro e essencial a que o mundo deveria adequar-se, e, pela primeira vez, aparecem distinções que os poetas e filósofos deverão focalizar cada vez mais com maior clareza, como a que existe entre a aparência e o ser, entre a realidade e a ideia.

Já dissemos como o pensamento fundamental da *Teogonia*, segundo o qual existem forças dirigidas em sentidos diferentes, e até mesmo opostos, influiu sobre os primórdios da filosofia grega. A ideia de um ordenamento justo do mundo instaurado por Zeus foi aprofundada especialmente pelos Áticos – Sólon e os trágicos. A lírica, ao contrário, elaborou mais atentamente um outro pensamento de Hesíodo.

O MUNDO DOS DEUSES EM HESÍODO

Logo no início da *Teogonia*, Hesíodo fala de um canto das Musas e enumera as divindades que elas celebram (11 e ss.). Esse elenco suscitou uma grande quantidade de objeções, tanto que se julgou necessário suprimir uma parte maior ou menor desses versos. E mais: pouco depois, Hesíodo fala de um outro canto das Musas (43 e ss.), que volta a celebrar os deuses, e novamente menciona duas divindades do primeiro canto. Assim, há quem tenha pretendido suprimir todo o primeiro trecho e também o segundo.

Ora, suprimir o segundo trecho é impossível porque ele está estreitamente ligado à parte seguinte: as Musas cantam diante de Zeus, e para seu deleite, uma teogonia – e o Olimpo todo ressoa. Elas começam por Gaia e Urano e, em seguida, cantam Zeus, do qual se diz (afirmação particularmente significativa nesse contexto genealógico) que é o pai dos deuses e dos homens, e assim por diante. A representação dessa cena olímpica, onde são as próprias Musas imortais que cantam uma teogonia, deve servir, evidentemente, de confrontação à que Hesíodo quer expor, e a ela oferecer a mais alta legitimação, pois assim mostra o autor a grandeza e a dignidade de seu intento.

O primeiro canto das Musas tem, pelo contrário, escopo totalmente distinto. As Musas não o entoam no Olimpo, mas no Hélicon; Hesíodo introduz essas divindades, para narrar, logo depois, como elas o sagraram poeta no Hélicon. Elas dançam e celebram os deuses; segue-se a longa lista dos nomes divinos, que a tantas correções foi submetido. Desta vez, começamos com Zeus (11), que aqui não é, entretanto, o "pai dos deuses e dos homens", mas "aquele que segura a égide", isto é, o símbolo de seu poder. Passamos em seguida para Hera, a "senhora". Já esses epítetos nos dizem como deve ser entendida a lista que se segue e que corresponde a uma ordem e a um critério precisos, se bem que diferentes dos genealógicos. Vêm, em primeiro lugar, as outras grandes divindades, os deuses propriamente "clássicos" – Atena, Apolo e Ártemis – e, só depois deles, Posídon, que, apesar de irmão de Zeus, reina num elemento mais selvagem e primitivo. Em seguida, vêm Têmis, Afrodite e Hebe – a deusa da justiça precede, portanto, as do amor e da juventude –, e a seguir, as esposas de Zeus, Dione e Leto. (Os versos devem estar dispostos de modo a não separar esses dois nomes). Seguem-se os irmãos Jápeto e Cronos, e depois os "fenômenos naturais" – Aurora, Sol, Lua, Terra, Oceano, Noite, e por fim, "a sagrada estirpe dos outros deuses". Aí, a ordem seguida não é a genealógica mas a da dignidade e da santidade. Antes de representar os deuses numa sequência que poderíamos dizer histórica, Hesíodo julgou necessário esclarecer que ela nada tem a ver com a posição que esses deuses ocupam e é por isso que nos apresenta antes algumas das mais altas divindades por ordem de importância.

Não há dúvida de que também em Homero Zeus é o deus supremo e existem deuses de poder maior ou menor, de maior ou menor

54   A CULTURA GREGA E AS ORIGENS DO PENSAMENTO EUROPEU

prestígio. Mas Hesíodo é o primeiro que se propõe classificar os deuses segundo a condição de cada um deles: vale dizer, é o primeiro a encarar o problema do significado daquilo que tem significado e do valor daquilo que tem valor, questão que ocupou a fundo os líricos, também influenciando sua religiosidade. Os antigos elegíacos tratam o problema do valor sobretudo com o objetivo de investigar o que seja a verdadeira virtude, a verdadeira ἀρετή (*areté*). Tirteu identifica-a com a coragem, Sólon com a justiça, Xenófanes com a sabedoria. Analogamente, diversos poetas líricos viram em diferentes divindades a encarnação dos valores essenciais: assim, para Safo, estão em primeiro plano Afrodite e Eros; para Píndaro, Apolo; e o lírico mais antigo, Arquíloco, sente-se determinado por duas divindades: por Ares e pelas Musas. O fato de alguém sentir-se ligado a uma certa divindade nada tem de novo – basta pensar na relação de Odisseu e Telêmaco com Atena, na *Odisseia*; mas quando um poeta da Idade Arcaica se dirige sobretudo a *uma* divindade, ele o faz com a clara consciência de que ela é para ele mais sagrada, mais importante e essencial do que todas as outras, considerando-a, portanto, como a força que invade e ilumina toda a sua vida e que, para ele, representa a unidade e o significado do mundo. Safo exprime esse pensamento quando diz (fr. 27D) que as pessoas podem pensar que a coisa mais bela seja esta ou aquela coisa magnífica: "eu digo que a coisa mais bela é aquilo que uma pessoa ama". E Píndaro procura livrar Apolo de todas as manchas e impurezas pelas quais teria sido afetado segundo os mitos, para assim obter uma imagem do divino pura e plenamente conforme com suas exigências, à qual se possa dirigir com absoluta confiança. O esplendor que emana desses deuses não brilha apenas nos momentos determinados em que o deus aparece ante o homem e intervém em sua vida: a divindade é uma força continuamente presente e operante. Sobre essa concepção da divindade influiu a tentativa, que teve início com Hesíodo, de entender a divindade como um ser que não age apenas momentaneamente, mas está continuamente em ação. E esse ser permanente é por ele representado não só no amplo sistema das figuras ordenadas genealogicamente, mas também segundo os graus da dignidade e santidade que elas ostentam.

4. O Despontar da Individualidade na Lírica Grega Arcaica

A nós parece natural o fato de que na literatura do Ocidente existam diferentes gêneros de poesia: a épica, a lírica e o drama. Mas entre os gregos, que a essas formas deram vida, levando-as à mais alta expressão, e sob cuja direta ou indireta influência elas se desenvolveram entre os diversos povos da Europa, essas formas, dizíamos, não floresceram concomintantemente, e sim uma após outra. Extinguia-se o canto da épica quando surgiu a lírica, e quando a lírica se encaminhava para o ocaso, eis que surge o drama. No país onde surgiram, esses gêneros de poesia foram, portanto, produto e expressão de um determinado clima histórico. Assim, aquele especial estilo de Homero, que tende a representar a vida como uma concatenação de acontecimentos, não é uma estilização nascida do querer do poeta, como se, entre as diferentes formas que tinha à disposição para interpretar o sentido da existência humana, tivesse ele querido escolher essa como particularmente adaptada à épica, embora assim pensasse Lessing, que atribuía ao senso artístico de Homero o fato de evitar as descrições e transformar tudo em narração. Essa particularidade da arte de Homero está, ao contrário, relacionada com seu modo de ver as coisas, a vida e os homens e com sua natural interpretação do mundo. Na ação e no sentimento do homem vê ele o efeito das forças divinas operantes, não são eles, portanto, senão uma reação dos órgãos vitais a um estímulo concebido em forma de pessoa. Em geral, Homero tem a tendência de considerar toda situação como o resultado de influências externas e como fonte de novas influências.

A origem da épica grega está envolta na obscuridade dos tempos pré-históricos; a obra mais antiga que conhecemos é também a mais alta expressão dessa poesia – são os poemas da *Ilíada* e da *Odisseia*,

56　A CULTURA GREGA E AS ORIGENS DO PENSAMENTO EUROPEU

atribuídos a Homero. No que concerne à lírica, ao contrário, podemos propor-nos um problema histórico, qual seja, de vermos como surge ela da forma de arte mais antiga, da épica, e que novo espírito nela se manifesta.

A diferença mais marcante entre a antiga épica grega e a lírica que dela deriva reside (no que diz respeito ao homem que por trás da composição poética se oculta) no fato de que, na lírica, os poetas nos fazem conhecer, pela primeira vez, sua individualidade. Quão incerto, ao contrário, é, para nós, o nome de Homero. Os líricos dizem-nos os seus nomes, falam-nos de si e dão-se a conhecer como indivíduos.

Pela primeira vez, no tempo da lírica, personalidades bem definidas representando as mais diversas categorias, sobem ao palco da história europeia. Caudilhos, legisladores e tiranos, pensadores religiosos e filósofos, artistas plásticos assinam suas obras, pondo fim àquele anonimato tão em voga nos primeiros séculos e no Oriente. A importância espiritual dessa evolução revela-se sobretudo na literatura e, mais exatamente, na lírica, visto que o fato novo aqui se exprime por meio da palavra, e é só através da palavra que o mundo do espírito se revela de forma explícita.

A lírica grega (tanto a composta para o canto coral, quanto a que se destinava à recitação individual) baseia-se em duas premissas. No início, aparece relacionada com formas populares, pré-literárias, que sempre existiram, em todas as civilizações, isto é, com as canções ligadas à dança, ao culto, ao trabalho e coisas similares: formas que, em determinados momentos da vida da comunidade, concorrem para a celebração das cerimônias. Porém, a seguir, sentem os líricos arcaicos (e não há nenhum deles que nos pontos culminantes de sua obra não o revele) o influxo poderoso da poesia épica, sobretudo de Homero, de tal modo que a lírica se sobrepõe à poesia de caráter prático e ocasional, destinada a um fim, embora permaneça em larga medida ligada a determinadas tarefas concretas.

A maior parte dos poemas líricos dos primeiros séculos, chegados até nós, têm caráter de poesia celebrativa; são compostos para as diversas solenidades em honra de deuses ou de homens, e sua tarefa é elevar os valores acima do *hic et nunc*, perenizar o momento do júbilo. Os dois meios mais importantes de que se vale a poesia para atingir esse fim (se abstrairmos da forma severamente regulada, útil, precisamente, para a fixação do contingente) são o mito e a máxima. O mito, sobretudo naquela forma purificada que assumiu na épica, faz corresponder o acontecimento terreno a um modelo divino ou heroico e assim dá sentido e valor ao contingente. A máxima estabelece uma relação entre o caso particular e o universal, frequentemente em forma de admoestação ou de ensinamento, e assim, por via racional, conduz rumo às formas eternas da realidade, isto é, à verdade. É poesia festiva quase toda a lírica coral a partir do fim século VII até a metade do V;

O DESPONTAR DA INDIVIDUALIDADE NA LÍRICA GREGA ARCAICA 57

que vai desde Alcmã, passando por Estesícoro, Íbico e Simônides, até Baquílides e ao maior de todos, Píndaro. Essa poesia encomiástica e celebrativa constitui a verdadeira "grande" lírica dos gregos, que exerceu enorme influência não só entre os gregos mas também em nossas dias para a formação de um estilo poético elevado. Dela surgiram a tragédia e a poesia sublime-patética do Ocidente, e foi sempre ela que levou Klopstock, o jovem Goethe, Hölderlin e Rilke à composição de hinos. Essa poesia distingue-se fundamentalmente da épica pelo fato de dar valor ao presente e considerá-lo digno de ser celebrado. Os feitos do passado não atraem tanto por seu valor intrínseco quanto porque servem para valorizar o presente. De fato, os gregos da Era Arcaica eram apaixonados por tudo o que fosse diferente, vivo, atual. O contraste entre o valor duradouro e a realidade, entre mito e presente, entre aspiração e atuação torna-se cada vez mais palpável no decorrer daqueles dois séculos. Todavia, o presente continua sendo sempre, embora elevado a uma forma supratemporal, o campo em que essa lírica se move.

Ao lado das líricas de caráter encomiástico, temos nesses mesmos séculos, iniciada pouco antes e pouco antes extinta, uma outra poesia lírica não menos importante e que em tudo corresponde ao nosso conceito de "lírica", na medida em que os poetas que a ela se dedicam tratam de coisas pessoais. Para os gregos essa poesia não constitui certamente uma unidade. Lírica é para eles apenas a poesia cantada: a coral, da qual há pouco falamos, e a monódica individual, como a de Safo, de Alceu e de Anacreonte. É verdade que muitos desses poemas monódicos exaltam deuses ou homens, como por exemplo os epitalâmios de Safo; mas mais do que nas canções corais, revela-se aqui, ao lado da celebração louvaminheira, a tendência do poeta para falar de si. Algo semelhante, porém, encontramos também numa forma de poesia à qual os gregos não davam o nome de lírica, visto não ser ela cantada ao som da lira, mas que nós, já que ela corresponde aproximadamente à nossa concepção de lírica, podemos, sem mais, considerar como tal. São poemas que se recitavam com acompanhamento de flauta, formados de jambos e dísticos, e cujo inventor, por tradição antiga, julgamos ser Arquíloco. Para demonstrar através da "lírica individual" da helenidade primitiva (se nos for permitida essa expressão um tanto vaga) no que consistia para os poetas a personalidade, por que teriam eles falado de si, e como se tornaram conscientes da sua própria individualidade, escolherei três poetas: Arquíloco, o poeta dos "versos falados", que viveu na primeira metade do século VII, e os dois líricos monódicos, Safo e Anacreonte (Safo viveu por volta do ano 600, Anacreonte até cerca do ano 500 a.C.). Assim impostaremos nosso problema em relação a três caracteres e temperamento bem diferentes; além do mais, entre os poemas mais antigos e os mais recentes de

58   A CULTURA GREGA E AS ORIGENS DO PENSAMENTO EUROPEU

que nos ocuparemos, intercorre um período de perto de duzentos anos, aproximadamente todo o tempo, portanto, durante o qual floresceu a lírica grega arcaica. Poderemos, assim, dar relevo suficiente não só aos traços comuns mas também aos traços individuais desses poetas. Movemo-nos, porém, num campo que não oferece senão escassos fragmentos. Para encontrarmos nos poucos poemas, chegados até nós completos, de Arquíloco, Safo e Anacreonte, e nas citações em geral muito breves, feitas por escritores mais tardios, uma resposta às nossas pesquisas sobre o valor histórico-espiritual dos primeiros líricos gregos, temos amiúde de considerar como um tesouro até mesmo pormenores mínimos. Às vezes, é quase apenas por acaso que conseguimos estabelecer a derivação de um pensamento ou de um tema, originados de outro mais antigo e assim pôr em relevo, de quando em quando, o que se apresenta como novo e característico. Mas, no final, esses novos elementos fecham-se num quadro unitário e vemos, assim, que o caminho seguido pelos líricos leva a uma determinada direção, e aquilo que, num primeiro momento, poderia parecer variante de um mesmo pensamento ou interpretação pessoal de um tema tradicional, revela-se como parte de um processo histórico mais amplo.

Arquíloco encontrou, na *Odisseia*, o verso (XIV, 228): "Quem com um trabalho se alegra, quem com outro". E o transformou assim (41)[1]: "Cada um de diversa maneira o coração aquece".

A ideia de que os homens tenham metas diferentes não está expressa claramente na *Ilíada*. Na *Odisseia* chegou-se, portanto, a um conhecimento mais sutil da diversidade existente entre os homens; daí parte Arquíloco e eis que essa diversidade se torna um conceito fundamental da era arcaica: Sólon diz-nos claramente que os caminhos da vida são diversos, e Píndaro, sobretudo, apresenta-nos múltiplas variantes desse pensamento. Também a sensibilidade ante as mutações a que está sujeito o indivíduo no tempo faz-se mais aguda. Na *Odisseia*, Arquíloco lê (XVIII, 136 e ss.): "Diverso é o pensamento do homem que vive sobre a terra, conforme o dia que o pai dos Numes faz surgir".

E dirige estas palavras a seu amigo Glauco (68): "Vário é o ânimo dos homens, ó Glauco, filho de Léptine: muda segundo o dia que Zeus lhes manda e só com o próprio interesse concorda o pensamento"[2].

---

1   Os números, aqui e mais adiante, colocados na frente dos fragmentos dos líricos, referem-se à 2ª ed. da *Anthologia Lyrica* de Diehl. No tocante aos líricos, cf. Rudolf Pfeiffer e Philoligus, 84, 1929, 137; W. Jaeger, *Paideia*, I; Hermann Gundert, *Das neue Bild der Antike*, I, 130; H. Frankel, *Philosophie und Dichtung*, 182 e ss. O verso citado de Arquíloco lembra também os versos IV, 548 e ss. e VIII, 166 e ss. da *Odisseia*.

2   A relação entre Arquíloco e a passagem da *Odisseia* é, aliás, uma questão debatida; parece-me certa, porém, a prioridade do verso da *Odisseia*; cf. R. Pfeiffer, *Deutsche Lit. Ztg.*, 1928, 2370; P. von der Mühll, *Pauly-Wissowa Real-Encyclopädie*, Supl.

O DESPONTAR DA INDIVIDUALIDADE NA LÍRICA GREGA ARCAICA   59

O fato de Arquíloco valer-se justamente dessas duas expressões da *Odisseia*, que sublinham a condição instável do homem exposto às influências estimulantes e coativas que as coisas sobre ele exercem, faz-nos ver quão profundamente ele sentia esse estado incerto do homem; outros versos confirmarão essa impressão. Até aí, decididamente, nada de novo. Mas a diversidade dos pontos de vista faz com que a pessoa sinta mais agudamente o próprio eu na sua particularidade, e disso nasce verdadeiramente algo de novo para o mundo.

Que o homem possa contrapor sua opinião à dos outros, já o aprendemos com um poema de Safo, achado no Egito, num papiro bastante danificado. Restaurado, o poema (27) diz aproximadamente o seguinte:

> Alguém dirá que da negra terra os cavaleiros são a coisa mais bela, outro que os soldados ou os navios, e eu, o que o coração, amando, deseja. E isso a todos poderei provar. Pois até ela, a mulher mais bela, Helena, abandonou o melhor dos homens, causando a ruína da excelsa Troia; nem na filha pensou, nem nos pais queridos, seduzida por amor, para longe a arrebatou Cípris. Fácil é vencer um coração de mulher; facilmente a paixão lhe ofusca a mente. Ela agora me lembra Anactória distante. Seu andar garboso, cheio de graça, e o esplendor de seu rosto radiante me são mais caros que os carros lídios, mais que as pelejas dos soldados armados.

Como introdução e final do poema, Safo usa o "preâmbulo", forma popular para dar relevo a uma coisa diante de outra. Safo vale-se dele para contrapor sua opinião à dos outros. Às esplêndidas coisas que todos admiram, às paradas de cavaleiros, soldados e navios, contrapõe uma simples coisa: o gracioso andar e o semblante luminoso da querida Anactória. "A coisa mais bela é a que agrada". Ao esplendor exterior, Safo antepõe o sentimento interior. O pensamento que Arquíloco extraíra de Homero: "Cada um de maneira diversa o coração aquece" colocava todos os valores sobre um mesmo plano; Safo diz qual é para ela o valor mais alto: o que a sua alma envolve com o sentimento do amor. Pensamentos semelhantes a esse ecoaram amiúde na era arcaica; mas é em Safo que primeiro o encontramos[3]. De outra feita, diz ela (152) de sua amada filha Cleis: "Não a entregaria nem por toda a Lídia", e Anacreonte usa esse pensamento

---

7, 746, 5; H. Fränkel, *op. cit.*, 185 e *Am. Journ. Philol.*, 60, 1939, 477; W. Schadewaldt, *Von Homers Welt*, nota 1 da p. 93.

3   É mais ou menos do tempo de Safo a inscrição do Létoon de Delos (Erich Bethe, *Hermes*, 72, 1937, 201):

κάλλιστον τὸ δικαιότατον, λῷστον δ᾽ ὑγιαίνειν,
πάντων ἥδιστον οὗ τις ἐρᾷ τὸ τυχεῖν.

A imensa importância que tinha para a época o problema do sumo valor demonstram-no não só as numerosas passagens dos líricos (Píndaro) mas também, por exemplo, as narrativas dos Sete Sábios que procuram saber qual o homem mais feliz e qual o mais sábio. Mais adiante (p. 188), demonstraremos que ainda não existe aqui a incerteza da escolha.

60   A CULTURA GREGA E AS ORIGENS DO PENSAMENTO EUROPEU

em forma de preâmbulo (8): "Nem de Amalteia desejo a áurea cornucópia, nem soberano reinar sobre Tartesso por cinquenta anos".

O que outros desejam, a cornucópia de Amalteia ou um longo domínio sobre a cidade fabulosamente rica de Tartesso, não atrai Anacreonte. Não sabemos, na verdade, o que ele contrapõe a essas riquezas, mas já que as coisas recusadas são maravilhosas, a que ele preferia há de ter sido algo muito simples[4].

Esse contraste entre o que é faustoso, admirado por todos, e o que é simples, mas de valor essencial, ainda não existia em Homero; mas já em Arquíloco encontramos algo semelhante, embora em ambiente totalmente diverso. O rude homem de armas, a quem são estranhos tanto as delicadas entonações de Safo quanto a espirituosa graça de Anacreonte, diz-nos como ele imagina um bom oficial (60): "Não me agrada um capitão que a longos passos desfila, com caracóis se enfeita e raspa o queixo. A mim basta um pequeno, mesmo de pernas tortas, mas que seja de coração forte e tenha firme o pé".

O valor exterior e o interior não ganham tanto realce em Homero. Odisseu volta, é verdade, sob as vestes de um velho e pobre mendigo à sua pátria, ele, o forte herói, mas o aspecto miserável nesse caso é apenas uma falsa aparência atrás da qual Atena oculta o herói a fim de que ninguém o reconheça: se aparência e valor intrínseco estão em contraste, as qualidades interiores não se opõem expressamente ao aspecto externo, como ocorre em Arquíloco. O capitão de Arquíloco é valoroso justamente por não ser elegante. É bem verdade que sobre o mendigo Iro se diz (XVIII, 3): "Nem força tinha, nem vigor, mas uma poderosa presença", imagem que é criada em contraposição à de Odisseu; mas somente Arquíloco exprime a ideia paradoxal de que o oficial nada valha exatamente por causa de sua pompa exterior e que use suas imponentes pernas longas apenas para fugir (isso se pode depreender das entrelinhas): de que, portanto, a aparência destrua o valor interior[5].

Aos valores apreciados por todos, Arquíloco costuma contrapor a coisa por ele preferida, e o faz de maneira mais rude que Safo,

---

4   Não terá sido diferente o pensamento de Arquíloco, 22, cf. as imitações Anacr., 7, Greg. Naz., *Ad anim. suam*, 84 e ss.; cf. também Horácio, Jamb., 2, com introdução de Heinze. Para outra possibilidade aponta H. Fränkel, *op. cit.*, 189 e ss. Outros temas semelhantes *in* Timocr., I; Pínd., *Pae.*, 4, 15; Horácio, *C.* I, I e I, 7.

5   Se Aquiles diz a Agamênnon (*Il.* I, 225): "Tu que tens olhos de cão mas coração de cervo", isto é, uma face arrogante mas um coração covarde", não se trata, ainda aqui, de um "contraste" (H. Fränkel, *Am. Journ. Philol.*, 60, 1939, 478, 9), mas de uma observação que enfatiza a coexistência de órgãos distintos (cf., pp. 15 e ss.); se nas invectivas da *Ilíada* (por exemplo V, 787) diz-se: "velhacos, admiráveis [somente] no aspecto", nisso não há, como não há na figura de Iro, o elemento paradoxal visado por Arquíloco; a admoestação é: "Sede o que pareceis", mas não se contrapõe, como em Arquíloco, o valor essencial à mera aparência. Daí se conclui que a distinção entre interioridade e exterioridade, ser e aparência, é preparada por expressões desse gênero.

O DESPONTAR DA INDIVIDUALIDADE NA LÍRICA GREGA ARCAICA 61

chegando a chocar (6): "Pavoneia-se agora um trácio com meu escudo, que eu, sem querer, deixei ao pé de moita: era uma arma perfeita. Pois que às favas vá o escudo, que outro melhor conseguirei". Pouco lhe importa o escudo! A vida é muito mais importante! A concepção espartana da honra, que impunha ao herói voltar para casa com o escudo ou sobre ele, não passa, para Arquíloco, de uma hipocrisia que ele, audaz e alegremente, vitupera. Essa impaciência em arrancar o véu da aparência manifesta-se, ajuda de forma mais superficial, também em Anacreonte; assim como Arquíloco desmascara o capitão que posava de elegante, assim também Anacreonte revela a verdadeira face de Antenor, o novo-rico que sai a passeio todo enfeitado (54):

Tempos atrás, usava barrete pontudo e cubos de madeira nas orelhas, e em torno dos flancos uma coçada pele de boi, forro imundo de um mísero escudo; vivia na companhia de padeiros e cortesãs, aquele patife do Antenor, e ganhava com fraudes seu sustento. Muita vez teve o pescoço posto na argola, muita vez na roda, muita vez foi açoitado, teve barba e cabelos arrancados. Mas agora passeia de carruagem, o filho de Cica, e usa brincos de ouro, e umbela de marfim, como uma mulher...

De onde conseguem esses poetas o direito de exprimir juízos tão pessoais? Segundo qual critério estabelecem o valor para eles fundamental? Existe uma relação entre o cínico prazer de destruir toda ilusão, próprio de Arquíloco, a argúcia de Anacreonte e a interioridade de Safo? Revelam eles pontos de contato, antes de mais nada, em sentido negativo, na medida em que sua depreciação dos valores universalmente reconhecidos não decorre de nenhum intento moral ou de justiça. Se Safo não gosta de paradas militares, isso nada tem a ver com a moral ou com o direito. E se a Arquíloco importa mais a vida que o escudo, isso é, sem dúvida, uma bofetada no moral tradicional; mas não pretende o poeta com ela apregoar uma nova moral ou um direito superior.

"A coisa mais bela é a que agrada" parece querer encaminhar para o arbítrio do gosto pessoal, em torno do qual, segundo o dito latino, é inútil discutir. Arquíloco parece-nos um individualista desenfreado. Mas em ambos sente-se a tendência para captar algo de verdadeiro, a substância em lugar da aparência.

Já antes de Arquíloco, Calino e Tirteu haviam dado, em suas elegias, um valor atual e imediato às exortações belicosas que haviam lido em Homero, e as haviam transformado em cantos de guerra, adaptando-os ao presente e deles se servindo para incitar os soldados nas batalhas do seu tempo. Essa passagem da literatura para o imediato da vida, que aqui surge pela primeira vez, constitui uma nova fase da evolução do espírito europeu. Arquíloco é o primeiro a dirigir-se de modo consciente e radical ao imediato. Também ele vive na tradição literária da epopeia homérica e vale-se das suas expressões para falar daquilo que era o tema principal da poesia homérica, a guerra. Mas

62 A CULTURA GREGA E AS ORIGENS DO PENSAMENTO EUROPEU

despoja esse fato de toda a grandeza épica e o sente como feia concretude: fala do duro pão comido no campo, do trago tomado durante a guarda (2; 5) ou da aspereza da luta que o espera (3). Encontra como soldado, na vida, o que está descrito na épica, mas sem ilusões, o que, para ele, quer dizer muito mais intensamente. A despeito da incerteza que permeia uma conclusão tirada *ex silentio*, visto que se conservaram apenas fragmentos de sua poesia, ele, ao que parece, deve ter falado mais dos incômodos e da incerta vida do soldado do que da finalidade da própria guerra e do valor necessário para a vitória. Ali ele sentiu, de maneira nova e grandiosa, a nua realidade. Só que agora a canção guerreira não serve mais, como em Calino e Tirteu, para estimular os combatentes, não é mais, por assim dizer, um grito de guerra em versos, um instrumento de conforto para o restrito círculo dos soldados: desliga-se de sua função social. Arquíloco tem suas próprias metas pessoais, mas seus versos, embora seja ele um homem de ação, não querem apenas servir à ação: servem-lhe também para exprimir seu sentimento e revelam as angústias e incertezas de sua vida.

Quando fala de amor, é sempre de um amor infeliz que trata. Homero vê no amor apenas uma das coisas prazerosas da vida e o coloca ao lado da dança, do vinho e do sono; nunca fala de amores infelizes. Quando muito, o amor é apresentado como uma cegueira fatal: assim, no mágico cinto de Afrodite, se lê: "amor, desejo e murmúrio de palavras que tiram o juízo até das pessoas ajuizadas" (*Il.*, XIV, 217). Pensamento que é destarte elaborado por Arquíloco (112): "Imenso, um desejo de amor penetrou-me o coração secretamente; densa névoa derramou sobre meus olhos, do peito roubou-me todo pensamento gentil"[6].

Também essa névoa derramada sobre os olhos é uma expressão extraída de Homero, mas em Homero é sintoma de morte ou de delíquio. Por isso, é muito provável que, em Arquíloco, não se trate de uma observação externa, no sentido de que ele veja num outro as consequências de um amor infeliz, como acontece em Homero; mais provavelmente, é de seu próprio amor infeliz que está falando. De fato, esse pensamento volta em outro fragmento onde ele se refere, certamente, a uma experiência pessoal (104): "No desespero tombei, ai miserável! sem alma, por vontade superna com os ossos perfurados por atrozes sofrimentos".

---

6 Em Homero, encontramos κλέπτειν νόον ou expressões semelhantes somente nessa descrição do cinto de Afrodite. É costume traduzi-la por "iludir, enganar" (cf. esc. D ἠπάτησε etc.) e, nesse sentido, já a interpreta Hesíodo, *Teog.*, 613; amiúde encontramos κλέπτειν usada nesse sentido pelo menos na poesia. Arquíloco emprega-a no sentido de "roubar". Sobre a primeira interpretação pode-se citar φρένας ἠπεροπεύειν como paralela a essa, que julgo exata (cf. J. Böhme, *Die Seele und das Ich*, 48, 3), e locuções comoφρένας ἐξέλετο ou ητορ ἀπηύρα.

O amor é um sentimento que leva Arquíloco para perto do delíquio ou da morte. Por vontade dos deuses, diz, o amor o transpassa: e isso se inclui na concepção homérica segundo a qual as sensações não surgem espontaneamente do homem, do seu ânimo, mas são dadas pelos deuses. Novo é o fato de que ele sinta com particular intensidade o amor irrealizável: assim, o amor não mais faz parte da vida que serenamente acontece, mas resolve-se no sentimento oposto: no sentimento da morte[7]. E o amor é também para o poeta uma ação do divino no homem, mas o fato de que algo impeça o tranquilo curso da sua experiência é sentido por ele como algo de pessoal, como um faltar das forças, um delíquio mortal.

Também Safo sente ao mesmo modo o amor (2):

Felicidade semelhante à de um deus conhece o homem que está sentado a tua frente e de perto escuta o encanto de tuas doces palavras e teu riso que lisonjeia e acaricia e profundamente em meu peito pertuba o coração. Mal te vejo, a voz se me extingue na garganta: a língua está morta. Corre um tênue fogo sobre minha pele, nada mais veem os olhos; poderoso, um zumbido atordoa-me os ouvidos. O suor me escorre pelos membros, um tremor me assalta e, mais pálida que uma haste de erva, próxima à morte pareço estar. E ainda assim, tudo se pode suportar...[8]

O poema é um epitalâmio em honra de uma jovem do círculo de Safo e começa pela tradicional louvação do homem que desposa a garota. Mas essas núpcias separam Safo da amada. O amor, que, nos versos citados anteriormente, Safo apresentara como a instância suprema na decisão do que fosse o belo, é, tanto neste quanto naquele caso, o amor infeliz, ali pela amada distante, aqui pela que parte. E assim como Arquíloco dizia sentir que as forças o abandonavam,

---

7   A objeção aqui aduzida por H. Gundert, *Das neues Bild der Antike*, I, 136 (não se trata aqui tanto da angústia do amor que não pode alcançar sua meta... quanto da própria paixão que ele sente em seu interior como potência destruidora, como angústia interior) não me parece bem clara. Mesmo Gundert disse, e corretamente, sobre Homero: "Nele, a chama do alto 'ardor' manifesta-se no gesto e na atitude, na ação imediata e não através da palavra". De qualquer modo, Gundert não nos dá nenhum exemplo de um poeta lírico primitivo que exprima "a angústia" da paixão, mesmo no amor feliz. A lírica arcaica tem um único modo de exprimir a felicidade amorosa, o de descrever o objeto do amor como belo ou, mais exatamente, enumerando todos os traços radiosos isolados, do mesmo modo que representa uma paisagem ou uma festa, descrevendo, uma após outra, todas as coisas belas que dela fazem parte. A importância do tema da aporia já na *Odisseia*, onde retorna com frequência sobretudo nos símiles, e representa, como tal, um passo importante do distanciamento em relação à *Ilíada* e rumo à poesia lírica, foi muito bem mostrada por H. Seyffert na dissertação *Die Gleichnisse der Odyssee* (Kiel 1949: não publicada).

8   Nos três versos que faltam ao poema, o equilíbrio ter-se-á restabelecido com a expressão de pensamentos como: "pois alcançaste a felicidade no matrimônio" ou então "pois dor e alegria alternam-se".

64 A CULTURA GREGA E AS ORIGENS DO PENSAMENTO EUROPEU

deixando-o sem vida, assim também Safo descreve de modo apavorante o desfalecimento dos sentidos e da energia vital e a rápida chegada da morte.

Não são ressonância casuais, exteriores pontos de contato o que aproxima Safo de Arquíloco. Safo conhecia a poesia de Arquíloco. Uma antiga expressão épica define o sono como "aquele que dissolve os membros", provavelmente porque priva os membros do homem da faculdade do movimento[9]. Em seguida, Hesíodo dissera (*Teog.*, 120): "Eros, entre os deuses imortais o mais belo, o que dissolve os membros, sujeita à sua vontade dos homens e dos deuses o sentido e o sensato julgamento..."[10]. É esse o amor que atordoa o homem, que o torna indolente e louco: mas é nos outros que seu efeito é observado. Arquíloco, ao contrário, relaciona-o a uma experiência pessoal, num trecho de poema (118) cujo primeiro verso deveria soar mais ou menos assim: "Não sou capaz de fazer nada"[11], e diz em seguida: "Mas o desejo, que os membros dissolve, ó amigo, tem-me domado".

Desses versos é que Safo extraiu a imagem, já nossa conhecida, do amor que tira todas as forças. Assim também, em outra passagem de um poema (137): "De novo Eros me impele, aquele que os membros dissolve, o deus doce-amargo, diante do qual faltam-me forças".

O pensamento é expresso pelos dois poetas de modo tão semelhante e o conceito de que o amante infeliz se sinta incapaz de agir, sem forças, é tão novo para a época pós-homérica, que podemos aqui afirmar com toda a certeza: foi em Arquíloco que Safo aprendeu a sentir e exprimir essa sensação de desânimo e de fraqueza semelhante à morte, que lhe é dada pelo amor.

Também no verso que citamos, ela fala do seu "amor" em sentido "mítico"; para ela, o amor não é um sentimento que brote do íntimo, mas uma intervenção da divindade no homem. Completamente sua, pessoal, é, ao contrário, a sensação de desânimo que dele decorre. É exatamente o amor obstado, sem possibilidade de realização, que violentamente se apodera da consciência: e onde o raio de um impulso forte e intenso se parte de encontro a um obstáculo, ali mais intensa relampeja sua luz. Diante desse sentimento que se faz consciente ante o obstáculo, as coisas que comumente apreciamos perdem seu valor. Aqui se revela o contraste entre substância e aparência, entre o que é valorizado pelos outros e o que é para nós essencial[12]. E porque

---

9   Na Od., XX, 57, e XXIII, 343, essa palavra é assim explicada: "aquele que dissolve as penas" (μελεδήματα). Cf. Ernst Risch, "Eumusia", *Festschr. f. E. Howald*, 87 e ss.

10   Isso, naturalmente, está, por sua vez, em relação com *Il.*, XIV, 217 (cf. p. 62).

11   Cf. *Philologus*, 96, 1944, 284.

12   Diz Friedrich Hebbel nos seus *Diari* (2, 2756): "Não seria, por tanto, impossível que todo o nosso senso vital individual, nossa consciência, seja um sentimento

O DESPONTAR DA INDIVIDUALIDADE NA LÍRICA GREGA ARCAICA 65

o amor não é sentido como capricho do indivíduo, como inclinação subjetiva, mas como força sobrenatural, divina, esse sentimento pessoal tem o poder de reconduzir o homem à sua essência. Safo encontra, através da sua paixão e da sua dor, simplicidade e naturalidade, e adquire um novo imediatismo e uma nova espontaneidade, pois diante dela abre-se o novo mundo da alma.

Pela pureza e a interioridade do sentimento, Safo é muito superior a Arquíloco, embora grande tenha sido a influência exercida por esse poeta em sua arte. Arquíloco não era homem que cultivasse o sentimento da dor; na sua infelicidade via ele, sobretudo, o obstáculo que o impedia de ser feliz; e sabia ativamente defender-se (66): "Disso sou bem capaz: se alguém mal me faz, mal igual em troca lhe faço".

Portanto, seu amor infeliz arranca-lhe rudes notas de indignação e de ira mais do que ternos lamentos. A indignação também se exprime em outros poemas de Arquíloco que nada têm a ver com o amor, e todavia aproximam-se da lírica amorosa de Safo por um motivo essencial. Eis o que diz um de seus rudes mas fortemente expressivos poemas (79):

... sacudido pelas ondas até Salmidesso, nu, possam os trácios pela hirsuta coma agarrá-lo à noite (ali muitas penas terá de suportar comendo o pão dos escravos). O corpo enregelado e todo coberto de algas, batendo os dentes como um cão, exaustas as forças, que jaza de fuças no chão, junto à praia musgosa. Assim quisera eu ver quem injúria me fez, calcando aos pés a fé. E no entanto, houve um tempo em que este foi meu amigo...[13]

Arquíloco faz votos para que um fulano seja tirado das águas e, lançado às praias nórdicas, passe a levar uma triste existência. Inesperadamente, ficamos sabendo que o objeto de tantas maldições fora, certa vez seu, amigo. Também esse poema é uma reação contra algo que não correu conforme seu desejo, e também desta vez o sentimento ofendido supera o âmbito puramente subjetivo: não é apenas amizade, mas senso da justiça ofendida[14]. Como o amor, esse sentimento é "incondicionado" e até maior direito tem de ser visto como suprapessoal e divino. O senso da justiça pode exprimir-se de muitas

de dor, como o é, por exemplo, o senso individual de vida do dedo ou de qualquer outra parte do nosso corpo, que começa a viver por si e a sentir-se como indivíduo quando não mais está na justa relação com o todo, com o organismo de que faz "parte". Essa similitude da época da "dor cósmica" não carece, como vemos, de verdade histórica.

13 Recentemente quiseram negar que esse poema fosse obra de Arquíloco, e atribuíram-no a Hipônax – atribuição já desmentida pela alta qualidade dos versos. E afinal, que tem a ver Hipônax com os trácios?

14 W. Jaeger, *Paideia*, I, 172. Acertadamente observa H. Gundert (*Das neue Bild der Antike*, I, 137, 2) que Arquíloco diz ὅς μ'ἠδίκησε e Aquiles, ao contrário (*Il,*. I, 356), ἠτίμησε: em Arquíloco, não se trata da honra de casta, mas de justiça.

66 A CULTURA GREGA E AS ORIGENS DO PENSAMENTO EUROPEU

formas: por meio da admoestação, do louvor, de um ato de decisão e assim por diante. Arquíloco é levado a refletir sobre a justiça no momento em que aquilo que ele aguardava e queria com profunda convicção se choca contra um obstáculo. Não sente a justiça como meta da ação, mas fala com justa indignação da injustiça que ele próprio sofreu. Arquíloco vale-se do verso como de uma arma perigosa contra o amigo infiel; todavia, o poema é algo mais que uma maldição, que a invectiva de um herói homérico, que um simples meio de luta; e também é mais que uma arma numa contenda judiciária, como o são os versos de Hesíodo; o poema de Arquíloco conclui (as últimas palavras do fragmento são também efetivamente as últimas do poema) com a expressão de um sentimento pessoal: "... e no entanto, este foi, certa vez, amigo meu". Aqui, a palavra não é mais usada polemicamente, mas exprime um sentimento de desânimo. Como ocorrera com os cantos de guerra, a poesia desliga-se, também aqui, de toda referência prática, tornando-se expressão de um sentimento pessoal.

Animado por um justo desdém, Arquíloco, em uma de suas fábulas, coloca na boca da raposa esta prece (94): "Ó Zeus, pai Zeus, teu é o poderio do céu, mas tu vês também as ações dos homens, sejam elas ímpias ou justas; e vês a soberba e a justiça também entre os animais".

Arquíloco declara que deve haver um juiz superior que puna a injustiça. E desse modo se aproxima, mais do que qualquer outro antes dele, da ideia da norma do direito, mas ainda vê o direito sob a forma de um juiz concreto[15].

Para ele é um defeito não se conhecer o justo desdém, e talvez seja isso o que quer exprimir com o verso (96): "Não tens bile sobre o fígado!"[16].

Essa justa indignação surge, portanto, de uma atitude espiritual semelhante àquela do amor infeliz. A alma conturbada ergue sua voz toda vez que se revela um contraste entre a realidade e o que deve ser. Arquíloco, em meio aos sofrimentos de sua existência, consola-se com o pensamento de que a dor não é eterna, que os deuses ora exaltam ora rebaixam os homens e que, por isso, o sentimento do homem varia entre a alegria e a dor. Este seu pensamento fundamental era uma novidade para o tempo (58): "Tudo aos deuses confia; muita vez, da dor profunda arrancaram eles o mortal, do negro pó; e o que seguia feliz, por terra prostraram. Depois, surge uma série de desgraças e o mísero anda em círculos, a mente perturbada".

---

15 Um pouco diferente é o parecer de K. Latte, *Antike und Abendland*, 2, 68 e ss.

16 Cf. W. Jaeger, *Paideia*, I, 172, Cf. *Il.* II. 241, onde Tersites censura Aquiles por não ter "colericidade", mas ser condescendente e fraco.

O DESPONTAR DA INDIVIDUALIDADE NA LÍRICA GREGA ARCAICA 67

Quando uma calamidade atingiu sua cidade, escreveu estes versos (7):

Dos cidadãos, ó Péricles, nenhum poderá exprobrar a nossa dor pungente, nem ninguém na cidade poderá estar alegre à mesa; tantos foram os valentes tragados pela vaga do mar tempestuoso. Inchado de suspiros, arqueja de aflição o peito. Mas um remédio, ó amigo, deram os deuses à dor incurável: a força de suportá-la. Todos estamos sujeitos à dor: agora ela nos toca: a sangrenta ferida o coração nos dilacera; amanhã a outros chegará. Então sê forte e expulsa todo femíneo lamento.

"E ainda assim, tudo se pode suportar", assim começava a última estrofe do poema de Safo (cf. supra, p. 63) e esse pensamento fazia-a recobrar a dignidade. Que ao homem, na vicissitude, nada mais resta senão suportar com firmeza: também isso ela aprendeu em Arquíloco. Enriquecido de um elemento importante, mais uma vez esse pensamento retorna em Arquíloco (67).

Coração, meu coração, tumultuado por trabalhos sem fim, vamos lá, oferece ao inimigo o peito ousado em tua defesa. Do adversário, o golpe feroz acolhe e fica firme, nem grites vitória diante do mundo nem, vencido, te dobres em lamentos; mas das coisas alegres não te alegres em excesso nem te aflijas no infortúnio em demasia. E reconhece o ritmo da vida.

Trata-se de ver "qual é o ritmo que mantém o homem", assim dizem as últimas palavras, traduzidas literalmente. O conhecimento da vicissitude das coisas torna mais fácil suportá-la. O mesmo pensamento constitui a base do único poema de Safo que chegou até nós completo (I):

Afrodite do trono multicor, a ti, filha de Zeus, tecedora de enganos, eu imploro: não abatas com penas e amarguras este meu coração, tu, senhora divina. Tu, que de outras vezes o meu chamado acolheste e, abandonando a casa paterna, a mim vieste sobre o áureo coche. Gracioso, um casal de pássaros trazia-te, veloz, através do éter, as asas rápidas turbilhoantes, cá para baixo, rumo à escura terra. Sem demora tu vinhas, ó Bem-aventurada, e perguntavas, um riso irradiando do etéreo rosto, qual era o meu penar, por que clamava e o que desejava meu coração febril. "Quem queres tu que a Persuasão a ti traga? Quem, Safo, te ofendeu? Como? ela foge de ti? Logo irá seguir-te. Não aceita presentes? logo irá oferecer-tos. Não te ama? Mesmo contra a vontade, dentro em pouco, irá amar-te". Vem também agora, das angustiantes penas me liberta. Faz com que se cumpra o que meu coração deseja. E tu, sê para mim, na luta, companheira!

Entre as várias belezas desse poema, uma provém do fato de que a experiência da qual nasceram esses versos é algo que se estende para além do presente e ganha até mesmo mais intensidade por ser repetida duas vezes: "Vem – implora Safo – como vieste de outras vezes; vinhas então e perguntavas o que me havia acontecido e por que de novo clamava". Já uma vez Safo, num momento de angústia

68 A CULTURA GREGA E AS ORIGENS DO PENSAMENTO EUROPEU

semelhante a este, invocara Afrodite, e mesmo esta não fora a primeira vez. A consoladora serenidade que se exala do poema provém, numa pequena parcela, do fato de Safo conseguir estabelecer uma separação entre si e sua dor, quando reconhece que muitas outras vezes aconteceu a mesma coisa; também em tempos passados a deusa a ajudou: ela o fará mais uma vez[17].

Safo via seu próprio sentimento *sub specie iterationis*, e isso o revelam também outros versos; já citamos o início do poema (137): "De novo Eros me assalta, o Deus que os membros dissolve".

Esses versos, porém, revelam um traço típico da lírica arcaica como o demonstra um poema de Alcmã (101): "De novo o amor, com o favor de Cípris, hoje me invade, docemente o coração me aquece".

Nas canções de amor de Anacreonte, esse "de novo" torna-se uma forma estereotipada de que ele se vale como introdução ao poema (5): "De novo Eros, coma de ouro, atinge-me com a bola purpurina e convida-me a brincar com a menina das sandálias multicoloridas: mas de Lesbos ela é, da cidade soberba, e despreza os meus brancos cabelos e para um outro se põe a olhar, embevecida".

Ou então (17): "De novo do penhasco de Lêucade precipito-me no sorvedouro cinza escumoso, ébrio de amor".

E mais uma vez (26): "De novo me agarrou Pitomandro, enquanto fugia eu de Eros".

E mais uma vez ainda: "De novo Eros me feria com pesado martelo, qual ferreiro; e em seguida, na onda gelada me lavava".

E por fim (79): "Amo de novo e ainda assim não amo – deliro e não deliro".

Embora Anacreonte descreva com grande mestria seu amor, valendo-se de imagens sempre novas, a frase "De novo amo...", repetida no início de cada poema, perde muito de sua força orginal[18]. Dado o caráter do amor de Safo, a frase só pode ter tido este significado: "Este é o destino meu, sempre renovado, que deva eu amar e sofrer"; com isso, ela intuiu a lei de seu próprio ser, o ritmo do seu sentimento. Em Anacreonte, ao contrário, a frase "De novo estou enamorado...", cinco vezes repetida, assume um tom superficial.

Também o pensamento consolador da alternância da fortuna é expresso por Anacreonte, sem profundidade nem acabamento, mas com espírito e em tom um tanto frívolo, num poema dedicado a uma jovem trácia, que, de resto, é o único poema de Anacreonte que nos chegou completo (88):

---

17 Safo desenvolve esse conceito a partir de uma fórmula tradicional de prece: "Ajuda-me, como já me tens ajudado no passado".

18 Cf., também, Íbico, fr. 7 e 6,6.

O DESPONTAR DA INDIVIDUALIDADE NA LÍRICA GREGA ARCAICA   69

Poldra trácia, por que perpassas por mim o teu olhar oblíquo e impiedosa foges? Crês-me um tolo, a mim, homem experiente? Pois sabe que com garbo poderia as rédeas ao pescoço lançar-te e, dominando-te, à meta da corrida guiar-te. Tu, agora, nos pastos pascendo, brincas a saltitar, porque nenhum cavaleiro adestrado ainda te montou.

O tema que Arquíloco fora o primeiro a descobrir, e no qual Safo infundira todo o seu sentimento, transforma-se, em Anacreonte, em puro jogo formal. A nova relação imediata com a vida, a duras penas conquistada, é aqui transmitida com habilidade e virtuosismo. Os pesados e negros vagalhões que se erguem contra Arquíloco transformaram-se num leve encrespar de ondas que empurra Anacreonte sem qualquer perigo. Mas mesmo nessa poesia brincalhona revela-se a atmosfera característica da lírica primitiva: "lembra-te – diz Anacreonte – de que tudo pode mudar". "Aquela que agora te foge um dia te seguirá", dissera Afrodite a Safo; "conhece o ritmo que mantém o homem", dissera Arquíloco a seu coração. Já o mais longo monólogo que se pode ler em Homero apresenta importantes elementos dessa situação típica. No início do livro XX da *Odisseia*, Odisseu, ainda não reconhecido sob os andrajos do mendigo, na noite que precede a matança dos Pretendentes, recosta-se para dormir no átrio de seu palácio. Ao ouvir as escravas brincarem e rirem com os Pretendentes, irrita-se, pois é ele o seu verdadeiro senhor e a ele caberia dar as ordens lá dentro; pensa, então, se deveria lançar-se sobre elas e matá-las todas ou deixá-las, uma vez mais, deitar com os Pretendentes. O coração "rosna-lhe" no peito, mas ele diz ao coração: "Aguenta, coração; mal mais grave sofreste quando o Ciclope devorou teus companheiros; mas tu tiveste paciência até que a sábia astúcia veio em teu auxílio". Seu impulso espontâneo de justa vingança não pode realizar-se, e esse obstáculo leva-o a reconhecer a própria impotência. O coração reage violentamente com irritação e dor, mas ele o exorta a resignar-se e aguentar. Também a aguentar o ajuda o pensamento de que em outros tempos coisa pior lhe aconteceu. Mas é esse também o pensamento que domina nos poemas dos líricos que citamos; sobretudo os poemas de Arquíloco revelam, até em pequenas particularidades, tanta afinidade com os versos de Homero, que, certamente, Arquíloco deve tê-los conhecido e por eles ter sido profundamente influenciado. Mas também com os poemas de Safo subsiste uma relação: de fato, Odisseu só se acalma quando Atena lhe aparece e lhe fala de modo amável e cordial, exatamente como Afrodite o fizera com Safo. Em Homero, porém, não existe mais que a lembrança de um único acontecimento passado que pode ser comparado ao presente, e Odisseu não alude às vicissitudes da vida nem ao "ritmo" que mantém os homens. Se o coração de Odisseu "rosna", se ele fala a esse coração, ou se, como é dito anteriormente, o θυμός (*thymós*)

70 A CULTURA GREGA E AS ORIGENS DO PENSAMENTO EUROPEU

agita-se em seu peito, tudo ocorre de modo bem diferente de quando Arquíloco se volta para o seu θυμός. Para Homero, o θυμός – e assim também o coração – é apenas um órgão dos movimentos espirituais que não se diferencia substancialmente dos órgãos físicos[19]. O fato de que os líricos concebem o mundo da alma sob uma nova forma é naturalmente difícil de demonstrar quando se tenta neles buscar as palavras alma e espírito, visto que para isso não é suficiente o material fragmentário de que dispomos, e talvez essa nova concepção ainda não fosse para eles tão clara e determinada a ponto de levá-los a novas definições em relação ao mundo da alma[20]. Mas mesmo das frases isoladas podemos, com segurança, deduzir que os líricos já não explicavam a alma por analogia com os órgãos físicos. Já quando Arquíloco diz que o seu θυμός "está sufocado de dor" ou então que seu capitão tem "muito coração", emprega expressões que Homero ainda não conhece e que se referem a uma concepção abstrata do mundo da alma[21]. Mas é em Safo e Anacreonte que se manifestam os sintomas ainda mais característicos dessa evolução.

A contradição do sentimento manifesta-se neles não apenas como uma vicissitude no tempo, como uma alternância de calmaria e tempestade, de felicidade e infelicidade, mas como dissídio no momento presente. Conhecemos já o verso de Anacreonte: "Amo de novo e ainda assim não amo – deliro e não deliro".

Aqui o amante infeliz exprime seu desânimo e seu dissídio interior de forma paradoxal, dado que afirma e nega uma mesma coisa. É a uma experiência semelhante que ele se refere quando diz que Eros o abrasa e em seguida o imerge na água gélida da torrente. Esse estado de ânimo já fora expresso por Safo de forma igualmente paradoxal mas ainda mais eficaz ao falar de "Eros doce-amargo". Não se tratava de uma frase feita, visto que a imagem, hoje com seus dois mil e quinhentos anos de uso, tinha, então, viço e eficácia. Esse dissídio do

---

19 Cf. supra, p. 15.

20 Mas para a palavra νοῦς, cf. o que se disse a propósito de Safo na p. 176.

21 Fr. 60: καρδίης πλέως: para Homero, o coração é o órgão do corpo no qual se situa a coragem. *Il.*, X, 244: οὗπερι μὲν πρόφρων κραδίη καὶ θυμός ἀγήνωρ ἐν πάντεσσι πόνοισι; XII, 247: οὐ γὰρ τοὶ κραδίη μενεδήιος οὐδὲ μαχήμων; XVI, 266: Μυρμιδόνες κραδίην καὶ θυμὸν ἔχοντες; XXI, 547: ἐν μέν οἱ κραδίη θάρσος βάλε. Também temos, porém, em Homero, a concepção de que o homem ou as suas φρένες possam ficar cheios de θάρσος, μένος ou de ἀλκή: *Il.*, XIII, 60 ἀμφοτέρω πλῆσεν μένεος; XVII, 573: τοῖόν μιν θάρσευς πλῆσεν φρένας; I, 104: μένεος δὲ μέγα φρένες ἀμφὶ μέλαιναι πίμπλαντο; XVII, 499: ἀλκῆς καὶ σθένεος πλῆτο φρένας ἀμφὶ μελαίνας; XVII, 211: πλῆσθεν δ' ἄρα οἱ μέλε' ἐντὸς ἀλκῆς καὶ σθένεος.

Quando, em Arquíloco, o coração passa a tomar o lugar de tais "forças", o poeta usa para indicá-lo a palavra καρδὶη em sentido abstrato e assim se coloca muito à frente de todas as concepções homéricas.

O DESPONTAR DA INDIVIDUALIDADE NA LÍRICA GREGA ARCAICA   71

sentimento, essa tensão interior ainda não são conhecidos da épica, pois nada de semelhante se encontra, no mundo físico dos corpos e nas suas funções, baseado no qual, Homero entendera o mundo da alma. Safo tem a intuição desse mundo e com a ousada e nova expressão "doce-amargo" apresenta-o como substancialmente distinto do mundo físico.

Também nesse campo, antes dela, Arquíloco sentiu e pensou a mesma coisa, pois, embora não se encontre em sua poesia uma única palavra que exprima o dissídio do amor infeliz, a tensão interior transparece, ainda que inexpressa, nas frases que apresentam o sentimento do amor como semelhante ao delíquio e à morte. Pois o amor que leva à proximidade da morte é, sobretudo para Safo, a extrema tensão da alma.

Se os poetas dos primeiros séculos consideram esse novo sentimento como coisa divina e superindividual a ponto de fazer dele a instância decisiva no julgamento do valor das coisas, isso não significa, entretanto, que ele não possa levar a um caminho errado. Arquíloco, por exemplo, reage ao sentimento com selvagem arrebatamento. Mas mesmo esse sentimento desenfreado, se considerado em relação às condições espirituais de sua época, pode ter um valor. A consciência da personalidade surge somente no momento em que a alma reage. Somente o "coração que rosna", como o chama Homero, é sentido como um fato individual: assim também a dor no amor e a revolta que nasce de um fundado sentimento de ódio. Os grandes nexos de ocorrências e ações, de destino e caráter, ainda não aparecem como algo de irrepetível e individual, e a reflexão sobre a vida leva ao conhecimento de uma lei geral: a lei da eterna mudança. Também essa é a nova descoberta dos líricos, que não só se dirige no mesmo sentido da descoberta do sentimento individual, mas dela constitui o complemento: à nova individualidade corresponde uma nova universalidade, ao novo sentir, um novo conhecimento. Uma coisa está em estreita e necessária relação com a outra, e o eterno subir e descer, é percebido através do sentimento e nele reconhecido. Neste subir e descer, capta-se a vida vivente: mas essa lei certamente não é capaz de frear a exuberância.

O campo espiritual da primitiva lírica grega é ainda mais limitado. Que o curso de uma vida humana não seja concebido como vida individual mas segundo categorias gerais, é coisa que se encontra em todo o mundo grego. A essa concepção da vida humana deu-se o nome de "clássica" e, ao espírito grego, corresponde o fato de que, na lírica primitiva, a revelação do sentimento pessoal venha acompanhado do senso do contínuo mudar das coisas. Os líricos não sentem como ato pessoal nem mesmo suas ações.

Em Homero, o que o homem realiza de particular não nasce de seu caráter individual ou de seu particular talento, mas invade-o como força divina. Querendo exprimir esse pensamento com uma fórmula, poder-se-ia dizer: existem destinos individuais mas não ações individuais. Assim diz também Arquíloco ao falar de sua dupla vida de

72 A CULTURA GREGA E AS ORIGENS DO PENSAMENTO EUROPEU

guerreiro e poeta (1): "Sirvo ao poderoso senhor Eniálio e, ao mesmo tempo, sou da arte doce mestre, por dádiva das Musas".

O mesmo ocorre com Safo, que se sente nas mãos de seus deuses, isto é, de Afrodite e de Eros. A emancipação em relação ao mito acontece quando se começa a conceber o dissídio e a intensidade do sentimento individual como algo de pessoal, e, na ordem e no sentido das ocorrências humanas, já se começa a não mais ver, como em Homero, apenas uma repetida intervenção dos deuses, mas a eterna vicissitude das coisas que atuam movidas por uma força interior. Mas ainda nenhuma das duas tendências levam a sentir a ação humana como atividade do indivíduo, visto que a conscientização do sentimento individual só conduz ao senso da impotência, à ἀμηχανία (amekhanía), e a consciência da vicissitude das coisas não orienta para o agir positivo, mas para o suportar e o resignar-se. Já na *Odisseia,* esses temas ganham mais relevo do que na *Ilíada*; mas Odisseu, "que muitas dores sofreu em sua alma", aquele que "muito suportou", era também, ao mesmo tempo, o πολυμήχανος (*polymékhanos*), aquele que sempre sabia sair-se bem das dificuldades e superar o senso da impotência com a sábia ação.

Mesmo quando os líricos falam de perfeição, não querem referir-se à meta da atividade: a perfeição é recebida, sentida; para eles, precioso é o que interessa ao sentimento, aquilo a que os sentidos reagem com prazer. E o que tem valor é sempre representado, até os tempos de Píndaro e de Baquílides, com a imagem da luminosidade. O divino é "irradiante e luminoso", a coisa perfeita "resplandece", a grandeza sobrevive na "luz da glória", o poeta revela essa "luz" e a faz "resplandecer" além da morte obscura. Mais ainda do que na lírica individual, isso fica patente nos encômios; e o exemplo nós o temos num dos poucos poemas líricos de Safo chegado até nós quase completo: um himeneu (55) no qual, para dar particular solenidade à festa, cantam-se as núpcias míticas de Heitor e Andrômaca. Os primeiros versos do poema perderam-se; e assim, a primeira coisa que o poema descreve é a chegada de um arauto a Troia para anunciar que os recém-casados acabam de chegar de navio, vindos de Tebas, pátria da esposa.

Rápido chegou a arauto... O veloz mensageiro Ideu, e anunciava... "Hoje é um dia de imensa glória para Troia e para a Ásia. Heitor, com seus companheiros, traz a esposa dos olhos límpidos, de Tebas, a sagrada cidade, da fonte perene de Plácia; velejando, para aqui conduz, sobre as salsas vagas, a suave Andrômaca, com grande tesouro de argolas de ouro, tecidos de púrpura, recamos de flores e vários ornamentos multicoloridos, taças de prata e muitos cálices e marfins". Assim falou o arauto. O pai amoroso, rápido, surgiu. Logo a notícia correu pelas amplas vias; e os homens de Ílion guiaram as mulas para os rápidos coches: uma multidão de matronas para ali subiu e meninas de corpo esguio e frágil tornozelo. E agrupadas à parte, apareceram as filhas de Príamo. Os corcéis foram jungidos por fortes homens aos carros: muito jovens eram. Gritos possantes dos condutores... e os ginetes, em rápido trote, consigo arrastavam os coches.

O DESPONTAR DA INDIVIDUALIDADE NA LÍRICA GREGA ARCAICA   73

Os versos seguintes perderam-se, e logo após, temos:

semelhantes a deuses... essa multidão compacta, rápida em direção a Ílion avançara. Doce, uma melodia de flautas, entremeada ao som da cítara, subia. Ensurdecedores, estalavam os crótalos, das virgens o coro devoto um canto sacro entoava. Elevava-se pelo éter divino um eco... ao longo das ruas... crateras e copas... nuvens de incenso e mirra mescladas a cássia subiam. Davam gritos de júbilo as matronas e os homens todos entoaram o solene *péan*. Invocavam o Deus que de longe fere, o Deus da lira; exaltavam Heitor e Andrômaca, semelhantes aos deuses.

Esse poema é o mais antigo e evidente exemplo do que significa o mito para a poesia grega celebrativa[22]. Mito e realidade estão em estreita relação entre si, visto que o fato mítico coincide exatamente com o presente. A narração das núpcias de Heitor termina com o carme nupcial, sendo que a própria canção de Safo é um carme nupcial. Se é costume, no himeneu, comparar os esposos aos deuses, aqui são eles postos no mesmo nível das personagens do mito. Safo cita seus nomes não para exaltar-lhes as grandes façanhas ou os altos destinos, mas por seu esplendor e por sua perfeição, e assim, aos presentes de casamento, justamente por serem esplêndidos, é dado maior relevo do que à própria ação. Desse modo se desenvolve a narrativa, passando de um ponto luminoso a outro, e suas luzes refletem a chama viva deles no presente.

Já velha, Safo descrevia, num poema comovente, sua debilidade senil, e olhando para trás, contemplava nostalgicamente sua juventude. Desse canto restaram apenas as partes terminais de cada verso num papiro (65ª, 13-26), mas, mesmo não sendo possível reconstruir exatamente o texto grego, o conteúdo é claro e pode-se transmitir numa tradução. Esta é a versão dada pelo poeta alemão Manfred Hausmann[23]*:

Já está minha pele enrugada pelos anos, minha coma corvínea, encanecida. Estão fracas as mãos, mais fracos os joelhos que não mais me sustêm. Não mais posso mover-me em passo de dança entre as donzelas, semelhante às indianas, à noite, no pequeno bosque. Mas o que fazer? Um homem mortal não pode gozar eternamente da juventude.Tens de aprendê-lo, diz uma canção, que também a Aurora conduziu, furtiva, o jovem Titon até os confins do mundo. Mas também até ele chegou a triste velhice. E agora que não mais se pode aproximar, à noite, da doce consorte, pensa ele ter perdido toda felicidade. E implora a Zeus que o mais rápido possível lhe conceda a morte. Eu, porém, sigo atraída pela graça e pela plenitude dourada. Desse esplendor sigo cercada, porque eu amo o sol.

22 Cf. H. Fränkel, *Nacht. Gött. Ges.*, 1924, 64. Além disso, cf. infra p. 98.

23 Manfred Hausmann, *Das Erwachen, Lieder und Bruchstücke aus der grieschischen Frühzeit*, Berlim, 1949, pp. 109 e ss. O conteúdo foi reconstruído por Stiebitz, *Ph. W.*, 1926, 1250 e ss.

* Na tradução dos versos, obedecemos à versão italiana, que, por sua vez, baseou-se expressamente na versão poética de Hausmann (N. da T.).

74 A CULTURA GREGA E AS ORIGENS DO PENSAMENTO EUROPEU

Nesse poema, Safo supera o desolado abandono da idade ("Mas o que deverei fazer?"), lembrando a si mesma que conservou o essencial de sua juventude, o amor pelo que é luminoso e resplendente; mas não faz nenhuma tentativa de dar um sentido à velhice, ao passar do tempo.

Os mesmos temas voltam num poema do velho Anacreonte – só que a este último falta o consolo de haver conservado algo de duradouro. E como não vê nenhuma possibilidade de dar à própria vida um escopo prático ou, de modo geral, um sentido, termina concluindo com a constatação impiedosa, terrível (44):

> São já grisalhas as minhas têmporas e tenho brancos os cabelos na cabeça; juventude deixou-me e tenho velhos os dentes: da doce vida bem pouco me restou. Muita vez devo soluçar quando penso no Tártaro, pois do Hades assustadora é a voragem e pesada a descida que leva à profundeza. E quem desce não mais pode voltar.

Nessas confissões pessoais, ressalta o senso da impotência, já que a vontade de viver se vê obstada. As diversidades dos valores são "sentidas", sendo, portanto, qualidades dadas pelos sentidos: doce é a juventude; cheia de angústias e penas, a velhice. Desse desvanecer-se da juventude e do avizinhar-se da velhice falam em geral os poetas arcaicos (ao passo que, em Homero, os homens nem sequer falam do reflexo que podem ter em suas vidas as contradições dos tempos)[24],- mas para eles, a vida ainda não constitui uma unidade significativa.

Aliás, também fora do território jônico-eólico (Arquíloco nascera em Paros, Safo em Lemnos, Anacreonte em Teos), começa a surgir, no século V, uma concepção totalmente diversa da vida humana.

Sólon, esse homem maravilhoso que é o porta-voz da Ática, diz: "Envelhecendo, continuo a aprender". Os problemas da ação e da conduta humana absorvem o interesse do ativo homem de estado e do justo legislador, e não é apenas nesse verso que ele nos fala da direção e do sentido de sua vida e de sua ação. Mas aí já nos encaminhamos para a tragédia ática. Quando Arquíloco fala de justiça, refere-se somente ao sentimento de justiça ofendido e ao justo equilíbrio estabelecido pelos deuses, mas não à ação justa do indivíduo; depois dele, Safo e Anacreonte em geral não falam de justiça.

Esse líricos têm suficiente riqueza de espírito para serem capazes de imaginar algo diverso da realidade e para sentirem o contraste entre o possível e o real, entre o próprio desejo e a cruel realidade, entre o ser e a aparência. Mas não representam a perfeição como uma forma ideal a que se deva aspirar ou segundo a qual se poderia transformar o mundo. Que a vida nesta terra é imperfeita e triste,

---

24 Só Nestor diz não mais ser forte como no passado. *Il.*, VII, 157 e XI, 668 e ss.

O DESPONTAR DA INDIVIDUALIDADE NA LÍRICA GREGA ARCAICA   75

isso já o sabia Homero; também os heróis são partícipes da profunda e intrínseca imperfeição do homem. Mas os deuses dão sentido e importância a toda a vida terrena. Esses deuses governam também o mundo dos líricos que jamais se rebelam contra eles; a rebelião só tem início quando o homem começa a pensar que a vida humana poderia ter mais sentido e os deuses poderiam ser ainda mais perfeitos, e, sobretudo, quando quer para si o controle da justiça terrena.

Os sentimentos pessoais e as exigências espirituais dos líricos primitivos só se revelam naqueles momentos em que eles se sentem como que arrancados do fluir da vida universal, destacados da árvore do eterno crescimento que todas as coisas viventes abrange; esse é o momento em que a alma se revela. Essa alma individual ainda não é portadora dos sentimentos universais mas só das reações que se desencadeiam quando aqueles sentimentos se veem impedidos por um obstáculo. Assim, o amor não é um sentimento que brota do íntimo mas um dom de Afrodite e de Eros. Próprio do indivíduo é apenas o dissídio do sentimento no amor obstado.

Por mais egocêntrico que seja Arquíloco, por mais sensível que seja Safo, não se abandonam eles, romanticamente, à onda do próprio sentimento. Diz Safo: "A coisa mais bela é a que agrada". Com isso quer ela dizer, é verdade, que os homens se comprazem com diferentes coisas, mas, ao mesmo tempo, que cada um se sente seguro de seu juízo. O sentimento jamais vaga no incerto, sempre encontra sustentação em algo seguro que é a meta do desejo ou da aspiração.

Eis por que, como de há muito se tem observado, os poetas arcaicos não se exprimem, como os modernos, de forma monológica, embora já conheçam o sentido da solidão, e sentem sempre a necessidade de dirigir-se a alguém ou a uma divindade (sobretudo na prece) ou a um indivíduo, ou mesmo a um grupo de homens. Se essa individualidade emergente rompe muitos laços antigos, o mundo da alma que se vai descobrindo cria um novo sentido de união entre pessoas animadas por um mesmo sentimento. A evolução que leva à descoberta do indivíduo leva também à formação de novos laços.

Num poema de Safo (98), ao qual faltam os primeiros e os últimos versos, imagina-se que Safo tenha ficado em Lesbos com Átis, uma menina que ela ama de modo particular, enquanto outra menina, Arignota, teve de despedir-se de suas companheiras e voltou para Sardes, capital da Lídia

... de Sardes, muita vez, para nós volta o pensamento. No tempo em que conosco vivia, ela te estimava como uma deusa, e mais que tudo de teu canto gostava. Mas agora entre as mulheres lídias resplandece, como, ao pôr do sol, a lua dos dedos de rosa vence as estrelas em torno com seu esplendor, e sua luz derrama sobre as salsas vagas e sobre os prados cheios de flores: o orvalho borrifa e brilha, em flor ergue-se a rosa e a erva macia, e o trevo doce como o mel. Enquanto assim vai vagando, sempre em ti, doce Átis, ela

76   A CULTURA GREGA E AS ORIGENS DO PENSAMENTO EUROPEU

pensa; a saudade invade-lhe a alma e angustia-lhe o coração. "Vamos, venham cá!", grita para nós e sua dor, de nós não ignorada, através do mar, leva Himeneu.

Sabemos por outros poemas de Safo que Átis lhe dera muito motivos de ciúme, e que Arignota, enquanto vivia no círculo de Safo, amou Átis de modo particular. Agora que ficou sozinha com a amada Átis, imagina que Arignota, na noite estival de Sardes, sob a lua cheia, volte para ela seu pensamento e lembre-se com saudade dos dias que viveram juntas. Exprime-se assim, malgrado a distância, aquele sentimento de comunhão que só existe no mundo espiritual, isto é, na memória e no afeto. Evidentemente, Safo com esse poema também procura estabelecer um laço mais estreito de amizade com Átis, fazendo-a ver que elas estão unidas na memória de Arignota e que ela, por sua vez, as pensa juntas. "Muita vez, de Sardes, volta ela para aqui o seu espírito", diz literalmente a primeira frase. Homero não teria podido exprimir semelhante ideia até por elementares razões linguísticas. O espírito de Safo pode sair do lugar onde se encontra, e é por isso que pode existir uma comunhão de pensamentos e de sentimentos. Essas concepções, tão naturais para nós, ainda não existiam no tempo de Homero[25].

O sentimento de nostalgia, naturalmente, também é conhecido em Homero. Assim Odisseu, junto de Calipso, sente saudades da pátria.

αὐτὰρ Ὀδυσσεύς
ἱέμενος καὶ καπνὸν ἀποθρώσκοντα νοῆσαι
ἧς γαίης θανέειν ἱμείρεται,

"ele quer rever ainda a fumaça que se ergue de sua pátria, e depois morrer". Aqui nos é revelado apenas o objeto do desejo, e o que comove nesses versos (mesmo abstraindo da harmonia e do poder de imagens das palavras gregas) é o fato de que Odisseu só isso deseje antes de morrer.

Também em outro poema, igualmente desprovido dos primeiros e dos últimos versos, Safo exprime a recordação que guarda de uma das meninas que se foi; narra como, ao partir, ela a consolou, relembrando todas as belas coisas que haviam fruído juntas (96).

... Morta gostaria de estar. Muitas lágrimas derramava no dia do adeus; e disse-me estas palavras: "Ai, Safo, como somos infelizes, quanta dor sinto em deixar-te, crê em mim". E eu a ela: "Consolada, parte – disse-lhe –, e em mim pensa, pois sabes quanto te temos amado. Mas se te tiveres esquecido, quero recordar-te as coisas agradáveis e belas que juntas gozamos. Como, muita vez, de violetas e rosas grinaldas entrançavas,

25   Em alguns trechos, como *Il.*, XV, 80, ou *Od.*, VII, 36, já se fala, é verdade, do νόος capaz de ir aqui e ali, mas isso limita-se à capacidade própria do "olho interno" de pôr-se rapidamente na presença de um objeto: "*eu* desejaria estar aqui ou ali", diz-se no trecho da *Ilíada*; o "espírito", portanto, não se destaca do "eu".

O DESPONTAR DA INDIVIDUALIDADE NA LÍRICA GREGA ARCAICA 77

e de salva e cerefólio e de muitas flores cheirosas cingias o pescoço macio e preciosos bálsamos pelo colo delicado espargias, e como, muita vez, no leito macio repousando, entre as meninas, a ânsia do coração apaziguavas. Não houve dança aqui, nem festa à beira-mar que, alegres, não nos acolhesse; nem bosquezinho onde, ao luar, não ressoasse a harmonia dos alaúdes e o canto alto e alegre das meninas".

Aqui, a lembrança aproxima aqueles que se amam, malgrado a distância, e é novamente um laço espiritual, da alma, que une os homens uns aos outros. Essa espiritualidade, porém, não é um esvair--se em sentimentalismos, nem hostilidade em relação à vida, não é um fugir da vida: é, isto sim, lembrança de coisas terrenas, sensíveis, belas, luminosas. A lembrança faz reviver todas essas coisas, torna duradoura a alegria que elas proporcionam, dá aos que a experimentaram a sensação de estarem unidos no sentimento comum. Houve quem dissesse[26] que a lembrança, tal como a sentia Safo, é uma forma de consolação que sempre existiu, evocando, a propósito, uma cena da *Odisseia* em que alguém, ao despedir-se, roga que se lembrem dele. Só que existe uma pequena e importante diferença. Quando Odisseu abandona a terra dos Feácios, Nausícaa lhe diz (XVIII, 461):

Faz boa viagem, ó estrangeiro, e que possas, quando estiveres em tua pátria, lembrar-te de mim, pois a mim, antes que a qualquer outro, deves tua salvação.

Trata-se, portanto, de um pensamento de reconhecimento por um benefício recebido; nos poemas de Safo, ao contrário, as pessoas que se amam encontram-se no sentimento da lembrança, sem que haja qualquer obrigação de uma para com a outra, e é somente a contemplação (já que a lembrança nada mais é do que tornar presentes à mente coisas belas do passado) que cria um acordo entre as duas almas. Assim, no poema de Arignota, o sentimento de nostalgia que vem de Sardes é igual àquele que, embora docemente inexpresso, se vai para aquelas paragens, cabendo à lembrança criar a comunhão entre as duas almas.

Essa nostalgia de lugares distantes, essa lembrança de coisas belas que junge as almas, em vão as procuramos em Arquíloco ou em Anacreonte. Neles há, todavia, algo similar, mas sentido de forma viril. A Era Arcaica criou diversas instituições para favorecer as reuniões de homens de iguais tendências, sobretudo o banquete. Se já o vinho aproxima os homens (embora também aconteça o contrário), melhor ainda consegue isso o banquete, com a ajuda da poesia e da música que o acompanham. A lírica convivial ocupa, a partir de Arquíloco, um amplo espaço na poesia arcaica. Uma canção de Anacreonte (43) ressalta a importância das "belas canções" no banquete:

26 W. Schadewaldt, *Hermes*, 71, 1936, 368.

78   A CULTURA GREGA E AS ORIGENS DO PENSAMENTO EUROPEU

Anda, traz-me um copo, rapaz, que de um trago eu beba. Mas de água dez partes e de vinho cinco na jarra mistura, que não quero com ardor demasiado abandonar-me a Baco. Anda, pois, mas não com gritos e berros queremos, como Citas, dar-nos ao vinho: mas beber de quando em quando, com belas canções.

Já que o banquete desse tempo visa a criar uma convivência unânime, adquire muita importância, nos poemas recitados nos brindes, o problema de reconhecer qual seja o verdadeiro amigo e descobrir o pensamento verdadeiro do homem. Teógnis (I, 499) diz:

Assim como o fogo aos hábeis artesãos o ouro e a prata revela, assim também o vinho revela o ânimo do homem – por mais prudente que seja –, quando não tem medida no beber; e assim a desonra o atinge, mesmo que por sábio fosse tido.

Desejava-se desmascarar a aparência e conhecer o verdadeiro pensamento do companheiro de mesa, visto que, diante do vinho, as pessoas querem encontrar-se em igual disposição de espírito. O fato de que o amor por meninos fosse particularmente difundido nesses primeiros séculos também demonstra a importância que se atribuía ao comum sentir[27].

Também na vida política, homens de uma mesma opinião reúnem-se. Começam a existir os partidos, de cujas lutas em Lesbos narra Alceu, o conterrâneo e contemporâneo de Safo, e de que também nos fala Sólon, em Atenas.

Sólon procurou superar as lutas partidárias e dar unidade ao Estado por meio da lei e dos ordenamentos. No tempo dos líricos, constitui-se a *pólis* grega, a cidade-estado, e, em lugar da antiga vida feudal, forma-se uma comunidade ordenada segundo leis. Não há que parecer contraditório o fato de a consciência individual e a ordem estatal da pólis surgirem na mesma época, visto que ser cidadão não é o mesmo que pertencer a uma massa sem vontade. O direito é o novo laço que une os homens.

Também na vida religiosa da época, os seguidores de uma mesma ideia unem-se em ligas. Sobretudo nas seitas dos pitagóricos e dos órficos, que se difundem nesse período, desenvolvem-se comuns esperanças e crenças e, por se ocuparem com a alma do homem, essas seitas pressupõem uma concepção da alma que surge exatamente nessa época.

Enfim, datam desse período as primeiras escolas filosóficas onde se encontram homens que esposam as mesmas ideias. Tornou-se de fundamental importância para a estrutura social da Europa o fato de que, ao lado dos grupos tradicionais como a família, a tribo etc., surjam novas comunidades fundadas não numa tradição religiosa mas

---

27 Apenas nessa época aparecem palavras como συμπάσχειν, συνασχαλᾶν, συνειδέναι.

em puros laços espirituais. A existência, na Europa, de partidos, seitas, escolas etc., que se fundam sobre convicções e ideias comuns, remonta à Grécia arcaica.

O que isso trouxe de novo ao mundo é nos líricos que o vamos captar do modo mais evidente, tendo em vista que eles o dizem de forma explícita, por meio da palavra: é a descoberta de novas regiões da alma.

Que Homero ainda não podia captar o mundo da alma em sua oposição fundamental ao do corpo ficou claro com o fato (cf., pp. 17-18) de que, para os três predicados que Heráclito atribui à alma, faltavam, no tempo de Homero, as expressões correspondentes, isto é: a palavra "tensão", que compreendia conjuntamente a intensidade e a profundidade, e as palavras "espontaneidade" e "comunidade". No sentimento individual dos líricos, descobrem-se o dissídio da alma e o sentido da comunhão espiritual. A espontaneidade do espírito é vista, porém, por Arquíloco, Safo e Anacreonte, apenas dentro de uma esfera relativamente restrita do sentimento. Os movimentos violentos do ânimo são, também para eles, produzidos pela intervenção da divindade; somente o sofrimento da alma é sentido como coisa pessoal. E o campo da vontade e da ação ainda não está aberto. O fato de as descobertas dos líricos manifestarem-se de forma análoga nos artistas plásticos, nos pensadores e nos políticos, demonstra que também as criações dos grandes homens se inserem num processo histórico mais vasto. Pois a história é qual um entrançado de ação e destino, cujo tecido, visto de um lado, parece compor-se só da trama, mas ao virá-lo, descobrimos-lhe também a urdidura.

5. O Hino Pindárico a Zeus

Tebas, cidade natal de Píndaro, era a cidade mais rica em mitos da Grécia. Ali, Sêmele dera à luz Dioniso, o deus distribuidor de vinho; Alcmena, a Héracles que libertara o mundo dos monstros. Senhor de sua fortaleza fora Cadmo, que importara da Fenícia a arte da escrita, lançando, assim, as bases de todas as mais altas formas de cultura; semeara também os dentes de dragão dos quais surgiram os Espartos, antepassados dos Tebanos, e unira-se em núpcias com Harmonia. Essa pequena cidade dera asilo aos infelizes Labdácidas: Laio e Jocasta com o filho Édipo, e os filhos deste – Etéocles, Polinice, Antígona e Ismene. Das suas vidas originara-se o vate Tirésias; aí habitara Níobe, mulher de Anfíon, exímio no canto; dali partiram Trofônio e Agamedes rumo a Delfos para construir o templo de Apolo; ali viviam muitas outras figuras míticas menos conhecidas: Ismeno, filho de Apolo, Mélia, a ninfa dos freixos, e outras.

As lendas heroicas da Grécia estão ligadas aos lugares que tiveram importância durante a Idade Micênica. Mas, diante de cidades como Micenas e Tiro, possantes fortalezas dos primeiros séculos, Tebas está em vantagem, tendo em vista que conservou sua fama até tempos mais tardios, ao passo que as outras cidades, como Atenas, podem até ter adquirido com o tempo importância maior, mas nos primeiros séculos ainda eram muito pouco conhecidas para que suas lendas se tivessem podido gravar profundamente na consciência do povo. Até a figura de Teseu permaneceu, basicamente, uma figura ateniense.

Um poeta lírico da época arcaica tinha nesses velhos mitos um tesouro do qual podia comodamente servir-se para adornar as festas por ocasião das quais poetava; e se se tratasse dos mitos da sua pátria, tinha a vantagem de dar à sua poesia um conteúdo significativo, que

82   A CULTURA GREGA E AS ORIGENS DO PENSAMENTO EUROPEU

lhe era, ao mesmo tempo, familiar. E como a Píndaro, desde a meninice, o limitado círculo de sua pequena pátria, as muralhas diante das
quais passava todos os dias, a fonte da qual bebia, de um lado a rua
e do outro a praça, apareciam unidos por laços profundos ao grande
passado dos deuses e semideuses, e porque, desde menino, vivera
ele em contato com esses valores, veneráveis e sagrados não apenas
para os tebanos mas para todos os gregos, foi de modo natural que
amadureceu sua arte em meio a uma riqueza que, para um poeta, é
talvez mais importante do que aquilo que chamamos de gênio ou de
talento[1]. Valer-se-á ele mais tarde, com orgulho, desse tesouro; consciente de tamanha riqueza, pode apresentar-se diante dos conterrâneos e perguntar: que exemplo devo dar de nossos numerosos mitos?
Conservado apenas em fragmentos, um hino a Zeus começava assim
(cf. 29): "Queremos Ismeno cantar, ou Mélia do fuso de ouro, ou
Cadmo, ou dos Espartos a sagrada progênie, ou Tebas dos vendados
olhos ou de Héracles a força que tudo ousa ou de Dioniso os dons
inebriantes, ou de Harmonia, a dos cândidos braços, as núpcias?"
    Esse poema ganhou particular relevo na edição de Píndaro com-
posta pelos gramáticos alexandrinos; servia, de fato, como introdução
ao primeiro livro das suas obras, subdivididas em dezessete volumes,
tendo-se anteposto aos encômios de homens os cantos em louvor aos
deuses, como os *peãs* em honra de Apolo, os ditirambos em honra
de Dioniso e assim por diante. O primeiro lugar, porém, fora reservado para os hinos e, primeiro entre eles, estava o *Hino a Zeus*, bastante famoso. Todos esses cantos religiosos de Píndaro perderam-se na
Idade Média e apenas fragmentos isolados chegaram até nós através
das citações de antigos autores; mas do *Hino a Zeus* são tantos os versos citados que é possível reconstruir alguns de seus temas e adjudi-
car-lhes dois outros vastos trechos, visto que metricamente correspondem
àqueles já anteriormente atribuídos ao hino. Assim é que desse hino possuímos agora cerca de trinta versos. Neles, porém, certos pensamentos
de Píndaro alcançaram uma expressão tão grandiosa que vale a pena
determo-nos um pouco sobre esses fragmentos e estudá-los a fundo.
    Para Píndaro e para seus ouvintes é coisa tão natural que o
poema contenha um mito, que ele pode, sem mais, começar o hino
com a pergunta: que herói do mito devo cantar? Do mesmo modo
começa também a segunda Ode Olímpica: "Que deus, que herói, que
homem devo celebrar?" No *Hino a Zeus*, arrola várias personagens
tebanas, como no início da sétima Ode Ístmica, onde é celebrado
um tebano e são mencionados, um após outro, os mitos de Dioniso,
Héracles, Tirésias, Iolau, Adrasto e a conquista de Âmiclas pelos
Égidas; e também aí ele se inspira no rico tesouro das tradições

1   Cf. a observação do velho Goethe sobre Píndaro, infra, nota 6, p. 284.

O HINO PINDÁRICO A ZEUS

pátrias, para alegrar, segundo suas palavras, "o coração da bem-aventurada Tebas com as belezas nativas". É para a glória e alegria
de Tebas, portanto, que Píndaro, também no *Hino a Zeus*, derrama
tanta riqueza. Píndaro compôs esse hino para uma festa em honra
de Zeus, que devia ter lugar em Tebas, sua cidade natal, e seus conterrâneos o aprenderam. A longa série de solenes nomes pátrios que
ele arrola em honra de Zeus e de Tebas, vai dos menos importantes
como Ismeno e Mélia, passando por Cadmo e Tebas, até Héracles e
o deus Dioniso, mas termina em seguida com Cadmo e o casamento
deste com Harmonia. Esse era o final a que Píndaro queria chegar:
um outro fragmento (32) diz que Cadmo ficara contemplando Apolo
enquanto este tocava lira. Isso só pode ter acontecido na festa nupcial
de Cadmo. Pois se os deuses haviam tomado parte nas núpcias de
Peleu e Tétis (e nesse caso, a presença dos deuses era compreensível,
dado que o próprio Zeus havia aspirado à mão de Tétis), nada mais
natural que em Tebas se pensasse que os deuses também tivessem
intervindo nas bodas de Cadmo com Harmonia. O próprio Píndaro
conta (*P.*, 3, 90 e ss.) que, nas bodas de Peleu e nas de Cadmo, os
deuses se haviam banqueteado e tinham levado presentes, e as Musas
haviam cantado e dançado[2]. Com o *Hino a Zeus* ficamos, na verdade,
sabendo apenas que Cadmo tinha ouvido a música de Apolo, mas
não o canto das Musas. Mas, visto que Apolo, já na *Ilíada* (I, 603 e
ss.), durante os banquetes dos deuses, dirige as danças e o coro das
Musas, o mesmo também ocorrerá no *Hino a Zeus*. Ora, onde se
aponta para essa participação de Apolo nas bodas de Cadmo, Píndaro
deve ter falado do curso dos acontecimentos humanos e de suas mutações no tempo[3]. Além disso, um verso desse poema (fr. 33) diz que
Cronos, o tempo, era senhor de todos os deuses bem-aventurados e
o mais forte deles. Acertadamente essas duas passagens foram colocadas juntas e concluiu-se que Apolo (e as Musas) haviam cantado,
nas bodas de Cadmo, um grande poema mítico que falava sobre o
devir dos deuses e dos homens. Mais tarde, levaremos em consideração trechos isolados que seguramente pertencem a esse poema. Aqui,
Píndaro se vale de um expediente do conterrâneo Hesíodo, que, na sua
Teogonia, narra o seguinte (vv. 36-55):

> Vamos, pois, pelas Musas começa que, no Olimpo cantando, do Pai celeste a mente
> regozijam, e do passado falam, do presente e do futuro, harmonizadas no canto. Infatigá-
> vel, desce de seus lábios a voz suave, e ri a casa do pai Zeus, do Tonante, quando o suave
> canto delas se derrama. Ecoa o cimo nevoso do Olimpo e os palácios dos Supernos. Com

---

2   Cf., também, *Teog.*, 15-18. Corício de Gaza, 6, 46 (p. 97, 21 ed. Foerster) alude
evidentemente ao hino de Píndaro, quando diz que as Musas cantaram o epitalâmio para
Cadmo.

3   Aliás, o texto é incerto, cf. U. von Wilamowitz, *Pindaros*, 190 e ss.

84 A CULTURA GREGA E AS ORIGENS DO PENSAMENTO EUROPEU

som de voz imortal, cantam primeiro a alta estirpe dos numes, que, no princípio, a Terra gerou com o Céu profundo. E deles nasceram os numes que aos homens doam o bem. E em seguida, cantam Zeus, o pai dos numes e dos homens, que dos numes é o mais forte e mais poderoso. E em seguida, a descendência dos homens e dos selvagens Gigantes cantam, para alegrar do Pai a mente, de Zeus olímpico, que porta a égide, as Musas olímpias: gerou-as na Piérides, outrora, Mnemósine ao pai Cronídio, que aqui reinava nos campos Eleutérios, para que doassem o olvido dos males e a mágoa dissipassem.

Aqui são as Musas que cantam, diante de Zeus e para os outros deuses, o nascimento dos deuses e dos homens e, assim, fica fácil para Píndaro imaginar que Apolo não teria cantado sozinho a grande composição mítica, mas junto com as Musas, como corifeu, e como o próprio Píndaro fazia cantar sua poesia – enquanto dirigia o coro. Além disso, Lucano, em seu conto satírico da viagem de Menipo ao céu, narra-nos como este viveu no Olimpo, como as Musas lhe recitavam os versos de Hesíodo, e precisamente o hino, que transcrevemos, invenção à qual foi evidentemente induzido pelo fato de que tanto Hesíodo quanto Píndaro falam das Musas. E no final, veremos ainda como nesse poema o interesse de Píndaro está particularmente voltado para as Musas. Outro fragmento diz o seguinte (30):

Assim aconteceu no princípio: as Moiras levaram a celeste Têmis do bom conselho, no coche de ouro, das fontes do Oceano por fúlgidos caminhos, rumo à sagrada escada do Olimpo, para que ela fosse a primeira esposa de Júpiter. E dele ela gerou as Horas, portadoras de flóridos frutos.

Assim, provavelmente, terá Píndaro começado a narrar os diversos matrimônios de Zeus. Também aqui ele se respalda em Hesíodo (*Teog.*, 886 e ss.), que enumera, em sequência, sete mulheres de Zeus.

Para nós, educados na ideia da monogamia, não é muito fácil imaginar que Hesíodo levasse verdadeiramente a sério, como certamente o fez, esses casamentos de Zeus. Interessado em recolher sistematicamente todos os mitos genealógicos, que para ele constituíam verdade tradicional, pretendia com isso obter um quadro bem determinado e bem limitado das forças divinas operantes no mundo, no devir delas e em suas relações. Percebeu, assim, que juntas se achavam histórias de origens distintas que à vezes não combinavam muito entre si, e o prazer que sentia em colocar tudo em ordem não lhe permitiu ver que era exatamente essa ordem que fazia ressaltar as discrepâncias. No fundo, pode ser que julgasse admissíveis os numerosos casamentos de Zeus, na medida em que o pensamento religioso segundo o qual de Zeus, o mais poderoso dos deuses, se irradiassem infinitas possibilidades de ação e de existência, era por ele concebido de forma mítica, como riqueza de prole. Píndaro, avesso, como Hesíodo, a toda frivolidade, tomava como verdade transmitida pela tradição o que encontrava nas obras desse poeta, pelo menos os traços

O HINO PINDÁRICO A ZEUS 85

fundamentais. Todavia, ele visa a um fim e, ao que parece, reduziu um pouco a lista dos matrimônios de Zeus; de resto, é difícil descermos aqui a pormenores já que não sabemos quais outras mulheres de Zeus ele teria enumerado. Das sete mulheres de Zeus, Hesíodo cita Têmis como segunda, a quem Píndaro, ao contrário, coloca em primeiro lugar, mas que é, para ambos os poetas, a mãe das Horas; a Quinta é Mnemósine, mãe das Musas, a sexta, Latona, da qual descendem Apolo e Ártemis, e por fim a sétima, Hera. No primeiro lugar, Hesíodo coloca Métis, a "reflexão", a qual precede, portanto, Têmis, e deusa da ordem legal e das sagradas convenções. Talvez Píndaro se sentisse feliz ao abreviar essa lista donjuanesca pondo de lado Métis e colocando em primeiro lugar Têmis[4]. Mas não foi esse o único motivo que o induziu a introduzir mudanças. Ele dá a Têmis o apelativo de "boa conselheira"; é possível, portanto, que tenha descurado de falar de Métis, a reflexão, porque não a via separada da ordem legal: de fato, onde impera a Lei não é permitido ao indivíduo abandonar-se a uma ação inconsiderada e selvagem, mas a reflexão é necessária. Zeus tomou o poder depois da queda de Cronos e após a vitória sobre os Titãs. Com isso se trouxe para o mundo a ordem e o direito, fato que se reflete exatamente em seu casamento com Têmis. Soberano exemplar, mantém sob controle, no seu vasto reino, arbítrio e violência, com a sabedoria e a reflexão. Têmis é, para Hesíodo, a filha de Uranos (o Céu) e de Gaia (a Terra); origina-se, portanto, das forças primitivas elementares e é irmã de Oceano; essa a razão por que no hino de Píndaro vão apanhá-la nas fontes do Oceano, e quem a vai apanhar são exatamente as Moiras, as deusas do destino, que, em Hesíodo, são as *filhas* de Zeus e de Têmis. Para Hesíodo, as Moiras (ele no-las apresenta como irmãs ao lado da Legalidade, da Justiça e da Paz) pertencem, portanto, à nova ordem mundial imposta por Zeus, ao passo que, segundo Píndaro, já devem elas ter anteriormente exercido seu poder como deusas da necessidade[5]; a ordem imposta por Zeus apresenta-se sob a forma da lei e da moralidade em confronto com a rígida constrição. Não é fácil, para nós, entender essas distinções sutis e menos ainda, apreciá-las na poesia, mas não há dúvida de que Píndaro quer tornar mais evidente os benefícios do domínio de Zeus, a quem chama explicitamente de "libertador", e, em outro fragmento desse poema, fala dos Titãs (fr. 35) que, vencidos por Zeus, jaziam encadeados no profundo Tártaro, e "soltos agora das cadeias pelas tuas mãos, ó senhor" (com esse apelativo, dirige-se a Zeus), estão libertos de sua prisão.

4   Cf., também, Nils Nilsson, *Geschichte der griechischen Religion*, 411, 3; Franz Dornseiff, "*Archiv f. Philosophie*", 5, 229.
5   Cf. Plat., *Banq.*, 195 C, onde o reino da "necessidade" é atribuído à época anterior a Zeus.

86 A CULTURA GREGA E AS ORIGENS DO PENSAMENTO EUROPEU

Essa libertação dos Titãs é lembrada por Píndaro também outras vezes (*P.*, 4, 291); antes dele, ninguém falara nela; mas Ésquilo, seu contemporâneo, já põe em cena os Titãs libertados. Em Píndaro, a libertação dos Titãs ocorre, sem dúvida, num período muito posterior, isto é, depois que apareceram para o mundo, um a um, sucessivamente, os diversos deuses olímpicos; processo esse que ele deve ter narrado de forma mais extensa. Possuímos dois fragmentos, um relativo ao nascimento de Apolo (fr. 147), outro ao de Atena (fr. 34). Um pressupõe a união de Zeus com Leto, que deve ter sido mencionada, portanto, como mulher de Zeus; o outro pressupõe a existência de Hefestos, que, com o martelo, golpeia a testa de Zeus, de onde salta a deusa armada de escudo (é assim que Píndaro representa o episódio nas *Ol.*, 7, 35)6, e portanto, o casamento com Hera, mãe de Hefestos. Mas o texto desse fragmento diz: "(Zeus) o qual, golpeado pelo sagrado machado, dera à luz também a loira Atena". Talvez o nome de Hefestos tenha sido posto de lado de propósito, já que Hera foi, seguramente, tanto para Píndaro quanto para Hesíodo, a última mulher de Zeus e é para esse matrimônio de Zeus com Hera que toda a narrativa está orientada: se no início o assunto era Têmis, a primeira mulher de Zeus, que dava ao mundo os ordenamentos da lei, isso já encaminhava a narrativa para o último matrimônio, que seria com Hera. Esse matrimônio introduzia, assim, a fase extrema da arrumação do mundo realizada pelos deuses, isto é, a época em que os Olímpicos haviam feito triunfar a ordem e a beleza. Nessa época, restabelecera-se a paz sobre bases tão seguras que Zeus podia devolver a liberdade aos Titãs.

Durante o domínio de Zeus, fora-se, portanto, compondo aos poucos, em acordo e harmonia, tudo o que era desordem e selvageria. Esse é o sentido que se oculta no excelso mito dos deuses, que tem início já na época anterior a Zeus, isto é, quando reinavam a violência e a necessidade, o que se torna patente pelo fato de ser esse mito cantado nas núpcias de Cadmo com Harmonia: Cadmo, que trouxera as primeiras formas da civilização a Tebas, casa-se com Harmonia e assim a ordem e a medida tomam o poder também na terra[7].

Essa concepção que já está na base do mito de Hesíodo e que é universalmente grega, pelo menos para os gregos da era clássica do século V, foi desenvolvida por Píndaro de maneira pessoal e grandiosa. Através de um orador da antiguidade mais tardia aprendemos o seguinte (Aristides, 2, 142; cf. Coric. de Gaza 131 = fr. 31):

---

6   Ao passo que em outros lugares são citados, também, Prometeu e Hermes como os que teriam golpeado a testa de Júpiter. Cf. Preller-Robert, 1, 189, 3.

7   A "Harmonia" é, para Empédocles, o contrário de Νεῖκος, o "dissídio". Para Ésquilo (*Prom.*, 551), representa a ordem civil.

O HINO PINDÁRICO A ZEUS 87

Conta Píndaro que, nas bodas de Zeus, tendo este perguntado aos deuses se ainda lhes faltava alguma coisa, eles lhe pediram que criasse deuses que embelezassem com palavras e música aquelas grandes obras e tudo quanto ele fizera.

Pressupondo-se, aqui, que os deuses, com exceção dos que Zeus ainda devia criar, já existam e que o mundo já tenha atingido sua ordem definitiva, as referidas núpcias devem necessariamente ser as últimas núpcias de Zeus, isto é, seu casamento com Hera. Mas quem são esses deuses que ainda devem aparecer no mundo? Apolo, talvez? Não pode ser só ele, já que se faz referência a vários. Além disso, Apolo não pode nascer apenas quando Zeus reúne em torno de si os deuses e a ordem do mundo já foi instaurada, porque ele não é apenas o deus do canto. Também em Píndaro, o matrimônio com Leto, do qual nascem precisamente Apolo e Ártemis, devia preceder o casamento com Hera, como ocorre em Hesíodo, onde Leto é a sexta mulher de Zeus e, portanto, a última antes de Hera. Restam, portanto, apenas as Musas. Mas também aqui existem dificuldades, visto que, segundo o mito mais conhecido, as Musas são filhas de Zeus e Mnemósine, a qual, para Hesíodo, é a quinta mulher de Zeus. Mas Píndaro não pode ter dito que os deuses haviam pedido a Zeus, durante suas núpcias com Hera, que gerasse as Musas e que ele lhes tenha respondido: isso acontecerá com outro matrimônio. Mesmo usando de toda a indulgência possível para com os casamentos de Zeus, não nos parece ser este um discurso nupcial conveniente. Mais provável é que ele, que em outros lugares nos apresenta Mnemósine como mãe das Musas (*Istm.*, 6, 75; *Pae.*, 6, 56; 7[b], 11), tenha preferido deixar a questão sem solução, colocando em segunda linha o casamento de Zeus com Mnemósine, como o de Zeus com Métis. Pouco admissível[8] é que lhes tenha atribuído outra mãe – Hera, talvez – ou outro pai, mas aqui só fazemos tatear no escuro. A cena, em si, é clara. Agora tudo está em ordem, os deuses tomam seus lugares no banquete nupcial e Zeus pergunta: O que falta ainda a este belo mundo? E os deuses respondem: seres divinos que lhe celebrem a beleza. Se essa cena tivesse chegado até nós na forma que foi dada por Píndaro, e não apenas como um árido relato em prosa, teria certamente de ser incluída entre as mais famosas da literatura grega. A importância que tem a poesia para o mundo não poderia ter ganho de Píndaro expressão mais eficaz: no dia em que o mundo atinge sua forma perfeita, ele afirma: nenhuma beleza pode ser perfeita se não houver alguém que a celebre. Quando Píndaro diz, repetidamente, que os grandes feitos requerem um cantor que os salve do esquecimento

---

8   Os escólios (Euríp., *Med.*, 834) falam de Harmonia como mãe das Musas, mas deixam ao mesmo tempo compreender que se trata de uma versão não documentada.

88   A CULTURA GREGA E AS ORIGENS DO PENSAMENTO EUROPEU

e do perigo de desaparecerem, neste pensamento encontramos o reflexo de antigas concepções, segundo as quais é na canção que os grandes feitos ganham imortalidade. Mas Píndaro vai mais fundo: isto é, a ação tem necessidade do poeta "sábio" que ponha em relevo o sentido dos valores terrenos. A beleza e a ordem do mundo não têm certamente necessidade do canto para se imortalizarem, mas sim do "sábio cantor" que delas revele o sentido e o valor. Esse sentido, revelado pelo poeta na celebração, não se acha além ou acima do mundo das aparências, mas apresenta-se em forma visível. A maioria das pessoas, porém, não o percebe e, por isso, é necessário que alguém o torne conhecido delas.

O modo como os valores podem ser postos em relevo mediante a louvação nos é mostrado por outros dois fragmentos do *Hino a Zeus,* que ainda não examinamos mas que, correspondendo metricamente ao primeiro fragmento, podem ser atribuídos ao próprio hino. Eles contêm sua invocação a Delos, a ilha do mar Egeu na qual Leto dera à luz Apolo e Ártemis. Segundo o mito, a ilha ficava outrora girando no mar sem encontrar paz, mas a partir do momento em que esses deuses nasceram, ela se fixou com sólidas bases sobre o fundo. Píndaro, além disso, vale-se do fato de Delos também ter sido, em outros tempos, chamada de Astéria, isto é, a ilha-estrela.

A ti saúdo, ó filha das vagas, construída por obra dos numes, mais que todas cara aos filhos de Leto de belas tranças, que imóvel pousas sobre o mar: prodígio admirável! Delos chamam-te os mortais; astro longirradiante da cerúlea terra, chamam-te os numes... Que outrora vagavas sobre as ondas, impelida pelo embate de variados ventos. Mas quando a filha de Coios, no atroz padecimento das últimas dores, aí chegou, quatro colunas surgiram sobre brônzeos pilares, diretos da firme terra e com o vértice a rocha sustentaram. Aqui ela gerou dois filhos e sobre a prole bem-aventurada o olhar pousava...

Sobre como esses versos, que pertencem à grande teogonia declamada pelas Musas nas bodas de Cadmo e que desembocam na descrição das núpcias de Zeus com Hera, devam ordenar-se na ode, nada se pode afirmar com segurança. É, via de regra, impossível situar os fragmentos do poema de Píndaro na sua disposição primitiva, visto que Píndaro não apresenta os fatos obedecendo a uma ordem cronológica clara, e chega a considerar uma arte o emprego de transições ousadas. A invocação à Divindade, com a qual inicia o fragmento (Delos é saudada, de fato, como filha do mar), deve ser colocada no começo de um poema, como é de uso para tais invocações em Píndaro e em outros líricos gregos primitivos[9]. Mas o exórdio do Hino a Zeus era constituído (coisa atestada de modo inconfutável) pela lista das personagens do mito tebano[10]. Esse, porém, não é um bom motivo para pressupormos que

---

9   Herbert Meyer, *Hymnische Stilelemente,* 1933.
10   Embora Heféstion não traga aqui para exemplo, como deveria, esse verso, e sim fr. 30, 1.

O HINO PINDÁRICO A ZEUS

a correspondência métrica vai além do que se poderia atribuir ao caso. Cabe, ao contrário, supor que essa invocação teria início com o canto das Musas; e que mesmo o hino pode ter contido diversas canções das Musas, pois, também em Homero (*Il.*, I, 603 e ss.), as Musas alternam o canto com a lira de Apolo. E como temos um verso do *Hino a Zeus* (fr. 147) – "Com o tempo nasceu Apolo" –, que combina mal com a celebração de Delos, é possível que se tenha falado duas vezes sobre o nascimento de Apolo; coisas do gênero são possibilíssimas em Píndaro. Mas, como quer que esteja a coisa e qualquer que seja o ponto do *Hino a Zeus* no qual se deva inserir esse fragmento, o modo como é exaltada a magnificência de Delos e a maneira nova e grandiosa de observar coisas conhecidas dão-nos um belo exemplo da arte celebrativa de Píndaro. Com poucos traços, ele nos mostra Delos à mercê das ondas e dos ventos e o fato de ela finalmente alcançar a paz é transmitido com imediata evidência: quatro colunas saltam do mar sustentando sobre seus capitéis o rochedo. Solene e grandioso espetáculo! E em seguida, sem intervalo, passamos repentinamente a outra imagem: depois de haver dado à luz, Leto contempla sua prole divina. Tanto na descrição do milagre pelo qual a ilha, impelida mar adentro, de repente se fixa ao solo, quanto na narração da história de Leto, Píndaro não segue o tradicional desenrolar dos fatos mas guia-nos de maneira tal que somos de imediato levados a nos deter diante de uma imagem: a das soberbas colunas, a do olhar feliz com que a mãe contempla seus gêmeos divinos. As mais variadas relações aproximam as duas imagens (juntamente com a ilha, também Leto, perseguida pela ciumenta Hera, encontra repouso), e, ao mesmo tempo, elas se contrapõem: de um lado a visão das grandiosas colunas, do outro, o olhar feliz da mãe[11] – ambas, porém, expressão de um mesmo esplendor divino. Essa riqueza de relações estende-se à ode toda, e mesmo a toda a poesia de Píndaro. As Musas, durante as bodas de Cadmo, cantam as bodas de Zeus; isso faz com que o conteúdo do canto remonte ao próprio motivo que lhe deu origem, o que se encontra amiúde nos cantos celebrativos da era arcaica, por exemplo num epitalâmio de Safo, que descreve as núpcias de Heitor (cf. supra, pp. 72-73). Essa é uma forma cultivada com arte perfeita por Píndaro nos seus epinícios (cf. infra, p. 99). Mas aqui a relação é ainda mais importante, já que dos diversos matrimônios de Zeus provieram ordem e beleza para o mundo, e suas núpcias terrenas deram estável morada, na terra, à harmonia. Para os tebanos, como já dissemos, Píndaro canta um mito tebano; também essa referência à pátria volta com frequência nos poemas de Píndaro. As Musas cantam o devir dos deuses mas, no final do canto, narram também a origem

---

11   Sobre essa contraposição de imagens, cf. os exemplos anteriormente citados, pp. 59 e ss.

90   A CULTURA GREGA E AS ORIGENS DO PENSAMENTO EUROPEU

deles e assim revelam o porquê de suas existências; desse modo, Píndaro justifica sua própria existência e a de sua arte. Os homens falam de uma ilha chamada Delos, mas os Bem-aventurados no Olimpo chamam-na de "estrela longirradiante da cerúlea terra". Píndaro atribui um valor real à antiga denominação de "Astéria": outras vezes ele também fala de uma ilha que é uma "irradiante estrela" (*Pae.*, 6, 125), e, de fato, sob o céu do Sul, a terra resplandece enquanto em torno se estende o mar em seu azul profundo. Mas essa imagem o induz, por assim dizer, a subverter o mundo, e a colocar a terra numa relação inteiramente nova com o céu. Se os deuses olham para a terra, eis que o nosso planeta, ou melhor, o mar transforma-se para eles no céu, e no meio, resplandece Delos como a estrela mais luzente[12]. As descrições naturais são raras nos poemas de Píndaro, como em geral na poesia do século V clássico, mas essa imagem é uma das mais audazes e das mais grandiosas da literatura mundial. Não se trata daquele modo especial de animar a natureza, a que estamos afeitos, mediante o qual ela acolhe em si o sentimento do homem; Píndaro observa-a objetivamente, mas sob um ângulo inteiramente particular. A natureza torna-se parte integrante de uma imagem mítica e, coisa essa característica em Píndaro, é inserida num jogo de influências recíprocas, tendo em vista que se refere a algo que está fora dela. Aproximamo-nos, assim, da ideia de Heráclito, segundo o qual a vida terrena é, para os deuses, aquilo que para os seres humanos é a vida celestial. Pode-se, aliás, notar em Píndaro, também em outros lugares, uma certa relação com a teoria de Heráclito sobre as tensões vitais, sobre as múltiplas relações que separam e ao mesmo tempo unem todas as coisas vivas. No fundo, também o pensamento de que as gloriosas empresas e a beleza do mundo exigem uma poesia que as celebre baseia-se na convicção de que o ente isolado é limitado e imperfeito, e tem necessidade de completar-se, e que também as grandes coisas caem na noite do esquecimento: só a canção é duradoura e a beleza deve tornar-se consciente por obra do "sábio". E parte da tarefa do "sábio" consiste, evidentemente, em demonstrar que a beleza do mundo se realiza exatamente na multiplicidade das relações, nas correspondências e nos opostos, que sua essência consiste na relação entre seus diferentes elementos.

---

12 Aristides, que no seu discurso de Zeus (fr. 145) cita o *Hino a Zeus* de Píndaro e reproduz também em outros lugares passagens desse hino, diz no discurso de Zeus, § 13: κοσμήσας μὲν ἄστροις τὸν πάντα οὐρανὸν ὥσπερ ταῖς νήσοις τὴν θάλατταν "tendo enfeitado todo o céu com estrelas, assim como o mar com as ilhas." T. do R.). E aqui ele, certamente, tem diante dos olhos a invocação a Delos do hino a Zeus. Semelhantemente também *Or.*, 44, § 14: ὥσπερ δὲ οὐρανὸς τοῖς ἄστροις κεκόσμηται οὕτω καὶ τὸ Αἰγαῖον πέλαγος ταῖς νήσοις κεκόσμηται ("tal como o céu é adornado com estrelas, assim também o mar Egeu é enfeitado com ilhas." T. do R.) (p. 350 K).

O HINO PINDÁRICO A ZEUS   91

Píndaro criou uma imagem que capta perfeitamente o caráter de sua poesia (*N.*, 7, 77): "A Musa une o ouro ao claro marfim e à flor-de-lis, tirada da espuma do mar". Assim vai ele juntando pedaço a pedaço de sua canção com elementos preciosos, passando de um para outro, de maneira tal que daí resulte uma composição em mosaico onde sempre retornam o ouro, o marfim e o alvo coral (isto é, "a flor-de-lis, tirada da espuma do mar"). Frequentemente ele compara sua poesia ao entrançado de uma guirlanda. Assim como na guirlanda, as partes que a compõem ora desaparecem ora reaparecem, daí resultando um alternar de acordes e contrastes, assim também em Píndaro afloram no poema, esparsos e divididos, temas que são, todavia, compostos para serem vistos em seu conjunto. Um detalhe totalmente exterior poderá dar-nos uma demonstração disso: no epinício, é mister fornecer certas informações sobre o vencedor, isto é, seu nome, nome de seu pai, nome da cidade natal. Píndaro, ao contrário, gosta de distribuir essas informações de tal modo que, por exemplo, o vencedor é indicado primeiramente com o nome do pai, depois com o seu próprio e só, no fim, com referência à sua pátria. Fornece ele, assim, os dados necessários e, ao mesmo tempo, evita as repetições. O mesmo podemos dizer em relação aos outros temas de epinício: o mito, a sentença e assim por diante; eles afloram, desaparecem para dar lugar a outro tema, reafloram, na aparência espontaneamente, por disposição casual, mas, na realidade, subordinados ao conjunto. Píndaro pode usar essa forma decorativa porque lhe interessa somente dar relevo a certos aspectos da realidade; não se importa em fazer uma descrição continuada e precisa dos acontecimentos, não se direciona para um fim determinado nem busca o desenvolvimento de um pensamento ou coisa que o valha. Já o seu modo de conduzir o pensamento mantém viva a impressão de que cada pormenor esteja ligado ao conjunto, pois essa forma de representação é uma imagem fiel do mundo como ele o vê. Todavia, as diversas partes não constituem membros subordinados a serviço de um todo orgânico, como na tragédia, onde cada cena e até cada frase é determinada pelo fim para o qual tende a ação, quer seja usada para promover a ação quer para criar contrastes (o que facilita bastante a colocação dos fragmentos de uma tragédia perdida). Essa é uma característica arcaica da arte de Píndaro que vamos encontrar também nas artes plásticas da era pré-clássica. Mesmo na composição das decorações dos vasos de figuras negras, por exemplo, a tendência de preencher o espaço sem intervalos, de praticamente entretecer as figuras com o fundo e ordená-las, como no estilo heráldico, de forma ornamental, predomina sobre a tendência de construir, com figuras distribuídas organicamente, um grupo independente do fundo. Isso vale até para a representação do corpo humano: cada órgão permanece distinto na sua perfeição, destacado, com nítido contorno, do seu

92 A CULTURA GREGA E AS ORIGENS DO PENSAMENTO EUROPEU

próximo, e ainda que esses membros, representados em movimento, irradiem uma intensa vitalidade, não se incluem no jogo harmônico do conjunto; suas formas não são, de modo algum, alterada e condicionadas pela pressão e pela atração das outras partes do corpo nem pelo peso ou pela resistência externos (cf. supra, pp. 17 e ss.).

Píndaro permaneceu fiel a essa tendência arcaica, embora se tenha mantido em atividade até meados do século V. Nele não encontramos, nesses cinquenta anos de criação de que agora nos ocupamos, uma evolução estilística semelhante à realizada por seu contemporâneo Ésquilo em Atenas. Seu modo de desenvolver o pensamento já permite que as imagens se disponham com naturalidade em composições de estilo geométrico: composições em anel, entrançados, paralelismos, contraposições. Esse caráter decorativo é valorizado ao máximo pela forma métrica. Nunca mais o mundo conheceu uma poesia que, como a de Píndaro, tão severamente se subordinasse à medida e ao número das livres variações, nem que tanto exigisse da arte da versificação, da métrica. Da arte poética de Píndaro só se pode falar, de resto, sobre o texto grego, visto que suas bases são estranhas ao nosso senso rítmico. No verso alemão, alternam-se, segundo determinadas regras, sílabas acentuadas e não acentuadas. No grego, ao contrário, o verso é formado pela sequência ordenada de sílabas longas e breves, coisa para a qual já perdemos o ouvido. Podemos, quando muito, incluir as sílabas longas e breves num esquema métrico e, assim, reconstituir determinadas variações, mas o que deu vida a esses esquemas, isto é, o som rítmico, continua para nós um mundo fechado. É como se, nas notas que compõem uma *fuga* de Bach, déssemos relevo a correspondências e variações, sem delas receber o som com o ouvido para o qual foram criadas.

Píndaro forjou para si uma métrica própria, que alguns de seus contemporâneos tentaram imitar, mas que morreu com ele. Apura aquele jogo de ressonâncias e variações, que a mais antiga lírica coral havia iniciado, e o perfaz com audaz grandiosidade. Vemos, assim, repetirem-se, com severa regularidade, grandes construções estróficas, formadas de partes isoladas que começam com versos como os que já usavam os poetas mais antigos, mas que são, em seguida, variadas como num caleidoscópio, por meio de acréscimos, abreviações, deslocamentos. Não seguiu a direção ática que levava a metas inteiramente diversas. Já os coros da primitiva tragédia grega recorrem a variações para passarem de uma forma de verso para outra, para soltarem-se da rígida construção de um determinado andamento do verso e, assim, chegarem, com um livre tratamento do tema, a uma construção orgânica da estrofe. Daí se passa, na tragédia mais tardia e na nova forma poética do ditirambo, para a construção de vastas composições poéticas numa forma métrica livre. Mas visto que essa

O HINO PINDÁRICO A ZEUS

construção métrica estava, em toda a lírica grega e, particularmente na coral, apoiada na música, e visto que da música do tempo mais antigo nada conhecemos, jamais poderemos ir além de vagas conjecturas acerca do caráter particular da métrica pindárica. A única coisa que podemos observar é que também ela devia ter o mesmo caráter decorativo adotado pelo andamento do pensamento e que, portanto, também a forma métrica devia estupendamente adaptar-se a seu modo de ver as coisas e a seu pensamento.

Mas essa não é a última palavra sobre a arte de Píndaro. O jogo das formas não é para ele um fim em si mesmo, ele não dá ênfase às relações do mundo apenas pelo prazer de descobrir o rico entrançado das formas de existência, mas, para ele, o valor de cada coisa deriva de uma realidade superior. Se as Musas, durante as núpcias de Cadmo, cantam as núpcias de Zeus, elas assim sublimam a festa do mítico rei de Tebas. Se no mundo dos deuses, o último matrimônio de Zeus assinalou a instauração da ordem entre os deuses e os homens, com a união de Harmonia e Cadmo, essa ordem chega também à terra. Enquanto canta essas coisas diante dos tebanos, o coro de Píndaro sublima e consagra a cidade deles e, ao mesmo tempo, exorta-os a aterem-se à ordem e aos pios costumes dessa tradição veneranda. O sábio poeta descreve o divino, que em tudo penetra, que de Zeus se irradia sobre a mítica Cadmo até a Tebas do seu tempo, e, ao revelá-lo, exalta-o. As coisas sujeitas ao tempo são partícipes do Divino e é tarefa do poeta revelá-lo.

Se Píndaro apresenta Delos como um astro do céu, não se trata apenas de uma figura poética, de uma imagem com fim em si mesma; essa imagem foi criada com o escopo de celebrar Delos. Se Píndaro diz de uma ilha que ela é um "astro radiante", isso já é um louvor, e maior ainda será a glória se Delos for, para os deuses, definitivamente uma "estrela brilhante". Quando Heráclito enfatiza as permutáveis influências entre deuses e homens, ele o faz em relação ao conhecimento, ao passo que em Píndaro tudo ocorre no campo da prática, na forma ativa da louvação. Outra diferença está no fato de que, para Píndaro, o Divino ainda se revela de forma imediata, evidente, pode ser percebido diretamente em seu esplendor, ser concebido como realidade mítica, enquanto que, para Heráclito, torna-se abstrato, liberta-se do mundo perceptível. A harmonia "invisível" vale mais para ele do que a visível. Ambos tendem, porém, a alcançar o Divino em sua unidade; Heráclito procura captá-lo e entendê-lo por meio do Pensamento; Píndaro, imbuído de religiosidade, contempla-o e quer apenas exaltá-lo. Exatamente por isso, um é filósofo, e o outro, poeta.

Quando um poeta cristão entoa o seu *Te Deum*, já não contempla a obra de Deus com a mesma simplicidade de Píndaro; e quando Hölderlin, seguindo o caminho aberto por Píndaro (embora na sua poesia

94   A CULTURA GREGA E AS ORIGENS DO PENSAMENTO EUROPEU

ecoe a exaltação cristã de Deus), faz da celebração o objeto de seus hinos, ou quando, para Rilke, que por sua vez se reporta a Hölderlin, mas com uma marca cristã ainda mais decidida, o poeta é "aquele que tem a tarefa de cantar a louvação", o objeto dessa louvação já não se apresenta de modo límpido e claro aos seus olhos. Ambos consideram tarefa do poeta *buscar* esse objeto; e já por isso, a louvação não pode ser tão espontânea e natural como na era grega arcaica. Píndaro deve a seu tempo o fato de ter conseguido exprimir a louvação de forma tão pura e perfeita como jamais o fez nenhum outro poeta da Europa. E visto que, para ele, o Divino é esplendor que se irradia sobre o mundo das aparências, visto que, nele, a alegria dos sentidos pela variedade das coisas ainda não é perturbada pelo pensamento de que seu verdadeiro significado se acha além do mundo visível e só pode ser captado no pensamento, exatamente por isso sua visão das coisas é tão poderosa e segura, e sua expressão, tão genuína e viva. Mas num certo sentido, o mundo das aparências é problemático também pare ele, na medida em que ele não mais sente aí o Divino como algo de natural, como algo que deve ser revelado pelo "sábio" que lhe descobrirá o valor. Só no ímpeto do pensamento é que podemos chegar a ele, e é isso que confere a Píndaro aquela entonação solene que o distingue de todos os outros poetas da primeira era grega, e confere particular grandiosidade à sua louvação. Ao chegar a seu ocaso, essa poesia resplandece com particular luminosidade.

Nem todas as coisas participam do Divino em igual medida; para quem sabe ver fundo nas coisas, ele se apresenta nas expressões mais altas das diferentes espécies; no ouro entre os metais preciosos, no delfim entre os peixes, na águia entre os pássaros, no rei e no vencedor entre os homens. Píndaro começa assim a sua quinta *Ode Ístmica*: "Mãe do sol, Teia dos muitos nomes, por tua causa os homens mais que tudo estimam o poder do ouro" e continua: "com a honra que vem de ti, adquirem eles fama e glória em toda forma de disputa". Procura ele aqui apresentar, em forma de divindade, o princípio que dá valor às coisas mais excelsas (essa é a característica da mitologia de Píndaro, embora ele, por sua vez, com isso se reporte a Hesíodo[13]), e chame a esse ser de Teia, isto é, simplesmente de: a Divina. Isso nos lembra, por exemplo, o esforço de Ésquilo para superar os "muitos nomes" dos deuses (cf., por exemplo, *Prom.*, 212; *Ag.*, 160)[14]; somos preparados, assim, para a abstração teorética, só que, para Píndaro, essa Teia é "mãe do sol"; por ela, portanto, o sol resplende e aquece e é através do sol que esse elemento divino se revela do modo mais

---

13   Cf. H. Fränkel, *Die Antike*, 3, 1927. 63; *Dichtung und Philosophie*, 619.

14   H. Schwabl, *W. St.*, 66 (1953), acertadamente, coloca também Parmênides nessa conexão.

O HINO PINDÁRICO A ZEUS   95

puro. Mas ela é também Teia "dos muitos nomes", apresenta-se sob
diversas formas e pode ser citada e exaltada sob diversos nomes.
Safo (fr. 65ª) já dissera, num poema seu da maturidade, que o
amor pelo sol mantinha viva, nela, a alegria pela beleza do mundo.
Nos mais de cem anos que separam Píndaro de Safo, essa particular
religiosidade da era arcaica, que concebe como divino o esplendor
do mundo, vai-se apagando na Grécia, e Píndaro já surge como uma
figura solitária num mundo mudado. Sente-se ele, assim, obrigado,
por vezes, a defender-se, a sustentar seu ponto de vista e é levado por
uma espécie de ardor apologético a especulações teológico-mitológi-
cas semelhantes àquelas desenvolvidas por seu conterrâneo Hesíodo
no início da era arcaica: também interiormente uma severa austeridade liga os dois representantes, o precursor e o aperfeiçoador dessa
rica e multifacetada poesia pré-clássica.
    Hesíodo situa-se entre a idade da épica e a da lírica. Da épica
ele se distancia sobretudo pelo seu novo senso da realidade. Na sua
dura vida de camponês e de pastor, começa a parecer-lhe dúbio o
mundo do mito heroico que ele cantara como rapsodo, e isso o faz
soltar-se para o mundo real que o circunda. Já não vê o Divino apenas na esfera aristocrática dos Olímpicos, que se intrometem a seu
bel-prazer nas empresas dos reis e dos heróis, mas procura captá-lo
sistematicamente e com precisão no seu eterno manifestar-se. É assim
que chega a seu sistema teogônico; mas ainda está ligado à tradição
épica, na medida em que representa esse sistema não tanto como algo
de eternamente presente mas como algo que se realizou no tempo.
    Suas Musas cantam o presente, o passado e o futuro, o devir dos
deuses e, em seguida, o devir do mundo vivente e dos seus valores.
Também em Píndaro as Musas cantam a saga épica da formação gradual
do mundo, mas elas foram criadas para uma tarefa que não pertence
à épica e sim, à lírica, isto é, a de exaltar a beleza das obras de Zeus.
    No período que intercorre entre Hesíodo e Píndaro, desenvol-
veu-se na lírica da era arcaica o senso do dissídio no mundo da alma,
da multiplicidade das relações do espírito, da limitação dos valores.
Píndaro não fala, como muitos líricos arcaicos, de seus sentimentos
pessoais, de seus laços espirituais com outros homens, não discute
sobre os valores, limita-se a representar objetivamente aquilo que,
no mundo, lhe parece digno de louvor; as formas do Divino que ele
descobre, a participação do particular no universal e no duradouro,
do mundo no sobre-humano. Assim, o mundo por ele representado
adquire aquela nova dimensão que os poetas da geração precedentes haviam deixado entrever, ainda que ele não esteja diretamente
ligado a eles. O que foi descoberto na lírica "individual" arcaica (cf.
supra, p. 56) ele o faz frutificar (e essa é, em essência, a sua obra)
no campo da poesia celebrativa, nascida do canto ritual. Píndaro

96   A CULTURA GREGA E AS ORIGENS DO PENSAMENTO EUROPEU

descobre, no mundo real-divino, aquela que, para Arquíloco e Safo, era uma característica do mundo da alma, e pela qual este se distinguia do mundo físico: a tensão, a profundidade, a faculdade de estender-se para diferentes coisas. Com isso Píndaro já não capta o Divino como uma força que se realiza na história, como algo que põe em movimento, de quando em quando, um determinado evento, mas como sentido e esplendor que "por toda a parte penetra" – pode-se dizer, usando uma expressão de Heráclito –, que se revela no mútuo jogo dos contrastes. A forma adequada para exprimir essa nova concepção já não é mais a épica mas, como no-lo pode demonstrar esse mesmo *Hino a Zeus*, a poesia lírica. Enquanto Píndaro desenvolve sua obra em Tebas, estabelece-se, na Ática, uma relação absolutamente nova com o mundo. A tragédia exige que no mundo haja justiça e impõe deveres ao homem e também aos deuses, mas como nem sempre esses deveres são cumpridos, a louvação acaba silenciando. Píndaro mantém-se conscientemente distante desse pensamento que é, para ele, demasiado audaz. Transforma, contudo, por vezes, um ou outro pormenor isolado do mito tradicional que lhe pareça ofuscar o esplendor do Divino, mas nem por isso duvida da ordem e da beleza da vida, por mais débil e caduca que esta lhe possa parecer, nem sente necessidade de fazer mudanças no mundo existente. Com sentido de nobre serenidade, aceita o mundo como é, entretecido, não obstante todas as suas obscuridades, com os fios dourados do Divino. Quer apenas "dar realce a essa beleza" que de tão ricas formas já o cercava quando menino. E justamente nisso reside o valor e a dignidade de sua arte, que talvez nenhum outro, depois dele, tenha sabido exercer com tanta naturalidade.

6. Mito e Realidade na Tragédia Grega

"O historiador narra o que aconteceu, o poeta o que poderia acontecer." Essa famosa afirmação de Aristóteles pressupõe como já concretizada a separação entre o mundo da história e o da poesia que se produziu, de fato, no século V. Aristóteles afirma, além disso, que a poesia é mais "filosófica" do que a história, visto que a poesia tende para o universal e a história para o particular. Também essa ideia do "universal" só se formou no século V. As afirmações de Aristóteles levam-nos, portanto, exatamente pelo que de verdadeiro contêm, a indagar como teriam entendido os gregos a relação entre poesia e fato real. A resposta é fácil no que diz respeito à epopeia homérica e, como se pode imaginar depois do que foi dito, ela não corresponde à opinião aristotélica, visto que o que se exige da poesia épica séria dos primeiros séculos é exatamente a verdade; de fato, quando se quer fazer uma crítica à poesia, diz-se: "os poetas mentem" (cf. Hesíodo, *Teog.*; Sólon, 21 D; Xenófanes, 1, 22; Píndaro, *Ol.*, 1, 28). Mas como é o mito que forma o conteúdo dessa poesia, isso significa que se dá ao mito, até mesmo nos pormenores, valor de realidade. É evidente que não cabe julgar o drama (ao qual, sobretudo, se refere Aristóteles) pela mesma medida, visto que, pelo simples fato de estar ligado às exigências da representação, não podemos considerar como verdadeiro o que se representa nem atribuir realidade ao mito que lhe dá forma: nesse caso seria necessário, com certeza, ver no ator o herói por ele representado! Mas não teriam constituído talvez, no primeiros tempos, ator e personagem uma só coisa? A tragédia grega nasceu do canto coral e são muitos os testemunhos de que os primeiros cantos corais já continham elementos do drama, na medida em que transmitiam, de forma imediata, um acontecimento mítico. Mas com isso se estabelecia

98 A CULTURA GREGA E AS ORIGENS DO PENSAMENTO EUROPEU

entre mito e realidade, entre poesia e verdade, uma relação bem distinta daquela dos poemas homéricos, relação que nos pode levar ao entendimento das mais intrincadas situações da tragédia. Possuímos um *peã* de Baquílides, recitado em Delos por um coro de conterrâneos seus, o coro dos Ceos, durante uma festa instituída por Teseu. Baquílides conta como Teseu, enquanto rumava para Creta com as moças e os rapazes atenienses, tendo no navio brigado com Minos, rei de Creta, jogou-se ao mar, submetendo-se a uma espécie de julgamento divino para demonstrar que descendia de Posídon e dele trouxera um manto de púrpura e uma coroa. Após haver vencido em Creta o Minotauro, Teseu havia, segundo o mito, dançado, em sua volta a Delos, a chamada dança da grua, que a partir de então passou a ser executada solenemente todos os anos. No final desse poema, diz Baquílides:

> As moças (no séquito de Teseu) cantavam hosanas e os mancebos, pouco depois, cantaram o *peã* com voz melodiosa. Apolo de Delos, alegra teu coração com a canção coral do coro dos Ceos e concede-lhes que alcancem o bem, segundo a vontade dos deuses.

Aqui, portanto, o coro de Teseu funde-se com o coro dos Ceos para os quais Baquílides poetou; nos últimos versos do canto, o coro é apresentado em situação idêntica à das personagens míticas por ele cantadas: e assim, o canto do coro mítico identifica-se com o canto do coro presente. Temos aqui, em embrião, um elemento do drama, da arte de representar. O mito transforma-se em realidade concreta, o que é um fato dos mais antigos. Mas como agora já não se executa a dança da grua de Teseu e sua aventura passou a ser "narrada" no canto, a representação coral adquire um caráter épico e, consequentemente, transforma-se sua relação com o mito. O mito já não é um fato que se repita nas cerimônias do culto, não é realidade que possa, nos momentos solenes, voltar a concretizar-se; é entendido como um fato que ocorreu uma vez no passado e é relatado "como história", mesmo mantendo um valor particular para a solenidade à qual é dedicado o canto. Portanto, encontramos aqui, entrelaçados, dois elementos que viviam separados um do outro, na narrativa épica e nas cerimônias do culto. Todavia, esse canto de Baquílides ainda não constitui um exemplo genuíno da relação do mito com a realidade da poesia coral grega, visto que fala de um acontecimento vivido por Teseu durante sua viagem a Creta, isto é, anterior à sua mítica empresa de Creta. Certamente, existiam em Delos cantos corais mais antigos relacionados com essa dança da grua, e que descreviam, em seguida, a vitória sobre o Minotauro, a libertação dos jovens e das moças e o feliz desembarque em Delos, relacionando, assim, o *peã* diretamente com Apolo. Essa forma primitiva de relação entre mito e realidade nos é conservada pelo himeneu de Safo, ele também, sem dúvida, um canto coral, que descreve as núpcias de Heitor, identificando-se, no final,

MITO E REALIDADE NA TRAGÉDIA GREGA   99

com o carme nupcial com o qual os troianos saúdam o jovem casal[1]. Esse mito dá luz e significado ao fato real, e já que o pensamento de que no presente se renova a solenidade celebrada por Heitor infunde uma sensação de segurança e contribui para elevar o sentimento, o mito passa, desse modo, a impulsionar a realidade presente.

A ideia de que o mundo está dividido em dois estratos, um superior e um inferior, e de que o superior dá sentido e valor ao inferior também é herança da poesia épica, herança anterior, que o coro recebeu juntamente com o elemento narrativo, mas que valorizou a seu modo. De fato, na épica, também o mundo daqui de baixo faz parte do mito, mas quem vela pelas empresas executadas pelos heróis na terra é o mundo dos deuses que dirigem e determinam todas as coisas.

A tragédia compunha-se, na origem, de dança e canto coral em honra a Dioniso, que os cantores executavam usando máscaras animalescas e assim assumindo uma forma primitiva do Divino: desse modo, mundo mítico e realidade terrena tornavam-se uma só coisa enquanto durasse a dança. A lírica coral e o drama têm, portanto, origens muito afins, mas diferenciam-se essencialmente pelo modo como ascenderam às grandes formas literárias, vale dizer, pelo modo como acolheram os mitos da poesia épica. Se, no final do *peã* de Baquílides o coro dos Ceos passa a constituir uma só coisa com as virgens e os mancebos de Teseu, isso é apenas um resíduo da primitiva forma do coro, totalmente sem importância para o restante do poema; já o drama baseia-se exatamente na transformação pela qual o coro "representa" as personagens do mito, encarna um papel, torna-se "ator". Se a lírica coral assume o caráter épico da narração do mito, adquire ela, desse modo, a liberdade de livrar-se de situações rigidamente fixadas. Pode Baquílides, assim, colocar, no centro do seu poema, um episódio da viagem de Teseu e dar-nos uma ligeira descrição que nada tem a ver com o desembarque em Delos e com a dança da grua. Da forma primitiva nada resta senão a narrativa da mítica viagem de Teseu, mas o coro não mais se identifica com as personagens do mito; delas, fala apenas. É a palavra, não mais a pessoa, que representa o fato. Mas diferentemente da épica, essa narrativa é feita no presente: todo o grande complexo da lírica coral do século V tende a dar valor à realidade terrena, mesmo quando o relato parece distanciar-se dos objetivos da representação coral. Ao falarmos do *peã* de Píndaro, observamos que os mitos ou referem-se a lugares e manifestações agonísticas, ou a antepassados, ou à pátria do vencedor, ou mesmo, mais frequentemente ainda, estabelecem cotejos com lugares e momentos do tempo do poeta, de tal modo, que o presente fique por eles "iluminado", e isso não só no sentido

1   Ver infra, pp. 72-73.

100 A CULTURA GREGA E AS ORIGENS DO PENSAMENTO EUROPEU

de que se constroem modelos, *paradeígmata* éticos, mas no sentido de que a particular situação do festejado é captada e entendida através do confronto que o poeta dela estabelece com o passado mítico, com algo de mais elevado, dotado de valor reconhecido, o que faz com que o festejado e mesmo aqueles que o festejam encontrem respaldo numa tradição veneranda. Ora, dado que a realidade pode ser interpretada de diferentes modos, há diferentes possibilidades de tratar o mito no canto coral. Uma festa nupcial, por exemplo, pode ser comparada a diversas núpcias do mito, um caso de luto, à morte de diversos heróis míticos e assim por diante: o mito podia, assim, desenvolver-se de forma livre em torno das mais variadas situações.

Bem diferente era a condição do drama. Quando o rico mundo dos mitos, tal como o forjaram os inúmeros poemas épicos e, recentemente, a lírica, desembocou na tragédia, o elo entre mito e realidade rompeu-se. A tragédia ática estava ligada a uma única situação ritual: a do culto a Dioniso; e o fato de que, ao contrário da lírica, ela se prendesse à representação através das pessoas do coro, isto é, ao desenrolar do mito na ação dramática, impedia que se conservasse na narração dos acontecimentos míticos, qualquer relação, por mais livre que fosse, entre o mito e a realidade do presente. O sentido religioso da ação dramática devia perder-se quando os executantes se voltavam para outras esferas do culto ou do mito e não eram mais seres a serviço de Dioniso.

Essa transição também encontrou oposições pelo fato de que, agora, tragédia "já não tinha nada a ver com Dioniso"[2], mas nos dramas de Ésquilo, o trespasse é total e neles já não há traço dos elos que, em outros tempos, uniram a ação ao culto dionisíaco; até mesmo o drama satiresco, no qual o coro dos Silenos ainda usava a máscara requerida pelo mito, é, no desenvolvimento da ação, completamente livre.

Com isso não retornamos, porém, a uma representação épica do mito. O drama não pode simplesmente seguir a realidade, porque deve transformar o fato segundo as exigências do teatro, deve subdividir a ação em cenas isoladas, que, como o palco grego não conhece pano de boca, devem desenvolver-se necessariamente num único lugar e necessariamente em tempo contínuo. A ação deve desenvolver-se no diálogo e, mesmo assim, num diálogo de três atores no máximo, visto que o tragediógrafo ático não tem mais que isso à disposição; o tempo limitado de que o trabalho dispõe exige composição cerrada e limitação ao essencial.

Portanto, se o drama se liberta das exigências da "realidade", tanto mais tenazmente se liga àquilo que poderíamos chamar de seu material de construção, isto é, às normas da representação, às leis artísticas. A

2 Su(i)das cf. οὐδὲν πρὸς τὸν Διόνυσον (3, 579 Adl.).

MITO E REALIDADE NA TRAGÉDIA GREGA   101

tarefa de entender a realidade passa, agora, para a prosa científica, que surge contemporaneamente à tragédia. E mesmo quando se fazem reflexões críticas sobre a tragédia (o que ocorre naturalmente apenas em fins do século V), já não se exige que o drama diga a verdade, que seja uma cópia da realidade; mas, ao contrário, a "ilusão" é considerada um meio necessário ao dramaturgo[3] e julga-se um erro o ater-se excessivamente próximo da vida real[4].

Como o drama se transforma em "representação", isto é, como de um lado se liberta da "realidade" das coisas representadas e, do outro, da forma imposta pelo culto, demonstra-o a evolução do drama satiresco, que, através do coro dos sátiros, ainda mantinha uma certa relação com o culto a Dioniso. Há pouco tempo conhecemos, e apenas em parte, dois dramas satirescos de Ésquilo, ao passo que antes só tínhamos conhecimento de dois exemplares mais tardios desse gênero dramático. Um desses dramas satirescos, os *Isthmiastaí*, apresenta os sátiros numa situação grotesca enquanto se exercitam para tomar parte nos jogos ístmicos. Traindo sua fidelidade a Dioniso, haviam-se posto eles a serviço de Posídon e, no santuário do Posídon ístmico, penduraram suas máscaras em oferta votiva. Seu pai, Sileno, procura em vão, com censuras e ameaças, chamá-los de volta ao antigo dever. Mas a competição é séria e eles perdem. Quando alguém (talvez o deus marinho Pálemon, relacionado com a fundação dos jogos ístmicos) lhes mostra o dardo (podemos, pelo menos, imaginar que seja um dardo, já que essa cena está muito fragmentada) com o qual devem começar o pentatlo, eles já não querem mais saber do mundo agonístico. E a cena final do drama provavelmente devia representar o seu retorno ao culto a Dioniso. Se essa reconstituição do drama for exata, a obra devia, portanto, representar um retorno às formas do culto a Dioniso; mas a verdadeira vida dramática da peça vem do fato de os sátiros terem sido transferidos para um ambiente que lhes era estranho: as competições ístmicas. Os mitos de Dioniso estavam quase exauridos e já não podiam fornecer matéria para os dramas satirescos; os sátiros foram então simplesmente transportados para outros mitos, com os quais eles nada tinham a ver. Isso se torna ainda mais evidente em outro drama satiresco de Ésquilo, recentemente descoberto, os *Diktyoulkoí*, ou seja, os *Pescadores*. Seu assunto é o mito de Dânae: Dânae teve um filho de Zeus, Perseu, e por isso é repudiada pelo pai, que a

---

3   Cf. Górgias, fr. 23, ed. Diels. Parece, efetivamente, que, desde o início, criticou-se a tragédia por ser uma "arte mentirosa", como o demonstra a anedota de Sólon e Téspis *in* Plut., *Sólon*, 29, 6. Essa anedota capta tão bem um novo aspecto do drama, o de falar sobre coisas sérias "de brincadeira" (μετὰ παιδιᾶς), que nos sentimos tentados a atribuir-lhe um certo fundamento histórico.

4   Cf. infra, pp. 123 e ss.

102   A CULTURA GREGA E AS ORIGENS DO PENSAMENTO EUROPEU

encerra com o filhinho numa caixa de madeira e a joga no mar. A ação inicia-se com a entrada em cena de dois pescadores que lançam a rede na orquestra (o que pressupõe, portanto, um aprofundamento do solo na própria orquestra). A pesca que fazem está tão pesada que eles não conseguem arrastar a rede para a margem e pedem ajuda; adianta-se então o coro dos sátiros e, ajudados por eles, os pescadores conseguem arrastar para a margem uma grande caixa na qual se acham a mulher adormecida e o pequeno Perseu. Um dos pescadores, Díctis, parte em busca de socorro e os sátiros são encarregados de vigiar, nesse meio tempo, os dois náufragos. Mas Sileno, o pai dos sátiros, apaixona-se instantaneamente por Dânae e lhe propõe casamento. Desesperada e cheia de desdém, Dânae invoca Zeus, que a colocou nessa situação, e ameaça enforcar-se caso for deixada à mercê daquele "monstro". Mas Sileno não se preocupa muito com isso; descreve ao pequeno Perseu a vida alegre que juntos levarão pelos bosques: Dânae, pensa ele, deve, na verdade, estar contente por ter enfim encontrado um tão bom marido, após viver tanto tempo como viúva, sobre o mar e, além do mais, fechada numa caixa. O coro prepara-se para a partida mas a cena final, que não chegou até nós, devia representar a caçada dos sátiros e de Sileno e o acompanhamento de Dânae até a cidade. Vemos que Ésquilo se vale de uma história que nada tem a ver com os sátiros e com Dioniso. Mas para o drama satiresco era necessário o coro dos sátiros. De maneira um pouco artificiosa, mas hábil, e com grande eficácia cênica, Ésquilo faz entrar em cena os sátiros, valendo-se do fato de que os pescadores não podem, sozinhos, arrastar a rede para terra e pedem ajuda; pretexto de que também se valerá mais tarde o drama satiresco para justificar a presença dos sátiros. O poeta tem de transformar o mito para adaptar-se às leis teatrais.

Como era natural, isso contribui largamente para a livre transformação dos antigos mitos e, visto que em Atenas, todo ano, representavam-se pelo menos três, quando não até mesmo seis novos dramas satirescos, sempre novos mitos foram recebidos nessa livre ação cênica. E o mesmo podemos dizer da tragédia que devia até mesmo apresentar um número três vezes maior de obras; mas por ter ela eliminado o coro dos sátiros, a ação desenvolvia-se, ali, inteiramente independente do culto a Dioniso.

Consideremos ainda uma vez o valor que têm mito e realidade para a poesia grega dos primeiro séculos e procuremos, por meio desses exemplos, determinar com maior precisão as diferenças entre os diversos gêneros de poesia. A épica narra o mito, ainda lhe atribui valor de realidade e constrói, por assim dizer, em dois estratos, o terreno e o divino, de modo tal que os acontecimentos que se desenvolvem no mundo ultraterreno vão determinar o sentido e o valor dos acontecimentos terrenos. A um exame mais atento, revelam-se outros

MITO E REALIDADE NA TRAGÉDIA GREGA   103

dois estratos da realidade, que servem, eles também, para explicar o evento mítico-terreno: isto é, os exemplos extraídos da antiguidade, que ficamos conhecendo pela história dos heróis e que guiam o homem para o conhecimento do eu, e, em segundo lugar, os símiles homéricos, nos quais imagens extraídas da realidade do presente são usadas para ilustrar os acontecimentos da ação épica. As comparações míticas elevam-nos a um mundo que fica a meio caminho entre o mundo dos deuses e o dos heróis de que trata a epopeia, ao passo que os símiles transportam para o mundo da épica um fragmento da realidade presente ao poeta. Esses "estratos intermédios" dados pelas comparações e pelos símiles constituem os primeiros degraus das deduções analógicas dos quais se servirá mais tarde o método empírico[5].

Nas origens da lírica coral e do drama temos a dança sacra, pela qual o mundo dos deuses se identifica com a realidade terrena do presente. Aqui, "realidade" tem um sentido completamente distinto da realidade da narração épica: não se trata de um fato verdadeiro ou falso, acontecido outrora, que pode ser "narrado"; o acontecimento mítico "revive" na ação dramática. Para atores e espectadores essa representação "é" o acontecimento mítico e, todavia, em certo sentido, não o é, na medida em que se sabe que o herói é agora "representado" por este ou aquele ator. Aqui é ainda mais difícil do que no caso de a narrativa estabelecer o que seja a realidade mítica. É, como diríamos sob um ângulo moderno, um acontecimento "significativo", cujo significado pode sempre reatualizar-se e que – repetindo Aristóteles – não se limita apenas ao particular mas tende para o universal. A lírica coral mais madura abrange, portanto, o elemento narrativo próprio da épica, mas ainda se apoia firmemente na relação entre presente e passado mítico: a realidade do presente passa, assim, a ser "iluminada" pelo relato do mito e adquire, desse modo, um significado profundo; mas o mito só pode desenvolver essa função quando, como na épica, ainda for considerado como "real", embora assumindo, cada vez mais, o caráter de uma particular realidade superior. O drama, ao contrário, liberto dos laços que o prendiam ao culto, desvencilha-se de toda relação com a realidade do presente e, ao mesmo tempo, tira do mito o caráter de realidade, transformando-se em ação cênica. Falta, portanto, ao drama aquela subdivisão em estratos própria da épica e da poesia coral. Toda relação, seja com a realidade histórica seja com a do presente, parece solta, e o mito torna-se um mundo em si que só existe na ação dramática. Esse livre desenvolvimento da ação já existia naturalmente antes, nas fábulas e nas historietas, e nem mesmo o drama satiresco está isento de sua influência. Mas qual a situação do drama sério? Se em relação à tragédia alguém pergunta: o que se representa

5   Cf. infra, pp. 195 e ss.

104 A CULTURA GREGA E AS ORIGENS DO PENSAMENTO EUROPEU

aqui é verdade? –, não se poderá responder: não. – Então é pura mentira? – Não: também não! – O critério da verdade e da mentira, que se podia usar para a épica, perde toda serventia. Revela-se, aqui, uma nova relação com a realidade.

Também nas artes plásticas atenienses transforma-se nessa época a relação da obra de arte com a realidade. B. Schweitzer[6] observou que nas inscrições dos monumentos dos primeiros séculos, a estátua é identificada exatamente com a pessoa que ela representa: a imagem é a pessoa representada. Sob a estátua está escrito, por exemplo, assim: "Eu sou Cares, senhor de Teiquiússa". Apenas em Atenas encontramos estas inscrições: "Eu sou a imagem, o monumento fúnebre, a lápide de fulano de tal". Na Ática, portanto, a obra artística não se identifica com a pessoa que ela representa. Isso significa que aqui as artes plásticas não são consideradas como um campo particular e isolado em si mesmo: a arte não é simplesmente a realidade, mas dela se aparta. A arte imita a realidade, representa-a somente, revela seu "significado", e torna-se, por isso, uma nova e particular realidade. Como para a tragédia, assim também para a arte em geral é justamente esse apartar-se da realidade que amplia o círculo dos objetos representados, possibilita um tratamento mais livre do assunto e permite à arte desenvolver-se livremente. Naturalmente, como nas artes plásticas, assim também na tragédia, longo será o caminho que leva à invenção livre visto que, repetimos, embora a arte de caráter sério já não apresente a "realidade", ela não "mente" e, embora os mitos da tragédia se tornem cada vez mais intrincados, a "ação cênica" ainda conserva, nos primeiros tempos, muito da antiga "verdade", isto é, mantém com a realidade uma relação diferente da fábula ou da comédia; nem de outro modo se poderia explicar por que a arte se dedicou tão seriamente às suas tarefas, salvo porque se tratasse justamente da "realidade". Num certo sentido, é exatamente esse ato de independência que traz tanto a tragédia quanto as artes plásticas para a "realidade"; e de fato, a partir dessa guinada decisiva da arte, abre-se uma via direta para a realismo, tanto na literatura quanto na escultura e na pintura. Surge aqui, portanto, um conceito da realidade totalmente novo e não muito fácil de entender. Assim também nos sentimos embaraçados por não mais podermos usar simplesmente os conceitos de "verdadeiro" e de "real" para a arte, tendo, para indicar a relação da obra artística com a realidade, de recorrer a um conceito tão vago e incerto como este, por exemplo: a arte deve "conformar-se" à realidade.

Ter-se-á então de entender a realidade como algo que só possa ser representado no drama? A tragédia ocupou-se, muito menos do

6 *Die Entstehung des griechischen Porträts, Abh. d. säehs. Akd d. Wiss, Philol.--hist.*, Kl. Ed., Leipzig,1939, 4. Cf. P. Friedländer, *Epigrammata*, p. 10.

MITO E REALIDADE NA TRAGÉDIA GREGA

que a poesia primitiva, com os acontecimentos representados, fossem eles verdadeiros ou falsos, ao passo que se ocupou a fundo com os homens que aparecem agora sob um aspecto totalmente diferente. Para melhor compreendermos a nova concepção do homem, a nova forma com que o representam na tragédia, é imprescindível, mais que um confronto com a lírica coral, o cotejo com a lírica individual grega dos primeiros séculos, na qual o homem fala de si daquele mesmo modo como, na tragédia, as personagens exprimem seus sentimentos, seu pensamento e sua vontade.

Um feliz acaso conservou-nos um dos primeiros dramas de Ésquilo: trata-se realmente de um acaso, pois a obra nos foi transmitida através de um único manuscrito: durante séculos, essa tragédia existiu num único exemplar; data do último decênio do século V, foi provavelmente escrita uns quinze anos antes da batalha de Salamina; pertence, portanto, ao período pré-clássico, à era arcaica. Ainda é formada principalmente de cantos corais e, por isso, em longos trechos, tem mais o caráter de uma cantata do que de um drama. O coro é constituído pelas filhas de Dânao; estas vêm com o pai do Egito para Argos, para fugirem dos primos, filhos de Egito que as querem obrigar a desposá-los. Partem com uma nave refugiando-se na Grécia, onde esperam encontrar proteção em Argos, pátria de sua antepassada Io que, amada por Zeus e perseguida pelo ciúme de Hera, gerou no Egito o filho de Zeus, do qual descendem os irmãos Dânao e Egito como netos, e as Danaides e os Egípcios como bisnetos. O coro das Danaides apresenta-se, suplicando, numa prece angustiada a Zeus para que este lhes dê aquela proteção com que sempre é recebido o estrangeiro indefeso, e entre muitos lamentos narram elas sua história.

Aparece o rei de Argos, Pelasgo, e pergunta-lhes o que desejam; quando elas lhe pedem proteção, ele de pronto percebe que isso significa, para a sua cidade, a guerra contra os Egípcios; mas recusar proteção às suplicantes significaria atrair sobre si a ira de Zeus. Em sua angústia, as jovens ameaçam até mesmo suicidar-se diante do altar, caso o rei não as proteja, o que lançaria uma terrível mancha de infâmia sobre a cidade. Decidido a tomar o partido das jovens suplicantes, o rei entra na cidade para apresentar o caso ao povo. Depois de uma prece do coro, Pelasgo volta e anuncia que todos os cidadãos decidiram conceder a proteção.

Os coros dessa tragédia estão cheios de φόβος (*phóbos*), de angústia, mas essa não é uma característica particular da obra, uma das primeiras de Ésquilo; pois o pouco que nos chegou da peça do precursor de Ésquilo, Frínico, já nos permite observar que também ele conferia às lamentações uma parte muito importante nas suas tragédias. E tanto Ésquilo quanto Frínico procuraram intensificar o tom da paixão por meio de coros femininos e de um ambiente oriental.

106   A CULTURA GREGA E AS ORIGENS DO PENSAMENTO EUROPEU

O senso de impotência é o tema predominante da primitiva lírica pessoal; ela levou os primeiros líricos a falar de sua vida interior, da alma, da profundidade de seus sentimentos. O coro da tragédia intensifica esse sentido de debilidade e impotência. E soa aqui bem mais pungente o canto, pois em Frínico e em Ésquilo não se trata apenas de esperanças desfeitas, de dor e de renúncia, mas sim da vida. Essa intensificação do sentimento deriva naturalmente do fato de que as situações desesperadas que se apresentam no drama não são acessíveis à lírica, visto que os líricos falam da angústia de suas próprias vidas, mas quando esta se intensifica a ponto de ir-se a própria vida, já não mais se pensa em escrever poemas. E no drama, a representação do medo e da angústia é muito mais intensa do que o pode ser na épica. Visto que, no drama, o homem apresenta-se a nós de forma imediata, com sua dor vivida. Pode, assim, a arte assumir, no drama, um caráter de maior seriedade. À angústia do coro nem mesmo é útil o pensamento que confortava o poeta lírico arcaico em sua dor: o de que a eterna vicissitude da vida humana traz consigo ora dor, ora alegria. Quando a própria vida está ameaçada, não tem mais sentido a esperança de que um dia a sorte possa mudar. Assim, o sentido da presença da morte que nos é dado também pelos líricos, faz-se, no drama, mais real do que na lírica, na medida em que determinadas formas da vida só se podem representar como experiências do homem quando nos afastamos da realidade. Mas o sentimento de angústia do coro não se distingue do senso de impotência do poeta lírico apenas pela intensidade; Ésquilo dá-nos, aqui, algo de novo em relação a Frínico.

As Danaides são jovens frágeis; os filhos de Egito ameaçam--nas em seus direitos com violência brutal. E assim esse coro suscita um sentimento que é algo mais que a piedade que podiam despertar os coros de Frínico, mais que a simpatia e a participação espiritual e sentimental suscitadas pela poesia lírica. O fato de que o direito tenha sido ofendido é coisa que atinge o ouvinte numa medida bem diferente da de uma dor ou de uma desgraça. Aqui se verifica algo que não pode ser permitido, que deve ser eliminado se se quer manter robusta a fé na ordem do mundo: algo que nos impele à ação. Também essa dor leva o homem a meditar sobre sua vida interior e a considerar-lhe as profundezas, a descobrir nela algo que vá além do puramente individual; mas não se trata aqui apenas de descobrir ou de reconhecer esse mundo espiritual: o valor espiritual que aqui encontramos, isto é, o direito, exige a ação.

Essa ação ocorre nas *Hiketídes* (*As Suplicantes*), de Ésquilo, e é exatamente isso que causa o surgimento da cantata lírica na tragédia. Quando as Danaides ameaçam matar-se e assim incitam Pelasgos a ajudá-las, diz o rei:

MITO E REALIDADE NA TRAGÉDIA GREGA 107

δεῖ τοι βαθείας φροντίδος σωτηρίου
δίκην κολυμβητῆρος ἐς βυθὸν μολεῖν
δεδορκὸς ὄμμα μηδ᾽ ἄγαν ᾠνωμένον[7].

E Pelasgo põe-se a refletir. O coro acompanha sua meditação com os versos:

φρόντισον καὶ γενοῦ πανδίκως
εὐσεβὴς πρόξενος[8],

que, como marteladas, inculcam-lhe o pensamento de que deve decidir-se. Depois de haver assim refletido, o rei desce para a cidade a fim de entregar a decisão ao povo. Embora a cena não tenha valor imediato para a ação, Ésquilo enobreceu-a com todos os recursos do alto estilo, e esse contraste entre a solenidade pomposa e as proporções modestas da ação, poderia imprimir à cena um leve toque de comicidade (chega quase a lembrar certas cenas do teatro de marionetes), caso não nos déssemos conta da novidade e da importância do fato aqui apresentado para a história do espírito grego e mesmo do espírito europeu. Jamais na poesia dos primeiros séculos o homem luta tanto para tomar uma decisão, vai tão "a fundo" com o pensamento antes de resolver-se; aqui, pela primeira vez, alguém luta pela responsabilidade e pela justiça, para afastar o mal. Surgem, assim, novos conceitos em torno dos quais futuramente se concentrará o drama e que, mesmo fora da tragédia, assumirão importância cada vez maior. Nessa cena, da situação do coro nasce, como consequência, o senso do direito ofendido, ou melhor, a situação foi criada a fim de ser resolvida com a intervenção de uma ação consciente. A ação é conduzida de modo que Pelasgo venha a encontrar-se diante de duas obrigações: deve escolher entre o bem de sua cidade e a justa demanda das suplicantes. Cabe-lhe, assim, refletir para decidir por sua conta de que lado se acha a obrigação maior, o direito. O pouco que conhecemos das tragédias de Frínico demonstra-nos que semelhante ação, que nos parece tão natural e necessária (pelo menos que emerge de forma tão imediata e elementar a nosso pensamento teorético), ainda não existia em sua obra; nos dois dramas de Frínico que conhecemos, a catástrofe irrompe de improviso no curso da ação e, diante dela, o coro só pode ter reagido com cantos de angústia e lamentação. Não há lugar para uma ação direcionada para a salvação nem é possível encarar o problema do direito: o espectador limita-se, portanto, à compaixão, isto é, àquele sentimento também provocado pela lírica arcaica; embora

---

7 "Convém agora, com profundo pensar, buscar salvação, qual nadador que às profundezas desce, com visão clara, sem incerteza."

8 "Reflete! Sê para nós segundo o justo direito protetor!"

108 A CULTURA GREGA E AS ORIGENS DO PENSAMENTO EUROPEU

aqui, diante da representação viva do fato, esse sentimento assuma um grau de intensidade mais alto.

Pelasgo revela o caráter equilibrado do grego diante dos Egípcios, que agem como bárbaros, e diante da passionalidade oriental das Danaides. Também nas outras tragédias de Ésquilo, o contraste entre o que é estrangeiro e o que é helênico é concebido no sentido de que tudo o que há de excessivo, de complicado, de afetado, é estrangeiro; grego é o que é simples. Nessa distinção, reflete-se o advento do estilo clássico: a exuberância arcaica é superada pela severidade e pela simplicidade, de tal modo que a procura daquilo que é grego não pressupõe apenas uma oposição ao Oriente, mas também ao passado nacional recente: é uma volta ao original e genuíno mundo grego. Mesmo aquilo que se apresentava como uma nova conquista, isto é, a seriedade da autoconscientização, a essencialidade e a simplicidade do comportamento, nada mais era do que uma volta à verdadeira essência grega.

Nas cenas dos poemas homéricos em que o homem medita sobre o que deverá fazer, falta exatamente aquele elemento que caracteriza a cena de Pelasgo em Ésquilo; isto é, o elemento que transforma a decisão em ação verdadeira: em Ésquilo, a escolha torna-se um problema que o homem só pode resolver sozinho, e que se sente mesmo no dever de resolver. Em Homero, as cenas em que o homem deve refletir e tomar uma decisão têm uma forma típica; de alguém que reflete, diz-se primeiro: "pensou se deveria fazer esta ou aquela outra coisa"; e em seguida: "enquanto estava refletindo sobre isso...", e a solução pode ocorrer de dois modos; às vezes, Homero diz: "Pareceu-lhe que seria melhor fazer esta ou então aquela outra coisa"; às vezes, ao contrário, fala da intervenção de um deus que determina a decisão do homem (como acontece na *Ilíada)*, ou então (como às vezes na *Odisseia*) é a aparição de uma segunda pessoa que provoca a decisão. Nas fórmulas "pareceu-lhe ser melhor", ou seja, traduzido literalmente: "pareceu-lhe que seria mais conveniente, mais vantajoso", a decisão ocorre na medida em que uma das possibilidades se apresenta àquele que reflete como a mais útil. Não existe aqui, portanto, uma escolha subjetiva e muito menos uma luta para a decisão: é, pelo contrário, um dos objetos que se apresenta como mais vantajoso. E se é a divindade quem dá o empurrão decisivo, então não se trata mais de uma ação do sujeito; nesse caso, o homem é determinado por uma força externa[9].

O grande interesse que Ésquilo apresenta em suas tragédias pela ação humana como fato interior, e, portanto, não reduzido a pura reação ou a estímulo, ou a uma determinação externa, fica também patente em outro de seus fragmentos, recentemente encontrado, e que,

---

9   Cf. Christian Voigt, *Überlegung und Entschiedung. Studien zur Selbstauffassung des Menschen bei Homer*, Diss. Hamburgo – Berlim 1933.

MITO E REALIDADE NA TRAGÉDIA GREGA   109

pela primeira vez, nos faz conhecer mais de perto uma tragédia onde Ésquilo trata de um tema homérico. Esse fragmento de um papiro dos *Mirmidões* foi achado no Egito, junto da citada cena do drama satiresco. Aquiles irritou-se com Agamêmnon e mantém-se longe do combate. Assim, os troianos conseguem vencer os gregos e avançar até os navios. Na cena de Ésquilo, o navio de Nestor já está em chamas, e por isso, o filho de Nestor, Antíloco, é enviado a Aquiles para implorar-lhe que aplaque sua ira e retome as armas. Entrementes, os guerreiros de Aquiles, os mirmidões, haviam-se rebelado contra seu chefe e, na aflição, acusam-no de traição por sua recusa em participar da luta, chegando mesmo a ameaçá-lo com a pena dos traidores, a lapidação. Esse tema foi introduzido pela primeira vez por Ésquilo no mito e nos foi revelado, para surpresa nossa, pelo papiro recentemente descoberto. O diálogo entre Aquiles e Antíloco aí contido explica-nos o porquê de Ésquilo ter inventado o episódio da ameaça dos mirmidões; agora Aquiles está verdadeiramente decidido a não combater pelos gregos. Deveria, talvez, ceder "por medo dos Aqueus"? Acusam-no de traição a ele, o mais nobre dos príncipes, e de todos o mais operante. Ésquilo consegue, assim, atingir seu escopo: Aquiles persiste em permanecer longe do combate, por decisão consciente e espontânea. Seu desprezo por Agamêmnon, que na épica representa o único motivo de sua inação é, em Homero, como se observou acertadamente, quase um poder estranho, mais forte que ele, que o domina e contra o qual ele não consegue opor resistência[10]. Ésquilo, ao contrário, apresenta a ação de modo que Aquiles não possa, por uma razão interior, voltar ao combate: por decisão consciente, ele permanece em sua tenda.

Sabemos que, em Ésquilo, Aquiles voltará ao campo de batalha para vingar a morte de Pátroclo, obtendo, assim, glória e morte precoce ao invés de vida longa e inglória. Mas, mesmo antes, fora possível supor que Ésquilo encenaria uma escolha e uma decisão consciente por parte de Aquiles e tivesse sido, portanto, o descobridor desse tema. Em Homero, de fato, nenhuma alusão se faz a essa livre escolha de Aquiles e é somente o destino que decide se Aquiles deverá morrer jovem e glorioso ou ter vida longa e permanecer desconhecido; mas Platão, mais tarde, fará com que Aquiles escolha para si, em ato consciente, o destino mais nobre[11]. Para Ésquilo, como nos revela o seu Pelasgo e como podemos deduzir também das suas outras obras, essa autodecisão é um tema central e, do momento em que a nova cena dos *Mirmidões* nos fazer ver como, desde o princípio da trilogia, dá-se relevo à razão

---

10   W. Schadewaldt, *Hermes*, 71, 1936, pp. 25 e ss.

11   Antes de mais nada, *Apologia*, 28 D. Que isso não acontece em absoluto por acaso fica sublinhado acertadamente por Friedrich Mehmel, em "Antike und Abendland", 4, 1954, 28.

110 A CULTURA GREGA E AS ORIGENS DO PENSAMENTO EUROPEU

consciente de Aquiles, com maior razão nós a consideraremos como o ponto culminante da tragédia e como o acontecimento decisivo na vida de Aquiles, e até mesmo colocaremos esse ato de decisão na segunda parte da trilogia, ali, onde Aquiles volta ao combate. Na terceira parte, quando Príamo se apresenta para conseguir de Aquiles o cadáver do filho, Heitor, Aquiles já devia, portanto, saber que sua morte estava próxima, e isso conferia grandeza à sua reconciliação com Príamo. De qualquer modo, parece-me indiscutível que foi Ésquilo quem deu da figura de Aquiles essa última interpretação, viva até hoje[12].

Já dissera Aristóteles que a *Ilíada* dava matéria para uma única tragédia. Quando Ésquilo usou essa matéria tão rica para compor uma trilogia, teve necessariamente de restringir o andamento largo e vagaroso dos acontecimentos. Homero pode preparar lentamente cada evento. Mas todos os pormenores significativos, que conferem à ação um movimento tão natural, têm, necessariamente, de desaparecer na tragédia. Para fazer convergir toda a ação para aquele único gesto de Aquiles, Ésquilo não só elimina muitos pormenores por meio dos quais Homero nos encaminhava gradativamente para a virada deci-siva, fazendo-nos, por assim dizer, deslizar lenta mas incessantemente, junto com Aquiles, para o seu destino, mas cria também temas novos como o da lapidação. Aquiles mantém, assim, conscientemente, sua atitude de desafio, e a decisão de voltar à luta, que desmente essa ati-tude, terá tanto maior relevo, dificultada que é pelo fato de Tétis, sua mãe, que na segunda parte da trilogia entra pessoalmente em cena e lhe traz novas armas, admoestá-lo para que não entre em combate, pois aí logo encontrará a morte. Também esse tema foi realçado por Ésquilo em relação à epopeia. Mas quanto perde em naturalidade a cena, agora que Ésquilo assim "preparou" a ação de Aquiles! Em que ocasião chega o homem a encontrar-se na necessidade de escolher, conscientemente, entre uma morte gloriosa e uma vida longa, quando, de acréscimo, a escolha da morte se torna para ele interiormente tão difícil? Mas por ventura não são também as outras cenas da tragédia de Ésquilo aguçadas de modo igualmente pouco natural? E Pelasgo, que deve, num momento, decidir a sorte das suplicantes e da cidade? E Orestes, que tem de assumir a tarefa monstruosa de assassinar a mãe? Mas por ventura não vivem todas as tragédias dessa situações exasperadas, de parricídios, infanticídios, fratricídios, incestos?

Ésquilo procura essas situações, visto que não se interessa tanto pelo acontecimento quanto pela ação humana e, para ele, a quintessên-cia da ação humana faz-se presente no ato de decisão. Assim como o químico, para obter uma imagem clara e límpida das reações, junta na

---

12 Na *Aquileida*, de Goethe, a Atena-Antíloco diz a Aquiles: "Todos os povos glo-rificam a tua justa escolha de vida breve e gloriosa".

MITO E REALIDADE NA TRAGÉDIA GREGA 111

proveta reagentes que raramente ou nunca se apresentam combinados desse modo na natureza, assim também o dramaturgo constrói ações dramáticas para poder representar com clareza a quintessência do agir[13]. A tragédia não se atém rigidamente aos acontecimentos do mito, não os considera uma realidade histórica como o faz a epopeia, mas busca os motivos dos acontecimentos na ação humana e assim põe de lado o fato em si. Mas também pouco se preocupa a tragédia mais antiga com introduzir na ação a realidade da vida quotidiana, que ainda está bem longe de dar-nos completas e precisas motivações psicológicas. Foi Ésquilo o primeiro a conceber a ação humana como resultado de um processo interior e, desse processo, ressaltou (como sói acontecer nas descobertas de caráter fundamental) exatamente o ponto essencial; nas situações trágicas, ele procura dar-nos uma representação o mais possível clara da ação humana na sua essência. Na vida quotidiana, no desenrolar da vida real, o que ocorre é um confluir e um entretecer-se de mil motivos, e a forma fundamental e genuína da ação, o livre ato da decisão, só aparece através de pálidos reflexos. A tragédia, todavia, pode reconstruir com precisão essa "forma-prima" da ação pondo um homem, que tenha o senso do direito e conheça o seu destino, diante de duas exigências de valor quase igual e fazendo-o escolher uma morte gloriosa.

É verdade que nem mesmo a epopeia acolhe indiscriminadamente todos os pormenores do mito; mesmo a poesia lírica diz apenas o essencial. Mas quando a tragédia enfatiza determinados temas, ocorre uma mudança fundamental: a representação do essencial, vale dizer, do real, transformou-se.

Se a ação é estilizada na sua forma essencial, isso significa que a verdadeira realidade só existe no pensamento, na ideia. A ação, na forma concentrada em que a entende Ésquilo, é apenas um caso ideal. Aqui, agir não significa apenas reagir a um fato preexistente e sim, fixar um ponto de apoio para o futuro. Decisão, direito, destino, todas essas concepções tão importantes para Ésquilo (e em geral para a tragédia) apresentam-se ao homem, da forma mais precisa e mais clara, no momento da ação. Visto que o peso da responsabilidade só se sente diante da ação, a justiça apresenta-se, na sua forma pura, apenas como uma meta, ou seja, na vontade; na ação já efetuada, sempre se poderão também individuar outros motivos; a ansiedade diante do destino manifesta-se apenas em relação ao futuro. Porém essa ação, que ainda deve ser realizada, não constitui ainda nada de empírico: só pode ser concebida estritamente como caso ideal. Característico é o fato de que

---

13 W. Goethe, *Maximen und Reflexionen* (1050, ed. Hecker), diz: "É tarefa e ação do poeta trágico representar no passado, em forma de claro experimento, um fenômeno psíquico e moral".

112   A CULTURA GREGA E AS ORIGENS DO PENSAMENTO EUROPEU

o tema da lapidação introduzido por Ésquilo na sua tragédia não seja para Aquiles um tema a favor de sua ação, mas sim contra ela: foi criado para tornar-lhe ainda mais difícil a escolha certa. Visto que a ação nobre não tem causas determinantes: é determinada teleologicamente pela meta. Mas existem causas que podem impedir ou tornar mais difícil a escolha.

Pelasgo, Aquiles, Etéocles, Orestes: todas essas figuras esquilianas não se deixam desviar de suas ações nem mesmo pelas razões mais fortes. Poder-se-ia pensar que suas situações inaturais, exasperadas, não interessem ao homem simples e comum, mas toda vez que o homem se sente livre diante da ação justa, encontra, nessas figuras, representações ideais de si mesmo, e, na ação delas, formas "ideais" de sua própria e mais íntima experiência, visto que a situação de quem se defronta com uma ação decisiva é aqui expressa de forma típica e mais clara. Na tragédia, não é mais possível a subdivisão do mundo em dois estratos, em que um confere sentido ao outro, e sobre as figuras da tragédia esquilana já não reluz tão naturalmente o esplêndido mundo dos deuses que dava sentido e valor à vida terrena: agora é o homem que avalia os acontecimentos segundo seu próprio senso de justiça. Quando Homero explica os acontecimentos terrenos através da ação e da palavra dos deuses, essas palavras e essas ações são fatos que se podem descrever objetivamente, e quando ele relata fielmente esses eventos divinos, os acontecimentos terrenos tornam-se mais ricos de sentido para o ouvinte, que, como o poeta, atribui realidade e valor ao mundo dos deuses. E visto que para os heróis o divino, o significativo, o maravilhoso se apresenta de forma unívoca e simples, também aquilo que o homem tem de nobre e de gentil manifesta-se com reações imediatas na ação e na palavra. O homem ainda pode encontrar refúgio num mundo que não conhece a dúvida, que lhe fala com voz clara e a que ele responde do mesmo modo, e o divino, que só transcende o humano na medida em que lhe é superior, tem existência certa e estável, independente do pensamento humano. Em Ésquilo, esse mundo dos deuses já é mais dúbio; na *Oresteia*, duas divindades propõem suas vontades a Orestes: Apolo, que ordena o matricídio, e as Eumênides que punem o matricida. E no meio dessa dúplice exigência do divino está o homem, solitário, sem ter em quem apoiar-se se não em si próprio. E se Atena, no final das *Eumênides*, traz a conciliação, como tudo isso está agora longe daquela simples naturalidade do mundo homérico! Para Ésquilo, Zeus é ainda o diligente protetor da justiça, mas já se separa da realidade imediata do mundo. Não é mais o deus que guia os acontecimentos com a ação e a palavra, mas já é quase um ideal, já perto de identificar-se com a imagem da justiça.

Abandonado, assim, às suas próprias forças, o homem encontra ainda em Ésquilo um sólido apoio na justiça, mas já o sentimos onerado por um peso que se poderá tornar excessivo: pode ser que o

MITO E REALIDADE NA TRAGÉDIA GREGA 113

terreno lhe fuja sob os pés. De distâncias cada vez mais vastas fala o deus; o homem começa a refletir criticamente sobre o Divino e, quanto mais confia nas próprias forças, mais sozinho fica. Já as figuras de Sófocles são mais solitárias que as de Ésquilo. Édipo, Antígona, Ájax são vistos como "homens de ação". Também eles agem segundo ideias pessoais precisas, mas, nesse caso, em contraste consciente com o mundo que os circunda. E assim a ação conduz à ruína.

As personagens de Eurípides, em seguida, soltam-se ulteriormente dos antigos laços, visto que Eurípides procura captar sempre com maior clareza aquilo que, desde os tempos de Ésquilo, era considerado como a realidade do homem e de sua ação: a espiritualidade, a ideia, o motivo da ação. Tudo o que na época anterior era honrado através da imagem da luz como um valor universalmente reconhecido – a glória radiante, a ação luminosa, a esplêndida representação das figuras dos heróis – empalidece cada vez mais diante das novas questões: Que impulso os impeliu à ação? Foi justo o que eles fizeram? E esse esplendor divino empalidece tanto mais rapidamente na medida em que Eurípides tem um senso exasperado da diversidade que transita entre substância e aparência.

Os primeiros a estabelecer essa distinção entre substância e aparência haviam sido os poetas líricos arcaicos que haviam reconhecido aos valores espirituais importância maior do que aos valores exteriores; mas não tinham eles ainda relacionado essa distinção com a ação humana e seus moventes. Também os filósofos haviam estabelecido uma distinção entre ser e parecer, criando, assim, um novo conceito de "realidade" que não se referia nem ao mundo do espírito nem ao do sentido nem ao do valor, mas apenas ao mundo exterior, cognoscível. Enquanto buscavam em cada devir, além da "pura aparência", o elemento essencial e duradouro, revelava-se em traços cada vez mais definidos uma realidade abstraída do sensível, uma realidade não perceptível, mas apenas pensável.

Já em Ésquilo a ideia do ser está ligada à da justiça, a aparência pertence à *hýbris*. Assim, nos *Sete contra Tebas*, os vaidosos inimigos de Tebas ostentam insígnias soberbas, ao passo que aquele que pensa retamente prefere "ser" a "parecer". No tempo de Eurípides, esse contraste reflete-se de vários modos na crítica do conhecimento, do mito e da moral; a todo instante vem à tona no pensamento de Eurípides, podendo até mesmo ser observado em sua concepção daquilo que, no sentido mais corrente da palavra, chamamos de realidade.

O pouco apreço que tem Eurípides pelo valor material das coisas e a nenhuma importância que ele atribui à riqueza ainda nada têm de novo: esses "valores exteriores" já eram desprezados pelos antigos poetas líricos. Também o gosto do fausto e da cor, que tão vivo se mantivera até os mais tardios tempos arcaicos, desaparece de todo

114   A CULTURA GREGA E AS ORIGENS DO PENSAMENTO EUROPEU

em Eurípides. Se eram características de Ésquilo as roupas luxuosas, para Eurípides o comum são os andrajos que vestem certas personagens. A vida simples do dia-a-dia é mais verdadeira para ele do que o fausto solene. Sentimos, nessa concepção, além da influência de ideias filosófico-empíricas, o influxo de novas ideias sociais, mas, no fundo, também elas nos demonstram que, na Atenas do século V, vai-se extinguindo a convicção de que o Divino se revela através da magnificência do mundo das aparências; elas nos dizem que os problemas da retidão no agir tornam-se cada vez mais determinantes na busca da realidade dotada de valor autêntico. E mais: em Ésquilo, também as coisas podem tomar parte na ação, como, por exemplo, em *Agamêmnon*, o velho machado homicida ou o tapete que o rei pisa no retorno à pátria. Diríamos que esses objetos constituem símbolos, e é sob esse nome que determinados objetos significativos são introduzidos também no drama moderno. Mas para Ésquilo ainda não existe essa categoria de objetos de valor derivado; nele, eles têm um valor imediato e são quase vivos. E diante do novo senso da realidade que nascia nessa época, isso devia parecer inatural, dar impressão de magia: os objetos são coisas mortas, agir só o homem pode.

Influxo ainda mais duradouro têm essas novas conquistas do conhecimento sobre a interpretação e a representação do agir humano. Quanto mais se tende a considerar o espírito humano como a verdadeira realidade vivente, tanto mais rica parece a vida da alma e, a partir do momento em que a realidade da existência humana passa a ser cada vez mais encontrada no campo espiritual, cada vez maior será o empenho do drama em investigar os motivos espirituais. Todos sabemos quão vasto foi o campo aberto por Eurípides com suas tragédias. Liberto do emaranhado das forças divino-terrenas, o homem torna-se fonte de efeitos e de ações, deixa-se guiar apenas por suas paixões e pelo conhecimento: todo o resto não passa de vaidade e aparência. Mas quem ousará penetrar na essência humana? Quem ousará sondar o próprio eu até o fundo? O conhecimento do homem e do próprio eu torna-se agora tarefa da reflexão, como tarefa da investigação era o conhecimento da natureza. A realidade não é mais simplesmente algo dado. Seu verdadeiro valor não mais se apresenta de forma imediata através dos acontecimentos terrenos, e o significado do mundo das aparências não mais se revela diretamente ao homem: isso significa exatamente que o mito está morrendo. As figuras míticas já não se apresentam aos olhos do poeta em sua realidade mítica, com suas qualidades características, com suas empresas de reconhecido valor; e assim é que Eurípides crê ser sua tarefa nelas buscar um valor que as torna de novo fidedignas. Para ele, essa não é uma transformação arbitrária do mito; ao contrário, ele acredita voltar à verdadeira essência dessa figuras, aprofundando-lhes os motivos espirituais e psicológicos.

MITO E REALIDADE NA TRAGÉDIA GREGA 115

Por conseguinte, Eurípides desenvolve aquilo que Ésquilo havia iniciado: a realidade que o drama procura está no mundo do espírito e, para dar realce a essa realidade, deve ele, por sua vez, reduzir os acontecimentos a formas estilizadas e puras; cria, assim, situações exasperadas; onde tudo tende para uma ação decisiva, mas esforça-se em fazê-las parecer naturais por meio de um ambiente mais próximo da realidade e mediante motivações psicológicas. A necessidade de representar a essência da ação também leva Eurípides ao jogo cênico, isto é, a uma realidade artística que não é a realidade da vida. Melhor: a essa nova forma de tragédia, embora na aparência mais próxima da realidade, a realidade da vida oferece menos matéria do que a Frínico e a Ésquilo. As tentativas de uma tragédia histórica foram logo abandonadas pelos gregos, dado que o mito se prestava mais facilmente do que a história a uma interpretação do espírito humano e, portanto, ao jogo cênico. E por isso, mesmo deixando de ser considerado realidade, o mito continuou sendo para eles o mundo da realidade artística.

É na tragédia que o mito perde toda relação com situações determinadas, concretas. Já não serve, como na poesia lírica arcaica, para a representação de fatos da vida humana fixados no tempo e no lugar, como vitórias, núpcias, festas do culto, mas para a representação de fatos universais. É evidente que assim o interesse da tragédia se desloca para a filosofia, e não está longe o momento em que a problemática da ação humana de que se ocupa a tragédia se transformará num problema do conhecimento, e que Sócrates pretenda resolvê-la através do conhecimento do bem. Mas desse modo a realidade passa a ser concebida em sentido totalmente abstrato, isto é, como conceito teleológico. Aquele estrato da realidade que encerrava em si o significado das coisas está, diante da realidade que esse significado acolhia, na mesma relação em que o universal está para o particular. Eurípides ainda está longe desse momento, é poeta e não filósofo, vê a realidade em figuras vivas, não em conceitos; mas é através de suas tragédias que podemos compreender por que Aristóteles afirma que a poesia é mais filosófica do que a história.

7. Aristófanes e a Estética

No ano de 406 (há pouco haviam morrido Sófocles e Eurípides), Aristófanes, numa das suas maiores comédias, disse precisamente o seguinte: "Morreu a tragédia". E morta, de fato, estava ela, morta permanecendo durante cerca de dois mil anos. Nas *Rãs*, Aristófanes sabe até mesmo dizer-nos qual foi a causa da morte; de fato, no final da comédia, o coro canta: "Querido, não te vás sentar e tagarelar com Sócrates, abandonando a arte e renunciando a tudo quanto de mais alto deu a poesia trágica". Efetivamente, naquele momento, a arte estava sendo abandonada, e não se pode negar que foi exatamente a filosofia que a matou. Aristófanes intuiu o fato com desconcertante clareza. Sócrates, aqui mencionado, era o mais prosaico dos gregos. Foi só já velho, quando, pouco antes de morrer, quis rever escrupulosamente tudo quanto fizera em vida, que começou a escrever versos, como se quisesse, antes de morrer, preencher uma lacuna de sua existência. Sócrates afastou o jovem Platão da poesia trágica e dele fez um filósofo e um prosador. Mas o poeta a que se refere Aristófanes e que "vai sentar-se junto de Sócrates", e assim provoca a decadência da tragédia, é Eurípides. Nas *Rãs,* de Aristófanes, toda a ação tende para a cena na qual, no mundo dos Infernos, Eurípides entra em disputa com Ésquilo para concorrer ao posto de honra como poeta. A figura de Ésquilo tem, nas suas linhas caricaturais, uma grandiosidade grotesca; ele é representado como um poeta de potência elementar, heroico, combativo (822 e ss.):

Eriçando a cabeleira que, espessa, sobre as costas lhe desce, girando, terrível, o olho, construções de frases cerradas atira, rugindo, para cima, como tábuas, com sopro de gigante.

118 A CULTURA GREGA E AS ORIGENS DO PENSAMENTO EUROPEU

Mas Eurípides, que trouxe para o palco apenas cortesãs e mendigos, saberá defender-se com vigor (826 e ss.): "Sempre pronto a movimentar a aguçada língua que às sílabas se agarra e, maligna, rodopiando, as palavras esmiuça quais cabelos, e no dizer sutil os pulmões debilita".

Aristófanes foi um pouco precipitado demais, pelo menos sob certos aspectos, em sua condenação de Eurípides, mas isso porque pretendia influir, com suas comédias, de modo rude e eficaz, na burguesia ateniense. Não titubeava em inventar as mais infamantes acusações e em condenar sumariamente tudo o que fosse "moderno". "Inovadores" e "iluministas", ele os considera indistintamente como um bando de falastrões, de corruptores da juventude e de bons para nada. Eurípides, os sofistas e Sócrates (por mais diferentes entre si que sejam), para Aristófanes, nada mais fazem do que ensinar com requintada habilidade trapaceira toda sorte de malícias e astúcias que trituram a moral simples do bom cidadão ateniense e a antiga e sólida estrutura do Estado.

Aristófanes não pôde salvar a juventude. Exatamente os melhores sentavam-se em torno de Sócrates, e aquela lacuna que, apesar de tudo, Sócrates percebia em sua própria vida, eles, na deles, não mais a sentirão. No ano em que foram representadas as *Rãs*, os gregos (com exceção de um ou outro diletante bem-intencionado, e de um ou outro artista vaidoso) haviam deixado completamente de compor versos solenes. Ao longo de um século dominará a prosa. Platão, Aristóteles, Teofrasto, Epicuro escreverão suas obras filosóficas; Isócrates, Demóstenes levarão ao apogeu a oratória. A única forma de poesia do século IV que pode ser considerada importante para os séculos futuros foi a comédia nova; mas a comédia burguesa de Menandro e de seus companheiros está bem longe daquela forma elevada de poesia a que nostalgicamente se referia Aristófanes.

Mas, se bem que a poesia se tenha desenvolvido de modo absolutamente contrário aos desejos e às tendências de Aristófanes, os pensamentos que ele exprime nas *Rãs* deram mostras de intensa vitalidade, embora num sentido completamente distinto daquele por ele desejado e que nem sequer teria podido prever. De fato, Aristófanes não exerceu influência sobre a poesia, mas sobre a crítica da poesia, sobre as discussões estéticas, influência que ainda hoje é sentida nos estudos sobre a poesia. Mas só pouco a pouco se foi conseguindo descobrir o verdadeiro valor de suas observações e só muito mais tarde se sentiu simpatia por sua particular orientação estética.

Resta ainda estabelecer até que ponto é possível atribuir à espontânea criação de Aristófanes os pensamentos a que nos temos referido, e onde, ao contrário, cita ele ideias de outros, talvez até ideias

ARISTÓFANES E A ESTÉTICA 119

já conhecidíssimas em seu tempo[1]. De minha parte, inclino-me a ver como dos mais importantes o papel desempenhado por Aristófanes. Já nos primeiros diálogos de Platão, vários trechos nos evocam as *Rãs* de Aristófanes. Quando, por exemplo, no *Górgias* (501 e ss.), Platão considera óbvio que a tragédia sirva apenas ao prazer, ao ἡδονή (*hēdonḗ*) e, em seguida, a define como arte da lisonja (κολακεία, *kolakeía*) que não pode ter como meta a verdadeira virtude (ἀρετή, *aretḗ*), está fazendo coro com Aristófanes, ao interpretar os pensamentos deste a seu modo. Ambos julgam a tragédia pela régua da moral.

Esse juízo moralista vem de Aristófanes e, nas *Rãs*, aparece pela primeira vez sob forma programática e de princípio. Já nas suas primeiras comédias ele havia zombado de Eurípides, mas só nas *Rãs* é que abertamente o acusa de ter corrompido os atenienses, de haver atacado o antigo e bom mundo burguês e de ter feito triunfar a mediocridade moral. Aristófanes contrapõe a Eurípides a nobre figura de Ésquilo. A tarefa moral que este se havia proposto concretiza-se nestes termos: a verdadeira poesia deve melhorar o homem (1008 e ss.). Assim, Aristófanes aplica a Eurípides o juízo por ele exarado sobre os sofistas: também os sofistas tinham a pretensão de tornar os homens "melhores" mas, segundo Aristófanes, não faziam mais que corromper a juventude. A arte, com efeito, assim se diz nas *Rãs*, deveria fazer dos homens cidadãos valentes e úteis e, ao invés disso, Eurípides os corrompe e deprava. Era fácil para Aristófanes colocar no mesmo plano poetas e sofistas, já que também os sofistas, obrigados a passar por modestos e ingênuos, procuravam novamente ligar sua educação para adultos à que era preciso ministrar aos meninos. Estes estudavam Homero, Hesíodo, Orfeu e Museu: tratava-se agora de resumir, aprofundar e ampliar o que esses poetas haviam ensinado, como diz incidentalmente Hípias na introdução a um de seus escritos (fr. 6); mas ao falar mais amplamente da questão, ele terá, certamente, citado igualmente outros escritores[2].

Hípias não afirma, entretanto, que o verdadeiro escopo da arte seja o de melhorar os homens, nem que nisso consista a importância do poeta. Esse pensamento só se delineia em Aristófanes: os poetas eram mestres, – Orfeu, de coisas sagradas, Museu, de medicina e de ciências ocultas, Hesíodo, de agricultura e o divino Homero, de honra e glória (1032 e ss.). Eles são ainda, então, para os adultos aquilo que para o menino é o mestre-escola (1055). É em relação a esse conceito que ainda hoje costumam recorrer a Aristófanes aqueles para os quais a educação é a verdadeira tarefa da arte e, em geral, de toda cultura. A ideia de que a arte tenha uma tarefa moral encontra acolhida também em Platão, mas ele, nisso se opondo a Aristófanes, faz de Sócrates

---

1 Cf. a propósito, Max Pohlenz, *Nachr. Gött. Ges.*, 1926, 142 e ss.
2 Cf. *Philologus*, 96, 1944, 178 e ss., ver também Plat., *Prot*, 316 D.

120 A CULTURA GREGA E AS ORIGENS DO PENSAMENTO EUROPEU

o juiz que determinará o que seja o bem. A esse postulado filosófico Platão contrapõe, no *Górgias,* a constatação empírica de que a tragédia serve somente ao prazer (ήδονή)[3]e assim abre caminho para discussões sem fim, que, retomadas por Horácio, prolongar-se-ão até o século XVIII, debatendo se a verdadeira tarefa da poesia será *prodesse* ou *delectare,* o útil ou o prazer.

A moralização da poesia induz Platão a banir de seu Estado toda e qualquer poesia, o que não é senão uma consequência natural dos pensamentos surgidos pela primeira vez no *Górgias.* Aristófanes está naturalmente bem longe dessas consequências extremas: não quer expressar um ensinamento estético, quer apenas respaldar em razões plausíveis sua condenação de certas formas de poesia e, justamente por isso, a acusação de mediocridade moral é a que ele prefere como a mais rude e eficaz; portanto, Platão não pôde extrair das *Rãs* nenhuma teoria artística: dessa obra recebeu apenas um estímulo; mesmo a poética de Aristóteles cala-se sobre o assunto[4].

E, só depois de Aristóteles, ganha importância teorética uma distinção levantada por Aristófanes para ressaltar o contraste entre Ésquilo e Eurípides.

Quando, após o século da prosa, no início da era helenística, surge uma nova poesia artisticamente refinada, está ela talvez ainda mais distante da alta poesia para a qual se voltava Aristófanes com saudades, do que o estivera a comédia de Menandro: baseada no bom gosto e no espírito, procura sobretudo evitar até mesmo a simples suspeita de sujeição à solenidade patética. Calímaco, o chefe de escola dos poetas alexandrinos, diz claramente que não quer "trovejar como Zeus" (*Aitías,* I, I, 20). Ele busca a "graça", o λεπτόν (*Aitías,* 24), e aqui se vale de expressões de que se serviu Aristófanes nas *Rãs,* onde Ésquilo é apresentado como poeta "tonante" (814) – enquanto que Eurípides καταλεπτολογεῖ (829-876; v. também 1108-1111). Aristófanes assumira como critério do poetar a grandeza e a potência da arte de Ésquilo e, para medir a "grandeza" do poeta, trouxera por brincadeira para o palco medidas e côvados (799). Calímaco, ao contrário, renuncia voluntariamente ao alto estilo dos antigos e zomba dos novos que querem fazer reviver formas de arte já superadas. Também no que diz

---

3   Aqui novamente ele se apega ao que, de Homero em diante, todos os poetas têm pensado, ou seja, que a doce poesia deve naturalmente alegrar os ouvintes, sem que seja necessário ver no prazer o "escopo" da poesia. Embora U. von Wilamowitz (*Platon,* 1, 482; ver também 447 e ss.) diga que Ésquilo e Píndaro poetavam "com o escopo" de educar, não temos testemunho algum dos dois poetas que possa confirmar tal interpretação.

4   Caberia, talvez, supor uma relação entre a *Poética* de Aristóteles e as *Rãs* de Aristófanes pelo fato de Aristófanes dizer (1063) que Eurípides apresenta suas personagens vestidas de andrajos para despertar compaixão, sendo que Aristóteles dirá mais tarde que a tragédia procura excitar o terror e a compaixão; mas esse seria um fio excessivamente frágil, visto que, nas próprias tragédias, frequentemente se fala de terror ou de compaixão.

ARISTÓFANES E A ESTÉTICA 121

respeito à forma exterior, nada conta para ele a "grandeza" da poesia: os versos devem ser avaliados segundo a arte, não em parasangas persas* (*Aitías*, 1, 1, 17). Na comédia de Aristófanes, Eurípides se diz orgulhoso de haver "emagrecido" (ἰσχνός) a "inchada" arte de Ésquilo (940) (coisa que Aristófanes naturalmente desaprova). Conta Calímaco (*Aitías*, 1, 1, 23) que, quando começou a poetar, Apolo lhe dera este conselho: "Uma oferenda votiva deve, quando possível, ser gorda; já a poesia há que ser delicada e fina". Essa distinção que Calímaco vai buscar num pensamento de Aristófanes, ainda que subvertendo-lhe inteiramente o sentido, assumiu valor de programa para a poesia helenística. Foram sobretudo os poetas romanos que se serviram dessa fórmula calimaquiana em defesa de sua arte fina e limitada, quando pretenderam vê-la adequar-se às altas formas da epopeia. Para os romanos, essa distinção calimaquiana entre poesia menor e alta poesia vinha confluir com a distinção aristotélica das diferentes formas de vida (βίοι), e o afastamento em relação à alta poesia iria corresponder ao afastamento em relação à vida prática do soldado e do homem político, ao passo que o cuidado com o estilo menor correspondia a uma vida refinada, dedicada ao culto das Musas (por exemplo, Tibulo, 1, 1, Propércio, 2, 1). Mas essas ideias, surgidas sob a influência de Aristófanes, já nos distanciam muito dele. E haveria algo mais a observar: por exemplo, no campo da retórica, a bastante discutida subdivisão dos estilos – o elevado e o simples – remonta, definitivamente, a Aristófanes. Como também a ele se deve a criação das categorias de que se serve a crítica literária grega e, em seguida, a romana para julgar os escritores clássicos, numa época em que os poetas, e mais tarde também os oradores e, com estes, os historiadores e os filósofos, não são considerados como "indivíduos", sendo, ao contrário, suas obras entendidas como testemunhos de um determinado "estilo".

Só mais tarde, porém, se deu valor àquilo que constituíra o foco de interesse de Aristófanes. Durante séculos, ninguém se preocupou com seus ataques contra Eurípides. Mas Eurípides, cuja arte parecia aos contemporâneos tão discutível e que durante toda a sua vida, longa e exaustivamente, teve de lutar para ser reconhecido, já era, no século IV, considerado como o poeta clássico do drama, e sua influência foi dominante nos séculos subsequentes, enquanto que Ésquilo estava quase esquecido. No tempo de Aristófanes, os dramas de Ésquilo são novamente encenados e ainda fazem sentir sua influência na última exaltada expressão do estilo trágico-patético que chegou até nós, isto é, nos *Persas* de Timóteo; daí em diante, ele passa a fazer parte da cultura universal, mas sua influência direta se extingue.

---

*   Parasanga persa: trata-se de uma medida de percurso equivalente a 30 estádios (o estádio é uma medida grega de 177,6 m.), ou aproximadamente 6 Km. (N. do R.)

122   A CULTURA GREGA E AS ORIGENS DO PENSAMENTO EUROPEU

Eurípides, ao contrário, permanece vivo durante todo o Império romano e, do Renascimento em diante, exerceu sobre o mundo ocidental uma influência superior à dos outros dois trágicos. Até a época de Lessing, sempre se viu nele a expressão mais alta da poesia trágica grega. Com Herder, para quem a base de toda poesia era o elemento popular, o elementar, o divino, a avaliação das tragédias gregas passa por uma reviravolta: foi ele o primeiro a ler de novo com entusiasmo os coros de Ésquilo e a neles glorificar o gênio original, através do qual falava a indômita força do espírito popular. Elaborou-se, assim, uma nova concepção em torno do nascimento e ocaso da tragédia grega. Não mais se enfatizou o desenvolvimento gradativo da forma dramática direcionada para uma sempre maior perfeição ou, como dizia Aristóteles, para o reencontro de suas qualidades primevas; viu-se, ao contrário, na tragédia de Eurípides, a decadência de uma poesia que, na origem, era vigorosa, inspirada por forças divinas. Voltam a pulular conceitos que conhecemos através das *Rãs* de Aristófanes, e sobretudo A. W. Schlegel, que foi quem formulou e difundiu essa concepção, revela em seu pensamento a direta derivação da comédia de Aristófanes.

Em 1808, Schlegel ministrou seu curso sobre arte dramática e literatura. Não podia eximir-se (assim disse ele) de fazer muitas e severas críticas à arte de Eurípides. Eurípides, a seu ver, promove

O livre pensamento na moral;

Ele não tende a representar uma estirpe de heróis que se eleve por sua possante estatura acima dos homens do presente; esforça-se, pelo contrário, em aterrar o abismo que separa seus contemporâneos daquele mundo maravilhoso, e espiona deuses e heróis nos aspectos de suas vidas íntimas. E diante dessa indiscrição, como se diz, não há grandeza que resista.

Parece que Eurípides se compraz em lembrar continuamente a seus espectadores: vejam, eles também eram homens, tinham as mesmas fraquezas que vocês, agiam sob os mesmos impulsos que vocês, exatamente como o mais humilde dos mortais. Daí porque se compraz em pôr a nu os defeitos morais das suas personagens, fazendo-as até mesmo pô-los à mostra no curso de ingênuas confissões. Não raro, elas não apenas são vulgares, mas até se gabam disso, como se fosse um dever serem assim.

É possível distinguirmos em Eurípides uma dupla personalidade: o poeta, cujas criações eram dedicadas a solenidades religiosas, que se sentia protegido pela religião e que, por seu turno, a glorificava, e o sofista, com suas exigências filosóficas, que procurava introduzir nas fabulosas façanhas ligadas à religião, das quais extraía os assuntos para os seus trabalhos, suas opiniões e suas dúvidas de livre pensador. Enquanto de um lado sacode as sólidas bases da religião, de outro faz-se de moralista, e, para ganhar popularidade, atribui à vida dos heróis o que só podia valer para as relações sociais de seus contemporâneos.

Schlegel, portanto – resumamos –, acusa Eurípides de ser realista, racionalista e imoralista, as mesmas acusações feitas por Aristófanes, e

ARISTÓFANES E A ESTÉTICA   123

é o próprio Schlegel que deixa claramente entender que seu julgamento
deriva de Aristófanes. São temas que retornam na obra do jovem Nietzsche, *O Nascimento da Tragédia*. Sob a influência de Schopenhauer e
de Wagner, os problemas são levados por Nietzsche a um outro plano
e aprofundados; mas o juízo sobre Eurípides revela sua direta derivação de Schlegel, ainda que Nietzsche poucas vezes o cite com intenção
polêmica. E, através de Schlegel, também ele se reporta a Aristófanes.

Aquilo que Eurípides, nas *Rãs* aristofanescas, registra como mérito próprio, isto
é, o fato de ter com suas formas simples libertado a arte trágica da pomposidade, revela-se sobretudo na sua maneira de representar os heróis trágicos. No teatro euripidiano,
o espectador ouvia e via um sósia dele e comprazia-se em ouvi-lo falar tão lindamente.
Quem tinha agora a palavra era a camada médio-burguesa, sobre a qual
Eurípides fundava suas esperanças políticas, ao passo que até então coubera ao
semideus, na tragédia, e ao sátiro embriagado, na comédia, determinarem o caráter dos discursos. E assim Eurípides, na comédia de Aristófanes, registra como
mérito seu o ter levado à cena fatos comuns, conhecidos, da vida de todos os dias,
sobre os quais todas as pessoas podiam opinar. Se agora a massa sabia filosofar,
administrar sozinha os próprios bens, e levar avante seus negócios com inaudita
sabedoria, isso tudo era mérito dele, efeito da sabedoria por ele inculcada no
povo... Eurípides sente-se, como poeta, bem superior à massa, mas não superior
a dois de seus espectadores... E desses dois espectadores, um é o próprio Eurípides. Eurípides como pensador, não como poeta. Dele poder-se-ia dizer que a
extraordinária potência do talento crítico tenha, como em Lessing, se não gerado,
pelo menos alimentado continuamente um segundo impulso na produção artística...
Eurípides tomou a si a tarefa de ser o primeiro a revelar ao mundo uma figura de
poeta que é o oposto da do "poeta irracional"; seu princípio estético – "para ser bela
uma coisa deve ser consciente" – corresponde à proposição socrática "para ser bom
um ato deve ser consciente". Podemos, portanto, considerar Eurípides como o poeta
do socratismo estético. Sócrates era o segundo dos dois espectadores, aquele que não
entendia a tragédia antiga e por isso não a tinha em grande conta; associando-se a
ele, Eurípides tentou ser o arauto de toda a nova criação artística. Se com ele perece
a tragédia antiga, o princípio mortal é, portanto, o socratismo estético; e já que a luta
contra o dionisíaco era dirigida contra a arte mais antiga, em Sócrates reconhecemos
o adversário de Dionísio.

Em Nietzsche encontramos ainda as três denúncias: a de realismo, de racionalismo e de corrupção. Não é difícil reconhecermos
aqui o pensamento de Schlegel, mas, por trás dele, ainda está Aristófanes. Em Nietzsche, é particularmente enfatizada a ideia de Aristófanes, segundo a qual quem se senta com Sócrates é causa da morte
da tragédia. Só num ponto característico é que Nietzsche se diferencia de Schlegel: Sócrates não é, para ele, o imoralista, mas antes o
moralista, e é justamente como moralista e como espírito teorético
que destrói o que havia de vivo e sagrado no mundo antigo. A moral
torna-se, aqui, um veneno dissolvente.

O escrito juvenil de Nietzsche teve grande influência nas investigações estéticas das duas últimas gerações, e sua crítica sobre Eurípides
tem para nós especial importância, visto que através dela chegamos

124 A CULTURA GREGA E AS ORIGENS DO PENSAMENTO EUROPEU

à concepção moderna da "poesia desagregadora". Nos primeiros exemplos apresentados a fim de demonstrarmos o quanto foi grande a influência de Aristófanes na estética, bastou-nos seguir as pegadas dessa influência. Até então, certos temas de Aristófanes haviam sido acolhidos de forma superficial e ocasional; agora, ao contrário, às suas ideias fundamentais sobre a arte de Eurípides atribui-se um valor universal. Visto com os olhos de Aristófanes, Eurípides torna-se, definitivamente, o representante da poesia decadente, e Nietzsche vê no nascimento e ocaso da tragédia ática refletir-se o nascimento e o ocaso de toda a grande arte. Mas que importância tem esse Eurípides aristofânico com o seu pretenso racionalismo, o seu realismo e sua força dissolvente?

Herder e Schlegel e a filologia, transformada, por influência do romantismo, em ciência histórica, querendo remontar às origens da tragédia, faziam-no na convicção de que o que nela existia de grande e vivo carecia ser buscado mais que tudo nos inícios, "longe de Sócrates", e onde se fala do nascimento da tragédia, fala-se quase exclusivamente das forças irracionais que lhe deram impulso. Já mostramos como a tragédia estava, nos primeiros tempos, relacionada com as celebrações dionisíacas de Atenas e que é melhor buscar sua origem em concepções religiosas primitivas: as práticas mágicas da fecundidade, os cortejos mascarados do culto fizeram nascer os coros dos sátiros dos quais deriva a tragédia. Nietzsche vê a essência e a grandiosidade da tragédia primitiva no espírito da música e nas potências míticas, isto é, no dionisíaco e no apolíneo. Revela-se, aqui, uma clara simpatia pela potência elementar da tragédia primitiva. Mas põe-se de lado, assim, algo muito importante: isto é, o fato de que os limites impostos pelas condições sociais do tempo e a função religiosa da tragédia jamais teriam permitido que dos cortejos mascarados, que existiram em todos os lugares e em todos os tempos, e das festas populares religiosas, habituais em todos os povos primitivos, se chegasse àquilo que caracteriza a tragédia ática, àquilo que lhe deu um valor que supera seu tempo e suas limitações temporais e dá chão para que ainda hoje nos ocupemos dela. Mas, no fundo, isso nada mais é do que aquele princípio no qual Aristófanes identificara a ruína da tragédia, isto é, o socrático "saber", a reflexão. Estava ele inserido na tragédia desde seu nascimento e, se o descobrimos também na sua morte, não joguemos a culpa no assassino.

A tragédia ática elevou-se ao grau de alta literatura quando se desvencilhou dos antigos laços do culto, quando todo o aparelho mágico de coros caprinos e procissões fálicas desapareceu ante um conteúdo que provinha de um mundo totalmente diverso. Nem por isso, naturalmente, a tragédia ática se tornou profana, visto que seu conteúdo continuava sendo fornecido quase que exclusivamente pelo mito – mas por aquele mito que assumira nova forma através da poesia homérica

ARISTÓFANES E A ESTÉTICA

das colônias da Ásia Menor, longe dos centros religiosos da mãe--pátria aos quais estavam ligados o culto e as práticas mágicas dos tenebrosos tempos antigos. Nos poemas homéricos, homens e deuses encontram-se numa atmosfera de serena e espontânea naturalidade. Os deuses guiam o curso dos acontecimentos terrenos sem provocar no homem confusão ou medo, sem obrigá-lo a ajoelhar-se diante de sua esmagadora potência. Os homens contemplam com límpido olhar esse mundo rico de sentido, no qual vale a pena estar desperto, usar o senso e a inteligência. Nos poemas homéricos, estabelece-se aquela concepção da naturalidade do mundo que é grega, ou melhor, europeia. O que falta aos chamados povos primitivos é exatamente essa "naturalidade"; e o erro de Rousseau é querer encontrá-la neles.

Esses deuses e esses homens homéricos tão naturais subiram ao palco ateniense quando os mitos, formados precedentemente na literatura, foram acolhidos nas representações corais das festas dionisíacas. Somente num ponto, porém muito importante, a tragédia concebe a relação entre Deus e o homem diferentemente da epopeia homérica: o homem se reconhece aqui, pela primeira vez, como autor de suas próprias decisões.

Em Homero, o homem não sabe que pode pensar ou agir espontaneamente, guiado por seu próprio espírito. O que lhe "vem à mente", o que lhe é dado "como pensamento" é coisa que vem do exterior e, caso não haja nenhuma causa visível que o determine, então é um deus que lhe aparece ao lado e lhe dá um conselho que o colocará em vantagem ou quiçá o perderá. Por conseguinte, os homens homéricos agem sem titubear, com segurança, visto que nenhum escrúpulo, nenhuma dúvida os atormenta, nenhuma responsabilidade pessoal diante da justiça ou da injustiça. Nas tragédias de Ésquilo, o homem, ao mesmo tempo em que adquire consciência da própria liberdade, assume o peso da responsabilidade pessoal diante da ação. É o que nos demonstra, melhor que todas, a última trilogia de Ésquilo, a *Oresteia*, que igualmente oferece a melhor ajuda para o entendimento daqueles problemas relativos a Eurípides por nós apontados.

Orestes tem o dever de vingar o pai, mas para vingar o pai terá de matar a mãe. Ele executará essa ação, mas só depois de haver sentido toda a gravidade de sua decisão. O contraste entre liberdade individual e destino, entre culpa e fato, apresenta-se, assim, pela primeira vez no mundo, e é esse contraste que separa o mundo dos deuses do dos homens. Orestes está preso entre as vontades contrastantes dos deuses; e melhor: a última parte da trilogia termina com a luta entre as potências inimigas, isto é, entre as Eumênides, que querem vingar o matricídio de Orestes, e Apolo que no final o absolve.

Quando duas divindades fazem ao homem exigências diferentes, ele se vê, num certo sentido, abandonado a si mesmo. Os valores

126   A CULTURA GREGA E AS ORIGENS DO PENSAMENTO EUROPEU

unívocos são postos em dúvida, o homem detém-se no desenvolvimento natural de sua ação e tem de decidir por si o que é justiça e o que é injustiça. Uma humanidade nova e uma nova naturalidade nele se revelam: a consciência da liberdade e da ação autônoma. Assim liberta-se ele, necessariamente, de seus vínculos religiosos e sociais e chega àquele estado de coisas pelo qual Aristófanes censura tão asperamente Eurípides.

Isso é o que tentaremos demonstrar através de duas tragédias de Eurípides. Num de seus dramas mais antigos (as obras que possuímos pertencem, de resto, quase todas, à segunda fase de sua atividade), o núcleo dos acontecimentos dramáticos é constituído, como na *Oresteia* de Ésquilo, por uma cena que tem como centro um ato de decisão, e aqui podemos claramente ver como os temas esquilianos se transformaram e desenvolveram ulteriormente. A *Medeia* de Eurípides converge inteira para o monólogo em que Medeia decide matar seus próprios filhos. Com grande arte e habilidade, Eurípides construiu as primeiras cenas da obra de tal modo que esse monólogo pudesse retomar todos os temas que interessam o poeta.

Jasão leva consigo, para a Grécia, Medeia, a bárbara da Cólquida do Mar Negro, que o havia salvo quando ele viera à sua pátria para a conquista do velo de ouro. Surge agora entre eles um conflito, e não de natureza heroica. Eles vivem com seus dois filhos em Corinto. Apresenta-se a Jasão a possibilidade de desposar a filha do rei e, como não está casado com Medeia segundo a lei – ela, de fato, não é cidadã grega –, ele se separa dela e dos filhos e casa-se com a princesa. Pode, assim, reconstruir para si uma existência regular na sociedade e, possivelmente, tornar-se, um dia, rei de Corinto.

Eurípides coloca cuidadosamente em relevo o fato de que Medeia está totalmente desligada dos vínculos que protegem o indivíduo e que lhe podem servir de apoio. Ela traiu e abandonou pátria e família por uma ligação inteiramente pessoal: o amor que a unia a Jasão. Jasão não pratica injustiça alguma diante das convenções ou da lei mas, em favor de Medeia, fala um direito mais alto: o direito natural e humano. Não pode ela apoiar-se em nenhum direito válido, não pode nem sequer apoiar-se numa lei divina como a Antígona de Sófocles, para refutar as razões de Jasão. Seu senso pessoal de justiça rebela-se e, nela, irrompe a bárbara de forma passional.

Jasão pode mostrar que sua ação foi sábia e vantajosa para ambos, mas diante desse mais profundo e (segundo tudo o que nos deixa entender o próprio Eurípides) mais verdadeiro senso de justiça, sua figura nos parece bastante mesquinha. Medeia revela-se, desde o início, como uma mulher incomum, de sinistros poderes, e, diante dela, o sábio e bem-pensante Jasão não passa de um miserável. Essa representação que Eurípides nos dá do herói do mito grego e da maga

ARISTÓFANES E A ESTÉTICA

bárbara, distribuindo luzes e sombras opostamente ao que rezava a veneranda tradição, permite-nos compreender por que Aristófanes acusava Eurípides de haver jogado na lama as nobres figuras do mito. Mas Eurípides não o faz pelo infame prazer de demolir toda grandeza; pelo contrário (e aqui, Nietzsche viu mais fundo do que Aristófanes e Schlegel), ele o faz com uma intenção moral: as crenças antigas são desmascaradas e demolidas mas para dar lugar a um sentido de justiça mais verdadeiro e para alicerçar esse novo dever. E quem poderá subtrair-se à impressão de que essa Medeia não tenha deveras razão, diante desse Jasão? Quem iria negar a Eurípides a descoberta de algo de novo e de grande? Será que há alguém que queira fazer simplesmente desaparecer da história do mundo esta nova concepção, tão rica de consequências para o Ocidente?

A crítica de Eurípides não se limita apenas a esse caso isolado, mas é radical, abarca todos os mitos e a ideia de justiça e injustiça que neles se exprime.

A ação de Medeia é desencadeada pela decisão de Creonte, o novo sogro de Jasão, que, por temor à maga, quer bani-la com os filhos do reino de Corinto. Sábia e reflexiva como é, Medeia conquista para si a simpatia do coro e obtém de Creonte que seu exílio seja adiado por um dia ainda: assim poderá ela executar sua vingança.

Inesperadamente, aparece o rei Egeu, que oferece refúgio à exilada em sua cidade, Atenas. Assim, Eurípides pode apresentar a ação de Medeia não como o ato de uma pessoa desesperada, que não sabe o que fazer em seu abandono, mas como um consciente ato de vingança, dirigido contra o inimigo, Jasão. Jasão aparece duas vezes antes do monólogo: na primeira, oferece a Medeia, com um gesto que lhe parece nobre, dinheiro para sua viagem para o exílio e aí Medeia reage com ódio, desprezo e soberano senso de superioridade. Na sua segunda entrada em cena, Medeia simula uma mudança: confia-lhe os filhos e estes dirigem-se à nova esposa oferecendo-lhe presentes e suplicando-lhe que interceda em favor deles. Mas os presentes estão envenenados e causarão a morte da esposa. Os meninos conseguiram ficar em Corinto e assim é chegada a hora de Medeia executar sua terrível vingança. Ela quer matar os próprios filhos para aniquilar completamente Jasão. Já que o pai continua a viver nos filhos, ela, depois de haver eliminado a mulher que teria podido assegurar a Jasão a descendência, levará à morte os filhos que ela próprio dele gerou. Nesse ponto, temos a cena decisiva, o grande monólogo no qual Medeia, ainda uma vez, dá-se conta da ação que vai praticar e no qual ganha novas forças em sua decisão de matar. Já é singular o fato de que Medeia chegue a essa decisão através de um monólogo. Só com Eurípides é que temos os primeiros verdadeiros monólogos na tragédia. Em Ésquilo, Orestes, no momento mais angustiado de incerteza,

128 A CULTURA GREGA E AS ORIGENS DO PENSAMENTO EUROPEU

dirige-se a Pílades, o amigo. Medeia está só e sozinha deve decidir de seu destino. Não se trata, aqui, de executar uma ordem sobrenatural, são os sentimentos do coração que lutam entre si. O sentimento predominante em Medeia é a vingança à qual é levada pela paixão; mas ao lado desse, manifesta-se um sentimento melhor que, como ela própria confessa, opõe-se à ação horrenda (1079 e ss.):

καὶ μανθάνω μὲν οἷ α δρᾶν μέλλω κακά·
θυμὸς δὲ κρείσσων τῶν ἐμῶν βουλευμάτων,
ὅσπερ μεγίστων αἴτιος κακῶν βροτοῖς[5]

Nesses versos, exprime-se pela primeira vez um senso moral moderno, psicológico e individualista, que se imporá mais tarde, e que faz com que a moralidade seja sentida como um fato puramente interior, como freio. Não é por acaso que os filósofos moralistas de épocas posteriores não se cansarão de citar essas palavras. Depois desse monólogo, Eurípides encaminha habilmente a tragédia para a catástrofe. Medeia mata os filhos e afasta-se, triunfante. Jasão fica só, destroçado.

O *Hipólito* de Eurípides tem em comum com a *Oresteia* de Ésquilo o fato de que o conflito do drama encontra correspondência no conflito entre duas divindades. Com uma diferença, porém, essencial: o conflito entre os deuses não surge, em Eurípides, para um determinado caso, mas é, antes de mais nada, uma luta de princípios; e não se trata aqui de uma ação julgada diferentemente por duas diferentes divindades, mas são os homens que, ladeados pelas divindades, entram em conflito. Mais ainda: na tragédia de Ésquilo, Apolo triunfa sobre as Erínias, e uma religião mais serena prevalece sobre as antigas formas tenebrosas do culto; assim, a conclusão do tenebroso acontecimento adquire um profundo significado. Em Eurípides, ao contrário, ambos os protagonistas são aniquilados e o conflito das duas divindades permanece inconciliável.

No proscênio encontram-se os simulacros de Afrodite e de Ártemis: a tragédia desenvolve-se até o fim na presença dessas duas divindades. O prólogo é pronunciado por Afrodite: ela quer vingar-se de Hipólito, o caçador de vida casta, que venera Ártemis mas despreza Afrodite. Hipólito volta da caçada. Presta homenagem ao simulacro de Ártemis, mas passa sem um sinal de saudação diante da estátua de Afrodite.

Gravemente enferma, Fedra, a madrasta de Hipólito, é levada para fora do palácio. Seu mal, como ela própria confessará mais tarde à velha ama, não é outro senão a grande paixão que nutre pelo enteado Hipólito. Afrodite enviou-lhe esse amor para vingar-se de Hipólito. Eurípides descreve como um médico o amor de Fedra e apresenta-o

---

5 "Sinto quão grande é o mal que quero praticar, mas mais forte que a razão fala em mim a paixão, e ela é para o homem causa dos maiores males".

ARISTÓFANES E A ESTÉTICA

como uma grave enfermidade da alma, capaz de provocar também profundos sofrimentos físicos. O fato de que esse estado de ânimo seja provocado pela deusa, seja até mesmo expressão da essência da deusa rainha do amor, esse aspecto, por assim dizer, transcendente do acontecimento é irrelevante para efeito do desenvolvimento da ação. A realidade psicológica da paixão de Fedra por Hipólito, a agitação individual do ânimo, os desejos que daí nascem, os obstáculos que a esses desejos se contrapõem – esses são os elementos de que se vale Eurípides para motivar a ação dramática. As deusas Ártemis e Afrodite tornam-se quase puros símbolos, aptos para fixar as características de um determinado tipo psicológico; mas a figura humana adquire maior interioridade e uma vida espiritual mais móbil, de tal modo que só então é possível falar de "caracteres" e de "indivíduos". Figuras como Medeia e Fedra fazem-se modelos exemplares para a análise da psique humana.

Assim naturalmente, o mito é profanado e Aristófanes tem razão de protestar. Mas, no fundo, trata-se apenas de uma evolução de tendências mais antigas: já para Ésquilo a ação humana não era determinada apenas pelos deuses, ele entregava aos homens a responsabilidade das ações por eles praticadas. Eurípides, mais radical, faz da alma humana o campo de conflitos interiores. No que diz respeito aos gregos, não se pode nem mesmo chamar essa profanação do mito de sacrílega – ainda que alguns, como Aristófanes, protestem contra a destruição de um mundo tão belo –, visto que, entre eles, não existia uma fé, no sentido cristão da palavra, e menos ainda na religiosidade homérica que reina, quase incontrastada, na grande literatura. Não foi a oposição da incredulidade ou de uma fé herética que destruiu o mito grego: ao transformar-se, ele nada mais fez do que seguir sua própria lei interior. O divino é substituído por formas cada vez mais naturais (cada vez mais divinas, poderíamos quase dizer, se pensarmos no caráter da religião grega); campos cada vez mais vastos da existência natural são subtraídos pelos homens aos deuses (à medida que descobrem o Divino no espírito humano), a esses deuses que já de longa data não mais conheciam o milagre que se opõe à razão. Se Aristófanes, na maneira realista com que Eurípides representava suas personagens, não via senão o prazer do vício, Eurípides, na realidade, descobria a verdade apenas com escopo moral. O *Hipólito* não quer analisar a paixão erótica como tal, e sim investiga o conflito moral que, em Fedra, não difere do de Medeia: a consciência moral opõe-se ao impulso e, de novo, manifesta-se aqui o senso moral em forma de freio e de remorso de consciência. "Conhecemos o bem, mas não o seguimos quando nos assalta a paixão" (380 e ss.):

τὰ χρήστ' ἐπιστάμεσθα καὶ γιγνώσκομεν,
οὐκ ἐκπονοῦμεν δέ...

130   A CULTURA GREGA E AS ORIGENS DO PENSAMENTO EUROPEU

Extraídas do grande monólogo de Fedra, essas palavras correspondem às de Medeia[6]. Pode-se achar imoral o fato de que os homens não tenham, em Eurípides, nenhum sólido sustentáculo e sejam, portanto, abandonados a suas inclinações e seus impulsos. Mas não que gozem felizes com seu desregramento moral, como queria fazer crer Aristófanes. Medeia e Fedra encaminham-se, assustadoramente, para a catástrofe, sem se poderem salvar, e não lhes falta uma certa grandeza humana; daí, a não menor simpatia com que sempre são encaradas em suas lutas. Depois que a ama conseguiu arrancar-lhe seu segredo, Fedra quer matar-se. Cumpre-se então o que era fatal. A ama, mulher de costumes fáceis e, nisso, exatamente o oposto de sua senhora, procura ajudá-la à sua maneira, isto é, de modo prático e astuto, sem medir consequências, e, querendo acertar as coisas, revela a Hipólito o amor da madrasta. Por que não valer-se de suas artes de alcoviteira para dar à história um final feliz? Mas inflamado, Hipólito acusa a madrasta de corrupção. Fedra sente-se traída, seu bom nome foi destruído, e ela se mata, mas arrastando também consigo a Hipólito. A catástrofe ocorre exatamente porque, em ambos, a consciência moral é muito sensível.

Aristófanes não diz apenas que Eurípides é imoral, mas chama-o também de caviloso sofista, acusa-o de ser astuto e calculista. E no entanto, é Eurípides o primeiro a descobrir no homem as "forças irracionais", como agora é uso chamá-las. Se é justamente a paixão que dá grandeza às figuras de Medeia e Fedra, isso significa que Eurípides não é um racionalista unilateral nem um iluminista. Estaríamos no direito de afirmar o contrário, isto é, de dizer que Eurípides leva a razão e a reflexão aos extremos do absurdo, visto que nos dois casos considerados, a razão exerce apenas uma ação negativa, e até mesmo negativa em duplo sentido. Antes de mais nada, a reflexão só intervém para dissuadir e admoestar e – em segundo lugar – a razão fracassa, ao invés de levar ao êxito, como faz, ao contrário, o demônio de Sócrates, embora também ele só se apresente para admoestar e dissuadir. Além disso, as pessoas "sensatas", isto é, Jasão e a ama de Fedra, exatamente por sua "sensatez", parecem mesquinhas e imorais. Mas não se pode prender Eurípides à antítese racionalista-irracionalista. Todavia, não erra Aristófanes quando coloca Eurípides no mesmo plano dos sofistas e de Sócrates, visto que seu modo de praticar a moral tem, indubitavelmente, algo de filosófico, de iluminista. Nascida de um senso de insatisfação, sua crítica destrói a antiga fé dos deuses, na vida

---

6   Elas são expressamente retomadas na *Medeia* para responder, como se poderia demonstrar, a uma objeção levantada nada menos que por Sócrates. Esse é o primeiro testemunho seguro da influência filosófico-moral excercida pelas discussões socráticas, ver *Philologus*, 97, 1947, 125 e ss.; E. R. Dodds, *The Greeks and the Irrational*, 186.

ARISTÓFANES E A ESTÉTICA

como portadora de um sentido e nos valores tradicionais, e leva a atitudes niilistas. Sobretudo as figuras do último Eurípides estão como que esvaziadas de seu conteúdo, sua ação é, no fundo, destituída de sentido e de uma meta superior. Na *Ifigênia em Áulis,* fica fácil aos irmãos Agamêmnon e Menelau desmascarar os motivos idealistas que cada um deles quer dar à sua própria ação: crasso egoísmo, ânsia de poder ou medo do julgamento do mundo – estes, os únicos verdadeiros motivos que dão origem às suas ações. Eurípides desmascarou sem misericórdia esses dois heróis homéricos que vivem num mundo desprovido de sentido e já sem deuses – solitários, roídos pela dúvida, sem ilusões. Esta é a sorte do homem abandonado às suas próprias forças: sem encontrar apoio algum, fica à mercê dos acasos da vida.

Só Ifigênia é, nessa tardia tragédia de Eurípides, capaz de uma grande ação. A menina inocente, que até então não dera sequer um passo por iniciativa própria, compreende que sua morte é necessária para que se cumpra a grande empresa dos gregos contra os bárbaros, a guerra de Troia. E com entusiasmo, voluntariamente, sacrifica-se a esse objetivo. Também em outras tragédias, Eurípides focalizou esse impulso moral em criaturas jovens e inexpertas. Essa consciência moral não está ligada ao cálculo, à experiência, ao conhecimento da vida, nem repousa sobre a aceitação do costume vigente ou sobre tradições de qualquer tipo, mas surge do sentimento pessoal. Juntamente com os sentimentos morais negativos do remorso e do freio moral, existe um, portanto, positivo, também ele fundado exclusivamente no sentir individual: o entusiasmo. O fato de que Ifigênia se sacrifique dessa maneira pela Grécia e pela luta contra os bárbaros adquirirá valor político pouco depois da morte de Eurípides, mas no tempo da guerra peloponésica, quando nascia a *Ifigênia em Áulis,* essa era uma ideia utopista. O sacrifício de Ifigênia apoia-se em algo que está além das possibilidades reais, é um sacrifício idealista, realizado com paixão idealista. E nada disso é sofístico, e muito menos amoral. É bem verdade que essa Ifigênia não se assemelha ao ideal esquiliano de valor viril que Aristófanes tem diante dos olhos. Eurípides nela nos representa o fenômeno moral, tal como ele o vê, reduzido à sua pura essência. Nem o Estado nem os deuses, nem o pio respeito pelas santas instituições dos tempos passados determinam a ação de Ifigênia: ela é que se eleva, pela pureza de seu sentir, acima de um mundo em desagregação e insensato. Aristófanes só dá valor à antiga e simples virtude civil dos guerreiros de Maratona e por isso nos dá uma interpretação tão falsa de Eurípides. Mas também a figura de Ésquilo, embora Aristófanes a tenha representado de maneira grandiosa, foi por ele simplificada um tanto grosseiramente para adaptar-se a seus escopos. Teria sido ele, na verdade, apenas o guerreiro e o poeta de potência elementar, simples e grandioso, que Aristófanes nos apresenta?

132   A CULTURA GREGA E AS ORIGENS DO PENSAMENTO EUROPEU

Eurípides leva a consciência moral a uma nova crise, colocando como base da moral o sentimento individual, ele a faz partícipe da instabilidade do indivíduo. Os valores tornam-se problemáticos, os homens, fracos; apresenta-se, assim, num plano diferente, aquilo que a lírica arcaica já nos fizera conhecer. Ali haviam sido postas em dúvida as seguras concepções de valor e de virtude do passado, aqui se vai perdendo aquela solidez de convicções jurídicas que os atenienses haviam alcançado desde os tempos de Sólon. Assim, em lugar do conflito dramático, temos discussões de homens para os quais a própria vida se tornou objeto de dúvida. E assim se passa da tragédia para o diálogo filosófico-moral.

Se a tragédia mais tardia leva à reflexão abstratamente racional dos objetos que outrora representava como figuras vivas, não faz ela mais do que obedecer a uma lei histórica do espírito grego; também as outras grandes formas de poesia abriram caminho para a observação científica. A poesia leva à história; a poesia teogônica e cosmogônica desemboca na filosofia natural jônica, que busca a ἀρχή (*arkhé*), a razão e o princípio das coisas; da poesia lírica desenvolvem-se os problemas relativos ao espírito e ao significado das coisas. Assim, a tragédia preanuncia a filosofia ática, cujo interesse principal está voltado para a ação humana, para o bem. Os diálogos de Platão retomam as discussões das personagens da tragédia, desenvolvendo-as de forma teórica. E até mesmo a passagem da tragédia para a filosofia se efetua daquela forma tipicamente grega, que nos faz tender a voltar ao "natural", a descobrir o que é próprio de nossa "natureza". O homem entrega-se mais decididamente à observação introspectiva, na medida em que, no mito tradicional, não pode mais encontrar a forma natural de sua própria existência.

A humanização do mito, que se desenvolve a partir de Ésquilo até o Eurípides mais tardio, demonstra-nos que o mito parece cada vez mais inatural. Os problemas que se apresentam ao homem já não encontram solução nas figuras de um longínquo mundo semidivino, nas suas situações exasperadas e nos seus conflitos, em geral estranhos às formas naturais da existência. Assim Sócrates, ao dar esse passo que deveria reconduzi-lo ao natural, busca nesta terra, na vida humana, os casos típicos que permitem explicar e demonstrar alguma coisa, deles extrai seus exemplos e encontra, na sólida razão natural, o meio para resolver os problemas que de quando em quando aparecem. Mas destarte os problemas transferem-se para a área teorético-filosófica. "Conhecemos o bem mas não o fazemos", dizia a Fedra de Eurípides. Esse conhecimento é que Sócrates procura tornar mais sólido a fim de conferir-lhe a força da obrigatoriedade. Ele dá importância ao pensamento, visto que o pensamento constitui a propriedade particular e natural do homem e pode devolver solidez ao indivíduo hesitante e fraco.

ARISTÓFANES E A ESTÉTICA 133

Naturalmente esse interesse teorético pelo "bem" não pode desembocar na tragédia ou em qualquer outra forma de poesia. A tragédia ática morreu com Eurípides, morreu por causa de Sócrates, mas com Sócrates algo de novo nasceu: a filosofia ática. Apesar de correto, o juízo de Aristófanes é a expressão de uma atitude romântica e reacionária que não quer reconhecer como perdido o que está perdido, que rejeita o que é novo e sente saudade do passado.

Mas a acusação de imoralidade é totalmente infundada. Visto que não se pode, em absoluto, considerar a moral tradicional, ligada às leis, como a única moral, e querer que o homem honesto e válido aja apenas dentro dos limites fixados pelas antigas tradições religiosas, estatais e familiares, menosprezando a moralidade (moralidade que, em seguida, muitos consideraram como a mais alta) de quem, na contramão da tradição, apele para uma lei superior, quer se trate da razão ou do senso moral. Neste caso, ao contrário, o senso de justiça, desde que genuíno, costuma apresentar-se não sob a forma de um puro sentimento pessoal, mas como um valor universal, humano.

Schlegel ainda vai mais longe que Aristófanes, na medida em que faz da questão de Eurípides uma questão de princípio. O fato de que Sócrates tenha provocado a morte da tragédia significa, para ele, que o intelecto destrói a arte. Não se pode negar que o espírito que Aristófanes combate apresente certos perigos, esse espírito que se torna independente, que se deixa dominar pela incerteza e se move em meio a possibilidades. Mas este despertar do espírito é a via central da história. Além disso, Schlegel estende suas acusações também à forma artística, e aí se revelam os motivos psicológicos de seu ódio pelo sofista Eurípides. A seu ver, Eurípides é, também na forma, o poeta da decadência e da desagregação. "Ele costuma sacrificar o conjunto às partes e, nestas, busca mais atrativos estranhos do que a verdadeira beleza poética". Schlegel descobre, portanto, em Eurípides, os defeitos que a ele próprio ameaçavam. Ser poeta era seu orgulho e sua paixão, mas seus dotes eram, ao contrário, a cultura, o senso crítico e o humorismo. Também nele, o cuidado com o pormenor colocava em desvantagem o conjunto, e o artista não estava à altura do crítico. Em todo o romantismo, está vivo o sentido de que o pensamento é um obstáculo para a vida e que a consciência desperta afasta o homem da felicidade de uma existência primitiva. Assim, a arte surge como um estado de inocência, do qual nos arranca o saber. Creem alguns que essa ferida só se possa curar com a mesma arma que a produziu, ou seja, por meio do saber. É essa a opinião de Hegel. E também Kleist exprime a mesma ideia no fim de seu escrito sobre o teatro de marionetes: "E assim tivemos de nos aproximar novamente da árvore do conhecimento, para retornarmos ao estado de inocência". Naqueles, ao contrário, que sentem o peso do saber como um obstáculo para a

134   A CULTURA GREGA E AS ORIGENS DO PENSAMENTO EUROPEU

criação, esse sofrimento transforma-se em ódio contra o intelecto, contra o progresso intelectual e a liberdade de pensamento. Eis por que Eurípides se torna, para Schlegel, o tipo do poeta livre pensador. O mesmo significado tem Eurípides para Nietzsche. Quando este, em seus escritos mais tardios, delineia a decadência do espírito moderno, reaparecem sempre de novo, ao fundo, as figuras de Sócrates e Eurípides, na característica interpretação que lhes deram Aristófanes e Schlegel. Quando Nietzsche apresenta como uma característica do estilo decadente (O *Caso Wagner*, § 7) o fato de que as diversas partes se tornem independentes, não faz mais do que nos dar uma variante do juízo de Schlegel sobre Eurípides e, como Schlegel, involuntariamente, caracteriza-se a si mesmo. Mesmo seu ódio contra Eurípides é ódio contra uma parte de si. Seu olhar agudo destrói as ilusões, os sonhos, as esperanças que dão segurança ao homem, mas nele permanece uma nostalgia pelo que é simples, saudável e forte, pela arte verdadeira, que é para ele – como para Schlegel e já para Herder – criação sobre bases míticas. "Sem o mito, toda arte perde a saudável e originária força criativa", diz Nietzsche no *Nascimento da Tragédia*, e esse mito está desagregado do espírito histórico-crítico da nossa civilização. Amplia ele, assim, o juízo de Aristófanes sobre Eurípides e o transforma, mais do que o fez Schlegel, numa lei universal da civilização, revelando, com isso, que em sua inimizade por Eurípides, esconde-se muita tristeza pelos males de seu tempo, muita nostalgia pela juventude da humanidade, muita hostilidade por tudo o que é histórico, qualquer que seja a sua natureza.

Goethe, que não nutria ressentimento algum contra o espírito e que, sobretudo na velhice, não estava, de maneira alguma, disposto a valorizar – nem mesmo na arte – unicamente o elemento juvenil, irritou-se ao ver Schlegel, esse "pobre idiota", achando o que criticar em Eurípides.

> Um poeta – dizia a Eckermann – que Aristóteles exaltava, Menandro admirava, e que, ao morrer, fez com que Sófocles e toda a cidade de Atenas por ele vestisse luto, devia por força valer alguma coisa. Quando um homem dos nossos tempos, como Schlegel, quer apontar defeitos neste grande da antiguidade, só deveria fazê-lo de joelhos.

E para terminar, citaremos, uma vez mais, as palavras de Goethe, escritas em seu diário alguns meses antes da morte:

> Sempre me espanto ao ver que a elite dos filólogos não compreende os seus méritos e, segundo a bela e tradicional usança, subordine-o a seus predecessores, a exemplo daquele palhaço do Aristófanes... Mas por ventura existe uma nação que tenha tido, depois dele, um dramaturgo apenas digno de chegar à sola de sua sandália?

8. Saber Humano e Divino

"A humana índole não tem conhecimentos, mas a divina sim." Afirmações semelhantes a essa sentença de Heráclito (fr. 78) nos foram deixadas por vários filósofos pré-socráticos e mesmo por Sócrates, Platão e Aristóteles, assim como já o fizera Homero e ainda o fazem os cristãos[1]. Mas acender-se-iam certamente as discussões se cada um tivesse de dizer o que entende por saber divino e saber humano, até onde pensa que possa este último alcançar, e quanto lhe parece que dele se possa esperar. Quando Homero começa: "Canta para mim, ó deusa, a cólera..." ou "Dize-me o nome, Musa, do herói..." – quem fala assim é um poeta que por si só não sabe o que diz, e o diz não graças à sua própria inteligência ou experiência pessoal, mas à inspiração divina. A convicção de que no poeta fala uma voz sobrenatural é universalmente difundida, e não a encontramos apenas em níveis primitivos de civilização, entre os xamãs, os dervixes[2] etc., mas também nas experiências mais sublimes e refinadas dos poetas, e até em nossos dias. Trata-se, o mais das vezes, de uma espécie de êxtase mas, no caso de Homero – fato muito significativo –, por nada caberia dizer que o poeta se sente invadido pelas Musas e arrebatado para fora de si. Homero dirige às Musas sua invocação mais ampla numa ocasião particularmente desprovida de *páthos* e de sugestão emotiva: ela serve de introdução à parte mais árida da *Ilíada*, ao *Catálogo das Naves* (II, 248 e ss.):

1   Cf. K. Deichgräber, *Rh. Mus*, 87, 1938, 19 e ss.
2   Sobre fenômenos correspondentes no mundo mediterrâneo, cf. Francis Macdonald Cornford, *Journ. Hell. Stud.*, 62, 1942, num artigo bastante informativo para os problemas aqui tratados, e sobretudo em seu livro póstumo: *Principium Sapientiae*, Cambridge, 1952.

136 A CULTURA GREGA E AS ORIGENS DO PENSAMENTO EUROPEU

Dizei-me agora, ó Musas, que habitais o Olimpo – vós, deusas, estais sempre presentes, tudo sabeis –, nós a fama ouvimos mas nada vimos –, quais eram os chefes e os condutores dos dânaos.

Pelo simples motivo de terem estado presentes por toda a parte e de tudo saberem (o ἴστε do v. 485, bem como o ἴδμεν do v. 486[3], têm ambos esses significados), as deusas são superiores ao homem, que só sabe de oitiva. E Homero continua:

As multidões não direi, não chamarei pelo nome – nem que dez línguas e dez bocas eu tivesse – voz inestancável, peito de bronze eu tivesse; – a menos que as Musas olímpicas, filhas de Zeus egífero, – me recordassem (μνησαίατο) quantos caíram diante de Ílion!

O poeta teria de ter órgãos mais numerosos e mais fortes para catalogar também os simples soldados do exército, mas mesmo isso não seria possível sem a ajuda das Musas, que deveriam alargar a memória do poeta (não é por nada que elas são, de fato, filhas de Mnemósine, a deusa da lembrança).

Tudo isso é simples e evidente e transmite com sóbria exatidão a concepção do saber própria da idade homérica: presentes em toda a parte, as Musas dão ao poeta o que chamaríamos de "representação interior": a notícia obscura e confusa torna-se, por obra das Musas, poesia, e tudo revive diante dos olhos com imediata evidência, tanto que o poeta, como se diz do aedo Demódoco na *Odisseia* (VIII, 491), canta "como alguém que tenha estado presente em pessoa ou que o tenha sabido por testemunha ocular"[4]. Mesmo o que atribuímos à fantasia, à concentração interior, à capacidade de identificação, deve, segundo Homero, ser levado à conta da experiência, e assim se insere na clara e simples ideia que ele tem do saber: quanto mais ampla for a experiência, tanto maior será o saber; conhecemos melhor o que vimos diretamente do que aquilo que ouvimos dizer; as Musas, presentes em toda a parte, têm uma experiência completa, os homens, apenas uma experiência restrita. Se são as Musas que comunicam ao cantor a experiência delas, é preciso que este tenha órgãos físicos bastante eficientes para poder recebê-la. O fato de que o poeta se sinta inspirado pelas Musas não exclui seu orgulho pelas próprias capacidades; a afirmação de Fêmio na *Odisseia*: "Eu fui meu próprio mestre, histórias de todo tipo foram-me plantadas na mente por um deus" – corresponde à convicção geralmente difundida nos poemas homéricos de que as qualidades e atitudes "características" de cada um, quaisquer que sejam elas, são um dom dos deuses[5]. O *Catálogo das Naves*

3 Cf. H. Fränkel, *Hermes*, 60, 1925, 185, 4 e 186, 1.
4 K. Latte, *Antike und Abendland*, 2, 159. V., também, Plate. *Jonel, 534 C.*
5 Cf. K. Latte, *op cit.*, 154.

SABER HUMANO E DIVINO

é – como temos motivos para crer, não obstante as vozes unitárias que se levantaram recentemente – um trecho muito tardio de poesia homérica, onde o poeta ainda se enleia em velhas ideias[6]. E não há por que considerar, por exemplo, o tom marcado de sobriedade como sinal de juventude: é inteiramente compreensível[7] que fosse difícil para o poeta ter na cabeça o nome de todos os chefes e o número dos navios, e invoque para isso o auxílio das Musas. Significado inteiramente diverso tem, ao contrário, o trecho inicial da *Teogonia*, onde Hesíodo descreve sua consagração por obra das Musas. Assim elas lhe falam no Hélicon (26 e ss.):

> Pastores dos campos, criatura inferiores que não sois mais que ventres – nós sabemos dizer muitas mentiras semelhantes à verdade, mas também sabemos, quando queremos, dizer a verdade.

Pouco antes, Hesíodo fez seu nome conhecido ("A Hesíodo ensinaram as Musas o belo canto"), e as Musas o escolhem entre os "preguiçosos ventres dos pastores"[8]: oferecem-lhe o cetro de louro, inspirando-o para que cante "o passado e o futuro"[9]. Hesíodo já não espera simplesmente das Musas que estas lhe representem ao vivo o acontecido – isso só pode ocorrer no momento em que o cantor quer narrar algo determinado – mas diz que "um dia", no Hélicon, elas lhe ensinaram o canto. Toda a sua atividade poética é uma graça e um dom especial das Musas: mas ele não abdica do propósito de narrar a realidade e, por realidade, ele entende apenas e tão-somente a soma dos fatos concretos. Sabe que é um eleito e sente-se mesmo superior aos outros poetas, mas o canto ainda é, para ele, um dom das deusas. As próprias Musas dizem-lhe que sabem muitas coisas falsas parecidas com a verdade: aqui Hesíodo pensa evidentemente nos cantores a quem as Musas sugerem a representação daquilo que é impossível saber com certeza – e efetivamente sua arte tem na mira

---

6   Elas também se refletem em poetas mais tardios. Íbico, 3, 23, cita até mesmo a invocação às Musas do catálogo das naves, quando quer exaltar a frota de Polícrates (cf. *Philologis*, 96, 1944, 290). Além disso, cf. Pínd., *Peãs*, 7 *b*, 13: τυφλαὶ γὰρ ἀνδρῶν φρένες, ὅστις ἄνευθ' Ἑλικωνιάδων...

7   Homero invoca as Musas quando quer indicar com exatidão um pormenor com que iniciou alguma coisa (*Il.*, XI, 218; XVI, 508; XVI, 112), mas não "quando o poeta se dispõe a cantar algo de novo e importante", como se disse.

8   A alocução aos pastores deve ser antes entendida no sentido de que as Musas ainda incluem Hesíodo entre os estúpidos pastores, mas em seguida, ao consignar-lhe a fronde de louro, tiram-no do meio dessa multidão de rústicos, cf. W. F. Otto, *Varia Variorum*, Festagabe für K. Reinhardt, 1952, 51.

9   Essas palavras são tiradas da *Il.* (I, 70), onde se diz que o adivinho Calcas "conhecia não só o presente mas também o futuro e o passado" – expressão que Hesíodo retoma ainda mais ao pé da letra no v. 38, ao falar das Musas. Isso já mostra em que tom, aqui, Hesíodo fala de si mesmo.

138 A CULTURA GREGA E AS ORIGENS DO PENSAMENTO EUROPEU

alvo totalmente diverso: para ele as Musas dizem a verdade. Não só elas o escolheram de um modo novo, como também as Musas que a ele se dirigem não são de modo algum aquelas tradicionais, pois têm traços que, de hábito, eram atribuídos às Ninfas, moças que transtornam a mente do homem solitário: os que são "invadidos pelas Ninfas", os νυμφόληπτοι, são dominados pela loucura, ficam fora de si[10]. Hesíodo é o primeiro poeta a sentir-se estrangeiro entre os homens, pois não se reconhece em nenhum dos dois grupos que lhe são familiares, nem entre os cantores homéricos nem entre os pastores de sua terra. A novidade da sua poesia nasce da sua tentativa de conciliar em si esses dois mundos (aliás, o encontro de elementos heterogêneos geralmente sempre acaba gerando algo de novo). A evocação de velhas histórias de heróis não parecia a Hesíodo "verdadeira" no sentido de ser digna das Musas verídicas. O "passado, presente e futuro" que era para ele essencial, dado o ambiente em que vivia, consistia no fato de o homem levar sua difícil vida entre as potências das trevas e as da luz[11]. Foram as Musas que o ajudaram a compreender isso. O que os outros cantavam parecia-lhe, portanto, mentira ou loucura[12]. E assim as duas coisas estão estreitamente ligadas – que Hesíodo se sinta um homem especial e que diga a verdade de maneira especial. Sua subjetividade consiste na noção toda especial que ele tem de objetividade. Mas, desse modo, seu saber fica a meio caminho entre o saber divino das Musas e o humano dos estultos.

Por volta do ano 500, Xenófanes recorre à invocação às Musas do *Catálogo das Naves* (fr. 34)[13]:

E homem algum jamais avistou a exata verdade, nem haverá jamais – quem tenha visto (= saiba) verdadeiramente a respeito dos deuses e de todas as coisas que digo: – porque, mesmo que alguém chegasse a exprimir da maneira mais perfeita uma coisa consumada – nem mesmo esse dela teria, porém, verdadeiro conhecimento (literalmente = tê-la-ia visto), – já que de tudo só existe um saber aparente[14].

Os homens pouco viram e, portanto, pouco sabem – aqui, Xenófanes recorre a Homero. Mas aproveita mais precisamente a oposição

---

10 Em seu ensaio sobre a "consagração poética de Hesíodo" (Hesiods Dichterweihe, *Antike und Abendland*, 2, 152 e ss.), K. Latte ilumina até os mínimos detalhes essa passagem, mostrando como em Hesíodo a imagem das Musas se sobrepõe à das ninfas e como ele, com isso, se distancia dos rapsodos das cortes da Ásia Menor.

11 Sobre esse trecho fundamental da *Teogonia*, cf. H. Diller, *Antike und Abendland*, 2, 140 e ss.; cf. também K. Latte, *op. cit.*, 161 e ss.

12 Cf. H. Diller, *op. cit.*, 141 e ss.

13 Cf. H. Fränkel, *op. cit.*; *Dichtung und Philosophie*, 433.

14 Segundo informam as tradutoras italianas, Vera Degli Alberti e Anna Solmi Marietti, que compuseram o nosso texto-base, elas transcreveram, no caso, a tradução de A. Pasquinelli, extraída de *I presocratici*, Einaudi, Torino, 1958, p. 150 (N. da T.).

SABER HUMANO E DIVINO

entre o saber seguro e o inexato: ninguém conhece o σαφές, o claro, o evidente – aos homens só se oferece o δόκοη, a aparência que a *tudo* se estende. Enquanto Homero fazia a distinção entre o saber exato da testemunha ocular – fossem deuses ou homens quem o possuísse – e o saber de oitiva, para Xenófanes o saber humano é, em princípio, enganoso. O novo conceito de saber que daí resulta vem expresso com particular evidência no fr. 18:

> Os deuses, certamente, não revelaram todas as coisas aos mortais desde o início – mas, procurando, os homens encontram, pouco a pouco, o melhor[15].

Emerge, aqui, o novo pensamento de que é procurando que os homens conquistam poder e saber e, mesmo se não atingirem um conhecimento perfeito, sempre podem encontrar algo de melhor. Enquanto Hesíodo ainda ficava a meio caminho entre o saber divino e o humano, aqui se sublinha, pela primeira vez, a importância da atividade humana, da procura e do esforço pessoal para o homem elevar-se do humano ao divino.

Xenófanes é um rapsodo, e assim como já antes dele o guerreiro Tirteu contrapusera a virtude de sua classe, a coragem, como verdadeira virtude, às falsas virtudes ligadas a outras atividades, e assim como Sólon, homem político, afirmara que a justiça é a virtude essencial, assim também Xenófanes contrapõe a virtude de sua profissão, a sapiência (σοφία), às pretensas virtudes alegadas por outras atividades e formas de vida (fr. 2). Mas ao mesmo tempo sabe, como seguidor de Homero, que o saber humano não alcança clareza e, por outro lado, sabe – como Hesíodo, que ele, Xenófanes, se eleva, no que lhe diz respeito, acima do seu nível social, e que lhe cumpre anunciar aos homens algo de especial, de verdadeiro. Já antes dele, Arquíloco e Safo haviam tido consciência de poder chegar por conta própria, – não só com o auxílio da divindade, como ainda pensava Hesíodo – a formular juízos próprios e pessoais sobre o valor das coisas. Xenófanes reúne todos esses temas num novo pensamento: a sabedoria é o bem supremo na vida humana; nosso saber é, por natureza, obscuro mas pode tornar-se mais claro através da procura.

A direção que o mesmo Xenófanes segue nessa procura do saber difere daquela até então seguida pelos rapsodos. O esforço que se delineia já em Homero para uma compreensão mais clara da ordem do mundo fizera com que, por volta do ano 600, se buscassem, em diversos círculos, princípios unitários com base nos quais compreender o confuso e o indefinido. Assim como Tirteu ou Sólon haviam proposto *uma* virtude, assim como Safo havia contraposto a *única*

---

15 *Idem*, p. 149 (N. da T.).

140 A CULTURA GREGA E AS ORIGENS DO PENSAMENTO EUROPEU

coisa que para ela teria valor ao que os outros julgavam digno de apreço (fr. 27 *a)*, assim Tales, na Ásia Menor, declarara que a água era a substância *única* e origem de todas as coisas. Retomada por Anaximandro e Anaxímenes, essa especulação também teve prosseguimento com Xenófanes, na medida em que este, por sua vez, levanta o problema da verdadeira essência do mundo. Tanto as questões propostas por Safo quanto aquelas levantadas por Tales levavam à distinção entre o autêntico e o inautêntico, o essencial e o inessencial. Isso, no rapsodo Xenófanes, une-se à convicção de que o saber humano é falaz: οἱ βροτοὶ "os mortais fantasiam", diz ele, descrevendo uma falsa opinião (fr. 14) – ou: δόκος δ'ἐπὶ πᾶσι τέτυκται, "de tudo só existe um saber aparente" (fr. 34), pois só a divindade vê o "evidente". Aparência enganosa no mundo externo e falso opinar dos homens – o grego δοκεῖν tem ambos esses significados – correspondem-se. Faz ele, assim, uma descoberta que iria adquirir seu pleno significado sobretudo em Parmênides (de quem falaremos em breve).

Xenófanes distancia-se de Tales – mantendo-se, ao contrário, na esteira do Hesíodo – na medida em que, para ele, o ser autêntico essencial não se identifica com um elemento material mas com o divino, o que o leva à sua descoberta mais rica de consequências: εἷς θεός "um só é Deus" (fr. 23)[16]. Xenófanes procura libertar-se dos numerosos deuses antropomórficos, e a ele se revela – a ele pela primeira vez – o divino como unidade omniabrangente. E todavia, seu Deus ainda se assemelha manifestamente a ele, Xenófanes, e a tudo quanto ele aspira: o divino é o complemento do humano tal como ele o entende, tal como pode entendê-lo um rapsodo: já que ele considera a sapiência como o que há de mais elevado no homem, ela também o é para a divindade; mas, enquanto o homem possui um saber imperfeito, tanto mais perfeito é o de Deus: οὖλος ὁρᾷ, οὖλος δέ νοεῖ, οὖλος δέ τ'ἀκούει "tudo ele vê, tudo aprende[17], tudo escuta". Superando de um salto o antropomorfismo linear, Xenófanes concebe a divindade sem os órgãos humanos do conhecimento, como o olho e a orelha: ela acolhe em si a experiência com todo o seu ser – mas a plenitude da experiência é a essência dessa divindade concebida por um rapsodo.

Como Xenófanes despreza nos homens a força atlética (fr. 2), visto que para ele só a sabedoria é virtude, consequentemente seu Deus atua "sem fadiga", νόου φρενί, apenas com a força da mente[18]

---

16 Com uma expressão curiosamente "polar", que mostra sua incapacidade de manter-se fiel à sua descoberta, ele prossegue: "entre os deuses e os homens, o maior". Ter-lhe-ia escapado semelhante incoerência lógica se houvesse lido Parmênides?

17 Sobre o significado de νοεῖν nesse fragmento, cf. K. Von Fritz, "Class. Philol.", 40, 1945, 228 e ss.

18 A singular expressão νόου φρενί explica-se pelo fato de que νόω, sozinho, significaria "com intenção". Xenófanes, porém, ainda pensa em algo semelhante a um

SABER HUMANO E DIVINO

(fr. 25). O ponto de partida das especulações religiosas de Xenófanes não é a onipotência de Deus[19] mas sua natureza "abrangedora". O fragmento 25 soa, ao pé da letra: "Deus 'sacode' tudo com a força do pensamento" – reminiscência do primeiro livro da *Ilíada*, no trecho em que Zeus acena com a cabeça para Tétis em sinal de assentimento e faz com isso sacudir-se todo o grande Olimpo. Xenófanes não diz, portanto, que Zeus governa o mundo segundo um plano preestabelecido, e sim que um pensamento de Zeus tem a máxima eficácia. Mas é possível que também entre aí a lembrança de alguma outra coisa: no fr. 34, que se reporta à invocação às Musas no *Catálogo das Naves*, Xenófanes diz: pode acontecer que o homem diga "algo de consumado" (liter. algo que "se consumou") mas nem por isso tem um conhecimento exato – ao contrário da divindade, que diz claramente "coisas consumadas". Temos aí uma referência a certas expressões homéricas – que uma palavra ou um pensamento "se consuma"[20], isto é, transforma-se em realidade, o que se diz, naturalmente, antes de mais nada, de desejos e esperanças, ou seja, de algo relativo ao futuro, mas posteriormente, de forma mais geral, de toda afirmação exata que acerta no alvo. Mas a divindade sempre alcança o seu τέλος[21]. Seja como for, na divindade de Xenófanes o pensamento precede a ação, e não vice-versa, como seria se a sapiência divina derivasse da onipotência.

Diz Xenófanes: "Deus não é semelhante aos mortais nem pela figura nem pelo pensamento (νόημα)" (fr. 25). Clemente de Alexandria, que transcreve essas palavras, delas conclui que Xenófanes já teria a ideia de um Deus incorpóreo; outros testemunhos, no entanto, provam que, ligado a especulações naturalmente mais antigas em que a terra, o oceano e já até mesmo o cosmos ganhavam forma redonda – a mais perfeita –, tenha ele pensado a divindade como uma esfera que tudo abrange, repousando imóvel em si mesma (21 a 31, 3-9). Xenófanes, o primeiro a conceber o saber como resultado da própria investigação do homem, ainda não atinge o conhecimento puro do qual sai em busca, e para na metade do caminho. Mas o essencial é que ele já não representa os deuses sob aquela forma humana imprescindível à consciência ingênua; seu conhecer ativo supera de muito as impressões recolhidas. À medida que ele atribui ao homem uma atividade espiritual, o divino perde em atividade e vida: seu deus "permanece sempre no mesmo lugar, imóvel, nem lhe convém deslocar-se de um

---

órgão – e usa, então, o menos corpóreo de todos os órgãos.

19   Como julga Karl Reinhardt, *Parmenides*, 112 e ss.

20   ἔπος τελεῖν, *Il*, I, 108 etc.

21   *Il*., XIX, 90; outras passagens são citadas por H. Gundert, *Pindar und sein Dichterberuf*, nota 63, pp. 113 e ss.

142 A CULTURA GREGA E AS ORIGENS DO PENSAMENTO EUROPEU

lugar para o outro"[22], como os deuses da *Ilíada*, que descem à terra e intervêm nos acontecimentos humanos. Por outro lado, quanto mais importante se torna no homem a atividade espiritual, quanto mais intensa se faz a investigação e a pesquisa, tanto mais passam para segundo plano os interesses práticos em relação aos teoréticos, e o homem esforça-se para assimilar esse deus recém-descoberto, que vê e conhece perenemente sem esforço.

Mas sobre como participar o homem, através de sua pesquisa, do saber divino – pois é evidente que Xenófanes julga elevar-se, no que lhe diz respeito, acima do "opinar" humano habitual – essa já é uma questão para qual não encontramos resposta, seja porque Xenófanes nada tenha dito sobre o assunto, seja porque a tradição não tenha conservado suas palavras, surgindo, assim, com isso, um problema fundamental para os pensamentos que a ele se seguiram.

Quase contemporâneo de Xenófanes, Hecateu contrapõe, ao opinar dos outros homens, o que julga como conhecimento verdadeiro. Suas histórias começam: "Assim diz Hecateu de Mileto: isto escrevo eu segundo me parece verdadeiro. Visto que os discursos dos gregos, tais como se me apresentam, são muitos e ridículos..." "Segundo me parece verdadeiro..." – o paradoxo dessas palavras não parece tê-lo preocupado muito, e ele parece encarar até mesmo levianamente as dificuldades teoréticas que elas apresentam – isto é, como é possível que o que "parece" a ele também seja "verdadeiro". Intuitivamente e com exatidão, sabe ele por que os discursos dos gregos lhe parecem ridículos: porque contam histórias que contradizem a experiência habitual. Seu saber é o saber concreto do testemunho ocular – nesse ponto, é ele influenciado pelo *épos* jônico; mas já acredita que ao homem possa chegar, "afluir" um saber divino. O homem torna-se independente e, por si mesmo, encontra o que é verdadeiro. Rejeitando todos os prodígios, Hecateu excogita diretamente, ali aonde não chega seu saber, construções plausíveis, explicações racionais do mito ou representações da bela estrutura simétrica da terra (prato circular que flutua sobre o oceano, e cujas duas metades são ocupadas pela Europa e pela Ásia) – e, como sói acontecer com quem é ingenuamente confiante em excesso, suas palavras deviam parecer, a seus sucessores e já para Heródoto (4. 36), não menos ridículas do que a ele lhe haviam parecido as palavras dos gregos. Mas seu mérito reside no fato de ter concebido o saber num sentido que lhe torna possível o progresso. Mais ainda do que para Xenófanes, o saber é, para ele, resultado da procura, que não lhe acontece apenas por acaso, como a Odisseu, que viu muitas cidades e muitos homens, que ele não exercita apenas por passatempo como Sólon, de quem se lê que foi o primeiro a viajar pelo mundo tendo por

22 A tradução-base é novamente de A. Pasquinelli, *op. cit.*, p. 151 (N. da T.).

SABER HUMANO E DIVINO 143

escopo a "teoria"* (Heródoto, I, 29): ele, porém, viaja seguindo um plano preestabelecido, para elaborar uma experiência, a mais completa possível, e um quadro sistemático da terra, dos hábitos e da história dos homens. Vive exclusivamente de teoria, mais ainda do que Sólon – a quem supera na atividade teórica.

Esse seu zelo de pesquisador, ele o herdou de Heródoto, para quem a "experiência" constitui (agora já de maneira indiscutível) a base do saber; pode, assim, distinguir entre o que ele próprio viu, o que ouviu de testemunhas oculares e o que recolheu como boato ou diz-que-diz-que, levando à plena realização aquela concepção cujas bases haviam sido lançadas pela invocação às Musas do *Catálogo das Naves*.

Contra esse prazer da rica experiência, que, bastante difundido na Grécia arcaica, atenua-se fortemente na idade clássica, o primeiro a polemizar é Heráclito, de quem citamos no início deste ensaio o dito de que a índole humana não tem conhecimentos, diferentemente da divina: "O saber muito (πολυμαθίη) não ensina a ter intelecto (νοῦς): do contrário, tê-lo-ia ensinado a Hesíodo e a Pitágoras, e também a Xenófanes e a Hecateu" (fr. 40). Ele rejeita, portanto, o que aparecera como saber divino das Musas aos cantores homéricos e a Hesíodo, e que em seguida se tornara o fim da humana procura. É verdade que já Xenófanes – a despeito de ter dedicado seus mais de noventa anos de vida à procura de uma experiência sempre maior, e embora seja seu deus "ciente por experiência" – é o primeiro que procura conceber, nessa sua divindade, o uno e o essencial. Mas Heráclito dele se distingue pelo maior rigor com que entende, de um lado, a divindade como puro espírito e direciona, pelo outro, também o saber humano para essa unidade como seu objeto exclusivo. Em lugar do saber extensivo, ele exige o intensivo: Ἓν τό σοφόν ἐπίστασθαι γνώμην ὀτέη κυβερνᾶ πάντα διὰ πάντων, "Uma só coisa é sabedoria, entender o conhecimento de que tudo se governa mediante tudo" (fr. 41). A divindade não mais possui a grande memória, que, em seguida, transmite ao homem, nem tampouco a investigação humana se dispersa em todas as direções. Também para Heráclito, certamente, está fora de discussão que os homens "filosóficos", isto é, amantes do saber, devem ser experientes em muitas coisas (fr. 35), e diz: "Prefiro aquilo que foi visto, ouvido, experimentado" (fr. 55) – evidentemente àquilo que é pura especulação sobre o invisível –, mas "olhos e orelhas são para os homens más testemunhas se tiverem almas de bárbaros" (fr.107)[23], isto é, se a alma não compreender a linguagem na qual os sentidos transmitem seu testemunho. Toda experiência, por mais necessária que seja, permanece

---

* *Theōría*, em grego, significa "ação de ver, de observar, de examinar"; daí a ideia de "viajar para ver o mundo". (N. do R.)

23 *Idem*, p. 185 (N. da T.).

144   A CULTURA GREGA E AS ORIGENS DO PENSAMENTO EUROPEU

destituída de valor, se não levar à compreensão intensiva do *lógos*, do significado que se oculta no fundo de todo discurso, e a cujo ser se dirige todo discurso verdadeiro.

Heráclito, tanto quanto Hecateu, tem orgulho de seu conhecimento superior, mas a norma pela qual se pauta não é a experiência humana; ao contrário, está convencido, como Xenófanes, de que participa do saber divino e que, melhor que os "muitos", capta o divino no mundo. Esse divino oculta-se nas profundezas da alma; o discurso do indivíduo só o contém se participar do universal; daí porque a pesquisa de Heráclito não percorre apenas o caminho da experiência exterior, como a de Hecateu e Xenófanes – "investiguei a mim mesmo", diz ele (fr. 101). Mas se, desse modo, o ideal do saber divino não é mais o das Musas, que estiveram em toda a parte e tudo viram, e tampouco o do deus de Xenófanes, que é todo experiência, também a estultícia humana, acima da qual paira Heráclito, assume configuração diversa da de seus predecessores: os homens não estão despertos, estão como que adormecidos (fr. 1; 73; 89), como os bêbados (fr. 117) ou as crianças (fr. 70; 79; 121), ou, segundo sua comparação preferida, como os animais (fr. 4; 9; 13; 29; 37; 83; 97).

O homem passa, portanto, a ocupar uma posição intermédia entre o animal e o deus. O único princípio vivente que atravessa o mundo tem uma natureza ao mesmo tempo intelectual e vital. Como princípio intelectual, tem diferentes gradações (Heráclito baseia-se, aqui, na distinção tradicional entre o νοῦς (noûs) perfeito da divindade e o inferior dos homens). Como princípio vital, abrange o homem e o animal, do mesmo modo que, para a mentalidade primitiva, um homem pode ser invadido pelo θυμός (thymós), por exemplo, de um leão. E assim pode Heráclito estabelecer a proporção segundo a qual o animal está para o homem assim como o homem está para deus. Heráclito não crê que o homem chegue ao conhecimento desse *lógos* através de uma *unio mistica*, mas tampouco indica um método racional para atingi-lo: limita-se a exortar para que estejamos despertos e escutemos a natureza (fr. 112); o *lógos* fala a partir do indivíduo, visto que tudo permeia – e no entanto, está "separado de tudo" (fr. 108), visto que transcende o indivíduo. Exemplos particularmente significativos desvendam o mistério, a tensão vivente, e ensinam o homem a entender o divino.

O médico Alcméon, discípulo de Pitágoras, inicia sua obra sobre a natureza com as palavras: περὶ τῶν ἀφανέων σαφήνειαν μὲν θεοὶ ἔχοντι, ὡς δέ ἀνθρώποις τεκμαίρεσθαι, "sobre as coisas invisíveis só os deuses têm certeza; aos homens só é dado conjecturar". Nesse dito, a velha oposição entre saber divino e humano combina-se com a de visível e invisível, visto que o pensamento nele expresso pode ser completado no sentido de que os homens têm alguns conhecimentos sobre o que é visível, mas sobre as coisas invisíveis ou – ao pé da

SABER HUMANO E DIVINO

letra – "que não aparecem", só os deuses têm um conhecimento claro. Como em Homero e em Xenófanes, o que é visto é conhecido no sentido próprio e original, é o claro, σαφές, como já se lê em Xenófanes. Mas ao não visto já não mais corresponde, como para Homero, o conhecimento apenas de oitiva, ou o que é destinado à ilusão e à "aparência", como para Xenófanes, mas o não manifesto, o *ainda* não manifesto, poder-se-ia dizer, visto que Alcméon indica um caminho pelo qual o homem pode chegar (mesmo que, talvez, imperfeitamente) ao invisível: o "presumir", o extrair consequências de determinado sinais. Caminho diferente daquele seguido por Heráclito, embora ele também parta dos sinais visíveis para o invisível. Esses são, para Heráclito, fenômenos nos quais, de quando em quando, a vida se oferece ao sábio em toda a sua profundidade, ao passo que Alcméon assume a plenitude da experiência sensível como base para chegar ao invisível, não já através de uma intuição genial, mas ao término de um processo metódico. Fundamenta ele seu procedimento em termos psicofisiológicos (também nisso é um empírico) e examina as percepções sensíveis e o "compreender"; a seu ver, o αἰσθάνεσθαι, o sentir, também é próprio dos animais, mas só os homens têm o συνιέναι, o compreender; ele descobre a função do cérebro como transmissor das percepções sensíveis; destas nascem a memória e a opinião (μνήμη e δόξα) e, destas últimas, uma vez deixadas em repouso e consolidadas, nasce o saber (A 11 = Plat., *Féd.*, 96 B). Também para ele, assim como para Heráclito, o homem posiciona-se, portanto, a meio caminho entre o divino e os bichos. Mas enquanto Heráclito fala apenas de diversos graus de conhecimentos no animal, no homem e em deus, de modo que sua relação recíproca possa ser formulada numa proporção, Alcméon distingue diversas formas de saber no homem, no animal e em deus: o animal, com suas percepções sensíveis, capta apenas os fenômenos, o saber divino abarca também o invisível, ao passo que o homem pode interligar as percepções sensíveis e, assim, inferir sobre o invisível. Desse modo, porém, a investigação, que Xenófanes fora o primeiro a indicar como o caminho para que o indivíduo se eleve acima do saber humano habitual, transforma-se num método estável e ordenado. Um médico, habituado que estava a partir dos sintomas para chegar à doença, formulou as regras universalmente válidas deste seu procedimento, e em seguida outros médicos, – Empédocles e os hipocráticos – daí desenvolveram o chamado método indutivo. Assim se inicia a ciência empírica da natureza[24].

24 W. Jarger, *Paideia*, 2, 80: "O empirismo filosófico da idade moderna nasceu da medicina grega, não da filosofia grega"; cf., além do mais, o ensaio de Cornford citado supra, na nota 2 da p. 135. Sobre o método de Alcméon e dos médicos, cf. O. Regenbogen, *Quellen und Studien zur Geschichte der Mathematik*, vol. I, 1930, 131 e ss., e H. Diller, *Hermes*, 67, 1932, 14.

146 A CULTURA GREGA E AS ORIGENS DO PENSAMENTO EUROPEU

Essa ciência empírica só se desenvolveu plenamente na idade moderna; e o fato de que isso não tenha acontecido já na antiguidade deve-se, em grande parte, à influência de Parmênides, que rejeitou o saber "humano", a experiência sensível, buscando um acesso direto ao saber "divino". Também ele julga os homens "ignorantes" (fr. 6, 4) e retoma a afirmação de Xenófanes, declarando que os homens têm apenas um saber aparente (fr. 1, 30: βροτῶν δόξας, ταῖς οὐκ ἔνι πίστις ἀληθής). Como Alcméon, também ele conhece um meio para o indivíduo elevar-se do obscuro saber humano à verdade – mas é precisamente o oposto: não são nem o trabalho cansativo do homem, nem a pesquisa positiva nem o esforço concreto, que o conduzem ao conhecimento mas – e aqui Parmênides se vale de afirmações de Homero e de Hesíodo bem como de outras ainda mais antigas, como as que se encontram em poetas primitivos, a um tempo vates e sacerdotes[25] – é a divindade que lhe mostra a verdade. Como já o fizera Hesíodo, também Parmênides, no início de sua obra, descreve como a divindade o conduziu ao saber, mas a exposição áspera e realista de Hesíodo torna-se, nele, uma representação solene e comovida, para a qual lhe serviu de modelo (como demonstram vários pontos em comum com um verso de Píndaro[26]) um canto coral lírico. Hesíodo narra com exatidão tudo o que lhe aconteceu no Hélicon, quando as Musas lhe falaram e ele recebeu de presente a coroa de louro. Parmênides anuncia, em tom altamente poético (fr. 1, 1):

O coche que me leva até onde quer meu coração, também agora me leva embora, depois de haver-me guiado pelo caminho muito famoso da divindade, que por todas as cidades leva o homem que possui o saber. Para lá sou conduzido[27].

O curso do coche é dirigido, portanto, para a luz e para a revelação[28]. A passagem aqui descrita é, para Parmênides, uma revelação

25 Cf. F. M. Cornford, *Principium Sapientiae*, 118 e ss.
26 *Ol.*, VI, 22 e ss., para o qual chamou a atenção H. Fränkel, *Nachr. Gött. Ges.*, 1930, 154 e ss.
27 O texto é controverso em vários pontos. No v. 3, leio δαίμονος, com Sexto; δαίμονες soaria pouco natural, e relacionar o ἤ seguinte ao ὁδόη, que dele está separado por quatro palavras, seria forçado (cf. também W. J. Verdenius, *Parmenides*, Groningen 1942, 66, que informa como também Cecil M. Bowra, *Class. Quart.*, 32, 1937, 109 toma posição por δαίμονες). A divindade já devia ter sido citada anteriormente (não obstante a frase de Sexto ἐναρχόμενος... γράφει τὸν τρόπον τοῦτον, deviam existir algumas palavras introdutórias); caberia no verso no 'Αλήθεια (cf. vv. 29 e 2, 4) ou de preferência em Peithó (2,4). – Ler, no v. 3, κατά πάντ' ασινῆ com Meineke (cf. W. Jaeger, *Paideia*, 1, 240), não me parece aceitável. Os imperfeitos 2: πέμπον; 4: φερόμην φέρον; 5: ἡγεμόνευον, ao lado dos presentes 1: φέρουσιν; 3: φέρει significam: elas (e eu) o faziam e continuam a fazê-lo.
28 Os versos que se seguem são discutidos por J. Fränkel, *Nachr. Gött. Ges.*, 1930, 154 e ss.

SABER HUMANO E DIVINO

mais do que o fora, para Hesíodo, a consagração das Musas, visto que Parmênides é conduzido pelas donzelas divinas, as Helíades, que o guiam até a presença da deusa que lhe revela o verdadeiro ser; mas este ser tem predicados divinos: é (fr. 8, 3) "não gerado e imortal"; ao lado dessas propriedades que Homero atribui aos deuses e os filósofos naturalistas, desde o início, relacionam com o cosmos e seus princípios, comparecem certos caracteres da divindade de Xenófanes: "íntegro nos membros e robusto..." – A emoção religiosa diante do fato de que o saber divino e o conhecimento do ser supremo se manifesta ao homem é, em Parmênides, mais forte do que em Homero, para não falar de Xenófanes, e percebem-se nele, nascido em Eleia, na Itália meridional, influências religiosas de sua pátria.

Num primeiro momento, pode causar espanto que justamente Parmênides, para quem só o pensamento puro pode dar o conhecimento da verdade, mostre semelhante comoção religiosa. Mas, para Parmênides, o homem não chega ao pensamento do ser uno à maneira de Alcméon, que se eleva progressivamente da percepção sensível ao conhecimento do invisível: mas ele próprio alcançou o saber por uma espécie de graça divina. No fr. 1, 26, a deusa saúda-o às portas da luz: "Sê o bem-vindo, já que não foi uma μοῖρα adversa quem te mandou por este caminho". É o seu destino, a boa sorte que lhe coube, que lhe possibilitam elevar-se, assim, a um saber que transcende o saber humano. E no entanto, Parmênides, ao enfrentar sua viagem, já era um "homem que possui o saber" (1, 3). Assim como na *Odisseia* o cantor Fêmio sente-se mestre de si mesmo e apesar disso vê, em sua arte, um dom das Musas (cf. supra, p. 136), assim também Parmênides orgulha-se do próprio saber mas atribui à divindade sua iluminação[29]. Por outro lado, a divindade não exige, para sua revelação, uma confiança cega e passiva, mas diz: "Não confies na percepção sensível, mas agora com o pensamento examina e decide a mui debatida (contra as opiniões correntes) questão que por mim te foi proposta" (fr. 7): portanto, a divindade não reduz ao silêncio o pensamento do homem, mas leva-o a exprimir-se (já algo semelhante encontramos em Homero). Todo homem tem uma disposição, maior ou menor, para acolher em si a verdade (fr. 16): "De fato, dependendo da maneira como, em cada um, ocorreu a fusão dos muito errantes membros (órgãos), assim também a mente (νόος) acompanha o homem"[30].

---

29 Cf. H. Fränkel, 164 e ss., Verdenius, 12 e ss.

30 Deve-se ler ἑκάστοτε com Teofrasto (Verdenius, 6, e agora também H. Fränkel, *Class. Philol.*, 41, 1946, 168 e ss.). De resto, ἑκάστοτε já é sugerido por alguns manuscrito aristotélicos, e παρέστηκεν, pela passagem do *Od.*, XVIII, 136 e ss., da qual depende Parmênides (Verdenius, 6; cf. também já H. Fränkel, 172, 1). παρίσταται, em Aristóteles, está permeado evidentemente pelo trecho de Empédocles por ele antes citado (fr. 108, onde se lê, contudo, παρίστατο, em oposição à citação precedente da *Metafísica*: cf. Hermann

148   A CULTURA GREGA E AS ORIGENS DO PENSAMENTO EUROPEU

Parmênides está convencido, portanto, de que todos somos mais ou menos capazes de acolher a verdade e, visto que pressupõe, como Heráclito – ou mesmo como Hesíodo em seu encontro com as Musas –, a existência de homens idiotas para os quais o saber divino não é acessível, pode ele dar uma motivação até mesmo anatômica à diversidade dos conhecimentos humanos (onde parece ouvir ecoar o pensamento de Alcméon): a inteligência (νοῦς) torna o homem capaz do pensamento e do saber divino, a percepção sensível só transmite uma aparência humana. Ele explicou "como a aparência deve configurar-se para ser válida" (1, 31 e ss.), mas sobre ela há apenas um "discurso provável" (8, 60).

É ao pensamento "puro" que conduz a divindade de Parmênides e com o qual ele apreende o puro ser. Enquanto Alcméon remonta da percepção sensível, do saber humano – indutivamente, diríamos nós – ao invisível, a deusa de Parmênides ensina a repelir como enganosos a percepção sensível e o devir por esta captado; não indica um caminho que conduza gradualmente do saber humano ao saber divino, mas deduz do único grande conhecimento do ser as verdades sobre o pensamento e o ser, sobre o ser e o não ser etc. Está descoberto, assim, o mundo inteligível, em sua autonomia.

Os dois caminhos da pesquisa, o de Alcméon e o de Parmênides, que desse modo se abrem à nossa frente (e que não vem ao caso examinar ulteriormente), conjugam-se de maneira singular no *Banquete* de Platão. Diotima aponta, em seu discurso, antes de mais nada o caminho que vai da variedade dos fenômenos ao pensamento que unifica as particularidades – mas no grau mais alto manifesta-se o saber divino: o uno, o imutável, é, como para Parmênides, o fim último. Mas, embora isso, de um lado, possa lembrar Alcméon e seus sucessores, e do outro, Parmênides – tudo assume, em Platão, outro aspecto e significado, sob a influência de Sócrates.

Nada de novo, em linha de princípio, ensina sobre esse ponto Empédocles. Também ele parte da ideia fundamental de que a percepção sensível do homem é imperfeita (fr.2): "Os órgãos do sentido são fortemente limitados, pois muitas misérias os atingem, tornando obtusos os pensamentos"[31]; bem pouco discernimos da própria vida, cedo morremos e só temos certeza do pouco com que deparamos. Quem pode afirmar ter encontrado o todo? O homem não o pode ver, nem ouvir nem agarrar com o sentido (νοῦς)[32]. Vem em seguida uma invo-

---

Diels) que se baseia em Parmênides (Verdenius, 20, 27 e ss.). O confronto de παριστᾶται com as formas ἐράσαι e ἐράται em Teócrito, 1, 78 e 2, 149, não prova nada, visto que estas assentam sobre uma interpretação incorreta do conjuntivo ἐράται, em Safo, 27 a, 4.

31 O homem não pode, portanto, ὀξύ νοεῖν, como se diz na *Il.* (III, 374). Cf., também, fr. 11.

32 Cf., a propósito, Xenófanes, que afirma sobre a divindade (fr. 3, 24): οὖλος ὁρᾷ, οὖλος δέ νοεῖ, οὖλος δέ τ' ἀκουέι (cf. supra, p. 140).

SABER HUMANO E DIVINO 149

cação aos deuses (fr. 3) com a qual ele se eleva acima do "pensamento mortal" (fr. 2, 9), e uma prece à Musa, para que esta lhe revele tudo quanto ao homem se concede aprender. Percebe-se aqui a influência de Parmênides. Mas a seguir, numa brusca reviravolta, Empédocles decide empregar todos os sentidos para uma percepção, a mais ampla possível, e utiliza essas percepções para descobrir, segundo os princípios, na essência, de Alcméon, os segredos da natureza. É o que ele diz em seu livro *Da Natureza*. De modo radicalmente diverso exprime-se nas *Purificações*, onde se apresenta mais como um sacerdote ou um mago do que como um filósofo e um estudioso da natureza: "Vagueio entre vós como um deus imortal, não mais como um mortal" (fr. 112). Podemos aí encontrar, ainda mais claramente do que em Parmênides, a influência das ideias religiosas da Magna Grécia, onde se venerava, como cantor divino, a Orfeu, filho da Musa Calíope, e era crença geral que seus mistérios abrissem caminho para o conhecimento das coisas divinas. Caso extremo é esse, que, na Grécia arcaica, alguém se atribua um saber divino e se eleve a si mesmo acima dos homens – mas que fosse possível alcançar, nos mistérios, um saber divino era uma velha crença amplamente difundida e que, de resto, está presente, ao lado dos temas já citados, no *Banquete* de Platão, onde Diotima ensina a Sócrates os mistérios do *eros*[33].

Enquanto até aqui continua válida a velha distinção épica entre saber divino e humano, não deixando de influir sobre a forma com que os filósofos pré-socráticos tomam consciência de seus problemas e os formulam, Sócrates parte de pressupostos bem diversos. E todavia, se não nos enganam seus biógrafos, também ele falou em saber humano e divino, mas em sentido diferente dos pré-socráticos. Diz Xenofonte que Sócrates (*Memor.*, I, I, 11 e ss.) não se preocupou em pesquisar sobre como teria surgido o cosmos, ou que leis necessárias regulariam os fenômenos celestes – ele julgava, ao contrário: que nos deveríamos ocupar, em primeiro lugar, das coisas humanas e não das divinas[34]. Sobre estas, os homens não saberiam, de qualquer modo, chegar a uma conclusão e o que se vê claramente é que todos os pesquisadores têm tido, sobre o assunto, diferentes opiniões. E afinal, de que serve o conhecimento das leis naturais? Com certeza não para produzir o vento e a chuva e as estações; ao passo que quem conhece o humano – a sabedoria, o belo, o justo etc. – pode alcançar a virtude.

Na *Apologia* de Platão (20 D), Sócrates diz possuir apenas um saber humano, enquanto outros (pensa aqui também naqueles que se

---

33 F. M. Cornford, *Principium sapientiae, passim.*

34 Já Protágoras sustenta essa limitação ao humano com sua frase: "O homem é a medida de todas as coisas". Sobre essa relação, cf. Al. Rüstow, *Ortsbestimmung der Gegenwart*, 2, 114.

150 A CULTURA GREGA E AS ORIGENS DO PENSAMENTO EUROPEU

ocupam com filosofia da natureza) seriam possuidores de um saber sobre-humano[35].

A nós parece estranho que Sócrates atribua os problemas da ciência natural ao divino e os da ética, ao humano. Isso não decorre apenas do fato de que os objetos excepcionais, que eram o tema da especulação naturalista – as estrelas e outros fenômenos naturais – fossem, para a fé popular, de natureza divina[36], mas também de que os filósofos precedentes tivessem, com tanta frequência, pretendido elevar-se, pessoalmente, acima do saber humano. Para Sócrates este "saber divino", sobre o qual ironiza, também é possuído pelos poetas[37] – que, efetivamente a partir de Homero, haviam-no reivindicado para si, embora, de início, mais modestamente. Sócrates rompe, assim, com a tradição que rastreamos desde Homero, e reconduz, como observou argutamente Cícero, a filosofia do céu para a terra. Rejeita os mitos e as fábulas exatamente do mesmo modo que o faz seu contemporâneo Tucídides e, como ele, busca alcançar a verdade com os meios do conhecimento humano. Como a distinção entre o saber humano e o divino tinha sido feita no campo da experiência sensível, servira para separar o ser da aparência – embora isso tenha ocorrido de maneira diversa, por exemplo, em Heráclito, Alcméon e Parmênides; e como se procurou unir os dois reinos do saber divino e do humano, desenvolveram-se formas de indução e de dedução. Tudo isso assumiu um aspecto diverso, quando Sócrates procurou atingir, sobre esses problemas, através do colóquio, um acordo absolutamente suasório exclusivamente baseado no discurso e no pensamento humano.

---

35 Que Sócrates julgava mais importante ocupar-se do humano para depois tratar do divino é o que também pressupõe a história de Sócrates e o indiano narrada por Aristóxeno (fr. 53 Wehrli). A isso se contrapõe Xen., *Mem.*, 1, 4 – exatamente o capítulo que Willy Theiler (*Zur Geschichte der teleolog. Naturerklärung*) atribuiu a Diógenes de Apolônia. Cf., também, Antístenes, *in* Temístios, T.G., *Rh. Mus.*, 27, 450 (a propósito, cf. Karl Joël, *Der echte und der Xenophontische Sokrates*, 2, 212; 479; 864).

36 Exemplos disso, em E. R. Dodds, *Journ. Hell. Stud.*, 65, 1954, 25.

37 Cf. Plat., *Apol.*, 22 B *f*, e, antes de mais nada, Plat., *Íon*.

9. As Origens da Consciência Histórica

Aquilo que, usando de um termo vago, chamamos de "consciência histórica", abrange os mais diversos assuntos: a noção da continuidade do tempo e da unidade do passado, do sentido dos acontecimentos, do significado do passado para o presente, da conexão causal dos eventos e muitas coisas mais. Daí porque uma consciência histórica e, por conseguinte, uma historiografia, só pôde surgir tardiamente, e, para compreendermos essa gênese, conviria, de início, distinguir um do outro cada um de seus componentes para, em seguida, observarmos como se entrelaçam a fim de constituírem aquela que chamamos – em Heródoto, por exemplo – de verdadeira e autêntica historiografia[1]. É bastante natural que os gregos (e estamos de acordo com eles) tenham visto na poesia épica o alvorecer de sua historiografia, quanto mais não seja porque Heródoto retoma vários temas de Homero e a Homero recorre na introdução programática à sua própria obra. Já isso nos dá o direito de perguntar quanto de histórico existirá na antiga poesia épica.

Vindas à luz com as escavações de Schliemann, as cidadelas de Troia e Micenas são a prova de que, na base da lenda da guerra de Troia, existem reminiscência históricas de tempos remotos: a partir de então, muitas coisas, que antes se podiam considerar como simples

---

1 Sobre as origens da historiografia grega, cf., antes de mais nada, Eduard Schwartz, "Geschichtsschreibung und Geschichte bei den Hellenen", *Antike*, 4, 1928, 14 e ss.; W. Shadewaldt, "Die Anfänge der Geschichtsschreibun bei den Griechen", *Antike*, 10, 1934, 144 e ss.; K. Reinhardt, "Herodots Persergeschichten, Oestliches und Westliches in Uebergang von Sage zu Geschichte", *Geistige Ueberlieferung*, 1940; *Idem, Von Werken und Formen*, 1948, 163 e ss.; *Idem, Thukydides und Machiavelli*, 237 e ss.; Alfred Heuss, "Die archaische Zeit Griechenlands als geschichtiiche Epoche", *Antike und Abendland*, 2, 1946, 26 e ss.

152   A CULTURA GREGA E AS ORIGENS DO PENSAMENTO EUROPEU

fábula ou lenda, foram guindadas à posição de autêntica realidade histórica. Tudo quanto se narra na *Ilíada*, porém, continua, apesar disso, sendo poesia e mito. Já a relação do que se narra com o presente do poeta é mítica e não histórica: a expedição de Agamêmnon e as lutas ao redor de Ílion não são eventos que se situem num tempo que se estende sem solução de continuidade até os dias do rapsodo, mas um abismo separa o cantor do objeto de seu canto: é possível que ainda existam, como testemunhas do passado, muralhas ciclópicas ou uma tumba de Aquiles, mas sobre como esse passado se liga ao presente, ou o que teria provocado tal trespasse, o poeta nada diz. O tempo antigo contrapõe-se, em todo o seu esplendor, ao presente; tem ele, sem dúvida, um significado para o presente, mas não no sentido de poder iluminar a situação histórica atual, e sim porque os heróis e os acontecimentos são, por assim dizer, modelos, com base nos quais compreendemos a nós mesmos e ao nosso agir, e segundo os quais podemos orientar-nos. Isso é típico do passado mítico não histórico, ao passo que "para a antiguidade, para a Idade Média e também para o Renascimento e o Barroco, objeto da arte historiográfica é simplesmente a história de seu próprio tempo, ou, mais exatamente, do passado mais recente sentido como ainda vivo"[2].

E no entanto, esse mito grego é mais histórico do que aquele tipo de tradição lendária que amiúde encontramos em outros povos. Quando, hoje, um camponês ou um pastor grego fala das velhas ruínas abandonadas de sua terra, começa mais ou menos assim: "Era uma vez um rei que morava aqui e tinha uma linda filha..." Já conhecemos esse tom dos contos alemães. Mas na Grécia antiga, o rei Agamêmnon morava, com sua perversa mulher Clitemnestra, na sinistra cidadela de Micenas, a colina sobre o Helesponto era a tumba de Aquiles, e assim por diante: histórias etiológicas ligavam-se a personagens bem definidas, chamadas pelo nome, das quais se contava este ou aquele fato, e reuniam-se em lendas bem ordenadas. Para explicar as marcas dos tamancos no penhasco da Rosstrappe, no Harz, contava-se: "Era uma vez uma princesa soberba...", mas, se num rochedo ao longo da estrada que vai do Istmo a Atenas houvesse uma cavidade em forma de baciazinha e, sob o rochedo, uma pedra delineada como uma tartaruga, ou se, mais adiante, um nicho na rocha se assemelhasse ao leito de um gigante, contava-se que ali habitavam os monstros Síron e Procusto até que Teseu, filho de Egeu, matou-os durante sua viagem a Atenas. E assim em toda a Grécia, até mesmo nas menores localidades, essas histórias transformam-se, sem exceção, em lendas, que se referem a nomes bem precisos, sobretudo a príncipes dos tempos antigos e às suas famílias.

2   E. Schwartz, *op. cit.*, 14.

AS ORIGENS DA CONSCIÊNCIA HISTÓRICA   153

Os exemplos que citamos são lendas etiológicas. Nelas, a relação do mito com o presente é mais direta do que quando os heróis e os acontecimentos servem de modelo ou de guia para os pósteros. Em tais lendas, algo de factual e presente – seja um fenômeno natural ou uma obra criada no passado pelos homens, um costume ou uma instituição – encontra sua explicação na história das suas origens. Trata-se de fatos singulares e maravilhosos, mas ainda em Heródoto pode-se ver como a explicação de fenômenos estranhos e bizarros podia suscitar o interesse histórico.

Em torno das figuras lendárias, também depois se foram acumulando temas fabulescos de todo tipo, e um rico mundo de fábulas aproximou-se, por assim dizer, da realidade histórica, na medida em que as vagas e incertas figuras fabulosas recebiam um contorno nítido e preciso. Joãozinho sem-medo, que partiu para combater os monstros, tornou-se Héracles, filho de Zeus e de Alcmena, rainha de Tebas; o marinheiro que se aventurou pelo vasto mar, o infiel Odisseu, ou Jasão. Os povos fabulosos às margens do mundo confluíram, destarte, para a *Odisseia*, para a lenda dos Argonautas ou para as histórias de Héracles e Apolo.

Impossível pensar que esse grande processo abrangente, no qual contos e fábulas transformam-se em lendas, essa primeira fase de grande desencantamento do mundo, não se tenha consumado sob a influência da poesia épica: em todo o caso, também a tradição figurativa – como mostrou magistralmente Roland Hampe[3] – corrobora a tese de que as figuras lendárias tornaram-se, para os gregos, realidade viva só através do *épos*; sem dificuldade, os artistas põem-se a representar "histórias", que são, na verdade, exclusivamente ou quase, lendas, e está claro que isso ocorre inicialmente sob a influência da poesia épica. Sobretudo a *Ilíada* bem cedo induz os escultores a dar também a seus heróis de bronze e de argila uma grandeza heroica. Se houve, portanto, na Grécia primitiva, uma tradição fabulística popular não influenciada pela lenda épica, ela permanece para nós desconhecida e irreconhecível.

Se na *Ilíada* os temas que remetem a uma história posterior são particularmente evidentes, é sobretudo porque os elementos etiológicos centrais da lenda não dizem respeito, nessa obra, a bizarros fenômenos naturais, usanças rituais ou outros costumes e hábitos, mas a monumentos históricos, isto é, a testemunhos de um passado muito mais grandioso que o presente. As ruínas das cidadelas da idade micênia mantinham desperta a memória de um tempo em que haviam evidentemente vivido homens mais fortes e mais magníficos do que no presente incomparavelmente mais modesto, e visto que esses testemunhos pré-históricos se encontravam em todas as partes da Grécia, e

3 *Frühe griechische Sagenbilder*, Atenas, 1936.

154   A CULTURA GREGA E AS ORIGENS DO PENSAMENTO EUROPEU

até mesmo no além-mar, na costa da Ásia, também os eventos a eles relacionados deviam ter-se desenrolado em escala muito ampla. Por trás deles havia uma grande história.

Mas que a lembrança dos habitantes daquelas antigas muralhas não se transmitisse no tom fabulístico dos camponeses e dos pastores: "Era uma vez um velho rei", dependeu, ademais, do fato de que a classe aristocrática dominante com eles reatava sua tradição, através da qual nobres e reis viam, nos heróis troianos, seus antepassados, e a memória histórica constituía um todo único com a glória dos avós. É herança indoeuropeia das mais antigas que o bem supremo para o guerreiro seja a fama imorredoura, o κλέος ἄφθιτον, e que cumpre ao poeta conservar desperta a lembrança da grande empresa ou do herói[4]. A "vasta fama", a "maior sob o céu", como também diz Homero (εὐρύ, μέγιστον ὑπουράνιον), ou a fama "inextinguível" (ἄσβεστον) eleva o homem acima de si mesmo e vence o espaço e o tempo. Porém essa fama, celebrada até em tempos mais antigos pelo canto épico dos banquetes viris, não glorifica apenas o indivíduo, mas toda a sua estirpe: daí a importância de conhecermos a cadeia das gerações que liga o avô ao neto. O fato de os heróis homéricos se preocuparem com a fama com que sobreviverão junto aos pósteros (Helena, Il., VI, 757; Aquiles, Il., IX, 413)[5] evidencia o quanto o pensamento e a ideia da fama favoreceu o surgimento de uma consciência histórica. A genealogia servia, ao mesmo tempo, para fundamentar e demonstrar as legítimas pretensões das estirpes de origem divina; e era mister não haver lacunas para que se pudesse mostrar que a corrente da legitimidade jamais se interrompera. O uso de enumerar gerações até o primeiro antepassado divino criou, como mostram Hecateu e Heródoto, o importante palco cronológico da historiografia subsequente. É verdade que em Homero justamente essa preocupação de ligar os heróis do passado aos nobres do presente quase não existe, se bem que os heróis amiúde revelem interesses genealógicos, e certas observações, por exemplo, a propósito de Eneias, mostrem que os cantores ainda nutriam um interesse efetivo por essas coisas. E no entanto, não é a empresa do indivíduo ou a glória da estirpe que preenche o espaço da Ilíada, mas um amplo acontecimento que se desenvolve com o concurso de muitos: a expedição dos gregos contra Troia, isto é, um grande acontecimento histórico, cuja lembrança os gregos conservaram, embora confusamente, através dos restos da idade pré-histórica.

Dissemos, atrás, que o cantor épico mais antigo está separado dessa pré-história por uma barreira temporal: falta-lhe a consciência histórica de uma continuidade na qual, pouco a pouco, se consumou

4   Jacob Wackernagel, Philologus, 95, 1943, 16.
5   Cf. A. Heuss, Antike und Abendland, 2, 1946, 38.

AS ORIGENS DA CONSCIÊNCIA HISTÓRICA 155

a passagem do velho mundo heroico para o mundo presente, unindo o outrora com o hoje. A glória dos antepassados e a legitimidade da descendência é, poder-se-ia dizer, algo de perenemente presente; trata-se, porém, de uma relação com o passado característica do pensamento mítico-etiológico: um evento isolado (ou mesmo uma cadeia de eventos, como a geração dos filhos através dos pais) é "causa" de uma determinada situação ou estado de fato atual. Mas esse evento é projetado retrospectivamente para uma idade mítica e conectado ao mundo divino, e é daí que também a situação presente recebe seu significado. E assim o interesse pelo passado baseia-se na possibilidade de identificar algo presente com algo passado.

Sendo assim, a relação dos gregos com seu passado divergia, por exemplo, da dos hebreus: para estes, o regresso do Egito era um exemplo da preocupação de Deus com o seu povo eleito, de que se alimentavam suas esperanças sempre renovadas na vinda do Messias; o tempo subsequente à criação do mundo, ao pecado original e à expulsão do paraíso era ocupado, para eles, pelo laborar de Deus, e os acontecimentos históricos eram considerados como outras tantas etapas no caminho de uma meta prometida. Essa concepção do tempo, que exerceu profunda influência na interpretação cristã e ocidental da história, é estranha à Grécia clássica. Somente na *Eneida*, de Virgílio, é que, pela primeira vez, se anuncia algo semelhante.

Em contraste com essa interpretação teológico-escatológica, para o pensamento mítico dos primeiros gregos o presente não se insere num *continuum* temporal dotado de sentido: um evento mítico pode ser a "causa", em sentido pragmático, de algum fato presente, mas para o resto o que aconteceu em tempos passados permanece isolado, sem relação com o presente; é maior e mais glorioso do que o presente, mas nem por isso menos autônomo.

E no entanto, já a nossa *Ilíada* implica ideias e atitudes complexas. Pressupõe que a história da guerra de Troia já seja conhecida. Evidentemente, antes já existia toda uma série de poemas que cantavam argumentos extraídos daquela saga, onde provavelmente as empresas dos heróis, considerados individualmente, tinham uma parte ainda mais relevante do que no poema que nos restou. A verdadeira novidade da *Ilíada* parece consistir em sua intrínseca unidade: ela, de fato, concentra a ação em torno de um tema bem preciso, a ira de Aquiles, reunindo, assim, toda a vasta matéria sob um determinado ponto de vista. Outra novidade da nossa *Ilíada* é que nela o acontecimento é toda vez motivado com rigor e precisão. Agamêmnon recusa-se a atender aos apelos do sacerdote de Apolo, Crises, e não lhe devolve a filha, e então, diante das súplicas de Crises, Apolo manda uma peste contra o exército dos gregos. Nasce daí – e é descrita em todos os pormenores – a contenda entre Agamêmnon e Aquiles, e Aquiles, que se sente ofendido

156 A CULTURA GREGA E AS ORIGENS DO PENSAMENTO EUROPEU

por Agamêmnon, incita a mãe, Tétis, a pedir a Zeus que os troianos sejam vitoriosos até que se aplaque a cólera de Aquiles e enquanto este permaneça longe do campo de batalha; a partir daí, desenrola-se em seguida, com absoluta coerência, a ação ulterior. Essa motivação concorda com as lendas etiológicas de que falamos, na medida em que é "mítica", isto é, a iniciativa dos eventos é devolvida aos deuses: Apolo manda a peste, Tétis roga a Zeus, e Zeus guia os destinos da guerra segundo sua vontade. Mas, enquanto o pensamento mítico divide, por assim dizer, o mundo em duas esferas – a sobre-humana, que encerra em si o início de cada acontecimento e assim lhe garante o sentido e o significado, e a terrena, a única que chamaríamos de "real" e que só se torna inteligível à luz da esfera superior –, no poeta da *Ilíada* ocorre uma diferenciação muito importante: a oposição entre divino e terreno não se identifica com a oposição entre ação passada e estado de fato atual e permanente; o poeta distingue a si próprio e ao seu próprio presente do acontecimento passado; mas nesse mesmo passado surge agora a antítese entre divino e terreno, no sentido, exatamente, de que o divino é a causa do terreno. Nasce, assim, uma narrativa sem qualquer relação com o presente, mas na qual os deuses são a causa de todo agir e padecer humano. Mas a motivação do acontecer na *Ilíada* não só é muito precisa e consequente, como também – o que é talvez ainda mais digno de relevo – o sobrenatural atua de modo absolutamente natural. As ações dos deuses e suas intervenções são sempre motivadas de tal modo que seus sentimentos e suas decisões nos parecem de todo familiares e correspondem plenamente ao que sabemos e ao que esperamos com base em nossas experiências interiores e em nossas relações com os outros homens. Também essa é uma preparação importante para a "desmagicização", para aquela explicação "natural" do acontecer que será fornecida pela historiografia subsequente.

O divino e o humano entram, assim, numa relação característica. Karl Reinhardt mostrou, num belo ensaio[6], que na *Ilíada* os deuses são grandes, por assim dizer, a expensas dos homens (são homens, mas a morte não os atinge), enquanto os homens são grandes a expensas dos deuses: só os homens podem nos comover e interessar, pois só eles correm perigos reais. Nas duas formas mais antigas de *épos* que devemos pressupor como anteriores à *Ilíada* – no mito divino e no canto heroico – as coisas eram diferentes. O mito divino sério, como o conhecemos vindo do Oriente, da saga germânica, ou como também o descreveu Hesíodo sob a influência do Oriente, nas lutas dos deuses e dos titãs, é absoluta e cruelmente sério, ao passo que a farsa divina, tal como aparece também na *Ilíada*, com as histórias, por exemplo, de Ares e Afrodite, de Hefesto ou de Hera, não era

6 *Op. cit.*, pp. 74 e ss.

AS ORIGENS DA CONSCIÊNCIA HISTÓRICA

séria; mas em nenhum dos dois casos os deuses não são nem sérios nem pouco sérios o bastante para conferirem um significado, com sua intervenção, a um grande acontecimento terreno coletivo, deixando também todo o interesse e toda a participação para o que é terreno. Nos mais antigos cantos heroicos, os deuses não podiam desempenhar essa função característica – o que, no fundo, vale também para a *Odisseia* –, visto que tinham interesses demasiado particulares (e atitudes demasiado parciais) e deviam limitar-se a perseguir o herói ou a assisti-lo, jamais acontecendo de dois mundos, duas formas diferentes de vida entrarem em contacto e em contraste entre si.

Essa particular impostação da *Ilíada* é importante para o surgimento da consciência histórica, visto que o interesse pela história pressupõe exatamente que o acontecer humano, nas suas conexões mais gerais, suscita interesse na medida em que se crê aí discernir um significado que transcenda os eventos isolados – e não importa que esse acontecer seja concebido como disposição divina, como uma certa tendência (evolução, por exemplo), como o agir de certas "forças" históricas ou como o resultado de lutas entre potências divinas. Roland Hampe, como já dissemos, atribuiu à influência da primeira poesia épica o aparecimento, no século VIII, de fivelas de bronze, vasos de argila etc., decorados com imagens extraídas do mito. Em particular, atribui ele à influência da *Ilíada*[7] o fato de que, por volta do ano 700, as cenas representadas enquadrem-se e articulem-se numa moldura, que as figuras adquiram proporções definidas e as imagens assumam, assim, uma grandeza interior – e em seguida também externa – desconhecida na idade precedente. Pode-se, talvez, fazer um confronto com a *Ilíada*, onde as personagens ocupam uma posição bem precisa dentro de uma determinada conexão e são grandes nos seus limites, e até mesmo por causa deles, o que permitiu (é bem verdade que só duzentos anos mais tarde) conceber o homem também como ser histórico.

O *épos* pós-homérico (do qual nos restaram, na verdade, apenas alguns fragmentos) aproxima-se da historiografia por diversos aspectos. A poesia cíclica incorporou e completou o relato da *Ilíada*, narrando todos os acontecimentos da grande guerra troiana, a partir de seus antecedentes até as viagens de retorno de cada um de seus heróis; nela se inseriam também as lendas tebanas e outras, que também circulavam, porém em poemas isolados, de modo que no fim se formou uma espécie de história universal mítica da idade primitiva. Mas não é só essa matéria universal da épica, essa confluência de diferentes personagens e de lugares muito distantes entre si num único grande quadro, que antecipa a história: o sentido histórico também se adianta em traços particulares considerados isoladamente.

---

7 *Op. cit.*, pp. 74 e ss.

158 A CULTURA GREGA E AS ORIGENS DO PENSAMENTO EUROPEU

Restou-nos um fragmento das *Vespas*, no qual se diz que Zeus compadeceu-se da terra, vendo-a povoada e oprimida por milhares e milhares de estirpes humanas, e decidiu que se deflagrasse a grande guerra troiana para soerguê-la com um grande morticínio. Diferentemente da *Ilíada*, aqui a divindade não se limita a intervir, vez por outra, nos eventos isolados, mas emerge um tema universal: Zeus misericordioso (não, certamente, em relação aos homens) projeta essa grande guerra e põe em andamento seu gigantesco mecanismo, com a contenda pela maçã e o julgamento de Páris. Embora importantíssimo para a "historicização" do *épos*, esse passo à frente constitui, sem dúvida uma grande perda para o conteúdo poético, pois é óbvio que agora os deuses já não podem mais desenvolver uma atividade viva e concreta como na *Ilíada*, e a grande forma da épica clássica começa a dissolver-se.

Além disso, os poemas mais recentes acentuam, evidentemente, a oposição entre gregos e bárbaros muito mais do que a *Ilíada*, pois agora intervêm, da parte dos troianos, Pentesileia e Mémmon, as Amazonas e os Etíopes, isto é, as populações bárbaras. É bem verdade que na *Ilíada*, os troianos descem a campo com grande estrépito e os gregos, em ordem e com calma, que os troianos feridos lamentam-se mais selvagemente que os gregos (cf. o uso dos verbos ἀσθμαίνω, βέβρυχε, ἤρυγε, οἰμώσσω que têm como sujeito apenas deuses troianos)[8], que só troianos têm a mente perturbada por obra dos deuses[9], podendo-se fazer muitas outras observações semelhantes; no conjunto, porém, mal se percebe qualquer diferença entre as duas partes. Já na épica mais recente forma-se, assim, a consciência de contrastes nacionais, que, posteriormente, tanta importância deverá ter na historiografia de Heródoto.

Quando o historiador quer ordenar contextos de uma certa amplitude, seu trabalho é facilitado se ele já se encontrar diante de determinados grupos que contrastem entre si pelos respectivos interesses, características e tendências, e a maioria dos eventos pode ser ordenada em função desse contraste. A história grega mais antiga é extraordinariamente pobre desses grupos[10], e só no decorrer do período arcaico com a formação da *pólis*, é que se constituem, paulatinamente, determinadas unidades políticas e sociais (cf., supra, p. 78).

Inicialmente, a única estrutura social é a família aristocrática, e a história política fragmenta-se nas vinganças e alianças das tribos dominantes. É quando uma singular interação entre poesia e vida passa a ser determinada pelo fato de que o antigo mundo mítico é involuntariamente interpretado à luz das condições presentes, mas, por outro

---

8 Como afirmou um membro do Seminário de Hamburgo.
9 H. Fränkel, *Dichtung und Philosophie*, 104.
10 Sobre esse argumento e tudo o que se segue, cf. A. Heuss, *op. cit.*, pp. 29 e ss.

AS ORIGENS DA CONSCIÊNCIA HISTÓRICA 159

lado, também a consciência dessa condições se forma com base no que é representado na poesia. A consciência nacional dos gregos não tinha, portanto, nenhum apoio nas instituições políticas, encontrava apenas um fraco suporte nas festas comuns, na veneração do oráculo de Delfos, não podia sequer formar-se sobre a língua, dividida em muitos dialetos, ou sobre o culto, regionalmente diferenciado. O *épos*, que descrevia uma expedição panaqueia contra a cidade asiática, contribuiu, sem dúvida, amplamente, para que os gregos se sentissem como unidade, e quando, em seguida, os persas atacaram a Grécia, a lembrança mítica pôde reforçar a consciência da solidariedade: o presente aparecia como uma repetição da lenda, mas para tanto era, sem dúvida, em grande parte necessário que o esse mesmo presente fosse interpretado segundo a imagem do passado. Um único exemplo, quase inacreditável, pode ilustrar o quanto era óbvia e natural essa interpretação: quando os gregos, antes que estourasse a guerra pérsica, negociavam com Gélon para conseguir sua ajuda, os espartanos reivindicavam para si, como conta Heródoto (7, 159), o comando supremo invocando Agamêmnon. Esse contraste entre gregos e asiáticos tornou-se, com Heródoto, o tema da primeira obra histórica digna desse nome, e é em função dessa contraposição que ele ordena, sem exceção, toda a sua matéria, desde a guerra de Troia até a primeira guerra persa. Mas desse modo, categorias que se desenvolveram na poesia épica adquiriram, para a formação de ideias históricas e para a historiografia em geral, uma importância que nunca é demais sublinhar.

Talvez ainda valha a pena determo-nos brevemente nos problemas que afloram nesse contexto. Na história da Grécia arcaica podem-se reconhecer determinadas tendências, tais como a expansão mediante a formação de colônia, o desenvolvimento econômico através do incremento do comércio e a difusão da moeda, o crescer da *pólis*, o fortalecimento da burguesia etc. Evidentemente, Heródoto não tem uma clara consciência disso tudo. A seu ver, os chefes políticos agem por motivos inteiramente privados – os mesmos motivos, no fundo, pelos quais agem os heróis de Homero –, e é por isso que as histórias de Heródoto são aquele grande álbum ilustrado formigante de histórias e personagens. Heródoto coloca-se aqui, evidentemente, dentro da tradição daqueles contos que circulavam na Grécia entre a idade do *épos* e a primeira historiografia. No século VII, e sobretudo no VI, surgiram, na Grécia, as primeiras personalidades que ficaram gravadas na memória dos pósteros como indivíduos históricos e aos quais estão ligadas histórias de todo tipo, histórias de respostas agudas, de sábias sentenças, de sagazes iniciativas etc. Essa idade, na qual, pela primeira vez, homens reais tornaram-se, na memória dos pósteros, não mais figuras míticas mas protagonistas de anedotas, foi chamada, não sem razão, de a época da novela. Nesse período, não

160 A CULTURA GREGA E AS ORIGENS DO PENSAMENTO EUROPEU

obstante as numerosas guerras e disputas entre cidades, não havia grandes eventos políticos capazes de agitar toda a Grécia e, por isso, a grande política não ocupa lugar de relevo nessas novelas. Heródoto relata-nos grande quantidade delas, gosta sobretudo de inseri-las nas curvas cruciais do acontecer, e delas se serve para motivar os eventos mais importantes. Daquilo que chamaríamos política vê ele pouco mais que a oposição entre Oriente e Ocidente que fora preparada pelo *épos*. Só com Tucídides é que as coisas mudam.

A profunda diferença entre Heródoto e a poesia épica consiste no fato de que Heródoto é, como se costuma dizer, fortemente influenciado pelo iluminismo. Com ele os deuses não mais intervêm no acontecer terreno e o que ele descreve não é mais um passado lendário. E assim, tem ele a noção de um tempo unitário que transcorre dos primórdios até sua época, e a única diferença que resta entre os períodos lendários e o passado mais recente é que aqueles estão envoltos na névoa, ao passo que este se acha em plena luz.

Essa nova concepção do tempo já é preparada por Hesíodo, pois quando Hesíodo diz das Musas, na *Teogonia* (v. 31): "Elas inspiraram-me o canto para que eu revele o futuro e o passado", e mais além (v. 38): "Elas dizem o presente, o futuro e o passado", quer ele dizer, com essas palavras, que os dois poemas que as Musas lhe inspiraram oferecem um panorama grandioso do período que vai do caos inicial à atual idade do ferro, através das gerações divinas e das diversas estirpes humanas. Com as palavras por nós referidas, Hesíodo cita, por sua vez, as palavras de Homero a propósito do vate Calcas: "Ele conhecia o presente, o futuro e o passado"; mas Homero quer dizer que o vidente conhece todos os fatos particulares dos diferentes tempos, ao passo que a Hesíodo o que realmente interessa é o contexto geral. E no entanto, o que Hesíodo nos dá ainda está bem longe da história: pois o que ele conta é mito e não só porque as personagens de que fala não são homens "reais", mas também porque a relação com o presente é "mítica": os acontecimentos descritos devem iluminar a situação presente, mas não no sentido de que os fatos positivos do presente pareçam determinados por fatos positivos do passado, e sim na medida em que as forças que agem no presente são mostradas em sua origem mítica.

A noção de um tempo contínuo e unitário também se encontra no precursor de Heródoto, Hecateu. Em suas histórias, Hecateu também se ocupou do tempo mítico, como Hesíodo, mas não da mesma maneira que Heródoto; ele acredita – e nisso se distingue de Hesíodo – poder extrair da tradição lendária uma verdade histórica, expurgando-a (ou interpretando de modo plausível) dos aspectos miraculosos que contradizem a experiência cotidiana. Naturalmente, ele destrói, desse modo, algo que é essencial aos mitos; melhor: priva-os de seu significado mais autêntico. Além disso, procura, reatando

AS ORIGENS DA CONSCIÊNCIA HISTÓRICA 161

os laços com a poesia genealógica, reduzir as antigas lendas a um esquema cronológico preciso; o *continuum* temporal em que Hecateu situa todos os eventos articula-se numa série ordenada de gerações, assim como o espaço unitário da terra circular se divide, para ele, em claras superfícies geométricas. Empirismo e racionalismo, que nele se conjugam num otimismo iluminista, fazem com que lhe pareçam ridículas todas aquelas histórias dos gregos; e a verdadeira novidade em Hecateu, seu mérito em relação à historiografia e à ciência em geral, está mais na descoberta desse caminho para a realidade e a verdade do que naquilo que ele mesmo achou ao longo desse caminho.

É inteiramente natural (e é o que sempre tem acontecido aos que têm em mira a verdade seguindo as pegadas de Hecateu) que seu sucessor, Heródoto, tenha achado ridículas muitas de suas descobertas, do mesmo modo que ridículas lhe haviam parecido a ele, Hecateu, as velhas histórias dos gregos. Heródoto deu um grande passo adiante em relação a Hecateu na medida em que operou uma nítida separação entre as histórias míticas e as susceptíveis de investigação, assim como distingue, em cada caso, a experiência certa da incerta. Nos seus relatos sobre terras estrangeiras, Heródoto sublinha continuamente o que ele próprio viu durante suas longas viagens, e por vezes também distingue aquilo que ouviu de testemunhas oculares do que os seus mesmos informantes apenas ouviram dizer. Essa mesma distinção nós a encontramos já num velho manual para navegação, no qual podemos reconhecer a fonte das descrições das costas da Ásia, e que remonta a perto de cem anos antes de Heródoto. O autor desse livro distingue exatamente o que ele próprio viu, aquilo que viram os próprios habitantes da cidade de Tartesso (na Espanha ocidental) e aquilo que os tartéssios ouviram outros dizer durante as viagens deles ao norte[11]; para os fins práticos da navegação, naturalmente, a veracidade da experiência referida pelo livro é particularmente importante, e a observação de que o que se viu pessoalmente é mais confiável do que o que apenas se ouviu, tem certamente muito de primitivo: é o que já encontramos na invocação às Musas no início do *Catálogo das Naves*, na *Ilíada*. Mas Heródoto, comensurando a tradição histórica a essa norma de experiência segura, pode rejeitar como inconfiáveis as histórias míticas e abrir para a historiografia o campo que lhe é próprio. Assim nasce a história como ciência empírica.

Todavia, visto que Heródoto quis e realizou uma coisa diferente daquilo que hoje entendemos por obra histórica, estaríamos sendo injustos com ele e cercearíamos em nós a possibilidade de compreendê-lo

---

11 Baseando-se nesses relatos de marinheiros, também Aristeu distinguia, em seu poema fantástico sobre os Arimaspos, o que presenciara diretamente daquilo que soubera apenas por ouvir dizer em países estrangeiros; cf. H. Fränkel, *Dichtung und Philosophie*, 320.

162   A CULTURA GREGA E AS ORIGENS DO PENSAMENTO EUROPEU

se o comensurássemos a esses critérios modernos. Para ele, o interesse
no acontecer histórico ainda é essencialmente o interesse por histórias
que – precisamente segundo a concepção homérica – são representadas
como se o autor tivesse estado presente[12]. Mas aqui não se trata disso.
Tentemos, isso sim, tirar ainda um fio do variegado tecido da historiografia herodotiana, para ver qual a sua origem.

Se Heródoto, ao contrário de Homero, não mais faz intervir
pessoalmente um deus a cada nova virada dos eventos, não lhe falta,
todavia, a fé num operar divino na história, e está ele convencido,
sobretudo, de que existe alguma coisa de divino preocupada em pos-
sibilitar que o grande vire pequeno e o pequeno, grande. No único
lugar da literatura grega pré-herodotiana que chegou até nós (pelo
menos que eu saiba), no qual se descreve e interpreta uma cadeia
de fatos históricos, retorna, estranhamente, esse mesmo tema, e até
mesmo, como veremos, de forma mais originária. Na Segunda Olímpica, Píndaro consola o tirano Téron de Agrigento, lembrando-lhe
como, na antiga estirpe do rei, felicidade e infelicidade sempre se
alternaram. "Ora umas, ora outras vagas atingem com alegria ou dor
os homens." Esse pensamento remonta a Arquíloco que se consola
com a frase: "Reconhece qual o ritmo que governa os homens", e
esta convicção, de que o movimento alternado do destino é o próprio
sentido de nossa vida, reaflora continuamente nos líricos mais antigos. Em Arquíloco e nos outros poetas da idade arcaica, esse pensamento serve sobretudo para minorar seu próprio sofrimento, e isso
acontece exatamente no momento em que o homem percebe que sua
própria interioridade não é mais determinada exclusivamente pelos
deuses. Também em Píndaro esse pensamento serve de conforto,
não mais para ele próprio mas para a pessoa a quem ele se dirige, e
a alternância do destino não é indicada apenas numa vida considerada isoladamente, mas na longa série das gerações. Em Heródoto,
o tema da consolação cai por terra, e, assim liberto de todo interesse
prático, aquele pensamento torna-se puro conhecimento da essência
da história. Portanto, se Heródoto substitui os deuses de carne e osso
pelo operar divino, e se vê a unidade e o sentido da história no fato de
que esse divino provoca a ascensão e a queda dos homens, tal interpretação se baseia numa experiência que os homens fizeram, antes de
mais nada, consigo mesmos, e está claro que o historiador confere ao
acontecer universal aquele sentido que outros deram antes à própria
vida pessoal. A compreensão da história é, portanto, precedida por
uma autocompreensão dos homens[13].

12   Sobre esse traço essencial de Heródoto, cf. Walter Stahlenbrecher, *Die Motiva-
tion des Handelns bei Herodot*, Diss. Hamburg, 1952.
13   Cf. G. Misch, *Geschichte der Autobiographie*, 2a ed., I, 10 e *passim*.

10. Máximas de Virtude: Um Breve Capítulo da Ética Grega

"O bem – este é princípio incontestável – nada mais é que o mal não consumado."

Wilhelm Busch demonstra aqui ter a mesma opinião de Moisés e de Sócrates. De fato, na medida em que os mandamentos do Antigo Testamento vão além dos preceitos de culto, que exigem a veneração do Santo e passam para o campo da moral, eles não impõem o bem, apenas proíbem o mal. O demônio de Sócrates, essa voz moral do mais moral dos gregos, nunca diz: "Faça isto", mas apenas: "Não faça isto". E qual a nossa posição diante desse problema? Nosso código poderá dar uma definição exata das culpas, dos delitos, dos crimes e das transgressões, mas o mais sagaz dos juristas logo se veria em dificuldades, se tivesse de dizer-nos com precisão o que é o bem e o que é o justo. E melhor resultado não obteremos se, ao invés de nos dirigirmos aos teólogos, filósofos e juristas, passarmos para o campo da quarta faculdade; o médico, quando é honesto, confessa conhecer mais ou menos bem certas doenças, mas nada sabe dizer sobre a saúde, salvo que ela é, em relação ao corpo, ausência do mal; e quando precisa curar, nada pode fazer além de afastar os distúrbios e, quanto ao mais, fazer de modo que a natureza (ou seja lá como a chamem) por si mesma se ajude. Mas quem se contentará em conceber o essencial apenas como ausência do oposto? Mesmo Sócrates, embora seu demônio o mantivesse com tanta firmeza longe do mal, empenhou-se também com todas a forças para indagar o que era o bem, e se no fim teve de confessar sua ignorância, muitas coisas, todavia, conseguiu ele estabelecer acerca do bem e da virtude. Suas afirmações vão juntar-se, porém, por múltiplos fios, às opiniões daqueles que o precederam. Pois antes que as palavras "virtude", "bom" e "mau"

164 A CULTURA GREGA E AS ORIGENS DO PENSAMENTO EUROPEU

chegassem a Sócrates, elas já haviam passado por muitas bocas e mentes e, portanto, eram expressas e entendidas em múltiplos sentidos: ideias diversas haviam-se entrelaçado e confundido todas de tal modo que a "virtude" e o "bem" já são para Sócrates algo muito complicado: são o aperfeiçoamento do próprio "eu", e ao mesmo tempo também são "justiça", e junto, também "o útil" e a "máxima felicidade"; são algo de eterno, são aquilo que tem existência verdadeira e contrapõe-se à aparência, algo de divino, que deve ser apreendido e reconhecido, são uma coisa pela qual o homem deve, caso necessário, empenhar a vida, e assim por diante. Coisas, todas elas, diferentes e, além disso, coisas que só em épocas diferentes se revelaram aos gregos relacionadas com a moral. Assim, já os conceitos fundamentais de Sócrates pressupõem um longo desenvolvimento da reflexão ética.

Quanto maior empenho se punha na busca da virtude, tanto mais parecia ela fugir. De fato, no início da história grega, existiam ideias bem definidas acerca dos deveres do homem. Quando se começou, porém, a refletir sobre a ação humana, muitas coisas a que se dera valor não resistiram a uma crítica mais severa e todos os esforços pré-filosóficos para chegar a uma moral terminam com a declaração de Sócrates – conhecido como o "fundador da filosofia da moral" – que resolutamente afirma sua ignorância a propósito. Pode parecer fundada a acusação que lhe era feita de não criar senão incertezas ao enveredar pelo caminho da reflexão. Mas o valor de sua pergunta sobre o verdadeiro objeto da moral, que é ele o primeiro a fazer, não pode ser menosprezado nem perde nada de sua força inquietante e estimulante, mesmo que se exalte a ação irreflexiva e instintiva. Sócrates vive na história e continua um processo que começara muito antes dele; o estado natural e supremamente desejável não existia, como demonstraremos, nem mesmo antes de Sócrates. Nem, aliás, o que dava consistência moral à época pré-socrática se apresentava de forma tão nítida e evidente a ponto de poder, sem mais, confiar nele e dizer com precisão o que era o bem, sem limitar-se a precisar o mal a evitar.

A evolução espiritual da Grécia, de Homero em diante, apresenta-se, na sua essência, tão clara aos nossos olhos que facilmente se podem individuar os fios condutores desse tecido histórico. Quase que por si só, se nos revelara, de um lado, um sistema determinado de temas éticos, e do outro, uma espécie de genealogia da moral, se, para cada um daqueles elementos que encontramos em Sócrates indicarmos o lugar de origem e precisarmos o valor que tinham antes e o que têm, ou pelo menos deveriam ter, hoje, perguntando-nos, além do mais, se os temas originários conservam sua força originária mesmo quando se apresentam em situações novas e distintas. O problema histórico não é, neste caso, o da posição de Sócrates diante das teorias éticas dos pré-socráticos ou dos poetas primitivos, se bem que também esse problema esteja ligado ao tema que nos propusemos. Trata-se de individuar o momento em que, na vida do dia-a-dia, surge um conceito ético, exprimindo-se em normas e sentenças, como se entrelaça ele a outros e a que variações está sujeito.

Não se trata, portanto, de uma história da conduta moral nem de ver se certas figuras da poesia, Aquiles ou Odisseu, por exemplo, ou pessoas históricas, como Sólon ou Sócrates, tenham sido morais, se tenham, mais ou menos, obtemperado às exigências de uma vida virtuosa – esta seria uma empresa bastante mais difícil e mais vasta –, mas de vermos de que forma o senso moral tornou-se consciente no homem através dos tempos, quais foram as reflexões acerca da virtude e como a ação moral fundou-se e tornou-se compreensível nas máximas morais.

Dado que pouquíssimos poemas gregos dos primeiros tempos têm como tema central a reflexão moral, e que esse tema se apresenta nas formas mais diversas, será difícil começarmos com método estritamente histórico a partir do sistema moral de Homero e seguirmos suas transformações nos poetas mais tardios sem separar coisas que estão ligadas entre si. Para estabelecer uma ordem, dar-se-á preferência a pontos de vista sistemáticos.

A primeira máxima de virtude da literatura grega, nós a encontramos no primeiro livro de *Ilíada*, naquela cena que focaliza com absoluta clareza a reflexão grega arcaica sobre a ação humana. Quando Aquiles quer, em sua ira, enfrentar Agamêmnon com a espada, Atena o detém e admoesta (v. 207): "Eu venho do céu para pôr fim a teu μεҩνοη [isto é, ao ímpeto da tua paixão, a teu sentimento excitado], se quiseres obedecer-me... Põe fim à contenda e não brandas a espada!" Já na antiguidade essas palavras foram interpretadas como um conselho à moderação[1], mas não é a esse fato "moral" que Atena alude. Ela convida Aquiles e frear seu impulso e a não fazer uso da espada, como era seu intento. E de fato, Aquiles segue esse conselho. Apresenta-se aqui, em germe, um fenômeno que podemos chamar de "freio moral" e que Homero, também em outros trechos, define como "moderação" ou até "refreamento" do órgão excitado da alma ou de uma função; mas, ao falar de "freio", mostra que concebe a emotividade como algo de selvagem, de bestial, e portanto, a faculdade de detê-la, de freá-la é alguma coisa que verdadeiramente eleva o homem acima do animal. Atena impede o mal mais do que propõe uma meta positiva; e assim, cada vez que uma paixão é refreada, o mal é a ação positiva e o bem, o abster-se dela. A essas situações referem-se os mandamentos, ou melhor, as interdições: "não matarás, não roubarás, não cometerás adultério".

---

1   O esc. A, no v. 195, diz que Atena é a φρόνησις. Cf. já Sóf., fr. 334 N (e também o fr. 836) e Demócrito, 68 b 2. Cf., também, no *Lexicon d. frühgr. Epos*, o verbete Ἀθηναίη.

166   A CULTURA GREGA E AS ORIGENS DO PENSAMENTO EUROPEU

Atena não formula uma interdição verdadeira e autêntica, se bem que o elemento natural e originário nesta cena (como ocorre amiúde entre os gregos) seja exatamente a intervenção da divindade, que, com seu poder superior, não dá apenas uma ordem resoluta, e sim permite a Aquiles que reflita, e, nesse apelo à sua opinião, aflora algo que terá muita importância para a moral dos gregos, mas que aqui ainda não tem nenhuma relação com a moral. Atena continua:

> Pois eu isto te digo, e tudo quanto te digo se cumprirá: esplêndidos presentes, três vezes maiores que este, obterás como compensação à ofensa. Mas obedece e sabe conter-te.

Se, portanto, Aquiles obedece à deusa, se freia sua paixão, ele o faz porque assim lhe sorri a esperança de um bem maior. Razão essa que nada tem a ver com a "moral" e, todavia, também segundo a concepção homérica, Aquiles teria cometido uma grande injustiça se houvesse enfrentado com as armas o chefe dos gregos. O abster-se de fazê-lo era, portanto, um ato moral. A causa determinante de um ato que é indubitavelmente moral restringe-se, portanto, a tal ponto que o bem é recomendado na medida em que é útil: essa concepção é amplamente difundida entre os gregos dos primeiros séculos. O verso-tipo: "mas pareceu-lhe mais vantajoso" frequentemente intervém em Homero para concluir a reflexão[2]. Sem dúvida, o argumento moral adquire maior eficácia quando é possível apresentá-lo sob as vestes do útil, como Atena faz com Aquiles, ou melhor, essa é a forma específica para tornar aceita uma ação.

A ideia do útil retorna com notável frequência entre os gregos dos primeiros séculos mesmo em máximas de caráter mais geral, e, portanto, não apenas naquelas que se referem a uma situação determinada. E também aqui, o fato moral não é, num primeiro momento, enfatizado como tal. De resto, os gregos não gostavam de repreender de forma ameaçadora e tonante nem de fazer valer o poder e a sua faculdade punitiva.

Também os Sete Sábios, aos quais na primeira era arcaica, se atribui toda sorte de máximas, mais do que pregarem a moral, apelam para um saudável senso do útil. O sábio Quílon, por exemplo, não teme rebaixar-se em demasia ao ministrar um ensinamento simples e claro como este: "a fiança é causa de desgraça". Esse dito pertence a uma época em que o dinheiro ainda era uma novidade e criava situações como a fiança, cujas consequências não eram fáceis de prever. Sua recomendação nada tem a ver com a moral: apenas convida a refletir sobre as consequências de uma determinada ação. Mas o pensamento de não se deixar obtusamente arrastar à ação e de procurar examinar

---

2   Além disso, cf. o que já dissemos supra, p. 108.

MÁXIMAS DE VIRTUDE: UM BREVE CAPÍTULO DA ÉTICA GREGA   167

com clareza as possíveis consequências futuras já é um importante elemento construtivo para a moral. Vários são os ditos que exortam a evitar o dano: "Sê prudente, desconfia dos outros! Fica de sobreaviso! Aproveita o momento oportuno" – e inúmeras lendas acerca dos Sete Sábios ilustram seu significado. Para uma ação justa também é necessário o saber. A máxima de caráter mais geral que se pode extrair do dito sobre a fiança e de outros semelhantes é por alguns também atribuída a Quílon: ὅρα τέλος, "atenta para o que virá depois, para as consequências!" É no plano positivo da reflexão prática, da que se realiza sobretudo na vida dos negócios, que se estabeleceu esse ponto de vista: à medida que o homem adquiria confiança nas próprias forças e aprendia a usá-las em seu proveito, tanto mais atento se tornava em seu cálculos, nos projetos e nas previsões. Se, porém, nas máximas, a ação é considerada sob um ângulo puramente positivo, semelhante ao que vale para a vida dos negócios, e o bem é concebido como vantajoso, este, consequentemente, pode ser, como o útil, previsto, esclarecido, calculado até mesmo em números, como no exemplo de Aquiles a quem se anuncia uma recompensa três vezes superior ao dano.

E acompanhando a ideia do útil, vem a da felicidade, sobretudo nos tempos que ainda não conhecem uma felicidade "interior", da alma. Na Grécia dos primeiros séculos, o homem feliz é ὄλβιος (ólbios), isto é, vive uma existência plena, não restrita e limitada mas aquecida pela luz da magnificência e do bem-estar. Ele é εὐδαίμων (eudaímon), isto é, tem um bom demônio ao lado, o qual permite que tudo lhe saia bem. Quando Hesíodo exorta à virtude o irmão Perses e o faz entrever, como recompensa, uma vida feliz, pretende referir-se com isso aos bens terrestres, a uma situação de bem-estar, que é o mesmo que falar da vantagem e do útil. εὐδαίμων e ὄλβιος é, pois, na idade arcaica, o homem que, num momento solene, é guindado acima do humano e se aproxima do divino, isto é, que se torna semelhante a um deus. E o homem aspira a essa sublimação do humano. Exortar à felicidade não é necessário, pois a ela todos aspiram. Moral é essa aspiração à felicidade nos primeiros tempos, quando a felicidade aparece como esplendor divino, como assistência do daímōn, e o elemento moral ainda não é autônomo mas baseia-se em concepções religiosas. Porém também se admite a existência de uma felicidade breve e aparente, e é isso o que veremos agora.

Também as palavras que transmitem o significado de virtude e bondade, ἀρετή (aretế) e ἀγαθός (agathós) ainda estão muito próximas da esfera do útil e não têm, absolutamente, pelo menos nos primeiros séculos, aquele conteúdo moral que se poderia supor; de resto, também as palavras alemãs gut (bom) e Tugend (virtude) indicam originariamente coisa adequada (emparelha com Gatte, marido) e conveniente (taugend).

168   A CULTURA GREGA E AS ORIGENS DO PENSAMENTO EUROPEU

Quando Homero diz que um homem é ἀγαθός (bom), não pretende dizer que é moralmente irrepreensível ou de bom coração, e sim, útil, válido, capaz, o que nós dizemos de um bom guerreiro ou de uma boa ferramenta. Assim a palavra ἀρετή (virtude) não se refere à vida moral, mas indica nobreza, capacidade, êxito e imponência. Com essas expressões, porém, já nos aproximamos da moral, já que elas não indicam, como "felicidade" e "utilidade", algo que sirva apenas ao interesse individual, mas sim que tem um valor mais amplo: ἀρετή significa "bravura" e "capacidade", o que se espera de um homem "bom", "ativo", de um ἀνὴρ ἀγαθός. Visto que essas palavras, de Homero em diante até Platão e mesmo depois deste, servem para indicar o valor do homem e de sua ação; sua mudança de significado é índice da transformação dos valores no curso da história grega. Poder-se-ia demonstrar mais pormenorizadamente como, nas diferentes épocas, formaram-se Estados e grupos sociais diferentes segundo os diferentes ideais colimados e segundo suas diferentes concepções do "bem". Mas isso seria escrever uma história da civilização grega. Ser "virtuoso" e ser "bom" significa para Homero ser de modo perfeito aquilo que se é e que se poderia ser. Com certeza, isso leva também à felicidade e ao útil, mas não são essas aspirações que guiam o homem para a virtude e para a bondade. Nessas palavras temos em embrião a ideia da *entelequia*. Poderá, assim, um herói homérico "lembrar-se" de que é um nobre ou poderá "experimentar sê-lo". "Torna-te aquilo que és por meio da experiência", diz uma máxima de Píndaro, que pressupõe esta concepção da ἀρετή. Quem é "bom" τὰ ἑαυτοῦ πράττει, desenvolve o que é próprio de sua natureza, como diz Platão, isto é, chega à sua perfeição. Mas nos primeiros séculos isso também significa que ele também passa por bom, que "vale" alguma coisa. Existem, de fato, nessa época, ideias precisas sobre o que é bom: uma pessoa parecer o que é.

Quando, portanto, Odisseu, por exemplo (*Il.*, XI, 404-10), "reflete" sobre o fato de que ele é um nobre e quando disso lhe podem advir dúvidas sobre como comportar-se numa dada situação, para resolvê-la basta que pense que pertence a uma dada categoria e que deve levar a efeito a "virtude" que lhe é própria. O elemento universal da proposição "eu sou um nobre" é dado, portanto, pela casta, e ele, Odisseu, não se apoia num "bem" abstrato, mas sim num círculo ao qual sabe que pertence[3]. É como se um oficial dissesse: "como oficial devo agir deste e deste modo", apoiando-se nas sólidas concepções de honra da sua categoria.

---

3   Na *Odisseia*, também a δίκη está ligada ao grupo a que indivíduo pertence: cf. H. Fränkel, *Nacht. Gött. Ges.*, 1930, 168 e ss., K. Latte, *Antike und Abendland*, 2, 65.

MÁXIMAS DE VIRTUDE: UM BREVE CAPÍTULO DA ÉTICA GREGA 169

'ἀρετᾶν significa "prosperar"; ἀρετή é o que a cavalaria dos primeiros tempos exige da ação; por meio da ἀρετή, o cavaleiro realiza o ideal da sua categoria, mas ao mesmo tempo distingue-se de seus pares. Por meio da ἀρετή, o indivíduo não apenas se adapta ao juízo da comunidade, mas também se distingue como indivíduo. A partir de Jakob Burckhardt, sempre se sublinhou o caráter agonístico de toda empresa grega. A recompensa na disputa pela ἀρετή é, até a mais tardia idade clássica, a glória e a honra. É a comunidade que dá ao indivíduo o confirmação de seu valor. Por isso a honra, a ἀρετή, tem uma parte ainda mais importante do que o ἀρετή para a consciência moral, pois a honra está em maior evidência e nota-se mais do que a habilidade. Desde a meninice, o jovem nobre é exortado a pensar na glória e na honra; deve preocupar-se com o seu bom nome, deve permitir que os outros dele se aproximem com o devido respeito. A honra é planta bastante delicada. Uma vez destruída, com ela se destroça a existência moral do homem. Ela é ainda mais importante do que a vida; pela glória e pela honra, o nobre arrisca a própria vida.

Três são os impulsos motores da ação que até agora identificamos nas máximas de virtude: a consecução do útil, a busca da felicidade e o desenvolvimento da capacidade e do valor individual. O próprio Sócrates inseriu, em suas reflexões sobre a moral, esses três estímulos fundamentais para a ação, interpretando-lhes, porém, o significado à sua maneira e transformando-os. Visto que a utilidade, a felicidade e a honra são, no sentido que lhes é comumente atribuído, impulsos egoístas e, portanto, totalmente amorais.

A carência deles é demasiado evidente para que não fosse notada já em tempos mais antigos; a transformação desses motivos, sua adaptação ao elemento moral buscado, já começa, portanto, em tempos longínquos. O pensamento do útil só pode adquirir um certo sentido moral e mesmo filosófico quando se considera o útil em relação a um tempo oportuno. Quílon admoesta: "Pensa no fim"; se com isso ele se refere a um futuro longínquo, então a admoestação transforma-se numa máxima de virtude, particularmente se se trata de renunciar a um útil presente por um útil futuro. No círculo dos negócios, onde esse cálculo do útil tem um valor muito especial, a constatação de que a honestidade, afinal, dá os frutos melhores, fez surgir máximas como: "a honestidade é a melhor astúcia", "a mentira tem pernas curtas", "o mentiroso conhecido, nem quando diz a verdade é ouvido". Eu não conseguiria encontrar coisa semelhante no grego, a não ser, talvez, na máxima de Teógnis: "Procura ganhar honestamente o teu dinheiro; no fim, ficarás contente em ter seguido este conselho" (753 e ss.). É na convicção de que o bem deva ser vantajoso e sobretudo o mal, danoso, que o pensamento da punição encontra suas raízes. Ora, mesmo que a punição se efetue, seja por meio da vingança pessoal, do Estado ou dos deuses, é sempre,

170 A CULTURA GREGA E AS ORIGENS DO PENSAMENTO EUROPEU

sobretudo nos primeiros tempos, o conceito do útil e do prejuízo que prevalece. E isso é demonstrado não apenas pelo fato de que a pena se "paga", mas essa forma de compensação é tomada como modelo também nas relações jurídicas e penas dos tempos posteriores. Ora, seja ela conhecida como pena de talião ou como vingança do sangue, a "justa" punição é sempre algo calculável; o quantitativo de dano que o malfeitor sofre através da punição deve corresponder ao quantitativo de dano por ele causado: o saber quantitativo e antecipador aqui empregado é o mesmo que se usa para o cálculo do útil. Naturalmente, não foram apenas considerações de ordem utilitária que levaram a instituir a punição, cujo motivo primeiro, ao contrário, é dado por profundas necessidades morais. A ação só é possível se o que acontece neste mundo tiver um sentido definido, e corresponder a um sentido profundo: o pensamento de que a injustiça não triunfe. A convicção de que o bom é premiado e o mau, punido (e se não ele, seus filhos que são a continuação de seu eu; e se não neste mundo, no Hades, como Sísifo e Tântalo). Está, assim, profundamente enraizada no homem a esperança (segundo Kant, na *Crítica da razão prática*, a esperança é-lhe absolutamente necessária) de que o bem seja premiado e o mal, punido, e já que é evidente que nem sempre isso acontece neste mundo, continuamente se reacende a reflexão sobre o significado do mundo que parece aniquilado se o bem não se apresentar, mesmo que a longo prazo, também como útil[4].

O mesmo vale para a felicidade, que, sendo nos primeiros tempos considerada coisa terrena, ainda está intimamente ligada ao útil, do qual nem sempre se distingue: as máximas relativamente mais refinadas dão ênfase à sua duração. A inibição moral é recomendada sobretudo desta maneira: sacrificar uma felicidade passageira por uma duradoura. A paixão, a cobiça perturbam a felicidade duradoura, e o prazer, ἡδονή (*hēdonḗ*), é coisa discutível porque de curta duração. Atribui-se a Sólon o dito: "Foge do prazer que gera desprazer", e nos chamados provérbios áureos de Pitágoras encontramos (v. 32): "Pensa na tua saúde, e tem moderação no beber, no comer e no exercício físico"; ou então em Teógnis (839): "Seria preciso manter o justo meio entre a sede e a embriaguês", e Erixímaco ensina, no *Banquete* de Platão (187 E): "É preciso excitar moderadamente o prazer, para evitarmos a doença". A experiência de que os variados requintes não convêm ao homem, e de que o remédio amargo ou a amputação dolorosa podem devolver-lhe a saúde são formas continuamente repetidas e variadas da máxima que admoesta a não fazermos apenas aquilo que nos agrada. "O melhor é ser saudável", diz uma velha canção convivial ática (Platão, *Gorg.*, 451 E). A saúde é a felicidade "duradoura", quiçá uma felicidade modesta, mas maior do que todas as outras, justamente porque, na vida, é a que

---

4 Cf., a propósito, as expressões de revolta de Teógn., 743.

MÁXIMAS DE VIRTUDE: UM BREVE CAPÍTULO DA ÉTICA GREGA   171

mais dura. A ideia da medida e do justo meio provém dessas máximas sobre a saúde, e essa imagem da saúde já é usada nos primeiros séculos para demarcar os limites da vida espiritual do homem: a sagacidade é expressa pelos gregos com a palavra σωφρονεῖν (*sophroneîn*)[5], isto é, "ser de mente sã", e ao contrário, os intintos e as paixões, com πάθη (*páthē*), isto é, como sofrimento. A σωφροσύνη (*sophrosýne*), a sensatez, é aquele saber que vê na saúde a medida do bem-estar e, portanto, da felicidade; é um conhecimento da natureza orgânica, que se orienta para a prática, ao passo que o cálculo do útil era um saber (aplicado na prática) de quantidades determinadas, isto é, um conhecimento de coisas mortas e de suas exatas relações matemáticas. Também na σωφροσύνῇ, o saber é a instância que decide sobre o que é moral. No contraste entre paixão e sensatez, retorna o tema das palavras de Atena a Aquiles: frear a paixão pensando no futuro. Mas na concepção da σωφροσύνῇ, o "freio" moral não é mais interpretado no sentido religioso. Afirma-se aqui a confiança tipicamente grega no espírito e no conhecimento. Se também a sensatez se contrapõe às paixões e, nesse contraste, revive a antiga distinção homérica entre o espírito como pensamento e o espírito como ação, todavia para os gregos da era arcaica e clássica ser "sensato" não significa, em absoluto, considerar *a priori* os impulsos e paixões como irracionais, ou até mesmo como pecaminosos. A saúde, que serve de modelo para a *sophrosýne*, também faz uso da ação dos instintos e, portanto, as exortações da sensatez convidam, sim, à moderação mas estão bem longe de proibir o prazer.

Difícil, pois, é determinar, como já dissemos, o que é a saúde, ainda que a queiramos conceber, como o faz, por exemplo, Erixímaco em Platão, como harmonia dos diferentes impulsos naturais[6]. Erixímaco filia-se à doutrina dos elementos de Empédocles: a "justa" mistura dos quatro elementos produziria a saúde, e a prevalência de um deles seria a causa de enfermidade. Quando, porém, considera a tensão harmônica dos contrários como o essencial, é Heráclito que ele repete. A ideia da harmonia em relação ao são e ao justo ganhou muita importância junto aos gregos, tanto que harmonia, ordem e medida têm para os gregos valor de ideais e aparecem repetidamente em muitas máximas positivas. Mas não é fácil dizer o que é esse ideal, e por isso é que, também aqui, as máximas negativas são mais eloquentes do que as positivas:

---

5   Essa palavra, ao que parece, surge pela primeira vez num poema de Alceu encontrado recentemente (24 B, 12 σα]οφρόνην em E. Diehl, *Rh. Mus.*, 92, 13). Cf. E. Schwartz, *Ethike der Griechen*, 54.

6   Essa ideia remonta a Pitágoras (cf. H. Diels, *N. Jahrb.*, 51, 1923, 70); encontramo-la formulada pela primeira vez no pitagórico Alcméon, que define a saúde como "isonomia" (isto é, democrática igualdade de direitos) das forças, do úmido e do seco, do frio e do quente, do amargo e do doce etc., ao passo que a doença é "monarquia" de uma força única.

172 A CULTURA GREGA E AS ORIGENS DO PENSAMENTO EUROPEU

assim, por exemplo, μηδέν ἄγαν ("nada em demasia") diz mais do que ἄριστον ("a melhor coisa é a medida"). Tão difícil quanto dizer o que é a saúde é dizer o que seja a ordem, a harmonia e a medida; mais fácil é determinar a transgressão da norma do que a norma propriamente dita.

Se a moral é comensurada à felicidade, então apela-se aqui para o sentido de bem-estar, para o εὖ πράττειν e para o estado de ânimo que o acompanha. Destarte, a moral subordina-se à estética e, na realidade, a *sophrosýne* é uma espécie de intuito artístico da medida e da forma no campo da moral. À medida que a harmonia se torna, para os gregos, um valor supremo na arte, adquire ela um destaque cada vez maior também nas máximas éticas.

Felicidade e moral estão ligadas uma à outra no sentido de que é com desgosto que nos lembramos de uma má ação praticada, sensação que se pode intensificar até o amargo arrependimento e o remorso. O remorso é, de resto, um estado que só Eurípides irá descobrir: pressupõe uma desenvolvida faculdade de introspecção[7]. Já antes havia, é verdade, a crença nas Erínias, que, pelo menos no que diz respeito ao delito cruento representa, na forma mítico-religiosa, aquilo a que daríamos o nome de horror pela ação praticada. O que indicamos como remorso aparece, nos primeiros tempos, como vergonha, como sentido de mal--estar diante dos outros homens. Se as teorias morais eudemonistas tiram como conclusão das manifestações do remorso a ideia de que um sentido sutil e refinado da felicidade e da infelicidade representa uma base suficiente para a moral, ocorre-nos perguntar por que uma ação perversa mas vantajosa ou um prazer pecaminoso deixam atrás de si uma sensação de desgosto se não exatamente porque a moralidade é algo diferente da aspiração ao prazer e à vantagem. E assim as refle-xões em torno da felicidade e da moral, como já aquelas em torno da utilidade e da moral, não se contentam com projetar como prêmio para a vida moral a satisfação completa dos desejos: à vida virtuosa prome-te-se como prêmio uma duradoura felicidade "interior", a qual provém, nada mais nada menos, que do sentimento de não haver praticado nada de mau. Mas é em Sócrates que encontramos pela primeira vez tais pensamentos. Seus primeiros elementos devem ser rastreados, porém, nas concepções religiosas próprias dos órficos e de seitas religiosas similares, que prometiam a quem tivesse levado uma vida pura a bem--aventurança no reino dos mortos. Se neste caso a felicidade duradoura é prêmio para a vida virtuosa, o mais importante para os órficos, como também para Sócrates, não é a aspiração à felicidade mas a aspiração a uma vida "pura". Contudo, nem entre os órficos nem em Sócrates,

---

7   Cf. F. Zucker, T.G., *Jenaer Akad. Reden.*, VI, Iena, 1928; e mais: *Gnomon*, 1930, 21-30; *Od.*, XIV, 85 e ss.; K. Latte, *Antike und Abendland*, 2, 69. O. Seel, *Festschrift Dornseiff*, 291 e ss.

MÁXIMAS DE VIRTUDE: UM BREVE CAPÍTULO DA ÉTICA GREGA   173

a pureza ganha melhor definição do que como ausência de "mácula", quer entendamos essa "mácula" em sentido religioso e cultural, quer em sentido moral. Além do mais, a esperança de que a vida virtuosa possa alcançar uma felicidade duradoura, também ela provém, assim como a convicção de que a culpa deve ser punida, da exigência para que no mundo as coisas decorram com justiça.

A aspiração à valentia e à honra – o terceiro motivo da ação – funda-se na esperança de uma glória duradoura. Para o grego primitivo, a glória é aquela forma de imortalidade concedida também ao mortal. A aspiração à ἀρετή mira, portanto, mais longe do que a aspiração ao útil e à felicidade, que induz o homem a preocupar-se sobretudo com a duração de sua própria vida. Pior, portanto, do que todos os males e a infelicidade é a desonra, à qual se deve preferir a morte. Origina-se daí, como demonstraremos, o pensamento de que aquele que tende para a virtude deve levantar o olhar para além da própria vida. Homero e muitos poetas arcaicos dizem – e isto corresponde a antiquíssimas concepções indo-germânicas[8] – que a glória se eterniza na palavra do poeta, e o nome glorioso transmite-se, de fato, no verso que vence o tempo.

O "útil", a "felicidade" e o "desenvolvimento do próprio eu", esses motivos egoístas, no fundo, não são imorais; mas para toda moral tem importância essencial o cuidado com algo mais que os interesses privados de cada indivíduo. Se o desenvolvimento das capacidades próprias há de converter-se em algo glorioso, será reconhecido pela comunidade como tal.

Mas antes de examinarmos como sai da comunidade a exortação à virtude, cumpre-nos ainda considerar uma interdição muito simples e clara, que, embora sendo moral, nada tem a ver com os motivos da ação já mencionados nem nasce de nenhuma forma de altruísmo. Ela nos fará compreender a relação entre o elemento moral e os motivos "pessoais", e que cuidados com a comunidade a época arcaica exige do indivíduo. Trata-se da proibição de mentir.

Mal a criança começa a falar e já aprende que não é correto dizer uma coisa e depois dizer o contrário, ou então, dizer uma coisa e depois fazer outra. A vida em comunidade só é possível se as pessoas puderem confiar umas nas outras. Criou-se, assim, com o juramento, um nobre e sagrado meio para dar validade às asserções. Quando, no tempo da lírica arcaica, formam-se comunidades baseadas em opiniões comuns, como os partidos, as seitas e outras associações, a mentira, o engano, a ficção tornam-se culpas particularmente graves. Para o filósofo, em seguida, o preceito de não mentir torna-se obrigação, visto que o pensamento

---

8   Demonstra-o a expressão κλέος ἄφθιτον, "glória imortal", que remonta à primitiva língua da poesia indo-germânica; cf. Adalbert Kuhn, *Kuhns Zeitsch*, 2, 1853, 467, e J. Wackernagel, *Philologus*, 95, 1943, 16.

174 A CULTURA GREGA E AS ORIGENS DO PENSAMENTO EUROPEU

exige coerência, e chega a ser penoso o esforço envidado para liberar-se das contradições. Sócrates e Platão exigem a sinceridade, mas não só do filósofo que aspira ao conhecimento através do pensamento, e sim de todo homem moral, na medida em que fundam eles a ação sobre o conhecimento; e a mesma coerência queriam na ação, para que assim nenhuma ação viesse a desmentir as outras; o ὁμολογουμένως ζῆν (viver de acordo consigo mesmo) dos filósofos subsequentes anuncia-se aqui pela primeira vez. Nem mesmo isso é suficiente para determinar a verdade e o bem de modo positivo. Como na lógica, assim também na ética, a coerência não faz mais do que excluir o erro ou o falso, sem com isso responder ao problema da verdade e da virtude.

Por mais evidente que possa parecer a máxima "Não minta!", e embora tenha sido ela repetida sob várias formas, não foi levada muito a sério nos primeiros séculos; e de fato, é exatamente com o surgir da poesia grega que encontramos exaltada a figura do grande mentiroso, Odisseu. Mas este não mente como um menino que fale abandonando-se à imaginação e ao desejo, sem se preocupar com ser coerente e evitar contradições, e sim, mente como um adulto, isto é, preocupado com não ser apanhado em contradição; seu mentir não pode ser chamado de pré-moral, no sentido de que a torpeza da mentira já não fosse em seu tempo conhecida. Tampouco situa-se ele além do bem e do mal, como o barão de Münchhausen, que com suas extravagâncias e historíolas, no fundo, permanece alheio à vida terrena. Odisseu é um herói que deve ser levado a sério, e sua mentira é desculpada, pois serve a interesses justificados. Na escala dos valores, a verdade não vem em primeiro lugar. Desde os primeiros tempos, no entanto, a figura de Odisseu pareceu discutível; prova disso é o episódio da disputa pelas armas de Aquiles, que deviam ser entregues ao melhor dos gregos: Ájax não pode aceitar a ideia de que Odisseu as receba. O soldado honesto é, assim, contraposto ao astuto, e revela-se a unilateralidade de ambos: se a Odisseu faltam sinceridade e correção, faltam a Ájax sabedoria e habilidade. O ἀρετή de Odisseu está no fato de que ele sempre consegue achar uma saída; mente para seus inimigos e para aqueles que poderiam vir a sê-lo. Não mente, porém, visando apenas à própria segurança pessoal, e sim, em proveito dos gregos, em proveito dos companheiros e da família. Diante de estrangeiros, a segurança pessoal e o proveito dos familiares valem mais para ele do que a verdade. O pensamento que o guia na ação é o próprio Odisseu que o exprime quando augura todo o bem a Nausica; diz ele então: "Um casal feliz é causa de dor para os inimigos, mas de alegria para os amigos" (6. 184: πόλλ'ἄλγεα δυσμενέεσσιν, χάρματα δ'εὐμενέτ ῃσι). Hesíodo (*Os Trabalhos e os Dias*, 353) e Safo (25,6) repetem essas máximas, e Sólon (1,5) roga às Musas: "Concedei-me riqueza e crédito e com isso a possibilidade de ser fonte de alegria para os

MÁXIMAS DE VIRTUDE: UM BREVE CAPÍTULO DA ÉTICA GREGA 175

amigos e de amargura para os inimigos"[9]. Essa máxima fundamental tem um valor ainda mais amplo. Quando o tirano Hiparco manda gravar nas hermas, que haviam sido erguidas ao longo das vias principais da Ática, algumas máximas de virtude, uma dessas diz: "Que o senso da justiça te acompanhe" e outra: "Não enganes o amigo". Essa limitação do preceito ao amigo não corresponde exatamente (diríamos nós) a um senso de justiça: é permitido, portanto, enganar seu inimigo? Mas tais máximas não possuem aquele caráter de universalidade que apresentam à primeira vista. Dirigem-se aos que passam pela estrada e, portanto, sobretudo aos camponeses que querem vender suas mercadorias no mercado de Atenas: estes são advertidos para que não enganem seus conterrâneos.

Se antes aprendemos a conhecer a moral como utilidade em relação ao tempo, agora ela se nos apresenta como útil em relação à comunidade; no círculo dos familiares, dos φίλοι (*phíloi,* vale dizer, na origem, aqueles que pertencem a alguém), cada um pensa no útil comum e ninguém prejudica os demais. Embora esse seja um elemento importante em toda moral, ainda não é, evidentemente, o grau mais alto da moralidade, visto que está presente também nos animais, se é que é verdade que "lobo não come lobo": é essa a moral que vigora mesmo entre os malfeitores (Platão, *Rep.*, 351 C). Sobre os Ciclopes, que não têm costumes civilizados, diz a *Odisseia* que cada um dita lei aos filhos e às mulheres, mas que um não se importa com o outro (IX, 114); são "sacrílegos", selvagens e injustos (IX, 175) e não dão importância aos deuses (IX, 275 e ss.). A vida de clã, onde apenas as mulheres e os filhos são considerados como "amigos", é, portanto, "barbaresca". Verdade é que os outros Ciclopes estão sempre prontos a acorrer em auxílio de Polifemo quando este os chama, mas quem quer que venha de fora é um inimigo à solta, e nenhuma piedosa reverência oferece proteção ao estrangeiro extraviado. Já a *Odisseia* exige, portanto, de uma vida civilizada uma conduta que não se alicerce apenas numa relação de amizade e inimizade. Os Ciclopes são "ímpios" e "injustos". O causar dano ilimitadamente a quem não é amigo ofende, portanto, a religião e a justiça. Se nos primeiros tempos as concepções religiosas têm parte importante nas máximas éticas, frequentemente nelas se ocultam antigos tabus. O αἰδώς (*aidós*), o respeito ou a sujeição, por exemplo, é, na origem, o sentimento que experimentamos diante do sagrado; e tem cunho religioso, em Homero, o respeito pelos pais, pelo rei, mas também pelo mendigo e por aquele que pede proteção: estes, certamente, não têm direitos, mas estão sob a proteção da divindade. αἰδώη também significa, porém,

---

9   Cf., também, Eur., *Med.*, 809 e ss.; Plat., *Górg.*, 492 C; *Rep.*, 362 B; Xen. *Cir.*, 1, 4, 25; *Mem.*, 2, 3, 14; 2, 6, 35; Plut., *Sila*, 38, 4.

176 A CULTURA GREGA E AS ORIGENS DO PENSAMENTO EUROPEU

respeito pelos pares; perde, portanto, no caso, seu caráter religioso para entrar na esfera das formas sociais de cortesia. Já que a honra tem tanta importância para a vida moral, o respeito dessa honra, isto é, αἰδώς, torna-se um poderoso sustentáculo na constituição da sociedade civilizada; é sobre esse sentimento que se funda a autoridade e a hierarquia da sociedade primitiva, cuja antiga ordem é considerada sagrada, porque estabelecida pelos deuses, como dizem os mitos que narram o surgimento e a formação das instituições existentes. Muitas máximas de cunho religioso recomendam não "mexer" no santo. Há, portanto, um profundo conservadorismo nas exortações ao αἰδώς, nas proibições de tocar no santo. O αἰδώς religioso é, nos primeiros tempos, o meio mais poderoso para pôr "freio" ao homem: de fato, Atena admoesta Aquiles a não se deixar levar por seu ímpeto selvagem, a não ofender o pio sentimento do respeito.

Ao lado dessas máximas negativas de origem religiosa, temos também autênticas máximas éticas positivas que remontam a um tempo mais antigo e regem as relações com o próximo. As βουζύγειοι ἀραί (bouzýgeioi árai) atenienses exortam, por exemplo, a ensinar o caminho ao viandante, a oferecer fogo ao vizinho quando este precise, a dar sepultura a um cadáver encontrado na estrada e outras coisas do gênero[10]. Os gregos foram muito parcos em conselhos como esses, que os levassem a assumir tarefas em benefício do próximo: as máximas citadas exigem que se dê ajuda apenas em casos especiais de necessidade. Estes são por si só evidentes, pois todos podem um dia encontrar-se em situação semelhante; e é, portanto, vantajoso ater-se a tais máximas. Também no caso, vale o cálculo "Do ut des". Os gregos não conheceram um mais vasto e verdadeiro sentimento de amor ao próximo nem o sentido social da responsabilidade; só raramente e de forma indecisa, o amor materno é tomado como exemplo de moralidade; no Banquete de Platão, por exemplo, a um certo ponto, exatamente quando parece assomar a ideia da kháritas, o fato de que os animais se expõem pelos seus filhotes não é considerado como uma forma primitiva de moral, mas como "amor pela eternidade" (207 a). Somente os amigos têm, entre os gregos e os romanos, a obrigação de ajudar-se mutuamente; com muita frieza calcula-se de antemão se os "benefícios" do amigo servem ao "proveito comum"[11].

É, sobretudo, o direito que põe um freio ao impulso de prejudicar o inimigo. O direito constitui uma nova comunidade a cujo proveito ele provê e que goza da proteção da lei: o "Estado". Assim, porém, o direito permanece limitado, pelo menos num primeiro momento, a um

10 Cf. K. Latte, Antike und Abendland, 2, 67; Wilhelm Schulze, Kl. Schriften, 197 e ss.

11 O amigo é um χρῆμα πάγχρηστον (Xen., Mem., 2, 4; Econ., 1, 4; Conv., 4, 46; cf. Leopold Schmidt, Ethik der alten Griechen, 2, cap.8).

MÁXIMAS DE VIRTUDE: UM BREVE CAPÍTULO DA ÉTICA GREGA   177

círculo no qual o proveito pode ser imposto também pela força; ao passo que a virtude não pressupõe Estado algum. Para o bem da comunidade, o direito impede que as pessoas se prejudiquem umas às outras com o engano ou a violência. Para o cidadão, o justo deve possivelmente coincidir com o útil, ou melhor, o injusto deve corresponder ao danoso, na medida em que o delito é punido; desse modo, porém, nem surge nem é aplicada nenhuma verdadeira moral, pois o uso da violência não é "moral" nem mesmo no caso da justa punição e muito menos moral é agir retamente por medo ao castigo ou limitar-se a obedecer à lei.

Embora o direito não esteja à altura daquilo que se exige da moral, a ele, contudo, se deve o aprofundamento da reflexão sobre a moral. Não buscar o que é útil para si com dano para os outros, nem uma felicidade que cause dor ao próximo, nem a dignidade ou o poder à custa dos outros: são esses os princípios morais que se ocultam por trás dos jurídicos, e disso o homem tomou consciência através do direito positivo. A máxima "não faças aos outros aquilo que não queres que te façam" impõe-se imediatamente, fora de qualquer referência à vantagem do indivíduo ou da comunidade, pois exige coerência no pensamento referente à ação e supera, portanto, toda consideração utilitarista. Para os gregos, a obrigação de usar de uma mesma medida para as ações próprias e as alheias, está implícita desde o início na ideia do direito. Direito, δίκη (díke), é a parte que toca a cada indivíduo. *Suum cuique* seria a máxima jurídica positiva; δικαιοσύνη (dikaiosýne), a justiça, é a tendência de agir no próprio círculo de modo que cada um receba aquilo que lhe cabe e de não ultrapassar os limites do próprio círculo. Mas como determinar a parte que cabe ao indivíduo? No direito de propriedade, que fornece o modelo a essa concepção do direito, é a tutela da propriedade e "justa" punição de todo abuso. Aqui, verdadeiramente, o bem nada mais é do que o mal não consumado.

Na realidade, as exigências morais positivas, que a primitiva comunidade grega impõe ao indivíduo e que o indivíduo reconhece, não surgem da ideia do direito, mas da ἀρετή.

À "valentia" e à "capacidade" pode o homem aspirar até mesmo por motivos egoístas, mas a comunidade confere a essa aspiração um valor bem diferente da ânsia de vantagens ou de felicidade; ela espera ou até mesmo exige a ἀρετή, e o homem pode estar de tal maneira persuadido de que serve com sua ação a um bem suprapessoal, universal, que a definição de egoísta ou altruísta perde aqui todo valor. Mas a comunidade o exige do indivíduo? E no quê, por seu lado, o indivíduo vê o universal e o eterno? Em torno desses problemas versa a reflexão sobre a ἀρετή na época arcaica.

A questão é simples enquanto o indivíduo reconhece os mesmos valores reconhecidos pela comunidade. Então, até mesmo a ação

178   A CULTURA GREGA E AS ORIGENS DO PENSAMENTO EUROPEU

quotidiana adquire seu valor, visto que corresponde aos usos da tradição, e cada ato particular da vida, como o levantar de manhã, a refeição e assim por diante, é consagrado pela prece e pelo sacrifício. Os grandes acontecimentos da vida, em seguida, como o nascimento, o casamento e as cerimônias fúnebres, são severamente fixados pelo culto em formas eternas. A vida carrega uma marca duradoura, divina e cada ação assume, assim, um valor suprapessoal. Nenhuma dúvida surge sobre o sentido da vida, e os usos tradicionais são respeitados na medida em que se mantém a fé nessa ordem sagrada. As virtudes e as empresas individuais da pessoa encontram nessa sociedade um natural reconhecimento. Em Homero, à empresa de particular valor também é conferida uma particular duração: o canto do poeta, que sobrevive à empresa exaltada e consagra sua memória, é portador de glória e de imortalidade. Esta simplíssima concepção ainda vive nos epinícios de Píndaro. Fica mais difícil definir a virtude quando cai por terra, na Grécia, o antigo ideal cavalheiresco universalmente reconhecido. Já no tempo de Homero delineiam-se diferenças (como vimos na história da disputa pelas armas de Aquiles há pouco citada) e surgem discussões acerca das ἀρεταί. Já na palavra ἀρετή esconde-se uma tendência para a diferenciação dos valores: a partir do momento em que é possível falar das virtudes do homem e várias outras coisas, e, à medida que novos estratos sociais adquirem consciência de seu próprio valor, cada vez menos se adaptam eles ao ideal de virtude imposto por uma classe. Descobre-se, assim, que diversos são os caminhos dos homens e que nas mais diversas profissões é possível atingir uma particular ἀρετή. Se a sociedade aristocrática mantinha-se unida, baseada que era numa concepção unitária da ἀρετή, agora o que se pergunta é o que é a verdadeira ἀρετή. A crise do ordenamento social é, ao mesmo tempo, crise do ideal e, por conseguinte, da moral. Arquíloco diz (fr. 41) que homens diferentes de modo diferente alegram seus corações; mas ao mesmo tempo diz (e também aqui reelabora um pensamento que já aflora na *Odisseia*: "Diversa é a mente do homem segundo o dia que Zeus manda; e seu pensamento se altera com a mudança do momento" (fr. 68). Mas esse diferenciar-se das formas da vida humana leva à incerteza: o homem sente que é mutável, sente que está exposto à influência de coisas distintas, e essa consciência induz o homem da era arcaica a aprofundar a meditação moral. O problema do bem torna-se, assim, problema do duradouro.

A discussão sobre as ἀρεταί acontece sobretudo na elegia. Diversos poetas elegíacos enumeram-nos as diversas ἀρεταί, exemplificando-as, amiúde, com modelos míticos, a fim de esclarecer, caso a caso, suas posições diante dos diferentes valores da vida. O último da série é Teógnis (699 e ss.), que, indignado, observa que para a massa nada tem mais valor do que a riqueza, isto é, do que o útil material,

MÁXIMAS DE VIRTUDE: UM BREVE CAPÍTULO DA ÉTICA GREGA 179

que, no entanto, para ele, diferentemente de seus predecessores, é o oposto da virtude.

O primeiro a ocupar-se desse problema é Tirteu; suas máximas que incitam ao combate, são expressão do ideal espartano, ou melhor, assentam as bases desse ideal. A seu ver, só tem valor quem combate pela pátria[12]. Expressamente, ele rejeita, como insignificantes, todas as demais capacidades e habilidades: a velocidade do corredor que se afirma na luta esportiva, a força do lutador, a beleza do corpo, a riqueza, o poderio dos reis, a facilidade no falar. Não há dúvida de que também na *Ilíada* a afirmação diante do inimigo é a prova insofismável do valor de um homem, mas não de modo tão exclusivo. As figuras dos heróis de Homero parecem-nos esplêndidas justamente por serem tão ricas de virtudes humanas: Aquiles não é apenas valoroso, mas também é belo e de "pé veloz", sabe cantar e assim por diante. Depois de assim restringir o ideal humano, Tirteu prefere ressaltar em Homero a glória do valoroso e a vergonha do vil: quem cai no campo de batalha torna-se até mesmo imortal (9, 32). A razão dessa unilateralidade está no fato de que a sociedade impõe agora ao indivíduo maiores exigências, particularmente Esparta, que, no momento do perigo durante as guerras messênicas, exigiu o máximo de seus cidadãos. A comunidade é o que permanece no tempo e a ela o indivíduo mortal deve sacrificar-se: ele continuará a viver em sua memória. Mas nem mesmo em Tirteu essas pretensões de comunidade dão origem a uma moral de térmitas; nem ele exige o serviço cego e brutal ou o sacrifício servil; ao contrário, exalta a empresa do indivíduo como ato digno de glória. Esse valor da ἀρετή mantém-se vivo, mesmo através das diversas transformações.

Já Calino (no século VII a.C.) interpreta à sua maneira temas da *Ilíada*. Admoesta os jovens de sua pátria a não se abandonarem ao ócio como em tempos de paz:

... a guerra empenha todo o país, pois então partam contra o inimigo[13]. Mesmo agonizante, deve o guerreiro pela derradeira vez vibrar a lança, pois é coisa honrosa e esplêndida combater contra o inimigo, por seu país, por seus filhos e a fiel consorte. E a morte virá quando as deusas do fado a prepararem, fiando... Não é dado ao homem evitar a morte, nem mesmo se descender de antepassados imortais. Muitas vezes, quem foge ao combate e para casa volta, em casa a morte o apanha. E este honra não terá.

O principal motivo pelo qual aqui se recomenda que os indivíduos combatam pelo próprio país e, portanto, por uma vantagem mais

12 Fr. 9 D; H. Fränkel, *Dichtung und Philosophie*, 435 e ss., nega que a elegia seja de Tirteu e situa-a no último período da idade arcaica; mas faltam, no poema, os elementos da especulação subsequente sobre a virtude, e não apenas, como nota o mesmo Fränkel (436, 1), o direito e a justiça, mas também ser e aparência etc.

13 Assim se poderia completar uma lacuna do texto.

180 A CULTURA GREGA E AS ORIGENS DO PENSAMENTO EUROPEU

ampla do que a vantagem pessoal, é que estarão assim defendendo também sua própria família dos inimigos. Esse, naturalmente, é um tema homérico mas, em certos pormenores, Calino vai mais longe que Homero. Heitor diz aos troianos na batalha (*Il.*, XV, 494 e ss.):

> Agora todos combateis contra as naves dos gregos. Quem for ferido e cair, deverá morrer. Não é coisa indigna para ele morrer defendendo a pátria. Mas sua mulher e seus filhos terão segurança para o futuro, bem como a casa e os bens, quando os gregos tiverem regressado à pátria.

Diz Heitor: "não é coisa indigna defender a pátria", e Calino: "é coisa gloriosa e esplêndida combater pela pátria". Em lugar da palavra "defender" temos aqui a palavra "combater", e somente aqui o valor da luta é dignamente reconhecido. Depois vem Tirteu e diz, diretamente: "Belo é para um homem forte morrer nas primeiras fileiras, combatendo pela pátria". Ele não exalta somente a defesa e nem somente a luta, mas sim a morte, e não apenas como honrosa e esplêndida, mas como "bela".

Além do mais, Calino e, como vimos, ainda com maior insistência o mesmo Tirteu[14], recomendam o heroísmo em nome da glória e do temor da vergonha; nisso, Calino segue Homero (cf., por exemplo, *Il.*, V, 532; VI, 521). Dá-nos, porém, outras razões, igualmente derivadas de temas da *Ilíada*. "A morte vem quando o quer o destino. Muita vez, quem foge à batalha acaba morto em casa". Isso se liga ao que diz Heitor numa situação, porém, totalmente diversa. Ao despedir-se de Andrômaca antes de partir para a batalha, diz Heitor (*Il.*, VI, 486):

> Não entristeças demais teu coração: ninguém me fará descer ao Hades contra a vontade do fado (além do fado). Pois ninguém, vil ou valoroso que seja, jamais foge, depois que nasce, do próprio destino.

Muito diferente é dizer "uma vez também é preciso morrer", como o faz Heitor, pensando no combate em que encontrará a morte, ou invocar essa lei da vida para exortar alguém ao heroísmo.

Em Tirteu, que considera até mesmo "belo" morrer pela pátria, uma reflexão desse gênero, em que se pressupõe que a morte seja um mal doloroso, passa naturalmente para segunda plano. Diz ele: "combater corajosamente e morrer queremos pelo nosso país e pelos filhos, sem nos preocuparmos com nossa vida" (6, 14), ou então: "O valoroso é belo quando tomba nas primeiras fileiras" (7, 30) ou, diretamente: "Cada um deve ir com seu escudo para a linha de frente, considerar sua vida como inimiga e prezar a morte como a luz do sol" (8, 4). Já

---

14 Com ele, o incitamento aos jovens transforma-se numa ordem aos cidadãos.

MÁXIMAS DE VIRTUDE: UM BREVE CAPÍTULO DA ÉTICA GREGA   181

a afirmação paradoxal deixa entender qual a real exigência que se faz aqui ao homem, e outros versos do mesmo poema demonstram que Tirteu, nessa ocasião, foi mais além em seu pensamento, porque, pouco depois, encontramos (8, 11): "Os que ficam próximos um do outro e corajosamente se lançam à refrega e nas primeiras fileiras, são menos a morrer". Também esse pensamento deriva de Homero. Mas quando, na *Ilíada*, um capitão admoesta durante o combate (V. 529; XV, 561):

> Sede homens e tende coragem, tende vergonha um do outro no combate, pois se os homens tiverem vergonha (respeito, consideração) um do outro, serão em maior número os que se salvam do que os tombam. Aos fugitivos não resta nem glória nem honra.

Essa admoestação é inteiramente lógica e compreensível, pois quando a batalha chega ao auge, é realmente perigoso fugir. Mas Tirteu, ao contrário, busca com este aceno levar os guerreiros para as primeiríssimas linhas; e visto que, com certeza, é ao valor e não à vileza que ele quer exortar, sua máxima "Os valorosos não caem tão facilmente como os vis", implica o pensamento de que a morte seja algo de doloroso. Na interpretação que Horácio dá dessas palavras de Tirteu (*C.*, 3, 2; 13): "Doce coisa e honrosa é morrer pela pátria, a morte persegue também aquele que foge..."[15], vemos que, na ênfase da admoestação, um pensamento grande e profundo ameaça descambar numa frase vazia.

Tirteu é, ao que parece, o primeiro que, ao delinearem-se as diferentes interpretações das ἀρεταί, procura formar uma ideia clara e unitária do que seja realmente a ἀρετή. Mas talvez ainda mais importante é que não se limite a discernir a unidade superindividual, na qual o indivíduo vive e pela qual deve pôr em jogo a vida, na família ou na pátria concreta, mas que procure, pela primeira vez, captar essa entidade de forma mais abstrata (9, 15): "É um ξυνὸν ἐσθλόν, um bem comum, para a cidade e para o povo, que um homem se mostre valoroso na batalha". Aqui se insinua, pela primeira vez, a ideia do Estado.

Fora de Esparta, as máximas de virtude assumem uma direção distinta, embora, mesmo em Atenas, em tempo de guerra, subsista a obrigação de sacrificar-se, se necessário, pela pátria. Também Sólon diz, em suas elegias de cunho exortativo, que os homens possuem virtudes

---

15 O *dulce et decorum est* tem, evidentemente, esse significado: tanto para o epicurista, que vê no "prazer" o escopo da vida, quanto para o estoico, para quem virtude e honra constituem os valores mais altos, a morte no campo de batalha surge como coisa digna de ser desejada. Inserido nesse contexto, o conceito de "doçura" epicurista (cf., a propósito, Sêneca, *Ep.*, 66, 18 e 67, 15) está em contradição com o que segue: "A morte também persegue o fugitivo", onde a morte não parece ser tão doce. No *Musarion* de Wieland, lemos: "Bela, doce coisa, antes – e isso o diz um poeta que fugiu na primeira oportunidade – doce e honrada coisa é morrer pela pátria; mas também a sabedoria pode aspirar à imortalidade".

182 A CULTURA GREGA E AS ORIGENS DO PENSAMENTO EUROPEU

diversas, mas não desvaloriza as diversas formas de virtude em favor
de uma delas: simplesmente constata que os homens perseguem suas
metas por caminhos diferentes. Todos os caminhos são igualmente bons
ou maus, mas ninguém avista o fim do seu próprio; só Zeus o conhece.
A esse tema da distinção das metas acrescenta-se também o outro tema
arquiloquiano da fraqueza e fragilidade do homem que não consegue
agarrar-se a nada de duradouro. O fato de Sólon mencionar uma após
outra, as ἀρεταί das diferentes profissões demonstra como uma nova
sociedade burguesa se vem contrapondo à antiga ordem aristocrática e
não mais reconhece o ideal unitário de uma casta dominante. E se essa
diferenciação determina um relaxamento do rigor moral e ameaça rela-
tivizar o valor ético, Sólon afasta o perigo, introduzindo na reflexão
sobre a ἀρετή o conceito do direito punitivo: por mais incerto que seja
o caminho do homem, uma coisa, diz Sólon, impõe-se com a segurança
das leis naturais: o fato de que a injustiça é punida, se não nos filhos,
nos filhos dos filhos. Desse modo, Sólon coliga dois temas distintos:
Arquíloco concebera a vida como um contínuo sobe e desce, um grande
"ritmo". Sólon vê esse rítmo no direito, na lei: à culpa segue-se a punição. Se Arquíloco dizia: "Toda grandeza está destinada a cair", Sólon
diz: "A grandeza unida à injustiça está destinada a cair". É essa justiça
o que verdadeiramente dura, e praticá-la constitui a máxima ἀρετή.
Quando Sólon se declara assim a favor da justiça, a razão que o impede
a agir desse modo já o leva para além de tudo o que Hesíodo e mesmo
Arquíloco haviam podido dizer a propósito: Sólon toma posição contra a injustiça não porque tenha sido pessoalmente ofendido nem por
ressentimento diante de uma injustiça sofrida. Não defende interesses
pessoais em nome do direito, mas defende a ordem e o equilíbrio no
Estado. Não é a fraqueza nem o ressentimento que o incitam a buscar
um valor de caráter universal no qual encontre apoio (é assim que Cálicles, no *Górgias*, imagina que surja o direito); pelo contrário, o que o
move é a ideia instintiva de que cada um deve ter o que lhe compete e
um vivo senso da dignidade e do valor do direito. Naturalmente, o senso
de justiça de Sólon ainda está ligado à religião: ele crê, com fé inabalável, que os deuses punam a injustiça e, em particular, que Atena proteja
sua cidade e, assim, o reto agir receba a recompensa merecida. Mas
foi quando teve o poder à disposição que teve ocasião de provar que
seu interesse só se voltava para a justiça e não para outra coisa. Sólon
praticou o gesto surpreendente de renunciar à tirania que já estava em
suas mãos. E foi acusado de estultice e de ignávia por não ter aceitado
a "coisa nobre" (assim se definia ingenuamente o poder) que um deus
lhe havia dado. Sólon defende-se num poema que chegou em parte até
nós: "A pátria respeitei, e o poder e a tirania eu não quis, e disso não me
envergonho embora me lancem em rosto de assim ter maculado minha
glória. Com a ajuda dos deuses cumpri minha promessa; não desejo

MÁXIMAS DE VIRTUDE: UM BREVE CAPÍTULO DA ÉTICA GREGA   183

valer-me da violência da tirania" (fr. 23). E em outros versos (fr. 24), diz: "Poderio e direito tenho reunido e escrevi leis igualmente para o bom e para o malvado, o justo direito a cada um adaptando". A verdade é que o fato de que na Ática dos primeiros séculos um homem a quem coube por sorte o poder não o tenha exercido mas a ele renunciasse por amor à justiça teve consequências incalculáveis para a vida jurídica e política da Grécia e da Europa. Não há dúvida de que as consequências imediatas de seu ato decepcionaram amargamente o próprio Sólon, a quem coube ver como Pisístrato apoderou-se da tirania, ou melhor, como o povo a colocou voluntariamente nas mãos deste. Mas a ideia à luz da qual Sólon resolvera os contrastes internos da vida política de Atenas e que expressara em seus poemas, isto é, a ideia de que o direito é algo duradouro, superior ao homem e de que o direito e não a violência representa a norma da vida estatal, essa concepção está doravante indissoluvelmente ligada à vida política, malgrado as numerosas vezes que dela se fez mau uso ou que foi posta de lado. Ela ressurge no estado ático do século V e é aprofundada no sentido de que o indivíduo aprendeu a sentir-se responsável pelas próprias ações.

Enquanto em Esparta e Atenas a reflexão sobre as ἀρεταί leva ao reconhecimento da importância do Estado e da justiça, os jônicos Mimnermo e Xenófanes chegam a consequências totalmente diversas: a diversidade entre os homens é, para Mimnermo, diversidade na dor: um fica pobre, outro não tem filhos, um terceiro adoece: a única coisa alegre é a juventude e o amor (fr. 1 e 2). E a máxima que ele extrai dessa constatação é: "goza a vida" (fr. 7). Conscientemente, ele renuncia ao útil, à felicidade e à capacidade que duram no tempo ("a honra", segundo ele, só cabe à juventude – fr. 5 –, o velho é odiado pelos filhos e odiado pelas mulheres – fr. 1, 9). Conscientemente, põe de lado toda obrigação para com a comunidade e torna-se unilateral como Tirteu, mas no sentido oposto. A vida perdeu o que lhe conferia solidez. Mimnermo não vê para além do homem nada que tenha duração, só lhe resta o prazer do momento, pois a vida é breve e passageira. Os elementos da moralidade, que até agora foram por nós considerados, não são por ele levados em consideração. Mas como Mimnermo é um verdadeiro poeta, permanecem os seus versos, mais sonoros que os de Tirteu e de Sólon, e permanece seu pensamento sobre a caducidade de tudo o que é belo. A suavidade do discurso, que, em Homero, está escravizada a um escopo objetivo, passa a ter aqui valor próprio, e o conhecimento não conduz à ação mas ao reconhecimento da nulidade de vida. O saber cético e o fascínio pela forma artística são valores que só mais tarde receberam geral reconhecimento[16]; mas combinam mais com a forma de arte jocosa do que com a máxima ética.

16 Cf. infra, pp. 273 e ss., a propósito de Calímaco.

184   A CULTURA GREGA E AS ORIGENS DO PENSAMENTO EUROPEU

Como Tirteu, também Xenófanes não dá valor às ἀρεταί apreciadas pelos gregos, como a luta, o pugilato, a corrida; recomenda a "sabedoria" pessoal, mais útil ao Estado. E, na medida em que afirma, a título de recomendação, que ela é "causa de alegria para a cidade", "enche os cofres da cidade" e contribui para uma vida legalmente ordenada muito mais do que o tão admirado exercício físico (2, 19-22), mostra que avalia a ἀρετή, pela medida da vantagem da *pólis*, isto é, do "bem comum", como o chamava Tirteu. Mas seu interesse moral propriamente dito situa-se alhures. Tendo observado que os homens criam os deuses à sua imagem, quer ensiná-los a conhecer uma divindade que não seja pesadamente antropomórfica mas (na medida em que Xenófanes pode formular este conceito) puro espírito. Xenófanes mede deuses e mitos com o metro da virtude burguesa e declara-os inaceitáveis, visto que o espírito não conhece nem avidez nem paixões e só é duradouro, estável, imutável. Se Xenófanes recomenda a sabedoria como a mais alta virtude, é, portanto, importante vermos no que consiste para ele o "duradouro". Conclui-se, assim, que também nesse caso a aspiração à ἀρετή é a aspiração do mortal (como os gregos chamam o homem) à imortalidade.

Todas essas reflexões sobre a ἀρετή, que tendem a determinar o que a coletividade exige do indivíduo, transportam-nos, portanto, do campo moral para o metafísico. De fato, os impulsos egoístas são limitados enquanto endereçados ao útil, ao verdadeiro, ao duradouro, isto é, àquilo que tem existência eterna. Renasce, assim, nessas especulações, um tema essencial da religião olímpica, que concebe os deuses sobretudo como imortais.

O respeito ao próximo era exigido na esfera do Estado e do direito. No direito, essas exigências reduziam-se à proibição de causar dano a outrem. No que diz respeito ao Estado, existia a exortação de combater e, se necessário, de morrer pela pátria. Não encontramos outras máximas que exortem a agir em prol da comunidade: jamais se exige, por exemplo, que as pessoas respeitem obrigações sociais e, menos ainda, que se preocupem com a felicidade dos outros.

Encontramos, portanto, relativamente poucos temas éticos nas máximas de virtude dos primitivos gregos, e isso não decorre apenas do fato de terem elas chegado até nós apenas em parte e nem mesmo de que, neste estudo, tivéssemos sido obrigados a pôr de lado coisas não essenciais. Poderemos provar a validade dessa asserção, retornando àquelas máximas de virtude de caráter religioso que merecem ser consideradas mais meticulosamente.

À punição do malvado por obra do Estado, antepõe-se a espera de uma punição por obra dos deuses e, nesse caso, a punição poderá vir muito tarde. Mas os deuses gregos não emitem proibições e ameaças de forma violenta a tirânica e exigem compreensão mais do que obediência cega e incondicional. Mesmo as representações

MÁXIMAS DE VIRTUDE: UM BREVE CAPÍTULO DA ÉTICA GREGA   185

escatológicas da punição dos maus e bem-aventurança dos bons, não têm, do modo algum, para os gregos a importância que, para o cristianismo, têm o Inferno e o Paraíso.

Na origem, também o "freio" moral era um fenômeno religioso: Atena age de jeito que Aquiles freie sua paixão, mas em seguida apela para sua inteligência, mostrando-lhe a vantagem futura. O αἰδώς, o respeito, mantém o homem afastado do impulso violento e também ele tem, na origem, caráter religioso; mas, já em Homero, perdera inteiramente esse caráter e assumira a forma de uma cortesia respeitosa.

Embora ao homem valente se tenham prometido honra e vida bem-aventurada, embora seja ele comparado até mesmo a um deus, o deus pítico, todavia, adverte: γνῶθι σαυτόν, "conhece a ti mesmo!", isto é, "reconhece que és um homem, que um abismo insuperável te separa do Divino". Temos, na era arcaica, máximas análogas: "não tentes escalar o céu inflexível", "não pretendas desposar Afrodite"; numerosos mitos representam o perigo dessa *hýbris*. Mas o mote délfico caracteriza-se por exprimir a máxima em sua forma mais universal, apelando para o discernimento do homem. Essa é a forma mais pura e mais bela de admoestação por parte de um deus grego; aqui, o pensamento da punição e do útil desaparece para dar lugar ao juízo humano.

Esse juízo, porém, pressupõe muitas coisas que, em seguida, não iriam parecer tão simples. Conhecer-se a si mesmo significa limitar-se ao humano e não atravessar as fronteiras do divino, subentendo-se, com isso, um reconhecimento do poder e da magnificência dos deuses; é natural, por outro lado, que o homem aspire a um poder e a um esplendor semelhantes. Pressupõe-se, portanto, de um lado uma fé intacta e, do outro, um ingênuo e vigoroso impulso que aspira a alcançar, por meio da ação, uma felicidade semelhante à dos deuses. Tanto a fé nos deuses quanto a firme confiança na afinidade do homem com o Divino tornam-se menos sólidas no curso dos séculos VI e V.

A fé nos deuses transformava-se aprofundando-se. À medida que os deuses eram medidos pelo metro moral e que se descobria na justiça sua verdadeira essência, eles cada vez mais se elevavam acima do humano e cada vez menos o homem podia aspirar a tornar-se "semelhante aos deuses". Por outro lado, a consciência da multiplicidade das ἀρεταί e a busca da genuína e autêntica ἀρετή tornavam incerto o endereço dessa aspiração.

Mas essa máxima, a mais alta de todas as máximas religiosas e, em geral, de todas as máximas do primitivo mundo grego, não perdeu valor nem mesmo ao caírem os seus pressupostos. Preparou o caminho para um futuro longínquo, e o próprio Sócrates pôde acolhê-la como fundamento de sua moral embora tenha ela transformado os problemas morais na base.

186　A CULTURA GREGA E AS ORIGENS DO PENSAMENTO EUROPEU

Sócrates representa o ponto de virada do pensamento moral clássico-arcaico para o pós-clássico-helenístico. Censuram-no às vezes por ter abalado a ingênua segurança instintiva e tê-la substituído por estéreis raciocínios, como se de há muito, já antes de Sócrates, a incerteza e a reflexão não tivessem corroído a ação humana, como se os gregos, até Sócrates, se tivessem abandonado alegremente à espontaneidade do instinto.

O "freio" moral nos vem de encontro desde os primeiros tempos, mas o que significa ele se não justamente que o homem se opõe ao instinto e ao impulso? Desde o início, procuram os gregos frear o impulso por meio da razão, servindo-se, portanto, do conhecimento. Se Cálicles, no *Górgias* de Platão, diz que estado natural é aquele em que o forte dá livre curso à sua potência e vive entregue à própria cobiça, isso certamente não tem valor para o homem: só quando os sofistas rejeitaram como convencionais todos os laços da religião e da moral, essa filosofia bélica pôde firmar-se. Em oposição a ela, Sócrates procurou reedificar a moral. Mas a novidade está no fato de que, em suas reflexões sobre o bem, ele não leva em consideração a ação já consumada, e sim, o momento em que ao homem se oferece a perspectiva de uma dada ação, e que a ele, homem, cumpre buscar em si a decisão. Nas máximas de virtude citadas, o admoestador dava prescrições de valor inconteste, bem determinadas no conteúdo, sem que nele se sentisse qualquer traço de conflito e de incerteza. Sócrates não se apresenta com o tom do mestre que sabe e aconselha, apenas exercita, segundo a drástica imagem de que ele próprio se serviu, a arte "maiêutica"; isto é, ajuda a dar à luz o saber que cada um deve extrair de si próprio. Sócrates liga-se, assim, à tragédia ática, que foi a primeira a interpretar a ação sob o ponto de vista da decisão interna, e na qual surgiu a consciência da livre ação. Essa é também a tendência de Sócrates: o homem deve agir em plena consciência e independência; que é o mesmo que dizer: deve esforçar-se por encontrar o bem.

O fato de Tirteu, Sólon, Xenófanes e Mimnermo quererem estabelecer o que seja a verdadeira ἀρετή significa que a unidade da ἀρετή já se rompeu: mas todos eles, ao buscarem precisar novamente a essência da ἀρετή, partem de uma concepção ontológica daquilo que no mundo é o verdadeiro e o duradouro, seja ele o Estado, como diz Tirteu, o eterno imperar da justiça, como quer Sólon, ou a inteligência divina de que fala Xenófanes, ou a própria caducidade de vida, de que fala Mimnermo, e em que só a graça de um poema pode fixar a fugaz felicidade do momento.

O problema que Sócrates não cessa de levantar em todas as ocasiões – "o que é o bem?" – ainda não é atual para o momento. É o imperativo moral que, para dizer com Heráclito, conclui essa evolução: "É preciso seguir o universal". Mas o universal é, também

MÁXIMAS DE VIRTUDE: UM BREVE CAPÍTULO DA ÉTICA GREGA   187

para Heráclito, o duradouro. É esse universal que se deve, antes de mais nada, descobrir (o que pode ser muito difícil: de fato, pode tratar-se de algo imperscrutável), e as consequências vêm depois por si mesmas: ὄρα τέλος, dizia Quílon: atenta para o fim, para a meta! Bastam, portanto, ἔρως καλῶν e δύναμις, como se dizia na era arcaica[17], "o amor ao belo e a força necessária para alcançá-lo", e não são necessários nem responsabilidade, nem livre arbítrio, nem autoconhecimento.

Sócrates não quer exortar à virtude, e sim, ensinar a virtude; não quer impor-se, mas convencer. Todas as máximas de virtude perdem valor; depois de Sócrates tornam-se antiquadas, embora continuem a florescer garridamente. Aqui se exaure, portanto, o nosso tema.

Mas visto que todos os problemas concernentes à virtude permaneceram em suspenso, ainda queremos ver como os temas fundamentais das máximas éticas se encontram em Sócrates, pois, embora nele tudo assuma um aspecto novo, os antigos temas reafloram também na sua filosofia, naturalmente apenas como elemento necessário de toda e qualquer investigação filosófica sobre a virtude.

O fato de Sócrates não haver deixado nada escrito faz com que frequentemente seja difícil separar o pensamento socrático do de Platão e de Xenofonte, que foram os principais intérpretes de seus ensinamentos. Mas como o que nos interessa é ver como a filosofia moral criada por Sócrates se distingue de tudo *o que era antes*, e para tanto o que importa é salientar a guinada decisiva mais do que a personalidade de Sócrates, esse problema não tem para nós muita importância.

Creio eu que se pode determinar o ponto em que Sócrates inicia suas investigações sobre a moral[18]. A Medeia de Eurípides diz: "Eu sei quão grande é o mal que estou prestes a consumar, mas mais forte é a minha paixão". Sócrates objeta: "Quem não conhece o bem não pode fazê-lo. Tudo se resume em saber verdadeiramente o que é o bem. Ninguém faz o mal voluntariamente".

Sócrates exige algo de muito alto que só a poucos homens é acessível. Quer que as paixões e os impulsos estejam completamente sujeitos ao controle do juízo. Os pressupostos históricos dessa exigência são mais ou menos os seguintes: o antigo contraste homérico entre νοῦς e θυμός, isto é, entre o espírito que vê e o espírito que se move, é desenvolvido, já desde Arquíloco, no sentido de uma oposição das forças da alma, da paixão e da razão, que ordena e freia, quando diz que domina o seu θυμός com o conhecimento da contínua alternância da sorte (cf. supra, p. 66); e com a palavra σωφροσύνη (sensatez) fora designada aquela particular região que abrange a atividade prática

17 H.Fränkel, *Gnomon.*, 1930, 13 e *Philosophie und Dichtung*, 397, 9; 604, 11.
18 Cf. supra, p. 130.

188   A CULTURA GREGA E AS ORIGENS DO PENSAMENTO EUROPEU

e moral. Quando diz: "Mas mais forte é a minha paixão", Eurípides parafraseia uma expressão que surgia então na Ática: "sujeitar-se a um desejo" (ἡττᾶσθαι). Sócrates contrapõe a essa passividade a sensatez como "domínio" (ἐγκράτεια)[19], e a liberdade da alma consiste para ele no fato de que sabemos o que é verdadeiramente útil, e não nos tornamos dependentes do que não tem valor[20]. Igualmente antiga é a ideia de que o bem, para tornar-se aceitável, deva ser concebido como útil: mas já que o útil verdadeiro é a virtude, basta que a conheçamos. Juntamente com o conceito de livre querer, Sócrates também acolhe do direito ático[21] a distinção entre voluntário e involuntário, necessária ao ato da decisão consciente que a tragédia ática nos fez conhecer. Mas, aqui, voluntário significa: com conhecimento e mesmo com não conhecimento do útil.

Quando Sócrates faz do fato da "decisão" o ponto crucial de suas reflexões sobre a ação, tem diante dos olhos a imagem de alguém que se encontra numa encruzilhada e deve escolher entre o caminho da esquerda ou o da direita. Essa imagem dos dois caminhos foi introduzida por Hesíodo nas reflexões sobre a virtude, mas só com Sócrates passa ela a desempenhar uma função decisiva, na medida em que representa o homem na angústia e sob a pressão da escolha[22]. Estamos habituados a considerar a vontade como a causa motriz da ação. Mas essa ideia da vontade em contínuo movimento é estranha aos gregos, aos quais falta, de modo geral, uma palavra que corresponde ao nosso verbo "querer": θέλειν significa "estar pronto, estar disposto a alguma coisa", e βούλεσθαι significa "ter em vista algo (mais) digno de esforço". Uma indica a vontade subjetiva, em certo sentido uma espontaneidade sem direção particular, a outra, um desejo ou um projeto (βουλή) direcionado para um determinado objeto e, portanto, algo muito afim com a noção de útil. Nem uma nem outra indicam a inteireza da vontade, a aspiração ativa do sujeito em relação ao objeto (o mesmo vale, de resto, também para os verbos gregos de "agir")[23]. Ambas as palavras não só não correspondem à nossa concepção da vontade, como nem mesmo correspondem à situação específica considerada por Sócrates, isto é, àquele ponto em que a vontade se manifesta no ato moral da decisão. Mas Aristóteles exprime uma ideia socrática quando diz que no início da ação está a προαίρεσις (proaíresis) (Eth. Nic., 1139 a 31), a "escolha". A vontade apresenta-se, assim, de forma mais clara, mais unitária do que a nós, na medida em que aparece concentrada, no momento da

19 W. Jaeger, Paideia, 2, 103.
20 Cf. Xen., Mem., 1, 2, 5 e ss.
21 Cf. K. Latte, Archiv f. Rel.-Wissensch., 1920, 268 e ss.; C.M. Bowra, Greek Lyric Poetry, 345.
22 Cf., infra, pp. 250 e ss.
23 Cf. Philologus Suppl., 20, 1, 17 e ss.

MÁXIMAS DE VIRTUDE: UM BREVE CAPÍTULO DA ÉTICA GREGA   189

escolha, entre duas possibilidades[24]. O ato moral é, por conseguinte, não a boa vontade mas a escolha do bem[25].

Ao colocar a aspiração ao bem na escolha, isto é, num decisivo sim ou não, Sócrates faz com que seu pensamento moral adquira uma particular consistência e, ao mesmo tempo, um certo radicalismo, também acentuado pelo fato de que ele desenvolve o tema ático da escolha e da aspiração a uma meta, com os recursos da filosofia da Jônia e da Magna Grécia. Embora Sócrates diga que o bem corresponde ao útil, não se refere com isso à vantagem pessoal, que, para ele, é apenas um útil aparente, mas sim ao "verdadeiro" útil. Já nos tempos mais antigos, o cálculo servia para a determinação do útil. Ora, se Sócrates não mais concebe o "o útil" no sentido do proveito ordinário, mantém-se firme, porém, na exigência de que útil seja conhecido. E como não se trata aqui de um útil aparente, mas do verdadeiro, exige ele também um verdadeiro conhecimento e não apenas um conhecimento aparente. Portanto, serve-se ele aqui daquela distinção entre ser e parecer, entre pura opinião e conhecimento verdadeiro, à qual Parmênides chegara através do problema do conhecimento do mundo externo. Contra a aparência e a opinião, ele se declara pelo ser e pelo saber. Mas o contraste entre saber e opinião é, em Parmênides, essencialmente distinto, fundado que está na oposição entre pensamento e percepção sensível, que não funciona em relação ao bem e ao útil.

O mesmo vale para a felicidade: Sócrates rejeita a felicidade falsa e exige a verdadeira. Mas a verdadeira felicidade – e aqui ele invoca concepções mais antigas – é a felicidade duradoura. Felicidade duradoura não pode ser, porém, a felicidade do corpo, que é transitório, mas somente a felicidade da alma, que é imortal. Aqui, Sócrates acata concepções filosófico-religiosas semelhantes às desenvolvidas pelos Órficos e pelos Pitagóricos, as quais pressupõem aquela distinção entre o corpo e a alma que só se formou nos tempos pós-homéricos. O fato de Sócrates considerar todos os instintos e paixões como apetites físicos e atribuí-los àquele mundo das aparências contra o qual se posiciona, faz com que ele seja mais radical do que os que, antes dele, haviam recomendado a σωφροσύνη como dominadora das paixões, pelo menos em teoria, visto que, praticamente, aqui como em outras partes, ele se absteve de toda e qualquer forma de radicalismo: não foi asceta, malgrado sua grande moderação e força de controle.

A σωφροσύνη era uma espécie de intuito moral, capaz de manter o equilíbrio da vida são, que, "dando ouvidos à natureza", como

24 O fato de os gregos conceberem o que chamamos de vontade, ora sob um ângulo afetivo (νοῦς), ora sob um ângulo teorético (θυμός), não é coisa que mereça aqui ser levada em consideração.
25 Com relação às primeiras formas da concepção de "boa vontade", em Demócrito, cf., infra, p. 240.

190 A CULTURA GREGA E AS ORIGENS DO PENSAMENTO EUROPEU

se diria com Heráclito, cria medida e harmonia. Sócrates estava tão influenciado pela ideia de Parmênides (ideia que este último concebera através do problema do conhecimento do mundo externo e ante a dificuldade de entender o movimento dos corpos) de que apenas o pensável é duradouro, que só reconhecia como duradouro o pensamento, sem nem mesmo indagar se os instintos e o prazer teriam alguma relação com o duradouro, com o incorpóreo, em suma, com a vida, ou seja lá como a queiramos chamar. Mas esses problemas não são de interesse vital nem mesmo para as antigas máximas de virtude, nem poderiam tornar-se vitais em Sócrates, já que este parte do fato radical da decisão que coloca um nítido contraste entre bem e mal, e além do mais concebe o bem teleologicamente, como uma meta. A consequência lógica disso tudo é que, enquanto existe um só bem, existem muitas formas do mal. Trata-se agora de conhecer esse único bem. E quem diria que esse modo de ver não seja plenamente justificado? Mas que seja este o único modo possível de considerar a virtude, isso já é uma outra questão, questão que se pode propor sem com isso suscitar a suspeita de que se queira opor a vida ao espírito.

Para determinar com mais precisão o conhecimento da virtude, Sócrates não pode partir do cálculo do útil, visto que o "verdadeiro" útil nada tem a ver com a "quantidade" do útil concreto, e não pode nem sequer partir da *sophrosýne*, já que o objeto desta não é o "bem", mas a saúde, a harmonia, o acordo dos contrários. Não pode tampouco seguir o caminho de Parmênides, que conduz à realidade do mundo exterior. Como modelo do conhecimento teleológico, Sócrates apresenta (e também isto é novo nele) a imagem do artífice. Assim como o marceneiro deve saber o que é uma boa mesa antes de poder construir a sua mesa, assim também o homem deve antes saber o que é o "bom" para poder agir bem. Quem possui esse conhecimento técnico e artesanal não poderá (e a identidade do bem e do útil torna a consequência ainda mais lógica e natural) senão fazer o bem.

Essa imagem do ofício vem a Sócrates já com a palavra ática que significa "saber", ἐπιστήμη (*epistēmē*), a qual não compreende apenas o lado teórico como as palavras jônicas que indicam saber e conhecimento, mas também o lado prático, isto é, saber e poder conjuntamente, e serve justamente para designar a habilidade nas profissões manuais[26]. Já por essa concepção do saber Sócrates se encaminha para uma determinada direção, já a partir de então está implícito no saber um interesse prático, um interesse pela moral, como aquele que Sócrates é o primeiro a introduzir na filosofia grega. A filosofia precedente, que se desenvolvera na Ática, na Jônia e na Magna Grécia, está orientada para a concepção teorética do mundo externo.

---

26 Cf. *Philologische Untersuchungen*, ed. por U. von Wilamowitz, Bd. 29, 81.

MÁXIMAS DE VIRTUDE: UM BREVE CAPÍTULO DA ÉTICA GREGA 191

Por meio dessa concepção do saber modelada sobre os ofícios manuais, Sócrates explica a finalidade da ação humana, o elemento teleológico. Assim como o operário executa aquilo "de que tem conhecimento (prático)" (ἐπισταται), que aprendeu no ofício específico que deve conhecer, assim também Sócrates exige para cada ação um conhecimento específico que lhe determine a execução. O fim, o bem ou a virtude, não representa, portanto, apenas um "valor" objetivo, como nas máximas de virtude, e sim a realização do que é "próprio" a cada um. O τέλος ("fim") não está tão solidamente fixado na consciência do homem a ponto de ficar totalmente "visível", como o concebe a máxima de Quílon: "Fica de olho no fim", mas é algo que se realiza na ação, com base em conhecimentos adquiridos metodicamente, e a partir dos quais, depois, se desenvolve a capacidade. Levar a termo aquilo que é "próprio" a cada um, τὰ ἑαυτοῦ πράττειν[27], é, pois, para Sócrates, o princípio de todo ato moral, e com essa afirmação liga-se ele a algo profundamente arraigado na concepção da ἀρετή como habilidade e capacidade (já a primitiva lírica falava das diversas ἀρεταί dos homens), mas que com ele se torna independente do juízo dos outros, da glória e da honra. Não é a opinião dos outros que deve determinar o homem, ainda que seja a opinião dos entendidos, isto é, dos bons e dos justos. Cada um deve conhecer a si mesmo e desenvolver o que é "próprio" da natureza, sem preocupar-se com as coisas alheias, enquanto não veja com clareza as próprias. Mas também o ocupar-se com os negócios públicos faz parte da "versatilidade" por ele rejeitada. Embora o pensamento de Sócrates seja determinado pela preocupação com o Estado, embora seja ele sempre impulsionado pela constatação de que os que conduzem o Estado não conhecem o bem, a questão de saber o que seja o bem para o Estado é, todavia, para ele, um problema de segunda linha. Não se intromete em políticas com ideias de reforma e, menos ainda, com ideias revolucionárias. Reconhece as exigências do Estado, ao qual ele mesmo serviu como soldado e como magistrado, e às suas leis obedece. Diante da religião tradicional, o mesmo comportamento: não toca nas instituições existentes, embora as considere superadas. Enquanto o bem não seja realmente conhecido, tenciona conservar o respeito pela tradição. São estranhos a ele não só todo e qualquer radicalismo que rejeite como más as formas constituídas, mas também a esperança de que sejam elas substituídas por algo melhor. Estabelece, porém, as mais severas exigências no tocante à sua própria ἀρετή. Aqui tornamos a encontrar, essencialmente aprofundadas, as exigências de Tirteu: na *Apologia* de Platão (28 B e ss.), diz ele que para agirmos retamente devemos, como os heróis diante de Troia (sobretudo como Aquiles), não cuidar da própria vida.

27 Plat., *Carm.*, 161 B; cf. *Apol.*, 36 c.

192 A CULTURA GREGA E AS ORIGENS DO PENSAMENTO EUROPEU

Onde o homem por si mesmo se pôs, na crença de que aquele seja o seu verdadeiro lugar ou onde o pôs seu superior, lá deve ele, a meu ver, permanecer, desafiando todos os perigos, não devendo temer nem a morte nem outra coisa mais do que a desonra.

O conceito da ἀρετή estende-se, assim, a toda reta ação, naquela forma severa que conhecemos desde Homero até Tirteu e que requer até mesmo o sacrifício da vida, quer se trate de um dever livremente assumido quer da execução de uma ordem. No caso do dever livremente assumido, é importante que o homem esteja convicto de que está no lugar certo. Cabe, portanto, ao conhecimento decidir sobre o certo. Mas, para obter um conhecimento verdadeiro sobre o ato certo considerado isoladamente, antes é preciso saber o que é o bem. Aqui, porém, é o próprio Sócrates que confessa não ter chegado a conhecimento algum, e a conclusão de todo o seu saber é: sei que nada sei. Todavia, isso não lhe saciou a sede de conhecimento nem o tornou cético, pois, malgrado seu "nada saber", continuou firme na convicção de que a virtude podia ser ensinada. A eterna aspiração ao saber, a indagação e a reflexão como atitude própria do filósofo, aparece em Sócrates de forma ainda mais decisiva do que em Heráclito e em Parmênides, porque, no fundo, estes últimos constróem uma doutrina dogmática.

O filosofar de Sócrates não foi inútil; ele determinou o "caminho" do pensamento, o método, com maior precisão do que aqueles que o precederam.

Se, até então, à pergunta "o que é a virtude?" se havia respondido a "coragem" ou a "justiça" ou a "sabedoria", Sócrates pergunta: qual o elemento universal, o Bem, que faz da coragem, da justiça e assim por diante, outros tantos bens? Quando Sócrates conversava, como era seu costume, com os homens no mercado para perguntar-lhes o que era o bem, eles lhe respondiam, como aparece já nós primeiros diálogos de Platão, mencionando esta ou aquela virtude; mas escapava-lhes o significado universal do problema. Era daqui que ele tomava impulso, buscando aquilo a que chamaríamos "conceito", e dessas suas reflexões desenvolveu-se posteriormente a lógica. Na realidade, nesse campo, o problema do "universal" é muito mais candente do que quando falamos de coisas "comuns" como cavalo, homem e assim por diante; o universal é aqui sumamente problemático. Quando quero chegar ao conceito universal de "cavalo" procuro algo que compreenda em si cada um dos cavalos que me são dados através dos sentidos. No que diz respeito ao bem, a coisa é muito mais difícil. Se no momento da decisão, eu me pergunto: "o que é o bem?", refiro-me com isso a algo de determinado que desejaria realizar, mas esse algo de determinado é um fim, uma coisa que só me é dada no pensamento. Se então me pergunto o que é o bem em geral, busco uma resposta que não determine o bem apenas para um situação isolada, mas para todas as possíveis situações nas quais me caiba decidir: busco, portanto, um conceito universal para algo que não me é dado de forma concreta, mas que, por sua vez, existe apenas no pensamento. Essa dificuldade parecer-nos-à ainda mais evidente se pensarmos na forma com que se apresenta o conceito de "bem", relativamente a outros conceitos universais, por exemplo ao conceito de "cavalo". O valor universal de "cavalo" é-nos dado, em primeiro lugar, por formas predicativas tais como: este é (um) cavalo (a propósito, cf. infra, pp. 233-234). Mas o "bem" não se apresenta em semelhantes expressões, visto que não se refere a algo que seja empiricamente dado, e sim, no momento de incerteza diante da ação, quando nos é perguntado: "o que é o bem?". Não se tinha consciência do "bem" antes que os valores da ação começassem a tornar-se problemáticos. Pela primeira vez ele aflora na pergunta "o que devo fazer?" que o herói trágico se faz, e torna-se objeto da filosofia no problema de Sócrates: "o que é a virtude?". O bem é "descoberto" no momento em que nos perguntam o que é o bem; nesse problema, que exige uma resposta, é que ele adquire existência.

A pergunta, até o ponto em que seja permitido tratar o conceito universal do "bem" por analogia com os conceitos de espécie como "cavalo", introduzir-nos-ia na problemática da doutrina platônica das ideias, apresentando-nos a perspectiva de um problema ulterior: que dificuldades pode gerar na filosofia a passagem de um modelo para outro de gênero diferente, e se essa passagem seria, de modo geral, legítima. Quando Sócrates, para explicar o que seja conhecimento do bem e do útil, compara esse conhecimento ao conhecimento de um ofício, eis que nasce uma séria dificuldade, pois o bem, para o artífice, é uma mesa boa ou algo semelhante e, portanto, um objeto, mas não é um objeto para aquele que age moralmente. As dificuldades aumentam quando ele relaciona a esse conhecimento do bem a distinção entre verdadeiro conhecimento e simples opinião, estabelecida por Parmênides num campo inteiramente diverso, ou quando fala mais exatamente do útil verdadeiro e do útil aparente, referindo-se, assim, ao parecer de Parmênides sobre o ser verdadeiro e o ser aparente, e considera, depois, essa distinção como equivalente à outra (extraída de modelo inteiramente diversos), entre felicidade duradoura e passageira, entre a felicidade da alma e a felicidade do corpo. Sócrates faz do problema da virtude uma questão importante, mas isso o leva a complicações, pois este é um problema de que só se pode tratar com base em analogias, necessariamente incertas.

Todos os conceitos que haviam tido parte importante nas máximas de virtude tornam-se problemáticos, na medida em que Sócrates os acolhe a todos e os transforma entrançando-os uns aos outros, e unindo-os também a outros conceitos da filosofia pré-socrática. E Platão foi ainda mais longe.

O útil torna-se o "verdadeiro" útil; mas o que é o "verdadeiro" diante do "aparente"? A felicidade torna-se felicidade da alma

194 A CULTURA GREGA E AS ORIGENS DO PENSAMENTO EUROPEU

duradoura, mas o que é a alma? A justiça não é mais (como em Sólon, por exemplo) manutenção da ordem e justo equilíbrio, isto é, ausência de injustiça, e sim um dever positivo imposto à ação do homem; mas o que é então, de um modo geral, a justiça? A virtude é o "bem" mas o que é esse conceito universal? Honra e glória só têm valor quando outorgados pelos justos: mas que são os justos? O auto-conhecimento não mais se apoia no ideal de uma classe solidamente constituída, como no caso do nobre que podia lembrar-se de que era um nobre (ἀνὴρ ἐσθλὸς). Não existe um Estado, uma comunidade religiosa ou qualquer associação que imponha seu próprio útil como valor normativo. O eu está desnorteado diante de um Universal que lhe escapa.

Apesar disso – e aí está sua verdadeira grandeza –, Sócrates não cai no niilismo. Para tanto, três coisas lhe dão sustentação inabalável, três coisas que já antigas máximas de virtude nos haviam feito conhecer e que nele reemergem de forma mais pura, como elementos fundamentais da moral.

A primeira é o demônio, a voz divina que o põe em guarda contra o mal. O demônio representa aquele elemento moral a que demos o nome de "freio" e do qual vimos surgir, na comunidade dos homens, o "direito", que se opõe ao "dano" por meio de um poder que atua de forma supraindividual e incondicionada.

A segunda é a fé absoluta no significado de uma ação conduzida em conformidade com o que se julga ser o bem, e no valor da tarefa que todo homem tem na vida e que não lhe foi conferida por brincadeira. Sócrates selou esse ensinamento com sua morte.

A terceira é a convicção de que o homem participa do universal e do duradouro através do conhecimento; tem, portanto, o dever de colocar todo o empenho, a honestidade e a coerência no conhecer, ainda que não possa chegar a um saber perfeito. Esse é o meio para ampliarmos os confins da personalidade e atingirmos a felicidade.

Essas verdades Sócrates não as ensinou nem viveu com fanatismo feroz, com rígido pedantismo e em tom solene, mas com claro bom senso e com simplicidade perpassada de pacata ironia, certo como estava de que ele, este Sócrates terreno, era apenas uma parte imperfeita do Todo e que também sua ação e seu saber não eram senão uma limitada tentativa de conquistar o bem. Limitada, na medida em que é apenas de forma limitada que pode o universal ser conhecido pelo homem.

11. Símile, Comparação, Metáfora, Analogia; a Passagem da Concepção Mítica ao Pensamento Lógico

1.   Antes de entrarmos no estudo histórico que deverá indicar-nos a passagem da comparação mítica e do símile* homérico às deduções analógicas, científicas e filosóficas, será útil vermos em quais ocasiões, na língua corrente, isto é, na língua não poética e não filosófica, apresentam-se com particular frequência ou são absolutamente necessárias as comparações[1].

Quando indicamos as coisas do mundo que nos circunda com substantivos, com "nomes comuns", passamos, desse modo, a estabelecer confrontos. Se dou a este e àquele animal o nome de "cavalo", isso significa que os coloco, malgrado certas diferenças, como iguais. Na denominação de animais, ou mesmo de plantas, esse confronto não encontra dificuldades fundamentais; todo cavalo é cavalo como qualquer outro o pode ser; isto é, cada cavalo, considerado isoladamente, é, em tudo e por tudo, cavalo, sem que achemos necessário demonstrá-lo ou duvidar disso. Pode-se, assim, estabelecer com facilidade outros confrontos: o asno e o cavalo são semelhantes um ao outro, mas têm diferenças específicas – passamos, assim, a denominações de caráter mais geral (por exemplo, "unguiculado") e podemos passar desta para outras ainda mais gerais, como: mamíferos, ser vivente; e, refazendo o caminho e determinando, de quando em quando, as "diferenças específicas", retornar em seguida à categoria e à espécie. Esse procedimento foi adotado por Platão na lógica: a definição determina o gênero superior e a diferença específica.

---

*   A distinção entre "comparação" e "símile", que não está registrada em nenhum dicionário, é devidamente esclarecida pelo autor na p. 103. (N. da T.)

1.   Para a parte seguinte, cf. também: *Der Aufbau der Sprache*, Hamburg, 1952, em especial as pp. 151 e ss.

196 A CULTURA GREGA E AS ORIGENS DO PENSAMENTO EUROPEU

No reino das plantas e dos animais, esse procedimento encontra sólido respaldo nas classificações da natureza orgânica. Ao processo lógico corresponde, segundo nossa concepção, a árvore genealógica das formas vivas da natureza. A diferença reside apenas no fato de que, na natureza, abaixo do universal, apresentam-se os mais variados subgrupos segundo as diferenças específicas, que podem ser numerosas e multiformes, ao passo que a lógica reconhece apenas a bipartição, segundo a qual um *quid* determinado "é" ou "não é": *tertium non datur*. Com os outros nomes comuns, esse procedimento torna-se mais difícil. As determinações de partes do corpo ou de plantas, como mão, casco, ou folhas, ainda encontram certo apoio nas respectivas formas determinadas da natureza orgânica, mas não é possível executar aqui, senão com muitas limitações, a operação lógica da *diaíresis* ou "divisão" platônica.

Na denominação das coisas fabricadas artificialmente, a univocidade do objeto já é mais incerta, visto que, por exemplo, as cadeiras, as tenazes e as casas diferem mais entre si do que as folhas ou os brotos das plantas, e além do mais, sempre existe, nesse campo, a possibilidade de construir novos objetos que não se adaptem ao gênero preestabelecido. Outras dificuldades aparecem relativamente a outras denominações como rio, monte, nuvem (como é possível estabelecermos os limites entre elevação, colina, monte, montanha, entre riacho, rio, torrente, entre vapor, névoa, nuvem?)[2].

Existem, por fim, nomes comuns que indicam coisas que não têm uma forma bem delimitada, como água, ouro, madeira – isto é, os substantivos que indicam matéria. Os juízos "isto é uma mesa" como "isto é madeira" podem referir-se a um mesmo objeto; logicamente, porém, são totalmente distintos. A ideia do cotejo existe também no juízo "isto é ouro", mas se nos perguntarmos o que é na verdade o ouro, essa pergunta nos levará numa direção inteiramente distinta da pergunta que tende a estabelecer o que seja o cavalo; a primeira, erigida a problema científico, leva-nos à filosofia jônica da natureza e à pesquisa do ἀρχή (*arkhē*, começo, princípio) e, mais além, à doutrina dos elementos; a segunda, à zoologia e a suas árvores genealógicas.

Além dos nomes comuns, existem dois outros gêneros de substantivos: os nomes próprios e os nomes abstratos. No campo dos nomes próprios, a relação adquire um valor diferente, visto que a proposição "este é Sócrates" não tem o valor de um verdadeiro juízo: não exprime um conhecimento, mas apenas um ato de reconhecimento[33]. A pergunta "quem é Sócrates?" não leva a "conhecer", mas

---

2 Cf., infra, nota 8, p. 199.
3 Naturalmente, a frase refere-se à pessoa de Sócrates e não, por exemplo, a seu retrato.

SÍMILE, COMPARAÇÃO, METÁFORA, ANALOGIA...

apenas a "compreender"; não tende para a subsunção do objeto a um gênero, como ocorre com os nomes comuns, mas procura captar a unidade da pessoa como uma determinada possibilidade do ser humano. A experiência e, junto com ela, o confronto são também aqui necessários mas, nesse caso, colocam-se em confronto atitudes, destinos humanos, qualidades – coisas, portanto, não materiais, mas abstratas. A formação dos abstratos obtém-se sobretudo através da substantivação da forma verbal e adjetiva (cf. infra, p. 234). Nesse campo, outra possibilidade nos é oferecida pela metáfora, na qual temos outra forma de confronto.

Naturalmente, conhecem-se com o nome de metáfora muitas formas que não passam de formas derivadas, onde não é possível reconhecer a forma específica do confronto metafórico. Se tomarmos como exemplo de metáfora a palavra "pena"[4] (em alemão, *Feder*) que empregamos em sentido "translato" como pena de escrever (em alemão também como "mola"; por exemplo *Uhrfeder* = mola de relógio), veremos que esse uso "metafórico" da palavra deriva do fato de que antigamente as pessoas escreviam com uma pena de ave que, apesar de posteriormente ter sido substituída por um objeto de aço, conservou seu nome primitivo. Do mesmo modo, no que diz respeito à palavra alemã *Uhrfeder*, ter-se-á anteriormente empregado uma pena de ave para escorar alguma coisa com uma certa elasticidade; também nesse caso, introduziu-se em seu lugar uma mola metálica (em alemão, *Stahlfeder*) mas manteve-se o nome antigo. Essas "metáforas" refletem um processo histórico-cultural, isto é, a substituição da pena por outra coisa qualquer: não se trata, portanto, de um problema linguístico, mas histórico.

O mesmo se pode dizer de outra forma de metáfora dada pelo verbo alemão *sprengen* (= "fazer ir pelos ares", "fazer explodir"; "aspergir", "borrifar" e também "saltar através", "atravessar galopando")[5]. O alemão diz *man sprengt den Rasen* (= regaram o campo); *man sprengt eine Brücke mit Dynamit* (= fizeram uma ponte ir pelos ares com dinamite; *Reiter sprengen über die Strasse* (= cavaleiros atravessam a rua a galope). Também aqui, os diferentes significados da palavra apresentam um problema histórico e não um problema linguístico – filosófico. *Sprengen* equivale a *springen lassen*. Se voltarmos agora à palavra originária *springen* (saltar), teremos em mãos uma metáfora mais verdadeira e interessante. Se dizemos *das Wasser springt* (a água jorra), *das Dynamit (und die Brücke) springt* (a dinamite explode, a ponte salta pelos ares), essas são expressões nas quais se revela um uso "translato" do verbo *springen* que conserva sempre uma relação com o sentido "próprio" da palavra: surge aqui,

4   Cf. Hans Lipps, *Die Verbindlichkeit der Sprache*, 1944, p. 66.
5   H. Lipps, *op. cit.*, pp. 67 e ss.

198 A CULTURA GREGA E AS ORIGENS DO PENSAMENTO EUROPEU

claramente, um problema que estava oculto na derivação *sprengen*. Um processo histórico-linguístico para a palavra *sprengen* (fazer saltar pelos ares, fazer explodir, regar e saltar atravessando) e um processo histórico-cultural, no caso da palavra *Feder* (pena, mola), conduziram não à formação de "metáforas", mas a novos significados da palavra. Quando em alemão usamos a palavra *Uhrfeder* (mola do relógio) ou a palavra *Schreibefeder* (pena de escrever), esses dois significados tornaram-se para nós independentes do significado primitivo da palavra que indicava uma pena de pássaro, dando origem a homonímias que não se diferenciam substancialmente daquelas do tipo *Tor* (idiota) e *Tor* (portão). O fato de que, no caso de *Feder,* os diferentes vocábulos tenham constituído, na origem, um vocábulo único e que essa relação etimológica esteja também patente para nós, é coisa aqui absolutamente irrelevante. Assim, se digo: *einen Rasen sprengen* (regar um campo), *eine Brücke sprengen* (fazer uma ponte saltar pelos ares), *ein Pferd sprengt* (um cavalo passa galopando), ainda estou usando vocábulos diferentes. Mas se eu disser: *das Pferd springt* (o cavalo salta), *die Fontäne springt* (a fonte jorra), *das Dynamit springt* (a dinamite explode), estarei usando sempre a mesma palavra, *springen* (saltar), que emprego em sentido próprio ou em sentido translato.

No campo dos nomes comuns, encontramos autênticas metáforas do mesmo gênero, quando dizemos em alemão: *Fuss der Lampe* (suporte, literalmente, pé da lâmpada), ou então *Kopf der Stecknadel* (cabeça, lit., cabeça do alfinete). Posso falar do "pé" (*Fuss*) da lâmpada, na medida em que, sobre ele, a lâmpada se sustém: ele serve para ela de um "verdadeiro" pé. Não é a mesma coisa se digo *Kopf der Stecknadel* (cabeça do alfinete): ela não lhe pode servir como uma "verdadeira" cabeça, mas tem o "aspecto" de uma cabeça: é redonda, está numa extremidade, e assim por diante.

A metáfora refere-se, portanto, à função ou à semelhança da impressão[6], ou seja, à atividade ou às qualidades, isto é, a algo que indicamos principalmente com um verbo ou com um adjetivo. E somos assim induzidos a nos perguntar que função desempenha a comparação entre os verbos e os adjetivos, e, ainda que as metáforas obtidas com *Fuss* (pé) estejam expressas com substantivos, seu significado só pode ser esclarecido com base em outros campos da língua. Também as expressões verbais ou adjetivas baseiam-se evidentemente em confrontos. Esta ou aquela atividade (ou qualidade) são semelhantes entre si, e por isso indicamos a ambas, por exemplo, com a palavra "saltar" (para a atividade) e com a palavra "azul" (para

---

6   Refere-se, sobretudo, à afinidade da impressão física e, mais particularmente, à do olho, de modo que a "evidência" é o tema que, com maior frequência, retorna em metáforas desse tipo.

SÍMILE, COMPARAÇÃO, METÁFORA, ANALOGIA... 199

a qualidade); mas "saltar" e "azul" não são conceitos universais, aos quais se possam subordinar os fenômenos isolados, como os objetos a um nome comum. Um leão é sempre, em tudo e por tudo, um leão; todo leão é, neste caso, "sempre a mesma coisa"; nenhum leão é um não leão. Aqui só vigora o claro sim ou não, "o ser" ou "o não ser". No que diz respeito à qualidade, pelo contrário, o "azul", por exemplo, pode esfumar-se no vermelho ou no verde, um azul pode ser mais claro do que outro. E na atividade expressa pelo verbo "saltar", apresentam-se casos-limites e formas de transição para atividades afins, como correr, saltitar, precipitar-se, e assim por diante. A univocidade dessas denominações é, em linha de princípio, inferior à dos nomes comuns como rio, monte e nuvem[7].

As qualidades podem ser simples ou mistas; por isso, podemos estabelecer seu grau comparando-as a outras (por meio da "comparação"), podemos fixar-lhes a "gradação" com um confronto: branco como a neve ou, exagerando, "mais branco que um ovo" (Safo, fr. 139)[8], mais pálido que a erva (χλωροτέρα ποίας, Safo, 2, 14), doce como o mel (em Homero), veloz como um cavalo ou como um pássaro (muito frequentes a partir de Homero. Esses confrontos, os mais antigos de todas as línguas e de toda a poesia, servem sobretudo para pôr em evidencia a pureza ou a intensidade de uma qualidade, e a lírica grega usa-os principalmente (como as comparações com os deuses e os heróis) com o objetivo de exaltar a pessoa que é feita objeto do canto.

Xenófanes foi o primeiro a expressar a relatividade das qualidades: "se Deus não houvesse criado o louro mel, os figos pareceriam muito mais doces"(fr. 38); mais tarde, isso levará ao ceticismo em relação à percepção sensível (cf. infra, pp. 238 e ss.). Daí surgem também outros problemas, como o paradoxo do "monte"(= grande quantidade de): dois grãos já são "muitos"? ou três? Ou então quatro?[9]

Uma certa ordem e uma certa possibilidade de orientação no domínio das qualidades são-nos dadas, antes de mais nada, na ordem natural das nossas percepções sensíveis: a vista distingue o claro e o escuro e as cores do vermelho ao violeta, e os outros sentidos fixam respectivamente os graus da escala correspondente. O espaço e o tempo tornam-se acessíveis à nossa mente mediante os conceitos de "grande" e "pequeno", e consequentemente, estabelece-se um sólido suporte sobre o qual podemos construir[10].

---

7   Os nomes de tais coisas "amorfas" mudam segundo determinadas propriedades, sobretudo segundo a grandeza; a falibilidade deles remete novamente, portanto, à dos adjetivos. O mesmo vale também para as palavras pedaço, monte, gleba, com as quais indicamos a matéria (relativamente) informe: um pedaço de madeira, um monte de ouro, uma gleba de terra.

8   Para expressões do gênero, cf. também Teócrito, 11, 2 e ss., Virg, *Égl.*, 7, 37 etc.

9   Cf. nota 7, acima.

10   Com relação a outras "sensações", cf. infra, pp. 238 e ss.

200 A CULTURA GREGA E AS ORIGENS DO PENSAMENTO EUROPEU

No domínio dos verbos, a dificuldade é maior. Entre as infinitas atividades possíveis, caracterizamos com verbos especiais somente algumas, típicas e amiúde recorrentes, e as inúmeras outras são, bem ou mal, indicadas com esses verbos. As múltiplas possibilidades de movimentos, ações, atitudes e estados, são colocados à força no esquema de uma classificação mais violenta e arbitrária do que aquela a que estão sujeitas as qualidades ou as coisas. Dizemos que uma pessoa está "sentada" ou "deitada", mas para todos os outros estados intermediários existentes entre "sentar" e "deitar" não temos um verbo que os possa exprimir. Contudo, se diante de uma determinada atitude podemos não ter certeza de que ela corresponda a sentar ou a deitar, de qualquer forma estamos sabendo o que seja, verdadeira e propriamente, o "sentar" e o "deitar". Sentar e deitar (e o mesmo vale para todos os outros verbos) constituem particulares casos ideais, segundo os quais julgamos e denominamos outros casos semelhantes. Essa "idealidade" da ação verbal é algo diferente da "pureza" de uma qualidade: a qualidade ressalta claramente quando contraposta ao seu contrário; já a ação revela sua perfeição na correspondência com o fim, na graça e na segurança que acompanham sua realização.

Pode-se estabelecer uma certa ordem sistemática para as metáforas, segundo pertençam elas ao campo verbal ou ao adjetival (embora existam também formas intermédias), ordem essa que poderá esclarecer o valor e a evolução das metáforas e, portanto, das similitudes. As metáforas feitas com adjetivos, como a do "doce" falar e da "doce" poesia, não têm grande importância no grego primitivo. A concepção segundo a qual na alegria se vê algo de ligeiro, de alto, de vasto, e na dor, ao contrário, algo de pesado, de angustiante e oprimente, aparece, porém, em expressões isoladas, onde o sentimento de alegria é entendido como movimento centrífugo e a dor como movimento centrípeto, mas deu lugar a poucas metáforas adjetivas e, ao que parece, a nenhum símile, visto que, de um modo geral, a psicologia dos estados de ânimo ainda não estava desenvolvida entre os primeiros gregos[11]. Apenas um tipo de metáforas adjetivais já está plenamente desenvolvido no grego arcaico e é elaborado também através de símiles: os valores ainda não concebidos em sentido abstrato e interior, como o belo, o nobre e o grande, são expressos com a imagem da luz (cf. supra, pp. 72 e 113). Mas nem só a virtude é "luminosa"; também o são a alegria, a felicidade, a vida; "escuros" são o luto, a infelicidade e a morte[12].

---

11 Visto que os gregos consideram os estados de ânimo mais como movimentos do sentimento do que como qualidade, as metáforas verbais têm aqui parte mais importante do que as adjetivais; mas aqui essa questão só pode ser mencionada superficialmente.

12 Para a interpretação simbólica da "luz" entre os gregos, cf. o verbete φῶς de R. Bultmann no *Theologisches Wörterbuch zum Neuen Testament* de Kittel e *Philologus*, 97, 1947, 1 e ss.

Assim exalta Safo (98, 6 e ss.) a amiga distante: "Arignota resplandece entre as mulheres lídias como a luz entre as estrelas"(cf., supra, pp. 75-76)[13]. Em Homero já encontramos imagens como: Aquiles "resplandece" como o sol, o elmo como uma estrela, o escudo de Aquiles como a lua ou como o fogo do pastor, uma coisa é bela como uma estrela, e assim por diante. Num encômio de Alcmã, encontramos (1, 39 e ss.): "Quero cantar a luz de Ágido: igual ao sol parece", e assim por diante. A comparação de Safo distingue-se das outras porque não estabelece apenas um confronto entre a esplêndida mulher e o astro, mas também entre ela e as outras mulheres no meio das quais vive. Ouve-se aqui o eco do símile homérico, para o qual o condutor de homens é o mesmo que o touro é entre os bois (*Il.*, II, 480) ou o carneiro entre as ovelhas (*Il.*, III, 196) (embora Homero refira-se aqui apenas ao espetáculo exterior, do momento)[14]. Com isso, estabelece-se em Safo uma "proporção": "Arignota está para as mulheres lídias como a lua para as estrelas". Esse esquema é ulteriormente desenvolvido por Píndaro no início de sua primeira ode olímpica:

A melhor coisa é a água, mas o ouro, acima de toda outra riqueza que eleva o homem, como fogo, na noite, resplende. Se depois quiseres cantar as lutas, ó meu coração, não busques um astro que de dia mais que o sol aqueça no vasto espaço etéreo, nem cantes uma luta mais célebre que a de Olímpia.

O pensamento desses versos de Píndaro é mais ou menos o seguinte: a água é a coisa (absolutamente) melhor (temos aqui um paradoxo que, a uma reflexão mais séria, surge pleno de sentido e revela, portanto, sabedoria); as lutas de Olímpia superam todas as outras, como o ouro supera toda riqueza e o sol, os outros astros. A atenção aos valores induz Píndaro a estabelecer "proporções" mesmo nas comparações que não se servem da imagem da luz (fr. 106):

O animal mais hábil de todos na caça às feras é o cão lacônio do Taígeto; para o leite são as cabras de Esquiro; mas as armas, procura-as em Argos e o carro de guerra em Tebas, e artísticos coches na Sicília, esplendente de frutas.

O mesmo acontece quando se avaliam as coisas, os animais e os homens pela medida de seu valor e esplendor (cf. também Píndaro, fr. 234), e os pontos culminantes, os superlativos por assim dizer, são todos situados num mesmo plano[15]. Também aqui se reconhece

---

13   A uma comparação semelhante pertencia o fr. 4, como demonstra o presente (em contraste com os fr. 88 e 94).

14   Cf. também *Od.*, VII, 102, onde Nausica, entre suas aias, é comparada a Ártemis em meio às ninfas. Sobre o assunto, cf. H. Seyffert, *Die Gleischnisse der Odyssee*, Diss. Kiel 1949 (inédito), p. 86.

15   Sobre a influência que esse modo de ver teve sobre as histórias de Heródoto e Hipócrates, cf. H. Diller, *Wanderarzt und Aitiologe*, 82 e ss. com obs. 129.

202   A CULTURA GREGA E AS ORIGENS DO PENSAMENTO EUROPEU

a existência de diferentes virtudes (ἀρεταί), em coisas e seres diferentes (como ocorre com frequência desde os tempos de Arquíloco e de Sólon), mas Píndaro não procura descobrir o que é o "verdadeiro" valor[16]: a ele importa apenas pôr em relevo, de quando em quando, o que há de melhor e mais esplêndido em oposição a tudo que seja inferior. Só dentro do esquema da proporção, as metáforas adjetivas adquirem valor para a filosofia (com Heráclito) e para a ciência (sobretudo para a matemática); ao passo que os símiles comuns ou metáforas adjetivais, mesmo quando ocasionalmente expressas por substantivos, não revelam a coisa como tal, na medida em que não se referem ao ser ou à função e sim a impressão que a coisa suscita, e concebem-na apenas em relação a seu oposto: a luz em relação à escuridão, o sentimento elevado em relação ao baixo sentimento, e assim por diante. Destarte, quando a uma parte do alfinete damos o nome de "cabeça" (por "extremidade inicial": em alemão, *Stecknadelkopf*, literalmente, "cabeça do alfinete"), empregamos uma metáfora menos expressiva do que quando dizemos que alguém é "cabeça" do Estado ou falamos do "pé" da lâmpada (por "suporte": em alemão, *Fuss der Lampe*). A cabeça do alfinete (*Stecknadelkopf*) constitui uma das extremidades do alfinete (de forma determinada) oposta à outra; o "cabeça" de um Estado (*Kopf des Staates*, cabeça do Estado) é aquele que guia; o "pé" da lâmpada é o que fica parado, o que a sustém.

Daí porque metáforas como essas, que se fundam na impressão, apresentam um interesse escasso para o nosso estudo; em alemão damos o nome de *Blatt* (folha) a um pedaço de papel e de *Schulterblatt* (omoplata) a um osso, pois ambos são finos, compridos e largos – essas metáforas poderão ser, em cada um dos casos, adivinhadas, espirituosas, evidentes; falta-lhes, porém, aquele caráter de necessidade suscetível de atribuir-lhes valor filosófico[17].

É diferente a posição da metáfora no campo verbal. Se dizemos: *das Wasser springt* (a água jorra), *die Brücke springt* (a ponte salta pelos ares), a coisa não pode ser expressa senão mediante o uso de outra metáfora.

Sempre encontramos essas formas antropomórficas[18] quando queremos descrever o movimento de coisas inanimadas. Em alemão dizemos *das Wasser läuft* (a água escorre; literalmente, corre), *der Wind bläst* (o vento sopra) e assim por diante. Muito já se falou sobre

16   Ver a interpretação quase goethiana de Plut., *De tranq. an.*, 13, p. 472, com uma interessante polêmica contra os estoicos.

17   Metáforas como *Ledern* (de couro; fig.; duro, pesado), *hölzern* (de madeira; fig.: desajeitado) não se referem apenas à qualidade, mas também ao efeito e ao modo de reagir. Para o nosso objetivo não é necessário aprofundar a questão. Cf., porém, infra, p. 208.

18   Sobre a unilateralidade desse conceito, cf. infra, p. 205.

SÍMILE, COMPARAÇÃO, METÁFORA, ANALOGIA... 203

essa particularidade da língua. Mesmo nos verbos deliberadamente criados para exprimir o movimento de objetos inanimados, *fliessen* (escorrer), *wehen* (soprar), oculta-se a tendência para interpretar toda atividade segundo a atividade humana, e é essa tendência que leva o homem primitivo às concepções de divindades fluviais, demônios do vento e coisas semelhantes.

Mais importante ainda é observar o valor originário e o caráter de necessidade que têm as metáforas em tudo o que diz respeito ao mundo do espírito. No grego, é diante dos nossos olhos que vemos formar-se a concepção "abstrata" de todas as coisas relativas ao espírito e à alma, de tal modo que podemos com exatidão seguir o desenvolvimento dessas denominações metafóricas. Originariamente, o espírito é concebido por analogia com os órgãos do corpo e suas funções: a ψυχή (*psykhē*) é a respiração, o alento que mantém o homem vivo; o θυμός (*thymós*) é o órgão dos "movimentos" espirituais e o νοῦς (*noûs*), o espírito, na medida em que "vê" e "cria imagens"[19]. O "saber" (εἰδέναι) é um ter visto; o "conhecer" (γιγώσκειν) está em relação com o ver; o "compreender" (συνιέναι) com o sentir; o entender de alguma coisa (ἐπίστασθαι) está em relação com o conhecimento prático[20]. O processo, o método, o progresso do pensamento são representados pela imagem do "caminho"; mesmo antes essa imagem se ocultava em expressões como o "desenvolvimento" do discurso, "o andamento" do poema[21]. Encontraremos com frequência essas denominações metafóricas dos fenômenos espirituais nos estudos históricos que se seguem, pois nem mesmo o pensamento "abstrato" consegue libertar-se das metáforas e continua a mover-se apoiado nas muletas da analogia. Será interessante não só do lado histórico, mas também do filosófico, indicarmos os modelos que, de quando em quando, o pensamento elege na tentativa de chegar a um conhecimento racional do mundo.

2.   Muitos símiles de Homero[22] nascem dessas metáforas necessárias. Na *Ilíada* (XI, 284 e ss.), Heitor, ao ver Agamêmnon afastar-se do combate, incita os troianos à batalha. "Com tais palavras buscava

19 Cf., supra, pp. 13 e ss.

20 *Philol. Unters.* ed. por U. Von Wilamowitz, Bd. 29.

21 Otfried Becker, Das Bild des Weges und verwandte Vorstellungen im frühgriechischen Denken, *Hermes Einzelscht.*, 1937, 4.

22 Depois do livro de H. Fränkel, *Die homerischen Gleichnisse*, Göttingen, 1921, sua interpretação foi promovida sobretudo por Kurt Riezler, Das homerische Gleichnis und der Anfang der griechischen Philosophie, *Antike*, 12, 1936, 253-71, e por Friedrich Müller, "Das homerische Gleichnis", *Neue Jahrb. f. Antike und deutsche Bildung*, 1941, 175-83. Sobre a evolução subsequente da similitude, cf. H. Fränkel, *Am. Journ. Philol.*, 60, 1939, 478. Cf. agora também W. Shadewaldt, *Die homerische Gleichniswelt, In Von Homers Welt und Werk*, 2a ed., 1951, 130 e ss., e R. Hampe, *Die Gleichnisse Homers und die Bildkunst Seiner Zeit*, 1952.

204 A CULTURA GREGA E AS ORIGENS DO PENSAMENTO EUROPEU

ele açular (ὤτρυνε) o μένος (*ménos*) e o θυμός (*thymós*) de cada um".

θυμός é o espírito em movimento; μένος é uma função, uma força desse θυμός; nós não temos uma palavra que traduza completamente seu significado, visto que as palavras força, coragem, ímpeto correspondem apenas aproximadamente ao termo grego. Em alemão, poder-se-ia dizer com uma expressão dialetal: *es ist der Dribbel, den man spürt, wenn es einem in den Gliedern jückt* (é aquela aflição total de quando nos pruem os membros).ὀτρύνειν, "açular", também pode ser aplicado aos animais, por exemplo, aos cavalos (mais frequentemente) ou aos os cães (*Il.*, XVIII, 584). No caso acima aludido, encontramos ainda (292):

> E como um caçador, por vezes, os cães de brancos dentes contra o selvagem javali açula, ou contra um leão, assim também contra os aqueus, os animosos troianos incita Heitor, filho de Príamo.

A comparação continua a metáfora que já se encontra na expressão "incitar à coragem". Frequentemente Homero se serve dessas imagens, extraídas da vida dos animais, para captar e exprimir os movimentos do ânimo humano. Também nós dizemos que esses movimentos podem ser "excitados", "freados", "reprimidos": e essa também é a forma mais adequada e apropriada para exprimir as diferentes maneiras de influir sobre as emoções. Homero recorre, nesse caso, ao símile (basta eliminá-lo para que percebamos) com o objetivo de pôr em foco o significado do acontecimento; sem ele, a narração ficaria, justamente num ponto importante, árida e seca. Estamos inclinados a ver em tais símiles sobretudo um meio poético para intensificar o *páthos*, sendo que na poesia mais tardia, pelo menos na poesia romana e, em conexão com esta, na poesia românica, tais comparações servem para conferir às palavras solenidade e importância. Em Homero, ao contrário, os símiles – embora tampouco falte nele essa tendência para a solenidade – têm uma função mais necessária, tendo em vista que ele não dispunha de outro meio para expressar o elemento essencial ou a intensidade do acontecimento. Tirando-se a comparação, eis o que resta: Heitor buscava excitar o "ânimo" e as "forças" de cada um dos guerreiros (se é que essas desbotadas palavras podem traduzir os termos gregos correspondentes).

Dessa mesma metáfora derivou-se esta outra (*Il.*, IV, 421 e ss.): "Diomedes salta do coche em terra, ressoa a bronze quando ele se lança (ὀρνυμένου). Como no mar enfurecido uma onda se lança (ὄρνυται) atrás da outra... assim uma atrás da outra moviam-se (κίνυντο) as fileiras dos Dânaos... E cada uma por um chefe comandada".

E no verso 615 do canto XV temos ainda: "Heitor queria romper as fileiras dos Dânaos e tentou fazê-lo onde mais densa via a refrega, e as armas melhores. E não as pôde romper porque elas se sustinham (ἴσχον) πυργηδόν (à maneira de torre, isto é, em formação quadrada), como um rochedo no mar resiste (μένει), desafiando ventos e ondas."

SÍMILE, COMPARAÇÃO, METÁFORA, ANALOGIA...

A raiz de tais símiles encontra-se nos verbos "atiçar", "assaltar", "afluir", "não deixar-se romper" e assim por diante, usados em sentido metafórico. Não que tais comparações se esgotem no famigerado *tertium comparationis*, visto que as relações podem estender-se bem além do ponto germinal da comparação; ou antes: a arte dos símiles homéricos amiúde se encontra justamente nessa riqueza de relações, na beleza e eficácia de traços particulares bastante distantes entre si. Apesar disso, não se pode negar que é exatamente a comparação que põe em evidência o fato apresentado na narração; neste caso, uma ação humana.

Que a imagem do rochedo torne evidente uma atitude humana e, portanto, a matéria inanimada represente uma coisa viva, isso só é possível porque esse objeto inanimado é visto antropomorficamente: a imobilidade do rochedo em meio à tempestade é interpretada como resistência, a mesma resistência oposta pelo homem numa situação ameaçadora. O objeto pode, assim, através da comparação, esclarecer uma atitude humana na medida em que, no próprio objeto, se projeta a atitude humana que ele deve ilustrar. Essa relação particular, pela qual a atitude humana é posta em evidência através de um objeto que, por sua vez, é interpretado segundo essa atitude, vale para todos os outros símiles homéricos[23], vale também nas verdadeiras metáforas[24], e onde quer que o homem esteja disposto a "entender"[25] alguma coisa. Não é de todo exato, portanto, dizer que o rochedo é visto antropomorficamente; dever-se-ia acrescentar que o homem pode ver o rochedo antropomorficamente só na medida em que se vê a si mesmo petromorficamente e só interpretando o rochedo segundo a própria natureza é que o homem conseguirá entender sua própria atitude e encontrar uma expressão adequada para ela. Que o homem somente possa sentir e entender a si mesmo como que através de um eco, é coisa de importância fundamental para o entendimento dos símiles.

Quando Homero estabelece um confronto entre o homem e um animal, esse confronto refere-se sobretudo a uma determinada atividade: o herói ataca o inimigo como o leão ataca o rebanho, e assim por diante. Tais confrontos são iluminantes, na medida em que se capta, por vezes, no animal, uma atitude típica. O leão, em Homero, é sempre o animal combativo, sobretudo no momento do ataque: mas continua combativo mesmo quando recua. Mesmo onde o leão não é exemplo de nobre valor mas é declarado "bruto" em sentido pejorativo, nem por isso perde seu caráter: este, quando muito, recebe uma avaliação diferente. Jamais, porém, se observará no leão a maneira bajuladora

---

23 Cf., por exemplo, H. Fränkel, *op. cit.*, 72 e ss., sobre a similitude dos Pigmeus; a esse propósito, ver o estudo mais exaustivo ainda de K. Riezler, *op. cit.*

24 Cf. H. Lipps, *op. cit.*, 73 e ss.

25 Cf. *philol. Unters.*, Bd. 29, p. 49.

206 A CULTURA GREGA E AS ORIGENS DO PENSAMENTO EUROPEU

e brincalhona do gato. O mesmo vale para os animais que os símiles nos apresentam: o cão sem vergonha, o asno turrão, o cervo medroso. Heitor, por exemplo, é frequentemente comparado a um leão. Não só na investida ele é semelhante a um leão, mas toda vez que se lança sobre o inimigo. Os animais servem, assim, para determinar as características de um homem, ainda que Ájax, por exemplo, seja comparado primeiro a um leão e depois a um asno (*Il.*, XI, 548-57 e 558-65). A tendência a classificar uma certa categoria de homens segundo uma categoria de animais correspondente é antiquíssima. Em Homero, porém, já não encontramos traços de primitivas concepções totêmicas ou outras coisas do gênero, embora ainda subsistam, na religião grega, resíduos de uma fé mais antiga: deuses representados em forma animalesca, máscaras de animais no culto, mitos relativos à ascendência animal de uma estirpe, e assim por diante[26]. Por outro lado, as comparações homéricas com animais não são apenas quadros de ambiente ou descrições naturais que visam a ilustrar, através de uma semelhança, um dado acontecimento, como quando Calímaco, numa expressão de resto belíssima e oportuna, diz, no hino a Delos, que Íris jaz como um cão de caça aos pés do trono de Hera. Quando Homero fala de alguém que, "como um leão", se lança sobre o inimigo, devemos entender essa sua expressão ao pé da letra. De fato, é o mesmo impulso que age, tanto no leão quanto no guerreiro: μένος ("o impulso de avançar"), assim é frequente e expressamente chamado esse impulso comum. O leão é, nos tempos de Homero, o animal do potente μένος que ataca os rebanhos: se se diz, portanto, que um homem avança "como um leão", existe entre os dois uma relação real. Os animais dos símiles homéricos não são apenas símbolos, são os portadores específicos das diversas forças vitais e, como tais, por toda a parte com eles deparamos nas artes plásticas do século VII[27]. Homero considera os animais quase que exclusivamente como portadores de tais forças e se, por conseguinte, passam para segunda linha na narração,

---

26 Muito prudente é, a propósito, a ponderação de N. Nilsson, *Gesch. d. gr. Relig.*, p. 200. Exemplos de estirpes descendentes de determinados animais podem ser encontrados em H. Diels, *N. Jahrb.*, 51, 1923, 74.

27 Cf., a propósito, Ernst Buschor, *Die Musen des Jenseits*, 26. Que por trás desses símiles homéricos, baseados no confronto com o animal, se escondam concepções de caráter mágico segundo as quais um dado homem "é" verdadeiramente um leão, não é coisa que tenha importância para a interpretação homérica; importância tem, isto sim, o fato de que, desde o início, no campo dos nomes comuns, o "é" era interpretado com aquele rigor a que antes aludimos: isto é, quando não era relacionado apenas a um objeto, mas a uma coisa (neste caso, também a um animal e ao homem) na qualidade de portadora de forças (como μένος). Pelo contrário, não limitar a identidade ao objeto como tal, mas estendê-la também às coisas, na medida em que nelas se descobre uma mesma força e uma mesma vida, é uma característica do pensamento mágico.

SÍMILE, COMPARAÇÃO, METÁFORA, ANALOGIA... 207

ganham, ao contrário, importância para os símiles[28]. Não é o animal em si que atrai seu interesse. O fato de que, nos animais, as forças vitais se exponham em formas típicas determinou uma correspondente subdivisão dos tipos humanos na fábula e, por derivação, em Simônides (a propósito, cf. infra, pp. 212 e ss.)[29]. Na *Odisseia*, encontramos um trecho posteriormente retomado por Arquíloco e, no qual, Odisseu diz (XVIII, 136 e ss.; ver supra, p. 58):

> Nada de mais frágil nutre a terra do que o homem, entre os seres que sobre a terra respiram e rastejam. Enquanto os deuses lhe dão fortuna e seus membros se movem, pensa que jamais algo de mau lhe poderá acontecer. Se depois, como acontece (δή), os deuses bem-aventurados algumas desgraças lhe mandam, também a isso a contragosto se adapta, com ânimo resignado. Pois o pensamento (νοῦς, a mente) do homem mortal muda como o pai dos Numes faz surgir os dias.

O animal, portanto, não é tão instável quanto o homem, cujo ânimo e cujas ideias mudam com o mudar do momento. Aqui, onde está mais próximo que nunca de descobrir o mundo da alma (cf. supra, pp. 58 e ss.), Homero declara que o animal é mais estável e seguro de si do que o homem. Nas determinadas, típicas formas da natureza que se articula em seres viventes, o homem encontra modelos, à luz dos quais pode esclarecer o significado das suas emoções, das suas atitudes incertas, abertas a muitas possibilidades; eles são o espelho por meio do qual pode ele enxergar a si mesmo.

O pensamento racional procura representar um caráter, decompondo-o em propriedades e forças diversas que também podem apresentar-se alhures; e já que distingue entre objeto e qualidade, entre matéria e força, nada lhe impede que atribua a homens diferentes uma "mesma" qualidade ou uma mesma força. A mente primitiva, que ainda desconhece essa distinção, recorre necessariamente às unidades intuitivas para salientar, através dos confrontos, o elemento típico. A frase "Heitor é como um leão" não se limita a circunscrever a realidade do homem, para nós vaga e destituída de contornos, dentro dos confins de uma figura característica, objetivando o conhecimento; não é apenas um confronto, mas pretende também designar, pelo menos na origem, uma relação real, de tal modo que o homem encontra nessa relação

---

28 O mesmo também se pode dizer sobre as forças da natureza (cf. infra, p. 208). Schadewaldt e Hampe, acertadamente, observam uma analogia entre as similitudes e o estilo geométrico. Mas é provável que em sua origem se encontrem formas orientais nitidamente caracterizadas. Cf. F. Dorseiff em Kröling, *Greifwalder Beitr.* fasc. 5, p. 82, n. 8; Van Otterlo, *Mnemosyne*, 8, 1940, 145 e ss. Vemos, por exemplo, na epopeia de Gilgamesh: "Os deuses reuniram-se como moscas sobre o sacrificante".

29 Cf., sobre esse ponto, H. Fränkel, *Dichtung und Philosophie*, 200.

208 A CULTURA GREGA E AS ORIGENS DO PENSAMENTO EUROPEU

com o animal um suporte não só para seu próprio conhecimento mas também para sua própria existência.

Função semelhante à dos animais desempenham também, nos símiles homéricos, as forças elementares como a tempestade, a onda, o rochedo: já estivemos examinando alguns exemplos do gênero. Também em tais símiles o homem interpreta a si mesmo, baseando-se nas formas naturais fora dele. As descrições naturais, como as representações de animais, não são quadros paisagísticos; vento e intempérie, mar e rios, noite e névoa, fogo e árvores não despertam o interesse do poeta pela vida deles em si. Mesmo eles são considerados como expoentes de forças elementares, que também podem agir no homem e que o homem experimenta, empenhando contra elas suas próprias forças. Já que a *Ilíada* fala da luta entre gregos e troianos e, portanto, de fatos que se desenvolvem entre homens e homens, não é de estranhar que a natureza apareça quase que exclusivamente nos símiles e raramente na narração, limitando-se a compor o pano de fundo para a ação épica.

Nos símiles também se representam fatos da vida cotidiana, sobretudo da pastoril e campesina, que muito raramente encontramos na narração, visto que os homens de que fala o poeta em sua poesia diferem daqueles aos quais se dirige o relato. De resto, essas similitudes que falam das alegrias e dos trabalhos do camponês, das penas e das esperanças do pastor, da vida de labuta do pescador e do operário, na medida em que contribuem para esclarecer a narração, também a nós são familiares: visto que aqui, na maior parte dos casos, o sentimento humano é interpretado através do sentimento humano; e também quando se diz que a multidão ondeia como um campo de trigo, que um guerreiro cai como um fruto de papoula ou que as flechas ricocheteiam como favas na joeira, essa relação não necessita de uma explicação especial[30], visto que a "identidade" das ações ou das atitudes se apresenta com imediata evidência também ao pensamento moderno.

Embora os símiles que se referem a uma atividade não se possam nitidamente distinguir dos que se referem à qualidade (quem pode dizer, por exemplo, se a comum comparação "veloz como um cavalo" ou "como um pássaro" se refere mais ao movimento do que à qualidade?), já as que todavia diferem dos casos citados, por exemplo: "numerosos como as flores", "pele (branca) como o marfim", "capa fina como a casca seca de uma cebola", mas esses símiles "adjetivais" têm naturalmente relevo muito menor na épica do que na lírica, pois a épica não se interessa pela descrição.

---

30 Riezler mostra muito bem, em exemplos isolados, como, com a elaboração de uma similitude, podem vir à luz outros elementos.

SÍMILE, COMPARAÇÃO, METÁFORA, ANALOGIA...

Um grupo de símiles destaca-se decisivamente dos que até agora consideramos; são os chamados "exemplos míticos"[31], que encontramos nos discursos[32], ao passo que os símiles se encontram na narração[33]. Enquanto os símiles, quando se referem a homens, servem para esclarecer o comportamento de terceiros, os exemplos míticos, ao contrário, servem para o autoconhecimento, seja quando se quer orientar a si mesmo ou a outros para o esclarecimento da própria situação[34]. Quando, por exemplo, o velho Fênix narra a Aquiles a história de Meleagro (*Il.*, IX, 527-99), que tanto mal causara com sua ira e que por tanto tempo perseverara em sua indignação a ponto de perder todos os presentes que lhe foram oferecidos, isso é para que Aquiles nele se reconheça a si mesmo. Se nessas comparações são particularmente enfatizados o "valor" e a "norma", isso não nos deve fazer crer que o elemento "ético" ou mesmo o "pedagógico" constitua a parte essencial desses exemplos ou, de modo geral, do mito[35]. Se o elemento moral neles ganha particular realce é porque os homens, em Homero, não se abandonam à contemplação mas são imediatamente ativos e, da reflexão sobre si mesmos, passam facilmente à defesa, à desculpa, à atitude de modéstia ou à expressão de uma exigência; e assim, do incitamento à reflexão passam à admoestação, ao encorajamento ou à consolação. Todavia, quando Penélope confronta sua dor com a de Aédone, apenas reconhece a própria situação e a confronta com a situação semelhante da filha de Pandáreo, sem que isso nada tenha a ver com a moral. Os símiles nascem das metáforas e, por isso, servem, num primeiro momento, para esclarecer as atividades isoladas; podem, porém, pelo menos aqueles que assumem como modelo o animal, pôr em evidência as atitudes típicas de um herói. Os "exemplos míticos" vão ainda além, na medida em que podem dar uma representação mais completa da atitude humana nas suas causas e consequências. Há, de fato, símiles que desempenham essa função mais ampla, como o símile em que o pranto de Penélope, comovida

31 Cf. Robert Oehler, *Mythologische Exempla in der älteren griechischen Dichtung*, Diss. Basel 1915; ver também H. Fränkel, *Gnomon*, 3, 569.

32 Nos símiles só existe um elemento mítico na medida em que se trata de um fato que se repete: o terremoto de Tifeu e a batalha dos grous (H. Fränkel, *Hom. Gleichn.*, p. 73).

33 Breves comparações podem também ser encontradas nos discursos: Príamo (*Il.*, III, 196), por exemplo, compara Odisseu, que ele ainda não conhece, a um carneiro entre ovelhas.

34 Uma vez, porém, encontramos num discurso um confronto entre a figura mítica e uma terceira pessoa. Na *Odisseia* (II, 120), Antínoo elogia Penélope diante de Telêmaco, comparando-a a Tiro, Alcmena e Micenas.

35 Cf., por exemplo, W. Shadewaldt, *Iliasstudien*, 142: o exemplo de Meleagro não seria endereçado apenas a um escopo moral, mas tenderia, isso sim, a ilustrar um destino e revelar uma essência.

210 A CULTURA GREGA E AS ORIGENS DO PENSAMENTO EUROPEU

porque Odisseu, ainda por ela não reconhecido, lhe fala de seu marido, comparado à neve que derrete (*Od.*, XIV, 205), ou quando a morte de Euforbo é comparada à sorte de uma oliveira, que, apesar de cuidadosamente protegida, é derrubada pela tempestade[36]. Todavia, os exemplos míticos prestam-se, de modo mais simples e natural, a pôr em foco o destino humano e torná-lo compreensível.

Esses exemplos míticos nascem da tendência a "situar" o próprio eu mediante uma comparação, para assim alcançar solidez e certeza; tendência que também está na base das comparações com animais e que tampouco a nós é estranha, embora busquemos orientar-nos baseados não mais no mito mas nos fatos da experiência e por meio de paralelos históricos. No *Tasso* de Goethe, Antônio diz a Tasso, prostrado: "Se te parece que a ti próprio por completo te perdes, confronta-te contigo: e o que és reconhece!" E Tasso responde:

> Sim, e em boa hora a mim o lembras. Então, de nada mais servem os exemplos da história? Nenhuma nobre figura de homem ante meus olhos se apresenta que mais que eu tenha sofrido, para que assim, comparando-me a ele, possa eu recuperar-me?[37].

Como a comparação com animais, assim também a comparação mítica não é de início usada apenas com o objetivo de conhecimento, pois o homem sente estar ligado às personagens míticas também por laços reais. Não só os heróis constituem uma fase intermédia entre deuses e homens, fazendo com que as estirpes e as famílias nobres neles reconheçam seus ancestrais: também muitas instituições se fazem remontar a eles, de modo que o homem se sente, ele próprio, parte viva desse mundo superior. Os mitos etiológicos renovam continuamente essa lembrança (cf. supra, p. 98), particularmente nas solenidades.

Se já os deuses olímpicos ofereciam, com suas claras e típicas figuras, modelos nos quais o homem podia reconhecer a si próprio, os significativos mitos de um passado heroico oferecem um quadro ainda mais rico dos vários aspectos da vida humana. Essas narrativas apresentam, em relação aos outros símiles, a vantagem de prestarem-se a diferentes interpretações e assim poderem adaptar-se às diferentes exigências espirituais. Se os deuses de Homero se haviam libertado da rigidez da primitiva forma animalesca (isso é dito, naturalmente, a respeito daqueles que outrora a tinham), passando da férrea constrição à amável variedade da forma humana, também o homem, a quem

---

36 Para esses símiles voltou-se com particular interesse K. Riezler, *op. cit.*

37 Várias histórias das *Mil e uma Noites* demonstram como é generalizada a tendência do homem em interpretar seu próprio ser valendo-se de comparações; esse tema aparece, por exemplo, artisticamente enfatizado no conto em que a mulher e o vizir do rei Wird-Chan procuram alternadamente explicar-lhe seu comportamento contando-lhe histórias (Noites 918, 922), e ele deixa-se, assim, influenciar ora por uma, ora por outra.

os deuses serviam de modelo, se havia assim libertado dos becos sem saída de um rígido esquematismo; e nos mitos, que agora eram por toda a parte retomados e reelaborados em grandes composições poéticas, revelava-se o gosto pela narração aberta às mais variadas possibilidades. Como na alta poesia, assim também na tragédia ática é através do mito que o homem atinge o autoconhecimento. Se quisermos captar ao vivo o tipo particular de interação que se desenvolve entre o mito e a gradual descoberta que o homem faz do próprio eu, sem nos limitarmos a considerá-lo como um processo grandioso de tempos remotos, será bom servirmo-nos de um exemplo extraído de épocas mais recentes. Pelas representações que Rembrandt nos dá do Antigo Testamento, conseguimos entender sua vida, pois as velhas histórias são revividas através de sua experiência individual e ele, por sua vez, adquire consciência de sua posição nas figuras do passado. Do mesmo modo os gregos descobriram o espírito, vendo-o projetado nos mitos. Assim Ésquilo, através do destino de Orestes, descobre o que é "ação" no verdadeiro sentido da palavra, e assim também é o primeiro a introduzi-la no velho mito. Quanto mais humano se torna o eco, através do qual o homem compreende a si mesmo, tanto mais o homem se humaniza; quanto mais racional se torna o pensamento do homem, tanto mais decisivamente, o mito se solta dos laços do culto. Sob dois aspectos particularmente, os símiles míticos de Homero preludiam a interpretação racional do mito. A reflexão sobre o próprio eu, para a qual servem os mitos, é também, o mais das vezes, limitação do eu: a maioria das comparações ensinam o homem a reconhecer sua própria humanidade e sua própria limitação. Elas exortam ao conhecimento do eu, no sentido do mote délfico "Conhece-te a ti mesmo", e, portanto, à medida, à ordem, à reflexão. A outra característica é que as figuras que servem de exemplo não são potências demoníacas ou figuras fabulosas, e sim, personagens de claros contornos, que têm nome definido e são, por vezes, deuses mas, mais frequentemente, heróis do mito. Ligadas a um determinado ambiente e ordenadas numa certa genealogia, essas figuras aproximam-se (é exatamente essa a diferença característica entre o mito e a fábula) da história e do mundo da experiência. A mitologia grega caracteriza-se pelo fato de temas fabulísticos tornarem-se parte integrante de mitos[38]. O mito distingue-se do que é empiricamente dado, na medida em que não oferece puros fatos, mas também revela o sentido e o valor dos acontecimentos, e o que é "projetado" e, portanto, "lido" nas coisas não aparece como o resultado de uma interpretação humana (como tal será desmascarado pela idade iluminista subsequente), mas apresenta-se como uma realidade em si válida e divina. É também por esse motivo que o mito, e não somente o mito dos "exemplos"

38 Cf., supra, pp. 153 e ss.

212 A CULTURA GREGA E AS ORIGENS DO PENSAMENTO EUROPEU

homéricos, representa um caminho intermédio entre as "ideias fixas" da primitiva interpretação mágica do mundo e a problematicidade e a incerteza de interpretação histórico-empírica mais tardia.

O sentido da comparação mítica e da comparação histórica não é acessível nem à fé mágica primitiva nem ao pensamento científico, pois ambos, ainda que de forma muito diversa, não admitem senão o confronto de coisas idênticas; isto é, tomam como modelo de qualquer equiparação a que está em uso na esfera dos nomes comuns: "um leão é igual a outro leão", "um pedaço de ouro é igual a outro pedaço de ouro". Assim, para a mente primitiva, o homem, conforme as circunstâncias, pode ser comparado a um deus ou a um animal, ao passo que para a ciência natural vale apenas o que uma determinada coisa "é" (a propósito, cf., infra, p. 221). De um campo inteiramente diverso da língua, ao contrário, nasce, no mito, na poesia, na história, a tendência para estabelecer "exemplos" e para atribuir a atos e destinos humanos um significado mais geral.

Assim como entre as diferentes atividades existem determinados casos ideais, que só nós designamos com verbos adequados (cf., supra, p. 200), para designarmos e interpretarmos em seguida, segundo esses modelos, as outras múltiplas formas de atividade, assim também poucos são os destinos humanos (que se tenham realizado na história ou – sobretudo – que tenham sido elaborados pela poesia) que representam os modelos à luz dos quais podemos julgar a vida do homem[39]. Os destinos típicos dos mitos gregos foram mantidos vivos pelos poetas, e não só pelos poetas gregos, através de sempre novas transformações. A narrativa histórica de Tucídides, livre de todo elemento mítico, conta com um valor duradouro na medida em que "casos do gênero ou semelhantes" àqueles por ela descritos continuarem sempre também a ocorrer no futuro (1, 22).

3. Para entender o homem na sua particularidade, Simônides (reportando-se a Focílides) vale-se da comparação com os animais para construir uma classificação dos caracteres. Em sua sátira contra as mulheres, descreve os diferentes tipos de mulher comparando-os a diversos animais:

Deus, já de início, criou as mulheres bem diferentes pela índole: uma tirou do cerdoso animal, a porca: em sua casa, tudo fica na maior desordem, espalhado pelo

---

39 Cf. Gottfried Keller na introdução à novela *Romeo und Julia auf dem Dorfe*: "O número dessas fábulas é limitado, mas elas sempre reaparecem sob novos aspectos"; e, ainda com maior profundidade, W. Goethe, *Maximen und Reflexionen* (1051, ed. Hecker), em conexão com a frase citada infra, p. 111: "Aqueles que chamamos de temas não são mais, na realidade, do que fenômenos do espírito humano que se repetem e sempre se repetirão e que o poeta nos mostra sob a espécie de fatos históricos".

SÍMILE, COMPARAÇÃO, METÁFORA, ANALOGIA... 213

chão; e ela, que nunca se lava, nem lava as roupas, aquece-se e engorda na sujeira. A outra, Deus tirou da maligna raposa: tudo ela sabe, nada lhe escapa, nem das más coisas nem das boas; amiúde vitupera um homem e em seguida o elogia; pois muda de humor de hoje para amanhã. Vem depois a que foi criada do cão, curiosa e malvada, que tudo quer ouvir e saber, por toda a parte fareja e vadia e como doida late, mesmo se não vê ninguém. Nem diante do marido se cala, nem que este a ameace, nem que, num ímpeto de cólera, ele lhe quebre com uma pedra os dentes, nem que a cubra de lisonjas e carícias, e nem mesmo quando entre hóspedes se senta; insensatamente fala, e não dá descanso à boca.

Assim passando de um animal ao outro, chega-se à abelha, o único que representa a boa mulher.

Nos pormenores, Simônides reporta-se a antigas fábulas (Hesíodo e Arquíloco já as haviam precedentemente desenvolvido adaptando-as aos interesses morais do tempo deles); nova, em Simônides, é a tendência para utilizar uma certa ordem, que se revela no reino dos animais (que, de resto, nada tem a ver com a classificação zoológica científica), e assim chegar a uma visão sistemática dos diferentes aspectos do caráter feminino. Da comparação que toma como modelo o animal, ele não se vale, portanto, para pôr em evidência uma determinada ação humana; ao contrário, desenvolve aquela tendência, já implícita em Homero quando este comparava a ação de Heitor com a de um leão, buscando assim individuar o verdadeiro ser de um homem em relação ao dos animais. A comparação transfere-se, portanto, do campo das atividades para o das qualidades, e certos temas característicos dos confrontos, que têm raiz no adjetivo, também se apresentam, portanto, naquelas comparações que se valem da imagem de um animal para dar uma interpretação do ser humano. Assim, por exemplo, coisas comparáveis mas distintas entre si são colocadas uma ao lado da outra e diz-se: uma é mais deste modo, a outra mais deste outro, e nisso se busca a "diferença específica" (que, no fundo, é a "qualidade" contraposta à "essência"). Aliás, também aqui Simônides vê uma relação real entre os animais considerados isoladamente e os vários tipos de mulheres, visto que, segundo ele, as mulheres se originam dos respectivos animais; o que é um resíduo da época do pensamento mágico.

Outras formas mais avançadas da comparação que toma como modelo o animal tendem a uma maior caracterização. Ao ver-se novamente arrastado pela rede de Eros, Íbico (fr. 7) diz: "Tremo quando ele se aproxima, como o velho corcel outrora vitorioso, parte com o carro, a contragosto, em sua velhice, para a contenda". Aqui, o confronto com o animal não dá ênfase apenas a uma qualidade característica (como Homero, por exemplo, que no cavalo sempre vê a velocidade), mas põe em relevo o dissídio do coração, o contraste entre a paixão e a idade. A comparação não serve aqui para representar um tipo mas para exprimir a personalidade. A partir do momento em que Safo (fr. 137) definiu Eros como um animal "doce-amargo", foi-se continuamente afirmando

214   A CULTURA GREGA E AS ORIGENS DO PENSAMENTO EUROPEU

no homem, cônscio de seu próprio sentir contraditório, a ideia de que o indivíduo seria algo de particular, e é exatamente um dissídio "individual" que Íbico procura captar na imagem do velho corcel. Assim, quando Anacreonte compara uma desenfreada mas desdenhosa garota a um potro, também ele tende a individuar um caráter pessoal. Também Safo usa imagem semelhante, rica de elementos contrastantes, para pôr em evidência a particularidade de um destino humano, quando compara a bela jovem, que tarde achou marido, à maçã que, alta na árvore, os colhedores não podiam alcançar[40].

Enquanto nas comparações de Simônides com animais revela-se a tendência para a sistematicidade, as imagens ora apontadas por nós possuem tendência contrária mas igualmente característica e importante: isto é, tentam captar o elemento individual. As qualidades opostas já não são subdivididas entre diversos portadores: pelo contrário, acham--se reunidas no indivíduo. Essa segunda tendência exaure-se depois que a tragédia revelou, além do dissídio do sentimento, também o da ação, isto é, um aspecto mais profundo da problemática do mundo e do indivíduo; e exaure-se no sentido de que doravante se tenta captar o homem como indivíduo na contraditoriedade de todo o seu ser. É característico e significativo o modo como Alcibíades, no *Banquete,* de Platão, descreve Sócrates. Ele diz que o exterior de Sócrates é diferente do interior, que ele tem o aspecto de um Sileno[41], mas oculta em si imagens de ouro, que sua paixão contrasta com o domínio que tem sobre si mesmo: "mas a coisa que desperta mais espanto é que ele não pode ser comparado a nenhum homem, a nenhum antigo herói nem a qualquer outro ser vivente. Ao caráter de Aquiles poder-se-ia comparar o de Brásidas, ao caráter de Péricles o de Nestor e Antenor e outros mais. E assim é possível acharmos relações também para os outros homens". Sócrates é, para Alcibíades, "incomparável" (e, portanto, inapreensível), o que significa único no seu gênero e "individual". Diante das contradições de seu ser, falham as comparações míticas, que, segundo transparece das próprias palavras de Alcibíades, costumam servir para interpretar o ser de um homem. Sócrates é também o primeiro grego do qual possuímos um busto que o retrate.

Foi necessário percorrer um longo e complicado caminho, com a ajuda de comparações, para encontrar resposta à pergunta: Quem

---

40   O início de uma "caracterização" mediante o cotejo com dois animais diferentes encontra-se em Homero, *Il.*, I, 225: "Tu tens cara de cão, mas coração de cervo" (cf. supra, nota 5, p. 60), onde a caracterização "insolente e covarde" vale como insulto. Na *Il.*, II, 478, ao contrário, diz-se, em louvor a Agamêmnon: "O rosto e a cabeça assemelham-no a Zeus, os flancos a Ares, o peito a Posídon". Em ambos os casos há apenas uma acumulação de mal e de bem, mas sem tensão.

41   Sobre essa comparação com Sileno, cf. B. Schweitzer. "Studien zur Entstehung des Porträts bei den Griechen", *Ber. d. Sächs. Akademie*, 92, 1931, 4, p. 39.

SÍMILE, COMPARAÇÃO, METÁFORA, ANALOGIA... 215

é Sócrates? Se é relativamente simples estabelecermos uma comparação quando se trata de coisa designada com nome comum (quando nos perguntam, por exemplo, o que é um leão?), visto que aí, confrontando, não fazemos mais do que estabelecer puras e simples identidades, já o confronto que brota de uma questão relativa a um nome próprio acolhe, em si, temas que provêm da esfera do verbo e do adjetivo: através da determinação comparativa das atividades isoladas (em que nos valemos necessariamente de metáforas de origem verbal) e dos típicos modos de ser, chega-se, gradativamente, por meio de comparações e oposições expressas com adjetivos, à caracterização individual.

Mas não são esses os únicos meios de conhecimentos que nos são oferecidos pelos símiles homéricos.

Um outro desdobramento tem origem na tendência em sublinhar mais acentuadamente a ação e a situação do que aquele que age, seja para pôr em relevo o efeito do acontecimento no homem seja para salientar a concatenação dos fatos. A primeira alternativa leva, particularmente em Arquíloco e em Safo, a comparações deste jaez: "uma tempestade tumultua o coração do homem" (Arquíloco, fr. 67); "o amor acomete a alma como o vento aos carvalhos da montanha" (Safo, fr. 50; cf. Íbico, fr. 6, 6, 202 e ss.); "o vinho fere os sentidos como um raio" (Arquíloco, fr. 77)[42], nas quais, portanto, uma nova consciência do mundo da alma permite que as forças elementares dos símiles homéricos sejam representados não tanto em seu explicar-se quanto no efeito que suscitam, na angústia, na inquietude e no aturdimento que provocam. São afins com estas comparações certas imagens, por exemplo a da tempestade que põe em perigo a cidade, em Arquíloco (fr. 7 e 56), reelaborada por Alceu (cf. 46 e 119)[43].

Para o desenvolvimento do pensamento racional tem mais importância a outra série de comparações, iniciada por Sólon. Diz ele (1, 13 e ss.): "Ao que mal se ganha logo a desgraça acompanha. Como para o fogo, pequeno é o começo e mau o fim. Pois as más ações não têm para o homem longa duração. Porque Zeus vigia o fim da cada coisa. Inesperadamente, como o vento na primavera dispersa as nuvens,

---

42 Na comparação do fr. 12 de Simônides: "tal pavor não provaria nem mesmo um homem, que, sozinho numa estreita senda de montanha, visse chegar pela frente um leão", infelizmente não se sabe a que se refere o cotejo.

43 Que o fragmento 119 tem um significado alegórico, isso fica evidente pela conclusão; "A monarquia (não a desejamos) e não queremos aceitar (os tiranos)" (τοῖς τυράννοις, cf. 48, 12, 79, 8; esc. 27, 4). Essas palavras constituem a conclusão do poema, e isso o demonstram os versos seguintes, que, no papiro, estão antepostos, o que não aparece na edição de Diehl. Se, porém, for exata a interpretação "alegórica" dada por Heráclito ao fragmento, não vemos por que deveria ele equivocar-se a respeito do fr. 46.

216 A CULTURA GREGA E AS ORIGENS DO PENSAMENTO EUROPEU

tumultua a profundeza dos mares e destrói a obra dos homens... e em seguida faz reaparecer o céu claro... é a vingança de Zeus", e assim por diante[44]. Em outro lugar (10, 1), ele diz: "Da nuvem desce a fúria do granizo e da neve, do claro relâmpago o trovão, e dos grandes homens ruína para a cidade: e eis que na escravidão de um déspota lançou-se um povo em sua ignorância". As imagens homéricas das forças elementares da natureza são aqui reelaboradas por Sólon (do âmbito limitado do símile homérico desenvolvem-se sempre novas formas, e elas servem para dizer algo de novo que até então não se tinha conseguido exprimir): ele não vê nelas as forças em ação e sim a concatenação dos acontecimentos, não apenas o fato isolado, mas também a situação, e não como Arquíloco apenas o estado presente, mas o permanente. Aqui aparece, portanto, pela primeira vez, o conhecimento da regularidade do que ocorre na natureza. E assim nos encaminhamos para a filosofia.

Sólon ainda não determina com palavras a relação de causa e efeito da natureza e no destino humano; a lei da causalidade ainda não é expressa de forma explícita, mas revela-se quase que por si mesma, na sucessão de imagens naturais que ilustram a sucessão dos acontecimentos da vida humana e do Estado. O intuitivo *post hoc* é concebido na sua relação abstrata como *propter hoc*.

O que dissemos a propósito da lei da causalidade da natureza e na vida do homem vale também em relação à faculdade que tem o homem de coligar os próprios pensamentos. Também aqui o elemento abstratamente lógico é descoberto pouco a pouco, também aqui a conexão causal passa paulatinamente a substituir a ordem intuitiva. Já pudemos ver nas "proporções" de Safo e de Píndaro, que também nesse campo as comparações contribuem para preparar o caminho para o pensamento. Exemplo disso encontramos nos primeiros versos do mais antigo poema de Píndaro (*Pit.*, 10): "Feliz é Esparta, bem-aventurada a Tessália. Sobre uma e sobre outra reina, por descendência paterna, a estirpe de Héracles, o melhor guerreiro". Assim como nos primeiros versos da primeira ode olímpica, da qual já nos ocupamos, se afirma que "a melhor coisa é a água", assim também aqui Píndaro exprime, logo de início, um juízo que, por certo, não será partilhado por todos mas que, por ser tão lapidarmente expresso, adquire poder de convicção. Portanto, tanto a primeira quanto o segunda ode começam com a comparação habitual. A segunda parte da proposição está simplesmente encostada na primeira, mas nós unimos a ambas numa comparação, ainda que esta não esteja claramente expressa: a Tessália é feliz igual a Esparta (por toda a parte reconhecida como feliz).

---

44 Para o que diz respeito aos pormenores e ao significado da comparação, cf. W. Jaeger, *Paideia*, I, 193 e ss, e *Sitz. Berl.*, 1926, 79.

SÍMILE, COMPARAÇÃO, METÁFORA, ANALOGIA... 217

E divisamos na terceira proposição o motivo e a base do confronto (se bem que tampouco este seja explicitamente dito); assim as três imagens, simplesmente encostadas umas às outras, transmitem claramente a linha do pensamento que se poderia exprimir mais ou menos desta forma: a Tessália é tão feliz quanto Esparta, porque também lá reina a antiga estirpe dórica.

Um período pode, portanto, apresentar uma relação lógica, mesmo sem que ela seja expressa e sem que aquele que fala a tenha claramente compreendido: pode existir uma lógica no discurso sem uma forma particular que a exprima. Visto que os meios que a língua oferece ao pensamento lógico desenvolveram-se relativamente tarde, há um estado primitivo no qual a lógica só aparece de forma "implícita"[45]. A capacidade de falar com sentido e coerência não nasceu apenas com o chamado "pensamento lógico", como também não apenas com o pensamento racional nasceu a necessidade de buscar a causa dos fatos e de conceber a sucessão de dois acontecimentos como necessária relação de causa e efeito. Também o pensamento "mítico" se preocupou com a relação etiológica; a busca da origem das coisas está de fato no centro do mito: a busca da origem do mundo, por exemplo, dos fenômenos da natureza, dos homens, das suas instituições, usos, instrumentos, e assim por diante.

Poder-se-á repetir, portanto, a esse propósito, tudo quanto se disse a respeito da "alma", que, num certo sentido, existia no homem também no tempo de Homero, mas não ainda de forma consciente e, portanto, na realidade, "não" existia ainda. Também a lógica "existe", num certo sentido, desde que o homem pensa e fala, e se desde o início não tem uma forma de expressão própria, isso não quer dizer que não exista mas sim que parece uma coisa por si mesma evidente. Mas sua descoberta, seu ingresso na consciência determina uma mudança radical no pensamento humano e essa transformação faz-se particularmente sentir nas comparações e nas imagens de que nos servimos para falar.

4. Entre os filósofos pré-socráticos, Empédocles é aquele que, mais que os outros, deixa nas comparações transparecer sua dependência dos símiles homéricos[46], e visto que suas comparações preludiam os métodos usados mais tarde nas ciências naturais, nelas se patenteiam bastante claramente a passagem da poesia para a filosofia. Nele encontramos, por exemplo (fr. 84, 1-11):

45 Cf. a propósito o tratado de H. J. Pos, *Die impliziten Sprachfunktionen*.
46 Os símiles e comparações dos filósofos gregos arcaicos estão recolhidos e estudados por Walter Kranz em *Hermes*, 73, 1938, pp. 99-122. Sobre os exemplos de Empédocles, as relações deles com Homero e a importância que têm para as ciências naturais, cf. sobretudo O. Regenbogen, *Quellen und Studien zur Geschichte d. Mathematik*, vol. I, 1930, 131 e ss., e H. Diller, *Hermes*, 67, 1932, 14.

218   A CULTURA GREGA E AS ORIGENS DO PENSAMENTO EUROPEU

Assim como às vezes um homem que tem de sair pela noite invernal alimenta a chama de um vivo fogo e prepara uma lanterna, que, em todas as direções, dos ventos proteja a luz – visto que ela faz calar-se o expirar tempestuoso dos ventos rumorejantes, e a sua luz, que (através das finas paredes de chifre polido[47]) penetra no exterior, por ser tão mais sutil, resplandece com incansáveis raios sobre o caminho – assim também então se escondeu (ao ser criado o olho) o primitivo fogo na pupila redonda, encerrado por membranas e sutis invólucros atravessados por finos canais, maravilhosamente construídos, que mantinham a profundidade da água circulante ao redor e só deixavam passar o fogo, ainda mais sutil.

Empédocles reporta-se – em semelhantes comparações – diretamente a Homero, do qual também extrai o verso de que se serve para expor sua teoria; mas limita-se a imagens extraídas do campo técnico, dos ofícios[48], ao passo que Homero extrai a maior parte de seus símiles do reino animal, da natureza, e da vida dos pescadores, caçadores e campesinos. Mas também as similitudes técnicas de Homero diferem das de Empédocles, embora este último se reporte estritamente a elas. Na *Ilíada* (V. 902), lemos: "Assim como o coalho condensa prontamente o leite, assim também de pronto curava Apolo a ferida de Ares". E na *Odisseia* (VI, 232): "Assim como o homem sabedor do ofício cinge a prata com o ouro, assim também Atena circunfundiu de graças os ombros e a cabeça de Odisseu. E ainda na *Odisseia* (IX, 384): "Como alguém que fura o eixo do navio com a broca, assim, fincado o tronco no olho do Ciclope, fizemo-lo girar como um moinho". Na *Ilíada* (XVIII, 600), encontramos ainda: "Assim como o oleiro faz girar o torno, assim, ligeiras, dançavam em roda as meninas".

Uma primeira diferença é esta: em Homero, nessas comparações que diremos "técnicas", uma determinada atividade é comparada à atividade de um operário (ou então, no símile do coalho, por exemplo, com a ação da matéria usada pelo queijeiro). Empédocles formula seu símile à maneira homérica (para a qual, de resto, já existem na *Odisseia* algumas exceções): "Assim como um homem... prepara para si uma lanterna..." mas aqui não tem importância para a comparação a ação do homem, e sim somente o fato de que, através das paredes da lanterna, penetra a luz mas não o ar. Os símiles homéricos (na medida em que se referem a ações e não a qualidades) originam-se de metáforas verbais, e isso vale também para as similitudes "técnicas": Atena "doura" Odisseu de graças, Odisseu "fura" o olho do Ciclope com o tronco, as meninas "rodam" na dança, e assim por diante. Tais símiles têm valor na medida em que captam uma atualidade viva, a mesma que dá valor também aos outros símiles homéricos; assim se diz de Heitor, no momento do ataque, que ele é semelhante a uma leão, ou

47 Ou de bexiga: cf. Pauly-Wissowa, *Real Enzyklopädie*, XII, 693.
48 W. Kranz, *op. cit.*, pp. 107 e ss. Um único símile (fr. 101), que, de resto, não é de todo confiável, fala de um cão de caça.

quando o herói que opõe resistência é comparado ao rochedo em meio às vagas, e assim por diante.

Empédocles não procura captar esse elemento vivo que se manifesta num dado momento, mas sim todas as suas comparações tendem a pôr em evidência um processo físico (ou químico), referindo-se, portanto, a algo de duradouro. "Tornar evidente" significa aqui não apenas esclarecer, apresentar de forma mais ou menos eficaz diante dos olhos: no modelo técnico, dá-se ênfase ao mesmo processo físico que se desenvolve naquilo que Empédocles quer explicar. O fato de que através da lâmina, córnea da lanterna, penetre a luz mas não o ar, baseia-se nas mesmas propriedades físicas, isto é, nos poros finos pelos quais o olho deixa passar a luz mas não a água. Quando confronta um procedimento com o outro e os apresenta como iguais, Empédocles suscita aquela exigência de identidade que fazemos valer ao dizer de dois animais que cada um deles "é" um leão. Empédocles inicia sua comparação falando do homem que sai pela noite invernal, mas esse é apenas o invólucro poético de seu símile; na verdade, sua meta vai além do homem isolado, do objeto ou de um determinado ponto do tempo: visa a algo que possa valer sempre e em todo lugar.

Ele procura chegar exatamente a um *tertium comparationis*, e o valor de seu símile está exatamente nessa procura do preciso e estável elemento comum. O símile perde, assim, em linha de princípio, o seu conteúdo poético, embora Empédocles o envolva no esplendor da forma bem construída e do embelezamento literário. Para Homero, o pormenor artisticamente cuidado é parte integrante do símile, ainda que isso possa parecer absurdo a uma interpretação racionalista, visto que a função particular da metáfora, da imagem, do símile, que é a de transmitir como que num espelho a concreta realidade das coisas, permite que certos pormenores, mesmo sem nada terem a ver com o verdadeiro confronto, possam também assumir importância e servir para ilustrar o fato.

Em Homero, ao que parece, existe um único símile que se refere a algo de universal: trata-se da frase de Glauco, na qual se diz que as gerações dos homens desaparecem como as folhas das árvores[49]. Esse símile distingue-se não só pelo seu conteúdo de caráter universal dos costumeiros símiles de Homero, mas também porque trata um novo objeto. Poder-se-ia, em Homero, fazer uma distinção entre os símiles que se originam de uma metáfora verbal e os que derivam de uma metáfora expressa por adjetivo. Se nesse símile se diz que os homens "desaparecem" como as folhas, está claro que ele nasce de uma expressão

---

49 Aqui não levo em conta a circunstância de que a frase está estranhamente em desacordo com o restante do trecho (*Il.*, VI, 146, cf. a propósito H. Fränkel, *Hom. Gleichnisse*, 41), só tendo sido entendida em seu verdadeiro significado por Mimnermo, fr. 2, e por Simônides, fr. 29.

220 A CULTURA GREGA E AS ORIGENS DO PENSAMENTO EUROPEU

verbal, só que esse verbo não se refere, como nos outros símiles de Homero, a uma atividade, como quando se fala do "irromper" do herói, do "açular" ou do "resistir", ou como os verbos das similitudes técnicas "dourar", "furar", "polir". Nestes casos, uma particular atividade do homem é ilustrada mediante uma outra forma de atividade, seja ela de um homem ou de um animal ou mesmo de um objeto inanimado considerado antropomorficamente ("o rochedo resiste", cf. *Die Fontäne springt*). O desaparecer dos homens e das folhas não é uma "ação", mas insere-se no processo vital, naquele processo de crescimento e morte que não abrange somente o homem e o animal mas também a planta. Os outros símiles de Homero extraídos do reino das plantas não se referem a esse processo orgânico, pois quando se diz que um herói "cai como uma árvore sob os golpes do lenhador" ou que "opõe resistência como um carvalho na tempestade" ou que alguém "se curva até o chão como a fruta da papoula", a planta é considerada no ato ou de praticar uma ação ou de sofrê-la, mas isso não tem nenhuma relação com os atos naturais do crescer e do morrer[50]. Os símiles de Empédocles têm em comum com este símile homérico não só o caráter de universalidade, mas também o fato de se referirem a um evento natural. Mas o interesse de Empédocles jamais se volta para o processo vital; as forças que operam na natureza, da qual, de resto, ele tem uma concepção muito precisa, são desprezadas nas suas comparações e, ao que parece, deliberadamente. Compara ele a combinação dos quatro elementos no mundo às misturas que faz o pintor com suas tintas, ou a outras matérias que habitualmente apareçam combinadas. Diz ele: assim como o coalho condensa o leite (reporta-se ele aqui ao símile de Homero já citado), assim também uma matéria líquida, acrescentada a outra, pode produzir uma sólida; assim como o padeiro mistura farinha e água, assim também podem surgir misturas na natureza; assim como o sol se espelha na água, assim também se espelha a luz do céu no sol; como um eco a luz do sol é devolvida pela lua; a lua gira em torno da terra como o cubo da roda gira em torno do eixo; assim como a água permanece num recipiente que é posto a girar em alta velocidade, assim também a terra não cai no rápido rodar da abóboda celeste; assim como a água esquenta ao escorrer através de tubos aquecidos, assim também se formam as fontes quentes, quando escorrem através de zonas em fogo do interior da terra; assim como da mistura do mole zinco e do mole cobre se obtém o duro bronze, assim também da mistura dos tenros germes do cavalo e do asno, nasce um animal de forte resistência. A

---

50 Completamente distintos são os símiles como os da *Il.*, II, 468, de onde deriva a comparação de Glauco: "Estavam os guerreiros aos milhares, tal como surgem as folhas e as flores na primavera". Esse símile refere-se ao número e, portanto, tem raiz no adjetivo.

SÍMILE, COMPARAÇÃO, METÁFORA, ANALOGIA...

respiração da pele é comparada ao movimento do sifão, o tímpano da orelha a um sino soante. Mesmo que muitos pormenores desses confrontos possam parecer incertos, jamais aqui se procura ilustrar a "ação" do homem ou de um animal, como na maioria dos símiles homéricos, e nem mesmo a "vida" orgânica, como no símile das folhas; na base dessas comparações está uma terceira representação, que, embora também ela pertença à esfera do verbo, deve ser distinguida das outras duas: a representação do "movimento". Também no campo do verbo existem, portanto, três categorias, como temos, no do substantivo, o nome comum, o nome próprio e o nome abstrato (cf. infra, p. 231). Nos seus símiles, Empédocles recorre àquele, segundo o qual, a natureza é concebida como matéria morta, o menos antropomorficamente possível. Busca a interpretação mecânica da natureza, a pura mutação no espaço e no tempo, aquele aspecto, e somente aquele aspecto, pelo qual dois processos são idênticos entre si. Assim pode, no campo verbal, obtemperar àquela severa exigência do símile, que, no campo do substantivo, é satisfeita pelo nome comum, sobretudo na denominação dos seres vivos. Essa consciente exigência da filosofia, de tratar o "ser" com severidade e precisão, foi levantada por Parmênides e, a partir de então, não podemos pensá-la separada da filosofia e da ciência.

A partir desse momento, a redução de um processo a puros dados físicos assume o valor de "explicação". Também os símiles homéricos revelam algo que está oculto, que não pode ser entendido de forma imediata[51]; Empédocles ainda se vale, na explicação, do método da evidência, na medida em que ilustra o que é oculto e impenetrável por meio de coisas que o próprio homem construiu, ou por meio de atividades que ele próprio desempenha: é o procedimento que também nós seguimos quando explicamos a função do olho comparando-o a uma máquina fotográfica; o que é construído pelo homem parece--nos mais compreensível do que o que é criado pela natureza. Mas o procedimento técnico nos é menos obscuro só na medida em que o repetimos, só na medida em que está sujeito ao nosso arbítrio. Daí porque nas comparações "técnicas" de Empédocles, a repetibilidade tem, sem dúvida, muita importância. Das comparações que falam da mistura das cores, do rápido girar do misturador, do uso do sifão e de outros semelhantes, também se origina a classificação de determinados experimentos que encontramos na medicina primitiva[52], e se nos gregos o interesse pela experimentação não tivesse sido, em seguida, por influência da filosofia ática socrática, posposto a outros

---

51 Cf. H. Diller, op. cit., que trata dessas imagens na chamada ὄψις ἀδήλων τὰ φαινόμενα.

52 Cf., a respeito, O. Regenbogen, op. cit., e K. Von Fritz, Annals of Mathematics, 46, 1945, 246 e ss.

222 A CULTURA GREGA E AS ORIGENS DO PENSAMENTO EUROPEU

interesses, quiçá um novo e fértil ramo ter-se-ia podido desenvolver tendo por base o símile homérico.

Comparações de espécie tão sóbria quanto as de Empédocles haviam sido formuladas, ainda que de forma mais simples e ingênua, mesmo antes dele, na filosofia jônica da natureza, desde os tempos em que Tales afirmara que a terra flutua sobre a água como a madeira. Como em Anaximandro e Anaxímenes, já temos a comparação "técnica". Mas como o texto das suas teorias só chegou até nós através de fragmentos, os pormenores e as formulações de suas comparações não são para nós tão claros quanto os de Empédocles.

Fundamentalmente distintas, as comparações de Heráclito jamais se referem ao movimento, nem no campo físico nem no químico. Nele não encontramos nem mesmo imagens que ilustram uma atividade; quando muito, compara ele aqueles que querem, por meio de um sacrifício cruento, purificar-se de um delito, aos que, caídos na lama, querem com a lama lavar-se (fr.5) – mas aí a comparação ilustra uma atividade apenas na medida em que dela descobre o lado absurdo[53].

Quando Heráclito compara o tempo a um menino que se diverte (52), está, de fato, negando ao tempo toda e qualquer verdadeira "atividade". Quando diz que se deve domar a *hýbris* como se doma um incêndio (43) ou que devemos lutar pela lei como quem defende muralhas (44), a comparação não sublinha a maneira de apagar ou de lutar (como, por exemplo, no símile homérico do animal que luta por seus filhotes), e sim a força destruidora do fogo e a validade das muralhas. Mais útil para o entendimento da mentalidade de Heráclito é a imagem do rio (12). "Se entrarmos duas vezes no mesmo rio, de cada vez diversa será a água que para ele aflui". Na imagem não se põe em relevo nem o movimento físico da água nem o ato de quem entra no rio, mas são considerados, conjuntamente, o homem e o mundo exterior, o sujeito e o objeto. A imagem capta a vigorosa relação entre o movimento da água e o homem que o experimenta. Refere-se, portanto, ao mesmo fenômeno a que se referia o símile das folhas de Homero; mas enquanto lá o processo da vida era captado no seu aspecto temporal, como mudança, aqui é captado em seu eterno ser. Isto é, não se considera apenas uma forma isolada da vida em seu desaparecer, mas caracteriza-se a vida que vai além do indivíduo isolado, que é sempre igual e, no entanto, sempre nova, e desse modo se passa a uma universalidade bem mais vasta. O mesmo podemos dizer no tocante às outras caraterísticas imagens heraclitanas, a da disposição "tensa" do arco e da lira (51), a das "composições" que são um todo e, ao mesmo

---

53 Permanece incerto se o fr. 22, que fala dos buscadores de ouro que muito escavam e pouco acham, quer referir-se, depreciativamente, à humana lida ou, ao contrário, ao trabalho incansável.

tempo, não o são (10), a da palavra do Deus délfico que não revela e não esconde, mas dá apenas um "sinal" (93), a dos médicos que cortam e queimam e, ao mesmo tempo, que causam dor e curam (58); a do círculo, cujo princípio coincide com o fim (103). Também Heráclito conserva com severo rigor a identidade entre imagem e coisa confrontadas; é, de fato, sempre uma mesma vida, uma mesma tensão, um mesmo surgir de contrastes que se revela nas diferentes coisas – o mesmo *lógos* que circula "através" de todas as coisas (cf. 1, 41, 50, 114, e assim por diante); só que a identidade é negada e reafirmada de modo característico, na medida em que une em si os contrários. O que parece inadmissível para a lógica baseada em juízos do tipo "isto é um leão", isto é, que um leão seja ao mesmo tempo "não leão", exatamente o que contradiz o postulado fundamental dessa lógica é aceito e posto em relevo como ponto central da doutrina. Esse problema não se apresenta em Empédocles, que tende a explicar apenas o movimento, isto é, as mutações da matéria, da natureza morta, ao passo que Heráclito procura captar a vida. Mas certamente nem Heráclito nem Empédocles estavam conscientes dessa diferença, visto que ambos procuravam captar a natureza por inteiro: Heráclito vê no fogo a fonte viva de todo ser.

Como Empédocles, também Heráclito está voltado para algo que não é visível, que deve ser revelado; mas os símiles de Empédocles tendem, de certo modo, a superar a linguagem baseada em imagens, já que processo idêntico ao que se desenvolve na imagem, que serve para esclarecer o fato, e no fato, que deve ser esclarecido, pode ser apreendido com maior precisão na lei física (coisa que os gregos apenas tentaram); ao passo que o que Heráclito quer exprimir só se deixa representar *em linha de princípio* mediante imagens. Em Heráclito compreendemos em que sentido se pode falar de metáforas "originárias"; e vemos que elas pertencem a uma zona mais profunda que não é a da atividade humana ou animal: à zona da vida universal. Impossível de captar por meio do conceito ou do princípio do "terceiro excluído", esse elemento apresenta-se das mais diferentes formas, mas em cada uma delas está completo, e só através delas pode "falar" ao homem e, portanto, só através delas pode ser representado. A mente primitiva serve-se instintivamente desse meio; aplica espontaneamente sua interpretação antropomórfica da natureza e exprime-se ingenuamente em metáforas. Heráclito procura captar na sua essência particular esse universal liberto das aparências sensíveis.

Além de tais imagens, que buscam captar a vida em seus misteriosos contrastes, Heráclito emprega uma forma de comparação inteiramente diversa. Diz (83): "O homem mais sábio não é, diante de Deus, senão um macaco em sabedoria e em todo o resto". Essa comparação não se baseia num verbo, mas num adjetivo. Os diferentes graus de beleza e sabedoria são cotejados como os termos de uma proporção: a

224   A CULTURA GREGA E AS ORIGENS DO PENSAMENTO EUROPEU

beleza do macaco está para a beleza do homem assim como a do homem
está para a de Deus. Em Heráclito[54] também encontramos outras "proporções" do gênero, algumas expressas de forma completa, outras apenas esboçadas, nas quais em lugar do macaco temos, ocasionalmente,
o menino (70, 79), o homem que dorme (73), o bêbado (117), a pomba
(34), o boi (4), o asno (9), o porco (13). Heráclito vale-se dessas "proporções", para fazer ao homem compreender que não pensa na distância
que o separa da perfeição. Comparações expressas na forma "belo como
um deus", "sábio como um deus" também se encontram nos encômios
dos poetas líricos, onde também encontramos "comparações" do tipo
"mais branco que um ovo" e outras que tais. Heráclito, porém, não se
serve da proporção para exaltar o homem mas, ao contrário, para rebaixá-lo, pois, se já para os poetas líricos o divino só em casos particulares está próximo do homem, para Heráclito ele transcende a realidade
comum de forma ainda mais decisiva. Nessas "proporções", o divino
já está quase transformado em incógnita. Com base nesse esquema
desenvolve-se o severo método da dedução analógica[55], e na matemática
a formulação "é igual" dessas comparações é tomada em sentido exato
e preciso, o que é possível graças ao fato de essas proporções não se
basearem em adjetivos que exprimam valor (como sábio, belo) nem
em adjetivos que exprimam sensações opostas, mas sim em adjetivos
de grandeza. Assim como Empédocles, partindo de comparações com
raiz nas metáforas verbais, consegue criar um procedimento científico,
na medida em que exclui do objeto designado pelo verbo tudo o que
não seja movimento, assim também a matemática desenvolve, a partir
da comparação com raiz no adjetivo, o seu severo método, excluindo
do campo do adjetivo tudo o que não seja quantidade.

A teoria da proporção foi desenvolvida na matemática sobretudo pelos Pitagóricos: Platão vale-se dela para as suas deduções
analógicas mesmo fora do campo matemático; mas aqui surge um
outro problema: isto é, o de saber se esse método conserva sua força
demonstrativa mesmo quando transferido para um outro campo, pois,
se o confronto se transforma em demonstração, a fórmula de igualdade deve necessariamente ser entendida em sentido rigoroso, o que
em vastos campos da língua não pode, de modo algum, acontecer,
como já nos foi demonstrado por numerosos exemplos.

Platão estabelece, no *Górgias,* esta proporção: a retórica está para
a filosofia como a arte culinária para a medicina. Nessa "proporção",
é a filosofia a incógnita a ser determinada – mas já a impostação da
proporção se baseia em determinados conceitos que, por sua vez, só

---

54   Cf. H. Fränkel, "A Thought Pattern in Heraclitus", *Am. Journ Philoll.*, 59, 1938,
309; K. Reinhardt, *Hermes*, 77, 1942, p. 225.
55   K. Reinhardt, *op. cit.*, p. 226.

SÍMILE, COMPARAÇÃO, METÁFORA, ANALOGIA... 225

podem ser obtidos por meio de deduções analógicas. A filosofia e a medicina contêm, de fato, um "verdadeiro" saber em oposição ao saber "aparente" da retórica e da arte culinária; mas, por outro lado, a filosofia e a retórica agem sobre a alma, que é eterna, ao passo que a medicina e a arte culinária atuam sobre o corpo, que é transitório. Ora, a diversidade entre alma e corpo só foi descoberta no curso da evolução da civilização grega, e a afirmação de que a alma é imortal deveria dar conta de sua própria validade. Aos escopos de nosso estudo importa mais ver em que sentido Platão usa o contraste entre ciência verdadeira e aparente, a que Parmênides chegara através da reflexão sobre o mundo exterior, ao descobrir que só o duradouro pode ser pensado e, portanto, tornar-se objeto de um "verdadeiro" conhecimento, ao passo que em relação às coisas mutáveis não ocorre mais do que um conhecimento aparente. Platão relaciona esse raciocínio à reflexão sobre o "bem" e assim descobre um "bem" estável e um "prazer" passageiro. Analogia, por sinal, não de todo convincente. Admitida a existência de um bem estável, para encontrar o conhecimento correspondente, volta-se Platão para a medicina. O fato de a medicina ser o conhecimento de um bem é coisa que, por sua vez, não pode ser demonstrada de modo direto mas somente com base numa analogia. Já Sócrates se valera da imagem do artífice e de sua τέχνη (tékhnē) como modelo para o conhecimento do bem: por exemplo, o artífice que faz uma mesa tem de saber o que seja propriamente uma boa mesa, e, baseando-se nesse conhecimento, ele constrói sua mesa. Nessa analogia, o elemento moral dileto a Sócrates, ou seja, o fim da ação, torna-se uma coisa conhecida, previamente dada. Também Platão se atém firmemente a essa transformação e chega mesmo a desenvolvê-la sistematicamente, na medida em que, para ele, todo ato e toda ação realizam-se na "ideia" contemplável, que constitui o mais alto objeto do conhecimento. "Ideia", porém, significa, na origem (a palavra tem afinidade com a palavra latina *videre*), a figura visível perfeita. Traduzido em categorias gramaticais, isso significa que o valor "ideal" do objeto expresso pelo verbo é transferido para o campo do nome comum, diante do qual se podem levantar exigências mais severas de conhecer e de saber; mais tarde (no *Ménon*), Platão consolida esse conhecimento alcançado por analogia com o método usado nas ciências matemáticas, e, mais adiante (no *Sofista)*, procura ampliar também para outros campos o princípio da definição e da repartição lógica, que tão facilmente se deixa aplicar, por exemplo, na classificação dos animais. Desse modo, porém, ele restringe a arte do confrontar e do distinguir, do unir e do dividir, válida para toda ciência, ao esquema da *diaíresis*. Na filosofia platônica, encontramos por toda a parte essas analogias que se referem a campos diversos e, na verdade, toda filosofia que não se contente apenas em captar apenas

226 A CULTURA GREGA E AS ORIGENS DO PENSAMENTO EUROPEU

um aspecto do mundo mas que queira realizar a unidade do saber terá, necessariamente, de realizar essa μετάβασις εἰς ἄλλο, essa transposição de modelos e esse "salto analógico". Dado que Platão é o primeiro a construir um sistema complexo de filosofia, que tende a reunir os diferentes escritos dos filósofos precedentes, os problemas conexos a essa tentativa apresentam-se, na sua filosofia, com maior clareza do que nos filósofos mais tardios e, com base nela, mais do que em qualquer outra, compreendemos como aquilo que, na língua primitiva, se compõe naturalmente na imagem e no símile, na metáfora e nas circunlocuções gramaticais, decompõe-se diante da consciência reflexiva, que começa exaustivamente separando os diversos fenômenos alicerçadores de uma linguagem e de um pensamento ainda vagos e indistintos, para, em seguida, recompô-los num claro conjunto.

5. O contraste entre imagem mítica e pensamento lógico delineia-se, claro e preciso, na interpretação causal da natureza. Nesse campo, também a passagem do pensamento mítico para o lógico adquire uma evidência imediata: aquilo que, nos primeiros tempos, era interpretado como obra de deuses, de demônios e de heróis será mais tarde interpretado em sentido racional. A causalidade mítica não se limita, porém, aos fatos naturais, passíveis de serem explicados pela lei de causalidade científica: ela diz respeito sobretudo à origem das coisas e à vida, fenômenos cujas causas não se podem determinar exatamente. Estende-se além do âmbito da natureza, pois também o surgir dos pensamentos, dos sentimentos, dos desejos e das decisões, e assim por diante, é atribuído a uma intervenção dos deuses e, portanto, a causalidade mítica também domina naquele campo em que, após a descoberta da alma, serão acolhidos os motivos psíquicos. Mas, visto que o pensamento mítico não se limita a explicar as causas, e também serve, por exemplo, para o entendimento do ser humano, é evidente que o pensamento mítico e o pensamento lógico não cobrem um único e mesmo campo. Assim como muitas coisas do mundo mítico permanecem inacessíveis ao pensamento lógico, assim também muitas coisas novas, descobertas no campo da lógica, não podem ser substituídas por nenhum elemento mítico. Fala-se impropriamente de um contraste entre mito e *lógos* fora do âmbito da interpretação causal da natureza, na medida em que o mito diz respeito ao conteúdo do pensamento e a lógica, à forma. Valer-nos-emos, porém, desses conceitos uma vez que eles representam com evidência dois degraus históricos do pensamento humano, tendo presente, porém, que um não exclui rigorosamente o outro; pelo contrário, no pensamento expresso de forma mítica podem ser incorporados elementos lógicos e vice-versa, e a passagem de um para outro realiza-se lenta e gradativamente; pode-se mesmo dizer que esse processo jamais chega ao fim.

O pensamento mítico está em estreita relação com o pensamento que se exprime por imagem e similitudes. Ambos distinguem-se psicologicamente do pensamento lógico porque este se ocupa exaustivamente com a investigação, ao passo que as imagens do mito e dos símiles impõem-se à imaginação. Isso acarreta uma diferença de fato: para o pensamento lógico a verdade é algo que deve ser pesquisado, indagado e sondado, é a incógnita de um problema do qual se busca a solução com método e precisão, com rigoroso respeito ao princípio de contradição, e cujo resultado apresenta um caráter de obrigatoriedade universal. As figuras míticas, ao contrário, apresentam-se de per si absolutamente dotadas de sentido e de valor, tanto quanto as imagens dos símiles, que falam uma língua viva imediatamente compreensível: para o ouvinte, têm elas aquela mesma evidência imediata que para o poeta, que as recebe como um dom da Musa, isto é, por intuição, ou como quer que se diga. O pensamento mítico exige receptividade, o pensamento lógico, atividade; este se desenvolve, de fato, depois que o homem chega à consciência de si, ao passo que o pensamento mítico é vizinho do estado de sonho, no qual imagens e pensamentos vagam sem controle por parte da vontade.

Para a mente racional, o mito surge como "inatural", e isso quer dizer, em primeiro lugar, que ele não está isento de contradições. Já Homero busca uma motivação direta, continuada, e evita o que não é natural; o divino jamais se manifesta arbitrariamente. A dissolução do mito começa com o repúdio explícito de analogias dúbias. Assim Xenófanes separa nitidamente o divino do humano e não admite que aos deuses se atribuam qualidades e, menos ainda, defeitos humanos. Consequentemente, também se tende a atribuir ao homem, e ao que é formado à imagem do homem, apenas qualidades humanas, daí porque Hecateu julgará inaturais os antigos mitos em contraste com a experiência comum e controlável, corrigindo de acordo os fatos transmitidos pela tradição. Teria tido Dânaos 50 filhas? Na realidade, não podia ele ter mais de 20. Teria Héracles trazido para a terra o cão infernal? Na verdade, devia tratar-se de uma serpente que habitava debaixo da terra e cuja mordida era mortal. Só se aceitam analogias no quadro da experiência natural que nada deverá contradizer.

A era arcaica tem uma extraordinária sede de experiência. Com "incansáveis" olhos, como diz certa vez Empédocles (fr. 86), olham os gregos a seu redor, naqueles tempos. De múltiplos modos entrelaçam-se ainda as novas descobertas aos mitos que viçosamente florescem, até que se estabeleça aquela distinção pela qual o mito oferece matéria para a poesia –, e a experiência, para a ciência nascente. Mas como na tragédia ática o gosto do múltiplo e do vário cede diante do interesse pelo mundo espiritual e de alma, assim esmorece também o gosto pelas múltiplas experiências. Para os filósofos da época

228   A CULTURA GREGA E AS ORIGENS DO PENSAMENTO EUROPEU

clássica, adquire cada vez maior importância aquele setor da experiência que se possa dominar com o pensamento, que satisfaça às severas exigências da repetibilidade, da identidade e da não-contradição. Mas são assim postas de lado muitas coisas, ou seja, o fator vital propriamente dito; e não só o significado mas também o valor de cada acontecimento escapa ao controle do pensamento, como já fica evidente no fato de um confronto severo só ser possível em limitadas categorias da língua. Dentro desse campo limitado, os gregos elaboraram um severo método de pensamento; aqui as formas iniciais da língua foram coerentemente desenvolvidas em relação a um fim determinado. Construíram eles, assim, a base sólida não só da ciência natural de seu tempo, mas também da dos tempos modernos. Ao revelar-se aí a possibilidade de um uso o mais absolutamente seguro da conclusão analógica e de um progresso científico consequente, essa forma de pensamento foi tomada como modelo na tentativa de se alcançar precisão semelhante também em outros campos (por Platão, por exemplo). Dedicando-se um acurado estudo àquelas categorias da língua que se desenvolveram no pensamento das ciências naturais, talvez se possa contribuir para abrir caminho em direção a uma nova lógica (ou talvez a duas) que também responda às exigências do que não se inclui no campo das ciências naturais.

12. A Formação dos Conceitos Científicos na Língua Grega

Se o filólogo trata o tema da formação dos conceitos no campo das ciências naturais não é, certamente, para ver que contribuição a língua pode, nesse campo, oferecer ao conhecimento, nem qual seja o valor objetivo e a validade desses conceitos. Ao contrário, o que lhe interessa é ver quais os elementos já presentes em germe na língua falada que foram desenvolvidos na formação dos conceitos científicos e onde devem ser pesquisados esses pontos iniciais da língua pré-científica. Isto é, seu objetivo é ver que possibilidades da língua foram postas de lado e desprezadas, e que formas se devem desenvolver para que possam surgir os conceitos científicos. O filólogo, portanto, não presta tanta atenção ao lado objetivo do problema, ao valor real e à validade dos conceitos formados – tarefa, sobretudo, do historiador das ciências naturais –, quanto à língua como expressão do espírito humano e como meio de conhecimento.

A relação entre a língua e a formação dos conceitos científicos no sentido apontado pode ser estudada, propriamente falando, somente na língua grega, a única na qual os conceitos se desenvolveram baseados originalmente na língua: somente na Grécia o conhecimento teorético surgiu de forma independente, somente aí encontramos um conhecimento científico desenvolvido de forma autóctone. Todas as demais línguas nutrem-se, tomam emprestado, traduzem ou dependem, de algum modo, do grego. A obra desenvolvida pelos gregos nesse campo influiu na evolução espontânea dos outros povos, acelerando-a.

Na Grécia, desde os tempos mais remotos, começam a desenvolver-se as premissas linguísticas (e ao mesmo tempo espirituais) para a elaboração de conceitos científicos. Não teriam surgido na Grécia nem a ciência natural nem a filosofia se não existisse em grego o

230 A CULTURA GREGA E AS ORIGENS DO PENSAMENTO EUROPEU

artigo definido. Como pode, de fato, o pensamento científico prescindir de expressões como "a água", "o frio", "o pensamento"? Como teria sido possível fixar o universal de forma determinada, como se teria podido dar a uma forma do adjetivo ou do verbo o valor de conceito, se o artigo definido não tivesse oferecido a possibilidade de formar tais "abstrações"? A presença do artigo definido já põe a língua homérica em posição mais vantajosa do que, por exemplo, o latim clássico. Cícero encontra dificuldade para exprimir os mais simples conceitos filosóficos só porque não pode dispor do artigo, e só recorrendo a circunlocuções pode ele formar esses conceitos, que, em grego, se apresentam de forma concisa e natural; ele traduz, por exemplo, "o bem" (τὸ ἀγαθόν) por *id quod (re vera) bonum est*. Procura forjar um conceito filosófico mesmo sem o artigo, mas só o consegue porque toma de empréstimo o pensamento; a língua acolhe, aqui, algo que supera suas possibilidades de expressão: mas as formas linguísticas plenamente desenvolvidas devem, de qualquer modo, estar presentes na língua mais antiga, e é justamente nesse sentido que podemos falar em pontos de partida na língua[1].

Um desses pontos de partida, para o conceito científico, é o artigo definido, que, em grego, se desenvolve lentamente a partir do pronome demonstrativo, passando do artigo particular para o geral[2]. A expressão "o" cavalo, em Homero, nunca se refere ao conceito de cavalo, mas unicamente a um determinado cavalo considerado isoladamente; nesse sentido "particular", Homero já usa o artigo na substantivação de adjetivos, por exemplo no superlativo: τὸν ἄριστον᾿Αχαιῶν, "o melhor dos Aqueus". Assim Homero pode também dizer τά τ᾿ ἐόντα τά τ᾿ ἐσσόμενα πρό τ᾿ ἐόντα, "o existente, o futuro e o passado". Mas aqui a forma plural ainda não indica abstratamente o ser existente, e sim a soma dos seres existentes nesse momento, em contraposição aos futuros. Tais contraposições dão, por vezes, a impressão de que Homero já conhecesse o uso "geral" do artigo: *Ilíada*, IX, 320: κάτθαν᾿ ὁμῶς ὅ τ᾿ ἀεργός ἀνὴρ ὅ τε πολλά ἐοργώς "morreu o valente como o covarde", ou então *Odisseia*, XVII, 218: ὡς αἰεὶ τὸν ὁμοῖον ἄγει θεὸς ὡς τὸν ὁμοῖον, "como é verdade que Deus guia o semelhante para o seu semelhante". Estas expressões proverbiais pressupõem, porém, a existência de um indivíduo e, portanto, com o "ὅ", indica-se um único indivíduo,

---

1 Cf. T. B. L. Webster, *Language and Tought in Early Greece*, Memoirs and Proceedings of the Manchester Literary and Philosophical Society, vol. XCIV, sess. 1952-1953.

2 Cf. Kühner-Gerth, *Gramm. der griech. Sprache*, 1, 575 e ss., com uma rica colheita de material; Schwyzer-Debrunner, *Griech. Gramm.*, 2, 19 e ss.; P. Chantraine, *Gramm. Homérique*, 2, 158 e ss.; Arnold Svensson, *eranos*, 44, 1946, 249-265; M. Leumann, *Homerische Wörter*, 1950, 12, 2. O uso europeu do artigo definido remonta provavelmente ao grego, cf. Viggo Brondal, *Essais de linguistique générale*, 1943, p. 142.

A FORMAÇÃO DOS CONCEITOS CIENTÍFICOS NA LÍNGUA GREGA   231

ainda que não mais se aponte para ele, como na origem, materialmente, com o dedo.

Também em Hesíodo ainda falta o artigo que, mais tarde, servirá para marcar o conceito científico. Onde nós dizemos "o" justo, diz ele δίκαιον, "justo", sem artigo (*Os Trabalhos e os Dias,* 226), ou então, com o artigo no plural, τὰ δίκαια "a série dos indivíduos justos" (217: ἐς τὰ δίκαια; 280: τὰς δίκαι᾽ ἀγορεῦσαι). Na poesia mais tardia, o artigo geral afirma-se pouco a pouco[3]. A tragédia, porém, já desde o início o conhece diante do adjetivo substantivado, particularmente diante do adjetivo que designa um valor; mas Ésquilo ainda não o emprega com os abstratos[4].

Enquanto a poesia continua ainda por algum tempo não fazendo uso do artigo geral, na prosa literária encontramos, desde o início, o artigo usado nesse sentido. No tempo de Ésquilo, Heráclito já fala do "pensar" (112,113), do universal (2,114), do *lógos* (50), embora sendo, comparado a Platão, bastante parco no uso do artigo[5]. Seu pensamento filosófico está condicionado por esse uso do artigo: e a formação do artigo é um pressuposto necessário das suas abstrações. O artigo pode transformar um adjetivo ou um verbo num substantivo comum: essa "substantivação" oferece ao pensamento, na linguagem científico-filosófica, sólidos "objetos". Mas os substantivos que disso derivam indicam algo que difere dos nomes comuns e dos nomes concretos, assim como as coisas reais e os objetos diferem dos "objetos do pensamento" formados com a substantivação. Mas o termo latino *nomem,* tomado do grego, não capta a essência de tais substantivações. Há três diferentes formas de substantivos: o nome próprio, o nome comum e o abstrato. O nome próprio indica uma coisa considerada isoladamente; no nome comum, ao contrário, existe um princípio de classificação: nele encontramos uma forma embrionária da subsunção e da classificação científica. Com a definição dada pelo nome comum temos a primeira forma de conhecimento, ao passo que com o nome próprio jamais se chega ao "conhecimento" de alguma coisa: trata-se, neste caso, de uma coisa isolada que só se pode "reconhecer" depois que a tenhamos visto uma vez. Se digo "esta é uma mesa", ou "este é Sócrates", as duas proposições têm um valor totalmente distinto. O nome próprio é apenas uma marca para algo de individual, seu valor está no

---

3   A opinião de Lobel, "ΑΛΚΑΙΟΥ ΜΕΛΗ", LXXIV e ss., segundo a qual os poetas lésbios já conheciam o uso "geral" do artigo, já foi refutada, no que diz respeito ao uso do substantivo, por H. Fränkel, *Gött. Gel. Anz.,* 1928, 276, 1, mas ela não vale nem mesmo para os adjetivos substantivados, já que também aí o artigo sempre implica uma certa determinação.

4   Sobre o uso deles como nomes míticos, cf. infra, p. 232.

5   Por exemplo (126): τὰ ψυχρὰ θέρεται, θερμὸν ψύχεται ainda é o mesmo que em Hesíodo: "todo objeto frio isolado se esquenta, o quente se arrefece".

232 A CULTURA GREGA E AS ORIGENS DO PENSAMENTO EUROPEU

fato de que eu, por seu intermédio, posso exprimir um juízo sobre o indivíduo, por exemplo: "Sócrates tinha olhos salientes", e assim por diante. O nome comum tem um significado "geral"; se quero que saibam que me refiro a uma só coisa, devo acompanhar o nome de uma indicação particular, dada por um pronome ou pelo artigo definido ou de algo no gênero[6]. Embora a língua permita conceber muitas coisas de forma pessoal e indique com um nome próprio o que, na forma mais avançada do pensamento, só aparece como coisa (assim, por exemplo, uma dada espada será chamada de *Notung*), o nome próprio não é uma forma cronologicamente anterior do substantivo. Nome próprio e nome comum são antes duas formas originárias da língua que servem para indicar o que se apresenta materialmente no mundo circunstante. Mas os substantivos não se limitam a designar a realidade material. Abstrações como "o pensar", "o universal" não são nomes próprios, visto que não indicam nada de isolado ou de individual, nem abarcam, como o nome comum, uma pluralidade de objetos, e tanto isso é verdade que, no mais das vezes, dele não se pode formar o plural. O nome abstrato, todavia, mesmo constituindo uma forma independente ao lado do nome comum e do nome próprio, não é uma forma originária, pois surge apenas num estágio mais evoluído do pensamento e só atinge a perfeição com o desenvolvimento do artigo definido geral. Existem, porém, na língua primitiva, formas primitivas de abstrato que se diferenciam do nome comum e do nome próprio. Muitas palavras, que mais tarde serão concebidas como abstratos, eram, na origem, nomes próprios (míticos) por exemplo, o temor, o medo, apresentam-se em Homero na forma de demônio: "Phóbos", o demônio do terror[7].

Prova de que essas palavras eram consideradas nomes próprios, mesmo depois de desaparecidas as concepções míticas, está no uso do artigo; Ésquilo, por exemplo, ainda não usa o artigo com aqueles substantivos que têm caráter de nomes próprios, os *monosemantica* (como os chama Ammann), isto é, com aqueles substantivos que indicam uma coisa da qual só existe um único exemplar, como γῆ, ἥλιος, οὐρανός, σελήνη (terra, sol, céu, lua) nem para designar coisas que são ocasionalmente únicas para aquele que fala: δῶμα, οἶκος, πόλις, πατήρ, μήτηρ, (casa, cidade, pai, mãe)[8]. Ésquilo, por exemplo, tampouco emprega o artigo com os nomes abstratos. Já Lessing observava a propósito da língua do Logau, que os abstratos, "posto de lado

---

6   Para informações mais exaustivas a respeito, cf. infra, pp. 233-234.

7   Sobre o problema em seu todo, ver Hermann Usener, *Göternamen*, especialmente pp. 364 e ss. Visto que φόβος dificilmente pode distinguir-se de φόβη, φόβος era, originariamente, segundo suposição de Ernst Kapp, o encaracolar os cabelos : daí ver como demônio aquele que encaracolava os cabelos.

8   Cf. os exemplos, na verdade nem muito ordenados nem completos, no *Lexicon Aeschyleum*, de Dindorf, p. 235 A.

A FORMAÇÃO DOS CONCEITOS CIENTÍFICOS NA LÍNGUA GREGA   233

o artigo, tornavam-se pessoas". Ele via nisso uma intenção poética quando, na realidade, os abstratos são verdadeiramente concebidos, na origem, como nomes próprios. Outra prefiguração dos conceitos abstratos é representada pelos nomes que se referem aos órgãos físicos, na medida em que determinam a função destes. A frase "ele tem uma boa cabeça" não se refere ao órgão físico, mas à faculdade; o discurso racional empregaria um conceito abstrato, isto é, diria: "seu modo de pensar é bom", visto que tais metáforas referem-se à função.

Essas duas formas primitivas do abstrato, o nome mítico e o nome comum usado como metáfora, tendem para algo de incorpóreo que não pode estar, na verdade, contido no nome próprio e comum, para algo de vivo, de animado, de espiritual, dotado de movimento e outras coisas mais. Tanto a metáfora quanto a personificação concebem o incorpóreo de forma antropomórfica, fisionômica, isto é, como produto ou expressão de algo que seja ao mesmo tempo vivo e corpóreo. Mas a ciência natural só pode surgir quando o mundo físico esteja nitidamente separado do incorpóreo, quando se estabelece uma distinção entre o que é movido e o que move, entre matéria e força, entre coisa e propriedade. Essas distinções só se estabelecem se a realidade imaterial puder ser designada de modo claro e apropriado: e a forma linguística adequada é a substantivação das formas verbais e do adjetivo. As abstrações de Heráclito são, portanto, pressupostos necessários do pensamento científico, embora a meta de Heráclito não sejam as ciências naturais e sua tendência seja mais para captar aquele sentido vital que abrange em si tanto o mundo corpóreo quanto o incorpóreo.

Três são as funções que o artigo definido desempenha nesse processo de substantivação: ele dá uma determinação ao imaterial, coloca-o como objeto universal e, por fim, apresenta esse universal como objeto isolado e determinado, sobre o qual é possível formular certos juízos. O fato de que o artigo definido geral pode dar ao substantivo o caráter de nome abstrato, comum e próprio a um só tempo, torna-se ainda mais evidente quando ele erige o nome comum em conceito universal.

O pronome demonstrativo, do qual deriva o artigo, limita um nome comum ao âmbito do nome próprio: *hic* ou *ille leo* significa um determinado leão. De resto, numa língua que, como o latim, não conhece o uso do artigo, o simples nome comum pode indicar tanto o individual quanto o universal; diz-se tanto *leo eum aggressus est,* "o (ou um) leão o atacou", quanto *hic leo est,* "este é um leão". O artigo só se forma quando, no nome, está tão acentuado o sentido universal que, para indicar o singular, o determinado, é necessário o acréscimo de uma determinação individualizante. Quanto mais se acentua, no nome concreto, o caráter universal, tanto mais clara aparece a função de predicado que tem o nome comum quando serve para indicar a categoria: οὗτος λέων

234   A CULTURA GREGA E AS ORIGENS DO PENSAMENTO EUROPEU

ἐστίν, "este é [um] leão", coisa que ressalta particularmente no grego, onde, como predicado, temos o substantivo sozinho, sem artigo. O leão isolado, que designo por meio do artigo definido, é objeto de um juízo: "o leão é velho" etc. O nome comum precedido do artigo definido fixa e individualiza, como um nome próprio, um ser determinado que "é" leão. Agora o artigo geral faz, do que na origem era juízo, objeto do juízo. "O" leão como conceito científico compreende tudo o que "é" leão. Coloca-se, assim, um novo objeto. "O leão" distingue-se de "os leões" ou simplesmente de "leões" porque está além dos leões empíricos existentes na realidade e, malgrado sua forma singular, compreende em si o conjunto de todos os leões conhecidos e determináveis. Portanto, quando traduz a expressão "o bem" por *id quod bonum est,* Cícero realiza com uma circunlocução exatamente aquilo que, de forma concisa, realiza o artigo definido em grego: o que é predicado (*...bonum est*) assume uma forma tal (*id quod ...*) que pode tornar-se objeto de novos juízos: Cícero, porém, tem de valer-se do acréscimo de *re vera* ou de formas similares para fazer compreender que não se trata de uma coisa boa considerada isoladamente. O caráter universal do conceito acha-se, portanto, em embrião no nome comum, na medida em que pode funcionar como predicado, sem, porém, que nele exista originariamente o sentido da abstração. Na frase *hic leo est,* não se pode atribuir à palavra *leo* um significado "abstrato". Só temos a abstração quando o elemento universal, por meio do artigo e de sua força indicativa e demonstrativa, é colocado como algo determinado, tornando-se, assim, portador de um nome ("este animal chama-se leão") e, portanto, "objeto do pensamento". O conceito assume, portanto, traços que são característicos dos três grupos de substantivos: do nome próprio, do nome comum e do abstrato; o elemento lógico surge exatamente dessa fusão dos três motivos e por isso fica tão difícil captá-lo na sua particularidade.

Para os abstratos que surgem da substantivação de adjetivos e de verbos, essa transformação do predicado em objeto do juízo é tão clara quanto para os substantivos originários. Que "o" bem seja o que "é" bom já é o que se conclui pela tradução de Cícero. E o verbo tem, enfim, o lugar que lhe cabe no predicado. Os pontos que encaminham para essa substantivação do adjetivo e do verbo já se encontram na língua primitiva, antes mesmo que o artigo geral leve a termo o processo de abstração. Se ainda não tenho conhecimento de uma coisa como tal, mas dela só capto uma qualidade, posso dizer, por exemplo: ali existe azul, algo de azul; posso, portanto, empregar a determinação da qualidade em lugar do nome comum, pois para mim não está clara a substância da coisa pensada. Tal substantivação do adjetivo efetua-se sem dificuldade, visto que o adjetivo, pelo menos originariamente nas línguas indo-germânicas, declina-se como um nome; os limites entre nome e adjetivo podem ser totalmente eliminados.

A FORMAÇÃO DOS CONCEITOS CIENTÍFICOS NA LÍNGUA GREGA   235

Os pontos de partida para as substantivações verbais são as chamadas formas nominais do verbo, isto é, o infinitivo e os particípios: e são essas formas que delimitam as possibilidades de substantivação nesse campo. Se digo "eu agarro", "ele agarra", e, em seguida pergunto o que significa "agarrar", e respondo mais ou menos assim: "o agarrar é uma atividade da mão", este já é um primeiro passo para a formação do abstrato, pois estou captando por meio do infinitivo o "universal" que se apresenta em forma de predicado e, em seguida, transformo-o, por meio do artigo definido, em objeto de um juízo. Esse juízo pode ser tal que nele apareça, como predicado, algo de ainda mais universal ("atividade"), determinado de forma mais precisa por meio de uma diferença específica ("da mão"). Também nesse ponto, portanto, é possível aplicarmos o esquema aplicado, por exemplo, na definição de um animal (cf. supra, p. 193).

O particípio ativo dá-nos, em primeiro lugar, a possibilidade de indicar de forma concisa o órgão e sua função. A mão, como órgão de agarrar, é o "agarrante", o suporte de uma lâmpada é o "sustentante", a alma é a "pensante" e a "movente", e assim por diante. O particípio passivo, ao contrário, traduz o resultado de uma ação e é sobremaneira importante para a formação dos abstratos no âmbito do pensamento, onde o resultado, isto é, o pensamento (a coisa pensada), não existe fora da ação, isto é, fora do pensamento (cf. supra, p. XVIII). Além das formas que atribuímos à flexão verbal, existem outras formas nominais de derivação verbal: são os chamados substantivos deverbais, cujo significado, porém, não vai além do significado dos infinitivos e dos particípios. Os chamados *nomina agentis*, como "agarrador", "sustentador" e "pensador", têm o mesmo significado dos particípios ativos. Dos *nomina acti*, como ῥῆμα *(rêma),* discurso, μάθημα *(máthēma),* "o apreensível", podemos traduzir o sentido por meio de particípios passivos; os *nomina actionis* equivalem a infinitivos ativos: πρᾶξις *(práxis)*, ação, σωροσύνη, *(sōphrosýnē)*, reflexão, e assim por diante.

No campo do pensamento e do conhecimento, resultado e ação podem depender um do outro de maneira particular, e os substantivos de origem verbal podem designar tanto o órgão quanto a função ou o resultado: νοῦς *(noûs)*, por exemplo, é o espírito que representa alguma coisa para si mesmo, mas também pode indicar o ato do representar ou mesmo a representação, o pensamento isolado (cf. supra, pp. 13 e ss.); γνώμη (gnốmē) é o espírito que conhece mas também é o ato do conhecer e o conhecimento considerado isoladamente[9]. A língua filosófica, nas suas formas mais avançadas, leva, nesse campo, a distinções mais precisas, e assim se formam substantivos abstratos que indicam o ato do pensamento e do conhecimento de forma mais

9   *Philol. Unters.*, Bd., 29, pp. 32 e ss.

236   A CULTURA GREGA E AS ORIGENS DO PENSAMENTO EUROPEU

fecunda, νόησις, γνῶσις, como em geral os nomes verbais terminados em σις, que, do século V em diante, servem para abranger conceitualmente a ação. Essa tendência para a formulação clara e precisa faz com que surja, no século V, um grande número desses termos abstratos em σις, e há quem sinta prazer em transformar as formas originárias do verbo com a ajuda de tais substantivos, como Tucídides, que, em lugar de γνῶσιν ποιεῖσθαι, usa γιγνώσκειν, e assim por diante. Trata-se daquele mesmo processo pelo qual, em lugar de dizermos "comunicar", dizemos "comunicado". Com isso, o conteúdo vivo do verbo é posto de lado a bem da clareza conceitual, consumando-se, assim, uma evolução que já estava em germe na língua primitiva. Através de um longo processo, as formas nominais e verbais fundem-se umas com as outras, enquanto no campo do substantivo se conjugam as três formas fundamentais do nome próprio, do nome comum e do abstrato. Dessa união vem à luz o conceito, o elemento lógico, e isso significa, para a história da língua, que o substantivo passa a cobrir uma extensão cada vez mais vasta – coisa que já fora ressaltada por Herder e por Humboldt[10].

É o mesmo entrelaçamento de motivos que está na base daquela concepção abstrata do espírito, cujo caminho foi preparado pela lírica, e que foi consumada por Heráclito. De fato, se se considera propriedade do espírito ser "algo de comum" que "parecia todas as coisas" e, por outro lado, " aumenta a si mesmo" (cf. supra, pp. 19 e ss.), atribuem-se, portanto, ao espírito, que é na origem concebido como órgão e, portanto, como coisa, características próprias da esfera do adjetivo e do verbo; visto que, se aqui nos referimos a uma qualidade, é absolutamente natural que coisas diferentes possam tê-la em comum e que ela possa "parecer" coisas diferentes. A concepção da espontaneidade e do acrescimento tem raízes no campo do verbo. Por fim, quando a alma é concebida, na tragédia, como o "agente" ou o "movente", essa expressão já demonstra a origem verbal da concepção. A natureza da alma só pode ser entendida dentro dos limites das categorias linguísticas.

A lógica nunca penetra na língua, portanto, pelo lado de fora, não se origina fora da língua: os meios para designar as relações lógicas como tais só pouco a pouco se desenvolvem na língua. Assim como o elemento lógico contido implicitamente na função predicativa do nome comum só se revela quando o universal é assinalado como algo de particular por meio do artigo, assim também alhures era necessária uma "descoberta" para que o elemento lógico fosse elevado até a consciência. Na origem, as relações lógicas "compreendem-se por si mesmas", não dispõem de uma forma linguística própria e, por isso, nem mesmo são consideradas como tais. Só quando se sente a

---

10   No que diz respeito ao grego, esse ponto foi desenvolvido sobretudo por H. Diels, cf. *Philol. Unters.*, Bd. 29, p. 19; e também O. Weireich, *Die Distichen Catulls*, p. 41.

A FORMAÇÃO DOS CONCEITOS CIENTÍFICOS NA LÍNGUA GREGA   237

necessidade de compreender aquilo que antes "se entendia por si", é que se revela a tendência própria do espírito de voltar-se para si mesmo: descoberta do espírito, portanto, significa apenas que o espírito se acha a si mesmo. Na frase "este é um leão", a relação lógica é expressa pela palavra "é"; por meio da cópula "ser", o problema lógico da relação do indivíduo com o universal torna-se, pela primeira vez, palavra. Também isso não existia na origem; na língua primitiva, essa cópula não é necessária. A frase *hic leo*, οὗτος λέων, é clara mesmo sem que a ela se acrescente um "é". Mas já no indo-germânico temos uma evolução das premissas linguísticas, e já no período pré-grego um verbo, que, na origem, tinha o significado de "estar presente", de "existir", é usado também como cópula. Portanto, aquilo que, num tempo passado, se compreendia por si mesmo, sem que fosse necessário expressá-lo, é depois visto sob o aspecto de "existência". Só então é que se torna possível a identificação parmenidiana da coisa existente com a coisa pensada, graças ao fato de que, na proposição do tipo: "este é um leão", a cópula "é" também é entendida no significado de "existe"; daí a difícil questão: que forma de existência atribuir à coisa pensada, ao universal?

Como a conexão lógica de sujeito e objeto, tampouco a relação causal de diferentes partes do discurso possui originariamente uma expressão linguística própria. As proposições causais (em razão de, por causa de, *per*, διά, e assim por diante) surgem de determinações de relações temporais e espaciais, nas quais o elemento causal é "compreendido" mesmo sem estar expresso como tal. As conjunções causais (porque, ὅτι, *quod*) têm, elas também, um significado local ou temporal, ou indicam, em épocas passadas, apenas a relação pronominal entre dois pensamentos e, portanto, uma pura subordinação gramatical que só progressivamente é entendida como nexo "lógico".

Usadas para ligar as diversas partes do discurso (sejam sujeito e predicado por meio da cópula, sejam partes da proposição por meio de preposições, sejam proposições inteiras por meio de conjunções),essas formas são as premissas necessárias de todo pensamento lógico e todas elas se produzem ao longo de três momentos, isto é: primeiramente, o elemento lógico resulta de si mesmo, do nexo do conjunto; em seguida, pouco a pouco, vocábulos, que tinham na origem outras funções, tornam-se portadores do elemento lógico; e, finalmente, esse elemento lógico pode tornar-se objeto de reflexão, embora permaneça sempre obscuro e incompreensível para o nosso pensamento vinculado à língua, já que a simples correlação, se não existe originariamente fora da língua, tampouco habita nas palavras isoladas. De fato, na origem, as palavras, portadoras do significado, sempre se referem a um conteúdo determinado.

Já que esse elemento lógico consiste na conexão, é ele o pressuposto necessário e universal de todo pensamento e de toda linguagem

238   A CULTURA GREGA E AS ORIGENS DO PENSAMENTO EUROPEU

racional, isto é, da filosofia e da ciência em geral, sem considerar o objeto particular delas. O pensamento recebe seu conteúdo dos substantivos, dos verbos e dos adjetivos, e o caráter das diferentes disciplinas científicas ou das diferentes formas de pensamento é, em grande parte, determinado pelas categorias gramaticais com que operam: isso vale sobretudo para as ciências naturais, que exigem uma particular precisão.

A ciência natural ocupa-se, num primeiro momento, das "coisas" cuja essência pretende explicar. Tales diz: o principio e a essência de todas as coisas é a "água", reportando-se assim, a uma frase de Homero, que dissera que Oceano era a origem dos deuses (*Il.*, XIV, 201); colocando, portanto, um nome comum em lugar de um nome mítico. Já Hesíodo procurara obter uma visão sistemática dos fenômenos do mundo, ordenando deuses e demônios num sistema genealógico, o que já era uma tentativa de descobrir no mundo uma ordem universal. Mas para esse fim ele valia-se de nomes míticos e não de nomes comuns. Tales põe de lado os objetos isolados, visto que pressupõe em todas as coisas uma matéria unitária. Essas determinações da matéria têm, na filosofia arcaica e mesmo, mais tarde, na especulação filosófica dos gregos sobre a natureza, grande importância, na medida em que terra, água, ar e fogo são considerados como "elementos". Progressivamente vão elas perdendo seu caráter concreto, sendo logo equiparadas a determinadas qualidades, como o seco e o úmido, o frio e o quente. Embora tenha tido grande importância mesmo (por exemplo) para a medicina, essa teoria não dá origem a uma verdadeira ciência da natureza; aproximamo-nos do pensamento propriamente cientifico com Anaxímenes que fala da rarefação e da condensação da matéria: são os diferentes graus de densidade e, portanto, as variações de uma determinada qualidade, que distinguem as diferentes matérias, e a diversidade existente entre as coisas é apresentada como uma diferença de qualidades. Mas só Demócrito nos permite compreender como a ciência opera com o objeto designado pelo adjetivo e chega à formação dos próprios conceitos específicos.

Aquilo que, num primeiro momento, é entendido como qualidade, aquilo que num objeto nos "atinge", que, em forma de cor ou de som, de temperatura ou de sabor, age sobre a nossa sensibilidade e é sentido na sua tensão polar, não pode, nessa forma viva, sob esse aspecto por assim dizer "heraclitiano", tornar-se matéria de conhecimento exato na ciência natural. Visto que essas coisas mudam, como diz Demócrito (B 9), conforme nossa acidental constituição física, só para o *nómos* existem a cor, o doce e o amargo; objetivamente, na realidade, só existem os átomos e o vazio (B 125). Por isso, ele rejeita as qualidades (Dióg. Laérc., IX, 72) e as reduz às formas do átomo, para assim, partindo do conhecimento confuso, alcançar o "verdadeiro" (B 11). O que nos parece qualidade é, portanto, para Demócrito, na "realidade", nada mais do que diferença de ἰδέαι (ideias), de formas, como ele chama com outro nome os átomos, e de

A FORMAÇÃO DOS CONCEITOS CIENTÍFICOS NA LÍNGUA GREGA   239

sua posição geométrica (B 141, cf. Aristót., *Met.*,1, 4, 985 *b*, 14 e ss., 54 A 6). Qualidades existentes também na "realidade" deveriam ser determinadas mediante adjetivos como grande, redondo, fino, paralelo ou então muito, pouco etc., isto é, com indicações especiais e mensuráveis.

Expresso pela primeira vez por Demócrito, esse princípio de que a simples sensação deve dar lugar à determinação matemática tornou-se familiar para nós graças à ciência moderna. As gradações da sensação são transportadas para os diferentes graus da qualidade, e as diferenças de qualidade dispostas segundo os graus de uma escala, onde podem ser medidas (termômetro, escala diatônica, espectro, e assim por diante). Nesse campo, os gregos não vão muito além da medição do comprimento, do tempo e dos pesos. Só num ponto tentam algo mais: os pitagóricos estabelecem a altura dos sons em correspondência com o comprimento das cordas. Mas os gregos não levam em conta as passagens continuas no comprimento das cordas e na altura dos sons; só levam em consideração as relações fixas que determinam as harmonias; tratam os números – e isso vale para todas as medições – como grandezas "inteiras" e também ai não se distanciam muito do princípio de Demócrito para quem as diferenças de qualidade deveriam reduzir-se a diferenças de figuras precisas. Mesmo sem nos aprofundarmos aqui no difícil problema da antiga concepção do número[11], bem podemos dizer que os gregos tinham a tendência de reduzir as qualidades a figuras espaciais, nas quais – mais do que em qualquer outra coisa – estavam habituados a discernir as determinações objetivas. Trata-se, no fundo, daquele princípio da ciência natural moderna que tende a reduzir a sensação a uma entidade matematicamente determinável; ao passo que, por exemplo, a metafísica de Heráclito, que nada tem a ver com as ciências naturais, procura representar os opostos da sensação sob seu aspecto fenomênico[12].

Ainda não exaurimos com isso todas as categorias do adjetivo. Juntamente com os adjetivos da sensação e os da forma, da qualidade e da grandeza, temos, como terceiro grupo independente, os adjetivos da avaliação. Se nas duas primeiras espécies de adjetivos descobrimos o ponto de partida do pensamento científico de Demócrito e do pensamento filosófico de Heráclito, adjetivos como belo, bom, justo colocam-nos diante dos problemas de Sócrates e de Platão. A particularidade estrutural desses adjetivos está no fato de que o pleno valor deles é concebido como tendente para uma única meta e, portanto, não se situa na tensão polar dos opostos e nem mesmo na escala das comparações progressivas. Aqui, ao contrário, a pluralidade aparece como gradual afastamento do Uno, daquilo que tem

11   Cf. J. Stenzel, *Zahl und Gestalt bei Platon und Aristoteles*, pp. 23 e ss.
12   *Hermes*, 61, pp. 353 e ss.

240 A CULTURA GREGA E AS ORIGENS DO PENSAMENTO EUROPEU

verdadeira existência. Mesmo na linguagem comum, por exemplo, a oposição belo-feio não equivale ao contraste quente-frio, pois na primeira contraposição, o primeiro elemento indica a norma "belo", ao passo que o segundo indica todo o conjunto daquelas coisas que não correspondem à exigência de beleza. Assim como os adjetivos "vitais", tampouco a classe dos adjetivos teleológicos se enquadra no sistema dos conceitos científicos; de fato, os princípios teleológicos sempre estiveram em guerra com a ciência natural "exata" que os elimina da natureza e não leva em conta o fator moral no homem. Um "materialismo" coerente deveria ver o fim da ação num bem mensurável, isto é, na "vantagem". Não foi esse, porém, o caminho seguido por Demócrito; este, pelo contrário, dedica-se a reflexões de índole psicológica, que nada devem, para produzir-se, nem às ciências naturais nem a uma verdadeira ética. Demócrito faz corresponder o bem ao prazer; naturalmente, também para Platão a consecução do bem é acompanhada por um sentido de felicidade mas, enquanto este dá primazia indubitável ao valor ético, Demócrito, ao contrário, reduz o bem ao prazer dos sentidos, ou seja, segundo nossa subdivisão gramatical, a um adjetivo de sensação. Enquanto em Platão o bem representa um fim que sempre leva para além do presente e do possível, Demócrito diz o contrário (B 191): "Deve-se voltar a mente para o possível e encontrar satisfação no presente". Ele, porém, não se detém na pura sensação. Enquanto Heráclito sentia a vida nos fortes contrastes, Demócrito diz – e isto exatamente polemizando com Heráclito (B 191): "Os homens alcançam a serenidade sendo comedidos no prazer e levando uma vida regrada. A penúria e a abundância mudam-se em mal e induzem grandes movimentos na alma. Mas a alma que se move entre grandes distâncias, não tem estabilidade nem serenidade". Demócrito busca, portanto, a felicidade no equilíbrio das tensões polares, mas, para ele, os fatos da alma não são mais que movimentos: aflora de novo, aqui, a ideia da medição. Representa, assim, a vida da alma tendo como modelo o mundo físico, mas num sentido inteiramente distinto daquele em que Heráclito e Platão falam dos "motos" da alma e da "medida" da vida. De Demócrito deriva a ideia de que o prazer seja mensurável, de que dependa do movimento mecânico (ou respectivamente da quietude), e, com ele, chegamos a uma concepção puramente psicológica das sensações e da ética. Nesse mesmo sentido também se dirigem suas famosas proposições éticas sobre a psicologia moral. E nesse campo muitas são as observações sutis e originais que faz: sobre a intenção e a boa vontade (62, 89, 79, 257), a consciência (297), a vergonha (84, 244, 264), o arrependimento (43) e o dever (256). Jamais tenta, porém, colocar o bem como meta, como o fazem Sócrates e Platão, ou conceber o direito

A FORMAÇÃO DOS CONCEITOS CIENTÍFICOS NA LÍNGUA GREGA 241

como a norma da vida, sob um ponto de vista metafísico, como Heráclito. Ocupa-se apenas, bom psicólogo que é, com as sensações morais positivas e negativas, e assim reconduz o complexo da ética a um campo acessível ao pensamento científico.

Platão interessa-se sobretudo pela "ação", Heráclito pelo mundo da alma, que não conhece nem a ação nem o movimento físico, mas "vive" e nos opostos "se transforma". Demócrito, ao contrário, se dá relevo ao movimento, não o faz apenas na psicologia, mas também na consideração da natureza, visto que o pensamento científico concebe como movimento tudo o que pode ser expresso mediante um verbo.

Isso significa, antes de mais nada, que Demócrito não concebe a forma verbal como atividade, mas como passividade, visto que movimento, no sentido democritiano, não significa mover, mas ser movido: depois que o vórtice das diversas formas se destacou do Todo (B 167), todo movimento se realiza por necessidade. Então os átomos são "lançados em torno" no vazio (A 58). Mas conceber o movimento como passivo não é outra coisa senão pressupor a causalidade: todo movimento deve ter uma causa. Naturalmente, Demócrito também atribui ao organismo vivo átomos psíquicos que produzem ativamente o movimento; mas isso, evidentemente, não são mais que resquícios mitológicos e metafóricos. Aristóteles separará nitidamente o espiritual e o físico como aquilo que move e aquilo que é movido. Por conseguinte, nas ciências naturais não há lugar para um "eu" agente nem tampouco para um "tu" abrangível, mas apenas para o pronome da coisa "ele". Se na língua, portanto, o verbo se apresenta de diversas formas e em diversas pessoas, Demócrito sempre vê o verbo em uma única forma, a passiva, e em uma única pessoa, a terceira.

Poder-se-ia, ademais, demonstrar que também entre os tempos um existe que é mister adscrever de modo especial às ciências naturais, visto que na realidade só se pode ter conhecimento empírico daquilo que aconteceu, do fato, muito embora esse conhecimento seja elevado ao presente filosófico do "agora e sempre". Mas aqui se nos apresenta uma particularidade da língua grega: no grego, como se sabe, o verbo não se divide tanto segundo o tempo quanto segundo as diferentes formas de ação. Isso significa que o grego capta as atividades nas suas diversas formas sensíveis, ao passo que as nossas formas de conjugação não traduzem efetivamente essas diferenças. O grego concebe uma ação como um estado – o que se exprime pelo tema do presente; ou como um acontecimento – temos então o aoristo; ou como um resultado – e nesse caso é usado o perfeito. Portanto, ou a ação é um modo de ser, por exemplo: "ele passeia", que equivale a "está caminhando", onde a atividade e o sentido do movimento são debilmente expressos; ou é um momento da ação, por exemplo: "ele caminha", onde a atividade,

242 A CULTURA GREGA E AS ORIGENS DO PENSAMENTO EUROPEU

embora fortemente expressa, está toda concentrada num ponto[13]; ou então é apenas a premissa de um resultado alcançado, por exemplo: "ele chegou". Com isso, falta ao verbo grego aquela força dinâmica que sentimos no nosso verbo quando dizemos "ele caminha", ação que concebemos ao mesmo tempo como um ser estável e como um acontecimento que continuamente se repete. O verbo grego dá-nos da ação uma ideia muito mais clara do que o verbo alemão, o qual tem em si uma certa obscura profundidade. Que valor têm essas várias formas de ação para as ciências naturais?

Para Demócrito, o movimento existe como resultado do movimento que se produziu no passado: concepção seria, portanto, concepção perfectícia. Desse modo, porém, não se capta o movimento como tal. Heráclito, ao contrário, representa o movimento com a imagem da tensão e da onda, reportando-o, assim, a fenômenos que representam um dado último também para a ciência natural moderna. Mas essas imagens não chegam ao problema físico do movimento. Visto que a tensão é um estado presente: para ela, portanto, o corpo se encontra na mesma posição da flecha no paradoxo de Zénon. Com a imagem da onda, ao contrário, Heráclito capta aquele estado que continuamente se renova, de modo que a ação é partida em muitos acontecimentos isolados, exatamente como a corrida de Aquiles, no outro paradoxo de Zénon, se fragmenta em muitos movimentos isolados.

Nem mesmo Aristóteles consegue ainda captar o movimento na sua dinâmica: entre as formas do movimento, ele distingue, em primeiro lugar, a do nascer e morrer. Mas isso – sustenta Aristóteles – não pode ser propriamente chamado de movimento, visto que provém do não-ser ou desemboca no não-ser. Essa concepção estaria mesmo em contraste com o método do pensamento científico[14], na medida em que a ideia do nascimento e da morte se inclui no âmbito da vida e do sentimento, tanto que não é estranha nem mesmo a Heráclito.

Aristóteles distingue três espécies de movimentos autênticos: o quantitativo de acréscimo e diminuição, o qualitativo de transformação e o espacial da mudança de lugar, que ele chama de φορά (*Phys.*, θ 7). As mudanças quantitativas e qualitativas escapam, todavia, a uma determinação mais exata: mas mesmo sem nos aprofundarmos nos problemas dessa teoria do movimento, fica claro que, com base nela, passa a constituir-se uma física que se ocupa apenas de "grandezas, de movimento e de tempo". Essa a tarefa que Aristóteles lhe atribui, com uma intuição extraordinariamente clara da essência das ciências naturais (cf., por exemplo, *Phys.* γ 4). Aristóteles

---

13   O alemão pode exprimir a diferença entre presente e aoristo mediante prefixos; *greifen – ergreifen,* etc.

14   Cf. Empédocles, B 8; Anaxágoras, B 17; Demócrito, a 37.

A FORMAÇÃO DOS CONCEITOS CIENTÍFICOS NA LÍNGUA GREGA   243

distancia-se, porém, da moderna concepção do movimento quando quer defini-lo. Ele define o movimento como a passagem de um ser para outro (*Phys.*, ε 1). A fase precedente e a fase subsequente ao movimento são apresentadas como grandezas exatas – o movimento é apenas o que se acha entre esses dois pontos; isso, porém, nada ainda nos diz sobre sua natureza. Quando quer, em seguida, superar a distância entre essas duas fases extremas, Aristóteles nos dá o conceito de enteléquia: o movimento é realização de uma possibilidade; o móvel é, portanto, o pressuposto do movimento. Para explicar isso, Aristóteles recorre aos objetos destinados a um escopo, que já haviam oferecido à concepção teleológica de Platão os *paradeígmata* (paradigmas) das coisas. O construir é o construível e a *enérgeia* do construível na medida em que é construível (*Phys.*, γ 1, 201 *a*, 30 e ss., e 201 *b*, 7 e ss.).Nós definiríamos o construível mediante o construir, e não (vice-versa) o construir mediante o construível. Porém, desse modo, Aristóteles consegue reduzir o movimento a um estado de repouso, mas não capta a dinâmica processual do movimento, o seu desenrolar. Interpreta antes de tudo o movimento por analogia com a ação humana, na medida em que também o homem se vê diante de diversas possibilidades e , em seguida, realiza apenas uma dessas possibilidades. A verdadeira ação está no dar-se à possibilidade – entre as diversas espécies de ações, esta corresponderia ao aoristo – e a própria mudança reduz-se, assim, a um estado.

Os gregos não compreenderam, portanto, o movimento em seu aspecto irracional; Zénon antes de tudo deduz, dessa irracionalidade, que o movimento poderia também não existir. Falta-lhes o verdadeiro conceito do movimento. Não é de espantar, portanto, que não tenham construído nenhuma lei do movimento, fora a determinação de simples períodos.

Das ciências a que damos hoje o nome de físicas, somente a mecânica e a óptica assumiram na Grécia importância científica[15]; caberia, talvez, acrescentarmos a acústica, desenvolvida pelos pitagóricos. Todas essas pesquisas físicas só levam à determinação das relações estáticas de repouso; como na acústica, por exemplo, as relações entre determinados comprimentos e determinados sons (mas os gregos não calculam os tons pelo número das oscilações, nem mesmo quando se esforçam por reduzir o som a uma série de movimentos)[16].

---

15 Cf. Johann Ludwig Heiberg, *Geschichte der Mathematik und Naturwissenschafter im Altertum*, München 1925, p. 66.

16 Cf., por exemplo, Aristóteles ἐκ τοῦ π. ἀκουστῶν, 800 *a*, 1 e ss., particularmente 803 *b*, 34 e ss.: αἱ δὲ πληγαὶ γίνονται μὲν τοῦ ἀέρος θπό τῶν χορδῶν πολλαὶ καὶ κεχωρισμέναι, διὰ δέ μικρότητα τοῦ μεταξὺ χρόνου τῆς ἀκοῆς οὐ δυναμένης συναισθάνεσθαι τὰς διαλείψεις, μία καὶ συνεχὴς ἡμῖν ἡ φωνή φαίνεται, – também aqui "a oscilação está dividida em 'pancadas' isoladas". Se nos *Problemata*, I a (ὅσα

244 A CULTURA GREGA E AS ORIGENS DO PENSAMENTO EUROPEU

Na óptica, só tratam da geometria dos raios de luz; na mecânica científica, não vão além da estática.

É verdadeiro, portanto, também para o verbo, o que era verdadeiro para o substantivo e para o adjetivo; a formação dos conceitos científicos está ligada aos pontos de partida oferecidos pela língua, e isso significa, antes da mais nada, que está condicionada ao grau de evolução atingido pela língua grega e, em segundo lugar, que realiza uma determinada seleção entre as múltiplas formas existentes na língua. Esses dois fatos só se podem entender se, na base dessas formas da língua, existir, desde o início, um conteúdo semântico determinado, isto é, se elas oferecerem a oportunidade para uma bem determinada formação dos conceitos. Embora a formação dos conceitos científicos não surja do nada, não se pode, todavia, dizer que os conceitos científicos existissem prontos e acabados na língua pré-científica e que não fosse necessário algum trabalho para desenvolvê-los. O trabalho mais árduo está, ao contrário, exatamente nisto: libertar esses elementos que estão em luta com os elementos estranhos não-científicos. Mesmo os limites da língua grega, tais como se revelam, por exemplo, na concepção do número ou nas formas de ação do verbo, demonstram que todas as formas linguísticas têm um "significado", que nelas existe um sentido, o qual permite que a formação dos conceitos se desenvolva numa determinada direção, mas que só é levantada até a clara luz do saber através do fatigante trabalho do pensamento. Na língua acha-se em germe a estrutura do espírito humano, que só desabrocha por completo no desenvolvimento do discurso e, finalmente, no pensamento filosófico. Há uma tripartição que permeia todo o edifício da gramática (pelo menos da indo-germânica); essa tripartição fixa as possibilidades do pensamento filosófico e já coloca as bases das três formas fundamentais da filosofia nos três diferentes gêneros da poesia; respectivamente na épica, na lírica e no drama[17].

O pensamento científico representa apenas uma das formas que se acham em germe na língua; mas nenhuma outra se desenvolveu de forma tão coerente no pensamento humano, e nenhuma outra formação conceitual tanto se distanciou da língua falada. Mas em nenhuma

π. φωνῆς, 898 b, 26 e ss.) os tons altos são atribuídos ao movimento rápido e os baixos ao movimento lento, estamos aí diante de observações isoladas: falta a formulação da lei exata, e falta também a subordinação de um som a uma determinada velocidade.

17 A relação desses três tipos gramaticais, que aqui são tratados ocasionalmente segundo seu valor para Demócrito, Heráclito e Platão, com os tipos de Dilthey, deveria apresentar-se com uma evidência indiscutível. Sobre a tripartição da língua muitas coisas esclarecedoras foram ditas por Fritz Mauthner, embora com tendência inteiramente diversa (*Die drei Bilder der Welt, ein sprachkritischer Versuch,* 1925). Eu próprio desenvolvi ulteriormente o que aqui vem apontado no livro *Der Aufbau der Sprache,* Hamburg, 1952.

A FORMAÇÃO DOS CONCEITOS CIENTÍFICOS NA LÍNGUA GREGA   245

outra língua aparece com tamanha evidência como na língua grega, a maneira pela qual os conceitos das ciências naturais surgiram do terreno da língua e com quais raízes ainda agora nele imergem, visto que o grego, na ciência natural, soube dar autonomia ao *lógos* em relação à língua. O mesmo vale, porém, para as duas outras formas do pensamento, e talvez por isso possa o grego um dia ajudar-nos a resolver o problema de como poderá a filosofia, através da fusão das três distintas categorias do pensamento, reconquistar aquela unidade que a linguagem primitiva realiza tão naturalmente no uso das diversas categorias da língua.

13. O Símbolo do Caminho

Já que o espírito se formou na história, não é possível espírito sem tradição: só *na* tradição e *em confronto com* a tradição pode ele desenvolver-se. Por outro lado, existem tradições sem espírito, tradições das quais o espírito desapareceu, invólucros vazios, semelhantes a cascas de insetos mortos, a conchas que já não hospedam nenhum ser vivo: a tradição está mesmo sempre em risco de tornar--se sem espírito, rígida e morta. Mas essa tradição envelhecida não é somente um fardo que tem de ser arrastado a duras penas, mas – o que é ainda pior – é encarada por aqueles que se sentem vivos como inadequada, como uma mentira.

É condição da história viva do espírito, portanto, que as velhas formas sempre retomem nova vida e se transformem, em seguida, em si mesmas. Nisso a vida espiritual assemelha-se à vida *tout court*, pois também na natureza a vida se perpetua em formas sempre novas. Há, todavia, uma diferença essencial entre a vida orgânica da natureza e a que chamamos de vida espiritual. Nas plantas e nos animais, as formas vivas só podem surgir através da geração; na tradição espiritual, ao contrário, formas tradicionais ganham nova vida quando *refletimos* sobre elas. Formas das quais se conservou a memória podem ser, por assim dizer, reanimadas, ao passo que na natureza o que está morto está morto irrevogavelmente. Mais singular e significativo ainda, é que velhas formas podem ganhar um *novo* sentido, e assim instituições, fórmulas, símbolos possam ser, no desenrolar da história, portadores de um sentido e de uma vida múltiplos. Poder-se-ia facilmente dar exemplos extraídos dos campos mais díspares da vida humana, das convenções sociais ou das normas do ordenamento político, das usanças religiosas ou da arte figurativa: por toda a parte oferece-se um

248 A CULTURA GREGA E AS ORIGENS DO PENSAMENTO EUROPEU

mesmo e fascinante espetáculo, de como as velhas tradições são em parte conservadas, em parte abandonadas, em parte animadas de um novo espírito. Esse espetáculo nos é familiar a partir de nosso tempo, quando, certamente, nem sempre aparece de forma atraente, mas antes como uma disputa áspera e perversa de opiniões, em que uns, os partidários da tradição, dão-se o nome de conservadores mas são chamados de reacionários pelos adversários, enquanto os outros, que se põem a serviço do espírito novo e estão prontos a lançar ao mar, como um lastro pesado, grande parte da tradição, são considerados por seus adversários como subversivos e destruidores. Somos avessos a detectar, nesse conflito, uma luta de partidos e de classes sociais (os *beati possidentes* seriam de preferência conservadores e os pobres, revolucionários), ou então um contraste de gerações (a juventude é mais atraída pelas novidades do que a velhice), difundindo-se, assim, a convicção de que o conservadorismo ou o reformismo sejam uma espécie de ideologia, de visão do mundo, como se se tratasse de dogmas aos quais aderir ou que devam ser combatidos quando basta refletirmos a respeito para ver que a questão é muito mais simples, ou seja, é ver se uma *determinada* tradição ainda tem significado ou se já está vazia, se em um *determinado* campo manifesta-se, ou não, um novo espírito vivo.

Certamente, mesmo que não se assuma, em relação a esses problemas, uma postura ideológica, mas positiva, as opiniões serão, de qualquer modo, muito diferentes; pois um julgará como herança morta aquilo que para outro ainda tem valor; uns celebrarão o nascimento de um novo espírito onde outros veem apenas decadência e degeneração espiritual, visto que nunca se pode saber, *a priori*, se o novo é espírito ou negação do espírito, se por trás da máscara do otimista por acaso não se esconde Mefistófeles. Todas as épocas têm essas lutas pela frente, em todos os campos: isso pertence inelutavelmente à nossa existência histórica. Uma destruição leviana pode, portanto, ser tão deletéria quanto uma conservação obtusa.

Neste ensaio ocupar-nos-emos do problema da tradição na história do espírito apenas como problema histórico, como problema do passado, que podemos considerar mais desapaixonadamente, embora, graças à sua atualidade intrínseca, suscite em nós um interesse particularmente vivo. Aqui a história do espírito deve ser entendida em sentido rigoroso e limitado, como história da consciência que o homem tem de si mesmo. Essa autoconsciência do homem explicita-se em determinados símbolos. Basta lembrar o que Aby Warburg chamou de as "fórmulas do *páthos*" na arte figurativa. O homem adquire consciência dos próprios movimentos espirituais na medida em que os traduz em imagens e, com a representação desses movimentos interiores, o artista ensina também aos outros homens a percebê-los em si mesmos. Quando, por exemplo, o apaixonado gesto de lamento nos *lékythoi* da

O SÍMBOLO DO CAMINHO 249

Grécia arcaica é substituído por uma representação mais composta da dor nos vasos e nos relevos fúnebres da idade clássica, essas obras posteriores ensinam, literalmente, uma forma mais contida e interior de sentir. Uma determinada fórmula da tradição é superada por um novo espírito, que cria para si uma nova fórmula, e essas fórmulas determinam as atitudes externas e interiores do homem de maneira muito mais marcante do que comumente se admite – até o momento em que essas fórmulas se tornam vazias e inadequadas, dando novamente lugar a outras. Essas fórmulas podem ser mal interpretadas e não compreendidas ou perder todo e qualquer significado, mas também podem, após terem permanecido por muito tempo mudas e esquecidas, ressurgir de improviso para uma nova vida: assim no Renascimento certas atitudes clássicas voltam de novo a falar, são novamente acolhidas pela arte figurativa e de novo influenciam os homens.

Quero aqui tratar de um símbolo ao qual várias vezes recorreram os homens para esclarecer a si mesmos o próprio pensamento, símbolo simples e antiquíssimo que criou repetidamente uma nova tradição de pensamento e, de cada vez, se enriqueceu de um novo espírito – o símbolo do caminho, que nos permitirá ilustrar certas características da tradição, e da sua transformação no curso da história do espírito. Para tal fim, utilizarei as pesquisas de dois estudiosos para os quais vai toda a minha gratidão: o livro de Otfried Becker, *Das Bild des Weges und verwandte Vorstellungen im frühgriechischen Denken* (Hermes-Eizelschriften, fasc. 4, 1937) e o estudo de Erwin Panofsky, *Herkules am Scheidewege* (Studien der Bibl. Warburg, vol. XVIII, 1930).

Para nós, modernos, a imagem do caminho está muito consumida; já não nos damos conta de que a evocamos ao dizer, por exemplo, que levamos a termo um trabalho ou que uma coisa vai bem, quando falamos de rumos da vida ou de andamento do discurso, ou quando dizemos estar atrás de um pensamento. No entanto, todas essas metáforas não existiram desde sempre, mas formaram-se historicamente, e podemos, por exemplo, seguir amplamente sua formação no grego. Elas constituem, portanto, uma verdadeira tradição, mas uma tradição na qual estamos de tal maneira imersos que somos avessos a considerá-la como algo de eternamente válido. A metáfora do caminho, toda vez que se apresenta, dá uma determinada interpretação de uma atividade ou de um "processo", interpretação sobre a qual caberia perguntar se seria a única possível, e até mesmo se seria a correta (admitindo-se que seja lícito falar, no caso, de interpretação correta ou pertinente). Essa metáfora do caminho limita-se, antes de mais nada, a estabelecer um ponto de partida e uma meta para uma determinada atividade e a considerá-la como algo de contínuo em seu percurso do princípio ao fim. Quando falamos do caminho que toma um trabalho ou um discurso, tudo é muito simples e pouco problemático; e é justamente esse

250 A CULTURA GREGA E AS ORIGENS DO PENSAMENTO EUROPEU

o motivo pelo qual é tão sólida a tradição dessas metáforas e por que essas imagens são encontradas nas línguas mais diversas.

Mas já nesse ponto surgem dificuldades: um caminho é, em geral, algo de fixo. É uma exceção, por exemplo, que eu me encontre diante de uma correnteza tendo de *buscar* um caminho para atravessá-la. Mas num trabalho ou num discurso não é raro que eu tenha primeiramente de encontrar ou mesmo de criar o caminho. Mas também pode acontecer que dois pontos, entre os quais se trafega, não estejam unidos por *um* único caminho, mas por dois ou mais, e que me cumpra refletir sobre qual deles me convém percorrer: e em idêntica situação posso encontrar-me no caminho de um trabalho ou de um discurso. Mas o fato de ter de buscar um caminho ou de avistar diante de si dois caminhos é uma circunstância que ocorre ao homem sobretudo no ato do *pensar*.

Este *pensamento* que se sente colocado ante a tarefa de buscar o próprio caminho ou de escolher entre dois caminhos é coisa relativamente recente. Entre todas as palavras que se relacionam com a metáfora do caminho, duas há, sobretudo, nas quais se desenvolveu, entre os gregos, a consciência dessa situação do pensamento: as palavras *aporía* (isto é, impossibilidade de seguir adiante) e *tríodos* (trívio ou bifurcação); com elas superou-se uma velha tradição do pensamento e fundou-se uma nova; elas demonstram, de um modo que definiríamos até mesmo como exemplar, a maneira pela qual o espírito supera uma tradição antiquíssima e cria uma nova que se projeta longe no futuro.

Isso tudo não aconteceu, com certeza, do dia para a noite. Os primeiros poetas gregos acreditavam ser guiados pela Musa ao longo do caminho do seu dizer e pensar, e isso pressupõe, evidentemente, que exista um determinado caminho, conhecido pelo menos pela Musa; só com Xenófanes ouvimos pela primeira vez dizer, por volta de 500 a.C., que os homens encontram pouco a pouco o melhor através das próprias indagações e pesquisas (cf. infra, p. 139) e é apenas com Sócrates, cem anos mais tarde, que a *aporía*, a falta de um caminho de saída, é a situação na qual toma impulso o pensamento humano, buscando antes de mais nada achar esse caminho. Aporia passa então a assumir, sem mais, o significado de problema. O caminho do pensamento, que leva para fora dessa situação fechada, é μέθοδος, o método – onde está ainda implícita a imagem do caminho, pois μέθοδος é, propriamente, o caminho em direção a alguma coisa. Platão usa já essa palavra em sentido técnico e, a partir de então, toda investigação científica e filosófica tem início com a colocação do problema, da aporia, à qual se segue a pesquisa metódica – segundo o método dialético, ou um outro método científico – do caminho do conhecimento: abandonava-se, assim, a velha tradição segundo a qual o homem se sentia guiado pela divindade ao longo de um caminho seguro, e fundava-se a nova tradição da pesquisa científica. Seria muito interessante reconstruir esse

O SÍMBOLO DO CAMINHO

desenvolvimento através da transformação gradativa do significado do símbolo do caminho; não quero, entretanto, por ora, aprofundar-me nessa análise, preferindo examinar a imagem da encruzilhada, que, a meu ver, apresenta um particular interesse para nossa situação atual.

O símbolo do bívio é nosso velho conhecido através da história de Héracles que é posto diante da escolha de seguir o caminho do vício ou o da virtude. Essa história foi inventada pelo sofista Pródico, contemporâneo de Sócrates. e relatada pelo discípulo de Sócrates, Xenofonte, no segundo livro dos *Memorabili*[1]. Seu conteúdo é mais ou menos o seguinte: o jovem Héracles está em aporia, em dúvida quanto ao "caminho de vida" que deva seguir. E eis que se lhe apresentam duas mulheres da alta estatura, uma cheia de dignidade, formas nobres, vestida de branco – é a ' Αρετή, a virtude; a outra, que seus amigos chamam de Εὐδαιμονία, felicidade, mas os inimigos, de Κακία, baixeza – indolente e opima; para parecer mais bela, recorreu a cosméticos e outros meios, contempla futilmente a própria sombra e usa vestes transparentes que deveriam perturbar os sentidos. Ambas dirigem a Héracles um longo discurso, prometendo conduzi-lo à felicidade e Héracles, por fim, decide seguir a virtude. A história pouco tem de poética mas seu conteúdo moral tornou-a uma das histórias preferidas na antiguidade, conferindo-lhe, assim, como mostraremos, uma grande importância para a tradição ética ocidental.

A história não faz parte da velha lenda de Héracles e foi inventada, como dissemos, por Pródico; mas Pródico utilizou temas mais antigos e por isso essa história não constitui apenas o início de uma tradição mas também se vincula a tradições mais antigas e é, portanto, capaz de mostrar como antigas tradições ganham novo espírito. Pródico combinou sobretudo dois temas literários: a representação do julgamento de Páris, numa tragédia de Sófocles que foi perdida, e o discurso de Hesíodo ao irmão sobre os dois caminhos que levam, respectivamente, ao bem e ao mal. É um exemplo decididamente típico de como um novo conteúdo surge do encontro de dois temas diferentes. Daí porque julgamos valer a pena determo-nos um pouco mais sobre o assunto. Também Hesíodo fala da ἀρετή e da κακία (e até mesmo da κακότης), mas essas palavras, nele, não têm aquele significado rigorosamente moral que têm em Pródico.

Diz ele (*Erga*, 287 e ss.): "Da baixeza (κακότης) podemos pegar tudo o que quisermos, e sem esforço: o caminho é plano e próximo de nós. Mas diante da ἀρετή os deuses imortais colocaram o suor: longa, árdua é a trilha que até ela conduz e, no primeiro trecho, coberto de pedras. Mas tão logo atingimos o cume, ela (a ἀρετή) fica mais fácil, por mais difícil que seja".

---

1 Sobre a historieta de Pródico, cf. H. Hommel, *Würzb. Jahrbe*, 4, 1949-1950, pp. 157-165.

252   A CULTURA GREGA E AS ORIGENS DO PENSAMENTO EUROPEU

Foi daí que Pródico tirou os dois caminhos, o da ἀρετή e o da κακία. Como fica, porém, ainda mais claro pelo contexto – e como podemos ver também na passagem citada –, para Hesíodo a ἀρετή é ainda a prosperidade e a operosidade, mais do que a virtude, e a κακία não é tanto o mal moral quanto a miséria, o que corresponde também ao uso linguístico do grego mais antigo. Hesíodo não se refere tanto à consciência moral – e de fato, não fala, de maneira alguma, de uma escolha do bem –, mas aponta o caminho da salvação e o da ruína: embora o caminho da salvação pareça, no início, cansativo e difícil, "no cimo" brilha a felicidade. A κακότης ao contrário, é fácil de alcançar. A imagem dos dois caminhos já se encontra, por outro lado, em outra antiga tradição: o caminho da luz e o das trevas, o caminho da morte e o da vida, a porta estreita que conduz à bem-aventurança e a porta larga que leva à danação, são imagens que nos são familiares desde a Bíblia; já em *Jeremias*, 21, 8, lê-se: "Assim disse o Senhor: Eis que vou colocar diante de vós o caminho da vida e o caminho da morte"[2].

Hesíodo, porém, distingue-se dessas solenes declarações que prometem o caminho da salvação ou o da danação na medida em que não fala em nome de uma revelação religiosa, mas refere-se à experiência, com a linguagem áspera e essencial do campesino, e procura convencer o irmão, a quem se dirige seu discurso, de que o caminho da Ἀρετή, da prosperidade e da felicidade é também o do árduo trabalho, ao passo que o fácil caminho da preguiça conduz à ruína. Na medida em que não se trata aqui de uma livre decisão de Perses, Hesíodo fala exatamente como um pregador seguro da verdade anunciada, ainda que a motive de maneira diversa.

O tema da escolha decisiva é concretizado por Pródico na imagem de Héracles, de quem se aproximam duas criaturas super-humanas – exatamente a Ἀρετή e a Κακία, fazendo, cada uma delas, valer os próprios direitos, pelo que deve ele decidir entre as duas com base unicamente no próprio julgamento. Pródico encontrava situação semelhante no drama satírico (perdido) de Sófocles intitulado *Crísis*, isto é, Decisão, Juízo. Nessa obra, Sófocles encenava o julgamento de Páris, e Afrodite, segundo conta Ateneu (687 C: fr. 361 P. = 334 N.), era aí representada como uma ἡδονικὴ[3] δαίμων, como uma "deusa do prazer", que se arrebicava e a todo instante se olhava ao espelho, enquanto Atena, afeita ao esporte e com o corpo untado de óleo, representava a inteligência e a reflexão racional. Dessa narrativa, e do fato que Ateneu declara explicitamente que Pródico constrói sua história tendo como modelo esse drama de Sófocles, podemos deduzir que Páris, ao atribuir o prêmio à mais bela, fazia, com isso, a escolha de

2   Cf. também já *Moisés*, 5, 11, 26-28; *Provérbios de Salomão*, 1, 15 e ss.
3   Segundo a hipótese de U. von Wilamowitz, *Hellenische Dichtung*, II, 17.

O SÍMBOLO DO CAMINHO

sua própria vida: ao dar a maçã de ouro a Afrodite, decidia-se por uma vida afrodítica e ganhava Helena. Possivelmente também Hera comparecia nesse drama sofocliano, visto que, nas outras versões do mito, três são as deusas que disputam diante de Páris o prêmio da beleza, e Páris via-se assim tendo de escolher entre o poder, a sabedoria e o prazer; mas a tradição não permite que se forme uma opinião segura quanto a esse ponto. O fato de as deusas terem-se dirigido a Páris num embate de discursos leva-nos a pressupor aqui, pela primeira vez, a ocorrência daquela disputa oratória que mais tarde se chamará *sýnkrisis* e que recorria ao juízo e à decisão do ouvinte.

Também em Sófocles existem dois temas distintos que concorrem para formar um novo enredo: o primeiro é a história do julgamento de Páris, tal como já é pressuposta pela *Ilíada* (conforme demonstrou de modo convincente Karl Reinhardt); o outro deriva da tragédia de Ésquilo. Na velha lenda do julgamento da Páris narrava-se que as três deusas, Hera, Atena e Afrodite chegaram a brigar entre si porque cada uma afirmava ser a mais bela. Sófocles utilizou provavelmente a versão do conto que encontrou no poema *Kypriaká* (*Cantos Cíprios*). Mas visto que também desse poema pouca coisa nos restou – apenas um breve sumário e alguns fragmentos –, nada podemos afirmar com precisão; parece, todavia, que nos *Cantos Cíprios* falava-se apenas de uma recompensa, que cada uma das deusas prometia a Páris se este lhe desse o prêmio da beleza: Hera prometia-lhe um reino poderoso, Atena, vitória na guerra, Afrodite, a mulher mais bela. Promessas que mais caracterizam uma influência exercida sobre o juiz, para não dizer corrupção, do que colocam Páris diante da escolha decisiva de um certo tipo de vida e de um determinado caminho. Esse tema, que Sófocles introduz evidentemente na lenda pela primeira vez, provém da primeira tragédia ática. Pois só a Ésquilo, precursor de Sófocles, coube descobrir e demonstrar que o homem não reage apenas a estímulos externos mas é capaz de decidir sozinho. Só com Ésquilo é que o homem tem consciência de chegar, através de sua própria reflexão, a um agir responsável, e só assim surge a ideia da liberdade humana e da autonomia do agir. Ésquilo representou essa nova situação colocando um homem diante de duas instâncias divinas contraditórias: seu Orestes, por exemplo, deve obedecer à ordem de Apolo de vingar a morte do pai, isto é, de matar a mãe – e assim transgride o mandamento divino de honrar a mãe. É, portanto, obrigado, visto que os imperativos divinos se elidem reciprocamente e falham em sua tarefa, a decidir sozinho.

Também Sófocles funde em seguida, na história do julgamento de Páris, duas diferentes tradições, criando assim uma nova tradição, assim como Pródico, por sua vez, combinará os dois temas de Hesíodo e de Sófocles, ou como já Hesíodo havia sobreposto a um tema religioso um tema dessumido da experiência, à velha imagem religiosa dos

254   A CULTURA GREGA E AS ORIGENS DO PENSAMENTO EUROPEU

dois caminhos as regras prosaicas do camponês. Disso tudo resulta – e teríamos muitos outros exemplos para confirmá-lo – que na história do espírito a tradição pode ser ao mesmo tempo conservada e desenvolvida na medida em que duas tradições diversas se encontram e se interpenetram.

O espírito vivo não aparece aqui, portanto, como fantasia infrene – embora se possa considerar uma característica do espírito sua abertura a todas as possibilidades –, mas esse espírito livre permanece ligado, de modo peculiar, a dados modelos, temas ou símbolos. O que nada tem de estranho: toda tradição, toda forma significante é, como forma estável e fixa, unilateral, dá ao espírito, àquilo que vive, uma marca e uma configuração determinada, e, se é verdade que a vida só e sempre se pode representar sob essas formas limitadas e só dentro de tais limites podemos nós captar o espírito, aquele que sente a vida como algo de incondicionado sempre adverte, de cada vez, a insuficiência de tais formas; elas parecem-lhe rígidas a isso faz sair em busca de possibilidades novas a fim de superar as velhas formas sentidas como unilaterais e insuficientes. Mas mesmo essas outras possibilidades são dadas à consciência apenas como possibilidades determinadas, exatamente como tradição, tema ou símbolo, e assim um novo conteúdo se deixa exprimir mais facilmente através do entrelaçamento e da mescla de temas diversos.

Conservar a tradição e criar o novo não são, portanto, evidentemente, alternativas que se excluem reciprocamente, mas é justamente numa tradição rica e vital que temas diferentes podem entrelaçar-se e fecundar-se mutuamente. Esse entrelaçamento de temas é de extrema importância para a estrutura do nosso mundo espiritual e pode ser encontrado, também na estrutura da linguagem, por exemplo.

A imagem de Héracles na encruzilhada teve longa vida no ocidente. Na história de Pródico, tal como vem relatada pelas *Memoráveis* de Xenofonte, diz-se, porém, que Héracles estava em dúvida sobre o caminho de sua vida, mas a palavra τρίοδος, trívio ou bívio, ainda não comparece. Bastaria, porém, um pequeno passo para transportar Héracles, por assim dizer, para a paisagem descrita por Hesíodo, e colocá-lo na ramificação das duas estradas que levavam respectivamente à virtude e ao vício. A mesma situação encontramos em muitos escritores, especialmente em retóricos do início da era cristã, sem que se possa dizer quem tenha sido o primeiro a introduzi-la. Mesmo em outros lugares, encontram-se numerosas variantes da história que nada trazem de substancialmente novo.

Já a história de Pródico surgiu numa época em que a fantasia poética dos gregos perdera muito de sua vivacidade, tornando-se, assim, ela também, uma fábula moralista sobremaneira árida. Continuava, apesar disso, capaz de manter desperta e de reforçar a consciência de

O SÍMBOLO DO CAMINHO

que o homem tem liberdade de escolha entre o bem o mal, e isso bem depressa se tornou – depois que surgira na tragédia a consciência da própria responsabilidade e livre decisão, e Sócrates, sob a influência da tragédia, fundara toda a moral na liberdade do querer – também o fundamento de uma educação moral generalizada. O desenvolvimento intenso e fecundo da tradição, que até agora acompanhamos, ocorrerá doravante nas discussões filosóficas sobre o valor dos diferentes itinerários de vida e, se já as *Memoráveis* de Xenofonte, que nos transmitem a fábula de Pródico, têm o caráter de uma filosofia popular para um público bastante vasto, a tradição do tema do bívio sobreviveu no âmbito de uma literatura pedagógica edificante, onde se enrijeceu num tema convencional. Enrijeceu-se mesmo, a tal ponto e de tal maneira perdeu seu conteúdo intuitivo e vital que, a partir do século I d.C., a imagem do bívio cristalizou-se num bizarro esquema abstrato. Viu-se na letra Y a imagem da bifurcação e atribuiu-se ao velho filósofo Pitágoras a introdução desse Y como símbolo da escolha entre o vício e a virtude[4]. O segmento vertical significa então, por exemplo, os anos de juventude em que o homem ainda não é capaz de decidir. Esse Y pitagórico vagueia como um fantasma por toda a tardia antiguidade e até mesmo através da literatura medieval. E foi assim que aquele tema vivo acabou por transformar-se, de todo, numa tradição morta.

E no entanto, nem por isso o tema morreu definitivamente – e também esse fato ensina-nos algo graças à tradição.

A imagem do bívio e o símbolo do Y pitagórico perdera, no fim da antiguidade e na Idade Média, toda a sua vitalidade porque já não mais se compreendia o verdadeiro significado do tema, porque não mais se sentia a liberdade do homem como algo de essencial. Já na idade helenística começara a afirmar-se o movimento contrário pelo qual o homem se sente novamente, e cada vez mais, determinado pela intervenção de potências divinas e demoníacas. Assim também o Y pitagórico se torna, mais tarde, o símbolo não da escolha ante a bifurcação, mas dos dois caminhos rumo à salvação ou à danação, aos quais o homem é conduzido por um deus ou por um diabo. Figuras medievais, em que o homem é agarrado de um lado por um anjo, de outro por um diabo, procurando, cada um arrastá-lo para si, mostram de forma drástica como então nos são representados os temas que conduzem o homem para o caminho da virtude ou para o do vício.

Panofsky mostrou que só no início do Renascimento o tema de Héracles diante do bívio começa a readquirir um significado essencial: por volta de 1400, reaparece na literatura e, após a metade do

---

4   Cf. Axel Friberg, *Den Svenske Herkules, Kungl. Vittershets Historie och Antikvitets Akademiens Handlingar*, Del. 61: 1, Stokholm, 1945 (com amplos dados bibliográficos).

256   A CULTURA GREGA E AS ORIGENS DO PENSAMENTO EUROPEU

século XV, na arte figurativa, onde permanece vivo, numa grande riqueza de variantes, até o século XVIII.

O ressurgir de um tema antigo no Renascimento (e este é apenas um exemplo entre outros muitos) difere do entrelaçamento e fusão de temas de que falamos anteriormente. Ali tínhamos temas ainda vivos que adquiriam uma nova figura e uma nova vida na medida em que se integravam e fecundavam reciprocamente; aqui, ao contrário, um tema velho e fossilizado é retomado depois de um longo esquecimento e despertado para uma nova vida. O exemplo do bívio mostra, com particular evidência, no que consiste esse "ressurgir". Algo que , a partir do início do século V a.C., dos primórdios da tragédia ática, isto é, da idade clássica, era considerado como essencial para o homem, ou seja, que o homem pode e deve escolher entre o bem e o mal, é, na Idade Média, esquecido ou, de qualquer modo, coberto e escondido por uma outra interpretação do agir humano.

"Renascimento" é o nome que damos a esse grande repensamento de uma tradição esquecida e perdida. Esses renascimentos dependem do fato de que o homem experimenta, ainda mais radicalmente do que fosse ocorrer no desenvolvimento normal de temas tradicionais, um sentido de insatisfação em relação à tradição dominante e fossilizada, de que sua natureza mais íntima não se sente mais realizada pelas formas em que vive e de que, portanto, ele se volta nostalgicamente para o ponto a partir do qual lhe parece que a vida tenha tomado uma direção errada. A infância inocente, a idade de ouro de uma humanidade primitiva, o paraíso antes do pecado original, do fruto proibido do conhecimento, a natureza à qual se deve retornar, são temas antitéticos ao da tradição – e que têm, no entanto, por sua vez, uma longa tradição, dos primórdios da humanidade até hoje.

Para aquilo que chamamos de cultura ocidental, para a nossa arte, ciência e política, a antiguidade é o ponto de partida e o ponto de norteamento e, sob esse aspecto, o símbolo do bívio merece ainda duas palavras. É exatamente esse símbolo que ganha hoje certo valor de atualidade. No curso dos últimos cem anos veio novamente para primeiro plano, para a nossa consciência, tudo aquilo que determina coativamente o homem no seu agir e que, portanto, restringe sua possibilidade de decidir livremente. A ação do ambiente, sobretudo das relações econômicas, os influxos secretos a que está exposta a nossa alma, a "exposição" de nossa existência têm uma parte tão importante na consciência do homem moderno, que as tradicionais representações da escolha da virtude aparecem como vazias e mentirosas, como antigualha de mau gosto ou ideologia. E no entanto, fala-se muito e em altas vozes da liberdade do homem. Essa contradição não é necessariamente perigosa: pode tornar-se – desde que não a aceitemos de modo absoluto – um fecundo impulso de renovação.

14. A Descoberta da "Humanidade" e Nossa Posição ante os Gregos

Se tentarmos refletir sobre o significado que tem para nós o mundo antigo, logo nos virá à mente a palavra "humanismo" e, por associação de ideias, outras semelhantes virão e nem todas de significado agradável. De resto, poderíamos deixar tranquilamente de lado a palavra "humanismo", visto ser palavra recente, cunhada apenas em 1808 por um professor ginasial bávaro[1]. Mas a palavra "humanista" e os conceitos de *studia humanitatis* e *res humaniores* são mais antigos. O "humano" parece, portanto, uma propriedade peculiar dos estudos clássicos. Mas o problema é que, quando falamos de "humano" e de "humanidade" e com isso conferimos ao homem uma dignidade particular, passamos a entrar em contradição com o uso clássico da língua grega, já que as expressões "humano" e "humanidade" assumem um tom solene quando ao homem é contraposto o bárbaro e o animal irracional. Mas quando os Gregos dos primeiros séculos da era clássica dizem "homem", o oposto que se lhes apresenta é a Divindade: o homem é mortal (βροτός, θνητός) em contraposição aos imortais (ἀθάνατοι)[2], é um ser transitório, a sombra de um sonho.

---

1   F.I. Niethammer, *Der Streit des Philanthropismus und des Humanismus in der Theorie des Erziehungsunterrichtes unserer Zeit.* Cf. Walter Rüegg, *Cicero und der Humanismus, Formale Untersuchungen über P. und E.*, Zürich, 1946, pp. 2 e ss. A palavra *humanistisch* é atestada a partir de 1784, *umanista*, na forma italiana, a partir de 1538, cf. W. Rüegg, *op. cit*, pp. 3 e 129. Sobre as sucessivas e acaloradas discussões sobre o humanismo, cf. Hans Reiner, *Die Sammlung*, Göttingen, 1949-1950, e Franz Beckmann, *umanitas*, Münster, 1952.

2   R. Pfeiffer, "Humanitas Erasmiana", *Studien der Bibliothek Warburg*, 22, 1931, 2, Anm. 3.

258 A CULTURA GREGA E AS ORIGENS DO PENSAMENTO EUROPEU

A íntima contradição que, de um século e meio a esta parte, nos levou a chamar de "humanísticos" os estudos que têm como objeto a grecidade clássica, isto é, um período em que o homem não representa nada de particularmente elevado, trai uma confusão que só pode ser resolvida por meio de um estudo histórico, o qual nos levará, num primeiro momento, a sutilezas filológicas, mas que é indispensável se quisermos libertar-nos de frases feitas nas quais corremos o risco de ficar enredados para sempre. Ficará, assim, evidente que a contradição a que aludimos tem um fundamento sério, real, e está relacionada com questões candentes.

Ouve-se, por vezes, dizer que os gregos em sua arte clássica não representaram um homem qualquer em suas acidentalidades, mas simplesmente o "homem", "a ideia do homem", como se diz, platonizado. Mas esse modo de exprimir-se é absolutamente antigrego e antiplatônico. Jamais um grego falou a sério da ideia do homem[3]; uma vez apenas Platão alude a ela brincando, em conexão com a ideia do fogo e da água; e a essas se seguem a ideia dos cabelos, da imundice e do estrume (*Parm.*,130 C). Se quiséssemos descrever as estátuas do século V valendo-nos das expressões do tempo a que pertencem, teríamos de dizer que elas representam homens perfeitos, ou "semelhantes a deuses", para empregar uma palavra usada amiúde na antiga lírica em louvor do homem. A norma e o valor ainda estão, para Platão, inteiramente no campo do divino, não do humano.

Diferentemente se exprime o contemporâneo de Platão, Isócrates, quando explica (15, 253 – 3, 5) o que distingue o homem do animal: é pelo poder da palavra e da persuasão que surgiram as cidades, as leis, as artes e os ofícios, em suma, a civilização; além disso (293), ele exorta os atenienses a conquistarem com a cultura (παιδεία) potência no discurso. "Pois vós acima de todos os outros vos distinguis naquela faculdade pela qual o homem se distingue do animal e o grego do bárbaro; na medida em que mais que os outros sois educados (πεπαιδεῦσθαι) para o raciocínio e para a arte da palavra"[4]. Cícero retoma esse pensamento (*De inv.*, 1, 4, 5; cf. também *De or.*, 1, 31, 32-33): "A mim parece que os homens se distinguem dos animais na medida em que sabem falar. Por isso me parece ter atingido o seu ápice aquele que acima dos homens se eleva naquela mesma faculdade pela qual o

---

3 O que vem a seguir, sobre Platão, Isócrates, Cícero e Aristipo, deriva de E. Kapp., *Gött. gel. Anz.*, 1935, 333 e ss (334, 3). Aliás, a "ideia do homem" às vezes também aparece no classicismo alemão; por exemplo no Wieland do *Agathodämon* (II, 3, 58) e, se não me engano, também em Goethe.

4 Cf. as argumentações análogas (4, 47 e ss.), onde (50) se diz: "Nossa cidade superou de tal modo os outros homens no pensamento e no discurso... que o nome de grego indica mais propriamente aquele que pertence à nossa cultura (παίδευσις) do que à nossa estirpe".

A DESCOBERTA DA "HUMANIDADE" E NOSSA POSIÇÃO ANTE OS GREGOS 259

homem se distingue dos animais". A humanidade, a eloquência e a cultura, esses importantes elementos da sua *humanitas*, Cícero tomou-os diretamente de Isócrates e os transmitiu, por sua vez, a Petrarca[5], e assim como em Isócrates o orgulho de sentir-se homem vem acompanhado do orgulho nacional do grego e do ateniense, assim também, para Petrarca, o romano é "o homem" no sentido específico: ambos sentem-se pertencer ao povo mais culto, isto é, ao mais eloquente.

Em geral, no século IV, o sentido de altivez em relação à própria humanidade vem acompanhado pelo da "cultura". Transmite-se, a propósito, o dito do discípulo de Sócrates, Aristipo[6]: "É melhor ser mendigo do que ignorante, àquele falta o dinheiro, a este a humanidade ($\dot{\alpha}\nu\theta\rho\omega\pi\iota\sigma\mu\acute{o}\varsigma$ = humanidade)". Conta-se dele que, tendo naufragado nas costas de Rodes, ao ver figuras geométricas traçadas na areia, exclamou, voltando-se para os companheiros: "Coragem, vejo sinais de homens"[7]. Mas de forma mais evidente exprime-se esse pensamento através das palavras que Ermipo atribui a Tales[8]: "Destas três coisas sou grato ao destino: em primeiro lugar, de ter nascido homem e não animal, em segundo lugar, homem e não mulher, em terceiro lugar, grego e não bárbaro" – e de forma mais simples retorna ainda esse pensamento na anedota que se contava sobre Estílpon, filósofo do tempo de Alexandre Magno (Dióg. Laérc., 2, 115). Quando Demétrio Poliorceta o convidou, após a conquista de Mégara, a apresentar uma lista de todas as coisas que, com o saque, vieram de pronto a faltar-lhe, respondeu: A cultura ($\pi\alpha\iota\delta\epsilon\acute{\iota}\alpha$) ninguém a tirou de minha casa[9].

Platão buscou o divino através do árduo caminho da filosofia; Isócrates recomendou a cultura plurilateral do orador como uma filosofia mais útil; Aristipo ensinou uma hedonística e, como conhecedor da arte de viver, desenvolveu a seu modo os ensinamentos de Sócrates. Não está errado Wieland quando, em seu romance, o representa como um cavalheiro rico de espírito, totalmente voltado para a vida terrena. Essa nova consciência que o homem tem de si deriva, em Isócrates, da sociedade ática do fim do século V, totalmente diferente, na qual os sofistas haviam ensinado cultura e retórica. Ela surge, portanto, como a filosofia de Sócrates e de Platão, do iluminismo ático. Mas, enquanto Platão busca, seguindo os passos de Sócrates, fundar sobre novas bases a fé numa norma colocada além do homem, numa

---

5   W. Rüegg, *op. cit.*, 29 com obs. 4.

6   Dióg. Laérc., 2, 8, 70.

7   Vitrúvio, 6, 1, 1; cf. Cícero, *De rep.*, 1, 29 (e além disso *Gött. gel. Anz.*, 1935, 334).

8   Dióg. Laérc., 1, 33.

9   O modelo é dado aqui pela história que Cícero conta sobre Biante, que, em situação semelhante, teria dito: *Omnia mea mecum porto*. De resto, nem mesmo essa anedota é muito antiga (diversamente do que afirma W. Jaeger, *Paideia*, II, 122).

260 A CULTURA GREGA E AS ORIGENS DO PENSAMENTO EUROPEU

realidade mais elevada, e a convicção de que Deus seja a medida de todas as coisas[10], Isócrates, como os sofistas, vê no homem a medida de todas as coisas. Se mesmo essa autonomia do homem leva, num primeiro momento, a um sentido de incerteza e extravio, o que não espanta, dado que o homem é considerado como um ser muito frágil – e isso foi expresso por Eurípides de maneira portentosa –, todavia os frutos característicos do progresso intelectual, tais como a retórica, a ciência e a cultura, suscitaram o surgimento de um novo sentido de altivez, acompanhado, a bem dizer, desde o início, de uma boa dose de vaidade sofística, Isócrates tem a pretensão de ensinar "filosofia" como Platão; quer distinguir-se dos advogados plebeus, dos democratas radicais e dos mestres de eloquência, que, destituídos de cultura, só visam, ainda que com meios dúbios, à vantagem pessoal. Mas com a mesma determinação, combate erísticos e dialéticos, que se perdem em inúteis debates, e, entre estes, ele também coloca Platão.

Na Atenas do século IV, já não mais existia aquela sociedade nobiliária, cujos componentes, julgados de origem divina, haviam cultivado, até o início do século V, os antigos ideais cavalheirescos, ou haviam guiado, até a guerra do Peloponeso, a política da cidade; a última tentativa de defender com a cultura sofística os antigos direitos de casta e de fazer valer a moral do tirano e do super-homem contra a massa odiada, degenerara para uma selvagem crueldade e comprometera-se inapelavelmente com o governo dos Trinta tiranos. A ideia democrática de que todos os cidadãos possuíssem não apenas os mesmos direitos, mas tivessem todos, pelo menos potencialmente, o mesmo valor, firmara-se de tal maneira, mesmo entre os aristocratas, sob o influxo dos sofistas, que se pretendia doravante do homem culto (sem levar em conta a própria cultura e a própria qualidade de grego e de ateniense) o respeito pelo homem como tal. Cultura, doravante, é entendida simplesmente no sentido de humanidade.

O senso de solidariedade humana surgira originalmente da convicção de que todos nós somos fracos mortais, destinados a desaparecer como as folhas do bosque, mas só no século IV começa-se a ver, no homem, o próximo. Certamente, mesmo antes, os homens haviam sentido o dever de ajudarem-se uns aos outros e de tratarem-se amigavelmente, mas isso não porque o homem possuísse valor e dignidade como tal. Se na *Odisseia* (VIII, 546) lemos: "Estão sobre a proteção de Zeus todos os estrangeiros e os mendigos", é porque cuidar do fraco é considerado como um dever religioso (cf. supra, p. 176); e se a repugnância por tudo o que é brutal se manifesta de forma decisiva também entre os heróis da *Ilíada*, isso se inclui nos bons costumes da nobreza consciente de si, que preserva o senso da ordem e da medida e assim se distingue

---

10   Platão, *Leg.*, 716 C; cf. também *Leg.*, 497 C e 500 B-D.

A DESCOBERTA DA "HUMANIDADE" E NOSSA POSIÇÃO ANTE OS GREGOS   261

dos asiáticos (cf. supra, p. 31). Mesmo isso está relacionado a concepções religiosas, não só porque são os deuses que oferecem o modelo de tais formas do viver social, mas sobretudo porque todo ato de "insolência", toda transgressão da ordem são considerados como uma violação dos limites impostos ao homem. De modo particular exortam à modéstia e à moderação os exemplos míticos das epopeias homéricas: o homem consciente de sua fraca humanidade não se mostrará duro nem tirânico em suas relações com o próximo (cf. supra, p. 211). Tudo isso, porém, não significa ainda que por toda a parte se tenha firmado o senso da dignidade humana e do amor ao próximo, embora prepare o caminho para as concepções do século IV, e ainda a sentença de Antígona: "Não para participar do ódio mas do amor foi que eu nasci", refere-se aos ἥλοι, aos amigos e aos familiares, para a "alegria" dos quais, como tantas vezes se repete, deve-se viver; do que, porém, sempre se poderá concluir que molestar os inimigos é permitido (cf. supra, p. 174).

Eurípides é o primeiro a representar, na sua *Medeia*, um ser humano que não tem outro meio de despertar a compaixão exceto o de ser uma criatura atormentada (cf., supra, pp. 126 e ss.): essa bárbara fora-da-lei tem a seu favor apenas o direito humano universal. Essa Medeia também é, porém, ao mesmo tempo, a primeira pessoa cujos sentimentos e cujos pensamentos são explicados sob um ângulo puramente psicológico e humano e que, embora sendo bárbara, é superior aos demais pela cultura espiritual e pela eloquência. Quando o homem pela primeira vez se mostra independente dos deuses, prontamente se revela a potência do espírito humano autônomo e a intangibilidade do humano direito à justiça.

A rapidez com que se difunde a consciência do direito humano na Ática é demonstrado pelo fato[11] de que, a partir da época do relevo de Hegeso, isto é, por volta de 420 a.C., uma dúzia de anos após o nascimento da *Medeia* de Eurípides, as estelas funerárias áticas colocam a escrava ao lado da patroa quase como uma sua igual, e a acompanham de forma dignamente humana.

Após o fim da guerra peloponésica, quando o respeito pelo homem indefeso e a consideração pelo grupo social ao qual o indivíduo pertence não são mais sentidos como um dever religioso, já encontramos em Atenas uma classe de pessoas cultas, interiormente democratizadas, que se orgulha de sua própria "humanidade" e reconhece dignidade ao indivíduo mesmo independentemente da cultura. Como na tragédia de Eurípedes, esse sentido humano se faz ouvir sobretudo diante da pessoa que sofre injustiça, como por exemplo na fórmula : "Quem presta falso testemunho e por vias injustas leva o homem à ruína"[12] e, de forma

---

11   Segundo gentilmente me informa E. Bielefeldt. Cf. E. Buschor, *Euripides Medea, Hippolytos, Herakles übertragen und erläutert*, 1952, 84.

12   Andoc., 1, 7 = Lis., 19, 14.

262 A CULTURA GREGA E AS ORIGENS DO PENSAMENTO EUROPEU

ainda mais clara, quando Xenofonte diz do rei Agesilau: "Frequentemente recomendava aos soldados que não tratassem os prisioneiros como delinquentes, mas que os protegessem como homens"[13]. Mais adiante, Xenofonte diz de Agesilau que as cidades que este não podia conquistar pela força, conquistava pela "filantropia", pela "humanidade"[14], e as palavras "filantropia" e "filantropo", em seguida, aparecem com frequência no século IV, quando se difunde a convicção de que o fraco e indefeso "é, também ele, um homem"[15]. Assim, segundo Xenofonte, diz Ciro a seus soldados: "É lei eterna do homem que, numa cidade conquistada, os habitantes e suas propriedades pertencem aos conquistadores. Não é injusto, portanto, se deles tomardes o que podeis, mas se lhes deixardes algo, fá-lo-eis por humanidade"[16]. Ciro, em geral, é para Xenofonte o príncipe "humano", embora sua humanidade se funde num conceito que conhecemos com base em várias considerações gregas e romanas acerca da amizade, isto é, na convicção de que as boas ações rendem. Na frase citada, a palavra "filantropia" eleva-se à esfera jurídica: o sentimento de humanidade contrapõe-se ao *ius strictum*, como um sentimento de condescendência que o bom chefe recomenda; mas as outras passagens, nas quais Xenofonte fala da filantropia[17] de Ciro, demonstram que ele não entende a palavra no seu sentido jurídico; ela significa para ele cordialidade para com o próximo, e assim também abrange por exemplo, a hospitalidade e a beneficência. Esse é o sentido originário da palavra, que, nos primeiros tempos, era usada particularmente para os deuses na medida em que estes beneficiam os homens[18]. No século IV, o termo filantropia usa-se frequentemente para indicar a afabilidade de um senhor[19] ou mais ou menos aquilo que Homero chama de φιλοφροσύνη; é a qualidade de quem não segue simplesmente o seu θυμός, mas ao contrário, freia-o e domina-o (cf., por ex. , *Il*, I, 255), de quem é μείλιχος, manso e brando, não σκληρός, duro, nem αὐθάδης, rude; tendo presente que esse termo não se limita a indicar o estado em que se encontram as energias da alma humana, mas quer

---

13 Xen., *Ag.*, 1, 21; estes e outros trechos das observações precedentes foram-nos assinalados por R. Pfeiffer, *op. cit.*

14 1, 22.

15 Cf. S. Tromp De Ruiter, " De vocis quae est φιλανθρωπία significatione atque usu", *Mnemosyne*, 59, 1932, 271-306.

16 Xen., *Cir.*, 7, 5, 73.

17 Xen., *Cir.*, 1, 2, 1: εἶδος μέν κάλλιστος, ψυχήν δέ φιλανθρωπότατος καί φιλομαθέστατος καὶ φιλοτιώτατος 8, 2, 1: διά παντός ἀεὶ τοῦ χρόνου φιλανθρωπὶαν τῆς ψυχῆς ὡς ἠδύνατο μάλιστα ἐνεφάνιξεν; cf. 1, 4, 1; 8, 4, 71 etc.

18 O mais antigo documento está em Ésq., *Prom.*, 10 e ss.: ὡς ἄν διδαχθῆ... φιλανθρώπου... παύεσθαι τρόπου; 28: τοιαῦτ' ἐπηύρου τοῦ φιλανθρώπου τρόπου; cf. 119: ὁρᾶτε δεσμώτην με δύσποτμον θεόν διὰ τὴν λίαν φιλότητα βροτῶν.

19 T. De Ruiter, *op. cit.*, 280 e ss.

A DESCOBERTA DA "HUMANIDADE" E NOSSA POSIÇÃO ANTE OS GREGOS 263

significar que alguém trata cordialmente as pessoas com as quais não seria obrigado a preocupar-se de modo especial. É nesse sentido que Isócrates recomenda ao rei Filipo a filantropia, e cita, juntas, a benevolência, εὔνοια (5, 114), e a brandura, πρᾳότης (5, 116). Ainda que as palavras "filantropo" e "filantropia" não sejam termos jurídicos, inúmeras passagens dos oradores do século IV demonstram que a ideia da benevolência, εὔνοια, da brandura, πρᾳότης, e da compaixão, ἔλεος, penetram na concepção do direito[20], e o conceito mais amplo dessa nova "humanidade" é exatamente a "filantropia"[21]. Só que esse amor ao próximo tem, entre gregos, uma forte marca de dignação, já que "o homem", para eles, desde os tempos mais remotos, era algo de miserável e problemático, a ponto de "filantrópico" poder acabar significando "gorjeta"[22].

Não foi a filosofia que descobriu essa "humanidade"[23]; pelo contrário, à cortesia, ao senso de gentileza e de brandura que a acompanham, a filosofia contrapõe o rigor, a severidade e o poder esclarecedor do pensamento; ela provém mais das concepções da sociedade ática do século IV e final do V e por isso encontrou sua expressão mais perfeita ali onde essa sociedade se apresenta em sua forma mais pura: na comédia de Menandro. Essas comédias são burguesas, e no entanto apresentam a mais distinta e fina sociedade como jamais existiu na Europa. Os cidadãos áticos, que elas nos fazem conhecer, são completamente naturais e, ao mesmo tempo, formam tipos individualmente peculiares; não têm pretensões e, todavia, ostentam aquela particular segurança que só pode vir das sólidas tradições de gerações conscientes. Por essa sociedade não ser cortesã, como a que se congregava na era arcaica à volta dos tiranos, ou como a que se constituiu pouco depois de Menandro em torno dos Ptolomeus, em Alexandria, e por ter ela permanecido isenta de influências tanto internas quanto externas sem precisar preocupar--se com os julgamentos alheios, requisitados ou não, foi aqui, exatamente no ocaso desse mundo burguês, que se pôde desenvolver, em sua total beleza, a delicada flor da humanidade. O valor que tem para Menandro o homem talvez esteja expresso de forma mais eficaz em sua famosa frase: "Como é agradável o homem, quando é homem"; ὡς χαρίεν ἔστ' ἄνθρωπος ἄν ἄνθρωπος ᾖ (fr. 761 K). Já se revela aí aquela fé no valor do homem, que é uma conquista do princípio do século, mas acompanhada do pensamento cético de

20 *Idem*, 285.
21 A importância que tem essa ideia de humanidade para as teorias políticas do helenismo e sobretudo para o vocabulário diplomático dos déspotas helenistas é mostrada por A. Heuss em *Antike und Abendland*, 4, 72 e ss., especialmente nas pp. 75 e ss.
22 S. De Ruiter, *op. cit*, 293. U. von Wilamowitz, *Griech. Trägodien*, 2, 27, 1.
23 Segundo também pensa, corretamente, S. De Ruiter, 303.

264   A CULTURA GREGA E AS ORIGENS DO PENSAMENTO EUROPEU

que o homem nem sempre é o que poderia ser. O valor do homem não reside, tanto para Menandro como para Isócrates, na *paideia*, na eloquência que o distingue do animal. O homem da comédia de Menandro é demasiado requintado para alardear sua cultura; dar-se ares de importante com citações e sentenças gerais é coisa que deixa para os escravos, que assim constituem, de certo modo, a pedra de toque de que Menandro quer que nos sirvamos para avaliar os seus burgueses. São preocupações limitadas, de caráter privado, as das personagens de Menandro, e o amor ao próximo é, em grande parte, amor às belas hetairas, mas já que essas personagens são espiritualmente diferenciadas, embora sendo apresentadas como "tipos", o modo como se manifestam suas recíprocas reações é de uma graça perfeita. Essas comédias estiveram perdidas e seu alto valor artístico só há meio século nos foi revelado por fragmentos conservados sobre papiro; elas têm, todavia, influído largamente na formação da vida social da Europa através das reelaborações de Plauto e de Terêncio. Já entre os romanos essas comédias, que levam aos palcos ambientes da sociedade, têm uma influência que se estende muito além do campo literário, embora, naturalmente, não possamos calcular o efeito imediato que sua representação pudesse ter tido sobre o comportamento e sobre a linguagem, sobre o pensamento e sobre o sentimento dos espectadores. De qualquer modo, para Cícero, pertence indiscutivelmente à "humanidade" aquele desembaraço, aquela graça ágil, que reinava já cem anos antes de Menandro na sociedade ática, e que conhecemos através dos diálogos de Platão, nos quais aparecia unida a vastos interesses espirituais; com a diferença que então não se pensava, de maneira alguma, em dar relevo ao ideal de "humanidade".

Para o romano, homem político, os homens de Menandro dentro de restrito círculo caseiro, essas figuras um pouco cansadas que de bom grado confiam seus interesses aos escravos, não podem constituir um modelo que possa ser levado a sério. Assim, quando Cícero, como já vimos, une o conceito de "humano" à cultura e à eloquência, é ao princípio do século IV da história de Atenas que ele volta para conectar-se com o seu ideal. E os romanos deviam valorizar a cultura ainda mais do que Isócrates, já que para eles também a graça ática era fruto de cultura. Ademais, na *humanitas* de Cícero também se inclui a filantropia, aquela cordialidade humana cortês, um tanto condescendente que, a seu ver, está ligada à virtude romana da *clementia*, assim como para os gregos do século IV se emparelhava com a benevolência e a brandura de ânimo. Surge, assim, o problema sobre se a palavra "humanidade" deva de fato ser entendida como sinônimo de filantropia ou de algo como ἀνθρωπισμός, termo de que Aristipo se vale em sua anedota para indicar a humanidade culta. Para solucionar esse dilema pareceu necessário postular uma doutrina filosófica da

A DESCOBERTA DA "HUMANIDADE" E NOSSA POSIÇÃO ANTE OS GREGOS   265

huminitas anterior a Cícero, e a atribuíram a Panécio[24]. Embora seja correta a observação de que foi Panécio quem colocou na base da ética a ideia de que o homem é algo de mais elevado do que o animal e que deve desenvolver essa sua propriedade[25], acolhendo assim na filosofia um pensamento que surgira em Isócrates do orgulho do homem culto, e que era particularmente caro a Cícero, permanece, contudo, sem solução o problema de como teria Panécio chamado essa humanidade. Não existe em grego uma palavra que signifique "uma mais alta forma do humano" e " sentimento de humanidade" ao mesmo tempo. Além do mais, visto que essas duas concepções chegaram a Cícero diretamente através de Isócrates e da *Ciropedia* de Xenofonte[26], não nos parece de grande valia incomodar Panécio para que interprete o ideal de humanidade de Cícero. Seria mais interessante perguntarmos se já no círculo de Cipião a palavra *humanitas* era usada neste sentido que tanta importância ganhou para os tempos futuros – só que para essa pergunta não podemos achar resposta. Talvez estejamos mais próximos da verdade se considerarmos que, para os romanos, seriam *humanos* os gregos da espécie das personagens de Menandro e Terêncio (hipótese que encontra forte respaldo no texto de Terêncio) e que estas indicariam exatamente como *humanitas* o seu particular modo de ser: além disso, esse conceito conectava-se naturalmente com a consciência aristocrática romana e com a ideia que aí se tinha da cultura grega.

De qualquer forma, a partir de Cícero, o conceito de "humanidade" compreende em si a dúplice ideia de "humano" e de "humanístico": uma certa especial desenvoltura e agilidade no modo de fazer e a maneira cordial e cortês de tratar o próximo, são acompanhadas pelo estudo dos autores clássicos com os quais se aprende a "falar". A concepção do homem como de um ser que "sabe falar", essa concepção isocrático--ciceroniana da humanidade, estava predestinada a difundir-se entre os romanos, cuja cultura se havia formado sobre as altas formas da eloquência grega: e não só os refinados oradores do tempo de Cícero se haviam formado sobre os oradores gregos, mas já antes o haviam feito os poetas sobre a épica e sobretudo sobre a tragédia. Daí deriva, desde o início, para a literatura romana, um caráter de graça e elegância, visto

24 Richard Harder, *Hermes*, 69, 1934, 68-74.

25 R. Harder, *op. cit.*, 70. Que também da *Stoá* ("Pórtico") provenha uma tradição humanista que teve influência sobretudo sobre o cristianismo, é coisa que nem mesmo levarei em consideração, visto que nos poria diante de novos temas (por exemplo, o do surgir de uma nova interioridade) que exigiriam estudo mais amplo.

26 Cf. o trecho citado por R. Harder (7, 3, 3) *ad Qu.* 1, 1, 23; sobre a grande influência exercida pela *Ciropedia* em Cícero e, mesmo antes, em Cipião, cf. Karl Münscher, "Xenophon in der griechisch-römischen Literatur", *Philol. Suppl.*, 13, 2, 1920, pp. 74 e 78.

266   A CULTURA GREGA E AS ORIGENS DO PENSAMENTO EUROPEU

que, nesse mundo literário, de cultura, não há lugar para os ásperos conflitos: manifesta-se, assim, na poesia latina, um particular e independente reino do espírito, onde a retórica e o *páthos* são acompanhados pela cultura e a elegância. E como já ocorrera com Cícero, assim também toda a cultura europeia sofreu a influência dessa *humanitas*, começando por Petrarca e passando por Erasmo até o Barroco.

Essa, porém, é apenas uma das formas mediante as quais se explicitou a influência do mundo antigo. Sobretudo nós, os alemães, jamais soubemos adaptar-nos a essa concepção do valor do homem. Já o primeiro juízo crítico de Lutero sobre Erasmo soa assim: "Nele, o humano predomina sobre o divino"[27]. O esforço de Lutero para aproximar-se diretamente de Deus, sem levar em conta nada do que existe na tradição europeia, faz com que ele ponha de lado toda tentativa de acolher elementos da cultura humanística antiga na doutrina cristã da redenção, e o seu rude: "Aqui estou, e daqui não saio" devia parecer bárbaro à sabedoria cética e ao espírito conciliador de Erasmo.

É sob o signo dessa nova mentalidade que Winckelmann protesta contra a retórica e o patetismo do Barroco, contra a adaptação teatral de figuras e temas antigos para o embelezamento da ópera e das salas de festa. Descobre ele o verdadeiro mundo grego para além da interpretação dada por Roma e acolhe de forma imediata a divina beleza da arte clássica. É ainda por esse caminho que Herder retorna àquela poesia grega cuja beleza foi criada por corações crentes, e é sempre seguindo essa tendência que a filologia alemã do século XIX perde o gosto da romanidade e, entre os autores gregos, utiliza os oradores apenas como fontes históricas e se ocupa dos teóricos da retórica por mero interesse histórico, na medida em que todo fenômeno da história merece um diligente estudo científico.

Apresentados em forma de urbanas conversações, os diálogos de Cícero perdem, portanto, terreno, em confronto com os platônicos, cuja dialética urge rumo à incondicionada verdade.

Não existia na Alemanha uma "sociedade" que cultivasse as usanças de um cortês viver comum, semelhante à que se desenvolvera nos outros países da Europa sob a influência do Humanismo. "Em alemão quem é cortês mente" – e, reconhecidas como únicas virtudes, honestidade e sinceridade levavam a desmascarar, com especial prazer, não apenas as convenções sociais e as grandes formas estilísticas da arte, mas também as ideologias da vida política. Tudo isso atingiu muito mais duramente a Cícero, e ao Humanismo dele derivado quando as correntes políticas do século XIX quiseram dar ênfase a tudo o que era atual, isto é, ao elemento técnico, ao espírito nacional, às

---

27   Carta de 1º de março de 1517: *Humana praevalent in eo plus quam divina.* Sobre a importância fundamental dessa declaração, cf. R. Pfeiffer, *op. cit.* p. 20.

A DESCOBERTA DA "HUMANIDADE" E NOSSA POSIÇÃO ANTE OS GREGOS 267

ideias sociais, e pospuseram a essas novas exigências todo interesse pelo mundo grego, de modo que o latim perdeu também a sua até então inconteste função propedêutica para o conhecimento do grego. Por volta de meados do terceiro decênio do século XX, após a derrota na primeira guerra mundial, enquanto se procurava novamente estabelecer o que merecia ser conservado na Europa, surgiu nos alemães a dúvida de que as velhas formas do humanismo estivessem doravante superadas. O humanismo de Erasmo, diziam, só havia interessado os eruditos, e o humanismo do tempo de Goethe limitara-se apenas ao campo estético; sentia-se a necessidade de um novo humanismo que considerasse o homem na sua totalidade não só no pensamento e no sentimento, mas também na ação. Esse humanismo ético e político colocava no centro o conceito da *paideia*, da formação espiritual e cultural, e assim recorria, de fato, à origem do humanismo isocrático-ciceroniano. Esse humanismo não queria, todavia, reconduzir a Cícero e a Isócrates e sim a todo mundo antigo e sobretudo a Platão, isto é, ao oposto de Isócrates e, portanto, exatamente a quem não reconhecia nenhuma dignidade particular ao homem e à sua cultura, e para quem não o homem mas Deus era a medida de todas as coisas.

Quando Isócrates funda seu orgulho sobre uma coisa tão frágil como o homem, a sociedade na qual vive dá-lhe pelo menos uma representação vivaz e segura de como o homem deveria viver. A cultura não é, para ele, um valor histórico alcançado por um longínquo passado: os cultos atenienses de seu tempo incarnam-na à sua frente de forma imediata. Ele não tem necessidade de recomendar a cultura nem de fazer admoestações, mas pode dizer com consciente segurança: o que possuímos é o que de mais perfeito existe sobre a terra. Já Panécio, para dar suporte a esse valor, terá de fundá-lo sobre o *Lógos* divino.

Cícero extraíra sua cultura de um mundo estrangeiro: mas com ele, ela se insere naquele mundo de sólidos valores que regem a aristocracia e o Estado. Dessa forma, também Petrarca e Erasmo têm um ponto de apoio preliminarmente assegurado; não naturalmente nas relações sociais e estatais, e sim na fé cristã. Para Winckelmann e Herder, as coisas apresentavam-se de modo diverso na medida em que, como já vimos, seu principal interesse não se voltava para essa "humanidade" inteiramente alicerçada no homem[28]; e mesmo no chamado idealismo alemão o conceito de humanidade apoia-se na fé na absoluta ordem super-humana.

Agora, porém, humanismo e *paideia* já não encontravam seu fundamento numa sociedade sólida ou num Estado, já não eram mais

---

28 Notícias mais exaustivas sobre o assunto podem ser encontradas, por exemplo, em W. Rüegg, pp. XIX e ss. e F. Blättner, "Das Griechen bild Winckelmanns", *Antike und Abendland*, Hamburg, 1945, p. 121 e ss.

268 A CULTURA GREGA E AS ORIGENS DO PENSAMENTO EUROPEU

sustentados por convicções religiosas ou filosóficas – visto que também o racionalismo, que conservava muitos elementos da tradição humanística já não era considerado como base segura. Que significavam então humanidade e humanismo? O que era o Homem? Era exatamente esse o problema a resolver, e o próprio problema não podia funcionar como resposta. Um humanismo ético e político deveria ter-se concretizado na ação prática, assim como o humanismo estético se revela através das obras de arte. E não bastava nem mesmo dizer, por exemplo: "O homem para Platão e para a autêntica grecidade é parte essencial do Estado", visto que assim permanecia não resolvida a questão de saber se o homem devia tomar parte livre e ativa na vida política ou se deveria funcionar como uma rodinha na engrenagem política, ou então – o que é uma outra coisa ainda – mantendo-se, como Platão, à margem do odiado tráfico da vida cotidiana, deveria imaginar em seu pensamento o aspecto que poderia ter um Estado em que pessoas comuns não estivessem nos postos de comando. Nem se fazia questão, naquele ambiente, de precisas convicções políticas, mas apenas de "atitude política", não se dizia o que era o direito, mas falava-se de *ethos*, não se tratava de política, mas de "atitudes políticas", não de decisões políticas, mas de "princípios estatais", não do homem político mas do cidadão – em suma, o sentido do concreto e do determinado perdia-se por toda a parte numa genérica *héxis*, visto que as várias expressões: a "formação do homem", "a ideia do homem", "a alta norma de educação" não tinham nenhum fundamento na realidade. Destarte, esse humanismo iria sofrer o destino de qualquer outro nihilismo que se escondesse por trás de qualquer atitude "heroica" ou "religiosa"; e desde o princípio podia-se ver que esse humanismo político era, na verdade, apolítico – ou melhor, podia servir a qualquer política[29].

E de novo estamos diante do problema: O que esperamos nós do humanismo? Que valor têm para nós os gregos? Não é necessário construir outros programas e difundir um novo humanismo, mas queremos confiantemente confiar nas antigas verdades. Visto que nós, alemães, não podemos livrar-nos tão depressa de nossa pedanteria de longínqua origem franca nem de nossa teimosia, e dado que há pouco a esperar que se forme em nossa terra uma sociedade semelhante àquela que se formou em Atenas após a derrota da guerra peloponésica, onde possam ser cultivadas as prazerosas formas do viver social e uma humanidade rica de espírito e de cultura, e visto que os tempos que vivemos contribuirão mais para acentuar nossa tendência a levar as coisas a sério, procuremos então ficar mais com o *divinum* dos gregos do que com o *humanum*, naturalmente não no sentido de chamar de novo à vida os deuses gregos e assim recair num novo paganismo,

29 *Gött. gel. Anz.*, 1935, 253.

A DESCOBERTA DA "HUMANIDADE" E NOSSA POSIÇÃO ANTE OS GREGOS 269

mas lembrando-nos do que os deuses gregos deram ao mundo e do que permaneceu vivo mesmo após o seu ocaso. Poderemos, assim, esperar defendermo-nos da rudeza e da barbárie sem que precisemos, para isso, fundar nossa existência espiritual no conceito de "humanidade".

Que os deuses sejam a medida de todas as coisas, significa para os gregos que o mundo é um cosmo e que uma ordem severa regula cada coisa. Nesse mundo ordenado, os gregos não apenas acreditaram, mas também procuraram penetrar, e quanto mais profundamente o fizeram tanto mais se aproximaram da ideia de que, por trás desses deuses, se esconde algo mais vasto e universal, que dá à vida sentido, valor e suporte. A cultura europeia funda-se exatamente na tríplice descoberta que os gregos fizeram dessa ordem, que se apresenta ao conhecimento como lei, à sensibilidade como beleza, à ação como direito. A fé na existência da verdade, da beleza e do direito, valores que transparecem obscuramente em nosso mundo, é o verdadeiro legado espiritual dos gregos que jamais esteve perdido e até hoje conserva sua força.

Mas a fé classicista, que vê nos gregos modelos exemplares, deve limitar-se num ponto essencial. A antiguidade clássica não pode mais servir de modelo para o pensamento, para a poesia e para as criações do ocidente, no sentido de que as obras da antiguidade, nas artes plásticas, na poesia e na filosofia, sejam absolutamente perfeitas, de que possuam um valor atemporal e ofereçam os modelos mais dignos de imitação à nossa atividade criadora. Essa fé desmoronou diante da pesquisa histórica dos últimos cento e cinquenta anos, e a própria ciência da antiguidade foi o que mais contribuiu para demonstrar o condicionamento histórico da civilização greco-romana. À medida que se penetrava mais profundamente na compreensão do mundo antigo, mais claro ficava que exatamente as mais perfeitas criações da antiguidade haviam brotado de pressupostos espirituais que nos eram completamente estranhos, já que quanto maior e mais rica de significado é uma obra, tanto mais eficazmente ela exprime o "espírito do tempo". A grande obra de arte, por exemplo, reflete com a máxima exatidão uma concepção temporalmente determinada do espaço e da figura; a verdadeira poesia exprime com igual evidência uma fé religiosa de há muito perdida; a língua revela uma concepção do homem, que representa uma etapa bastante remota na trajetória histórica do homem ocidental. Não se reduzirá então a uma tagarelice vazia de douto filisteu afirmar que a grande obra de arte "supera os tempos", que o homem superior e sua ação se eleva acima de toda relatividade histórica? Na verdade, todo o nosso historicismo foi incapaz de retalhar duradouramente o prazer proporcionado pela beleza da arte clássica, e não só a pura admiração pelo Belo não foi nela abalada como a própria ciência da antiguidade, embora avançando conscientemente no caminho da história e repudiando todo entusiasmo classicista, jamais

270 A CULTURA GREGA E AS ORIGENS DO PENSAMENTO EUROPEU

quis renunciar à orgulhosa convicção de que tesouros a ela confiados possuíssem um valor significativo. Certamente os filólogos clássicos colocaram-se numa situação intrincada e deu-lhes muito trabalho fixar em forma teorética sua posição aparentemente tão pouco clara, para defenderem de algum modo o humanismo e justificarem a classicidade.

Mas será o contraste entre a relatividade temporal de uma grande obra e o seu valor extratemporal, no fundo, um verdadeiro contraste? Não terá talvez surgido aqui, como com frequência acontece no pensamento do homem, um problema aparentemente insolúvel, porque se quis julgar algo com base numa falsa analogia? O modelo daquilo que aqui entendemos por historicidade e evolução é, evidentemente, o aperfeiçoamento de máquinas ou instrumentos. Ora, na técnica, o que está superado deixa realmente de ter valor. Um automóvel ou um aeroplano do tempo da nossa infância é algo de ridículo que já não serve para nada. O que é superado e passado não pode readquirir valor "clássico". Busquemos então um exemplo melhor: também no campo da natureza orgânica falamos de evolução e dizemos, por exemplo, que os animais são uma forma de desenvolvimento do mundo orgânico superior à representada pelas plantas. Mas será por ventura a rosa superada, depreciada, transformada em objeto de troça pelo fato de existirem uma águia e um leão? Não é, por ventura, a flor uma expressão classicamente perfeita da natureza viva, que conserva o seu valor mesmo se a seu lado existirem formas superiores, de um grau mais alto de desenvolvimento? Poder-se-ia dizer – parafraseando a afirmação de Ranke relativa aos períodos da história – que a rosa está em relação imediata com Deus tanto quanto o leão, sem negar com isso as diferenças de valor, e muito menos as diferenças evolutivas. Para isso não é preciso, como no caso das máquinas, limitar o valor e a evolução a um escopo prático e a uma utilidade mensurável. É exatamente a inferioridade da rosa diante do animal que constitui o seu valor; sua perfeição está condicionada a seu grau de inferioridade, sua beleza só é possível na planta, e o animal conquista o seu grau de perfeição graças à beleza da planta.

Acrescente-se a isso o fato – e isso vale tanto para a natureza orgânica quanto para a natureza humana – de que toda forma desabrocha na máxima pureza e singeleza no momento de sua origem, pois ainda não está subordinada a formações ulteriores; assim, por exemplo, a folha desenvolve-se de forma perfeita no feto, ao passo que nas plantas de desenvolvimento superior, tem de reduzir-se a uma forma mais modesta, talvez porque aqui é a florescência que deve emergir. Assim também certas formas de arte, como a representação plástica da beleza humana, ou as formas poéticas da épica, da lírica, do drama, alcançaram sua expressão mais perfeita entre os gregos; a "naturalidade", isto é, o claro significado da existência que se abria para eles pela primeira vez, determinou os elementos fundamentais da nossa

A DESCOBERTA DA "HUMANIDADE" E NOSSA POSIÇÃO ANTE OS GREGOS 271

intuição e do nosso pensamento, e os filósofos, de Tales a Aristóteles, proporcionaram a oportunidade e criaram o modelo para todo e qualquer filosofar, fazendo com que todos os esforços dos modernos voltados para o conhecimento dos fenômenos tenham sempre de recorrer aos modelos primeiros do grego. Daí porque todos os problemas que os gregos se propuseram permanecem problemas nossos, atuais.

Essa comparação prova que podemos falar de uma evolução da humanidade e mesmo de um progresso, embora admitindo que os tempos passados tenham tido sua própria perfeição, que tenham conquistado certas expressões de beleza que não podemos alcançar, que algo de próprio e de essencial ao homem se tenha manifestado neles com maior clareza do que em nós. Mas nem mesmo o modelo do desenvolvimento orgânico da vida basta para dar-nos uma imagem clara do desenvolvimento da cultura humana e da importância do mundo grego. O homem, pelo menos o homem ocidental, trabalha com consciente vontade para o próprio futuro, e como não pode agir no vazio, mas tem de ater-se a algo dado, recorre necessariamente, para orientar-se, a seu próprio passado. A pergunta "o que me tornarei?" está sempre ligada à pergunta; "o que sou, o que fui?" Assim para aquele que quer ser, antes de tudo e exclusivamente, alemão, tem muita importância o problema: "O que eram os germânicos?". Mas, se quisermos ser europeus (e, no fundo, queremos, sempre que quisermos ler e escrever e, mais que tudo, se quisermos conservar a ciência, a técnica, a filosofia), é para nós bastante importante perguntarmo-nos: "O que eram os gregos?" E se muitos aspectos da moderna cultura europeia deixam-nos insatisfeitos, mais urgente ainda se faz perguntarmo-nos: "O que era, na origem, essa cultura, quando ainda não se havia sujeitado às deformações modernas?"

Se hoje ninguém mais recomenda a imitação dos gregos, não é tanto porque os gregos tenham perdido o seu valor quanto porque a palavra imitação – exatamente em oposição àquilo que significava em tempos férteis de criação, e já no mundo antigo, quando a arte, por exemplo, era imitação da natureza –, hoje, com demasiada facilidade se interpreta como cópia, como reprodução fotográfica. Semelhante imitação, destituída de espírito, morta, seria o oposto de uma verdadeira imitação dos gregos, visto que provocaria a interrupção daquele movimento que os gregos introduziram na vida espiritual da Europa.

Mas queremos nós, realmente, ser imitadores dos gregos e, nesse sentido, europeus? E se queremos, qual a razão disso? Para responder afirmativamente a esta última e mais difícil pergunta não basta dizer que somos europeus e que só nos é possível viver dentro dessa tradição europeia. Se é para arrastar essa tradição cansativamente e a contragosto como um tedioso grilhão, melhor deixá-la ir-se. Mas se a ânsia de nos mostrarmos independentes e originais não for sustentada por uma nova missão divina, corremos o risco de com ela

272   A CULTURA GREGA E AS ORIGENS DO PENSAMENTO EUROPEU

apenas cair na barbárie e na grosseria. Existe, é verdade, uma religiosidade da alma, um sentimento de amor que foi desconhecido dos gregos, mas um progresso bimilenar está aí para demonstrar-nos que não há necessidade, por isso, de considerarmos como obra do diabo o anseio de paz, de verdade e de beleza, e que ele também – não devemos temer chamá-lo assim – é divino. Todos aqueles que se horrorizaram ante a barbárie que a todos nos cerca ameaçadoramente, serão necessariamente induzidos a refletir sobre as primeiras formas da moralidade interior que se manifestaram entre os gregos. O verdadeiro objetivo, em todo caso, não é a "cultura", a "humanidade", mas aquilo que os gregos descobriram de eterno e que a eles, pela vez primeira, foi revelado.

Mas para que não pareça que a imitação do *humanum* e do *divinum* dos gregos se excluam mutuamente e que estejamos absolutamente obrigados a escolher entre esses dois aspectos do mundo grego, como se um devesse adaptar-se melhor a alguns povos e o outro a outros – digamos ainda isto para concluir. A uma das formas da *humanitas* queremos também nós nos ater com firmeza, ainda que não tenhamos especial disposição para nos tornarmos humanistas; é àquele mínimo da humanidade para o qual não é necessária nenhuma atitude especial: o respeito ao homem. Os valores absolutos que pairam acima de nós, sobretudo a justiça e a verdade, têm a fatal propriedade de por vezes fazer-nos esquecer de que aquela parte de absoluto que podemos entender não é todo o absoluto. E, no entanto, aquele absoluto faz-nos agir como se nós, em pessoa, fôssemos o absoluto – e então, coitado do nosso pobre próximo! É quando a moral vira dinamite. E sua força explosiva aumenta tanto mais quanto mais numerosos forem os homens que creem estar a serviço do absoluto; quando estamos convictos de que determinadas instituições incorporam o absoluto, a catástrofe é certa. É mister que nos lembremos então de que todo homem tem sua própria dignidade e sua própria liberdade. Tenhamos, então, um pouco de complacência e espírito de conciliação, e quiçá, *o sancte Erasme*, uma pequena dose da tua ironia.

15. O Jocoso em Calímaco

Ó pai Baco, tu, do nosso século, o Gênio és! És o que para Píndaro era a chama interior, o que para o mundo é Febo Apolo... Ó Júpiter Plúvio, divindade do sopro tempestuoso, a ele não foste ter, a ele junto ao olmo, um casal de pombos sobre o braço delicado, de rosas gentis coroado, em meio às flores brincando, Anacreonte! Nem foi a ele que abraçaste junto à selva de álamos na praia de Síbaris, a ele que às abelhas[1] cantava em doce sussurro, com amigável aceno, Teócrito! Quando as bigas estrugiam, roda contra roda, rápidas em volta da meta, e estalavam os chicotes de jovens sedentos de vitória e, em torno, erguia-se a poeira qual turbilhão de pedras rolando morro abaixo sobre o vale, o perigo a tua alma inflamava, ó Píndaro!

Quando Goethe, aos vinte e dois anos, abandonou-se com paixão ao *Canto do Caminhante na Tempestade*, a esta "semiloucura" como ele a chama em *Poesia e Verdade* (III, 12), não sabia certamente em qual tradição literária se inseria ao exaltar o sublime Píndaro opondo-se a poetas brincalhões como Anacreonte e Teócrito. E no entanto, a guinada do rococó para a poesia do "gênio original" tem muitos pontos de contacto com aquele momento da história literária grega, no qual o contraste entre poesia jocosa e patética se delineia pela primeira vez de forma programática. Mesmo se quisesse, Goethe não teria podido admitir a dependência de sua poesia em relação a um intermediário romano que lhe transmitisse um pensamento grego; de fato, o trecho grego aqui em questão só recentemente foi conhecido através de papiros egípcios. Muito mais significativo é o fato de Goethe, em muitos pontos, ter-se aproximado do original mais do que a própria imitação por ele conhecida.

---

1   A lição exata é essa, e não "às flores": cf. sobre esse ponto U. von Wilamowitz, *Reden u. Vortr.*, 4ª ed., I, 263. Para a crítica do texto e a interpretação do hino em sua totalidade, consultar E. Trunz na Hamburger Goethe-Ausgabe, I, 432 e ss.

274 A CULTURA GREGA E AS ORIGENS DO PENSAMENTO EUROPEU

Nesse poema, a interpretação dada por Goethe à figura de Píndaro é menos original e mais conforme com a tradição literária do que possa parecer, o que ele próprio, de certo modo, admite, ao escrever, no ano seguinte (meados de julho de 1772), a Herder: "Agora minha casa é Píndaro e, se o esplendor da morada é o que nos deixa felizes, com certeza feliz serei", e confessa: "todavia, compreendo o que queria dizer Horácio e o que Quintiliano exaltava"; e realmente a imagem "Qual morro abaixo um turbilhão de pedras rolando sobre o vale..." evoca e interpreta aquela passagem de Horácio (4, 2), que, a partir do Renascimento, definiu a figura de Píndaro:

> monte decurrens velut amnis, imbres
> quem super notas aluere ripas,
> fervet.

Atendo-se a essa imagem, barroco e rococó descobriram em Píndaro o estilo grandioso, patético, livre de regras severas; e, quando Goethe a ele contrapõe Teócrito, como representante da poesia pastoril e Anacreonte como jocoso cantor do vinho e do amor, não faz mais do que aplicar um esquema da poética convencional, semelhante àquele (num exemplo que me vem agora à mente) de que se serve Goldoni em suas *Memórias* (1, 41), ao dizer, referindo-se às árias de Metastásio, que elas são "ora à maneira de Píndaro, ora à maneira anacreôntica"; donde se conclui, ademais, que em sua época, quando as pessoas falam em Anacreonte, não se referem tanto aos versos do poeta arcaico quanto aos poemas que circulavam com seu nome, isto é, às chamadas anacreônticas.

Dessa contraposição, porém, Goethe fez alguma coisa muito maior que tudo quanto teria podido extrair das expressões literárias de seu tempo, maior até do que lhe poderia a propósito dizer Horácio, o qual se limita a opor sua modesta poesia à grande poesia de Píndaro; por isso, sob muitos aspectos, vincula-se ele ao momento em que a antítese teve origem.

Quando Horácio, em suas odes, diz não querer exaltar os feitos de Augusto de forma elevada e solene imitando Píndaro, mas dar preferência à poesia ligeira e delicada, está-se reportando, como outros poetas romanos que haviam expresso idêntico pensamento, a Calímaco, isto é, ao chefe de escola dos poetas helenísticos (cf. supra, p. 120). Calímaco e Goethe encontraram-se ambos numa curva histórica: no ocaso de uma cultura iluminista mais que secular, que dissolveu as antigas concepções religiosas, quando até o racionalismo se torna tedioso e começa a surgir uma nova poesia significativa. Mas a evolução do mundo antigo e a do mundo moderno de tal modo divergem na escolha dos caminhos, que Calímaco, e com ele todo o seu tempo, declara-se pela poesia menor, delicada, ao passo que Goethe, também ele intérprete de seus contemporâneos, dá preferência à poesia patética, interiormente comovida.

O JOCOSO EM CALÍMACO

A situação espiritual do helenismo incipiente é, apesar das muitas afinidades, diferente da europeia de fins do século XVIII, já de começo porque falta ao helenismo o *páthos* revolucionário do *Sturm und Drang*. Quando, após um século de prosa (cf. p. 164), a partir aproximadamente do ano 300 a.c., a poesia voltou a brilhar com obras de alto estilo e vasta ressonância, mostrou-se apegada a antigas formas poéticas, sobretudo aos versos discursivos da poesia da era arcaica; se novo era o seu espírito, esse espírito novo não era coisa que se pudesse anunciar como uma revelação, nem pela qual nos pudéssemos apaixonar. Esses poetas helenísticos eram, numa palavra, pós-filosóficos, ao passo que os poetas arcaicos eram pré-filosóficos. A poesia mais antiga sempre tende a descobrir novos lados do espírito e, por isso, encontra uma continuação natural na conquista racional dos campos que há pouco havia descoberto, isto é, na filosofia e na ciência. Assim a épica, com seus mitos heroicos, instituiu as bases da historiografia jônica e, formulando o problema do ἀρχή (*arkhé*) nos poemas teogônicos e cosmológicos, criou as premissas da filosofia jônica da natureza. A lírica leva a Heráclito, o drama a Sócrates e a Platão. No momento em que surgia a poesia helenística, declinava a grande época de incessante evolução dos sistemas filosóficos. O século IV vira nascer as obras de Platão, de Aristóteles e de Teofrasto, e, no final do século, fundaram-se as duas escolas filosóficas mais importantes para os tempos futuros: o Jardim de Epicuro e a *Stoá* ("Pórtico") de Zénon. Portanto a filosofia atingira na Grécia seus resultados mais altos quando, num novo centro espiritual, em Alexandria no Egito, residência dos Ptolomeus, formou-se um círculo de poetas, entre os quais Teócrito e, o mais notável de todos, Calímaco[2], que levarão a poesia a uma nova florescência.

Pós-filosóficos são esses poetas no sentido de que não acreditam mais na possibilidade de dominar teoreticamente o mundo, e no exercício da poesia, a que Aristóteles ainda havia conferido um caráter filosófico, afastam-se cepticamente do universal (cf. supra, p. 97) e voltam-se com amor para o particular. Pós-filosófico é, de modo muito especial, Calímaco, na medida em que elabora teorias sobre as possibilidades poéticas de seu tempo e, criando com isso algo de novo na poesia, exprime em forma programática sua concepção da arte poética, sobretudo nos versos contra os rivais com que inicia sua obra maior e mais importante, as *Aitíai* ("origens"), mas também em outras obras e em epigramas isolados. Calímaco levanta o seguinte problema: que forma poética é preciso cultivar? Isso pressupõe naturalmente a existência de diversos gêneros de poesia e, na

---

2   Sobre Calímaco, cf., além da *Hellenistische Dichtung* de U. von Wilamowitz, sobretudo o livro de Ernst Howald, *Der Dicther Kallimachos von Kyrene*, Erlenbach-Zürich, 1943.

276   A CULTURA GREGA E AS ORIGENS DO PENSAMENTO EUROPEU

realidade, em sua época, cultiva-se tanto a épica quanto o drama e a lírica: existe também uma "literatura" com suas diversas subdivisões, coisa que nos parece natural, mas que era desconhecida em tempos mais antigos; sendo assim, agora o poeta está livre para escolher o gênero a que quer dedicar-se.

Mas esta, que se pode considerar como a primeira justificação teorética que um poeta tenha dado da própria poesia, vem precedida por outros juízos expressos sobre a obra de outros, como por exemplo as zombarias de Aristófanes à tragédia de Eurípides, as considerações de Platão sobre o valor da poesia, a poética de Aristóteles, e outras coisas mais, grande parte das quais se perdeu. Muitos desses temas são retomados por Calímaco: ele defende a brevidade de sua poesia (e brevidade era o que exigia Aristóteles)[3]; justifica seu estilo "delicado" e nada patético (tema retomado por Horácio e que será por ele trabalhado em seguida). E uma parte notável cabe também aos temas derivados de Aristófanes.

Até mesmo influências estranhas à poética agem em Calímaco. No prólogo das *Aitíai* (vv. 25 e ss.), ele diz que, quando começara a poetar, Apolo o admoestara a não escolher os caminhos largos e demasiadamente frequentados, mas a seguir, de preferência, uma trilha pessoal só dele, ainda que estreita. A imagem dos dois caminhos que se abrem diante do homem e a admoestação para que este não siga pelo caminho cômodo e mais frequentado, mas pelo estreito e solitário, deriva, no fundo, de *Os Trabalhos e os Dias* de Hesíodo (vv. 287 e ss.), e é reelaborada por Pródico em sua fábula de Héracles. Assim como em Hesíodo e em Pródico é o caminho estreito que leva à virtude, e o largo ao vício, assim também para Calímaco o caminho estreito é que é o certo; nada nos diz ele, porém, sobre a meta desses dois caminhos. Cai por terra, portanto, o escopo com que a imagem fora, na origem, criada; tampouco Apolo diz a Calímaco por que deve escolher a "trilha menos frequentada". Antes, dissera apenas: "Uma vítima deve ser gorda, um poema, delicado". Aristófanes, nas *Rãs*, ao contrário, dera preferência ao grandioso e ao possante em relação ao delicado. Também aqui falta em Calímaco o elemento que dera solidez ao pensamento de Aristófanes. Por que Aristófanes preferia o estilo elevado de Ésquilo ao fino e requintado de Eurípides? Porque Eurípides corrompera o povo, ao passo que Ésquilo o elevara. Dessa avaliação moral não vemos traço em Calímaco. Como para a imagem dos dois caminhos, cabe também aqui a pergunta: por que Calímaco faz exatamente essa escolha? A resposta está na frase (vv. 17 e ss.)

3   Na divisão das *Aitía* em quatro livros, reflete-se a teoria aristotélica segundo a qual a obra poética deve ter uma clara construção; cf., a respeito, F. Mehmel, "Vergil und Apollonios Rhodios, Untersuchungen über die Zeitvorstellung in der antiken epischen Erzähjung", *Hamb. Arb. z. Altertumswissenscg*, 1, 17.

O JOCOSO EM CALÍMACO

"Julga a minha poesia (a minha "sapiência", σοφίη) segundo a arte (τέχνη) e não com o metro persa". Somente segundo a arte quer Calímaco que se julge a sua poesia; as duas palavras σοφίη e τέχνη têm um significado de tal maneira afim que quase se podem considerar sinônimos: ele não busca outra medida da arte que não a própria arte.

Todas as composições poéticas precedentes tinham um significado que transcendia a poesia, e mesmo quando a poesia perdeu com o tempo sua função social, os poetas preocuparam-se em colher significados novos e objetivos, que podiam posteriormente, bem entendido, escapar-lhes das mãos, caso em que o poeta devia ceder lugar ao filósofo. Aristófanes limita ao elemento pedagógico tudo quanto na arte tenda para além da arte, e atribui à arte uma tarefa moral; mas ainda conserva para a poesia uma tarefa que está fora dela (embora, a partir de então, desprovida de fundamento), ao passo que Calímaco julga a arte apenas segundo seu valor artístico. Com isso, volta-se ele para um público novo e especial. A tragédia ática ainda falava a todo um povo; agora, ao contrário, um restrito círculo de pessoas cultas era chamado a exprimir sua opinião. A exigência platônica de que só os competentes devem julgar visa aqui a uma "sapiência" que não é o conhecimento do Bem supremo, mas simples cultura e bom gosto.

A "sapiência" de Calímaco está, em primeiro lugar, voltada para a forma; ele trata os versos com aquela finura e aquela severidade ensinadas por Arquíloco, mas às quais não se haviam sentido nem a épica no hexâmetro nem o drama no trímetro; tem um ouvido sensibilíssimo ao valor dos sons, dispõe de um léxico riquíssimo e tem um sentido seguro do grau de intensidade e do valor das palavras; ao ouvido do leitor culto ecoam de contínuo reminiscências significativas. Com fino senso artístico, varia a escolha das palavras, a disposição dos períodos e o andamento dos versos. É sobretudo nisso que Calímaco tem em mente quando fala de sua sapiência, relegando a um segundo plano o conteúdo.

Era um erudito; sua vasta e seleta cultura penetrou em tudo, até mesmo em sua poesia, mas ele não se serviu dela com escopos didáticos, como seria justo esperar, visto que ao falar de sua arte invoca Hesíodo, mas apenas para dar relevo a muitas coisas diferentes e interessantes. É um colecionador que nutre especial interesse pelas coisas raras e, em sua poesia, faz uso de seu vasto saber não tanto para instruir os ouvintes quanto para diverti-los ou mesmo chocá--los. Não oferece a versão usual, mas a variante que surpreende, e põe em ação toda sorte de brincadeiras e zombarias: brinca de esconde-esconde e propõe adivinhações. Sente-se, sobretudo, vivo, nele, o senso humorístico que o leva a juntar coisas que originariamente nada tinham a ver umas com as outras. Em seu hino a Zeus, levantava este problema: terá mesmo Zeus nascido no monte Ida ou será que foi em

278   A CULTURA GREGA E AS ORIGENS DO PENSAMENTO EUROPEU

Arcádia, no Liceu? E já que a primeira versão é a universalmente aceita, ele se declara naturalmente pela segunda, fundamentando-a nas palavras de Epimênides de Creta: "Todos os cretenses são mentirosos", e acrescenta, adiante, que os cretenses chegam até mesmo a mostrar uma tumba de Zeus, embora (e a asserção fora habilmente antecipada numa invocação a Zeus) Zeus seja imortal. Esse jogo de tramas espirituosas exige uma vasta cultura que não está, porém, a serviço do conhecimento, mas quer apenas ostentar seu esplendor, e não serve nem mesmo, como mais tarde a Sêneca, que copiou de Calímaco (através de Ovídio) essa maneira de juntar os mitos, para dar um tom patético ao estilo, pois Calímaco é contrário a toda forma de *páthos*: nele tudo está subordinado à brincadeira e ao humorismo.

Nos *Jambos* de Calímaco, entram em cena os Sete Sábios, que, para os gregos, desde a era arcaica, encarnavam o ideal de sabedoria. Calímaco não trata de nenhuma das anedotas que falam sobre a aspiração que tinham de saber, do bem que fazem ao exarar seus sábios juízos, nem da meta superior a que visavam com sua conduta. Sábios eles o são, para ele, somente na medida em que não são vaidosos. O árcade Báticles deixou, ao morrer, uma taça de ouro que deverá ser entregue ao homem mais sábio. Seu filho ofereceu-a a cada um dos Sete Sábios, e cada um deles diz que não ele, mas o vizinho é o mais sábio de todos; até que por último Tales, ao ser-lhe oferecida a taça pela segunda vez, consagra-a a Apolo. Calímaco narra essa história para fazer ressaltar, em contraste, o espírito litigioso dos estudiosos alexandrinos. Não vê, de fato, nas disputas dos eruditos o fato positivo de cada um defender as próprias convicções e o próprio saber, mas apenas vaidade e pretensão: e, para ele, a vaidade é o vício capital do mundo. No apólogo da disputa entre a oliveira e o loureiro, ele mais uma vez se atira contra a pretensão, que sempre foi o perigo daqueles que, sem serem inspirados por uma missão objetiva, são, todavia, bastante astutos ou calculistas para saberem viver do resultado. Uma forma de defesa contra esse perigo é a autoironia, que Calímaco maneja magistralmente.

Calímaco acentua com frequência o caráter brincalhão de sua poesia, fazendo-se de ingênuo. A história do anel de cabelos de Berenice que, sacrificado pela rainha no altar de Afrodite, foi dali subtraído para ser transformado em constelação, ele imagina como sendo contada pelo próprio pequeno e inocente anel.

Com a ingênua seriedade do garoto, narra antigos mitos nos quais ele próprio já não crê, ou então histórias totalmente de sua invenção. Esse é um dos lados mais característicos de seu humorismo. No hino a Delos, ele narra como Hera, irritada com Leto, proibiu a todos os lugares da Grécia de darem asilo à infeliz mãe prestes a dar à luz Apolo. Todas as cidades, rios, montanhas têm, segundo a crença antiga, uma divindade própria; Calímaco finge de brincadeira

O JOCOSO EM CALÍMACO 279

levar a sério essa concepção; mal Leto aparece em qualquer lugar, ninfas e demônios põem-se em fuga; daí um foge-foge geral e não há mais um lugar sequer onde o deus possa vir ao mundo.

Nesta e em outras histórias semelhantes, não é que Calímaco se divirta apenas com extravagâncias. O *páthos* irônico e paradoxal é de tal maneira vivo, movimentado e rico de nuanças, e tão sincero prazer sentimos em sua espontânea ingenuidade, em sua imensa gentileza apesar do tom burlesco, que as imagens daí resultantes são igualmente sedutoras ainda que difíceis de entender.

Calímaco chama sua maneira de poetar de "jogo de garotos" (παίζειν) e sua poesia, de "jogo" (παίγνιον); "como um garoto" (παῖς ἅτε), dizem dele os Telquinos no sexto verso do prólogo das *Aitíai*, ele compõe seus breves poemas.

Essa infantilidade de Calímaco é tão genuína que foi ele o primeiro poeta grego capaz de representar a infância, embora com uma ligeira nuança de ironia que o salva de descambar no pueril. Em seu hino a Ártemis, representa a deusa menina que, sentada no colo do pai Zeus, suplica (V, 6 e ss.): "Permite-me papai, que eu conserve a virgindade e tenha muitos nomes, e, para que Apolo não possa atacar-me, dá-me flechas e arcos; não, pai, eu não peço aljavas nem tampouco grandes arcos... que os Ciclopes sem demora me forjem as flechas e as bem arqueadas armas... ou se não, permite que eu carregue tochas e use um vestido curto de barra multicor, para que possa caçar as selvagens feras: dá-me também sessenta Oceânides para que me acompanhem na dança...", e prossegue em seu balbucio, avançando sempre novas pretensões que, no conjunto, oferecem um quadro, em parte erudito, da atividade e do caráter de Ártemis. Há algo da bonacheirice do avô no modo como Calímaco vê a pequena Ártemis, sem sentimentalismos, sem renunciar à sua superioridade de adulto e sem querer, artificiosamente, bancar o garotinho.

Com a mesma ingênua alegria, permeada de leve ironia, Calímaco descreve nas *Aitíai* usos pífios do culto primitivo, estranhos mitos e acontecimentos bizarros. Com uma seriedade acompanhada de um leve piscar de olhos, derrama sobre nós sua rica erudição; coisa que ele não subordina a nenhum pensamento unitário, não direciona a nenhum escopo e não põe nem mesmo a serviço de uma ideia que viabilize a compreensão de situações e de homens; aí há apenas um vivo sentido voltado para os vários aspectos do maravilhoso como nenhum grego jamais tivera depois da época arcaica; mas já não é o espanto puramente infantil do homem primitivo que leva a sério as maravilhas do mundo e que se sente também, ele próprio, guiado pelas forças ricas de sentido que agem a seu redor; é um espanto pensativo ante todas as coisas estranhas que acontecem. O elemento jocoso, que em seguida à tragédia, se encontra em todas as formas

280 A CULTURA GREGA E AS ORIGENS DO PENSAMENTO EUROPEU

da poesia grega é acompanhado aqui por um maduro saber; e desse amável conúbio de sentimento infantil e espírito cético, nasce a graça perfeita dessa alta cultura.

A falta de uma meta objetiva e, em geral, de tudo aquilo que sai do âmbito do indivíduo, revela-se também em seus poemas de amor: neles, a pessoa amada, a aspiração à felicidade da posse passam para segundo plano diante do elemento "erótico", entendido no sentido moderno da palavra.

Num epigrama lê-se (ep. 41): "Metade de minha alma foi-se embora. Estará de novo junto de algum menino?... E no entanto, tantas vezes recomendei: "Não acolham essa vagabunda, ó meninos!"..." "Mas bem sei que, digna de lapidação por haver desertado, está metida com o malvado Eros e anda por algum lugar". O que distingue esse amor de Calímaco de qualquer outro amor expresso por poetas precedentes é que, antes, o amor estava sempre dirigido a uma pessoa amada, era "amor por alguém", como diz Diotima em Platão (*Banq.*, 199 D). O amor de Calímaco é dirigido, antes de mais nada, ao indeterminado. Parte de sua alma tornou-se independente e nem ele sabe onde ela está. Está enamorado sem saber de quem[4].

Outro epigrama tem aproximadamente o seguinte conteúdo (ep. 31): "O caçador persegue pelos montes lebres e veados e compraz-se em meio à neve, mas se alguém lhe diz: 'Pronto, o animal foi atingido', ele não vai pegá-lo. Assim também o meu amor: gosta de perseguir aquilo que foge, mas despreza o que se oferece". Esse é um descante a um rapaz de nome Epíquides a quem Calímaco se dirige no primeiro verso[5], mas é, ao mesmo tempo, uma revelação sobre o seu modo de amar. Assim como o caçador está mais interessado na caçada do que na caça, assim também encontra ele mais prazer na perseguição do que na conquista.

Em ambos os epigramas, a meta e o objeto do amor são relativamente indiferentes no que diz respeito ao sentimento subjetivo: no primeiro, trata-se do puro impulso do amor, no outro, do jogo da perseguição.

Outros dois epigramas (30 e 43) assemelham-se bastante em seu conteúdo característico: em ambos, Calímaco constata a presença do amor em outra pessoa, traída num caso pelo aspecto, no outro por um suspiro; e diz: "Compreendo, também comigo acontece exatamente o mesmo". Descreve, portanto, o amor alheio apenas para confessar o próprio. Mas não o diz diante do amado, pois não tenciona influenciá-lo: da primeira vez, dirige-se, compreensivo, a um outro amante; o segundo epigrama, ao contrário, não está endereçado a ninguém. Ao usar essa forma indireta, Calímaco evitou a expressão patética "eu

---

4 Cf. U. von Wilamowitz, *Hell. Dicht.*, 1, 173.
5 *Idem*, 2, 129.

O JOCOSO EM CALÍMACO   281

amo"; a confissão fica, assim, ironicamente truncada, e a declaração de amor parece ter-lhe escapado por acaso.

Se nesses dois últimos epigramas, ele mantém o tom ligeiro na medida em que não exprime de forma séria o que se passa em seu coração, e o mesmo acontece nos dois primeiros onde o amor é fim em si mesmo (assim como a arte de Calímaco é fim em si mesma), os quatro têm em comum a representação do amor sob o aspecto individual e psicológico do enamoramento, não como intervenção da divindade, como o sentiam Arquíloco, Safo e o próprio Anacreonte, ou como paixão arrebatadora que transtorna o ser do homem, como o representava a tragédia, nem como uma aspiração metafísica à perfeição, como a via Platão; nem tampouco (o que talvez se aproxime mais da interpretação calimaquiana do amor) como baixo prazer com o ser físico e transitório. O amor não induz Calímaco a refletir sobre Deus, sobre o homem ou sobre o mundo, mas apenas à constatação do próprio sentimento.

Esse egocentrismo e essa autocontemplação de Calímaco não levam, porém, nem à introspecção nem à autoanálise. No campo da psicologia, ele não pode considerar-se um descobridor, como em geral em nenhum campo do espírito. Mas já é por si mesma uma descoberta aquela sua maneira de observar-se a si mesmo com um leve sorriso, constatando: Ah! então é essa a tua situação! – Esse autodistanciamento promove a consciência teorética; mas nem em seus seguidores, vem ele acompanhado por aquela vontade de conhecimento que teria podido tornar frutífero o novo impulso.

Na atitude de Calímaco, que nada mais leva a sério, pelo menos nada que transcenda o homem, revelam-se traços de cansaço pós-filosófico. Ele só leva a sério as coisas já conhecidas por tradição. Ainda que se aproveite para fins jocosos da rica tradição literária grega que lhe era oferecida pela biblioteca da Alexandria, há nele um autêntico interesse de estudioso pela pesquisa e pela preservação erudita. Faz parte das regras do jogo não deixar transparecer o peso e o esforço do estudo e não permitir que a poeira da teoria ofusque o esplendor do brio e da poesia; e no entanto, uma poesia desse gênero só é pensável se acompanhada de um profundo interesse pelos estudos doutos e do gosto pela pesquisa em velhas fontes. Também em seus ouvintes, Calímaco pressupõe vastos conhecimentos: faculdade de entender as alusões e interesse pelo que não é demasiado conhecido. Movendo-se com desenvoltura pelos vastos campos da cultura, quer que também seu público aí se sinta à vontade. Vasto, esse público naturalmente não pode ser, já que uma arte do gênero tem sempre um cunho de exclusividade e requinte.

Esse jogo variado e brioso vale-se de uma língua que aprendeu com a retórica a exprimir todas as coisas com facilidade. Essa predileção pela forma espirituosa e jocosa e a tendência de opor o interesse

282 A CULTURA GREGA E AS ORIGENS DO PENSAMENTO EUROPEU

pelo conteúdo ao elemento formal, a retórica grega as traz consigo desde o nascimento. É verdade que ela bem depressa abandonou a procura exagerada de efeitos sonoros, que fora uma característica de seu fundador, Górgias: mas isso não acontecera tanto pela convicção de que a forma deveria estar subordinada a um escopo objetivo e não às lisonjas do som e à riqueza de relações internas da língua, artificiosamente acentuada por meio de antíteses, anáforas etc., quanto por uma reação do bom gosto. A prosa do século IV, tendo chegado a um alto grau de desenvolvimento, aperfeiçoara todos esses recursos, ensinara o uso discreto deles e, embora em Calímaco tenham eles menos importância do que, por exemplo, nas *Metamorfoses* de Ovídio, a soberana facilidade com que o poeta maneja os meios linguísticos seria impossível de conceber sem a escola da retórica teorética. Assim é que a prosa exerce uma notável influência sobre a poesia, embora Calímaco evite naturalmente acolher o que é especificamente prosaico, como enfatizar a estrutura lógica do discurso; ao contrário, seu pensamento desenvolve-se com simplicidade homérica.

Se os melhores homens do tempo de Calímaco começam a distanciar-se da filosofia e a dedicar-se à pesquisa erudita especializada, mesmo isso – como todas as precedentes tentativas gregas de libertar-se do passado e encontrar novos caminhos – é uma atitude voltada para a conquista de uma nova relação imediata com o mundo. Ante a tentativa da filosofia de dominar o mundo e a vida através de um sistema racional, sente-se de novo o fascínio da irracionalidade ingênua, as pessoas retornam à língua infantil da humanidade, à poesia. Os hábitos primitivos, a vida simples (sobretudo tal como a representa não só Teócrito mas também Herodas e outros), a vida infantil, fascinam os cidadãos cultos. Mas como Calímaco nada perde de sua dignidade e não afeta uma falsa ingenuidade quando delineia a figura do ser infantil, nunca, em geral abandona seu tom de superioridade e sua espirituosa ironia. Calímaco possui (sem com isso querer estabelecer teorias ou programas) uma nova forma de ingenuidade sapiente; seu tom ligeiro provém da soberania de um espírito consciente, da serenidade daquele que, com superioridade cética e sem sentimentalismos, medita sobre algo que se perdeu.

Calímaco distingue-se de todas as outras tentativas de seu tempo e daquele que imediatamente o precedeu, voltado, este, para a busca do imediato e do simples, na medida em que não despreza o espírito, não quer uma juventude cínica que siga apenas as leis da natureza, não admira o cita Anacarsis; mas, por outro lado, tampouco prega humanidade e cultura, o que facilmente levaria à vazia solenidade a ao autocomprazimento.

Calímaco vive a tal ponto (se assim se pode dizer) "de segunda mão", que há quem hesite em atribuir-lhe uma "descoberta", qualquer que ela seja. Mas suas conquistas têm um valor tão grande para

O JOCOSO EM CALÍMACO 283

a cultura europeia que ele pode ser considerado um de seus precursores. Cultura é para ele aquela vasta forma de memória que não só sabe colocar em contacto coisas entre si distantes e divertir com achados surpreendentes o ouvinte, mas que também abarca, com amplo olhar, os vários aspectos da vida. Essa consciência da livre superioridade do estudioso e do erudito, é transmitida por Calímaco, através dos romanos, em especial através de Ovídio, aos humanistas do Renascimento; mas nos romanos o que vem à tona é a concepção de um reino superior do espírito, da poesia e da cultura, para o qual se volta o olhar com nostálgica admiração. Esse sentido ainda está totalmente ausente em Calímaco; demasiado natural e segura é, de fato, sua posição no mundo espiritual. Como lhe falta uma direção unitária de conhecimento, faltam-lhe também opiniões morais, políticas, bem como toda e qualquer tendência pedagógica; não sonha em exortar os outros a tornarem-se partícipes da cultura. Seu reino do espírito tem em si graça e fascínio suficientes para atrair os que têm gosto por essas coisas.

Quando Goethe, no *Canto de um Caminhante*, contrapõe a Anacreonte e a Teócrito a grande arte de Píndaro, sua atitude não significa somente adesão a um dos dois estilos considerados pela poética barroca; nem era tampouco apenas um desconhecimento da poesia rococó, que ele próprio cultivara até pouco tempo atrás: Goethe rompia, aqui, a tradição do velho humanismo.

É ele próprio, de resto, quem nos diz, em *Poesia e Verdade* (II, 10), ter aprendido com Herder "que a poesia é, em geral, um dom ao mundo e aos povos, e não uma herança privada de um número restrito de pessoas refinadas e cultas". Estas últimas palavras vão diretamente atingir aquilo em que se transforma a poesia com Calímaco, e tudo aquilo que, aceito e tratado de formas diversas pelos eruditos clássicos do Renascimento, e permeado por influências de toda espécie, fazia sentir sua influência no *Orlando Furioso* de Ariosto, no *Anel de Cabelos Roubado* de Pope, nos contos em verso de Wieland e até mesmo no *Don Juan* de Byron. Daí o paradoxo: Goethe, que se achava numa situação sob muitos aspectos semelhante à de Calímaco, declara-se exatamente contra o que Calímaco criara.

Teócrito e Anacreonte (isto é, os criadores das anacreônticas), os brincalhões e agradáveis poetas helenísticos, não são inspirados pela divindade, nem por Zeus (Júpiter) nem por Apolo nem por Dioniso (Baco). Dioniso é o "gênio" (e aqui nos aproximamos da concepção do gênio original), "é aquilo que para Píndaro era a chama interior, o que para o mundo é Febo Apolo". É a "chama interior" que torna o poeta partícipe do Divino. Heinse, numa carta de 13 de setembro de 1774 (a K. Schmidt), descreve o mesmo Goethe como um novo Píndaro: "Goethe esteve conosco: um belo rapaz de vinte e cinco anos, todo ele gênio, vigor e força, um coração cheio de sentimento, um

284 A CULTURA GREGA E AS ORIGENS DO PENSAMENTO EUROPEU

espírito cheio de fogo, dotado de asas de águia – *qui ruit immensus ore profundo* –", cujo último verso é a continuação daqueles citados pelo poema de Horácio sobre Píndaro, e que tem um significado bem diferente do que tinha então a expressão "novo Píndaro" referida a um poeta, ou a expressão "nova Safo" referida a uma poetisa (assim Goldoni, falando do improvisador Perfetti: "O poeta declamou durante cerca de um quarto de hora estrofes à maneira de Píndaro. Nada mais belo que seu canto. Ele era Petrarca, Milton, Rousseau... ou melhor, o próprio Píndaro"). Em oposição a esse uso estereotipado dos nomes antigos, Goethe procura remontar à experiência originária do poeta: "Quando as bigas estrugiam..., o perigo a tua alma inflamava, ó Píndaro". Também essa figura há-de estar distante do verdadeiro Píndaro histórico, visto que Píndaro nunca fala de sua participação nas lutas por ele descritas nos poemas, nem do "estalar dos chicotes dos jovens sedentos de vitória": é antes uma livre interpretação dos cantos de vitória de Píndaro, que apanha a deixa da similitude de turbilhão, encontrada no citado poema de Horácio, mas baseia-se numa concepção inteiramente moderna da arte como "experiência vivida"[6].

E todavia, nessa nova interpretação de Píndaro, há um elemento que acerta na mosca: Goethe põe em relevo o conteúdo religioso de sua poesia, como convém a quem com Herder aprendeu que a verdadeira poesia não está no elemento individual, na fineza, na cultura, mas tem raízes no divino. E nisso consiste a diferença essencial entre Calímaco e Goethe e entre suas duas épocas; a reação contra o racionalismo irrompe em Goethe com emoção religiosa, isto é, ditirâmbica, com entusiasmo e *páthos*; em Calímaco, ao contrário, exprime-se com brio brincalhão. Para Goethe, a questão era superar exatamente o que constituía a nova conquista de Calímaco, na medida em que também a poética do rococó se baseava no espírito e no gosto,

---

6 É o que vemos já em Klopstock, quando fala de poemas que, "à semelhança dos cantos de Píndaro, irrompem livremente da alma criadora" (Franz Munker, *Klopstock*, Stuttgart, 1888, 532 e ss.; cf. Konrad Burdach, *Deutsche Rundschau*, 36, 1910, 254 e ss.). Porém Goethe, em 1827 (Jub.-Ausg., Bd. 38, 65, 29), pensa diferente: "A mais alta lírica é decididamente histórica. Experimentem tirar das odes de Píndaro o elemento histórico-mitológico e verão que delas se tira também sua vida interior... Um verdadeiro poeta que tivesse, como Píndaro, tantas coisas para louvar e celebrar, e que pudesse de ânimo alegre ocupar-se com árvores genealógicas e glorificar o esplendor de tantas cidades competindo entre si, saberia sem dúvida compor poemas igualmente bons" (similarmente, Bd. 37, 181, 24). Parte bem pequena é, portanto, atribuída ao gênio. Boeckh, nesse meio tempo, escrevera, a propósito de Píndaro: *At illud et difficillimum et praecipuum interpretis munus judicamus, ut poetae consilium rerumque et hominum, Qui Pindaro talia scribendi occasionem praebuerant, codicio, quantum fieri potest, in luce ponatur* (2ª ed., 2, p. 6). O. Regenbogen, numa conferência sobre a relação de Goethe com Píndaro (*Griechische Gegenwart, über Goethes Griechentum*, p. 45), inclina-nos a observar nessa tardia afirmação de Goethe, a influência do *Andrastea* de Herder.

O JOCOSO EM CALÍMACO

e a poesia, justamente na época do racionalismo, reaproximara-se de Calímaco, fonte da tradição humanística.

A nova religiosidade do *Sturm und Drang* não é um retorno àquela fé que reinava antes do Iluminismo. Goethe invoca os antigos deuses. Ao sair da tradição humanística, vincula-se ao mundo grego mais antigo. Nele não revive uma religião ligada ao culto, mas uma fé livre e secularizada, que busca as forças divinas na natureza e na alma do indivíduo, e vê o divino sobretudo na arte. Mas os artistas por excelência eram os gregos, e já Winckelmann vira em Homero e na plástica clássica o divino que se fazia terreno[7]. Com esse novo retorno a um passado cuja tradição fora abalada, foi possível superar o racionalismo sem cair no cepticismo e no puro jogo. Também no tempo de Calímaco faziam-se sentir novas exigências religiosas que buscavam satisfação fora das formas tradicionais do culto nativo, mas isso levara à aceitação de divindades asiáticas e egípcias, isto é, a algo de bárbaro que se punha em contraste com a civilização grega. Winckelmann, ao contrário, teve a possibilidade de apoiar-se nos fundamentos da cultura europeia e, ao mesmo tempo em que assim descobria na vida terrena, fora da tradição religiosa já então praticamente exaurida, a revelação do divino, foi-lhe possível ainda uma vez despertar, não obstante o iluminismo e o cepticismo de seu tempo, aquele entusiasmo que levava apaixonadamente a sério todas as grandezas históricas e artísticas. Aos gregos jamais fora possível voltar da brincadeira para a seriedade. Mas Goethe, séculos mais tarde, pôde tomar posição em favor da "grande" arte contra a arte menor ou delicada, exatamente como o fizera Aristófanes, criador dessa distinção.

A poesia do *Sturm und Drang* não é, pois, pós-filosófica no mesmo sentido em que se pode chamar de pós-filosófica a poesia de Calímaco; a ela se segue uma filosofia que, sob muitos aspectos, se opõe ao racionalismo e que, contrariamente à filosofia iluminista, acolhe em si o elemento histórico. E a ela se segue também (e nisso reside a diferença essencial entre a evolução moderna e a dos tempos de Calímaco) um maravilhoso florescimento da ciência histórica, que, embora sendo determinado por um complexo jogo de influências, tem sua primeira raiz nesse renascer do mundo antigo. E o entusiasmo por um fenômeno histórico como o do mundo grego igualmente permitiu que na grande lírica, que reflorescia não só na Alemanha, mas também na Inglaterra e na França, a reflexão sobre o próprio eu não levasse àquela forma de autocontemplação irônica e brincalhona própria de Calímaco, mas fizesse os poetas sentirem-se, mesmo quando exprimiam sentimentos pessoais, parte de um mundo significativo

---

7 Cf., a respeito, F. Blättner, "Winckelmann und die Antike", *Antike und Abendland*, 1945, 121-132.

e de uma vida, malgrado os dissídios internos, digna de ser levada a sério. Não obstante a nostalgia, expressa pelo romantismo, por tudo quanto é ingênuo, e não obstante a aspiração ao simples e ao incorrupto, a meta – nas formas mais variadas e mutáveis – é sempre o mundo grego. É bem verdade que tais tendências também têm levado, no decorrer do século XIX, a atitudes de decidida oposição ao classicismo, e para isso também contribuíram certas ideias acerca da "originalidade" derivadas do *Sturm und Drang*. Não podemos, a esse propósito, deixar de sublinhar a sutil ironia resultante do fato de que essa mesma balbuciante semiloucura do gênio "original" está estreitamente ligada a uma tradição, e a uma tradição que nasce de seus antípodas. Mas queremos disso extrair o pensamento consolador de que a tradição da cultura europeia é uma reserva de forças, que pode levar até mesmo à superação das crises do espírito, uma reserva que os gregos não tinham e que nós, ao contrário, podemos e devemos utilizar para libertar-nos, com a ajuda dos gregos, de falsas estradas e de becos sem saída, e ainda por cima fazer melhor que eles.

16. A Arcádia: Descoberta de uma Paisagem Espiritual

A Arcádia foi descoberta no ano de 42 ou 41 a.c.. Naturalmente não aquela Arcádia da qual se diz no dicionário: é o centro montanhoso do Peloponeso; cordilheiras marginais, em parte muito altas, separam-na por todos os lados das outras regiões da península; e fileiras de montanhas dividem-na internamente numa grande quantidade de cantões menores. Essa Arcádia vulgar era conhecida desde os mais remotos tempos e era considerada a pátria do primitivo Pelasgo. Mas não é nessa Arcádia que pensam todos aqueles que ouvem pronunciar seu nome: a terra dos pastores e das pastorinhas, a terra do amor e da poesia. Esse mundo foi descoberto por Virgílio. Como o descobriu, podemos dizê-lo com bastante precisão (a informação é de Ernst Kapp)[1]. O historiador Políbio, que provinha da Arcádia autêntica, amava muito sua pátria e, embora nada de especial tivesse a dizer acerca daquela terra escondida entre os montes, ainda assim podia contar (IV, 20) que os habitantes da Arcádia, desde a primeira juventude, aprendiam canto e entregavam-se, com bastante fervor, a concursos musicais. Isso leu Virgílio, enquanto atentava para a composição de seus poemas pastoris, as *Éclogas*; e sem mais, atribuiu tais costumes aos pastores árcades, já que a Arcádia era terra de pastores e pátria do deus deles, Pã, que inventara a flauta. Assim, fez viver e cantar os seus pastores na Arcádia. "Vós, Árcades – diz ele –, que sois os únicos experimentados no canto" (X, 32). Fala de dois Árcades "que são de igual valor no canto e estão prontos para enfrentar-se no canto amebeu" (VII, 5), refere-se ao monte Menalos, na Arcádia, "que sempre ouve as canções de amor dos pastores

---

1   Em Erwin Panofsky, *Et in Arcadia ego* (*Philosophy and History. Essays presented to E. Cassirer, Oxford 1936*), 224 e ss. Cf. *Hermes*, 73, 1938, 242, 1.

288 A CULTURA GREGA E AS ORIGENS DO PENSAMENTO EUROPEU

e Pã, o primeiro a fazer soar a flauta" (VIII, 23) e recorre ao juízo da Arcádia na competição dos cantores (IV, 58)[2]. Com certeza, em sua primeira écloga, Virgílio não põe em cena pastores árcades, mas sicilianos (II, 21); e para o ambiente, inspira-se então nos idílios de Teócrito, pois esse poeta helenístico serviu de modelo à poesia bucólica romana. Ora, também os pastores de Teócrito praticam o desafio e competem em concursos; nada mais fácil, portanto, para Virgílio do que fazer deles uma só coisa com os árcades de Políbio[3].

Teócrito, originário de Siracusa, faz-nos conhecer na sua poesia os pastores de sua pátria. Mas a Sicília, nesse meio tempo, tornara-se província romana e os pastores de lá estavam a serviço dos latifundiários romanos, tendo já sob esse aspecto aparecido na literatura latina, quando Lucílio descreve numa sátira sua viagem pela Sicília. Mas já não eram mais os pastores do amor e do canto. Portanto, Virgílio precisava para seus pastores de uma terra que estivesse distante da odiosa realidade de então e, já que desde o início a poesia pastoril fora para ele algo muito diferente do que o fora para Teócrito, buscou uma terra cujos contornos se esbatessem na dourada névoa da distância. De fato, enquanto Teócrito nos dera uma representação irônico-realista dos pastores de sua pátria, apresentando-os em seu ambiente habitual, Virgílio descobriu, na vida dos pastores descritos por Teócrito uma existência elevada e espiritualizada[4]. Já o começo de seu mais antigo poema bucólico "O Pastor Coridônio Amava o Belo Aléxis", tinha um tom diferente daquele que as mesmas palavras teriam tido na boca de Teócrito. Para os gregos, esses nomes eram palavras da linguagem familiar, para Virgílio eram palavras estrangeiras, do vocabulário culto, pareciam mais distantes, mais literárias, semelhantes aos nomes míticos que ia buscar na poesia grega. Esse fato não deixou de influenciar o caráter desses mesmos pastores. E quando, evocando Virgílio, também poetas alemães deram a seus

---

2   A tentativa, de Richard Reitzenstein (*Epigramm und Skolion*,121 e ss.), de descobrir na Arcádia uma bucólica pré-teocritiana, já foi confutada por E. Panofsky, *op. cit.*; cf. a dissertação de F. Magnus, *Arkadien*, Hamburg, 1945 (ainda inédita). Norden, em Conrad Cichorius, *Röm. Studien*, 306, afirma acertadamente que o epigrama de Eríquio, *A. P.*, 6, 96, procede de Virg. , *Écl.*, VII, 4.; informações mais completas podem ser encontradas em Magnus.

3   Esse parágrafo suscitou, nesse meio tempo, veemente discussão; minucioso debate sobre o assunto em todas as questões a ele conexas, pode ser visto em Günther Jachmann, "L'Arcadia come paesaggio bucolico", *Maia*, 5, 1952, 161-174. Por sua conta, Jachmann procura tornar plausível, com novos argumentos, a existência de sua poesia bucólica na Arcádia anterior a Virgílio, e mesmo a Teócrito; sua hipótese, todavia, não me pareceu suficientemente comprovada. A meu ver, o que se pode demonstrar é que Eríquio depende de Virgílio: cf. o trabalho de Magnus, citado na nota precedente.

4   Sobre o fato de que essas características já começam a aparecer nas imitações helenísticas de Teócrito, cf. K. Latte, *Antike und Abendland*, 4, 1954, 157.

A ARCÁDIA: DESCOBERTA DE UMA PAISAGEM ESPIRITUAL 289

pastores nomes como Dafne ou Amintas, esses não eram pastores da charneca de Luneburgo ou do Algau. Mas quando J. H. Voss, distanciando-se de Virgílio, quis reportar-se diretamente a Teócrito[5], usou para seus idílios os nomes de Krischan e de Lena. Com efeito, não era a realidade de todos os dias a que Virgílio buscava, e sim uma terra para pastores que se chamassem Coridônio e Aléxis, Melibeu e Títiros, uma terra que pudesse acolher em si tudo o que o som desses poéticos nomes evocava.

Na décima écloga, a última da coletânea, aquela que, mais do que qualquer outro poema pastoril de Virgílio, põe em destaque o ambiente arcádico, o poeta Galo é transferido para Arcádia e vê-se entre pastores e deuses, pois o deus romano Silvano e dois deuses gregos, Apolo, o deus do canto, e Pã, o arcádico deus pastoril, participam de seu amor infeliz. Como poderia acontecer coisa semelhante na vizinha e conhecidíssima Sicília? Também essa cena tem seu modelo em Teócrito: onde, todavia, são Hermes, Priapo e Afrodite que para lá se dirigem a fim de encontrar o mítico pastor Dafne (I, 77 e ss.), e não um homem comum, e muito menos um contemporâneo do poeta, chamado por seu nome verdadeiro. Teócrito salvaguarda, assim, a unidade do mundo mítico. Na Arcádia de Virgílio entrelaçam-se fatos míticos e dados reais e (contra todas as tradições da poesia grega) aí encontramos, juntos, deuses e homens de seu tempo. Na verdade, o país que daí resulta não é nem mítico nem real: Apolo e Pã são, para o romano Virgílio, deuses ainda menos verdadeiros e menos dignos de fé e, portanto, menos reais do que o teriam sido para Teócrito e para os gregos helenistas. Sua Arcádia não existe no mapa – mesmo a figura de Galo dissolve-se na névoa – e muito tempo tiveram os filólogos que perambular no meio dessa névoa para depararem com a figura histórica de Galo.

Se, para Virgílio, tudo se esvai no irreal, é porque ele funde o mundo de Teócrito com o mito e pode, assim, tratar as antigas figuras míticas com mais liberdade do que jamais o pôde fazer um grego. Quando os autores de tragédias do século V começam a reelaborar as antigas histórias, dando-lhes uma nova interpretação, continuam fingindo tratar-se de antigas empresas transmitidas por uma venerada tradição. E se Platão inventa novos mitos quase sem nenhuma relação com os antigos, continuam eles sendo narrativas que encerram um significado profundo e se desenvolvem, do princípio ao fim, num ambiente mítico. Quando Calímaco conta que Apolo lhe dera bons conselhos para sua poesia, desde que pela primeira vez pusera sobre os joelhos a tabuínha de escrever, a brincadeira transparece; e se diz que o cachinho de cabelos da rainha Berenice foi recebido entre as estrelas, isso corresponde a uma crença de seu tempo segundo a qual

5   Ver Eva-Maria Voigt, *Die Antike*, 19, 1943, 77.

290   A CULTURA GREGA E AS ORIGENS DO PENSAMENTO EUROPEU

os grandes da terra, depois de mortos, podiam ser recebidos entre os deuses. Mas ninguém, antes de Virgílio, ousara introduzir com toda a seriedade, homens de seu tempo num ambiente de seres divinos.

Enquanto os gregos dos primeiros séculos haviam, sem discutir, considerado o mito como história, no século V, com a tragédia e a historiografia, o mito distanciara-se do mundo humano e, embora ainda desempenhando, num primeiro momento, sua antiga tarefa de conferir sentido e clareza à vida, passara a constituir, na tragédia, um mundo poético que se contrapunha ao da realidade. Duas tendências contribuem sobremaneira para a transformação do mito, agora mais independente da tradição: de um lado, os heróis e os acontecimentos antigos são representados de modo mais realista, para que a poesia possa cada vez mais servir a vida real – inclui-se nessa tendência a interpretação psicológica das figuras do mito; do outro, inventam-se novas situações dramáticas, para tornar o antigo mito mais conforme com as leis teatrais. A poesia helenística continuou aprofundando psicologicamente as figuras míticas e colocou-as num ambiente ainda mais naturalista; por outro lado, descobriu no mito sempre novas possibilidades estéticas. Com esses mitos, modernamente transformados, a poesia aprende a representar de forma esteticamente bela também os objetos da realidade, e é assim que Teócrito admite os pastores sicilianos na corte da poesia. Virgílio reage em parte a essa tendência e, de fato, sua arte desemboca na grande epopeia clássica. Já nas *Éclogas* ele se vale de elementos míticos para elevar o tom da poesia realista (os idílios de Teócrito), sua fonte inspiradora. Assim, mito e realidade reúnem-se, mas de uma forma que a Grécia não conhecera.

Virgílio coloca seu amigo Galo em companhia de Pã e de Apolo porque Galo é poeta. E também entre os pastores árcades encontra ele lugar como poeta: pois não havia Virgílio transferido seus pastores para a Arcádia justamente porque os habitantes da Arcádia, como relatará Políbio, eram exímios cantores? Já em Teócrito os pastores aparecem como amadores e conhecedores da arte do canto mas a série de seus avós amigos das Musas remonta a época ainda mais longínqua. Pastores músicos existiam mesmo antes da idade homérica, pois já no escudo de Aquiles (*Il.*, XVIII, 525) encontramos pastores que se deleitam ao som da flauta. Aí já se alude ao fato de o inventor da flauta ser o deus pastoril arcádico Pã. Também a poesia bucólica vem de longa data; ao que parece, Estesícoro introduziu-a na literatura grega por volta de 600 a.C., narrando num canto coral a história de Dafne. Dafne era amado por uma ninfa e quando, embriagado, a traiu, foi punido com a cegueira. Essa história, que se passa na Sicília nos arredores de Hímera, pátria de Estesícoro, vincula-se ao mundo mítico divino, como convém à alta poesia grega, visto que Dafne é o filho (ou, segundo outra versão, o amado) de Hermes e guarda os

A ARCÁDIA: DESCOBERTA DE UMA PAISAGEM ESPIRITUAL   291

bois de Hélio. Mas evidentemente, na base do mito, há um simples conto popular. O lamento de Dafne constituía uma parte importante desse poema de Estesícoro, que infelizmente só conhecemos através de escassas notícias de escritores mais tardios. A partir de então, os pastores são todos apaixonados, no mais das vezes, apaixonados infelizes que dão expressão à sua dor em versos, ou fazem-se alvo da compaixão de outros. Não sabemos como tudo isso se configurou concretamente na obra de Estesícoro mas é de crer-se que nela a vida pastoril tenha sofrido aquela mesma leve transfiguração a que foi submetida a figura de Eumeu, o pastor fiel, em Homero. O mundo íntimo e real da simples vida dos pastores refletia-se num mito: e embora este derivasse manifestamente da fábula nem por isso deveria ser considerado menos real do que os mitos que narravam feitos guerreiros dos heróis.

Mais de trezentos anos mais tarde, voltamos a encontrar, em Teócrito, o lamento de Dafne, e precisamente na narração do pastor siciliano Títiros (VII, 72) e nos versos do pastor Tirses (I, 66). Embora Teócrito pinte de maneira realista a vida de seus pastores sicilianos, eles nada têm de rústicos no modo como se exprimem, que é altamente literário. Teócrito vale-se deles mais como máscaras, e nas figuras desses pastores é possível reconhecermos poetas de seu círculo. Do velho motivo dos pastores cantores e músicos, ele se vale para apresentar na sua poesia pastoril coisas de interesse literário atual. Mas faz isso de forma brincalhona, visto que sempre transparece a dissonância entre o elemento bucólico primitivo e o literário refinado, e é exatamente nesse contraste que se oculta o fascínio de sua poesia. No lamento para Dafne, encontramos: "Por ele choravam as árvores que crescem junto ao rio Hímera, enquanto derretia como neve do Hemos, ou do Atos ou do Ródope ou do extremo Cáucaso". Isso é literatura, pois falar de Hemos, de Atos, do Ródope ou do Cáucaso não é linguagem de pastores – é tom patético de tragédia.

Mas esse tom elevado tem aqui uma função e um significado bem diferentes dos que tem em Horácio, quando (como ocorre com frequência) este se refere em seus poemas a localidades gregas. Para o romano, esses nomes não produzem o efeito de uma paródia da tragédia, mas soam sérios e solenes; e também Virgílio os levava a sério quando os encontrava em Teócrito. Para os poetas latinos, esses nomes estrangeiros, que a poesia grega enobreceu, representam um dos principais meios para elevar o tom da linguagem, visto que o latino não possui uma linguagem poética autenticamente dele; contribuem para levar a poesia a um plano literário e cultural. Para os romanos (permitam-nos o paradoxo), todas essas montanhas se acham na Arcádia, nas terras de Coridônio e de Aléxis, de Pã e de Apolo. Não que na época dos Augustos essas localidades já se tivessem transformado em cenários do ambiente poético, substituíveis segundo a preferência do momento,

292 A CULTURA GREGA E AS ORIGENS DO PENSAMENTO EUROPEU

mas elas decididamente não pertencem à paisagem que existe fora do teatro e na qual vive o homem comum, não aquele criado pela poesia.

Quando Teócrito faz seus pastores enumerarem essas montanhas é quase como quando Menandro põe na boca, não de pessoas cultas, mas de escravos, citações da tragédia. Com consciente ironia, zomba dos pastores sicilianos. Mas quando Virgílio lia estas ou expressões semelhantes em Teócrito, interpretava-as no sentido que tinham originalmente, isto é, como expressões de conteúdo patético, carregadas de sentimento. O contraste entre o real e o literário, que Teócrito soubera com tanta arte desfrutar, dissolve-se, e tudo sobe a um mesmo tom de alta solenidade.

Dafne é, em Teócrito, o pastor tirado do mito de Estesícoro. Em outros lugares é um pastor comum como Títiros ou Coridônio. Personaliza, porém, ocasionalmente, apenas uma ou outra dessas figuras. Virgílio cita-o já em sua primeira écloga: ali ele é, sem qualquer dúvida, o pastor mítico (II, 26). Em dois outros pontos (VII, 1, e IX, 46), é um pastor comum. Mas o que é ele na Quinta écloga? Aqui (como em outros poemas bucólicos), dois pastores, Menalca e Mopso, apresentam-se para cantar juntos. Cantam a morte e a apoteose de Dafne, e aqui se trata, sem dúvida alguma, do Dafne mítico. Mas esse Dafne foi o amigo de Menalca e de Mopso (V, 52), pertence, portanto, ao mesmo tempo, à roda de pastores que participam da competição. Um destes, porém, como fica esclarecido no final, é uma máscara atrás da qual se esconde o autor. Uma vez tendo Virgílio transportado os seus pastores para a Arcádia, daí à fusão do mundo bucólico com o mundo do mito o passo era curto; mas isso sem dúvida ficou-lhe mais fácil na medida em que encontrou em Teócrito a figura de Dafne tanto num quanto noutro ambiente.

Tanto em Teócrito quanto em Virgílio, os pastores pensam mais no amor e na poesia do que em cuidar dos seus rebanhos; assim, tanto num quanto no outro poeta, eles se tornam espirituais e sentimentais, mas de maneira diferente: em Teócrito, os pastores, além de pastores, podem ser, eventualmente, cultos cidadãos disfarçados. Os pastores de Virgílio vão progressivamente transformando-se – e é interessante acompanhar esse processo de écloga para écloga – em homens requintados e sentimentais, em suma, em pastores arcádicos. Já Teócrito mantém uma forte distância entre si e seus pastores: é o cidadão requintado que os contempla, em parte com ares de superioridade, em parte com simpatia por tudo quanto de honesto e simples tem a vida primitiva. A simplicidade dessa vida pastoril é mais sonhada que vivida, e assim seus pastores mantêm-se, apesar do realismo deles, bem distantes da realidade da vida pastoril, e *têm de* permanecer distantes, já que um verdadeiro retorno à natureza assinalaria o ocaso da poesia pastoril, como realmente ocorreu mais tarde. Mas

A ARCÁDIA: DESCOBERTA DE UMA PAISAGEM ESPIRITUAL   293

acima de tudo, na verdade, esses pastores não são levados a sério. Assim, quando brigam, há sempre algo de cômico. Que diferença das disputas entre Eumeu e Melanto na *Odisseia*! Faltam, em geral, em Teócrito, os embates violentos que, na tragédia, opõem entre si até os reis, e Virgílio atenua ulteriormente as asperezas. Já Teócrito leva um não sei quê de áulico e cortês para o meio dos pastores, o que em seguida se perpetuará como uma característica do gênero bucólico. A vida campestre é embelezada com lindos costumes e bom gosto – e o pouco que resta de desagradável já não causa aborrecimento, na medida em que é apresentado com chiste e vira alvo de troça. Virgílio, mais ainda que Teócrito, evita tudo quanto há de grosseiro e incivil na vida dos pastores e já não experimenta o mesmo sentimento de superioridade em relação a eles; seus pastores distinguem-se pelo garbo e pela delicadeza de sentimentos e, ao mesmo tempo, adquirem um caráter de maior serenidade. Mas a seriedade deles é bem diferente da de Eumeu: falta-lhes todo interesse verdadeiro e elementar; não conhecem os ásperos conflitos: a forte paixão lhes é estranha, como estranha será mais tarde aos heróis da *Eneida* – e é por essa razão que nos tempos em que floresceu a poesia arcádica e prevaleceram costumes aristocráticos, sempre se preferiu a *Eneida* à *Ilíada* e a *Odisseia*.

A Arcádia de Virgílio transborda de sentimento mas, em compensação, seus pastores estão longe da vida rústica dos campos como o estão da vida requintada das cidades. Em seu idílio campestre, a paz das noites festivas prevalece sobre o árduo trabalho quotidiano, dá-se mais ênfase à sombra fresca que às intempéries, e à macia margem do rio que à montanha íngreme. Os pastores demoram-se mais a tocar flauta e a cantar do que coando soro ou mexendo o queijo. Isso tudo já se delineia em Teócrito, mas Teócrito ainda se encanta pelo pormenor preciso e realista; Virgílio tende mais para o sentimental, busca o que tem um valor interior. Na Arcádia não se fazem cálculos, não se raciocina em termos precisos e definidos. Tudo vive à luz do sentimento. Mas o próprio sentimento não é impetuoso nem apaixonado: também o amor é nostalgia sentimental.

Virgílio, o descobridor da Arcádia, jamais saiu em busca de novas terras; não era um aventureiro do espírito, atraído por praias longínquas, e só modestamente exprime seu orgulho pelo fato de ter-lhe a Musa concedido tornar conhecida dos romanos a poesia bucólica teocritiana (VI, 1). Não é nem por capricho nem por amor à novidade que se afasta de Teócrito. Quando encontra, por exemplo, na poesia deste a grotesca história de Polifemo, que busca no canto um remédio para o amor, nasce nele, espontaneamente, já durante a leitura, a figura do pastor solitário que exprime no canto sua nostalgia (*Écl.*, II). Se Teócrito (XI, 12) diz que os rebanhos da Polifemo voltam sozinhos para o aprisco ao anoitecer (porque o pastor tudo esquece

294   A CULTURA GREGA E AS ORIGENS DO PENSAMENTO EUROPEU

pelo canto), Virgílio transforma essa cena num quadro da idade de ouro, quando os animais, sem precisar da ajuda do pastor, voltavam sozinhos para casa quando o sol se punha (IV, 21). Ou então Virgílio lê em Teócrito que durante as horas meridianas as lagartixas dormem nas sebes espinhosas. Em Teócrito, isso é dito em tom de surpresa pelo fato de estar alguém na estrada àquela hora, "quando até as lagartixas fazem a sesta" (VII, 22); mas em Virgílio, um pastor infeliz no amor canta: "Enquanto os animais procuram sombra e frescor, e as lagartixas escondem-se nas sebes de espinheiros, devo continuar cantando o meu amor"(II, 8). A sabedoria natural dos animais transforma-se aqui, portanto, em felicidade. Em Teócrito (VII, 111 e ss.), numa engraçada oração a Pã, encontramos; "Se não atenderes à minha prece, então que vás apascentar o rebanho de inverno na fria Trácia junto ao Hebro, e depois no verão entre os Etíopes no extremo Sul". Em Virgílio, Galo lamenta-se (X, 65 e ss.): "Contra meu amor infeliz nada me ajuda, nem se em pleno inverno bebo água do Hebro e erro sob a neve da Trácia, nem se as ovelhas dos etíopes apascento sob o signo de Câncer" (isto é, no alto verão). Da severa ameaça de punição ao deus pastoril, passamos aqui à dor do amante infeliz que perambula pelo vasto mundo, e a quem nenhum cansaço liberta de seu tormento. Virgílio transforma os temas teocritianos sem que o leitor quase o perceba, e só tardiamente se compreendeu a importância do passo que, nas suas *Églogas*, ele deu além da arte jocosa do poeta helenístico. Virgílio, enquanto lê Teócrito, o poeta grego admirado e apreciado, reproduzindo-lhe as imagens que ele já vê, sem querer, com os olhos do nascente classicismo, reaproxima-se cada vez mais da seriedade e do *páthos* da poesia grega clássica. Mas Virgílio não quis ser original; transformou Teócrito no que julgava ser puramente grego. Descobriu, assim, a Arcádia sem sair à sua procura e sem vangloriar-se disso, a tal ponto que dificilmente nos damos conta de que foi ele quem a descobriu, e do que significa essa descoberta.

O retorno de Virgílio à arte clássica, nas *Églogas*, revela-se, antes de mais nada, pelo fato de que seus poemas não são, como os de Teócrito, curtas cenazinhas de vida, mas obras de arte ordenadas e elaboradas[6]; os temas desdobram-se e em seguida se extinguem, os poemas têm pontos culminantes e pausas; e como frequentemente acontece, essa arte classicizante é, nessas coisas formais, mais requintada e exata do que a arte clássica. Graças, talvez, ao natural sentido dos romanos pela severidade construtiva, no classicismo da era augustiana, a arquitetura das composições poéticas é de um acabamento perfeito.

---

6   Ver, em especial, G. Rohde, *De Vergili eclogarumforma et indole*, Berlin, 1925, e os estudos de Friedrich Klingner sobre Virgílio, agora reunidos no volume *Römische Geisteswelt*; aí, nas pp. 120 e ss., temos um panorama do desenvolvimento dos estudos sobre as éclogas nestes últimos anos.

A ARCÁDIA: DESCOBERTA DE UMA PAISAGEM ESPIRITUAL 295

Essa perfeição formal da poesia prova-nos que a obra de arte adquire, em medida sempre crescente, existência própria e independente. A poesia não está mais ligada a uma determinada situação, a um determinado círculo de ouvintes e leitores, nem a algum fato real da vida. A obra literária torna-se autônoma, torna-se um mundo em si, torna-se absoluta, ou seja, liberta de tudo quanto não seja arte ou literatura[7]. Em sua forma acabada, em sua beleza, em sua harmonia, a poesia torna-se, pela primeira vez na literatura ocidental, "um objeto de beleza" que é fim em si mesmo.

No decorrer das *Églogas*, Virgílio aproxima-se sempre mais da grandiosidade e da severidade do classicismo, mas os objetos a que ele confere grandiosidade e severidade em vão os buscaríamos nos poetas gregos. Se ele, vez por outra, liberta-se dos limites relativamente restritos do mundo pastoril teocritiano, não são, todavia, grandes feitos e altos destinos os que ele representa nas *Églogas*; o objeto dessa poesia não consiste de *acontecimentos* propriamente ditos; ele está mais preocupado em representar e exaltar *situações*. E não são, com certeza, as situações celebradas pela lírica arcaica grega, isto é, ocasiões particulares que elevam os homens acima da vida de todos os dias; é exatamente a vida cotidiana a que Virgílio descreve. A Arcádia é a terra de uma idealizada vida cotidiana. As ocupações diárias, familiares, o contínuo contacto com as mesmas coisas, a vida tranquila sobre o solo hereditário, tudo isso Virgílio envolve com seu sentimento. Mas essa vida tranquila do dia a dia perdeu-se no tempo. Esse amor às coisas íntimas é mais feito de saudade que de felicidade. Nessa terra, onde montes e árvores participam da dor do amante infeliz (tema que Virgílio extraiu do mito de Dafne), onde o animal e o homem estão unidos por uma confiança recíproca e onde os pastores cantam inspirados pelo sentimento, nesta Arcádia as coisas não são apreciadas por seu valor prático nem os homens por suas ações ou empreendimentos: o elemento poético dessa poesia é o que comove o ânimo, o que toca o delicado sentir[8]. Surge, aí, uma nova forma de amor.

Mas nesse mundo sentimental também se insere o elemento histórico contemporâneo, a atualidade. Os eventos contemporâneos assumem, no curso da poesia pastoril de Virgílio, parte cada vez mais preponderante. A um observador superficial pode parecer estranho que nessa poesia arcádica, tão distante do mundo real, a atualidade e a política tenham muito mais importância do que, por exemplo, na poesia de Teócrito, embora esteja esta muito mais próxima da realidade.

7   Sobre as premissas sociais e espirituais desse fenômeno, cf., também, H. Fränkel, *Ovid.*, 8 e ss.
8   Essa observação foi feita pela primeira vez por G. Jachmann, *Neue Jahrb. f. d. Klass. Altertum*, 49, 1922, 101 e ss.

296 A CULTURA GREGA E AS ORIGENS DO PENSAMENTO EUROPEU

Houve quem lembrasse o exemplo dos poetas gregos arcaicos, como Alceu e Sólon, para demonstrar que Virgílio, mesmo quando acolhe em sua poesia o elemento político, está imitando a poesia grega clássica. Só que na Arcádia, a política configura-se de maneira toda especial. Virgílio não toma parte ativa na luta política de seu tempo, não é um homem de Estado como Sólon nem de partido como Alceu, não segue um programa político próprio. Nele, o mundo político reporta-se diretamente a representações míticas e, mais nitidamente do que nunca, revela-se aqui aquele entrelaçamento de realidade e mito, característico de todas as Arcádias.

Ali onde Virgílio introduz pela primeira vez elementos políticos atuais em sua poesia pastoril, isto é, na écloga I, é, no entanto, verdade (como foi recentemente observado[99]) que, na base da apresentação, existem determinadas relações jurídicas e sociais, mas o fato em torno do qual gira esse poema (um pastor consegue sua liberdade, outro, com a distribuição de terras aos veteranos é expulso da propriedade herdada) aparece de tal modo imerso no mundo do sentimento que o fato real se dissolve. Que um pastor tenha de abandonar o torrão natal é considerado uma consequência fatal da desordem dos tempos; que outro consiga, ainda que em idade avançada, construir para si uma vida tranquila é consequência da ação de um Deus salvador, que lhe apareceu na grande Roma e que veio para pôr fim às lides e à desordem da existência humana. Quando Virgílio fala dos acontecimentos da época, seu juízo é determinado pelo sentimento de que está imbuída toda a Arcádia: por um sentimento de saudade em relação à paz e ao solo pátrio; e onde, mais tarde, se exprime de modo mais claro sua aspiração política, isto é, na écloga IV, ela de pronto alça voo em direção à idade de ouro, reportando-se a esperanças escatológicas.

Esses sonhos do poeta possibilitam uma interpretação da história que vai ao encontro de muitas esperanças da época: após as insanáveis aflições da guerra civil, a aspiração à paz era, nos melhores homens do tempo, o sentimento predominante. Somente dentro desses limites se pode falar de política e de atualidade nos versos de Virgílio, e é significativo o fato de ter ele expresso, quando Augusto ainda dava os primeiros passos para ingressar na vida política de Roma, aquela aspiração à paz que seria concretizada exatamente por Augusto. Assim é que Virgílio determinou amplamente a ideologia política da era augustiana, e suas *Éclogas* exerceram importante influência política e histórica. É particularmente notável a influência que tiveram sobre a poesia juvenil do segundo poeta da idade augustiana, isto é, sobre os *Epodos* de Horácio[10]. Mas é preciso

9   Ver Liegle, *Hermes*, 78, 1943, 209.
10   Cf. *Hermes*, 73, 1938, 242. Recentemente, contudo, a prioridade de Virgílio foi novamente contestada. Cf. W. Wimmel, *Hermes*, 81, 1953, 317 e ss.

A ARCÁDIA: DESCOBERTA DE UMA PAISAGEM ESPIRITUAL   297

não esquecer que Virgílio põe de lado elementos essenciais da política. Ele não toca senão na fímbria do tecido político. Quando, na quarta écloga, espera com o nascimento de um menino o surgir de uma era feliz, está simplesmente esperando por um milagre. Portanto, ele deixa fora de seu campo de observação, e intencionalmente, o que ocupa a política na vida terrena e que também se insere necessariamente em seu campo de ação: a obrigação de servir-se do poder para atingir seus escopos. O pensamento político parte-se, assim, em ideologia e política real, e daí o perigo de cada uma ir por sua própria estrada sem muito se preocupar com a outra. Por outro lado, Virgílio deu a possibilidade de cultivar uma poesia e um pensamento político também àqueles que não desenvolvem atividade nesse sentido, mas isso, naturalmente, apenas na medida em que estes aplainam o caminho para os que participam ativamente da vida política, apoiam-lhes a ação e fornecem-lhes os pensamentos. Pouco espaço resta, portanto, para os projetos pessoais, e muito menos para uma atitude de oposição.

Já uma vez entre os gregos, em tempos de decadência política, a política dividira-se em política teórica e prática. Platão, movido que era por verdadeiros interesses políticos e que, por sua posição social e por natural inclinação, era levado a desempenhar uma atividade de homem de Estado, não encontra na democracia de Atenas nenhuma possibilidade de ação, desaprovando o modo como se desenvolviam as coisas no Estado realmente existente, e com resignação tinha de constatar que não há lugar, no Estado constituído, para quem ame a justiça. Assim, emigra para a sua Academia, nas "Ilhas dos Bem-aventurados"[11], onde era possível viver com "justiça" – ainda que apenas no pensamento. Platão ia de encontro a algo que faz parte de toda política: e os obstáculos que se opõem à atuação do Estado perfeito, a injustiça, a paixão e a avidez pelo poder põem continuamente em movimento seu pensamento, ao mesmo tempo que a preocupação de encontrar uma solução para esses problemas mantém-no sempre em contacto com a realidade e impele-o a perguntar-se o que é o justo, o bom, o saber nesse campo. Assim, nas "Ilhas dos Bem-aventurados", isto é, na filosofia, para a qual é impelido, há que se raciocinar objetiva e rigorosamente, e distinguirem-se as coisas com clareza.

Virgílio, ao contrário, evita a aspereza e o mal, deixa as coisas como estão e, quando se afasta para a Arcádia, sua tristeza com a desordem espiritual dos tempos é sem esperança, ou melhor, sem desejo de mudança. Não é seu pensamento ou sua vontade, mas seu sentimento que aspira a um tempo melhor. Assim, impelido pela nostalgia, foge ele deste mundo inquieto e não sonha com um Estado justo, e sim com

---

11   Cf. E. Kapp. *Mnemosyne Ser.*, 3, vol. IV, 1936-1937, p. 227.

298 A CULTURA GREGA E AS ORIGENS DO PENSAMENTO EUROPEU

a paz idílica, onde tudo convive familiarmente, a idade de ouro, onde o leão e o cordeiro moram confiadamente juntos, onde todos os dissídios se resolvem e tudo volta a congregar-se num vasto sentimento de amor. Só um milagre poderia fazer nascer algo semelhante – milagre que ele vê realizar-se mais tarde na obra de Augusto, enquanto compunha as suas *Geórgicas*: Augusto voltou a dar à Itália tranquilidade, ordem e paz. Virgílio reaproximou-se, assim, do mundo político, na medida em que seus sonhos arcádicos pareciam realizar-se, ao passo que Platão, a despeito de amenizar em vários pontos sua crítica ao Estado constituído, jamais chegou a uma conciliação com a realidade política de fato. Por isso, Virgílio, prudentemente, evitou tocar nos problemas mais espinhosos da política: mesmo porque é improvável que tenham eles chegado a seu ouvido sonhador.

Até mesmo em sua última grande obra, na qual a ação política tem uma parte muito mais importante, Virgílio trata o acontecimento em relação às suas esperanças metafísicas: os trabalhos e as errâncias de Eneias têm um significado profundo, porque afinal a mão divina guia todas as coisas para a ordem e a paz, rumo a uma nova idade de ouro. Essa maravilhosa direção e disposição do alto é apresentada com os recursos da antiga epopeia grega. Mas se também na *Ilíada* e na *Odisseia* os deuses determinam cada acontecimento, agem eles, porém, segundo simpatias ou antipatias pessoais, segundo motivos de tal forma pessoais que já na antiguidade muitos foram os que se chocavam com isso. Daí porque Virgílio já não podia aceitar a intervenção divina sob essa forma. Na *Eneida*, realiza-se um plano cósmico no qual se inclui cada evento isolado e ao qual até mesmo os deuses se adaptam. O destino de Homero, a Moira, significa apenas que nem mesmo os deuses podem impedir que os homens morram, sejam eles seus favoritos ou seus descendentes. Mas de uma ideia mais elevada, segundo a qual os deuses deveriam guiar a sorte dos troianos e dos gregos, Homero nada sabe. Os deuses não agem diferentemente de um homem: são impelidos por seus impulsos vitais, tão natural é ali até mesmo o sobrenatural. Virgílio, ao contrário, conhece um sentido mais profundo da história: Júpiter guia Eneias de tal modo que mais tarde o Império Romano possa chegar ao esplendor da era de Augusto.

O sonho de uma idade de ouro é antigo como a reflexão do homem sobre o andamento do mundo; seja que o homem, perdido neste mundo, imagine a idade áurea como luminoso início da história ou como paraíso, seja que a aspiração humana a coloque como uma meta, no final da história. Jamais, porém, antes de Virgílio, nem na poesia grega nem na romana, esse mundo sonhado aparece tão intimamente entrelaçado à realidade histórica como na *Eneida* ou, antes mesmo, nas *Éclogas*.

É, no fundo, uma relação lírica com o mundo que leva Virgílio a buscar o que é íntimo e familiar, o que toca o sentimento; mas como já

A ARCÁDIA: DESCOBERTA DE UMA PAISAGEM ESPIRITUAL   299

não mais o encontra, como Safo, na realidade que o cerca, vai buscá-lo numa esfera distante da rude realidade, seja porque o mundo tornou-se para ele demasiado rude e ímpio, seja porque (o que é a mesma coisa considerada pelo lado oposto) tenham aumentado suas exigências no campo da alma. Assim, ele procura seu ideal na Arcádia, e arcádico-i-dílico é, no fundo, o mundo épico-heroico da *Eneida*, no qual se realiza sua aspiração a uma vida que tenha sentido e ordem.

Mas nesse meio tempo nasce – e é esta, para a história do espírito, a coisa mais importante nos poemas de Virgílio – uma concepção inteiramente nova de poesia. A inumeráveis poetas do ocidente, Virgílio ensinou a sentir a missão do poeta como ele, entre todos, foi o primeiro a sentir, e isso determinou, de forma essencial, também o modo de poetar.

Na décima écloga, que como nenhuma outra (nós já a vimos) nos introduz no mundo arcádico virgiliano, entra em cena o poeta Galo, pois o poeta é o único mortal que tem acesso aos pastores arcádi-cos, também eles poetas. É bem verdade que não podemos deduzir, apenas das palavras de Galo, a concepção virgiliana do poeta, nem depreender de seus versos o que constituiria para Virgílio a essência da poesia. Há, de fato, um antigo gramático que nos assegura que Virgílio transcreveu versos inteiros de seu amigo Galo: e todavia é possível demonstrar que muito do que ali está pertence a Virgílio.

Quando Pã diz a Galo: "Amor não se importa com as lágrimas do amante infeliz", este responde: "mas vós, árcades, cantareis a minha dor. Ó, quão docemente repousarão meus ossos se vossa flauta um dia cantar o meu amor" e, em sua fantasia, imagina como seria feliz a sua vida, aqui, junto às frescas fontes, sobre os prados macios, no bosque da Árcadia com sua amada Licórides, se ela não tivesse seguido com outro para a guerra. Em toda a poesia grega ser-me-ia impossível encontrar um exemplo de tão sentimental abandono ao pensamento da morte. A partir de Safo, acontece com frequência que um enamorado infeliz deseje a morte; desde tempos ainda mais remotos, é consolo para o moribundo o pensamento de que seu nome continuará vivendo na canção; é mesmo crença das mais antigas que ao morto seja devido o lamento e a saudade dos seus – mas aqui, pela primeira vez, um homem imagina como será chorado por sua infelicidade e encontra satisfação nesse pensamento. Certamente já era íntimo desejo de Safo estar unida, em comunidade de pensamentos e sentimentos, àqueles que lhe eram próximos – mas esse sentimento voltava-se para fora, ligava-se à lembrança de coisas belas, de festas partilhadas, e assim por diante: Galo, ao contrário abandona-se ao autocomprazimento, folga em ver que outros pensem apaixonadamente nele, sonha com aquela plena realização que não pôde encontrar nem na vida nem na felicidade. E essa sua atitude também se diferencia daquela do herói trágico do drama grego que põe à mostra sua dor e pede que o lamentem – como

300 A CULTURA GREGA E AS ORIGENS DO PENSAMENTO EUROPEU

Prometeu que, encadeado ao rochedo, grita: "Vede meu sofrimento!" Já que essa personagem da tragédia quer que outros vejam na sua sorte as consequências trágicas de sua luta contra as potências do mundo: não se compara ele com sua própria frágil debilidade, mas oferece-se como exemplo das indignidades que acontecem no mundo. Caberia supor que Virgílio tenha extraído de modelos helenísticos perdidos essa forma de autocomprazimento característica da figura de Galo na décima écloga, e talvez se pudesse levantar a mesma objeção no tocante a muitas coisas que apresentamos como descobertas de Virgílio. Na verdade, é preciso sempre termos presente a possibilidade de que um dado tema já tenha sido familiar à poesia helenística tardia, para nós quase totalmente perdida. Mas como em vários outros casos, também no tocante a essa atitude de Galo é significativo que o tema já aflore numa das primeiras éclogas de Virgílio. Na Quinta écloga, Mopso canta a morte de Dafne e diz que Dafne teria desejado para si esta epígrafe: "Eu sou Dafne dos bosques, conhecido daqui até as estrelas, o pastor dos belos rebanhos e, eu próprio, mais que eles, belo". Aqui Virgílio inspirou-se em Teócrito, só que este diz, a propósito de Dafne : "Eu sou aquele Dafne que apascentava os bois; Dafne, que os touros e as vacas aqui abeberava". Teócrito dá-nos, portanto, uma pura descrição realista. A alusão à glória e à beleza pessoais, e o sentimental autocomprazimento que daí deriva, é um acréscimo de Virgílio e é, evidentemente, algo de novo e de especificamente virgiliano, visto que não encontramos nada semelhante nas poesias helenísticas[12] e nem mesmo em Catulo, no qual também aflora ocasionalmente algo como um sentimento de autocomiseração. Galo chega mesmo a imaginar como os outros cantarão sentimentalmente a seu respeito. Também essa forma de consolação arcádica é um evadir-se da vida, um refugiar-se no mundo do sentimento e da sensibilidade: o poeta Galo não só tem um delicado sentir e sofre sem esperança com o contraste entre suas aspirações sentimentais e aquilo que a vida lhe pode dar, como também espera que sua sensibilidade seja acolhida com igual sensibilidade e, na Arcádia, no país sonhado, poderá pelo menos conseguir isso, ainda que não possa doravante encontrar aí uma idílica felicidade pastoril.

Galo invectiva, em seguida, sua amada distante (são esses os versos transcritos literalmente das elegias de Galo – trata-se de um centão genial[13] que extrai dos dísticos aquilo que se adapta aos hexâmetros de Virgílio e tem, no conjunto, um sentido unitário) e continua com versos que pertencem sem dúvida a Virgílio, e que

12 Teócrito, 3, 12; θᾶσαι μὰν θυμαλγὲς ἐμὸν ἄχος é dirigido somente à amada.

13 Esse costume de compor, em forma de poesia, citações diversas vincula-se a modelos helenísticos; ver Otto Crusius, *Pauly-Wissowas Real-Enzyklopädie*, 3, 1931.

A ARCÁDIA: DESCOBERTA DE UMA PAISAGEM ESPIRITUAL

nada mais têm a ver com os de Galo. Não é apenas o sentido do poema que nos confirma que esses versos pertencem a Virgílio: encontramos aqui, novamente, reminiscências de Teócrito, características das éclogas. Pois Galo diz mais ou menos o seguinte: "Aos meus versos, compostos segundo o modelo de Teócles de Cálcides[14], isto é, às minhas *Elegias*, darei, agora, a forma pastoril teocritiana. Quero levar minha infelicidade para os bosques, entre as cavernas das feras, e gravar o nome da minha amada na casca das árvores. Nos montes da Arcádia quero viver entre as ninfas, e caçar javalis ferozes". Portanto, compor poesia arcádica significa para Galo viver à maneira arcádica – e a vida arcádica desenrola--se longe da agitação da vida humana. Já o velho Hesíodo se havia refugiado com seus rebanhos na solidão dos montes e, junto a Hipocrene, fonte do Hélicon, esteve em colóquio com as Musas. Mas Hesíodo era pastor de verdade, subia realmente com seus rebanhos pela montanha deserta e acreditava verdadeiramente que as Musas o haviam chamado para a poesia; elas lhe tinham aparecido em pessoa e haviam-lhe designado sua tarefa. Para ele, a vida de pastor era uma dura e amarga necessidade, não uma sentimental experiência romântica. Que Galo, nos versos há pouco citados, exprima o desejo de caçar javalis, não se justifica apenas pelo fato de que o pastor é ao mesmo tempo também um caçador, coisa a que Virgílio alude já em suas primeira éclogas (II, 29; III, 75; VII, 39): há mais coisas aí. Galo, de fato, não se limita ao desejo de caçar, mas imagina a caçada sobre as montanhas cobertas de gelo, entre as rochas e nos bosques, de maneira patética. Estranha cura essa para o amor! Parece-nos mais natural quando Teócrito diz que o único recurso contra o amor infeliz é poetar e cantar (II, 1 e 17), e não há dúvida que maior é o número dos que recorreram a esse remédio do que à caça ao javali. Virgílio segue aqui uma reminiscência literária. Eurípides representou, em *Hipólito,* o amor de Fedra pelo enteado Hipólito. Hipólito é caçador e não quer nada com o amor; Fedra, então, em seu delírio, imagina-se (vv. 255 e ss.) subindo pelos montes para a caça e assim naturalmente pensa estar junto do amado, ainda que não possa dizer isso diante do coro. Que Virgílio tenha extraído esse tema da tragédia e o tenha atribuído a Galo, que enlanguesce na Arcádia, era tudo que a um romano culto cumpria de pronto observar; de qualquer modo Sêneca, em sua *Fedra*, vale-se de temas semelhantes aos que afloram nessas palavras de Galo, para descrever a caçada de Hipólito (vv. 1-48).

14 Cf. *Etymol. Magn.*, p. 327, 5, *Sud. s. v.* ἐλεγείνειν *2, 241, 15 A* e mais: O. Crusius, *Pauly-Wissowas Real-Enzyklopädie*, 5, 2260 e ss. Sobre Téocles, ver, também, W. Ehler, *Die Gründung von Zankle in den Aitia des Kallimachos*, Diss. Berlin, 1933, p. 20, obs. 21.

302　A CULTURA GREGA E AS ORIGENS DO PENSAMENTO EUROPEU

Não resta, agora, senão ver como, também na conclusão do discurso de Galo, os temas da poesia clássica grega conferem grandeza e dignidade à expressão do sentimento. Nessas palavras do amigo poeta, manifesta-se aquela mesma tendência que distancia cada vez mais a poesia de Virgílio da de Teócrito: Virgílio dá importância e relevo ao que pertence ao mundo do sentimento e vale-se, para exprimi-lo, das formas e imagens da grande poesia grega. Mas se só disso se tratasse, não haveria necessidade do discurso de Galo para ficarmos sabendo, uma segunda vez, uma coisa que já sabíamos. Ele revela-nos algo mais, algo de mais importante

Que tipo de poeta aqui nos apresenta Virgílio? E que tipo de poesia? De onde o poeta tira o que diz? Ele fantasia: apenas sonha. Abandona-se aos pensamentos e aspirações, e expressa-os tais como eles lhe passam, flutuando, pela mente.

Entre os poetas augustianos, os mais jovens contemporâneos de Virgílio, é comum ver o artista abandonar-se aos seus sentimentos em meio à natureza solitária, e, segundo nossa concepção, sonhos e fantasias poéticas são de tal maneira parte essencial do caráter do poeta, que só com certo espanto nos damos conta que esse tipo de poeta só nasceu na Arcádia descoberta por Virgílio.

Quando Hesíodo apascenta o rebanho nas solitárias encostas do Parnaso e compõe poemas, não se abandona à fantasia, mas é inspirado pela Divindade. E isso não é apenas um modo de dizer, um modo de exprimir, em formas diferentes, uma mesma coisa; isto é, não se trata de um fenômeno único considerado sob dois ângulos diferentes, interpretado uma vez em sentido religioso, outra em sentido psicológico. É a própria coisa que é diferente, ainda que em épocas mais tardias essas concepções acabem por confundir-se e entrelaçar-se de diversos modos. Aquilo que as Musas dizem a Hesíodo e que ele transmite aos homens, concerne de perto à vida real, resolve-se em indicações práticas relativas ao trabalho dos campos e às normas de vida honesta; ou revela as forças divinas que agem na natureza e sobre o homem. As Musas conferem-lhe a tarefa de anunciar "o futuro e o passado" (*Teog.*, 32), e ele quer dizer a Perses "o verdadeiro" (*Os Trabalhos e os Dias*, 10). Mas mesmo quando, no século V, já ninguém mais crê nessa inspiração divina com fé tão ingênua e segura, e quando os interesses do poeta se tornam interesses de natureza mais especificamente intelectual, permanece como tarefa dele falar sobre algo de real, e mesmo quando Platão, no *Íon,* fala do *enthousiasmós* do poeta como de um "dom divino", θεία μοῖρα, o *enthousiasmós* é um meio de manter presa a atenção dos ouvintes e transmitir-lhes a própria paixão, e não o processo criativo no qual só pode nascer o objeto da poesia.

Naturalmente, também os poetas trágicos, especialmente os da tragédia mais recente, inventam – assim, por exemplo, Eurípides

A ARCÁDIA: DESCOBERTA DE UMA PAISAGEM ESPIRITUAL   303

inventou o tema de Medeia que mata os próprios filhos – e, a partir de Aristóteles, a poética pergunta-se até que ponto é permitido ao poeta inventar, o que, de resto, só lhe é concedido em medida limitada, já que está preso ao mito[15]. Mas inventar não é fantasiar. Quando Eurípides, como conta a lenda, compõe poemas meditando, solitário, em sua caverna junto ao mar, "parece-nos mais que estamos diante de um filósofo do que diante de Galo, que se abandona a suas fantasias na Arcádia". Ele procura ir fundo em determinadas coisas, em determinados problemas (pode-se já dizer assim) e, para representá-los cria, em determinadas circunstâncias, novas situações; mas mesmo quando inventa temas apenas para criar situações teatrais de efeito, não se deixa levar por sonhos, fantasias ou sentimentos. O pensamento desperto e a reflexão, a atividade consciente, são parte essencial dessa poesia. E mesmo quando os poetas helenísticos apresentam algo de novo, tampouco esse "algo de novo" nasce da inspiração divina, como nos antigos tempos, nem da fantasia poética, como na Arcádia, mas da invenção sustentada pelo gosto e pelo espírito. Também aqui, o conhecimento da arte, o elemento racional, portanto, assume parte considerável na criação, dado que o obscuro influxo do inconsciente ainda não constitui uma característica da criação poética. A fantasia poética reina entre os gregos somente no campo do burlesco – como na comédia de Aristófanes ou nos dramas satíricos.

Em suas obras mais tardias, nas *Geórgicas* e na *Eneida*, Virgílio obviamente não mais seguiu esse novo caminho que havia descoberto. Mas nesse novo caminho arcádico encontramos seus mais jovens contemporâneos; também Tibulo por ali passa como em sonho e deixa vegar a onda de suas imagens delicadas.

Perto de seiscentos anos antes de Virgílio, nascera, nos primeiros líricos gregos, a consciência de que o homem tem uma "alma". Haviam eles atribuído pela primeira vez ao sentimento humano aquelas propriedades características que o distinguem *a priori* das operações dos órgãos físicos e o contrapõem a tudo o que é materialmente dado. Pela primeira vez, haviam eles observado que esse sentimento não consistia apenas numa intervenção da divindade ou mesmo numa reação, mas era algo de muito pessoal, "que pertencia ao indivíduo e do indivíduo derivava; além disso, haviam descoberto que o sentimento

---

15   Várias passagens de autores gregos e latinos, que tratam da "invenção" poética, estão reunidas na obra de Wilhem Kroll, *Studien zum Verständnis der röm. Literatur*, 1934, 55 e ss. Esses trechos exigem, de resto, uma interpretação mais exata. Se W. Kroll, p. 62, diz, por exemplo, que a opinião de Asclepíades de Mirleia (citada por Cícero, *De inv.*, 1, 27, e no *Auct. ad Herm.*, 1, 13) de que as metamorfoses seriam *inventio* (πλάσματα), teria, segundo ele, o indubitável mérito de relegar o conteúdo da tragédia e da épica para o reino da fantasia, poder-se-ia contrapor-lhe em resposta que πλάσματα e *inventio* não são fantasia.

304 A CULTURA GREGA E AS ORIGENS DO PENSAMENTO EUROPEU

pode servir de elo entre homens diferentes, e que homens diferentes podem ter em comum sentimentos, lembranças e opiniões e, por fim, que o sentimento pode ter em si tensão e dissídio; revela-se, assim, a intensidade da alma e sua particular dimensão: a "profundidade". Tudo isso que até agora observamos a respeito da Arcádia de Virgílio pode resumir-se dizendo que Virgílio desenvolve esses três temas fundamentais do mundo da alma, dando-lhes uma nova interpretação.

A espontaneidade da alma torna-se, em Virgílio, aquele eterno brotar e fluir de imagens, próprio do sonho e do fantasiar poético. O sentimento que se irradia do indivíduo e abraça e une homens diferentes transforma-se, em Virgílio, naquela aspiração à paz, naquele amor pelo solo pátrio que torna partícipes do sentimento também o animal, a árvore e o monte. E por fim, o contraste e a profundidade do sentir transformam-se na consciência que tem a alma sensível e sofredora de estar exposta, como coisa delicada e vulnerável, à rude grosseria do mundo.

Mais tarde, o próprio Virgílio sentiu talvez como uma fraqueza o abandonar-se a essas atitudes sentimentais, mas as três características da alma, nele reveladas sob novo aspecto – a atitude poético-sonhadora, o sentimento de amor que a tudo envolve, e a dorida sensibilidade – abrem caminho para o futuro longínquo, e não será somente pela predição da quarta écloga que a Idade Média verá em Virgílio um precursor do cristianismo. Sua Arcádia não é apenas um país situado a meio caminho entre mito e realidade: representa também um lugar de transição entre diferentes épocas, é uma espécie de além terreno, a terra da alma que aspira à sua pátria distante. Mais tarde, Virgílio cessará de frequentar essas regiões por ele mesmo descobertas, procurando até mesmo evitá-las. Em suas obras, mais tarde, ele volta, de fato, a encontrar uma contenção máscula e severa, e reaproxima-se, assim, do pensamento e do sentir clássico grego, embora conservando muito de sua primitiva sensibilidade.

Na Arcádia, juntamente com a nova consciência da alma, surge no poeta também uma nova consciência de si mesmo. Certamente Virgílio era modesto demais para vangloriar-se de sua missão de poeta, mas o modo como representa Galo, na décima écloga, deixa-nos entender no que via ele a superioridade e a natureza específica do poeta. Galo toma lugar entre os seres divinos e pode ter participação na natureza, porque tem uma sensibilidade mais profunda do que os outros homens e, por isso, também mais que os outros, sofre, ao contacto com a aspereza do mundo. Isso ainda não está claramente expresso em Virgílio, mas essa concepção, tão importante para a poesia moderna, vem à tona aqui pela primeira vez. No início de sua sexta écloga, Virgílio expõe o programa de sua poesia, mas, segundo a atitude que lhe é habitual, evita dar grande importância a si próprio e à sua arte. Reportando-se a

A ARCÁDIA: DESCOBERTA DE UMA PAISAGEM ESPIRITUAL 305

Calímaco, diz não querer dedicar-se à grande epopeia (o que, todavia, fará mais tarde) mas limitar-se à delicada arte dos poemas curtos. Sem se dar conta, porém, deixa escapar um pensamento de todo anticalimaquiano; isto é, exprime a esperança de que, embora ele cante coisas insignificantes, alguém possa ler seus versos "tomado de amor". Essa participação sentimental diferencia o poeta que procura comunicá-la também ao leitor.

Mais consciente de sua importância, surge Horácio, e já a primeira das *Odes*, que pela primeira vez proclama a dignidade de sua missão de poeta, deixa-nos divisar como essa concepção nasce do terreno da Arcádia virgiliana: "A mim me levará a hera, ornamento para a fronte do poeta, entre os deuses do céu, a mim o fresco bosquezinho e os ligeiros coros das ninfas distinguirão do povo... Se tu me pões entre os grandes poetas, com a fronte tocarei as estrelas". O fresco bosque é o bosque arcádico: e ali, diferenciado dos homens comuns, o poeta encontra-se com os seres divinos do mito grego. Isso diz Virgílio já na quinta écloga. Após ter Mopso cantado a morte de Dafne, Menalca (que, no final, revela-se para o próprio Virgílio) apostrofa-o: "Tu, poeta divino", e, na décima écloga, é com essas palavras que Virgílio se dirige a Galo. Traduz, porém, uma locução homérica. Mas se Homero, o cantor, ou até mesmo o arauto, é chamado de divino, isso significa apenas que o cantor está sob a proteção particular dos deuses, e não que a superioridade do espírito e da alma confira um particular valor individual ao poeta. Virgílio pensa, ao contrário (e isso o contexto demonstra), que a poesia faz do poeta um ser sobre-humano. Em grego, podia-se chamar Homero de cantor divino[16], e Teócrito faz com que nos dirijamos a um mítico pastor com as palavras "divino Comatas", mas jamais acontece de um poeta dirigir-se a outro chamando-o de "poeta divino". Nem o culto à amizade nem o culto à poesia jamais assumiram um tom tão alto, nem mesmo no círculo de Catulo[17].

Pergunta difícil de responder, e talvez até mesmo indiscreta, seria a de indagar por que Horácio permite, justamente ao poeta, tanto orgulho por sua missão. Nessa primeira ode, que nos fez conhecer o programa de sua poesia, ele se atém *grosso modo* àquele conhecido

16   Por exemplo, as *Rãs* de Aristóf., *Frösche*, 1034; Plat., *Íon*, 530 B; o epitáfio em Alcidam., Ὁμήρου ; Cal., *Epigr.*, 6, 1.; e por fim também as crianças deviam aprender na escola: Um deus, não um homem é Homero (Erich Ziebarth, *Aus der antiken Schule*, 2ª ed., n. 26). Sobre o subsequênte desenvolvimento dessa ideia, ver Ludwig Bieler, θεῖος ἀνήρ. *Das Bild des "göttlichen Menschen" in Spätantike und Frühchristentum*, Wien 1935.

17   Que em Catulo a terra sonhada, da poesia e do amor já começa a destacar-se da corriqueira realidade, e que ele, assim, prepara, de certo modo, o caminho para Virgílio, tudo isso é mostrado por F. Klingner, *Dichter und Dichterkunst im alten Rom*, 1947, 28.

306 A CULTURA GREGA E AS ORIGENS DO PENSAMENTO EUROPEU

esquema da lírica grega arcaica (nos pormenores, notamos pensamentos helenísticos, mas aqui isso não tem importância): homens diferentes buscam valores diferentes, e eu tenho a minha meta que tem mais valor que as outras. Quando Horácio diz que alguém aspira à honra, ao poder, à riqueza, ao prazer – a coisa é compreensível, mas por que lhe parece algo muito maior ser um poeta famoso? Num outro ponto, também bastante relevante, isto é, no início das odes romanas, Horácio passa de novo a falar da missão do poeta: "Odeio o populacho e o mantenho à distância. Conservai um sagrado silêncio! Cantos ainda não ouvidos eu canto, vate das Musas, para as moças e os jovens". Aqui se confundem, juntos novamente, diversos temas tradicionais. Quando Horácio chama a si mesmo de sacerdote das Musas, reporta-se à primitiva concepção grega segundo a qual o poeta é inspirado pelas Musas; não me parece, contudo, que algum poeta grego tenha algum dia falado de sacerdotes das Musas[18]. Píndaro, por vezes, define-se a si mesmo como profeta das Musas, mas com isso não quer dizer senão que difunde a palavra divina das Musas. Horácio introduz a ideia de um mistério que se deve custodiar em silêncio. Mas como conciliar o serviço sacerdotal das Musas com o ódio ao povo simples, se as Musas, na verdade, só dizem ao poeta aquilo que lhe cumprirá difundir? E de outro lado, como pode aquele que está a serviço das Musas sentir-se orgulhoso de revelar algo de seu e de novo se, no fundo, não faz mais que transmitir a palavra das Musas? O orgulho de tornar conhecido algo de novo e de até então não dito, esse, os poetas gregos dos primeiros tempos conhecem de forma bastante limitada; só na medida em que a valores reconhecidos eles contrapõem um valor novo, reconhecido como tal – portanto, só no juízo acerca de algo determinado –, podem eles sentir-se em contraste com os outros homens, e isso acontece sem ênfase religiosa e sem ódio ao povo comum. O orgulho de ter opinião própria surge pela primeira vez com Hesíodo, que sabe ser mais sábio do que os "doidos e os beberrões" (*Teog.*, 26), e, de forma mais evidente, na prosa de historiadores como Hecateu e filósofos como Heráclito: temos aqui o orgulho do homem pensante que não segue as crenças idiotas da massa, mas pode anunciar algo de mais verdadeiro, alcançado pela pesquisa e pela reflexão. Mas quanto mais forte é a influência de ideias religiosas (como em Parmênides e Empédocles) tanto menos se sente o desprezo pelo homem comum – ao mesmo tempo em que a denúncia da estupidez alheia (por exemplo em Hecateu) vem sempre acompanhada de uma negação racionalista das concepções religiosas.

---

18 A menos que se objete que Hesíodo (*Teog.*, 32) fala de si mesmo servindo-se das palavras com as quais Homero (*Il.*, I, 70) fala do sacerdote Calcas.

A ARCÁDIA: DESCOBERTA DE UMA PAISAGEM ESPIRITUAL

Somente Calímaco introduziu na poesia aquela atitude de orgulhoso distanciamento em relação à vida comum que nos foi revelado sobretudo pelo prólogo das *Aitía*: ele não quer caminhar pela larga estrada real seguida pelos outros, mas seguir uma trilha sua, ainda que estreita[19]. Mas Calímaco não pretende revelar novos valores e verdades e, por isso, nada lhe é mais estranho do que o tom sacerdotal e profético: põe seu orgulho no refinamento da poesia, na sofisticação da forma artística. Mas como conciliar esse caráter de exclusividade da arte com o tom sacerdotal? E como conciliá-lo com um outro tema, que, além daquele já citado, revela-se no começo da ode romana, isto é, com a atitude do mestre[20]. É no século V que se começa a afirmar que o poeta é o mestre do povo: mas grego algum jamais se apresentou assim, solenemente, em vestes de mestre, às moças e aos jovens – e menos ainda como um mestre que odeia o vulgo.

A indiscreta pergunta que fizemos, indagando por que, na verdade, Horácio se sentia tão orgulhoso de sua missão poética, não encontra resposta nessa parte programática da sua poesia – ou, melhor dizendo, encontra respostas demais, que, interpretadas ao pé da letra, em parte se elidem reciprocamente. Horácio sente-se inspirado pelas Musas como custodiador dos mistérios da arte, como revelador de uma nova poesia e como educador da juventude. Mas nenhum desses motivos pode, de per si, ser levado totalmente a sério. Enquanto, na poesia grega, essas imagens mostram-se realmente vivas, em outras palavras, significam o que são, em Horácio, mostram-se menos comprometidas. Tornam-se símbolos, algo semelhante a simples metáforas: como quando falamos de uma "pele semelhante à neve" e nos referimos, com essa expressão, somente à cor e não ao frio e às outras qualidades da neve. Assim também as imagens de Musa, sacerdote, mestre, revelador não são entendidas no sentido pleno e autêntico da palavra. Mas o que, na verdade, Horácio entendia por "missão do poeta", não quer ou não consegue ele dizer-nos: precisaríamos aqui estudar o assunto mais a fundo. Reminiscências gregas de todo tipo servem-lhe para apresentar sua missão poética como algo de nobre e de sério. Mas essa solenidade de atitude não passa ainda de um puro gesto e não nos diz o que verdadeiramente entendia e queria o autor. Se esse algo existe, é evidentemente algo de novo, de difícil, talvez até mesmo (como as contradições internas parecem indicar)

19 Cf. supra, p. 276. Sobre o *odi profanum vulgus* de Horácio, ver. Cal., *Epigr.*, 28,: σικχαίνω τὰ δημόσια (outros trechos semelhantes em Christ-Schmid, *Geschichte der griechischen Literatur*, II, 1, p. 117, 5). Muito menos agressiva, no fundo, soa a frase de Calímaco "a vulgaridade me é odiosa" se a compararmos com a de Horácio, em que este declara odiar o vulgo profano.

20 Ver o verso atribuído a Pitágoras em Dióg. Laérc., 8, 7: ὦ νέοι ἀλλὰ σέβεσθε μεθ' ἡσυχίης τάδε πάντα.

308 A CULTURA GREGA E AS ORIGENS DO PENSAMENTO EUROPEU

de problemático. Horácio não fala da Arcádia mas também para ele existe, evidentemente, um mundo acessível ao poeta, mas fechado ao comum dos mortais – onde habitam a dignidade do espírito, a sensibilidade da alma e a beleza. Mas o poeta que busca esse país sente-se estrangeiro entre os homens. O poeta romano encontra o que para ele tem valor e significado no mundo da cultura e da literatura grega. Essas imagens gregas perdem, assim, necessariamente, aquela relação com a realidade que tinham em grego: as Musas não são mais seres divinos, o sacerdote não é mais sacerdote de verdade, o culto dos mistérios não é um verdadeiro culto dos mistérios, e o mestre não tem pela frente autênticos discípulos. Cada coisa assume um significado metafórico e, nesse mundo literário, como na Arcádia, nada deve ser entendido ao pé da letra. Elementos míticos e elementos da realidade entram nessas imagens: as coisas citadas não são ao mesmo tempo reais e significativas, mas apenas significativas. O que se aprendeu com os gregos transforma-se em alegoria e a arte torna-se um reino de símbolos.

Aqui se define uma separação profunda entre a vida de todos os dias e o que é significativo. Ao lado do mundo dos objetos, surge o mundo da arte. Certamente, também na poesia grega houve alegorias e símbolos, mas eles ainda são relativamente inocentes e não são problemáticos. Quando um poeta fala de Hefesto para indicar fogo, a evolução que se produziu é, *grosso modo*, a seguinte: nos tempos primitivos, podia-se dizer "Hefesto destruía uma cidade", crendo de total boa fé que houvesse um deus a enfurecer-se em meio ao fogo. A cultura racionalista demonstrou que os deuses não existiam e que, com Hefesto, se queria "significar" o fogo: de real só havia mesmo o fogo. Do mesmo modo podiam-se "explicar" também os outros deuses. Por outro lado, a arte poética ensinava que o poeta devia representar coisas de forma viva, e que por isso era mais bonito e poético falar de Hefesto do que do fogo. Na base desse uso "metonímico" dos nomes dos deuses, havia, portanto, de um lado, o pensamento racionalista e, do outro, a teoria poética e a exigência de ornamentos estilísticos. Esses termos desempenham uma função de primeiro plano também na obra de Virgílio e de Horácio; mas há uma diferença essencial entre gregos e romanos. Para o poeta grego que crê, o nome mítico refere-se a algo real; para o que não crê torna-se um recurso estilístico ou serve ao jogo poético. Os romanos, ao contrário, criam para si, com esses nomes, a sua Arcádia, isto é, o país do espírito e da poesia. É bem verdade que já na tragédia ática as figuras míticas não são mais consideradas como reais; não sendo o mito narrado mas representado, estabelece-se um contraste entre o real e o pensado, e o acontecimento tende para um significado espiritual problemático e não diretamente exprimível, mas nem por isso os contornos das

A ARCÁDIA: DESCOBERTA DE UMA PAISAGEM ESPIRITUAL   309

figuras míticas esvaem-se na luz do ideal; pelo contrário, são levadas terrivelmente a sério.

As figuras da tragédia ática não são alegorias, pois são sempre entendidas como seres plenamente vivos. Se a representação cênica já não pretende fazer passar os mitos por histórias e abandona a imitação do fato mítico para pôr, ao contrário, em relevo os motivos espirituais da ação, essas figuras, todavia, não perdem o contacto com o chão. E se as figuras do drama não são mais consideradas como reais, a tendência é fazê-las aparecer como "possíveis" e, quanto mais incerta se torna a fé na realidade do mito, mais se empenha a poesia em conservar pelo menos a aparência da realidade, através do realismo e do verismo psicológico. Mas a alegoria não tem essas exigências de "ilusão" e aparência; uma figura é apenas a portadora de um determinado significado. Em Virgílio, as Ninfas e as Musas, Pã e Apolo já são quase alegorias, na medida em que neles se personifica a vida idílica da Arcádia, sua natureza pacífica e a poesia cheia de sentimento que é a razão de vida desses pastores.

Daí resultam, por assim dizer, abreviações dos antigos deuses: libertos da primitiva forma assustadora, conservam, porém, uma idealidade que já não provém de um sentido de religioso espanto; reminiscências literárias criam figuras ideais que personificam aqueles valores, aquela espiritualidade, aquele sentimento que não se podem encontrar neste mundo. Na arte classicizante do tempo de Virgílio, temos muitos indícios reveladores desse transformar-se da concepção dos deuses. Conhecemos demasiadamente pouco da poesia grega daquela época para podermos dizer até que ponto Virgílio teria sofrido a influência dos gregos nessa alegorização dos deuses. Mas nele há um outro fator que contribui, e de modo essencial, para essa transformação. Para os romanos, os deuses e mitos gregos jamais foram realidade; da literatura e da arte grega eles os herdaram como elementos de cultura e neles encontraram aquele mundo do espírito descoberto pelos gregos. Portanto, o que os romanos mais ressaltam nessas figuras é o "significado" que podem ter para o homem. Elas são alegorias no verdadeiro sentido da palavra, na medida em que dizem algo diverso de seu significado primitivo; são como palavras estrangeiras que, transportadas para uma outra língua, transformam (o que é coisa das mais possíveis no campo do espírito) tudo quanto dos outros se herdou em conquista do pensamento e do sentimento próprios. Surgem no momento em que da literatura grega nasce uma literatura mundial.

Algo semelhante acontece também no Oriente. Através da interpretação alegórica, o mito grego e a filosofia grega são introduzidos por Fílon no hebraísmo helinístico, e por Clemente de Alexandria no cristianismo: muitos elementos são aceitos, mas é exatamente o núcleo religioso-filosófico que essa transformação torna inócuo.

310 A CULTURA GREGA E AS ORIGENS DO PENSAMENTO EUROPEU

Também aqui, o mundo do espírito grego é necessariamente estranho às civilizações que o acolhem e é só através dessa transformação que pode ser aceito por tempos e povos cuja fé, sob muitos aspectos, está em tão aberta contradição com o mundo grego.

Mas a importância de Virgílio está no fato de que ele conquista o mundo grego para os romanos por meio da arte e da poesia e, portanto, de modo diverso dos judeus e dos cristãos: ele se inclui, para tanto, na tradição romana que ia de Ênio a Catulo. Mas quando, em suas *Éclogas,* nasce pela primeira vez uma poesia que, com plena seriedade, transforma esses temas gregos em imagens de beleza, assentadas sobre o próprio eixo e possuidoras de sua própria realidade significativa, a arte torna-se "símbolo". Não é possível encontrar nada semelhante na poesia grega. Para darmos ênfase, com uma última comparação, à peculiaridade do mundo virgiliano, poderíamos quando muito lembrar os mitos de Platão. Também esses mitos não pretendem ser algo de "real" mas de "significativo": não constituem, porém, uma poesia com fim em si mesma, mas tendem a ilustrar algo de real e de definido e têm um significado que Platão teria querido, se pudesse, exprimir de forma racional, mas os meios que a língua lhe oferece não lhe permitem fazê-lo. Assim Platão considera seus mitos: despreza-os, como mero jogo. Na poesia grega, essa forma de invenção mítica não teve ulterior desenvolvimento.

A Arcádia, como país dos símbolos, estava bastante afastada do tráfico da vida real. Nesse país, o antigo mundo pagão podia continuar vivendo sem provocar escândalo. A Arcádia estava tão distante que não foi preciso entrar em choque com o Papado ou com o Sagrado Império Romano, exatamente como acontecera, aliás, em relação ao Império Romano de Augusto. Fatal para ela, porém, foi a hora em que os povos europeus não mais se contentaram com as verdades que lhes eram transmitidas e passaram a confiar apenas no próprio espírito; e foi igualmente essa a hora em que se redescobriu a verdadeira Grécia.

17. Teoria e Prática

Um dos fatos mais singulares e misteriosos da história espiritual do mundo é o de terem aparecido por volta de 500 a. C., pela primeira vez, independentemente um do outro, em três países diferentes e muito distantes entre si, pensadores que chamamos pelo nome grego de filósofos – na Grécia, na Índia e na China. Buscam eles, de modo análogo, atingir, para além da aparência da percepção sensível, um conhecimento do que é verdadeiro e substancial no mundo, e dão assim início, em seus respectivos países, a movimentos espirituais que se desenvolvem paralelamente por um longo trajeto, transformando radicalmente a cultura.

Mas mais singular ainda é que essas três formas de filosofia, obviamente muito diferentes umas das outras, integrem-se, nessa diversidade, reciprocamente, com absoluta exatidão, e que os três princípios sobre os quais se assentam, mantenham entre si uma exata conexão sistemática. Por aí se vê que na filosofia grega, dada sua postura fundamental, a oposição teoria-prática, faz-se atual desde o começo. Tão importante e interessante me parece esse fato para o significado que a oposição entre teoria e prática adquiriu no pensamento ocidental através dos gregos, que eu gostaria de deter-me nele brevemente, ainda que meus conhecimentos sobre o Extremo Oriente sejam apenas de segunda mão. Mas essa "segunda mão" – se me é lícito aduzir esta justificação pouco objetiva – pertence a um homem que venero profundamente, com o qual me doutorei em Göttingen e que muito me ensinou, Georg Misch.

De sua importante obra: *Der Weg in die Philosophie, eine philosophische Fidel*[1], aprendemos o seguinte: na base da filosofia chinesa

---

1   2ª ed., muito ampliada, parte I (Sammlung Dalp Band 72), Leo Lehnen Verlag, München 1950.

312   A CULTURA GREGA E AS ORIGENS DO PENSAMENTO EUROPEU

há um interesse prático, o de "como se pode ajudar os homens a viverem juntos em paz e boa ordem"[2], no início da filosofia indiana encontra-se a meditação fantástica sobre a enigmaticidade da vida e da alma, no início da filosofia grega, o problema da essência do cosmo e da natureza.

Não vem ao caso mostrar aqui como essas diferentes posturas derivam das diferentes condições históricas – na China, da preocupação com o imenso império, na Índia, da dúvida religiosa de quem aspira apaixonadamente à imortalidade, e entre os gregos, que nos séculos decisivos de sua história mais antiga não conheciam nem um estado poderoso nem uma religião unitária, da visão maravilhada da harmonia da natureza (os próprios gregos tinham consciência do privilégio que lhes oferecia o clima temperado. Importante, sem dúvida, era também a estrutura do país: se buscarmos, no Atlas, qual o lugar do mundo mais diversificado e articulado, veremos que é a Grécia, e o que mais chama a atenção na paisagem grega é o modo como os elementos da terra, da água e do ar ali se conjugam por toda parte, mas sempre nitidamente separados um do outro).

Seja como for, não foi evidentemente nem na China nem na Índia que se chegou a uma nítida antítese entre teoria e prática. Na China, os precursores dos filósofos são os conselheiros do imperador, e a tarefa dos filósofos ficava sendo a de apontar o caminho certo; o caminho dos antepassados é indicado como modelo para as gerações seguintes, e a partir daí se desenvolve a literatura histórica e filosófica. Também na China, sem dúvida, existem sábios propensos ao retiro solitário, mas seu escopo parece ser mais o de levar uma vida moralmente rigorosa do que o de dedicar-se à contemplação; é contra eles que se dirige a sentença profunda e desconcertante de Confúcio: "Quem tem como única preocupação manter a própria vida, lança a desordem nas grandes relações humanas"(Misch, p. 283); sentença que não poderia ter sido pronunciada por um grego e muito menos por um indiano. E se no Tao-Te-King exorta-se à inação não é em nome do prazer do conhecimento, mas porque é mais útil deixar que as coisas sigam seu curso: "Querer conquistar o mundo através da ação: – experimentei e vi que dá em nada. – O mundo é uma coisa espiritual – que não nos é lícito manipular. – Quem age, a destrói, – quem quer mantê-la, perde-a (Misch, p. 322)".

Na Índia, o sacerdote aponta o caminho para o filósofo que desce às misteriosas profundezas da vida e da alma; lemos, assim, nos Upanichades: "Para o exterior o criador abriu as janelas do corpo. Por isso vemos só fora, não dentro de nós mesmos. Um sábio inverteu a direção do olhar para ver dentro de seu próprio Eu, porque buscava a imortalidade". Esse "olhar para dentro" continua sendo uma característica da filosofia indiana.

2   *Idem*, p. 72.

TEORIA E PRÁTICA 313

Os gregos, ao contrário, olham para fora, mas para eles, diferentemente dos chineses, o fim verdadeiro e essencial não é o operar no mundo, a forma certa de convivência humana, mas agir e olhar, prática e teoria (visto que teoria significa, exatamente, olhar) estão ligadas entre si de modo peculiar.

Os precursores da filosofia grega são os cantores. Já em Homero o agir e o olhar contrapõem-se significativamente: os heróis que o poeta canta são os que agem; mas sua poesia ele a reporta às Musas, que no seu dizer, "estão presentes em toda parte e tudo viram e, portanto, tudo sabem". Esse saber não é autocontemplação como o dos Indianos, mas assenta sobre um ver que dirige corajosamente os olhos para o exterior; esse saber não é tampouco juízo prático como para os chineses, mas distancia-se nitidamente de seu objetivo, de tal modo que este se configura objetivamente diante dos olhos e pode ser representado exatamente na sua realidade efetiva. A lucidez desse olhar dirigido para o mundo externo é uma característica geral da antiga Grécia: assim, também os deuses, tudo o que é belo e grande é, para os homens de Homero, uma "maravilha para ser olhada".

É verdade que na Grécia mais antiga o poeta ainda não é um teórico, mas mesmo assim, sua arte é sempre considerada como um produto menos do sentimento que da sabedoria. Ele se chama a si mesmo, portanto, de "sábio". Mas a palavra grega correspondente, σοφός, não significa que alguém possua um vasto saber (como o que se atribui às Musas), e sim, que é um perito em sua arte. A palavra não se refere, portanto, somente aos conhecimentos teóricos, mas também à capacidade prática – e, de fato, também se pode falar de um timoneiro ou de um auriga σοφός. Na idade arcaica, a atitude geral dos homens ainda é a ativa: o poeta é um artesão, como o piloto e o cocheiro.

No início de sua história da filosofia, os gregos colocaram os "sete sábios", e também esses sábios ainda eram, substancialmente, indivíduos práticos e ativos. A maioria deles exercia uma atividade política, eram legisladores, grandes proprietários ou conselheiros: sua sabedoria consistia sobretudo em sua capacidade de resolver desavenças políticas e – o que representava então, evidentemente, uma novidade – de firmar tratados. Mas já neles o elemento teorético começa a destacar-se da sabedoria prática. E no entanto, esses políticos não desenvolvem, como seria de crer por analogia com a China, uma filosofia da convivência humana; deixaram, isso sim, sentenças e sábias admoestações que pouco significado tiveram, porém, para o desenvolvimento da filosofia. Seu interesse teórico volta-se, ao contrário, para o que é positivo, objetivo, exatamente verificável: Tales foi o primeiro a desenvolver proposições geométricas, baseado na agrimensura exclusivamente prática dos egípcios, a tornar a astronomia dos babilônios independente de seus fins religiosos e a utilizá-la

314 A CULTURA GREGA E AS ORIGENS DO PENSAMENTO EUROPEU

para conclusões puramente teóricas, a transformar, enfim, as especulações míticas sobre a origem do mundo na primeira afirmação filosófica, a de que a água é a substância e a origem de todas as coisas. De Sólon, igualmente incluído entre os sete sábios, conta-nos Heródoto que, depois de haver dado as leis aos atenienses, pôs-se a viajar pelo mundo só por "teoria", isto é, só para ver o mundo; e foi, portanto, o primeiro a procurar realizar o ideal de conhecimento representado pelas Musas de Homero.

Não pretendo examinar aqui em pormenores como, desse gosto pela teoria, surgiu a primeira ciência grega, como, dos manuais práticos de navegação, surgiram as primeiras obras geográficas e etnológicas e como, daqueles e das genealogias mitológicas, desenvolveu-se a historiografia, e da medicina prática, a teoria dos elementos e várias outras teorias.

Já na primeira metade do século V, ocorre o primeiro confronto entre a teoria e a prática[3] – numa tragédia perdida de Eurípides, *Antíope*. Aí aparecem dois irmãos: Zeto, o guerreiro, e Anfíon, o cantor. Da grande discussão que os dois mantêm nessa obra, restaram-nos tantas citações, que ainda podemos ver claramente com que argumentos cada um defendia sua própria forma de vida: são argumentos plausíveis até hoje, embora Eurípides, em sua tragédia, não possa pôr como representante da vida teórica um filósofo ou um cientista, mas só um poeta, pois tem de ater-se às personagens da lenda. Zeto fala como hoje fala um bom pai de família com a cabeça em cima dos ombros, quando seu filho demonstra preocupantes inclinações para a arte e para a ciência: essa vida inútil e feminil não serve para enfrentar a dura realidade, leva à preguiça e à dissipação, não ajuda a governar sabiamente a casa e muito menos o Estado. Censuras semelhantes dirige a comédia contemporânea aos que frequentam os sofistas.

Anfíon rebate com dois argumentos: a vida poética é, na realidade, muito mais útil ao homem e, além do mais, torna-o mais feliz. Sua maior utilidade está no fato de que a razão é mais útil do que um forte braço, porque serve muito mais à casa e ao Estado; e até mesmo na guerra, vale mais que a força bruta. Daí se conclui que Anfíon não defende apenas a poesia e a música, mas o espírito como tal. A maior felicidade, porém, está na atividade espiritual, que, por ser livre da aflição e dos perigos das lutas políticas, pode proporcionar, numa vida segura e modesta, alegrias mais profundas e duradouras.

---

3   Cf. Franz Boll, *Vita contemplativa*, "Sitz.-Ber. d. Heildelb. Akad. d. Wissenschaften, Phil.-Hist. Kl.", 1920, 8 Abh. (publicado em F. Boll, *Kleine Schriften, zur Sternekunde des Altertums*, Leipzig 1950, 303 e ss.).W. Jaeger, *Ueher ursprung und Kreislauf des philosophischen Lebensideals*, "Sitz.-Ber. d. Preuss. Akad. d. Wissenschaften", 1928, p. 390 e ss.

TEORIA E PRÁTICA 315

No *Górgias*, Platão refere-se a essa discussão entre Zeto e Anfíon (foi ele que nos conservou várias citações), mas com ele a divergência adquire uma nova profundidade e começa a representar um problema inquietante. Para Platão essa divergência chega às raízes mesmas de sua vida. Filho de família aristocrática, estava destinado desde o nascimento a ter parte ativa na direção da vida política de Atenas. Ao atingir a idade adulta, porém, após os anos terríveis da guerra do Peloponeso, essa lhe ofereceu um espetáculo tão torpe e repugnante que o fez afastar-se enojado, tanto mais que Sócrates lhe ensinara normas rigorosas de agir honesto e de pensar impoluto.

No *Górgias*, os argumentos de Zeto são expostos por um nobre ático, que permite aos jovens aristocratas ocuparem-se com problemas teoréticos e filosóficos, chegando mesmo a reconhecer a utilidade formadora deles. Mas uma vez adultos, é mister agir e adquirir poder. O direito é o direito do mais forte – doutrinas nas quais se inspirará Nietzsche para sua concepção do super-homem. A vida política de Atenas apresenta-se aqui para Platão como algo que não deixa outra alternativa senão cometer a injustiça ou sofrê-la, ou, como foi dito mais tarde em sua autobiografia: já que falar de nada vale, e quem defende o direito só se expõe à pena de morte, então melhor é cada um ficar tranquilo "e desejar o bem, para si e para a cidade". Platão rejeitou a revolução violenta com derramamento de sangue.

E precisamente porque os homens se comportam segundo máximas tão inadequadas, e mesmo vulgares, e não é possível induzi-los, sem mais, a fazer o que é justo e honesto, Platão era obrigado a refletir sobre o que é incontestávelmente certo e cognoscível de modo exato e seguro. Foi assim que encontrou um reino, um reino do ser verdadeiro e puro, cuja visão admirável representava para ele a mais alta felicidade que o homem possa alcançar. Continuam agindo, aqui, temas da religião homérica. Platão fundou sua Academia para poder viver, juntamente com seus discípulos, só para a teoria, e dela derivam todas as instituições que serão pouco a pouco criadas, no mundo ocidental, com o escopo de promover a pesquisa pura e o pensamento honesto[4].

Certamente, por trás das palavras de louvor que Platão dirige continuamente, em seus escritos, à vida teorética em relação à vida prática, oculta-se uma renúncia. E Platão não recuou diante da prática quando acreditou poder traduzir sua teoria em realidade. Quando, na Sicília, pareceu haver um jovem proprietário disposto a governar segundo suas ideias, para lá foi ele – ainda que o fizesse a contragosto, pois conhecera a felicidade da vida puramente teorética, e muito embora lhe tenha ficado, dessa experiência siciliana, uma amarga decepção.

---

4   E. Kapp, "Platon und die Akademie, *"Mnemosyne"*, 3, 1936, 4, 227 e ss.; Id., *Theorie und Praxis bei Aristoteles und Platon*, "Mnemosyne", 3, 1938, 6, 179 e ss.

316 A CULTURA GREGA E AS ORIGENS DO PENSAMENTO EUROPEU

Em seu Estado ideal, onde a intenção é mostrar como deveriam andar propriamente as coisas, os filósofos são reis: a suma teoria deve unir-se, assim, à prática suprema. Mas sabe ele que os filósofos têm de ser obrigados a ocupar-se dos negócios do Estado, pois espontaneamente jamais renunciarão ao pensamento e à pesquisa de que vivem nas Ilhas dos Bem-aventurados. É uma contradição singular e característica, essa de Platão não ter concedido a seus filósofos-reis a vida contemplativa que ele próprio levava na *República*. Platão justifica seu procedimento dizendo que os filósofos são educados pelo Estado e têm, portanto, o dever de pagar o preço da educação recebida, servindo o Estado; nos outros estados onde viviam filósofos, isto é, em todo mundo grego da época, não se podia constrangê-los (assim diz ele expressamente), pois nada deviam ao Estado. É significativo que aqui, onde pela primeira vez se traça um plano de educação estatal, seja de imediato tirada essa consequência que tão atual se tornaria no mundo ocidental quando, muitos séculos mais tarde, o Estado iria ter em mãos a educação. Platão, certamente, não tinha motivos para preocupar-se ulteriormente com esse problema, pois, no seu Estado ideal onde os filósofos eram reis, não havia como acontecer um conflito entre o poder estatal e a pesquisa teorética.

Se Platão exigia que os filósofos de seu Estado sacrificassem a felicidade da pesquisa, isso quer dizer que, na felicidade que ele mesmo gozava na Academia, havia uma ponta de amarga resignação. O tom orgulhoso e solene com que Platão fala sempre de novo da felicidade do conhecer já se encontra nos mais antigos filósofos e pesquisadores que também já se separam conscientemente da grande massa. Mas em Platão, que pela primeira vez tornou possível, com sua Academia, uma vida teorética como forma específica de existência num instituto criado propositadamente para isso, que fez pela primeira vez, do Estado e de todas as esferas da vida prática, o objeto da teoria, é em Platão que sentimos, muito mais forte do que nos pensadores precedentes, o orgulho do aristocrata que sabe que sua verdadeira atividade seria a do político, que toma ele próprio nas mãos as coisas e, todavia, não quer impor-se a todo custo, mas tem tempo e pode esperar com dignidade – como também, de resto, a personagem tirânica, no *Górgias* que, embora lhe pese nas costas, é tratada com compreensão e até com certa simpatia.

É um fato sociológico de grande importância para o ulterior desenvolvimento do pensamento que Platão tenha criado, com sua Academia, uma sociedade na qual pôde desenvolver-se uma rígida consciência de casta, independente, porém, do nascimento e da riqueza, e exclusivamente fundada nos privilégios espirituais. Um círculo de homens eminentes encontrava ali a quietude necessária para dedicar-se inteiramente ao que para eles era importante, sem deixar-se distrair por fins práticos e banais.

TEORIA E PRÁTICA   317

Esse orgulho acadêmico continuou atuante através dos séculos, mas certos perigos não tardaram a surgir. Em Platão, a teoria era inteiramente composta de interesses práticos; não só sua grandeza de homem mas também o valor objetivo de suas doutrinas repousa sobre essa genuína tensão entre o prático e o teorético. Não é de surpreender que na sua escola a teoria, num primeiro momento, ganhasse a primazia. Já em Aristóteles, com o inevitável crescimento da especialização, a ligação entre teoria e prática torna-se mais tênue. Cientista e pesquisador universal, seu interesse político dirige-se sobretudo para a história das constituições e para a sistemática das instituições estatais; como professor de Alexandre, o Grande, também entra, porém, em contacto com a grande política, mas sua influência, evidentemente, foi muito escassa. Tanto mais grandiosa, todavia, é a perspectiva com a qual ele abarca o mundo todo. Mas é na escola de Aristóteles que o elo entre teoria e prática se rompe. Teofrasto, o mais importante de seus discípulos sob o ponto de vista científico – que deu, por exemplo, um impulso decisivo à botânica –, alinha-se resolutamente do lado da teoria como seu mestre, ao passo que Dicearco dá primazia à vida prática.

A partir de então, a filosofia foi preponderantemente "prática" – o que não ajudou nem a própria filosofia nem as ciências particulares, que se mantiveram, contudo, rigorosas graças às numerosas brigas entre teoréticos e práticos.

Já entre os alunos de Sócrates se havia difundido uma orientação prática, e a Sócrates se reportavam tipos extravagantes como Diógenes, que pregava a simplicidade absoluta e a quem se atribuíam várias doutrinas práticas, grosseiras e de eficácia imediata, que ele pregava de seu tonel. Aqui a teoria reduzira-se ao mínimo.

Os grandes sistemas da filosofia helenística endereçam-se conscientemente para fins práticos: tencionam dar ao homem um sólido sustentáculo na sociedade e no mundo. A teoria limita-se a especulações que enfocam as relações do homem com seu ambiente, como por exemplo, as especulações gnoseológicas sobre as relações do pensamento com a percepção, do visível com o invisível etc., mas, como raramente se valem de observações e, menos ainda, de experimentos, esterilizam-se rapidamente.

Tanto entre os epicuristas quanto entre os estoicos – as duas escolas mais importantes desse período –, esse interesse prático conduz a um dogmatismo moral. Suas doutrinas morais tiveram, entretanto, uma forte influência sobre as idades subsequentes até o limiar de nossa época, pois serviam de apoio aos homens que davam as costas à antiga fé. Mas a ciência foi por elas mais prejudicada do que estimulada.

Epicuro reduziu a teoria à tarefa de cobrir (se assim se pode dizer) as costas da prática, como mostra a máxima que se segue: (*Afor.*, 12, Dióg. Laérc., 10, 143) "Não é possível dissolvermos os temores

318 A CULTURA GREGA E AS ORIGENS DO PENSAMENTO EUROPEU

relativos ao que é mais importante ignorando o que seja a natureza do universo mas vivendo em suspeitoso temor aos mitos. Daí porque não é possível, sem o estudo da natureza, termos alegrias puras"[5]. Assim, quem atribui à ciência natural a tarefa de explorar até o último ângulo do mundo para dele desencavar, se é que elas ainda aí se escondem, as divindades que incutem temor, encontra facilmente uma cômoda teoria, feita de encomenda para o seu caso, sem necessidade de longas indagações. O fim prático que Epicuro indicava ao homem era, como mostra esse aforismo, a tranquila satisfação e o imperturbável otimismo. Em relação a vida propriamente ativa tinha ele uma postura ainda mais cética do que em relação à pesquisa científica: louvava a vida pacífica e retirada, e a amizade parecia-lhe mais segura que a vida comunitária dentro do Estado. Mais decididamente que Epicuro, os estoicos sustentaram que o sábio deve agir, e a propósito deixaram-nos várias sentenças que até hoje se poderiam enunciar de forma análoga. É o caso da severa censura que Crisipo dirige aos doutos (2, 702 Arn.): "Quem pensa que só convenha aos filósofos a vida do estudioso, está, parece-me, redondamente enganado, pois pressupõe que eles tenham direito de passar assim a vida toda, sem outra ocupação. Bem observada, trata-se de uma vida de prazer. Não é lícito deixar essa premissa na penumbra, e muitos, de resto, formulam-na abertamente – alguns, por certo, não com tanta clareza". Obviamente, isso é dito contra Platão e Aristóteles, e outros que celebraram a felicidade da vida do pesquisador. Assim, porém, todo genuíno impulso de conhecimento é truncado ao nascer, em nome do rigorismo moral.

Os estoicos fizeram de tudo para conduzir os homens a um convívio bem educado e sensato, e nossas noções do direito natural, dos direitos humanos, da liberdade e dignidade humana remontam diretamente a eles. Mas pouco fizeram pela ciência – exceção feita ao grande Possidônio.

Com esses poucos exemplos – aos quais poderia acrescentar outros – queria eu mostrar que uma autêntica tensão entre teoria e prática é, sem dúvida, fecunda para o pensamento. A prevalência da teoria promove, porém, a pesquisa científica, mas ameaça arrancá-la de seu contexto vital. O predomínio da prática, ao contrário, conduz a um dogmatismo no qual se petrifica a pesquisa viva e livre.

Por toda a Idade Média, perpetuou-se o contraste entre a *vida contemplativa* e a *vida ativa*, como contraste, antes de mais nada, entre o Estado eclesiástico, ao qual competia a contemplação e o cuidado das coisas espirituais, e o mundano, ocupado com as coisas

---

5   Nossa tradução baseia-se na tradução de G. Arrighetti, Epicuro, *Opere*, Torino, Einaudi, 1960, p. 124, transcrita *ipsis litteris* pelas tradutoras da presente obra. (N. da T.).

TEORIA E PRÁTICA

práticas. Aquele que contemplava e quem agia tinham, portanto, objetivos diferentes: o primeiro o além, o segundo o aqui e agora. Só no Renascimento, esse contraste volta a ser uma fecunda tensão elaborada no interior da própria vida espiritual, podendo assim, de novo, surgir uma ciência viva.

Como o espírito voltou a dirigir-se para as coisas terrenas, entrou em choque com as antigas teorias que agora se opunham às verdades reveladas da religião cristã. Visto que, em conformidade com o significado da palavra "teoria", elas fundavam-se na visão do mundo real, eram passíveis de prova através de experiência e, quando contradiziam as opiniões vigentes, deviam necessariamente convidar a fornecer essa prova. Com efeito, a pergunta que se tornava a fazer às antigas hipóteses e, portanto, indiretamente também às novas – sois demonstráveis? –, deu início à ciência moderna. Nas ciências naturais, a experimentação, que na antiguidade se desenvolvera apenas de forma rudimentar, levou à auscultação empírica da natureza e, nas ciências do espírito, foi o grito de batalha – *redeamus ad fontes* – e, mais tarde, a crítica histórica que aperfeiçoaram, sempre mais e mais, o exame e o controle dos dados. Desenvolveram-se, assim, métodos e provas para recolocar em vigor, num mundo estranho, uma parte conspícua do pensamento grego. (Só a fúria incansável com que se saía em busca dessas provas é que não era, em absoluto, grega).

Voltava, assim, a estabelecer-se entre teoria e prática, que na Idade Média, malgrado vários conflitos, avançavam parelhas, uma tensão viva, visto que o objeto da consideração teorética era agora, de novo, o mesmo mundo no qual a pessoa agia.

Índice Onomástico

AGESILAU, rei de Esparta, 262
ALCEU, 10, 57, 78, 171 n, 215, 296
ALCIBÍADES, 214
ALCIDAMANTE, 305 n
ALCMÃ, 17 n, 56, 68, 201
ALCMÉON DE CROTONA, 144, 146, 148, 149, 150, 171
ALEXANDRE III, cognominado Magno, rei da Macedônia, 259, 317
AMMANN, 232
ANACARSIS, 282
ANACREONTE, 17 n, 57, 58, 59, 60, 61, 68, 69, 70, 74, 77, 79, 214, 273, 274, 281, 283
ANAXÁGORAS, 25, 242 n
ANAXIMANDRO, 49, 140, 222
ANAXÍMENES, 140, 222, 238
ANDÓCIDES, 261 n
ANTÍSTENE DE ATENAS, 150 n
APOLÔNIO DE RODES, 10 n
ARIOSTO, Ludovico, 283
ARISTARCO DE SAMOTRÁCIA, 1, 5
ARISTEU DE PROCONESO, 17 n, 161 n
ARISTIDES RETOR, 86, 90 n
ARISTIPO DE CIRENE, 258 n, 259, 264
ARISTÓFANES, XXIV, 26 n, 117, 124, 126, 127, 129-131, 133, 134, 276, 277, 285, 303, 305 n
ARISTÓTELES, 21, 36 e n, 37, 97, 103, 110, 115, 118, 120 e n, 122, 134, 135, 147 n, 188, 239, 241, 242, 243 e n, 271, 275, 276, 303, 317, 318
ARISTÓXENO DE TARENTO, 150 n

ARNIM, Hans von, 11 n
ARQUÍLOCO, 17 n, 51 n, 54, 57-67, 69, 70, 71, 74, 75, 77, 79, 96, 139, 162, 178, 182, 187, 202, 207, 213, 215, 216, 277, 281
ARRIGHETTI, Graziano, 318 n
ASCLEPÍADES DE MIRLEIA, 303 n
ATENEU, 252
AUGUSTO, Gaio Júlio César Otávio, imperador romano, 274, 296, 298, 310

BACH, Johann Sebastian, 92
BAQUÍLIDES, 57, 72, 98, 99
BECHTEL, Friedrich, 2 n
BECKER, Otfried, 203 n, 249
BECKMANN, Franz, 257 n
BETHE, Erich, 59 n
BIANTE DE PRIENA, 259 n
BIELEFELDT, E., 261 n
BIELER, Ludwig, 305 n
BLÄTTNER, F., 267 n, 285 n
BOECKH, August, 284 n
BÖHME, Joachim, 8 n, 12 n, 13 n
BOLL, Franz, 314 n
BOWRA, Cecil Maurice, 146 n, 188 n
BRONDAL, Viggo, 230 n
BULTMANN, Rudolf, 14 n, 200 n
BURCKHARDT, Jakob, 169
BURDACH, Konrad, 284 n
BUSCH, Wilhelm, 163
BUSCHOR, Ernst, 206 n
BYRON, George Gordon, lorde, 283

322   A CULTURA GREGA E AS ORIGENS DO PENSAMENTO EUROPEU

CALÍMACO DE CIRENE, XXIV, 10 n, 120, 121, 183 n, 206, 274, 275, 276-285, 289, 305, 307

CALINO, 61, 62, 179, 180

CASSIRER, Ernst, 287 n

CATULO, Caio Valério, 300, 305 e n, 310

CHANTRAINE, P., 230 n

CÍCERO, Marco Túlio, 39 e n, 150, 230, 234, 258, 259, 264, 265, 266, 267, 303 n

CICHORIUS, Conrad, 288 n

CIRO, o Jovem, 262

CLEIS, 59

CLEMENTE DE ALEXANDRIA, 141, 309

CLÍTIAS, 43

COLOMBO, Cristóvão, XVIII

CONFÚCIO, 312

CORÍCIO DE GAZA, 83 n, 86

CORNFORD, Francis Macdonald, 135 n, 145 n, 149

CREUZER, Georg Friedrich, 27

CRISIPO, 11 n, 318

CRUSIUS, Otto, 301 n

DEBRUNNER, Albert, 230 n

DEICHGRÄBER, Karl, 34 n, 135 n

DEMÉTRIO I, cognominado o Poliorceta, rei da Macedônia, 259

DEMÓCRITO DE ABDERA, 39, 165 n, 189 n, 242 n, 244 n

DEMÓSTENES, 118

DESCARTES, René, 30, 31

DIÁGORAS DE MELOS, 25

DICEARCO DE MESSINA, 317

DIEHL, Ernst, 10 n, 17 n, 58 n, 171 n, 215 n

DIELS, Hermann, 101 n, 148 n, 171 n, 206 n, 236 n

DILLER, Hans, 41 n, 49, 138 n, 145 n, 201 n, 217 n, 221 n

DILTHEY, Wilhelm, 244 n

DINDORF, Karl Wilhelm, 232 n

DIÓGENES DE APOLÔNIA, 150 n

DIÓGENES DE SINOPLA, 317

DIÓGENES LAÉRCIO, 238, 259 n, 307 n, 317

DIONISIO TRACIO, 10

DIRLMEIER, Franz, 41 n

DODDS, Eric Robertson, 8 n, 15 n, 26 n, 28 n, 130 n, 150 n

DORNSEIFF, Franz, 85 n, 207 n

ECKERMANN, Johann Peter, 134

EHLER, W., 301 n

EMPÉDOCLES, 49, 86 n, 145, 147 n, 148,

149, 171, 217, 218, 219, 220-224, 227, 242 n, 306

ÊNIO, Quinto, 310

EPICURO, 118, 275, 317, 318 n

EPIMÊNIDES DE CRETA, 278

ERASMO DE ROTERDAM, 266, 267

ERÍQUIO, 288 n

ERMIPO DE ESMIRNA, 259

ÉSQUILO, 26, 35, 86 e n, 92, 94, 100, 101, 102, 106, 107-115, 117, 119, 120-122, 125, 127-129, 131, 132, 211, 231, 232, 262 n, 276

ESTESÍCORO, 57, 290-292

ESTÍLPON DE MÉGARA, 259

EURÍPIDES, XXIV, 10,11 n, 26 n, 87 n, 113-115, 117-134, 172, 175 n, 187, 188, 260, 261, 276, 301-303, 314

EUSTÁTIO, 44 n

FILIPO II, rei de Macedônia, 263

FÍLON DE ALEXANDRIA, 309

FOCÍLIDES, 212

FOERSTER, 83 n

FRAENKEL, Eduard, 11 n

FRÄNKEL, Hermann, 8 n, 18 n, 20 n, 28 n, 39 n, 58 n, 60 n, 73 n, 136 n, 138 n, 147 n, 158 n, 161 n, 168 n, 179 n, 187 n, 203 n, 205 n, 207 n, 209 n, 219 n, 224 n, 231 n, 295 n

FRIBERG, Axel, 255 n

FRIEDLÄNDER, Paul, 17 n, 41 n, 104 n

FRIEDRICH, Wolf H., 29 n

FRÍNICO, 105-107, 115

FRITZ, Kurt von, 8 n, 13 n, 27 n, 140 n, 221 n

GALO, Caio Cornélio, 289, 290, 294, 299, 300-305

GEDEÃO, 28

GÉLON, tirano de Siracusa, 159

GERTH, B., 230 n

GOETHE, Johann Wolfgang von, 3, 16, 27, 30 e n, 39, 57, 82 n, 110 n, 134, 210, 212 n, 258, 267, 273, 283-285

GOLDONI, Carlo, 274, 284

GÓRGIAS DE LEONTINOS, 101 n

GÓRGIAS, 282

GREGÓRIO NANZIANZENO, 60 n

GRIMM, Wilhelm Karl, 23 n

GUNDERT, Hermann, 58 n, 63 n, 65 n, 141 n

ÍNDICE ONOMÁSTICO

HAMPE, Roland, 153, 157, 203 n, 207 n
HARDER, Richard, 265 n
HAUSMANN, Manfred, 73 e n
HEBBEL, Friedrich, 64 n
HECATEU DE MILETO, 142-144, 154, 160, 161, 227, 306
HECKER, Max, 111 n, 212 n
HEFÉSTION, 88 n
HEGEL, Georg Wilhelm Friedrich, 36, 133
HEIBERG, Johann Ludwig, 243 n
HEINSE, Johann Gottfried von, 283
HERÁCLITO DE ÉFESO, 17, 18, 20 e n, 45, 49, 79, 90, 93, 96, 135, 143-145, 148, 150, 171, 186, 190, 192, 202, 215 n, 222-224, 233, 236, 239-242, 244 n, 275, 306
HERODAS, 282
HERÓDOTO, 24, 35, 49, 142, 151, 153, 154, 158-162, 201 n, 314
HESÍODO, 35, 41-54, 64, 66, 83, 84, 85, 86, 87, 94, 95, 97, 119, 137-140, 143, 146-148, 156, 160, 167, 174, 182, 188, 213, 231, 238, 251-254, 276, 301, 302, 306 e n
HEUSS, Alfred, 151 n, 154 n, 158 n, 263 n
HIPARCO, tirano de Atenas, 175
HÍPIAS DE ÉLIS, 119
HIPÓCRATES, 201 n
HIPÔNAX, 17 n, 65 n
HÖLDERLIN, Friedrich, 57, 93
HOMERO, XVII, XVIII, XX, XXI, XXII, XXIV, 1-6, 8-10, 11 n, 12, 15-22, 24, 28 e n, 29-35, 38, 42, 44, 46-50, 52, 53, 55, 56, 59, 60, 61, 62, 63 n, 69, 70, 71, 72, 74, 76, 79, 89, 108-110, 112, 119, 120 n, 125, 135, 136, 137 n, 138, 139, 145, 146, 147, 150, 151, 154, 159, 160, 162, 164, 165, 166, 168, 173, 175, 178-181, 183, 185, 192, 199, 201, 203, 204, 205, 206, 209, 210, 211, 213, 214 n, 217-220, 222, 227, 228, 232, 238, 262, 285, 291, 298, 305, 306 n, 313, 314
HOMMEL, H., 251 n
HORÁCIO FLACO, Quinto, 39 e n, 60 n, 120, 181, 274, 276, 284, 291, 296, 305, 306, 307, 308
HOWALD, Ernst, 275 n
HUMBOLDT, Wilhelm von, 236

ÍBICO, 57, 68 n, 137 n, 213-215
IRIGOIN, J., 51 n
ISÓCRATES, 118, 258 n, 259, 260, 267

JACHMANN, Günther, 288 n, 295 n
JAEGER, Werner, XX n, 58 n, 65 n, 145 n, 146 n, 188 n, 216 n, 259 n, 314 n
JOËL, Karl, 150 n

KAPP, Ernst, 11, 232 n, 258 n, 287, 297 n, 315 n
KELLER, Gottfried, 212 n
KITTEL, Rudolph, 200 n
KLEIST, Heinrich von, 133
KLINGNER, Friedrich, 294 n, 305 n
KLOPSTOCK, Friedrich Gottlieb, 57, 284 n
KÖNIG, J., XVIII n
KRAHMER, Gerhard, 7
KRANZ, Walter, 218 n
KRÖLING, 207 n
KROLL, Wilhelm, 303 n
KUHN, Adalbert, 173 n
KÜHNER, Raphael, 230 n

LATTE, Kurt, 2 n, 26 n, 41 n, 66 n, 136 n, 138 n, 168 n, 172 n, 176 n, 188 n, 288 n
LEHRS, Karl, 5 n, 6 n
LESSING, Gotthold Ephraim, 55, 122, 123, 232
LEUMANN, M., 11 n, 44 n, 230 n
LIEGLE, 296 n
LINEU, Carlos, 46
LIPPS, Hans, 197 n, 205 n
LÍSIAS, 261 n
LOBEL, 231 n
LOGAN, Friedrich von, 232
LUCANO, Marco Aneu, 29, 84
LUCÍLIO, Caio, 288
LUTERO, Martinho, 266

MAGNUS, F., 288 n
MAUTHNER, Fritz, 244 n
MEHMEL, Friedrich, 109 n, 276 n
MEINEKE, August, 146 n
MENANDRO, 118, 120, 134, 263-265, 292
METASTÁSIO, Pietro, 274
MEYER, Herbert, 88
MIGNE, Jacques-Paul, 28 n
MILTON, John, 284
MIMNERMO, 183, 186, 219 n
MISCH, Georg, 36 n, 162 n, 311, 312
MOISÉS, 163
MÜHLL, Peter von der, 13 n, 58 n
MÜLLER, Friedrich, 203 n
MUNKER, Franz, 284 n

324 A CULTURA GREGA E AS ORIGENS DO PENSAMENTO EUROPEU

MÜNSCHER, Karl, 265 n
MÜRI, Walter, 17 n

NIETHAMMER, Friedrich Immanuel, 257 n
NIETZSCHE, Friedrich Wilhelm, 123, 124, 127, 134, 315
NILSSON, Nils Martin Persson, 85 n, 206 n
NORDEN, Eduard, 288 n

OEHLER, Robert, 209 n
ONIANS, R. B., 8 n
OTTO, Walter F., 27 n, 41 n, 137 n
OVÍDIO NASO, Públio, 39, 278, 282, 283

PANÉCIO DE RODI, 265, 267
PANOFSKY, Erwin, 249, 255, 287 n, 288 n
PARMÊNIDES DE ELEIA, 94 n, 140, 141 n, 146-150, 189, 190, 192, 193, 221, 225, 306
PASQUINELLI, Angelo, 138 n, 142 n
PAULY, August, 218 n
PERFETTI, Bernardino, 284
PÉRICLES, 25, 37, 67
PERSES, 167, 252, 302
PETRARCA, Francesco, 259, 266, 267, 284
PFEIFFER, Rudolf, 10 n, 58 n, 257 n, 262 n, 266 n
PFISTER, Friedrich, 21 n
PHILIPPSON, Paula, 41 n, 49
PÍNDARO, 6 n, 37, 54, 57, 58, 59 n, 72, 81-96, 99, 120 n, 137 n, 146, 162, 168, 178, 201, 216, 273, 274, 283, 284, 306
PISÍSTRATO, 183
PITÁGORAS, 17 n, 39 n, 143, 144, 170, 171 n, 255, 307 n
PLATÃO, 14 n, 15 e n, 26 n, 36 e n, 37, 85 n, 109, 117-120, 132, 136 n, 148, 149, 150 n, 168, 170, 171, 174, 175 e n, 176, 186, 187, 191 n, 192, 193, 195, 214, 224, 225, 228, 231, 239, 240, 241, 243, 244 n, 250, 258 e n, 260 , 264, 267, 268, 275, 276, 280, 281, 289, 297, 298, 302, 305 n, 310, 315-318
PLAUTO, 264
PLUTARCO, 5 n, 39 n, 101 n, 175 n, 202 n
POHLENZ, Max, 118 n
POLÍBIO DE MEGALÓPOLIS, 287, 288, 290
POLÍCRATES, tirano de Samos, 137 n
POPE, Alexander, 283
POS, H. J., 217 n
POSSIDÔNIO, 318

PRELLER, Ludwig, 86 n
PRÓDICO DE CEOS, 251-255, 276
PROPÉRCIO, Sexto, 121
PROTÁGORAS DE ABDERA, 26 e n, 149 n
PSEUDO-ATANÁSIO, 28 n

QUÍLON, 166, 167, 169, 187, 191
QUINTILIANO, Marco Fabio, 274

RANK, L. Ph., 51 n
RANKE, Leopold von, 270
REGENBOGEN, Otto, 11 n, 17 n, 145 n, 217 n, 221 n, 284 n
REHM, Walter, 27 n
REINER, Hans, 257 n
REINHARDT, Karl, 137 n, 141 n, 151 n, 156, 224 n, 253
REITZENSTEIN, Richard, 288 n
REMBRANDT, Harmenszoon van Rijn, 211
RIEMER, Friedrich Wilhelm, 30
RIEZLER, Kurt, 203 n, 205 n, 208 n, 210 n
RILKE, Rainer Maria, 57, 94
RISCH, Ernst, 64 n
ROBERT, Carl, 86 n
RODENWALD, 35 n
ROHDE, G., 294 n
ROUSSEAU, Jean-Jacques, 125, 284
RÜEGG, Walter, 257 n, 259 n, 267 n
RÜSTOW, Alexander, 49 n, 51 n, 149 n

SAFO, 10 e n, 17 n, 19, 54, 57-61, 63-65, 67-70, 72-79, 89, 95, 96, 98, 139, 148 n, 174, 199, 201, 214-216, 281, 298, 299
SCHADEWALDT, Wolfgang, 11 n, 58 n, 77 n, 109 n, 151 n, 203 n, 207 n, 209 n
SCHILLER, Johann Christoph Friedrich, 41
SCHLEGEL, August Wilhelm von, 122-124, 127, 133, 134
SCHLIEMANN, Heintich, 151
SCHMIDT, K., 283
SCHMIDT, Leopold, 176 n
SCHMIDT, Wilhelm, 307 n
SCHOPENHAUER, Arthur, 123
SCHULZE, Wilhelm, 176 n
SCHWABL, H., 94 n
SCHWARTZ, Eduard, 151 n, 152 n, 171 n
SCHWEITZER, B., 104, 214 n
SCHWYZER, E., 230 n
SEEL, O., 4 n, 172 n
SELLSCHOPP, Ines, 43 n
SÊNECA, Lúcio Aneu, 181 n, 278, 301

ÍNDICE ONOMÁSTICO

SEXTO EMPÍRICO, 146 n
SEYFFERT, H., 63 n, 201 n
SIMÔNIDES DE CEOS, 17 n, 57, 207, 212, 213, 215 n, 219 n
SÓCRATES, 25, 26, 37, 115, 117-119, 123, 124, 130 e n, 132, 133, 135, 148-150, 163-165, 169, 172-174, 185-194, 196 e n, 214, 215, 225, 231, 239, 240, 250, 251, 255, 259, 275, 315, 317
SÓFOCLES, 10, 11 n, 113, 117, 126, 134, 165 n, 251-253
SOLMSEN, Friedrich, 41 n
SÓLON, 45, 52, 54, 58, 74, 78, 97, 101 n, 132, 139, 142, 165, 170, 174, 181-183, 186, 194, 202, 215, 216, 296, 314
STAHLENBRECHER, Walter, 162 n
STENZEL, Julius, 34 n, 239 n
STIEBITZ, 73 n
SVENSSON, Arnold, 230 n

TALES DE MILETO, 140, 222, 238, 259
TASSO, Torquato, 210
TATE, J., 26 n
TEÓCLES DE CÁLCIS, 301 e n
TEÓCRITO, 300 n, 301
TEOFRASTO DE ERESOS, 118, 147 n, 275, 317
TEÓGNIS, 78, 83 n, 169, 170, 178
TERÊNCIO AFRO, Públio, 264, 265
TÉRON DE AGRIGENTO, 162
TERTULIANO, Quinto, 28
TÉSPIS, 101 n
THEILER, Willy, 150 n
TIBULLO, Álbio, 121, 303
TIMOCREONTE, 60 n
TIMÓTEO DE MILETO, 121
TIRTEU, 11, 54, 61, 62, 139, 179, 180, 181, 183, 186, 191
TROMP DE RUITER, 262 n, 263 n
TRUNZ, E., 273 n

TUCÍDIDES, 49, 150, 160, 236

USENER, Hermann, 46, 232 n

VERDENIUS, W. J., 35 n, 146 n, 147 n
VIRGÍLIO MARO, Públio, 155, 199 n, 287-305, 308-310
VITRÚVIO, 259 n
VOIGT, Christian, 108 n
VOIGT, Eva-Maria, 289 n
VOSS, Johann Heinrich, 289

WACKERNAGEL, Jacob, 154 n, 173 n
WAGNER, Wilhelm Richard, 123
WARBURG, Aby, 248
WEBSTER, T. B. L., 230 n
WEIREICH, 236 n
WIELAND, Christoph Martin, 181 n, 258 n, 259, 283
WILAMOWITZ-MOELLENDORF, Ulrich von, 28 n, 83 n, 120 n, 190 n, 203 n, 252 n, 263 n, 273 n, 275 n, 280 n
WIMMEL, W., 296 n
WINCKELMANN, Johann Joachim, 27, 38, 266, 267, 285
WISSOWA, Georg, 218 n

XENÓFANES DE CÓLOFON, 17 n, 54, 97, 138-147, 148 n, 183, 184, 186, 227, 250
XENOFONTE, 149, 150 n, 175 n, 176 n, 187, 188 n, 251, 254, 262 e n, 265 e n

ZÉNON DE CIZIO, 242, 243, 275
ZIEBARTH, Erich, 305 n
ZUCKER, Friedrich, 18 n, 172 n

ESTUDOS CLÁSSICOS NA PERSPECTIVA

A Tragédia Grega
 Albin Lesky (D032)

Mito e Tragédia na Grécia Antiga
 Jean-Pierre Vernant e Pierre Vidal-Naquet (E163)

A Cultura Grega e as Origens do Pensamento Europeu
 Bruno Snell (E168)

Édipo em Tebas
 Bernard Knox (E186)

Três Tragédias Gregas
 Guilherme de Almeida e Trajano Vieira (S022)

Édipo Rei de Sófocles
 Trajano Vieira (S031)

As Bacantes de Eurípedes
 Trajano Vieira (S036)

Édipo Rei de Sófocles
 Trajano Vieira (org.) (S031)

Édipo em Colono de Sófocles
 Trajano Vieira (S041)

Agamêmnon de Ésquilo
 Trajano Vieira (S046)

Antígone de Sófocles
 Trajano Vieira (S049)

Este livro foi impresso na cidade de Cotia,
nas oficinas da Meta Brasil,
para a Editora Perspectiva